Worte der Weisheit
Band I

Die Botschaften der Aufgestiegenen Meister

Worte der Weisheit
Band I

Die Botschaften, die durch die Gesandte
Tatyana Nikolaewna Mickushina
übermittelt wurden

März – November 2005

Bibliografische Information der Deutschen Nationalbibliothek: Die Deutsche Nationalbibliothek verzeichnet diese Publikation in der Deutschen Nationalbibliografie; detaillierte bibliografische Daten sind im Internet über dnb.dnb.de abrufbar.

Über die fünfbändige Buchserie „Worte der Weisheit"

Dies ist der erste Band einer fünfbändigen Buchserie, die die Botschaften der Aufgestiegenen Meister aus den Jahren 2005 bis 2021 durch ihre russische Gesandte Tatyana N. Mickushina enthält.
In ihren Botschaften geben die Meister Empfehlungen für die gegenwärtige Situation in Russland und in der Welt – Empfehlungen, die für heute lebenden Menschen so notwendig sind wie die Luft zum Atmen. Des Weiteren wird in den Botschaften völlig einzigartiges Wissen über Karma (das Gesetz von Ursache und Wirkung), den Weg der Einweihungen und über die Besonderheiten des neuen Entwicklungsabschnitts gegeben, an dessen Schwelle die Menschheit heute steht.
Viele Aufgestiegene Meister und Kosmische Lichtwesen geben ihre Botschaften, darunter Sanat Kumara, El Morya, Kuthumi, Lanello (Mark Prophet), Nicholas Roerich, Gott Surya, Gott Alpha, Gott Shiva, Gott Maitreya, Buddha Vairochana, Buddha Amitabha, Gautama Buddha, Jesus, Saint Germain, Hilarion, Djwal Khul, Mutter Maria, Kwan Yin, Serapis Bey, Zarathustra, Babaji und viele andere.

Copyright © Tatyana. N. Mickushina, 2023. Alle Rechte vorbehalten.
Herstellung: BoD Books on Demand, Norderstedt
Verlag: Danuih Verlag, 39 Darwin Street, Sunderland SR5 2EJ,
United Kingdom; info@danuihverlag.net

ISBN 978-0-9553596-2-0 [printed book]
ISBN 978-0-9553596-3-7 [e-book]

Inhalt

Von der Autorin 15

Vorwort zum ersten Band 17

Empfehlungen der Meister für das Lesen der Botschaften 18

Buch 1
Zyklus I: Botschaften der Aufgestiegenen Meister vom 4. März bis zum 30. Juni 2005

Die Zeiten haben sich geändert
Sanat Kumara, 4. März 2005 27

Der Rosenweg
ICH BIN WAS ICH BIN, 5. März 2005 31

Wir sind alle Eins und haben eine gemeinsame Quelle
Die Gegenwart des Einen, 6. März 2005 36

Öffnet eure Herzen für die göttliche Liebe, und ihr werdet diese Welt verändern
Die Gegenwart der Bedingungslosen Liebe, 7. März 2005 41

Es ist Zeit, ins Haus des Vaters zurückzukehren
Der Geliebte Alpha, 8. März 2005 45

Werdet niemals erwachsen in Fragen der Erkenntnis der göttlichen Wahrheit
Der Geliebte Surya, 9. März 2005 49

Ihr müsst eine Pyramide der göttlichen Realität in eurem eigenen Bewusstsein errichten
Gautama Buddha, 10. März 2005 54

Über die Glaubwürdigkeit von Botschaften, die in die physische Welt kommen
Sanat Kumara, 13. März 2005 58

Trinkt den Nektar der göttlichen Energie
Der Geliebte Surya, 14. März 2005 63

Wir weisen euch den Weg
Sanat Kumara, 15. März 2005 67

Ferne Welten stehen für Besuche offen, und sie warten auf euch
ICH BIN WAS ICH BIN, 16. März 2005 71

Lernt, die Wurzel der Wahrheit zu erkennen
Gautama Buddha, 17. März 2005 76

Die Lust zum Kampf ist kein göttliches Gefühl
Der Geliebte Alpha, 18. Marz 2005 80

Wir haben nur den Kindern die Streichhölzer weggenommen
Der Geliebte Surya, 19. März 2005 83

**Der Moment ist gekommen, wenn ihr in eurem Bewusstsein
jegliche Manifestation eines Kampfes aufgeben müsst**
Der Geliebte El Morya, 20. März 2005 88

**Ich wende mich an jene von euch, die eine besondere Verbundenheit
zu mir empfinden**
Jesus, 21. März 2005 93

Die Erde durchlebt jetzt eine kritische Wendezeit
Sanat Kumara, 22. März 2005 97

**Ich bin gekommen, um euer Bewusstsein aus einem langen
und tiefen Schlaf zu erwecken**
Gautama Buddha, 23. März 2005 102

**Ihr müsst euch darum bemühen, eure Gedanken
und Gefühle zu kontrollieren**
Kuthumi, 24. März 2005...107

Ich spüre eure Liebe. Und ich sende euch meine Liebe!
Der Geliebte Saint Germain, 25. März 2005 112

**Möge das Beten meiner Rosenkränze in der nächsten Zeit
zur vorrangigen Aufgabe eures Lebens werden**
Mutter Maria, 26. März 2005..116

Ihr braucht Immunität gegen das Böse
Die Geliebte Kwan Yin, 27. März 2005 119

Ich lade euch in meine Schule der Mysterien ein
Gott Maitreya, 28. März 2005 124

**Euer Planet tritt in einen Zyklus ein, der zur Zusammenziehung
der Illusion führt**
Der Geliebte Serapis Bey, 29. März 2005 129

**Der fleischliche Verstand muss Platz für den
göttlichen Verstand machen**
Der Geliebte Zarathustra, 30. März 2005 134

**Wir müssen Gott die Möglichkeit geben,
sich durch uns zu offenbaren**
Konfuzius, 31. März 2005 140

**Die Zeit für einen neuen Auszug ist gekommen, den ihr
in eurem Bewusstsein vollziehen müsst**
Mose, 1. April 2005 145

**Die Zukunft Russlands ist mit der Wiederherstellung
der Traditionen des wahren Glaubens verbunden**
Gott Shiva, 2. April 2005 151

Eine Lehre über die Gemeinschaft
Gautama Buddha, 3. April 2005 155

**Zwei Zyklen wurden von mir in der Apokalypse geschildert.
Der Zyklus des Abstiegs in die Materie und der Zyklus
des Aufstiegs aus der Materie**
Johannes der Geliebte, 4. April 2005 160

Die Zeit ist gekommen, wenn ihr anfangen müsst zu handeln!
Der Aufgestiegene Meister Igor, 5. April 2005 164

Wir legen unseren Fokus des Lichtes auf dem Boden Russlands
Der Geliebte Lanello, 6. April 2005 169

**Wir haben grandiose Möglichkeiten vor uns, die Pläne Gottes
für den Planeten Erde zu verwirklichen**
Der Geliebte Cyclopea, 7. April 2005 174

Der Weg zum Himmel liegt in eurem Inneren
Babaji, 8. April 2005 179

Ich gebe euch mein Mantra
Gott Krishna, 9. April 2005 184

**Nur eine eurer Schwingungen der Liebe und des Mitgefühls
vermag das Höllenfeuer zu löschen, in dem viele Seelen
auf diesem Planeten brennen**
Der Geliebte Hilarion, 10. April 2005 189

Bereitet eure Tempel auf die Ankunft des Messias vor
Johannes der Täufer, 11. April 2005 194

Ihr müsst alle Kämpfer des Lichtes in der Verkörperung finden und sie an ihre Mission erinnern
Gott Lanto, 12. April 2005 199

Der Prozess des Erkennens der göttlichen Wahrheit wird unaufhörlich vonstattengehen
Der Große Göttliche Lenker, 13. April 2005...203

Die dunkle Zeit für Russland ist zu Ende!
Nicholas Roerich, 14. April 2005 208

Eure Liebe und euer Glaube ist alles, was ihr braucht, um euren göttlichen Plan zu erfüllen
Der Heilige Erzengel Michael, 15. April 2005 212

Größer unter euch ist derjenige, der anderen mehr dient
Der Geliebte Vairochana, 16. April 2005 217

Ihr müsst zu Elektroden werden, durch die die physische Ebene des Planeten Erde mit Licht angereichert wird
Die Geliebte Pallas Athene, 17. April 2005..222

Kultiviert das Gefühl der Liebe in eurem Herzen
Der Geliebte Djwal Khul, 18. April 2005 227

Das Gebet durch Taten war schon immer und bleibt eine der höchsten Formen des Gebets
Padre Pio, 19. April 2005 232

Die wichtigste Aufgabe, die ihr auf der Erde erfüllt, besteht darin, das Bewusstsein der Erdbewohner zu erhöhen
Buddha des Rubinroten Strahls, 20. April 2005..237

Nehmt als Grundlage für eure Tätigkeit die göttlichen Ideen, die euch die Meister geben
Meister Godfre, 21. April 2005 242

Die beste Predigt wird euer persönliches Beispiel sein
Die Göttin der Freiheit, 22. April 2005 247

Der Sinn der Gebetspraxis besteht gerade darin, euer Bewusstsein zu erhöhen
Padmasambhava, 23. April 2005 252

Ihr müsst alle Finsternis aus Russland vertreiben, durch die Kraft eurer Herzen, durch die Kraft eures Beispiels
Der Aufgestiegene Meister Nikolai, 24. April 2005 256

Ihr seid in diese Welt gekommen, um zu handeln. Tut eure Pflicht!
Der Geliebte El Morya, 25. April 2005 261

Eine Lehre über die Zwillingsflammen
Der Geliebte Kuthumi, 26. April 2005 267

**Wenn ihr wirklich in eurem Leben etwas ändern wollt,
so müsst ihr öfter über euer Bewusstsein nachdenken**
Der Geliebte Surya, 27. April 2005 272

Ich werde in eure Tempel eingehen und durch euch handeln
Der Geliebte El Morya, 28. April 2005 277

**Ihr könnt das mächtigste Werkzeug Gottes
zu eurer Verfügung erhalten**
Der Geliebte El Morya, 29. April 2005 282

**Versucht, euch an die neuen Bedingungen anzupassen.
Ändert euer Bewusstsein**
Buddha des Universums, 30. April 2005 286

**Ich habe die Sünden der Welt auf mich genommen,
doch vor allem habe ich euch den Weg gezeigt**
Der Geliebte Jesus, 1. Mai 2005 291

**Jeder Akt des Dienstes für alle Lebewesen verringert
die Wahrscheinlichkeit des nächsten drohenden Kataklysmus**
Der Herr der Welt Gautama Buddha, 2. Mai 2005 296

**Ihr lebt in einer erstaunlich gesegneten Zeit. Ihr habt die Möglichkeit
zu beispiellosem inneren Wachstum**
Der Mächtige Kosmos, 3. Mai 2005 301

Ein weiser Mensch sucht Gott in seinem Herzen
Der Geliebte Melchisedek, 4. Mai 2005..307

**Für jene von euch, die bereit sind, dem Willen Gottes zu folgen,
werde ich eine so fürsorgliche Amme sein, wie ihr sie
auf der physischen Ebene nicht finden werdet**
Der Geliebte El Morya, 5. Mai 2005 313

**Eure Aufgabe ist es, euch von dieser Welt zu trennen
und es Gott zu erlauben, in euch zu wohnen**
Gott Maitreya, 6. Mai 2005 318

**Ich warte geduldig darauf, bis jeder von euch bereit ist,
sich der Hierarchie des Lichtes anzuschließen und ihr Vorposten
dort zu sein, wo er sich gerade jetzt befindet**
Sanat Kumara, 7. Mai 2005 323

Wir kommen, um eure Göttlichkeit zu erwecken
Der Geliebte Kuthumi, 8. Mai 2005 328

**Der Plan Gottes für Russland ist eine Gemeinschaft
des Heiligen Geistes**
Nicholas Roerich, 9. Mai 2005 333

Ich stelle euch in den Dienst auf dem Planeten Erde
Der Geliebte Surya, 10. Mai 2005 339

Eine Lehre von wahren und falschen Gesandten
Sanat Kumara, 11. Mai 2005 343

Eine Lehre über die Energie der göttlichen Mutter
Der Geliebte Paul der Venezianer, 12. Mai 2005 348

Öffnet eure Herzen für die grenzenlose Gnade des Himmels
Der Geliebte Helios, 13. Mai 2005 352

**Streben, Beständigkeit und Hingabe. Das sind die Eigenschaften,
die für unsere Schüler notwendig sind**
Der Geliebte El Morya, 14. Mai 2005 357

**Die Zeit ist gekommen, wenn ihr euch für die ganze Fülle der
göttlichen Wahrheit dem höheren Teil eurer selbst zuwenden müsst**
ICH BIN WAS ICH BIN, 15. Mai 2005 362

**Eine Lehre über das Gesandtentum, das Kämpfen
und die Rolle des Summit Lighthouse**
Der Geliebte Lanello, 16. Mai 2005 367

Empfehlungen, die ich euch geben möchte
Sanat Kumara, 17. Mai 2005 372

Eine Lehre über die Meditationspraxis
Amitabha, 18. Mai 2005 377

**Bemüht euch, den größten Teil des Tages einen Zustand
des inneren Friedens und der Harmonie zu bewahren**
Der Geliebte Kuthumi, 19. Mai 2005 382

**Ich werde so lange mit jedem von euch sein,
bis ihr alle nach Hause zurückkehrt**
Sanat Kumara, 20. Mai 2005 387

Ihr müsst handeln, handeln und handeln
Der Geliebte El Morya, 21. Mai 2005 393

**Der Weg der Einweihungen, den ich lehre, ist der Weg
der völligen Demut vor dem Willen Gottes,
der völligen Hingabe und Selbstaufopferung**
Der Geliebte Jesus, 22. Mai 2005 398

Unsere Aufgabe ist es, die Erde mit neuen Schwingungen, mit einem neuen Bewusstsein und einer neuen Einstellung zur Welt zu nähren
Gautama Buddha, 23. Mai 2005 403

Ändert euer Bewusstsein, ändert eure Denkweise, ändert eure Lebensweise
Der Geliebte Lanello, 24. Mai 2005 408

Zündet eure Fackeln an und geht, schenkt der Welt euer Feuer
Der Geliebte El Morya, 25. Mai 2005 413

Eine Lehre über das Karma von Armut und Reichtum
Gott Surya, 26. Mai 2005 418

Eine Lehre von der Liebe und den Prüfungen des Lebens
Gott Maitreya, 27. Mai 2005 424

Eure Welt unterliegt der Veränderung, und diese Veränderung kann nur durch eine Veränderung eures Bewusstseins vollzogen werden
Der Geliebte Jesus, 28. Mai 2005 429

Ihr könnt mit Hilfe eurer Liebe alle Unvollkommenheit aus eurer Welt vertreiben
Der Geliebte Lanello, 29. Mai 2005 435

Ich glaube an die große Zukunft Russlands, und ich möchte jeden von euch mit einem Teilchen meines Glaubens ausstatten
Geliebte Nicholas Roerich, 30. Mai 2005 439

Eine Lehre über das Karma
Der Geliebte Kuthumi, 31. Mai 2005 444

Eine Botschaft an die Menschheit der Erde
Der Geliebte Alpha, 1. Juni 2005 450

Ich erinnere euch daran, wie ihr mich treffen und in meine Schule der Mysterien kommen könnt
Gott Maitreya, 2. Juni 2005 453

Ich wünsche euch den Sieg!
Der Geliebte Lanello, 3. Juni 2005 458

Wir warten geduldig auf euer Erwachen und auf eure Bereitschaft
Gautama Buddha, 4. Juni 2005 463

Ihr müsst lernen, keine negativen Gefühle gegen eure Feinde zu empfinden
Der Geliebte Jesus, 5. Juni 2005 468

Eine Lehre über gutes Karma
Der Geliebte Kuthumi, 6. Juni 2005..474

**Es gibt einen Abschnitt des Weges, den ihr nicht allein,
nicht ohne einen Wegführer bewältigen könnt**
Der Geliebte Kuthumi, 7. Juni 2005..479

Eine Lehre über die Heilung
Der Geliebte Jesus, 8. Juni 2005 484

Russland führt jetzt ein Großreinemachen durch
Der Geliebte El Morya, 9. Juni 2005 489

Die Stunde des Sieges ist gekommen!
Der Mächtige Sieg, 10. Juni 2005 494

**Ich möchte zu jedem der 144.000 Christuswesen kommen,
die jetzt auf dem Planeten Erde verkörpert sind,
und sie alle umarmen**
Der Geliebte Lanello, 11. Juni 2005..498

**Der neue Entwicklungsabschnitt wird euch die Möglichkeit geben
zu spüren, dass ihr euch gleichzeitig in zwei Welten aufhaltet**
Gott Surya, 12. Juni 2005..503

**Die Auferstehung Russlands als Land der Mutter
wird sehr bald geschehen**
Die Geliebte Mutter Maria, 13. Juni 2005 507

**Eine Lehre über Buddha und die Vermehrung
des Buddha-Bewusstseins**
Der Geliebte Kuthumi, 14. Juni 2005..512

**Es geschieht genau das, was ihr in eurem Bewusstsein
zulassen könnt**
Sanat Kumara, 15. Juni 2005..518

**Bereitet euch auf den Aufgang der Sonne des Wissens,
der Sonne des Glaubens, der Sonne des göttlichen Bewusstseins
über dem Boden Russlands vor**
Der Geliebte Babaji, 16. Juni 2005...524

**Eine Lehre über die verführerische Schlange und
die Schlange der Weisheit**
Gott Maitreya, 17. Juni 2005..529

**Die Errungenschaften eures Geistes sind das,
was euch bleiben wird**
ICH BIN WAS ICH BIN, 18. Juni 2005..534

Eine Lehre über die Freiheit
Der Geliebte El Morya, 19. Juni 2005 539

**Kommt her, entfacht eure Fackeln, und bringt den Menschen
des Planeten Erde das Licht!**
Der Geliebte Lanello, 20. Juni 2005 541

**Euer Bewusstsein ist die einzige Einschränkung
eurer göttlichen Freiheit**
Der Geliebte El Morya, 21. Juni 2005 545

Ihr müsst den höheren Weg gehen
Gautama Buddha, 22. Juni 2005 550

**Über die Möglichkeit, das Karma des nächstfolgenden Monats
zu erleichtern, und über Briefe an den Karmischen Rat**
Der Geliebte Surya, 23. Juni 2005 556

Eine Lehre vom Karma der Untätigkeit
Der Geliebte Kuthumi, 24. Juni 2005 561

**Nutzt diese von Gott gegebene Möglichkeit, euch ausbilden zu lassen
und unterwiesen zu werden**
Sanat Kumara, 25. Juni 2005 566

Jeder von euch beeinflusst die Situation auf dem Planeten Erde
Der Geliebte Lanello, 26. Juni 2005 571

Über die neue göttliche Gnade
Der Geliebte El Morya, 27. Juni 2005 576

Ihr könnt mit Gott keinen Handel treiben
Der Geliebte Jesus, 28. Juni 2005 580

Seid ihr bereit, den Weg zu beschreiten?
Der Geliebte Kuthumi, 29. Juni 2005 585

**Ich gratuliere euch zur erfolgreichen Durchführung dieses wichtigen
Experiments, um überaus wichtige und zeitgemäße Informationen
auf der physischen Ebene zur Präzipitation zu bringen**
Der Geliebte El Morya, 30. Juni 2005 590

Botschaften der Aufgestiegenen Meister zwischen dem ersten und dem zweiten Zyklus

Welche Methodiken und welche Praktiken empfohlen werden und derzeit eingesetzt werden müssen
Sanat Kumara, 5. August 2005 597

Die Zeit für die Vereinigung aller Lichtkräfte auf dem Planeten ist gekommen
Sanat Kumara, 7. Oktober 2005 599

Jede eurer Anstrengungen wird beispiellos vervielfacht, denn so ist das Gebot der Zeit und so ist jetzt die Situation auf dem Planeten
Shiva, 27. November 2005 602

Empfehlungen für das Lesen der Rosenkranzgebete
Sanat Kumara, 28. November 2005 606

Von der Autorin

Ich weiß nicht, warum Gott mich erwählt hat, die Lehre in Form von Botschaften des Himmels zu geben. Die Lehre, die in „Worte der Weisheit" gegeben wird, ist keine neue Lehre. Diese Lehre ist so alt wie die Welt selbst.

Jedoch benötigt die Menschheit in jeder historischen Epoche eine Lehre, die auf den neuesten Stand gebracht ist. Die Sprache ist anders, die Form der Lehre ist anders und ebenso die Methode der Übermittlung, aber das Wesen der Lehre bleibt unverändert.

Ich habe mich nach besten Kräften bemüht, meine Aufgabe des Empfangens der Botschaften zu erfüllen. Aber in Wirklichkeit war es Gott, der alles tat.

Ich wusste nie im Voraus, welches der Lichtwesen kommen würde, um eine Botschaft zu geben. Ich wusste auch nicht, was das Thema der Botschaft sein würde. Und ich kann immer noch nicht verstehen, wie dieses Wunder der Übermittlung von Botschaften funktioniert. Die Arbeit des Empfangs der Botschaften liegt an der Grenze der menschlichen Möglichkeiten, und wir können nur Vermutungen darüber anstellen, welche Anstrengungen die Aufgestiegenen Lichtwesen unternahmen, um die vielen Jahre der Arbeit zu einem Erfolg zu machen.

Es wäre gut, wenn dieses Werk die Leser erreichen kann, für die es beabsichtigt ist und die es wie einen Becher reines Wasser in der Wüste brauchen.

Vorwort zum ersten Band

Dieses Buch enthält die Botschaften, die von den Aufgestiegenen Meistern durch die Gesandte Tatyana Mickushina gegeben wurden.

Die Botschaften wurden täglich vom 4. März 2005 bis zum 30. Juni 2005 übermittelt. Sie wurden jeweils am gleichen Tag auf der Webseite der Gesandten (http://www.sirius-ru.net) veröffentlicht und per Email an die Leser geschickt.

Soweit uns bekannt ist, wurde ein solches Experiment von den Meistern zum ersten Mal unternommen. Jeden Tag über einen Zeitraum von fast vier Monaten hatten die Menschen in russischsprachigen Ländern die Möglichkeit, sich mit einer neuen Botschaft vertraut zu machen.

Die Aufgestiegenen Meister hatten auch früher schon durch Botschaften eine Verbindung mit Menschen in der Verkörperung aufgebaut. Wir wissen von den Botschaften, die die Gesandten Mark und Elisabeth Prophet empfangen haben und die durch die Organisation The Summit Lighthouse in den USA veröffentlicht wurden.

Auch Russland hatte seine Gesandten. Die bekanntesten sind Helena P. Blavatsky und Helena und Nicholas Roerich. Es gab aber auch andere Menschen, die fähig waren, Botschaften oder Diktate aus den Ätheroktaven aufzunehmen.

Das besondere Merkmal der hier gegebenen Botschaften ist es, dass die Aufgestiegenen Meister Empfehlungen für die gegenwärtige, konkrete historische Situation in Russland und in der Welt geben. Und dieses Mal haben die Meister für ihre Zwecke nicht nur die von ihnen geschulte Gesandte eingesetzt, sondern sich zugleich auch die Möglichkeiten des Internets zunutze gemacht.

In diesen Botschaften sind Empfehlungen und Anweisungen enthalten, die für die heute lebenden Menschen so notwendig sind wie die Luft zum Atmen. Außerdem wurde auch absolut einzigartiges Wissen über das Karma und den Pfad der Einweihungen gegeben, sowie über die Besonderheiten des neuen Entwicklungsabschnitts, vor dem die Menschheit heute steht.

Wir hoffen, dass das Wissen und die Lehren, die in diesen Botschaften enthalten sind, zur Veränderung des Bewusstseins all derer führen, die diese Botschaften ernsthaft studieren werden. Und zusammen mit der Änderung des Bewusstseins verändert sich auch die uns umgebende Welt.

Die Herausgeber

Empfehlungen der Meister für das Lesen der Botschaften

Gott Surya, 22. Dezember 2013:

„…die einzige Form der Hilfe, die der Menschheit in der heutigen Zeit erwiesen werden kann, sind unsere Botschaften und unsere Energien, die wir durch unsere Botschaften in eure Welt leiten. Viele von euch werden sich fragen: „Wie können die Botschaften, die nur von einigen wenigen der Milliarden von Erdbewohnern gelesen werden, die Welt verändern?"

Meine Geliebten, wir verschwenden die göttliche Energie niemals. Jede göttliche Gnade wird von den Höheren Räten des Universums sorgfältig abgewogen, bevor sie gegeben wird.

Unsere feinstofflichen Energien sind in der Lage, eine große Menge der negativen Energie eurer Welt zu neutralisieren. Unsere Arbeit besteht darin, das Gleichgewicht auf dem Planeten aufrechtzuerhalten. Jeder von euch kann sich dieser gigantischen Arbeit anschließen, um die Menschheit der Erde zu retten.

Mit gemeinsamen Bemühungen verändern wir die Situation auf dem Planeten. Es reicht aus, wenn ihr täglich eine unserer Botschaften lest, die wir euch durch unsere Gesandte übermittelt haben, und zwar eine nach der anderen in der chronologischen Reihenfolge, in der sie gegeben wurden.

Unsere Botschaften können den Zustand eures Bewusstseins verändern, und nach einer Veränderung eures Bewusstseins wird sich unweigerlich auch eure Umgebung verändern.

Wir können im Voraus keine Prognose über die Situation erstellen, weil wir nicht wissen, wie viele Menschen auf unseren Ruf reagieren und unsere Botschaften lesen werden. Sehr wichtig ist der Zustand, in dem ihr unsere Botschaften zu lesen beginnt. Damit eure Arbeit so effektiv wie möglich ist, müsst ihr euch daher auf die Lektüre unserer Botschaften einstimmen und sie nur in dem erhabensten Bewusstseinszustand lesen, zu dem ihr fähig seid. Nur in diesem Fall könnt ihr die göttliche Energie in die euch umgebende Welt leiten.

Damit ihr vor dem Lesen unserer Botschaften mit unserer Welt in Einklang kommen könnt, wurden euch über hundert Hilfswerkzeuge gegeben, die in unseren Botschaften beschrieben sind. Einige von ihnen, wie zum Beispiel Rosenkranzgebete und Meditationen, wurden von der Gesandten auf unsere Bitte hin aufgezeichnet.

Um euch auf das Lesen der Botschaften einzustimmen, müsst ihr mindestens eine Stunde der spirituellen Arbeit widmen, bevor ihr mit dem Lesen der Botschaft beginnt.

Es ist nicht notwendig, alle euch zur Verfügung gestellten Werkzeuge zu verwenden. Wählt selbst aus, was euch am meisten zusagt: Anrufungen, Rosenkranzgebete, Meditationen oder Videos. Beginnt erst dann mit dem Lesen der Botschaften, wenn ihr alle eure Körper, eure Gedanken und Gefühle vollständig in Harmonie gebracht habt.

Indem ihr euch selbst ändert, ändert ihr die euch umgebende Welt.

Denkt nicht, dass es eine einfache Arbeit sein wird, euer Bewusstsein zu verändern. Ihr werdet eure ganze Entschlossenheit brauchen, um alle Anweisungen der Aufgestiegenen Meister zu erfüllen, die in unseren Botschaften enthalten sind."

Meister Kuthumi, 14. Januar 2010:
„Wir wiederholen regelmäßig unsere Empfehlungen, wie man mit unseren Botschaften arbeiten muss. Und ich kenne viele Menschen, die unseren Empfehlungen nicht folgen. Oft haben wir darüber gesprochen, wie vorsichtig man bei der Arbeit sein muss und dass es nicht erwünscht ist, mehr als zwei Botschaften am Tag zu lesen. Zum Beispiel, eine am Morgen und eine am Abend.

Jede Botschaft enthält die Energien der verschiedenen Meister, die diese Botschaften geben. Und manchmal kommen die Energien von einer nicht sehr hohen Ebene, und manchmal gehören die Energien zu einer sehr hohen Ebene des Seins. Und wenn ihr beginnt, mehrere Botschaften hintereinander zu lesen, setzt ihr euren Organismus einer sehr großen Belastung aus. Euer äußeres Bewusstsein kann die Gefahr möglicherweise nicht erkennen, da euer fleischlicher Verstand daran gewöhnt ist, sich nur mit dem Informationsgehalt zu befassen, und den energetischen Anteil der Botschaften nicht berücksichtigt.

Ich werde ein Beispiel geben. Euer Organismus braucht Nahrung. Wenn ihr hungrig oder durstig seid und ein Stück Brot esst oder ein Glas reines Wasser trinkt, ist euer Organismus zufrieden.

Und jetzt stellt euch vor, dass ihr Nahrung in großen Mengen wahllos hinunterschlingt und alles mit einer unmäßigen Menge an Getränken hinunterspült. Ich weiß, dass sehr viele Menschen dies in ihrem Leben tun und sich von opulenten Mahlzeiten und ihrer eigenen Gefräßigkeit hinreißen lassen. Geht es euch jedoch am nächsten Tag nicht schlecht, weil ihr beim Essen und Trinken maßlos wart?

Es gibt Nahrung, die miteinander harmoniert, und es gibt Nahrung, die man nicht zusammen essen sollte. Aber die meisten Menschen befinden sich auf einem so niedrigen Energieniveau, dass sie nicht in der Lage sind, diese einfachen Wahrheiten zu verstehen, die seit Jahrtausenden bekannt sind und denen alle Weisen folgten.

Wenn ihr mit einem Mal viele Botschaften von verschiedenen Meistern lest, können genau solche Verdauungsstörungen in eurem Bewusstsein auftreten, wie sie nach maßloser Nahrungsaufnahme im Magen entstehen.

Ihr müsst beim Lesen unserer Botschaften sehr vorsichtig vorgehen, sonst riskiert ihr, inneres Unbehagen und Unzufriedenheit zu empfinden, und noch schlimmer, euren Unmut gegen unsere Gesandte und die Meister zu richten.

Ihr müsst euch sehr sorgfältig auf das Lesen einer jeden Botschaft vorbereiten. Ihr müsst euch auf den Meister einstimmen, der die Botschaft gibt, mit Hilfe von Musik, dem Bildnis des Meisters, oder indem ihr vor dem Lesen der Botschaft betet oder meditiert. In diesem Fall richtet ihr eure

Energien aus, erhöht euer Bewusstsein, und die Botschaften bringen euch Nutzen.

Ich gebe euch ein weiteres Beispiel. Die Sonne scheint allen Menschen und allen Lebewesen. Und es gibt Menschen, die die Sonnenenergie vernünftig nutzen. Sie bleiben eine gewisse Zeit in der Sonne, machen dann eine Pause und setzen sich wieder den liebkosenden Sonnenstrahlen aus. Es gibt eine andere Art von Menschen, die von morgens bis abends am Strand unter der brennenden Sonne sind und am nächsten Tag unter Verbrennungen und Fieber leiden.

Wer ist schuld daran, dass ihr Verbrennungen erlitten habt? Die Sonne? – Ich denke, die Antwort ist offensichtlich. Ihr selbst seid schuld daran, dass ihr die Sonnenenergie unangemessen genutzt habt.

Die Energie, die in unseren Botschaften enthalten ist, hat keine so offensichtliche Wirkung, aber dennoch gibt es eine recht große Anzahl von Individuen, die ein oder zwei Dutzend unserer Botschaften überfliegen, ohne zum Wesen vorzudringen, und ohne sich vor dem Lesen einer jeden Botschaft in der richtigen Weise einzustimmen. Das Ergebnis lässt nicht lange auf sich warten. Nach einiger Zeit beginnen sie, Gereiztheit und sogar Wut zu empfinden.

Wer ist daran schuld, dass ihr solche Gefühle habt? Die Gesandte? Die Meister? – Ich denke, dass die Antwort offensichtlich ist. Niemand außerhalb eurer selbst ist schuld daran, dass ihr die Ratschläge der Meister vernachlässigt.

Wie alles in eurer Welt haben unsere Botschaften eine duale Wirkung. Und manche Menschen haben durch das Lesen unserer Botschaften eine Glättung der Aura erreicht, und die Mängel in der Aura, die diese Menschen lange Jahre begleiteten, sind verschwunden. Sie sind ausgeglichener und freundlicher geworden. Ihre Beziehungen mit der Familie haben sich verbessert. Und Frieden ist in ihre Seele und ins Haus gekommen.

Andere hingegen empfinden nach dem Lesen unserer Botschaften Gereiztheit, Hass und Abneigung. Ihre Aura schmilzt mit jedem Tag dahin, und sie zerstören sich einfach selbst.

Meine Geliebten, wir wünschen euch nur das Gute, Liebe und Harmonie. Und dies alles könnt ihr durch unsere Botschaften erhalten. Aber in eurem Inneren gibt es ein Ventil, das die in unseren Botschaften enthaltene Energie entweder auf das Gute oder auf das Böse hin lenkt. Alles in eurer Welt, meine Geliebten, hat eine duale Wirkung. Und in eurem Inneren gibt es einen Mechanismus, der euch entweder energiegeladen und optimistisch den Weg der Evolution gehen lässt, oder euch an den Wegrand wirft."

Der Geliebte Babaji, 5. Dezember 2009:

„…ich möchte mich vergewissern, dass ihr alle notwendigen Vorsichtsmaßnahmen getroffen habt, die beim Lesen unserer Botschaften erforderlich sind.

Diejenigen, die unsere Botschaften zum ersten Mal lesen, werden vielleicht überrascht sein. Aber diejenigen, die unsere Botschaften schon lange lesen, sind wahrscheinlich darüber informiert, welche Vorsichtsmaßnahmen zu befolgen sind. Zuallererst müsst ihr euch bewusst sein, dass ihr es mit Energie zu tun habt, denn unser Wort trägt eine bestimmte Energieladung. Und wie jede Energie erfordert sie einen sorgfältigen und vorsichtigen Umgang, sonst kann das Lesen unserer Botschaften zu unvorhersehbaren Resultaten führen.

Ihr müsst euch also im Klaren sein, dass ihr mit den Aufgestiegenen Meistern sprecht, deren Bewusstseinsebene eure eigene bei weitem übertrifft. Daher müsst ihr in eurem Inneren ein Gefühl der Ehrerbietung und Hochachtung haben. Ihr könnt mit Gott nicht nebenbei und im Vorübergehen sprechen. Ihr könnt nicht Tee trinken, mit euren Kollegen auf der Arbeit plaudern, die Hausaufgaben eurer Kinder prüfen und gleichzeitig unsere Botschaften lesen. Wenn ihr all diese Dinge tut und gleichzeitig unsere Botschaften lest, dann werdet ihr Karma schaffen, das direkt proportional zu der Energie ist, die in unseren Botschaften enthalten ist.

Ich warne euch noch einmal, dass ihr mit Gott sprecht. Daher müsst ihr dies mit freudigem Beben, mit großer Ehrfurcht im Herzen tun. Euer ganzes Wesen muss darauf eingestimmt sein, mit Gott zu kommunizieren. Ihr müsst alle eure Angelegenheiten beiseitelegen oder umgekehrt die

Botschaften erst dann lesen, wenn ihr einen passenden Zeitpunkt dafür findet.

Wenn ihr unausgeglichen seid oder von einer eurer negativen Eigenschaften beeinflusst seid, wird die in unseren Botschaften enthaltene Energie jegliche Negativität in euch verstärken. Und umgekehrt, wenn ihr harmonisch gestimmt und von innerem Frieden erfüllt seid, wird sich dieser Zustand der Harmonie und des Friedens ebenfalls proportional zu der in der Botschaft enthaltenden Energie verstärken."

Meister Hilarion, 2. Januar 2008:
„Wie ist bei euch der Eindruck entstanden, dass spirituelle Arbeit zwischendurch und nebenbei getan werden kann? Solange ihr in eurem Bewusstsein nicht die richtige Einstellung zur spirituellen Arbeit entwickelt, könnt ihr keine bedeutenden Resultate erzielen.

Ich muss leider feststellen, dass der Mangel an Aufmerksamkeit und Konzentration die Geißel eurer Zeit ist. Ihr versucht, euch die verschiedensten Dinge gleichzeitig anzueignen. Ihr hört Radio und seht fern, telefoniert und versucht, unsere Botschaften zu lesen.

Solange ihr nicht die Kraft in euch findet, alles andere beiseitezulegen und euch nur mit der Aufnahme spiritueller Nahrung zu befassen, wird das Lesen unserer Botschaften für euch nicht nur keinen wirklichen Nutzen bringen, sondern es wird eurer Entwicklung schaden.

Ich werde euch sagen warum. Wenn ihr mit weltlichen Dingen beschäftigt seid, beispielsweise populäre Musik im Radio hört oder Werbung im Fernsehen seht, und dabei gleichzeitig versucht, unsere Botschaft zu lesen, so wird die ganze Energie, die wir in unsere Botschaften legen, von euch falsch qualifiziert. Und anstatt eure Entwicklung voranzubringen, rutscht ihr zurück.

Versteht, dass ihr mit Gott redet; ihr kommuniziert mit den Meistern, die euch um vieles voraus sind und auf den Stufen der evolutionären Entwicklung höher aufgestiegen sind. Woher nehmt ihr so viel Respektlosigkeit?

Warum fehlt euch der elementare Anstand im Umgang mit uns?

Ich möchte, dass ihr aufhört, die Lehre, die wir durch unsere Gesandte geben, als etwas Selbstverständliches und Alltägliches wahrzunehmen.

An der Übermittlung jeder Botschaft arbeiten Tausende von Lichtwesen. Wir wenden kostbare göttliche Energie auf, die wir Quäntchen um Quäntchen einsammeln und in unsere Botschaften gießen.

[…] wenn ihr eure Einstellung in Bezug auf die Kommunikation mit den Meistern nicht ändert und nicht in der Lage seid, einige eurer negativen Charakterzüge zu überwinden, könnt ihr eurer Seele großen Schaden zufügen. Denkt daran, dass, wenn ihr göttliche Energie erhaltet, ihr selbst diese Energie mithilfe eurer Gedanken, eurer Gefühle und eurer Zustände in eurer Welt lenkt. Und wenn ihr diese Energie beim Lesen unserer Botschaften nicht in dem richtigen Zustand erhaltet, könnt ihr sie ebenso falsch verwenden, sie auf die Vermehrung der Illusion richten und Karma erzeugen.

Ihr müsst auf eurer Stufe der evolutionären Entwicklung die göttliche Energie mit mehr Verantwortung gebrauchen."

Buch I

Zyklus I: Botschaften der Aufgestiegenen Meister

vom 4. März bis zum 30. Juni 2005

Die Zeiten haben sich geändert

Sanat Kumara
04. März 2005

ICH BIN Sanat Kumara, und ich komme an diesem Tag, um die Welt von einer neuen Möglichkeit in Kenntnis zu setzen, von einer neuen Dispensation, die die Himmel durch unsere neue russische Gesandte Tatyana zu geben beschlossen haben.

Für viele wird diese Wende der Ereignisse unerwartet kommen. Und viele werden beim Lesen dieser Botschaft widersprüchliche Gefühle empfinden.

Wir werden aber niemanden dazu zwingen, das Gesagte zu glauben. Unsere Aufgabe ist es, euch dieses Wissen zu geben, und mit eurem freien Willen werdet ihr selbst entscheiden, ob ihr es annehmt oder nicht.

Die Zeiten haben sich geändert und eine neue Epoche ist angebrochen. Die Welten sind einander nähergekommen. Und was noch vor wenigen Jahren und selbst im letzten Jahr als ein unerfüllbarer Traum erschien, ist jetzt zur Realität geworden. Wir haben jetzt die Möglichkeit, durch viele zu sprechen, und wir machen uns diese Möglichkeit zunutze.

Die Situation auf der Erde wird immer angespannter. Das Schwingungsniveau des Planeten erhöht sich. Neue Energien strömen zur Erde. Die meisten Menschen spüren diese Energien in einer Weise, dass es ihnen sinnlos und zugleich unmöglich erscheint, länger auf Wegen der Finsternis zu irren, denen sie bereits Tausende und Abertausende von Jahren folgten.

Dies manifestiert sich als ein Gefühl der Unzufriedenheit, eine Sehnsucht im Herzen und eine Erwartung, dass irgendetwas bald geschehen muss. Besonders feinfühlige Menschen haben das Interesse an ihren gewöhnlichen Beschäftigungen verloren. Was früher wichtig erschien und dem Leben einen Sinn verlieh, hat heute nicht länger die geringste Bedeutung. All die früheren Beschäftigungen scheinen ihren Sinn verloren zu haben: der leere Zeitvertreib mit Freunden, die endlosen TV-Serien, die Jagd nach immer neuen unnützen Dingen. All dies erinnert an den Glitzerschmuck, der noch am Ort des gestrigen Fests zurückgeblieben ist. Schon heute ist er bedeutungslos geworden.

Besonders feinfühlige Menschen tragen in ihrem Herzen eine Vorahnung der Neuen Welt, ein Vorgefühl dessen, was dem Alten und Abgelebten folgen muss. Und wie sehr sich das menschliche Bewusstsein auch an die gewohnten Lebenseinstellungen und an Traditionen in Religion, Gesellschaft und Familie zu klammern versucht, so wird all dies doch vom Wind des künftigen Wandels fortgetragen werden. Und es macht keinen Sinn, sich diesen Veränderungen zu widersetzen, weil alles in dieser Welt den göttlichen Zyklen unterliegt. Und der freie Wille ist in Wirklichkeit durch einen zeitlichen und räumlichen Rahmen begrenzt.

Das sterbliche Bewusstsein des Menschen, das durch den Rahmen der materiellen Welt begrenzt ist, glaubt, dass alles in dieser Welt dem Willen des Menschen oder dem Willen menschlicher Machthaber unterworfen ist.

Nein! Es gibt eine Zeit, die Steine auszustreuen. Und es gibt eine Zeit, die Steine einzusammeln.

Wenn sich im menschlichen Organismus ein Krebsgeschwür ansiedelt, so wird ein gesunder Organismus damit beginnen, sich von den kranken Zellen zu befreien. Das gleiche Prinzip wirkt auch in diesem Universum.

Wenn sich eine menschliche Zivilisation ganz auf die Befriedigung persönlicher Interessen konzentriert und nur darauf bedacht ist, wie sie dieser Welt Lust und Vergnügen abgewinnen kann, so unterliegt diese Zivilisation der Vernichtung, ganz so wie ein Krebsgeschwür durch einen chirurgischen Eingriff entfernt werden kann.

Und Widerstand ist in diesem Falle nutzlos. Was sich das Neue Bewusstsein nicht zu eigen machen kann, die Grundsätze des Gemeinwohls, der Güte, der Zusammenarbeit und der Führung durch Gott, wird von der Erdoberfläche gefegt werden, ähnlich wie bei dem Erdbeben und Tsunami, die sich vor nicht langer Zeit ereignet haben und innerhalb weniger Stunden mehrere Hunderttausende Menschen vernichteten[1].

Hört auf, Lust und Vergnügen in dieser Welt zu suchen. Es gibt weit größere Freuden, die für jene zugänglich sind, die Herz und Geist für die Schwingungen der höheren Welten öffnen.

Es gibt nichts außerhalb der Grenzen eurer selbst, was ihr braucht. Alles göttliche Wissen und alle Vollkommenheit liegen in eurem Inneren. Sucht nach diesem Schatz in eurem Herzen, sucht nach dem Zugang zu den unzähligen Reichtümern, die sich in eurem Inneren befinden.

Für den Zugang muss man aber bezahlen. Und der Preis ist euer Ego. Ihr müsst euch vom vergänglichen Teil eures Selbst, von allen Ansammlungen in eurem elektronischen Gürtel befreien, die euch buchstäblich mit Seilen an die Erde, an die dichte Ebene dieses Planeten fesseln.

Und jene Sehnsucht, die viele von euch jetzt empfinden, ist ein sicheres Zeichen dafür, dass ihr den Vergnügungen dieser Welt überdrüssig und für den Kontakt mit den feinstofflichen Welten bereit seid.

Alles was ihr tun müsst, ist eine Wahl zu treffen und auf das Unendliche zuzugehen, den Glitzerschmuck des gestrigen Festes zurückzulassen, und einen Schritt zur Realität zu machen. Zuerst einen Schritt, dann einen zweiten. Und ohne anzuhalten zu eurem wahren Sein zu gehen, zu dem, wer ihr in Wirklichkeit seid.

Es gibt nichts außerhalb der Grenzen eurer selbst, was euer Fortschreiten zur höheren Realität aufhält. Nur ihr selbst haltet euch auf.

Könnt ihr denn wirklich nicht euren Doppelgänger unter Kontrolle bekommen, der nun schon durch Tausende und Abertausende von Verkörperungen in dieser unwirklichen Welt umherirrt?

Es gibt für euch keinen anderen Weg. Ihr müsst entweder einen Schritt in Richtung der unvergänglichen Realität tun, oder eure Existenz als

---

[1] Es geht um die Ereignisse in Südasien im Dezember 2004 (Anm. d.Ü.).

Individuum beenden. Ein gesunder Organismus befreit sich selbst von Krebszellen in seinem Inneren. Bildlich gesprochen befindet ihr euch alle im Leib Gottes. Glaubt ihr, Gott erlaube es euch, nach den von euch erdachten Gesetzen zu leben? – Nein, sage ich. Er wird sich schlichtweg von allem befreien, was nicht seinem Willen und seinem Gesetz entspricht.

Denkt darüber nach, was ich euch gesagt habe. Ich hoffe auf ein zukünftiges Treffen mit euch durch diese Gesandte oder durch einen anderen Gesandten, der seinen Tempel darauf vorbereitet hat, mich als seinen Gast zu empfangen.

ICH BIN Sanat Kumara. Om.

Der Rosenweg

ICH BIN WAS ICH BIN

5. März 2005

ICH BIN WAS ICH BIN, und ich spreche aus deinem Inneren. Nicht allen gelingt es, mit dem höheren Teil ihrer selbst zu kommunizieren. Dabei ist es ein so natürlicher Prozess, der den meisten heute auf der Erde lebenden menschlichen Individuen durchaus zugänglich ist.

Das irdische Leben ist von solchen Formen erfüllt, die sich vom Standpunkt der höheren Realität aus als unwirklich erweisen, jedoch die Aufmerksamkeit der Menschen zu sehr in Anspruch nehmen und sie von der höheren Realität ablenken.

In der illusorischen Welt zu leben, gleichzeitig hinter den Schleier schauen zu können und die Dichte der physischen Welt zu überwinden – dieses Ziel ist heute von höchster Priorität.

Dank der neuen Dispensation erhalten wir die Möglichkeit zur Kommunikation zwischen den Welten. Und diese Kommunikation kann jeder meistern, der sich wirklich und aufrichtig darum bemüht, und nicht bloß zum Schein.

Die größte Schwierigkeit besteht darin, das eigene äußere, in der Illusion verhaftete Bewusstsein zu überwinden – jenes Gewand der Illusion, in das ihr euch selbst gehüllt habt. Physische Gedanken und Gefühle von sich abzuwerfen. Sich im eigenen Bewusstsein zuerst zur Höhe des eigenen Christus-Selbst, dann zum ICH BIN WAS ICH BIN und weiter in die Unendlichkeit aufzuschwingen.

Der schwierigste Schritt, der der erste sein wird, ist die Entscheidung, dem Weg zu folgen, egal was passiert. Jeden Tag. Die Illusion dieser Welt wird euch davon ablenken, auf diesem Weg fortzuschreiten. Jeder Schritt kann sich im Laufe der Zeit als äußerst schmerzhaft erweisen, als ginget ihr auf Glasscherben oder auf einem Weg, der mit Rosen bedeckt ist. Ihr geht barfuß unter Schmerzen, und die Dornen bohren sich in eure Füße.

Dies ist ein schmerzvoller Weg. Wenn ein Kind in diese Welt kommt, so ist es großem Stress ausgesetzt. Es kommt aus dem Mutterleib in eine unbekannte Welt. Und dies bedeutet Stress und den Schmerz des ersten Atemzuges, Ungewissheit und Licht.

Ebenso ist es für euch mit Stress verbunden, wenn ihr mit der feinstofflichen Welt in Berührung kommt. Ihr beginnt, den unbekannten Teil eurer selbst zu entdecken. Und er unterscheidet sich sehr vom äußeren Teil eurer selbst.

Ihr geht aber weiter, egal was kommt. Ungeachtet der Schmerzen und Verluste, die auf dem Weg auf euch zukommen.

Ihr verliert eure früheren Freunde, der Umgang mit ihnen scheint euch völlig sinnlos und leer.

Ihr verliert das Interesse an euren früheren Lieblingsbeschäftigungen. Allmählich begreift ihr, dass euch diese Welt völlig fremd geworden ist. Eure Schwingungen unterscheiden sich so sehr von der umgebenden Welt, dass ihr gewissermaßen aus ihr herausfallt. Aber euer Ego gibt nicht auf. Es versucht, eure Aufmerksamkeit auf irgendwelche nur euch selbst bekannten Dinge in dieser Welt zu ziehen, an denen ihr noch hängt und von denen ihr euch noch nicht trennen konntet.

Manchmal schämt ihr euch einzugestehen, dass ihr noch an diesen Dingen hängt. Es ist nun aber einmal so, und es wird vergehen. Es reicht aus, euren Wunsch nur aktiver zu bekunden, euch von dieser Unvollkommenheit zu befreien. Und ihr setzt euren Weg fort.

Und die Dornen der Rosen bohren sich immer schmerzhafter in eure Füße. Manchmal ist der Schmerz nicht mehr auszuhalten. Es gibt aber keine Möglichkeit umzukehren. Dies ist ein schmerzhafter Weg. Ein Mensch mit einem starken Ego ist für diesen Weg einfach nicht bereit. Und er wendet sich vom Weg ab.

Er zieht Lust und Vergnügen vor.

Je mehr ihr euch aber widersetzt, desto schmerzhafter wird die Rückkehr zum Weg.

Es ist wahrhaftig ein äußerst schwieriger Weg. Ein Weg, der mit Rosen und Dornen bedeckt ist.

Ich kenne aber keinen anderen Weg. Es ist der Weg des Opfers, und jeder Schritt ist mühsam. Es gibt aber keinen anderen Weg.

Also, der erste Schritt ist der Wunsch, sich selbst zu überwinden.

Wenn ihr diesen Entschluss gefasst habt, so wird sich stets ein Mensch in eurer Nähe finden, der euch hilft weiterzugehen, und der euch notwendiges Wissen und Verstehen gibt.

Doch dann müsst ihr selbständig weitergehen. Ohne Zeugen. Es kommt ein Moment, wenn ihr allein mit euch selbst und eurem Ego seid. Und der Kampf beginnt. Es ist ein Ringen auf Leben und Tod. Jeder Teil eures Selbst, der wirkliche und der unwirkliche, wird dem anderen das Recht zu seiner eigenen Existenz beweisen wollen.

Dieser Zustand ist sehr weit entfernt von Ruhe, Frieden und Komfort. Gerade aus diesem Grund weichen viele vom Weg ab und suchen nach Gruppen, Bewegungen und Sekten, die scheinbaren Frieden, vorgespielte Liebe und zur Schau gestellte Fürsorge bieten.

Und viele verlassen den mit Rosen bedeckten Weg und gehen auf weichen Teppichen.

Dutzende und hunderte Verkörperungen vergehen, bevor sie zum Weg der Einweihungen zurückkehren. Gott drängt sie nicht.

Es besteht jederzeit die Chance, zum Weg zurückzukehren. Manchmal ist aber ein besonders starker Hinweis vom höheren Teil eurer selbst erforderlich, damit ihr nachdenkt und zum Weg zurückkehrt.

Wenn der Moment der Auseinandersetzung mit dem unwirklichen Teil eurer selbst gekommen ist, so gleicht dies wirklich einem Kampf. Alle eure Körper sind werden verwundet. Ihr selbst verletzt euch. Der unwirkliche Teil eurer selbst versteht nicht, was vor sich geht. Es mag euch so vorkommen, als würdet ihr den Verstand verlieren, als wäret ihr unheilbar krank. Es ist wahrhaftig eine finstere Nacht des Geistes. Es ist die Versuchung in der Wüste. Und dieser Zustand dauert lange an. Alles hängt davon ab, in welchem Maße euer Ego Widerstand leistet.

Wenn ihr aber euer Ego überwindet, wenn ihr euren Hüter an der Schwelle, den unwirklichen Teil eurer selbst, bezwingt, so werdet ihr zu einem anderen Menschen. Ihr werdet auch weiterhin einen menschlichen Körper tragen und auf der physischen Ebene verbleiben, doch der größere Teil eurer selbst wird sich in einer anderen Realität aufhalten. Ihr werdet zum Bürger zweier Welten und haltet euch gleichzeitig oben wie unten auf.

Ihr werdet zu einem Punkt, an dem sich die Welten treffen.

Doch damit endet euer Fortschreiten auf dem Weg nicht, es beginnt erst. Denn ihr werdet zu einer Achse der Welt. Durch euch hindurch, in eurem Inneren verläuft die Achse, ein Stab, der die Verbindung zwischen den Welten aufrechterhält.

Ihr werdet zu einem Kanal, durch den Licht in diese finstere Welt strömt.

Und natürlich seid ihr der größten Spannung ausgesetzt, wie es bei jeder Achse der Fall ist. Es ist ein Gefühl, als wärt ihr Titanen, auf deren Schultern die Welt liegt.

Die ewige Überwindung eurer selbst. Die ständige Entsagung des unwirklichen Teils eurer selbst. Immer neue Einweihungen. Ständige Anspannung.

Nur so werdet ihr geistig wachsen. Und das ist es, was Gott von euch will.

Es gibt keinen anderen Weg.

Und wenn ihr für diesen Weg der Einweihungen bereit seid, so versteht ihr nur zu gut, wovon die Rede ist. Wenn ihr aber nicht für diesen Weg bereit seid, so wird all das, was ihr soeben gelesen habt, für euch keinen Informationswert haben.

Es scheint nur so, als seien alle Menschen gleich. Jeder befindet sich auf seiner eigenen Entwicklungsstufe. Nun ist der Moment gekommen, an dem für eine große Anzahl von Individuen die Möglichkeit realistischer wird als noch vor einem Jahr, diesen Weg einzuschlagen und zu beginnen, auf ihm voranzukommen. Die Energien selbst, der Kosmos selbst tragen zu diesem Vorankommen bei.

Diejenigen von euch, die verstehen, wovon hier die Rede ist, findet bitte die Zeit. Zieht euch zurück. Bleibt allein mit euch selbst. Konzentriert euch auf euer Herz und fragt euch selbst, ob ihr bereit seid, diesen Weg zu gehen. Und wenn euer Herz euch zu verstehen gibt, dass ihr bereit seid, so macht euch auf den Weg. Erinnert euch aber jeden Morgen beim Aufstehen und jeden Abend vor dem Zubettgehen an die von euch getroffene Entscheidung. Und geht weiter, wie schmerzhaft sich auch die Dornen in eure Füße bohren und was auch immer euch in der Außenwelt widerfährt. Fürchtet euch vor nichts. Nichts in dieser Welt, keine Verletzungen, Verluste, Unannehmlichkeiten können dem unsterblichen Teil eurer selbst Schaden zufügen.

ICH BIN WAS ICH BIN,

und ich bin immer mit euch auf eurem Weg.

Wir sind alle Eins und haben eine gemeinsame Quelle

Die Gegenwart des Einen
6. März 2005

ICH BIN die Flamme, die ewige Flamme, die unteilbare Flamme. Ich bin die eine Flamme, die in der Ewigkeit, Unteilbarkeit und Unendlichkeit verweilt.

ICH BIN der Strom des Lichtes und des Feuers.

Flamme…

Feuer…

Das sterbliche Bewusstsein kann mich nicht wahrnehmen. Es kann aber meine Schwingungen, meinen Geist, mein Feuer spüren.

Strahlende Unendlichkeit! Ewigkeit!

Schönheit. Ebenmaß. Glückseligkeit. Freude. Harmonie.

Die Erschaffung des Universums unterliegt meinem Gesetz. Und alles, was ich sage, ist uralte Wahrheit, die die Menschheit von jeher zu erkennen suchte und zu der die besten menschlichen Köpfe strebten.

Ich ersinne Welten, und ich verwirkliche das Erdachte. Ich erschaffe durch meinen Willen und mein Feuer. Nach und nach bestimme ich weitere Einzelheiten der Schöpfung und delegiere meine Vollmachten an geistige Wesen, die meine Welt bevölkern.

Ich wohne in jedem dieser geistigen Wesen, doch gleichzeitig ist jedes von ihnen mit eigener Individualität, mit eigener Fähigkeit zum Erschaffen und zur Selbstentwicklung ausgestattet. Alle Wesenheiten tragen in ihrem Inneren meine Flamme.

Auf meiner Ebene des Bewusstseins sind wir alle Eins.

Doch mit der zunehmenden Differenzierung des Universums kommt es zu Verdichtung und Trennung. Je niedriger die Schwingungen einer manifestierten Welt sind, desto größer ist die Getrenntheit und Uneinigkeit zwischen den Teilen meiner selbst.

Ich lasse diese Getrenntheit zu, denn ich versuche mich mit ihrer Hilfe selbst zu erkennen.

Das Universum ist wie ein menschlicher Organismus. Jede Galaxie oder Gruppe von Galaxien lässt sich mit den Systemen und Organen des menschlichen Organismus vergleichen.

All dies bildet meinen Körper genauso, wie die verschiedenen Organe und Systeme euren Körper bilden. Wir sind einander ähnlich.

Und ganz so, wie es euch schwerfällt, die Existenz der höheren Ebenen des Seins dieses Universums zu verstehen, so ist es auch für mich schwierig, die Probleme eurer dichten Welt zu begreifen.

Um das Universum zu regieren, gibt es eine ganze Hierarchie vernunftbegabter Wesen, die sich auf unterschiedlichen Entwicklungsstufen befinden.

Und diese Hierarchie erstreckt sich von mir selbst bis hin zum kleinsten materiellen Teilchen dieser Welt.

Wir alle sind dem allgemeinen Gesetz für dieses Universum untergeordnet.

Und je höher die Stufe, auf der ein geistiges Wesens in dieser Hierarchie steht, desto weniger Freiheit besitzt es. Der Mensch besitzt heute eine beinahe unbegrenzte Freiheit, und es ist ihm bestimmt, im Laufe der Zeit diese Freiheit aufzugeben und dafür größere Kompetenzen, größere Macht zu erhalten. Wesentlich größere Macht.

Die Ebene, die vernunftbegabte Wesen in diesem Universum einnehmen, ist unmittelbar mit der Ebene ihres Bewusstseins verbunden. Der Mensch, und insbesondere die irdische Menschheit, nimmt in dieser Hierarchie den Platz am Fuß der Pyramide ein.

Sie bedarf der ständigen Fürsorge und Obhut durch Wesenheiten, die eine höhere Entwicklungsstufe erreicht haben.

Dieser Prozess lässt sich mit der Erziehung von Kindern in der Schule oder im Kindergarten vergleichen. Verschiedene Lehrer kommen und führen den Unterricht durch.

Und diese Lehrer können sowohl von außen in der Gestalt eines anderen Menschen kommen, als auch in eurem Inneren erscheinen.

Wenn das Niveau eurer Errungenschaften, die mit der Ebene eurer Schwingungen verbunden sind, es erlaubt, so können sich im Tempel eures Körpers ein oder mehrere Lichtwesen aufhalten. Ihr erhaltet einfach zusätzliche göttliche Energie, einen stärkeren Lichtstrom. Äußerlich zeigt sich die Gegenwart dieser Wesen, die in eurem Inneren verweilen, in keiner Weise. Aber jeder Mensch, in dem sich diese Wesen aufhalten, ist darüber informiert. Er weiß, welche der Lichtwesen in ihm gegenwärtig sind.

Das zusätzliche Licht bringt keinerlei Vorteile vom Standpunkt eurer physischen Welt aus. Die Verschiedenheit der Schwingungen und die große Dichte eurer Welt führen dazu, dass sich die Gegenwart des zusätzlichen Lichtes in eurem Leben vom Standpunkt der irdischen Logik zerstörerisch auswirkt. Gewohnte Beziehungen scheitern, ihr verliert die Arbeit, und der physische Tempel hält nicht stand und zeigt äußerliche Anzeichen irgendwelcher Krankheiten. Die Gegenwart dieser Lichtwesen ist jedoch notwendig, und jeder wohlwollende Mensch und Helfer, der diese Lichtwesen in sich einlässt, tut dies aus freiem Willen. Er opfert seine Errungenschaften in der äußeren physischen Welt und gibt den Errungenschaften der feinstofflichen Welten den Vorzug.

Die Gegenwart der Lichtwesen bringt eine Erweiterung des Bewusstseins und verleiht die Fähigkeit, die Energien der feinstofflichen Welt zu meistern. Sie sind als die Gaben des Heiligen Geistes bekannt.

Es gibt eine äußerst feine Grenze zwischen den Menschen, die ihre Tempel für den Dienst am Licht zur Verfügung gestellt haben, und jenen, die ihre Tempel verschiedenen niederen Geistern und unverkörperten Wesenheiten überlassen. Leider stellt derzeit die Mehrheit der Menschen (90% der Menschheit) ihre Tempel freiwillig solchen niederen Geistern zur Verfügung, ohne sich Sorgen über die Folgen einer solchen Bekundung des freien Willens zu machen.

Und diese Menschen, die ihre Tempel den niederen Geistern der Finsternis zur Verfügung stellen, mögen genau die gleichen Gaben besitzen wie die Menschen, die ihre Tempel den Geistern des Lichtes zur Verfügung stellen. Sie können heilen, die Zukunft vorhersehen und Botschaften empfangen. Es gibt jedoch einen wichtigen Unterschied. Ein

Mensch, der seine niederen Körper geopfert hat, um dem Licht zu dienen, wird seine Gaben niemals dazu benutzen, um sichtbare Dinge und Zeichen dieser Welt zu erlangen, mag es sich dabei um Geld, Macht, Einfluss oder Autorität handeln. Der unwirkliche Teil der Menschen manifestiert sich in dieser Welt in vielen Formen.

Gerade damit ist viel Verwirrung verbunden. Die Menschen sehen Wunder und Heilungen und können mit ihrem menschlichen Bewusstsein die Diener der Finsternis nicht von den Dienern des Lichtes unterscheiden.

Und hier kann es nur ein Kriterium geben, nämlich Intuition und inneres Wissen.

Achtet darauf, ob sich ein Mensch in seinem Leben so verhält, wie er es lehrt.

Er lehrt Vergebung, doch vergibt er selbst anderen?

Er lehrt, dass man die Sünde des Ehebruchs nicht begehen soll. Was tut er aber selbst? Gestattet er sich den Missbrauch der sexuellen Energien? Er lehrt die Gottesliebe und Uneigennützigkeit. Was aber besitzt dieser Mensch selbst? Führt er ein luxuriöses Leben? Wie ernährt er sich?

Schaut genau hin. Beobachtet.

Ihr braucht aber nur so lange einen Menschen außerhalb eurer selbst als Lehrer, bis ihr jenen Abschnitt des Weges erreicht habt, auf dem ihr ohne einen Lehrer auf der physischen Ebene auskommen könnt.

Ihr könnt dann mit jedem Lichtwesen in Kontakt treten, dessen Ebene ihr in eurem Bewusstsein erreicht habt. Ihr werdet Wissen direkt von diesen Lichtwesen empfangen können. Und eure Schwingungen werden im Laufe der Zeit so sehr mit den Schwingungen dieser Lichtwesen übereinstimmen, dass ihr es ihnen ermöglichen werdet, ständig in euch gegenwärtig zu sein. Ihr stellt ihnen aus freiem Willen euren physischen Tempel und alle niederen Körper ganz zur Verfügung. Und darin liegt nichts Schlechtes oder etwas, was nicht dem höheren Gesetz entspräche. Denn wir sind alle Eins und haben eine gemeinsame Quelle. Diese Getrenntheit ist nur dieser Welt eigen. In den feinstofflichen Welten wird die Einheit immer mehr gefühlt, je mehr die Materie sich verfeinert und die Eigenschaften des Feuers, der Flamme erlangt werden.

Ihr wählt selbst eurem freien Willen gemäß, wem ihr dient. Und dies wird durch die Ebene eures Bewusstseins bestimmt.

Sagt euch freiwillig von einer jeden Manifestation der Mächte der Finsternis durch euch selbst los. Befreit euch von der Last, die ihr im Laufe von Jahrmillionen eures Aufenthalts auf diesem Planeten auf euch geladen habt. Erhebt euer Bewusstsein und strebt zu den höheren Welten. Mit dem Wachstum eures Bewusstseins wird sich diese Welt verändern. Und all jene, die sich an das Alte klammern und für die die Zeit abgelaufen ist, werden diese Welt verlassen müssen. Schon sehr bald nach kosmischen Maßstäben ist es eurer Welt bestimmt, schön und vollkommen zu werden. Und eurem Planeten ist es bestimmt, sich in einen strahlenden Stern zu verwandeln.

ICH BIN die Gegenwart des Einen,
und ich wünsche euch viel Erfolg auf eurem Weg
in die Unendlichkeit des Seins.

Öffnet eure Herzen für die göttliche Liebe, und ihr werdet diese Welt verändern

Die Gegenwart der Bedingungslosen Liebe
7. März 2005

ICH BIN die Gegenwart der Bedingungslosen Liebe in deinem Tempel. Die göttliche Liebe ist die wichtigste und dominierendste Eigenschaft in dir.

Wir haben dich gerade wegen der vorherrschenden Eigenschaft der Liebe in deinem Herzen zu unserer Gesandten gewählt.

Allzu sehr dominieren die Kräfte der Anti-Liebe in deiner Welt. Dies bekümmert uns sehr.

Von allen göttlichen Eigenschaften ist die Liebe die größte. Das Verlangen nach Liebe, der Wunsch zu lieben und geliebt zu werden ist allen Lebewesen eigen. Und gerade bei dieser wichtigsten Eigenschaft kam es durch einen Verstoß gegen das göttliche Gesetz und den Missbrauch des freien Willens im alten Lemuria und Atlantis zu den größten Entstellungen und Verzerrungen.

Wenn es uns nur gelänge, diese Eigenschaft in ihrer ganzen Fülle in den Seelen einiger weniger verkörperter Menschen wiederherzustellen, so könnten wir diese Eigenschaft sehr schnell in der ganzen Welt verbreiten. Es ist eine Eigenschaft, der niemand widerstehen kann.

Dies ist es, was eine augenblickliche Einstimmung auf die göttliche Realität gewährt.

Sehr häufig wird die Liebe mit sexuellem Instinkt verwechselt, und dies hat zu allen möglichen Missbräuchen der Sexualenergie geführt.

Die menschliche Fähigkeit zur Schöpfung offenbart sich durch die schöpferische Kraft der Liebe. Und dieselbe schöpferische Kraft, die bei der Zeugung von Kindern mitwirkt, liegt zugleich allem zugrunde, was der Mensch in seinem Leben erschafft.

Der Mensch ist im Grunde Gott gleich. Und die wichtigste Eigenschaft Gottes ist die Liebe. Daher kann ein Mensch nicht anders, als schöpferisch tätig zu sein.

Die schöpferische Kraft manifestiert sich aber genau in dem Maße, wie sie nicht von den Blockierungen der Anti-Liebe beschränkt wird. Diese Blockierungen wurden von außen ins Bewusstsein des Menschen eingeflochten und von seinem unvollkommenen Bewusstsein innerlich unterstützt.

Die vollkommene Flamme der Liebe tritt durch eure ICH-BIN-Gegenwart in diese Welt. Aber diesem Strom der Liebe stellen sich die Filter eurer unvollkommenen Gedanken und Gefühle in den Weg. Und der Strom wird verzerrt und entstellt. Ihr manifestiert ständig die Eigenschaft der göttlichen Liebe. Ihr könnt gar nicht anders, als diese Eigenschaft zu manifestieren, weil sie der gesamten Schöpfung eigen ist. Ihr solltet aber einfach die Filter eures Bewusstseins und eurer Wahrnehmung der göttlichen Realität reinigen.

Öffnet eure Herzen für die Liebe, die göttliche Liebe, und ihr werdet diese Welt verändern.

Es gibt keine Kraft auf dieser Welt, die mächtiger wäre als die Liebe.

Aus diesem Grunde nähren sich die Kräfte, die sich aus eigener Entscheidung von Gott trennten, wie Parasiten vor allem an den Verfälschungen der göttlichen Liebe.

Die gesamte Branche der Sexindustrie, Pornographie und die Klischeevorstellungen der Beziehung zwischen den Geschlechtern, wie sie in den Massenmedien gefördert und verbreitet werden, sind gerade darauf ausgerichtet, euch von der Manifestation der göttlichen Liebe abzuhalten.

Es scheint harmlos, sich einen Film anzuschauen, der euer Verlangen nach der Befriedigung des Geschlechtsinstinktes schürt. Es erscheint harmlos, einen entblößten Frauenkörper zu betrachten, der für die Werbung von Dingen benutzt wird, die in keiner Weise eurem spirituellen Fortschritt dienen.

In eurem Bewusstsein nistet sich aber ein Hass gegen die göttliche Liebe ein. Ihr verstärkt aus freiem Willen die Filter, die in eurem Bewusstsein eingebettet sind und euch daran hindern, die Eigenschaft der wahren Liebe in eurem Leben zu manifestieren.

Es besteht ein solch gewaltiger Unterschied zwischen der ursprünglichen göttlichen Offenbarung der Liebe und jenem Verständnis von Liebe, das seit den Zeiten dieser gefallenen Zivilisationen Einzug hielt, dass es schwerfällt, überhaupt einen Vergleich zu ziehen.

Es ist wie Leben und Tod.

Eine der Eigenschaften der Heiligen ist die Fähigkeit, den Nektar der göttlichen Gnade in ihrem Herzen zu empfangen. Keine Freude und kein Vergnügen in dieser physischen Welt lässt sich mit dem Empfang der Gnade des Herrn vergleichen.

Nur ein reines Herz kann diese Gnadengabe empfangen.

Der Strom der göttlichen Energie, der Strom der göttlichen Liebe durchdringt alle eure Körper, er liebkost euch. Ihr spürt die Ekstase in jedem Chakra, in allen euren Energiezentren.

Die größte sexuelle Genugtuung, die ihr im Leben auf der physischen Ebene erfahren könnt, lässt sich nicht mit dem Erlebnis der Gnade vergleichen, die euch von Gott gesandt wurde.

Denkt darüber nach, ob es für euch harmlos ist, Pornofilme anzuschauen, schmutzige Reden zu tolerieren oder sich in der Gesellschaft von Menschen aufzuhalten, die sich schmutziges Denken und Handeln erlauben, was Frauen und die Beziehung zwischen den Geschlechtern betrifft.

Jede dieser negativen Schwingungen trägt dazu bei, euch von der göttlichen Liebe zu trennen.

Betrachtet Blumen, die Natur, das Lächeln von Kindern. Schützt eure Liebe unablässig vor jeglichen Manifestationen der Anti-Liebe. Schützt eure Nächsten, schützt eure Kinder. Von der Vorstellung, die die neue Generation von der Liebe bekommt, hängt die Zukunft eures Planeten ab.

Wahre Liebe beginnt mit der Ehrung der Frau, der Mutter. Und die Gefühle, die ihr eurer Mutter gegenüber empfindet, können euer ganzes Leben prägen. Am glücklichsten sind jene Familien, in denen man die Tradition wahrt, die Mutter als Hüterin des heimischen Herdes zu ehren.

Möge euer Bewusstsein niemals mit negativen Gedanken gegen die Mutter, gegen das weibliche Prinzip belastet werden.

Ihr alle seid Mütter auf dieser Welt – sowohl die Männer als auch die Frauen. Ihr seid in die Verkörperung gekommen, um die Eigenschaft der göttlichen Mutter zu meistern. Daher ist die rechte Einstellung und das Verhalten zur Frau, zur Mutter eure Gewähr für die erfolgreiche Meisterung der Eigenschaft der göttlichen Mutter. Und ohne dies könnt ihr den Vater und den Sohn nicht erkennen.

Ich wünsche euch, dass ihr die Eigenschaft der göttlichen Liebe in eurer gegenwärtigen Verkörperung meistert.

ICH BIN die Gegenwart der Bedingungslosen Liebe,
und ich liebkose euch mit den Strahlen meiner Liebe.

Es ist Zeit, ins Haus des Vaters zurückzukehren

Der Geliebte Alpha
8. März 2005

Meine geliebten Kinder, ICH BIN Alpha. Ich habe eine enorme Entfernung überwunden, um jetzt mit euch reden zu können – nicht eine physische Entfernung, sondern eine Entfernung im Bewusstsein dieser Gesandten.

Kinder der Erde, die Zeit einer kosmischen Möglichkeit ist gekommen, von der ihr seit Tausenden von Erdenjahren aus dem Munde von Gesandten und Propheten gehört habt.

Dies ist die Zeit der direkten und unmittelbaren Kommunikation, wenn eure Sinnesorgane nicht länger eure Wahrnehmung der göttlichen Realität begrenzen werden. Es ist die Zeit des Übergangs auf eine neue und feinere Bewusstseinsebene.

Ihr werdet zustimmen, dass die Fähigkeiten eurer Sinnesorgane und die Fähigkeiten eures Bewusstseins nur allzu begrenzt sind.

Ihr seid in der Falle eures begrenzten Bewusstseins gefangen, in die hineinzufallen ihr selbst gewählt habt. Ihr dachtet, dass ihr seiet die Herren eures eigenen Schicksals und eures Planeten sein werdet. Ihr wolltet Göttern gleich sein, doch zuvor hattet ihr eure Welt auf den Rahmen dieses Planeten begrenzt.

Und genau so, wie die Zeit kommt, wenn das Küken aus dem Ei schlüpfen muss, so ist jetzt für euch die Zeit der kosmischen Möglichkeit gekommen, in der ihr endlich über die Grenzen eurer Welt hinaustreten müsst.

Wie lässt sich dies erreichen? Muss man immer neuere, immer vollkommenere Flugmaschinen und immer stärkere Teleskope bauen?

Nein! – Die fernen Welten und die Unendlichkeit, über die euch die Propheten und Gesandten informiert haben, könnt ihr in eurem Inneren erreichen.

Ihr seid nach dem Ebenbild Gottes geschaffen und Gott gleich, und deshalb ist in eurem Schaffen nichts unmöglich.

Erschafft! Vollbringt! Strebt voran!

Suchet, und ihr werdet finden.

Sucht aber nicht in der äußerlichen Welt, die euch umgibt. Sucht in den Tiefen eures Herzens.

Hört auf euer Herz. Niemals wurde diese stärkste Verbindung der Welt zwischen eurem Wesen und mir, eurem Vater im Himmel, unterbrochen. Wie alle Kinder in den Flegeljahren wart ihr einfach selbstsicher und vermessen, ihr wolltet euch selbst erproben. Euch selbst erfahren. Ich habe euch nicht daran gehindert. Ihr habt alles getan, was ihr wolltet – mit euren Körpern und mit eurer Welt.

Aber alles hat seine Grenzen. Die Zeit, die euch zum Experimentieren gegeben wurde, ist abgelaufen.

Es ist Zeit, nach Hause zurückzukehren, zu eurem himmlischen Vater.

Und viele werden nicht zurückkehren. Sie haben sich allzu sehr auf den fleischlichen Muskel verlassen – auf eine unbeständige Illusion, die euch in eurer illusorischen Welt umgibt.

Ihr habt die Illusion durch euer Bewusstsein geschaffen und dazu meine Energie benutzt. Und ihr habt euch selbst in dieser Illusion verstrickt.

Und wie Kinder, wenn sie in irgendwelche Schwierigkeiten geraten sind, Hilfe suchen und sich an ihre Eltern um Hilfe wenden, genauso müsst ihr jetzt mich, euren Vater im Himmel, um Hilfe bitten.

Die Zeit der Zyklenwende ist gekommen, wenn die Entfaltung der Illusion abgelöst wird und ein neuer Abschnitt des kosmischen Schauspiels beginnt – das Zusammenziehen der manifestierten Welten.

Möglicherweise seid ihr mit einigen östlichen Systemen des Weltalls vertraut. Mit dem Atem des Einen. Dem Ausatmen Brahmas. Dem Einatmen Brahmas. Mit der Entfaltung des Universums und seiner Zusammenziehung.

Dies ist kein einmaliger Prozess, und allein der Wendepunkt dauert einige Millionen Jahre an. Und diese Dauer ist für verschiedene Systeme von Welten unterschiedlich und hängt vom Grad der Materialität einer Welt ab.

Für euch ist es jetzt wichtig zu verstehen, dass die Zeit der Vermehrung der Illusion abgelaufen ist und die Zeit der Zusammenziehung der Illusion beginnt.

Dies wird nach irdischen Maßen lange Zeit andauern. Doch der Prozess hat bereits begonnen – ganz gleich, ob einige ungehorsame Kinder dies wollen oder nicht. Die Illusion muss zusammengezogen werden. Das Bewusstsein muss geändert werden.

Und alles, was hartnäckig bleibt und sich dem Gesetz widersetzt, wird einfach wie das Heu und Stroh des letzten Jahres zur Umwandlung dem kosmischen Ofen übergeben.

Wenn Kinder erwachsen werden, verlassen sie das Elternhaus. Sie gehen ins Leben hinaus, sind schöpferisch tätig, gestalten ihr Leben, experimentieren. Auf den Wegen des Lebens umherirrend, kehren leider nicht alle ins Elternhaus zurück.

Ich rufe euch jetzt nach Hause zurück. Ich wende mich an alle meine Söhne und Töchter. Ich liebe euch alle, unabhängig davon, was ihr in diesem oder einem anderen Leben falsch gemacht habt.

Es ist Zeit, ins Haus des Vaters zurückzukehren. Ich bin gekommen, um euer Bewusstsein, eure Erinnerung an euren Ursprung zu wecken.

Ich bin gekommen, um euch an eure erste Liebe zu erinnern.

Kommt zurück. Hört meinen Ruf.

Bemüht euch, mit den feinstofflichen Welten in eurem Herzen in Berührung zu kommen. Beginnt, die andere Realität zu erkennen, und sie wird in euer Bewusstsein eingehen. Euer Bewusstsein wird sich erweitern und fähig sein, die feinstofflichen Welten immer mehr wahrzunehmen.

Und der Schleier wird euch von den Augen fallen, und ihr werdet Engel und Elementargeister sehen. Ihr werdet das Reich Gottes um euch sehen.

Jenes Königreich, das ihr in dieser physischen Welt zu erreichen versucht, wird in dem Maße zu euch kommen, wie ihr in eurem Bewusstsein dieser physischen Welt entsagt.

Seid kühn. Strebt voran.

Ich empfange euch mit offenen Armen im Haus des Vaters.

**ICH BIN Alpha, euer Vater im Himmel,
und ich erwarte eure Heimkehr mit Geduld und Liebe.**

Werdet niemals erwachsen in Fragen der Erkenntnis der göttlichen Wahrheit

Der Geliebte Surya
9. März 2005

ICH BIN Surya, und ich bin an diesem Tage von der Großen Zentralsonne gekommen, um durch unsere Gesandte das Wort Gottes zu geben. Vor fast genau einem Jahr hatte ich die Ehre, den Mantel der Gesandten Gottes auf Tatyanas Schultern zu legen.

Sie konnte damals nicht glauben, dass dieses Ereignis in ihrem Leben viel wirklicher war als das, was um sie herum auf der physischen Ebene geschah.

Der Mantel des Gesandten wird nicht umsonst verliehen. Man muss ihn sich verdienen, und dazu ist mehr als eine Verkörperung erforderlich. Ein Individuum muss in einer ganzen Reihe von Verkörperungen unter Beweis stellen, dass es völlig dem Willen Gottes ergeben ist, um diesen Mantel zu verdienen.

Verdienste in der Vergangenheit müssen aber unbedingt in der gegenwärtigen Verkörperung ihre Bestätigung finden, ohne dies ist die Verleihung des Mantels nicht möglich.

Wie erfolgreich euer Dienst in der Vergangenheit auch gewesen sein mag, so hängt letztendlich alles von euren jetzigen Verdiensten ab.

Aus diesem Grunde schenken wir der Prüfung von Individuen besondere Aufmerksamkeit, die bereits in der Vergangenheit solche Gesandtenmäntel hatten. Wir haben stets einige Individuen, die sich in der Verkörperung befinden, die schon früher solche Gesandtenmäntel trugen und das Potenzial haben, ihr Gesandtentum zu bestätigen.

Die Frage der Verleihung des Mantels an dieses oder jenes verkörperte Individuum wird aber auf höchster Ebene, nämlich auf der Großen Zentralsonne entschieden.

Darum bitte ich euch, den Mantel der Gesandten, der auf Tatyanas Schultern liegt, mit Ehrerbietung anzuerkennen.

Sobald ihr Gesandtentum öffentlich verkündet wurde, wird jede Respektlosigkeit, die ihr gegen unsere Gesandte richtet, automatisch Karma verursachen, das zwischen euch und Gott steht. Und diese Art von Karma ist am schwierigsten zu transmutieren.

Wir schützen unsere Gesandten, und es ist nicht eure Sache zu entscheiden, wen wir wählen.

Unter den Bedingungen, die im Moment auf der Erde vorherrschen, haben wir es uns zur Aufgabe gemacht, die Interaktion zwischen unseren Gesandten zu manifestieren. Ihr wisst bereits, wenn sich in der Vergangenheit zwei verkörperte Gesandte begegneten und in Kontakt miteinander traten, so erkannten sie einander in der Regel nicht als Gesandte an und waren nicht imstande zu kommunizieren. Dies wurde durch die Bewusstseinsebene der Gesandten verursacht und konnte erst dann überwunden werden, wenn ein neuer Abschnitt der kosmischen Möglichkeit beginnt.

Der geliebte Sanat Kumara sagte euch durch diese Gesandte, dass sich die Zeiten geändert haben. Sie haben sich wirklich geändert. Und wir treten in eine neue Entwicklungsstufe ein, in der zwei und mehr unserer Gesandten in der Lage sein werden, einander zu erkennen und zusammenzuarbeiten.

Die Schwierigkeit besteht darin, dass ein und dieselbe göttliche Wahrheit in den Köpfen verschiedener verkörperter Menschen unterschiedlich interpretiert wird, abhängig von den jeweiligen Weltanschauungssystemen, denen das Bewusstsein der Individuen seit Beginn ihrer gegenwärtigen Verkörperung ausgesetzt war.

Gerade darin lag von jeher die Schwierigkeit – Berührungspunkte und gegenseitiges Verstehen in scheinbar völlig unterschiedlichen Anschauungen von Gott zu finden, die durch das äußere Bewusstsein der jeweiligen Individuen zum Ausdruck gebracht wurden.

Wenn ihr euch jedoch in eurem Bewusstsein erhebt und auf eine höhere Bewusstseinsstufe übergeht, so könnt ihr sehen, dass das, was eurem äußeren Bewusstsein als ein unüberwindbarer Widerspruch erschien, in Wirklichkeit nur unterschiedliche Zugänge zu ein und derselben Wahrheit waren.

Glaubt mir, es ist die Sache nicht wert, bei eurem begrenzten Bewusstsein allzu sehr auf einem bestimmten Verständnis dieser oder jener Wahrheit zu beharren. Euer Bewusstsein ist so unvollkommen, dass es einfach dumm wäre, euer eigenes Verständnis der Wahrheit als das einzig wahre und unfehlbare zu behaupten und zu verkünden. Dies kommt einem Streit gleich, bei dem der eine behauptet, die Erde schwimme auf drei Walen im Meer, während der andere darauf besteht, dass sie auf drei Elefanten ruhe.

Heute mag es euch lächerlich erscheinen, sich einen solchen Streit überhaupt vorzustellen. Jedoch beruhten die meisten religiösen Kriege und Konflikte auf ähnlichen Ursachen.

Ihr seid Kinder. Ihr sitzt an der Küste des Ozeans der göttlichen Weisheit, und ihr versucht, diese Weisheit mit eurem kindlich forschenden Geist zu begreifen. Verlasst niemals diesen kindlichen Bewusstseinszustand. Werdet niemals erwachsen in Fragen der Erkenntnis der göttlichen Wahrheit.

Seid wie Kinder, und ihr werdet in eurem Bewusstsein jene Höhen erreichen können, die vergangenen Generationen der Menschheit unzugänglich waren.

Ich betrachte die Erde mit meiner geistigen Vision. Und ich sehe eine immer größere Kluft, die das Bewusstsein der Menschen trennt. Auf der einen Seite stehen die Menschen, die die göttliche Wahrheit in ihr Herz einlassen. Auf der anderen Seite stehen die Menschen, die stur auf einem Verständnis der Wahrheit beharren, welches ihnen vom Glauben ihrer Vorväter hinterlassen wurde und allein aus diesem Grunde recht erscheint. Und dann gibt es noch jene Menschen, die in ihrer Entwicklung derart zum Stillstand gekommen sind, dass sie sich in ihren alltäglichen Dingen nicht länger an den Namen Gottes erinnern.

Wir sind bereit, der irdischen Menschheit alle nur mögliche Hilfe zukommen zu lassen. Wir sind bereit, alle Macht des Himmels einzusetzen, um diese Hilfe zu leisten, aber wir können euch so lange nicht helfen, bis ihr uns um diese Hilfe bittet.

Was hindert euch daran, euch in eurem Herzen aufrichtig an euren himmlischen Vater zu wenden und um Hilfe zu bitten? Was hindert euch daran?

Ich sage euch, was euch daran hindert – es ist euer Karma, das zwischen euch und Gott steht. Und als Erstes müsst ihr den Wunsch haben, dieses Karma in eurem Herzen zu überwinden.

Gott kann alles, aber warum wollt ihr seine Hilfe nicht annehmen?

Ihr habt euren Ursprung vergessen. Ihr habt vergessen, woher ihr gekommen seid.

Beleidigt meine Gesandten nicht, die gekommen sind, um euch daran zu erinnern. Vergesst nicht, dass jede Respektlosigkeit gegen die Gesandten Gottes bedeutet, Gott selbst gegenüber respektlos zu sein. Und dies ist eine schwere Sünde, die sich nur durch großes Leid sühnen lässt.

Es schmerzt mich, jene Leiden zu sehen, die die Menschen der Erde ertragen müssen.

Und ich möchte möglichst vielen dieser Leidenden vermitteln, dass sie ihr Leid selbst verursacht haben und sich von diesem Leid buchstäblich augenblicklich, wie mit dem Schlag eines Zauberstabs befreien können. Ihr müsst nur Gott in eurem Herzen annehmen. Ihr müsst eure Herzen für die göttliche Wahrheit öffnen und in ihrer Erkenntnis wie Kinder sein, die an der Küste des Ozeans sitzen.

Ich lasse euch nun mit euren Überlegungen über Gott und seine Gesandten in euren Herzen allein.

Ich bitte euch, darüber nachzudenken, dass jeder von euch mein Gesandter werden kann. Gesandtentum – das bedeutet einfach, dass man ein gewisses Momentum auf dem Pfad des aufrichtigen Dienens an der göttlichen Wahrheit erreicht hat.

Jetzt möchte ich, dass ihr eure Herzen öffnet und euch wünscht, euch von jener Eigenschaft zu befreien, nur einer einzigen Eigenschaft, die euch eurer Ansicht nach am meisten an eurem Fortschreiten auf dem Pfad hindert.

Wünscht euch aufrichtig in eurem Herzen, euch von dieser Eigenschaft zu befreien, und ich werde euch dabei helfen. Und der Grad dieser Hilfe wird proportional zu eurem Glauben an Gott und die göttliche Wahrheit sein.

Dies ist mein Geschenk an euch, das ich euch heute gebe.

ICH BIN Surya,

und ich hoffe auf ein Treffen mit denen von euch, die bereit sind, diese neue Möglichkeit anzunehmen, diese neue Dispensation.

Ihr müsst eine Pyramide der göttlichen Realität in eurem eigenen Bewusstsein errichten

Gautama Buddha
10. März 2005

ICH BIN der Herr der Welt, Gautama Buddha. Ich bin heute durch diese Gesandte gekommen, die mir die Möglichkeit gegeben hat, durch sie zu sprechen.

Seit meiner Verkörperung als Prinz Siddharta bin ich viele Male auf diesen Planeten gekommen und verweilte in den Tempeln jener Menschen, die sich auf meine Gegenwart vorbereitet haben. Ich tue dies auch weiterhin. Der Grad der Errungenschaften eines Buddhas ermöglicht es euch, eure eigene Gegenwart in viele Individuen zu projizieren, die sich in verschiedenen Systemen von Welten befinden.

Daher kann ein Teil meiner selbst gleichzeitig in vielen Individuen auf diesem Planeten gegenwärtig sein.

Und ich muss euch mitteilen, dass ich unter anderem in dieser Gesandten gegenwärtig bin, wie merkwürdig euch dies auch erscheinen mag. Der Grad meiner Gegenwart in einem Menschen wird vom Niveau seiner Errungenschaften in der jeweiligen Verkörperung bestimmt, und der Grad meiner Gegenwart kann sich von Zeit zu Zeit ändern. Momentan ist der Grad meiner Gegenwart in Tatyana fünfzig Prozent. Das ist sehr hoch, und es ist gerade der Grad meiner Gegenwart, der es ihr ermöglicht, die 33. ätherische Ebene zu erreichen, von der sie diese Botschaften empfängt.

Ich möchte etwas von dem Geheimnis lüften, wie dies geschieht.

Zuerst erhöhen wir die Schwingungen der Gesandten, indem wir die Konzentration der Lichtenergie in ihren Chakren erhöhen. Dabei werden alle ihre Körper koordiniert und mit der höheren Realität des Seins in Einklang gebracht. Wenn der Grad des Einklangs mit der göttlichen Wahrheit unter den gegebenen Umständen den höchstmöglichen Punkt erreicht hat, beginnen wir Energie zu senden, die konkrete Informationen in die niederen Körper der Gesandten überträgt.

Es ist so, als würden wir ein Reservoir mit Lichtenergie füllen.

Das Fassungsvermögen des Reservoirs ist durch den individuellen Grad der Errungenschaften der Gesandten begrenzt. Dann wird diese Energie in eine für die Wahrnehmung zugängliche Form von Gedanken und visuellen Bildern umgewandelt, die im physischen Gehirn der Gesandten entstehen und ausgesprochen oder aufgeschrieben werden können. Bei der Aufzeichnung dieser Gedanken und Bilder wird dann die innere Sprache der Gesandten und ihre persönliche Ausdrucksweise verwendet.

Daher wird die ursprünglich reine Energie, die die absolute Wahrheit in sich trägt, in diesem Stadium der Umwandlung durch die Weltanschauung der Gesandten geprägt und von ihrem äußeren Bewusstsein eingeschränkt.

Ich beschreibe die ganze Verfahrensweise, die wir bei der Übermittlung dieser Botschaften verwenden, so ausführlich, damit ihr versteht, dass wir keine Geheimnisse vor euch haben. Wir sind bereit, alle Geheimnisse des Kosmos offenzulegen. Die Frage ist, ob euer Bewusstsein bereit ist, diese Geheimnisse zu empfangen. Wird es dies aushalten?

Daher wird jedes Mal ein Teil der Wahrheit nicht in Form von Worten, sondern in Form von Energie übermittelt, die der Text der Mitteilung in sich trägt. Das hilft uns, euer äußeres Bewusstsein zu umgehen und uns direkt an jenen Teil eurer selbst zu wenden, der seinen Ursprung niemals vergessen hat, und diesen Teil eurer selbst zu wecken.

Darum ist die wichtigste Aufgabe, die wir durch die Übermittlung dieser Botschaften durch diese Gesandte erfüllen möchten, die Erinnerung an euer wahres Selbst zu wecken und diese tiefe Erinnerung bis zu eurem äußeren Bewusstsein zu bringen.

Ihr habt bemerkt, dass diese Botschaften in sehr einfacher Sprache gegeben werden. Sie erhalten keinerlei komplizierte Darlegungen und ausgeklügelte Wahrheiten. Die göttliche Wahrheit ist nämlich in Wirklichkeit sehr einfach, und sie ist selbst dem Bewusstsein eines Kindes zugänglich. Genauer gesagt, ist sie gerade nur einem kindlichen Bewusstsein zugänglich.

Die sogenannte Lebenserfahrung, die ihr im Laufe eures Aufenthalts auf der Erde sammelt, erschwert in der Regel die Wahrnehmung dieser Wahrheit.

Eure Lebenserfahrung ist das, was es euch ermöglicht, unter den Bedingungen der Illusion der physischen Welt zu existieren. Um aber die göttliche Wahrheit zu erkennen, muss man gerade die in der physischen Welt gesammelten Erfahrungen zurücklassen.

Dies ist jene Eigenschaft, die ihr meistern müsst. Ihr müsst ständig die Gegenwart der beiden Prinzipien in euch spüren, die des geistigen und die des physischen Prinzips. Ihr müsst euch ständig daran erinnern, dass das geistige Prinzip der Hauptbestandteil eurer selbst ist. Der physische Teil eurer selbst ist aber vergänglich und für euch nur in einem bestimmten Abschnitt eurer individuellen Evolution notwendig.

Wenn eure Identifikation mit eurem wahren, geistigen Teil eurer selbst einen bestimmten kritischen Punkt erreicht, beginnt ihr nach und nach den unwirklichen Teil eurer selbst abzulegen. Eure Körper werden immer mehr an Dichte verlieren, und allmählich werdet ihr euch von euren physischen Körpern befreien. Ihr müsst aber verstehen, dass dies kein einmaliger Prozess ist. Dies ist ein Prozess, der viele Hunderttausende und Millionen von Jahren dauert. Gleichzeitig mit der Veränderung eurer physischen Körper wird sich auch die physische Umgebung eurer Welt ändern, die im Grunde genommen nur ein Spiegel ist, in dem sich euer Bewusstsein widerspiegelt.

Deshalb werdet ihr in Hunderttausenden von Jahren in einer anderen, weniger dichten Welt existieren. Dies wird aber erst dann geschehen, wenn ihr euer Bewusstsein verändert habt.

Ihr versteht also, dass alles, was sich allzu sehr an Dinge dieser illusorischen Welt bindet, in der neuen Realität nicht existieren kann, die der Plan Gottes für diesen Planeten ist, genau wie auch für andere Planeten und Welten.

Und wahrlich, diese Menschen können mit dem Gras des letzten Jahres verglichen werden, das in der neuen Welt nicht existieren kann und schlichtweg einem kosmischen Ofen übergeben werden muss.

Wir kommen immer wieder, um euer Bewusstsein für die Erkenntnis der neuen Epoche, der neuen Zeit, zu erwecken.

Und wir wiederholen für euch unermüdlich immer wieder ein und dieselben Dinge. Und wir werden dies immer wieder tun, bis ihr euch mit dem unsterblichen Teil eurer selbst identifiziert und aufhört, euch an die alte Welt, euer altes physisches Zuhause zu klammern, das euch treu diente und euch die Möglichkeit gab, alles Notwendige für die Entwicklung eurer Seelen zu erhalten.

Jetzt ist es aber an der Zeit, in ein neues und vollkommeneres Haus umzuziehen. Und gerade jetzt ist der Moment gekommen, da ihr dieses Haus für euch selbst bauen müsst.

Und dieser Bau erfolgt in eurem Inneren durch die Veränderung eures Bewusstseins, und es ist ein grandioses Bauwerk. Ihr müsst in eurem eigenen Bewusstsein eine Pyramide der göttlichen Realität errichten.

Und ihr tut dies bereits. Ihr errichtet diese Pyramide, indem ihr diese Botschaften lest und wichtige Informationen in Form von Worten und Energien erhaltet, die für die Veränderung eures Bewusstseins erforderlich sind.

Ich bin froh über dieses Treffen mit euch. Und ich wünsche euch viel Erfolg auf eurem Weg.

ICH BIN Gautama, und ich hoffe auf ein Treffen mit euch in der näheren Zukunft durch diese Gesandte.

Über die Glaubwürdigkeit von Botschaften, die in die physische Welt kommen

Sanat Kumara
13. März 2005

ICH BIN Sanat Kumara, und ich bin wieder durch meine Gesandte gekommen. Gedankenformen und Bilder dieser dichten Welt beeinflussen das Bewusstsein jedes Menschen. Diese Formen und Gestalten schwimmen wie riesige Fische im Aquarium umher und suchen danach, wessen Bewusstsein sie verschlingen können. Daher besteht unsere Aufgabe darin, diese unvollkommenen Vorbilder und Muster und ihren negativen Einfluss soweit wie möglich zu beseitigen. Das Vorhandensein dieser Energieansammlungen und ihre unkontrollierbaren Bewegungen im Raum erschweren unsere Arbeit sehr.

Das menschliche Bewusstsein ist sehr beweglich. Es scheint, dass ein Mensch sich in einem bewegungslosen Zustand befindet, doch sein Bewusstsein wird im gleichen Moment von energiegeladenen Bildern und Gestalten angezogen, die mit seinen Schwingungen im Einklang stehen, und es kann durch verschiedene Schichten der astralen und mentalen Welt reisen.

Daher ist die Aufgabe, reines Wissen zu vermitteln, nur sehr schwer umzusetzen.

Dies ist die erste Einschränkung. Die zweite Einschränkung ist mit jenen Schichten des Bewusstseins verbunden, die von einem Menschen aufgebaut wurden – vom Empfänger der Information oder von dem Gesandten in seiner gegenwärtigen Verkörperung. Diese Energie ist jung und sehr aktiv, und es ist unmöglich, diese Energie völlig zu überwinden.

Das sind die beiden Hauptprobleme, mit denen wir bei der Übermittlung von Informationen aus der feinstofflichen Ebene in die physische Welt konfrontiert werden.

Eine besondere Schwierigkeit ist mit der wörtlichen Übermittlung von Informationen verbunden, den sogenannten Diktaten. Ihre Qualität ändert sich von Mal zu Mal, von einer Übermittlung zur anderen.

Die Glaubwürdigkeit der übermittelten Informationen ändert sich daher ständig. Und diese Glaubwürdigkeit kann mal besser, mal schlechter sein. Deshalb kann man die Glaubwürdigkeit eines Informationsempfängers erst nach längerer Zeit beurteilen. In diesem Fall ist die folgende Aussage zutreffend: Wenn es die Wahrheit ist, so wird sie nicht aufhören, sich zu manifestieren. Wenn es ein zufälliger Vorgang ist, der von bestimmten astralen Energieansammlungen hervorgerufen wurde, so wird der Vorgang des Empfangens von Informationen nach einiger Zeit beendet, die durch die innere Kraft dieser Energieansammlung bedingt ist, oder die Qualität der empfangenen Informationen offenbart ihre Quelle.

Ein Mensch, der von solchen blinden Astralkräften geleitet wird, ist selbst nicht imstande, die Qualität der empfangenen Informationen einzuschätzen.

Daher ist der Prozess des Empfangs von Botschaften sehr kompliziert und erfordert bedeutende Bemühungen sowohl von uns selbst als auch seitens des Empfängers der Informationen.

Die Glaubwürdigkeit der in den Botschaften enthaltenden Informationen kann sich auch von Zeit zu Zeit ändern.

Möglicherweise fragt ihr, warum wir Individuen finden müssen, die in der Lage sind, unsere Botschaften zu empfangen, und warum wir immer weiter Botschaften und Diktate geben müssen?

Die Antwort darauf ist bereits in der Frage selbst enthalten. Wir tun dies, weil es ein notwendiger Zeitabschnitt ist, vor dem die Menschheit jetzt steht. Viele Menschen beginnen, die feinstoffliche Welt zu hören und mit verschiedenen Kräften in Kontakt zu treten. Nicht alle diese Menschen begreifen, was für Kräfte es sind, mit denen sie zu kommunizieren beginnen. Und unter ihnen gibt es durchaus freundliche und wohlwollende Wesen. Es gibt aber auch äußerst böswillige Wesen, die einen Menschen, der in ihre Gewalt gekommen ist, zu eigennützigen Zwecken ausnutzen. Und das eigennützige Ziel ist es, wie in all dieser unwirklichen Manifestation, die Menschen so weit wie möglich von der Erkenntnis der göttlichen Realität wegzuführen.

Alles in dieser Welt hat zwei Seiten. Jede Tätigkeit in dieser Welt ist dual und kann sowohl auf das Gute und das allgemeine Wohl ausgerichtet sein, als auch auf das Böse, den Tod, die Hölle.

Der Empfang von Botschaften unterscheidet sich nicht von jeder anderen Aktivität und jeder anderen Manifestation in dieser dualen Welt.

Sobald eine neue Erfindung erscheint, die anfangs auf das Gute und das Gemeinwohl ausgerichtet ist, beginnen die illusorischen Kräfte dieser Welt beinahe augenblicklich von dieser Erfindung Besitz zu ergreifen und sie für die Verwirklichung genau entgegengesetzter Ziele zu nutzen. Nehmt ein beliebiges Beispiel. Eine der neueren Erfindungen ist das Internet, das ein großes Maß an Freiheit verleiht, indem es eine fast augenblickliche Kommunikation über Ozeane und Kontinente hinweg ermöglicht. Noch vor einigen Jahrzehnten hätte das menschliche Gehirn eine solche Möglichkeit für eine Art Fantasie gehalten. Und welche Inhalte füllen heute das Internet? – Anstatt Ideen des Guten zu tragen, ist es zu 90 Prozent mit höchst zweifelhaften Vorbildern und Mustern angefüllt, die vom dualen menschlichen Intellekt erzeugt wurden.

Körnchen der Wahrheit gibt es auch in diesem weltweiten Informationssystem, und zwar im gleichen Verhältnis, wie es die Wahrheit in dieser Welt gibt. Eins zu zehn. Ja, die Wahrheit, die göttliche Wahrheit, ist in der Welt heutzutage nur zu 10 Prozent vorhanden.

Die Kommunikation mit den feinstofflichen Welten ist keine Ausnahme von dieser Regel. Und der Prozentsatz der Zuverlässigkeit der Informationen, die in den Botschaften von der feinstofflichen Ebene enthalten sind, ist das gleiche Verhältnis von 1:10.

Das bedeutet nicht, dass die Glaubwürdigkeit aller Mitteilungen so gering ist. Es gibt Mitteilungen, die mit einem Wahrheitsgehalt von 95 Prozent und höher in diese Welt kommen. Aber 90 Prozent solcher Mitteilungen enthalten Unwahrheit und Lüge.

Deshalb verwenden wir für jene, die uns repräsentieren und mit denen wir arbeiten, bestimmte Verfahren bei der Informationsübermittlung. Wir geben ihnen Schlüssel für den Zugriff zu dieser Information, die nur ihnen bekannt sind und die sie im Laufe einer langfristigen Ausbildung erhalten, während der unsere Gesandten gewisse überaus schwierige Prüfungen durchschreiten und ihr Recht unter Beweis stellen, aus der göttlichen Quelle Informationen zu empfangen.

Um jedoch die Möglichkeit zu haben, die Qualität und Echtheit von Informationen selbst zu beurteilen, die aus verschiedenen Quellen stammen, müsst ihr die Fähigkeit entwickeln, die Ebene dieser Information zu unterscheiden. Ihr müsst zuhören und zwischen den Schwingungen unterscheiden, die in den Botschaften aus den feinstofflichen Welten enthalten sind.

Selbst der Mantel unserer Gesandten gewährt nicht die Möglichkeit, ständig die Wahrheit nahezubringen. Der Wahrheitsgehalt ändert sich von Mal zu Mal, von einer Sitzung zur anderen und ist sowohl von den äußeren Bedingungen als auch vom inneren Zustand des jeweiligen Gesandten abhängig.

Ich habe heute über das schwierige Thema der Glaubwürdigkeit von Mitteilungen gesprochen, die in die physische Welt kommen.

Da sich aber dieser Prozess der Kommunikation zwischen den Welten weiterentwickelt, werden diese Kenntnisse für euch notwendig sein, um jene zehn Prozent der Wahrheit in allem finden zu können, was euch umgibt und was aus den verschiedenen Informationsquellen zu euch kommt: aus dem Radio, den Zeitungen, dem Fernsehen, dem Internet und eben auch aus den Botschaften, die ihr aus der feinstofflichen Welt erhaltet.

Der einzige Rat, den ich euch daher geben kann und der euch vor den neunzig Prozent der Unwahrheit und Lüge in eurer Welt schützt, betrifft die Vervollkommnung eures eigenen Empfängers.

Reinigt eure Körper. Reinigt euren physischen Körper, euren mentalen Körper, euren astralen Körper, euren ätherischen Körper.

Achtet sorgfältig darauf, mit welchen Menschen ihr den Umgang pflegt, und achtet auf eure Gedanken und Gefühle.

Kontrolliert euch selbst im Laufe des Tages. Woran denkt ihr? Befindet ihr euch in einem harmonischen Zustand?

Glaubt nicht, dass die Entscheidungen, die ihr tagsüber trefft, für euch unverfänglich sind.

Eure Vorlieben, jede von euch getroffene Wahl, womit ihr euch am liebsten beschäftigt, all dies haftet an euch wie ein dauerhafter energetischer Belag, der sich nur schwer im Laufe einer einzigen Verkörperung beseitigen lässt.

Alles, was euch umgibt, ist Energie, Schwingungen. Und wenn ihr unvollkommenen Tätigkeiten den Vorzug gebt, legt ihr euch freiwillig immer mehr Einschränkungen auf.

Eine für einen gewöhnlichen Menschen normale Beschäftigung, die völlig harmlos erscheint, kann euer Fortschreiten auf dem Weg auf unbestimmte Zeit hinauszögern.

Achtet darauf, was ihr im Laufe des Tages macht. Wie viel Zeit verschwendet ihr damit, endlose TV-Serien anzuschauen, im Pausenzimmer zu plaudern und im Umgang mit sogenannten Freunden? Ist all dies wirklich für euer spirituelles Wachstum notwendig?

Ihr könnt euch nicht augenblicklich von euren Fesseln befreien, aber ihr könnt es allmählich tun, Schritt für Schritt, Tag um Tag, indem ihr eine Abhängigkeit und Bindung nach der anderen aufgebt, unaufhaltsam auf dem Weg voranschreitet und euch allein von eurem inneren Streben leiten lasst, nach Hause zurückzukehren, zu Gott. Dieses Streben wohnte euch von Anbeginn inne und ist euch auch heute noch eigen. Ihr müsst euch nur an eure erste Liebe erinnern. Und losgehen.

ICH BIN Sanat Kumara,

und ICH BIN immer bei euch auf eurem Weg.

Trinkt den Nektar der göttlichen Energie

Der Geliebte Surya
14. März 2005

ICH BIN Surya, und ich bin erneut durch diese Gesandte gekommen. Genau vor einem Jahr legte ich auf der Großen Zentralsonne den Mantel des Gesandtentums auf ihre Schultern. Und genau ein Jahr war erforderlich, um diesen Mantel zu aktivieren.

Der Dienst in Form des Empfangens von Botschaften ist von größter Verantwortung. Dies ist die Möglichkeit und Hilfe, die die Aufgestiegenen Lichtwesen zur Zeit der irdischen Menschheit geben.

Die Botschaften enthalten unsere Schwingungen, unsere Energie. Und wenn die Worte einer Botschaft durch das Bewusstsein eines verkörperten Gesandten verzerrt wiedergegeben werden können, so kann doch die energetische Komponente, die von uns bei der Übermittlung in die Botschaften hineingelegt wurde, nur auf unseren Wunsch hin entfernt werden.

Ihr könnt die Energie, die in den Botschaften enthalten ist, nicht nur als eine Schwingung der Reinheit spüren (um eine hohe Schwingung spüren zu können, müsst ihr mit dieser Schwingung im Einklang stehen). Ihr könnt die Energie durch euer Interesse an dieser Botschaft spüren.

Ihr werdet einfach die Botschaft lesen wollen. Und euer äußeres Bewusstsein erkennt nicht einmal, dass während der Lektüre alle eure Körper den Nektar der göttlichen Energie empfangen.

Eure Körper verspüren ständigen Hunger, sie verlangen buchstäblich nach der göttlichen Energie. Die Schwingungen der euch umgebenden Welt stellen eine Art energetisches Surrogat dar. Dies ist Nahrung, die eure feinstofflichen Körper nicht mit der notwendigen Energie versorgt.

Ihr braucht unsere Speise. Ihr müsst genährt werden.

Und wir tun dies immer und immer wieder durch jeden unserer Gesandten – besonders am Anfang ihrer Tätigkeit, wenn die Attacken der

Mächte der Finsternis, der uns entgegenstehenden Kräfte auf unseren energetischen Kanal noch nicht so intensiv sind.

Trinkt den Nektar der göttlichen Energie, erinnert euch an das Haus des Vaters. Hört die vertrauten Schwingungen der höheren Welten, und erinnert euch stets an diese Schwingungen.

Ich möchte so sehr einem jeden von euch über den Kopf streichen, euch liebkosen, euch meinen Schutz, meinen Trost, meine Liebe und meinen Frieden geben.

Ihr seid Kämpfer in dieser Welt, ihr seid Kämpfer des Geistes, und ihr führt einen unablässigen Kampf. Dieser Kampf begann mit der Manifestation der Illusion, und er wird erst dann enden, wenn das Universum diesen Zyklus seiner Existenz beendet und die manifestierten Welten zusammengezogen werden. Bis dahin wird sich dieser Kampf zwischen den Mächten des Lichtes und der Finsternis fortsetzen, die einander entgegenstehen und ineinander übergehen.

Ewige Bewegung, ewiges Streben und ein ewiger Widerstand gegen die Entwicklung.

Die verkörperte Menschheit hat unterschiedliche Bewusstseinsebenen. Und unterschiedliche Bewusstseinsebenen verstehen diesen Kampf unterschiedlich und versuchen auch auf unterschiedliche Weise daran teilzunehmen.

Alles wird wirklich vom Bewusstsein eines Menschen bestimmt. Ein Ritter des Mittelalters ist im Begriff, ins Feld zu ziehen, um das heilige Grab des Herrn zu verteidigen. Versucht ihm zu erklären, dass er den Kampf, der in dieser Welt geführt wird, falsch versteht.

Versucht in der heutigen Zeit den Selbstmordattentätern zu sagen, dass sie den derzeit laufenden Kampf falsch verstehen.

Versucht jenen Menschen zu erklären, die die Lehre von einem früheren Gesandten erhielten und nun auf Erden mit Worten Gericht halten wollen, dass sie den Kampf nicht richtig verstehen.

Ihr könnt euch vorstellen, wie eure Versuche enden würden, diese unterschiedlichen Menschen davon zu überzeugen, dass sie im Unrecht sind.

Dies ist ihre Ebene der Erkenntnis der göttlichen Realität. Und sie sind bereit, aufrichtig viele Dinge im Leben zu opfern, sogar das Leben selbst zu opfern für den Sieg der Kräfte, die sie zu verteidigen suchen.

Das Problem besteht darin, dass das Bewusstseinsniveau dieser Menschen bestimmt, welche Kräfte sie wirklich verteidigen.

Und wenn sie mit dem Bewusstsein Buddhas oder Christi ausgestattet wären, so würden sie verstehen, dass jede Manifestation des Kampfes auf der physischen Ebene oder auf den feinstofflichen Ebenen der Gedanken und Gefühle nur zu einer Vermehrung der Illusion beiträgt.

Und die beiden Kräfte, die im Rahmen dieser Schöpfung miteinander streiten, sind einerseits die Kräfte der Illusion, die auf eine Vermehrung der Illusion ausgerichtet sind, und andererseits die Kräfte der wahren göttlichen Welt, die auf die Zusammenziehung der Illusion ausgerichtet sind. Dies ist der Kampf im Himmel, der so lange andauern wird, wie das manifestierte Universum und die manifestierten Welten existieren.

Dieser Kampf, ausgetragen bis auf die Bewusstseinsebene der heute lebenden Menschen, wird von ihnen entsprechend ihrem eigenen Bewusstsein wahrgenommen. Und ihr Handeln in diesem Kampf stimmt voll und ganz mit den energetischen, karmischen Ansammlungen überein, die sie in der Vergangenheit angehäuft haben. Und jene Ritter, die bereit waren, Andersgläubige in einem scheinbar gerechten Kampf für Christus zu töten, führen jetzt mit Worten Krieg, binden weiterhin die Mächte der Finsternis und kämpfen gegen sie mit etwas anderen Mitteln.

Und wenn man ihnen sagt, dass sie vom Standpunkt der Lehre Buddhas und Christi unrecht handeln, so werden sie euch niemals glauben. Denn dies ist die Ebene ihres Bewusstseins.

Die Energie in ihrem elektronischen Gürtel muss sich erst erschöpfen. Sie wird in verschiedenen Verkörperungen immer wieder zu ihnen zurückkehren, bis ihr Bewusstsein sich auf eine Ebene erhebt, auf der es den wahren Sinn des Kampfes zu verstehen beginnt, der sich in dieser Welt vollzieht.

Dieser Kampf wird so lange fortbestehen, wie das Bewusstsein der Menschheit diesen Kampf in seinem Inneren zulässt.

Diese Welt ist ein Spiegelbild des menschlichen Bewusstseins. Und dasjenige Individuum, das das Bewusstsein eines Buddhas erlangt, dasjenige Individuum, das in seinen Meditationen jenen Zustand erreicht, den man Nirvana nennt, versteht, dass es in diesem Zustand keinen Kampf geben kann. In diesem Zustand existieren nur Liebe, Harmonie, Glückseligkeit Freude – alle göttlichen Eigenschaften, die nicht durch den niederen Zustand des menschlichen Bewusstseins getrübt werden.

Seht ihr um euch herum viele Buddhas, die in Meditation versunken sind?

Ihr werdet es mir vielleicht nicht glauben, aber ein einziger solcher Buddha vermag die Balance für den ganzen Planeten zu halten.

Eines Tages werden in euren Städten auf den Parkbänken und unter den Bäumen Buddhas in Meditationshaltung sitzen, und niemand wird ihnen besondere Beachtung schenken, weil es ein so natürlicher Anblick sein wird wie die Rentner, die mit ihren vierbeinigen Freunden spazierengehen. Wenn dies geschieht, wird es keinen Terrorismus und keine eifrig streitenden Dogmatiker mehr geben, die verschiedene religiöse Bekenntnisse verteidigen und einander beweisen wollen, dass ihr eigenes Verständnis von Gott das Richtigste ist.

Bis dies aber geschieht, wird jeder seine eigene karmische Last abarbeiten und im Leben auf solche Situationen stoßen, die ihn zu einer neuen Ebene der Entwicklung des Bewusstseins antreiben werden, zu einer neuen Stufe, die zur Erkenntnis der göttlichen Wahrheit führt.

Ich werde wiederkommen. Ich hoffe, dass ich zurückkommen werde und eurem Denken die richtige Richtung geben kann. Zumindest hoffe ich, dass es Menschen in der Verkörperung geben wird, die bereit sind, die Lehre des Buddhas zu hören.

ICH BIN Surya.

Wir weisen euch den Weg

Sanat Kumara
15. März 2005

ICH BIN Sanat Kumara. Ich bin gekommen. Es ist schon zur Tradition geworden, Botschaften durch diese Gesandte zu übermitteln. Wir werden damit fortfahren, bis sich die äußeren oder inneren Umstände ändern.

Bei der heutigen Weltlage ist es eine große Seltenheit, einen ausreichend reinen Kanal für den Empfang unserer Informationen zu finden.

Beim Lesen dieser Botschaften sind euch in eurem Bewusstsein einige Zweifel gekommen. Es gibt tatsächlich einen gewissen Unterschied zwischen der hier dargebotenen Information und der Art und Weise, wie diese Information durch andere verkörperte Menschen, durch andere Gesandte gegeben wird.

Und dieser Unterschied besteht in einer größeren Offenheit. Wir bemühen uns hier, die Informationen nicht nur in den Bahnen alter Lehren zu geben, die ihr in der letzten Zeit erhalten habt. Wir bemühen uns auch, euer Verständnis der feinstofflichen Welt zu erweitern. Jedes Weltanschauungssystem, wie gut es auch aufgebaut sein mag, wird die feinstoffliche Realität bestenfalls nur sehr ungefähr beschreiben. Deshalb haben wir einen anderen Weg gewählt – wir geben hier die Informationen, ohne sie an ein konkretes, bereits bestehendes System oder eine Terminologie zu binden. Wie ihr bereits feststellen konntet, verwenden wir nur sehr wenige Begriffe aus anderen Religions- und Weltanschauungssystemen.

Die Absicht ist einfach. Die Wahrheit muss auf eine solch zugängliche Weise dargelegt werden, dass selbst ein Kind sie verstehen kann.

Ihr habt selbst gesehen, wie kompliziert und schwer verständlich manche Systeme mitunter sind. Der Aufbau des Universums ist tatsächlich sehr kompliziert und für das menschliche Bewusstsein in diesem Abschnitt seiner Entwicklung kaum verständlich.

Deshalb, wie sehr wir auch versuchen, einige Dinge vereinfacht darzulegen, ihr seid nicht imstande, sie wahrzunehmen. Darum haben wir einen anderen Weg gewählt. Dieser Weg bietet eurem Bewusstsein einfach die richtige Richtung und Orientierung. Wenn ihr wisst, in welche Richtung ihr gehen müsst, dann könnt ihr selbst voraussehen, was ihr alles für den Weg braucht. Ihr werdet selbst die spirituellen Werkzeuge und die spirituellen Praktiken und Methodiken finden, die für euch am besten geeignet sind. Aber ihr werdet nicht mehr hier und da umherirren, weil eure innere Orientierung, der Kompass eures Bewusstseins, in die richtige Richtung weist.

Und diese Richtung wird vorsichtig und rücksichtsvoll vorgegeben, um keine Ablehnung durch euer äußeres Bewusstsein hervorzurufen. Ihr habt bemerkt, dass alle – oder fast alle – Informationen, die durch diese Gesandte übermittelt werden, für euch akzeptabel sind. Euer Bewusstsein sucht nach Widersprüchen, es sucht nach etwas, woran sich euer kritischer Verstand festklammern kann. Und es findet nichts.

Denn je höher die Ebene der Darlegung der Wahrheit ist, umso schwieriger ist es, Widersprüche zu finden.

Wir können ein Beispiel geben. Vor euch seht ihr einen Gipfel – den Gipfel des göttlichen Bewusstseins, der mit einer strahlend weißen Schneekuppe bedeckt ist. Wenn ihr aber zu diesem Gipfel aufbrecht, geht ihr zunächst in einen Wald, dann irrt ihr durch Felsklüfte und erklimmt schließlich die Felsen. Und ihr seht den Gipfel nicht länger vor euch.

Dies ähnelt dem, wie ihr in die Struktur einer Kirche oder Organisation geratet, jede mit ihren eigenen Regeln, Richtlinien, Dogmen. Ihr werdet buchstäblich in ein undurchdringliches Dickicht aus Dogmen und Regeln eingehüllt. Niemand erinnert sich länger daran, wozu diese Regeln festgelegt wurden, doch von euch verlangt man, dass ihr diese Regeln unbedingt befolgt, sonst werdet ihr im Höllenfeuer brennen, oder alles nur erdenkliche Unheil dieser Welt wird euch ereilen.

Wenn ihr euch aber immer wieder an jenen Gipfel des göttlichen Bewusstseins erinnert, zu dem ihr strebt, so werdet ihr das Dickicht, das sich mit seinen Dornen an euch festklammert, ohne Schaden überwinden.

Genauso ist es, wenn ihr in den dichten Wald eintretet, der aus den Dogmen Jahrhunderte alter Religionen besteht, und wenn ihr hinter diesen Dogmen und Regeln nicht länger den blauen Himmel sehen könnt, dann erinnert ihr euch an den göttlichen Gipfel, der das Ziel eures Weges ist, und so findet ihr einen Weg aus diesem Wald heraus.

Wenn ihr euren Weg fortsetzt und über Felsen und Steinspalten zu klettern beginnt, die aus neuen, jungen und noch rutschigen und wackeligen Lehren zusammengesetzt sind, so erinnert ihr euch an den göttlichen Gipfel, und ihr werdet Hilfe und Unterstützung erhalten – sei es durch die helfende Hand eines Freundes oder durch ein Seil, das eure weiter aufgestiegenen Brüder und Schwestern euch herablassen.

Diese Botschaften sind nicht für Menschen, die auf einer Waldwiese an einem Bach Frieden gefunden haben, wo die Vögel zwitschern und Schmetterlinge sich tummeln. Solche Waldwiesen gleichen jenen Lehren und Sekten, wo man euch einredet, dass ihr die Glückseligkeit in eurer Welt suchen müsst, und dass ihr alle lieben und nur die besten menschlichen Eigenschaften manifestieren sollt.

In eurer Welt kann es keine Vollkommenheit geben. Und je länger ihr euch als Heilige aufspielt, desto schmerzhafter wird der Schlag, der euch schließlich treffen wird. Dieser Schlag reißt euch aus eurem Schlaf auf dieser wunderschönen Waldwiese und motiviert euch, zum Gipfel zu gehen und dabei euch selbst und eure eigenen Unvollkommenheiten zu überwinden. Während des Aufstiegs werden alle eure alten Wunden, Verletzungen und Traumata zu euch zurückkehren, die ihr euch in dieser und in vergangenen Verkörperungen zugezogen habt.

Ihr werdet weiter voranschreiten und den Schmerz dieser Traumata, Verletzungen, Wunden und Krankheiten überwinden.

Unsere Aufgabe ist es, euch den Weg und die richtige Richtung zu weisen. Gehen müsst ihr aber selbst, jeder seinen eigenen, individuellen Weg.

Aber wenn ihr die richtige Richtung erhalten habt, werdet ihr euch nie wieder verirren.

Wir weisen euch den Weg zum höchsten Gipfel, dem Gipfel der Erkenntnis der göttlichen Realität.

Hier ist der Weg. Geht nun. Seid kühn, und schreitet unaufhaltsam in eurer Entwicklung voran.

Los geht's!

ICH BIN Sanat Kumara,
und ich bin mit euch auf dem ganzen Weg.

Ferne Welten stehen für Besuche offen, und sie warten auf euch

ICH BIN WAS ICH BIN

16. März 2005

ICH BIN WAS ICH BIN, und ich spreche aus deinem Inneren.

Angemessenheit, Einklang sind Eigenschaften, die man unbedingt besitzen muss, um Botschaften aus der feinstofflichen Ebene empfangen zu können. Ohne diese Eigenschaften ist es unmöglich, einen Zustand völliger Losgelöstheit von allem zu erreichen, was euch auf der physischen Ebene umgibt, und euer Bewusstsein ganz von der umgebenden Realität zu lösen und emporzusteigen.

Man kann den Austritt aus dem Körper und das Aufsteigen in die höheren Welten als einen Aufstieg zum Gipfel visualisieren. In der Tat ist der Moment des Übergangs auf die feinstoffliche Ebene mit einer Erhöhung des Schwingungsniveaus verbunden. Wäre der physische Körper auf derartige Reisen in Raum und Zeit besser vorbereitet, so ließe sich eine Schwingungsebene erreichen, auf der man in eine beliebige Richtung und ein beliebiges Weltensystem reisen könnte.

Der physische Tempel, der physische Kanal ist aber äußerst grob und kann nicht einmal eine geringe Erhöhung der Schwingungen aushalten. Er würde einfach verbrennen.

Deshalb verwenden wir für unsere Reisen die feinstofflichen Körper. Und ihre Bereitschaft für derartige Reisen tritt hier in den Vordergrund. Bei den meisten Menschen sind die feinstofflichen Körper so sehr verletzt, dass sie weder die richtige Form noch die nötige Leichtigkeit haben.

Der Zustand der feinstofflichen Körper hängt ganz von der Ebene des Bewusstseins eines Menschen ab. Daher ist die Reise zu fernen Welten für den Großteil der irdischen Menschheit schlichtweg unmöglich. Eure feinstofflichen Körper – das seid ihr selbst, nur in einer feinstofflicheren Welt. Und in dem Maße, wie euer Bewusstsein bereit ist, die feinstoffliche Welt zu akzeptieren, erlangt ihr Mobilität in der feinstofflichen Welt.

Der Großteil der Menschheit kann in der Regel nicht höher aufsteigen als bis zu den Schichten der sogenannten dichten Astralwelt. Und diese

Schichten bieten nicht die Möglichkeit, sich von der Erde zu lösen und die höheren und weiterentwickelten Systeme des Universums zu besuchen.

Daher rückt die Aufgabe in den Vordergrund, die feinstofflichen Welten zu akzeptieren, und die Aufgabe, die eigenen feinstofflichen Körper zu vervollkommnen, um die Fähigkeit zu erlangen, durch diese Welten zu reisen.

Ihr müsst die Fähigkeit erlangen, euren physischen Körper zu verlassen und in andere Welten zu reisen. Diese Fähigkeit ist die nächste Stufe in der Entwicklung des menschlichen Bewusstseins, und sie wird von der Menschheit erworben, genauso wie ihr euch von euren „Raumanzügen aus Fleisch und Blut" befreien sollt, die euch binden.

Ferne Welten stehen für Besuche offen, und sie warten auf euch. Ihr müsst aber die nötige Leichtigkeit erlangen und euch von der Last eurer karmischen Ansammlungen auf diesem Planeten befreien.

Die Teilbarkeit der Körper, die Reisen durch den Raum in feinstofflichen Körpern – dies ist ein sehr nahes Stadium in der Evolution des Menschen, wenn er von einem Wesen, das durch den Rahmen eines einzigen Planeten begrenzt und an diesen Planeten gebunden ist, zu einem kosmischen Wesen wird, zu einem Wesen, dessen Zuhause der gesamte Kosmos, das ganze manifestierte Universum ist.

Dieser Abschnitt in der menschlichen Evolution öffnet sich vor euch, sobald ihr die Schule der Erde abgeschlossen habt. Bis dahin werden allerdings noch viele Menschenjahre vergehen.

Ich möchte das Thema des sogenannten Aufstiegs ansprechen.

Man kann nicht sagen, dass euch durch frühere Gesandte falsche Kenntnisse über den Aufstieg vermittelt wurden. Aber der Aufstieg als ein Prozess, bei dem ihr diese physische Welt für immer verlasst und zu einer Existenz auf der feinstofflichen Ebene übergeht, wird sich nicht so vollziehen, wie ihr euch das vorstellt.

Ihr steigt allmählich auf, wie in Schritten, indem ihr von einer Rasse zur nächsten übergeht, von einem kosmischen Zyklus zum nächsten. Aber ein endgültiger Aufstieg als Prozess zum Erlangen eines endgültigen Ziels ist unerreichbar. Denn die Entwicklung ist unendlich und kann niemals zum Stillstand kommen. Kein Ziel ist jemals das endgültige Ziel.

Ihr steigt jeden Tag in eurem Bewusstsein, in euren Schwingungen auf, und ihr erlangt immer mehr Freiheit und erreicht jenes energetische Niveau, dem eure Schwingungen entsprechen.

In eurem Inneren gibt es einen Teil, der den sogenannten Aufstieg bereits in vergangenen kosmischen Zyklen erreicht hat. Dieser Teil ist euer Christus-Selbst, oder euer Höheres Selbst. Und es ist jener Teil von euch selbst, mit dessen Hilfe ihr alle eure niederen Körper aus der Materialität herauszieht.

Euer Christus-Selbst ist euer Halt und Ankerpunkt, euer Begleiter, der euch den Weg weist und euch führt.

Deshalb ist die Verbindung mit dem höheren Teil eures Selbst so notwendig. Und in der heutigen Zeit wird diese Verbindung für immer mehr Menschen, die in der Verkörperung sind, zur Realität.

Indem ihr euer Energieniveau erhöht, erhaltet ihr die Möglichkeit, mit eurem Christus-Selbst zu kommunizieren. Und ihr erhaltet außerdem die Erfahrung der Kommunikation mit dem höchsten Teil eures Selbst, eurer ICH-BIN-Gegenwart. Es wird sich genau das ereignen, was ihr in eurem Bewusstsein zulasst.

Wenn ihr in eurem Inneren, in eurem Bewusstsein zulasst, dass ihr mit eurem Höheren Selbst kommunizieren könnt, so werdet ihr früher oder später die Möglichkeit dazu bekommen.

Einmal geschah es, dass Tatyana nicht länger die Antworten ihres Höheren Selbst hören konnte. Das war ein ziemlicher Schock für sie. Das heißt, die Verbindung zu dem höheren Teil ihres Selbst war so natürlich für sie geworden, dass sie einfach nicht verstehen konnte, was sie ohne diese Verbindung weiter tun sollte.

Genauso ist es mit eurem eigenen Bewusstsein. Solange es keinerlei Gedanken an eine Kommunikation mit eurem Höheren Selbst, mit den höheren Welten zulässt, werdet ihr die Erfahrung einer solchen Kommunikation nicht erleben können.

Wenn ihr nicht schwimmen lernen wollt, so werdet ihr es nicht lernen. Und um schwimmen zu lernen, müsst ihr ins Wasser gehen und zu schwimmen versuchen.

Jene Menschen, die diese Botschaften lesen und verstehen, wovon die Rede ist, sind alle imstande zu schwimmen, mit dem höheren Teil ihrer selbst zu kommunizieren.

Und wenn ihr nicht ins Wasser gehen wollt, kann niemand euch dazu zwingen. Entweder fasst ihr den Entschluss, ins Wasser zu gehen und schwimmen zu lernen, oder eben nicht.

Es gibt viele Methodiken, wie ihr mit dem höheren Teil eurer selbst kommunizieren könnt.

Ich werde euch die einfachste geben.

Ihr habt einen Freund. Es ist euer bester und treuester Freund, und er wohnt in eurem Inneren. Dieser Freund hat euch immer geliebt und war stets bemüht, euch in schwierigen Lebenssituationen zu helfen, soweit ihr dies zugelassen habt.

Ihr habt oft in schwierigen Situationen das Bedürfnis verspürt, von einem Freund Rat einzuholen. Ihr habt Freunde außerhalb von euch selbst aufgesucht. Ihr habt euch nach menschlicher Kommunikation mit ihnen gesehnt.

Und genau in dieser Zeit wartete euer bester Freund, euer treuester Freund, der in eurem Inneren wohnt, geduldig darauf, dass ihr ihm eure Aufmerksamkeit zuwendet.

Und er ist zum Kontakt mit euch bereit. Er empfindet euch gegenüber ein Gefühl der Freundschaft und Liebe. Schenkt ihm eure Aufmerksamkeit.

Sagt ihm, dass ihr ihn liebt und euch nach dem Umgang mit ihm sehnt.

Findet eine Zeit, wenn niemand euch stört. Schaltet alles aus, was euch ablenken könnte. Macht es euch bequem. Konzentriert euch auf euer Herz. Nun fragt euer Höheres Selbst, ob es sich mit euch unterhalten möchte. Was bedeutet seine Antwort „Ja"?

Hört in euch hinein. Die Antwort kann als eine sehr feine Empfindung kommen, als ein leichtes Beben oder Flattern im Herzen oder auf andere Weise. Ihr müsst verstehen, wie euer Christus-Selbst euch antwortet. Es wird euch in einer Weise antworten, dass ihr es wahrnehmen könnt.

Es kann sein, dass ihr zunächst keine Antwort hört. Zwingt euch nicht und erschöpft euch nicht. Wiederholt diesen Versuch am nächsten Tag. Macht dies jeden Tag.

Ihr müsst herausfinden, welche Tageszeit für euch am besten ist. Versucht es immer wieder.

Zuerst scheint es euch, dass ihr die Antworten hört. Stellt eurem Christus-Selbst Fragen. Unterhaltet euch mit ihm wie mit eurem besten Freund. Sagt eurem Christus-Selbst, dass ihr es liebt und euch sehr gern mit ihm unterhalten möchtet.

Und früher oder später wird die Kommunikation zwischen euch stattfinden.

Ich wünsche euch viel Erfolg auf eurem Weg. Die Zeit wird kommen, und wir werden uns treffen. Und ich werde genauso aus eurem Inneren mit euch sprechen, wie ich jetzt aus dem Inneren dieser Gesandten spreche.

ICH BIN WAS ICH BIN. Om.

Lernt, die Wurzel der Wahrheit zu erkennen

Gautama Buddha
17. März 2005

ICH BIN Buddha Gautama. ICH BIN erneut gekommen. Die Zeit ist knapp, und ich möchte das Wesentlichste sagen.

Lasst euch von der Hülle der Worte, in die wir unsere Botschaften kleiden, nicht verwirren. Die Worte sind das Gewand der Wahrheit, ganz wie die Blätter das Gewand der Bäume sind. Es kommt der Herbst, und die Blätter fallen. Und im Frühjahr erscheinen sie neu.

Genauso verhält es sich mit den Worten. Die Wahrheit ist in Worte gehüllt, und ihr bewundert diese Wahrheit. Es kommt aber die Zeit, wenn diese Worte trocken und leblos werden wie die Blätter im Herbst, doch nur, damit sich eine neue Wahrheit im nächsten Abschnitt des kosmischen Zyklus manifestieren kann.

Daher macht es keinen Sinn, sich an Worte zu klammern, in die die Wahrheit gehüllt ist. Lernt es, hinter den verschiedenen Lehren und Religionssystemen die EINE Wahrheit zu erkennen. Doch klammert euch nicht an Worte.

Eure Anhänglichkeit an dieses oder jenes System ähnelt einer Liebe für das Laub des vergangenen Jahres.

Lernt, die Wurzel der Wahrheit zu erkennen.

Die Wahrheit wird jetzt durch diese Gesandte gegeben. Wir wissen nicht, was im Weiteren geschehen wird. Allzu unberechenbar ist die Welt, in der ihr lebt. Daher wird euch die Richtung in Form von Energie, einer Art Magneten, gegeben, der es euch im Weiteren ermöglicht – wenn ihr euch von ihm leiten lasst – die Körnchen der Wahrheit zu finden, die in verschiedenen Lehren und Glaubensrichtungen verstreut sind.

Vergesst nicht, dass es nur eine Wahrheit gibt. Ihre Reflexion im Bewusstsein des Menschen ist aber unterschiedlich und wird durch die Entwicklungsstufe eines Menschen bestimmt.

Ganz so, wie die Bäume im Herbst ihre Blätter verlieren, verliert ihr eure physischen Körper, doch nur, um erneut in diese Welt zu kommen, von Neuem geboren zu werden und einen neuen Körper zu bekommen. Ein weiser Mensch denkt bereits in diesem Leben über sein zukünftiges Leben nach. Er versteht, dass jede seiner Entscheidungen, jede Tat und Handlung, jeder Gedanke und jedes Gefühl seine Zukunft in diesem Leben und die Umstände seines nächsten Lebens bestimmen.

Es ist sehr nützlich für eure Entwicklung, wenn ihr jeden Moment eures Lebens daran denkt, wie sich das, was ihr tut, auf euer zukünftiges Leben auswirkt. Trachtet nicht danach, den Lohn für eure guten Taten in diesem Leben zu erhalten. Trachtet danach, den Lohn im nächsten Leben zu empfangen. Das ist das Mindeste, was ihr tun solltet.

Diejenigen von euch, die aber bereits ein erweitertes Bewusstsein haben, verstehen, dass sie alle ein untrennbarer Teil Gottes sind und den Körper Gottes bilden, genauso wie alle anderen Lebewesen auf der Erde. Daher ist es für euch nicht länger von Bedeutung, selbst im nächsten Leben eine Belohnung zu erhalten.

Ihr seht eure Bestimmung darin, allen Lebewesen zu helfen, weil ihr selbst zugleich ein jedes dieser Wesen seid. Und da ihr mit der ganzen Schöpfung einen Organismus bildet, könnt ihr auch nicht länger behaupten, dass das jeweilige Organ oder System, dem ihr selbst angehört, am wichtigsten ist.

Wenn das Herz oder die Nieren in eurem Organismus behaupten würden, dass sie am wichtigsten seien und eine besondere Behandlung verdient hätten, so wirkt sich dies auf den gesamten Organismus aus. Der ganze Organismus wird sich krank fühlen.

Die Trennung eurer selbst von anderen Lebewesen im Universum existiert nur in eurem eigenen Bewusstsein, und sie ist nur für eure jetzige Evolutionsstufe charakteristisch.

Und je höher das Bewusstsein eines Menschen entwickelt ist, desto weniger sieht er in den verschiedenen Religionssystemen Widersprüche, und desto mehr spürt er die Einheit mit allen Lebewesen.

Versucht einmal, nach Widersprüchen und schlechten Dingen in allem zu suchen, was euch umgibt. Gerade so handelt das sogenannte egoistische, egozentrische Bewusstsein. Auf diese Weise senkt ihr eure Schwingungen so sehr, dass ihr aus der äußeren Welt die schlechtesten Erscheinungen in euer Leben zieht. Ihr werdet unglücklich. Und die Menschen um euch werden ebenfalls unglücklich.

Wenn man darüber nachdenkt, tun die meisten Menschen genau das. Sie bemerken vor allem die Mängel in allem, was sie umgibt. Und das ist nur natürlich. Ihr Bewusstsein ist so unvollkommen, dass es überall nur Unvollkommenheiten sieht. Daher sind solche Menschen eine Art Erzeuger der Unvollkommenheit, Erzeuger der Illusion. Sie produzieren gewaltige Mengen an Illusion und sind geradezu Meister im Erzeugen unvollkommener Gedanken, Gefühle und Taten.

Aber irgendwann muss dem ein Ende gesetzt werden.

Da jedoch in eurer Welt das Gesetz des freien Willens herrscht, müsst nur ihr selbst den Wunsch haben, diese Lage zu ändern. Nur ihr selbst könnt versuchen, euch und eure Einstellung zur umgebenden Welt zu ändern.

Verbannt aus eurem Kopf und Herzen alles, was trennt, alles, was euch dazu veranlasst, andere zu verurteilen und Unvollkommenheiten und Widersprüche in allem zu suchen. Verbannt aus eurem Kopf die ständige Suche nach denen außerhalb eurer selbst, die euch eurer Ansicht nach stören und hinderlich sind. Es können eure Nachbarn, Vertreter eines anderen Weltanschauungssystems, gefallene Engel, das Übel der Welt sein.

Ja, es gibt in eurer Welt Unvollkommenheiten im Überfluss. Wenn ihr aber eure Aufmerksamkeit ständig auf die Unvollkommenheit konzentriert, begießt ihr freiwillig das Unkraut des unvollkommenen menschlichen Bewusstseins mit eurer göttlichen Energie.

Gebt acht, was ihr begießt und wofür ihr die von Gott gegebene Energie verwendet.

Haltet das Niveau eurer Schwingungen ständig auf der höchsten Ebene, die euch möglich ist. Es ist wirklich sehr schwierig, euer Bewusstsein ständig in Reinheit zu bewahren, während ihr euch inmitten von Unvollkommenheiten befindet. Doch genau dies müsst ihr tun. Nutzt alles, was euch dabei hilft, euer Bewusstsein zu erhöhen.

Gedichte. Musik. Mit Kindern spielen. Blumen.

Begießt mit der Energie eurer Aufmerksamkeit nur vollkommene Muster und Leitbilder.

Das heißt nicht, dass ihr euch von der Welt absondern sollt. Bleibt in der Welt, haltet euch in der unvollkommenen Manifestation auf, doch erlaubt nicht, dass diese Unvollkommenheit euer Bewusstsein und eure Seele beherrscht.

Wenn ihr damit beginnt, euch auf vollkommene, göttliche Manifestationen zu konzentrieren, so erhöht ihr eure Schwingungen. Ihr werdet zu glücklichen Menschen. Vergesst aber nicht, dass es eure Pflicht ist, auch allen anderen Lebewesen zu helfen. Das Gesetz dieses Universums besagt, dass das Höhere dem Niederen dient.

Wer ein ausreichend erweitertes Bewusstsein hat, ist dazu verpflichtet, seinen jüngeren Brüdern und Schwestern zu helfen.

Und wir geben euch ein Beispiel dafür. Seht, wie viel Kraft und Energie wir aufwenden, um euch zu helfen, den Lotos eures Verstehens der göttlichen Wahrheit zu öffnen.

Ich sage euch hier nichts, was ihr nicht bereits wüsstet. Eine Kleinigkeit bleibt aber zu tun. Ihr müsst im Leben in Übereinstimmung mit dem erhaltenen Wissen handeln.

ICH BIN euer Bruder Gautama.

Die Lust zum Kampf ist kein göttliches Gefühl

Der Geliebte Alpha
18. März 2005

ICH BIN Alpha. Ich bin gekommen. Dem Gesetz entsprechend darf ich nur auf Einladung in den Tempel der Gesandten eingehen.

Tatyana hat mich eingeladen. Und nun habe ich erneut die Möglichkeit, mit euch zu reden.

Es ist der Wunsch des Himmels, weiterhin durch diese Gesandte zu sprechen, bis sich die inneren oder äußeren Umstände ändern.

Eure Welt gleicht einem Sumpf. Und sobald sich die Schwingungen im Inneren eines Menschen zu sehr von den durchschnittlichen Schwingungen eurer Welt unterscheiden, beginnt die Opposition gegen das Gesetz alle nur möglichen Anstrengungen zu unternehmen, um die Quelle der Gefahr mit allen Mitteln zu beseitigen.

Hohe Schwingungen werden von fast allen Wesen, die in der einen oder anderen Weise mit eurer Welt verbunden sind, als Quelle der Gefahr wahrgenommen. Diese Schwingungen des Lichtes bergen tatsächlich eine Gefahr in sich. Sie zerstören alles, was nicht dem göttlichen Plan für den nächsten Abschnitt der kosmischen Evolution entspricht.

Die Zeiten haben sich geändert. Und wenn wir früher durch unsere Gesandten handeln konnten und dieses Handeln einem Rinnsal von Licht glich, dann ist es heute eher wie ein Wasserfall des Lichtes.

Wir sind bemüht, eure Welt mit einem möglichst großen Strom des Lichtes zu erfüllen. Und dieser Strom muss buchstäblich alles davontragen, was nicht der Absicht Gottes für den nächsten Abschnitt der irdischen Evolution entspricht.

Daher ist der Widerstand groß. Und die Frontlinie läuft durch die Herzen unserer Boten.

Es ist wahrhaftig ein gewaltiger Kampf, der eine große Anstrengung der Kräfte erfordert.

Ein neuer Zeitabschnitt, eine neue kosmische Möglichkeit. Und der Widerstand gegen diese Möglichkeit.

Die beiden Kräfte, die dieses Universum bilden und äußerlich einander entgegengesetzt scheinen, sind tatsächlich nur an der Erfüllung der Absichten des Schöpfers für dieses Universum beteiligt.

Die eine Kraft trägt zur Manifestation der Illusion und der Erschaffung der manifestierten Welten bei. Die andere Kraft verhilft zur Rückkehr der manifestierten Welt in den Ausgangszustand des Unmanifestierten Allwissens.

In der ersten Phase der Entfaltung des Universums stößt die Kraft, die zur Entstehung der Illusion beiträgt, auf den Widerstand seitens der Kraft, die die ursprüngliche Ruhe bewahren will.

Nach dem Überschreiten eines kritischen Punktes für dieses Universum wechseln die Kräfte ihre Rollen, und der Widerstand kommt nun von der Seite jener Kraft, die versucht, die Illusion aufrechtzuerhalten.

Dies sind die Kräfte, die in den verschiedenen Weltanschauungssystemen als Yang und Yin, das männliche und das weibliche Prinzip, die Mächte des Guten und des Bösen bezeichnet wurden.

Und ihr seht, dass die beiden Kräfte einen wesentlichen Bestandteil des Plans des Schöpfers sind. Sie ergänzen einander. Und je größer die Dichte einer Welt, desto stärker ist die Feindschaft zwischen den beiden Kräften.

Je feinstofflicher eine Welt ist, desto harmonischer ist die Wechselwirkung zwischen den beiden Hauptkräften dieses Universums.

Die Überwindung der scheinbaren Feindschaft zwischen den beiden Kräften in eurem Bewusstsein ist der wichtigste Teil der hier gegebenen Lehre.

Die Lust zum Kampf ist kein göttliches Gefühl. Sie ist nur den dichten Welten eigen. Und die Interpretation des Kampfes im Himmel, die in vielen Lehren gegeben wird, hat eine ganz andere Bedeutung. Und diese Bedeutung unterscheidet sich je nach der Stufe, auf der sich das Bewusstsein von Wesen in ihrer Entwicklung befindet.

Es gab einen Zeitabschnitt, in dem es zulässig war, diesen Kampf als eine Auseinandersetzung zwischen den Engeln im Himmel zu deuten. Dies entsprach dem Bewusstseinsniveau der Menschheit zu jener Zeit.

Jetzt ist der Moment gekommen, da es notwendig ist, dieses Bild der kämpfenden Engel in eurem Bewusstsein zu ändern und es durch die Zusammenwirkung der beiden gegensätzlichen Kräfte dieses Universums zu ersetzen.

Je näher euer Verständnis von der Zusammenwirkung der beiden Kräfte der göttlichen Wahrheit kommt, desto weniger schmerzhaft wird für euch der Übergang eures Planeten auf eine neue Ebene des Verständnisses der göttlichen Wahrheit sein.

Ein richtiges Verständnis des Kampfes, der in dieser Welt ausgetragen wird, bewahrt euch vor vielen Fehlern auf dem spirituellen Weg, die mit dem Wunsch verbunden sind, das eigene Verständnis der Wahrheit mit aller Kraft zu verteidigen.

Ihr könnt auf der Wahrheit beharren, doch sollt ihr nicht mit jedem streiten, der eurer Ansicht nach diese Wahrheit falsch versteht und nur aufgrund eures eigenen Urteils bestraft und gerichtet werden soll.

Überlasst das Richten demjenigen, dem das Richten obliegt. Versucht nicht, mit eurem menschlichen Bewusstsein über Dinge zu urteilen, die eurem Verständnis noch nicht zugänglich sind.

Bleibt in Frieden und wahrt das Gefühl der Liebe und Harmonie, dann wird alles andere zu euch kommen.

Ich bin extra gekommen, um euch diese wichtige Lehre zu geben. Und ich hoffe, dass ihr mich verstanden habt.

ICH BIN Alpha, euer Vater im Himmel.

Wir haben nur den Kindern die Streichhölzer weggenommen

Der Geliebte Surya
19. März 2005

ICH BIN Surya, und ich bin an diesem Tag von der Großen Zentralsonne zu euch gekommen, um euch durch diese Gesandte die Lehre vom Karma zu geben.

Ihr seid mit dem Begriff des Karmas als der Energie vertraut, die euch während eures Aufenthalts im irdischen Zyklus der Verkörperungen begleitet. Ihr erhaltet göttliche Energie, die die Quelle des Lebens im Universum ist, und nutzt diese Energie in Übereinstimmung mit dem von Gott gegebenen freien Willen. Nicht immer wird diese Energie von euch so eingesetzt, wie Gott es will, und in diesem Fall vergrößert diese falsch qualifizierte Energie eure karmische Last, indem sie sich in euren feinstofflichen Körpern und in eurem physischen Körper ablagert.

Dann kommt das Gesetz der Gleichheit zur Wirkung.

Die falsch qualifizierte Energie, die euch im Leben ständig begleitet, zieht solche Lebenssituationen zu euch hin, die ihr durchlaufen müsst, um zu lernen und in der jeweiligen Situation nicht eurem eigenen Willen, sondern dem Willen Gottes gemäß zu handeln.

In der Tat verursacht ihr immer dann Karma, wenn ihr gegen den Willen Gottes verstoßt und aus egoistischen Beweggründen handelt.

Daher ist euer Karma direkt proportional zum Ausmaß eures Egoismus, zum Ausmaß eurer Getrenntheit vom Gesetz Gottes und zum Ausmaß eurer Ablehnung des Gesetzes Gottes.

Und eure richtigen Entscheidungen, die ihr in jeder karmisch bedingten Situationen trefft, arbeiten euer Karma ab. Jede dieser richtigen Entscheidungen bringt euch Gott näher und zwingt euch dazu, euch von dem unwirklichen Teil eurer selbst, den ihr geschaffen habt, loszusagen und euch von ihm zu verabschieden.

In Übereinstimmung mit den kosmischen Zyklen steigt ihr am Anfang eines Zyklus in die Materialität hinab und erzeugt Karma. Sodann steigt ihr aus der Materialität, indem ihr gewissermaßen ständig eure vergangenen Fehler analysiert, wenn ihr immer wieder in gleichartige Situationen verwickelt werdet, die karmische Abarbeitung erfordern.

Dieser Zyklus des Austritts aus der Materialität hat gerade erst begonnen, und er wird viele Jahre andauern, Millionen von irdischen Jahren.

Betrachten wir nun die Dispensation, die euch durch unsere vorigen Gesandten gegeben wurde, nämlich die Dispensation der violetten Flamme.

Das Wesentliche der Transmutation von Karma, durch das Lesen der Dekrete der violetten Flamme, lief darauf hinaus, dass ihr euch beim Rezitieren derjenigen Eigenschaften bewusst werden musstet, die nicht von göttlicher Natur waren, und mit Hilfe der zusätzlichen göttlichen Energie, die in eure physische Welt gezogen wurde, diese negativen Eigenschaften in positive oder göttliche Eigenschaften umwandeln musstet.

Was geschah, nachdem euch diese Dispensation gegeben wurde?

Ihr lebt in einer dualen Welt, und dies bedeutet, dass wortwörtlich alles in eurer Welt sowohl für das Gute, das Gemeinwohl, als auch für das Böse genutzt werden kann.

Ihr fragt, wie es möglich ist, das Rezitieren von violetten Dekreten, die zur Transmutation von Karma bestimmt sind, für das Böse zu verwenden?

Das ist ganz einfach, und ich kann es euch jetzt offen sagen, weil die Dispensation der violetten Flamme derzeit dem Planeten Erde entzogen wurde.

In dem Moment, da ihr einen zusätzlichen Strom der göttlichen Energie beim Rezitieren der Dekrete anzieht, lenkt ihr diesen Strom durch eure Gedanken und Gefühle.

Und wenn sich in dem Moment, da ihr diese zusätzliche Energie empfangt, eure Gedanken und Gefühle nicht durch Reinheit und göttliche Vollkommenheit auszeichnen, so werdet ihr, anstatt karmische Lasten in eurem elektronischen Gürtel, in euren vier niederen Körpern zu transmutieren, vielmehr zu diesen Lasten jene Energie hinzufügen, die ihr beim Rezitieren der Dekrete an die violette Flamme falsch qualifiziert habt.

Und so schafft ihr, anstatt Karma abzuarbeiten, neues Karma.

Ihr seht, dass die Dekrete an die violette Flamme äußerst kraftvolles spirituelles Rüstzeug waren, das euch in dieser für den Planeten schwierigen Zeit gegeben wurde. Und ihr seht, dass sich neunzig Prozent dieser Energie der violetten Flamme in euren unteren Körpern ablagerten, weil ihr beim Lesen der Dekrete nicht an die Befreiung von eurem Ego, von eurer Unvollkommenheit dachtet, sondern daran, was ihr von Gott als Gegenleistung für die vielen Stunden eurer Gebetswachen bekommen würdet. Schlimmer noch, ihr habt es euch erlaubt, in Gedanken eure Mitmenschen zu verurteilen. Ihr habt euch während des Lesens der Dekrete andere negative Gedanken und Gefühle erlaubt.

Aus diesem Grunde wirkt die Dispensation der violetten Flamme zurzeit selektiv und nur für jene Gruppen und Menschen, die das richtige innere Motiv haben, wenn sie anfangen, die Dekrete der violetten Flamme zu lesen.

Und das ist eine vernünftige Vorsichtsmaßnahme. Wir haben nur den Zugang zu diesem äußerst kraftvollen Werkzeug für diejenigen Individuen eingeschränkt, die noch nicht die erforderliche Entwicklungsstufe des Bewusstseins erreicht haben, damit sie sich selbst keinen Schaden zufügen.

Wir haben nur den Kindern die Streichhölzer weggenommen.

Ebenso ist auch meine Dispensation am 23. Tag jedes Monats, die euch die Transmutation des Karmas für den nächsten Monat ermöglicht, begrenzt worden und wirkt selektiv.

Wie könnt ihr nun herausfinden, ob die Dispensation bei euch selbst wirkt oder nicht?

Ihr könnt dies an euren eigenen Errungenschaften auf dem Weg erkennen. Wenn ihr vor einem Jahr, vor zwei Jahren und auch vor zehn Jahren anderen Menschen Dinge übelgenommen habt, sie verurteilt habt und euch andere für euch typische Unvollkommenheiten erlaubt habt, und wenn ihr diese Dinge auch weiterhin mit der gleichen Intensität tut, so könnt ihr selbst verstehen, dass diese Dispensation für euch nicht gilt.

Nichts ist aber unwiederbringlich verloren. Wenn ihr euch aufrichtig in eurem Herzen entschließt, euch vom unwirklichen Teil eurer selbst zu trennen und diese Bereitschaft täglich durch euer kontinuierliches Streben zeigt, so wird alles zu euch zurückkehren. Ihr werdet spüren, wie die violette Flamme in euer Leben zurückkehrt und euch hilft, euch von euren Unvollkommenheiten zu befreien.

Letzten Endes wird alles durch euer inneres Streben und euer inneres Motiv bestimmt.

Ich möchte euch daran erinnern, dass das Wichtigste nicht das Lesen von Dekreten oder Gebeten ist, sondern euer Wunsch, euch von eurem Ego zu befreien, und der Wunsch, dem Leben zu dienen, Gott zu dienen. Und dieser Wunsch kann in jeder Tat und in jeder Situation verwirklicht werden, der ihr im Leben begegnet.

In ganz gewöhnlichen und alltäglichen Angelegenheiten, in euren Beziehungen zu anderen Menschen und zu der Welt um euch könnt ihr genauso Karma abarbeiten wie durch das Lesen von Dekreten.

In jedem Moment eures Lebens trefft ihr eine Wahl. Und durch eure Taten und Handlungen arbeitet ihr entweder Karma aus der Vergangenheit ab, oder ihr erzeugt neues Karma.

Und selbst die beste spirituelle Praktik, selbst die besten Gebete werden für euer spirituelles Fortschreiten nutzlos sein, wenn ihr sie mit dem eigennützigen Ziel verfolgt, irgendwelche Vorteile für euch selbst oder für euch nahestehende Menschen zu erlangen.

Es kann nur ein wahres Motiv geben, mit dem man eine beliebige spirituelle Praxis oder Methodik angehen soll, nämlich sich von seinem Ego zu befreien, sich Gott zu nähern und Gott und allen Lebewesen zu dienen.

Wenn ihr eine spirituelle Praxis mit irgendeinem anderen Ziel angeht, schafft ihr Karma.

Im spirituellen und religiösen Bereich wirkt ein und dasselbe Prinzip der Dualität, das eurer Welt insgesamt eigen ist.

Und bisweilen steht ein Mensch, der aus menschlicher Sicht fromm ist und regelmäßig alle kirchlichen Gottesdienste und Zeremonien besucht, spirituell auf einer niedrigeren Stufe als ein Mensch, der nie in die Kirche geht und keine kirchlichen Gottesdienste besucht, aber das rechte innere

Motiv hat und im täglichen Leben die Gebote befolgt, die Jesus und andere Lehrer der Menschheit lehrten.

Es wird keine große Offenbarung sein, wenn ich euch sage, dass es weit mehr spirituell fortgeschrittene Menschen außerhalb der Grenzen religiöser Bekenntnisse gibt als unter den Menschen, die im Rahmen eines bestimmten religiösen Systems handeln.

Ich habe euch heute genügend Informationen zum Nachdenken gegeben. Und ich habe diese Möglichkeit genutzt, um euch über die Veränderungen zu informieren, die unsere früheren Dispensationen zum gegenwärtigen Zeitpunkt erfahren haben.

ICH BIN Surya
von der Großen Zentralsonne. Om.

Der Moment ist gekommen, wenn ihr in eurem Bewusstsein jegliche Manifestation eines Kampfes aufgeben müsst

Der Geliebte El Morya
20. März 2005

ICH BIN El Morya! ICH BIN gekommen!

Ihr Geliebten, habt ihr mich erkannt? Lauscht auf meine Schwingungen. Es gibt etwas, das sich jenseits aller Worte und Bilder befindet, und das ist die göttliche Realität, die mit nichts anderem verwechselt werden kann.

Ich bin aus dieser höchsten Realität gekommen, um euch die folgende Lehre zu geben.

Als ich das letzte Mal verkörpert war (und ihr habt von dieser Verkörperung als El Morya gehört), kam ich mit dem Ziel, den westlichen Schülern einen Teil des geheimen Wissens zu geben, das die Eingeweihten seit den Zeiten des alten Lemuria und Atlantis besaßen. Der Zugang zu diesem Wissen stand nur sehr wenigen Eingeweihten offen, die sich immer wieder verkörperten, um die Flamme der Wahrheit aufrechtzuerhalten, die in der physischen Oktave brannte.

Das Feuer des wahren Wissens ist niemals erloschen, doch es war nur einem sehr kleinen Kreis von Menschen zugänglich, die dieses Wissen sorgfältig vor den Profanen und vor Neophyten schützten.

Wir, die drei Könige – El Morya, Kuthumi und Djwal Khul –, verkörperten uns im neunzehnten Jahrhundert und erhielten die Möglichkeit, einen Teil des geheimen Wissens zu geben, das nur die höchsten Eingeweihten auf diesem Planeten besaßen. Es gelang uns, für die Verbreitung dieses Wissens die Theosophische Gesellschaft zu gründen.

Im Westen herrschte eine negative Einstellung gegenüber allem, was aus Indien oder Tibet kam, und man betrachtete es als minderwertig im Vergleich zu dem Wissen, das die besten Köpfe jener Zeit angeblich besaßen. Aus diesem Grunde waren wir genötigt, Vermittler einzusetzen, die die Bilder und Kenntnisse empfangen und übertragen konnten, die in unserem physischen Verstand enthalten waren. Als eine solche Empfängerin von Informationen diente H.P.B. (Helena Petrovna Blavatsky), unsere treue Schülerin und Nachfolgerin. Wir haben auch einige Leute aus den aristokratischen Kreisen Englands eingesetzt, um unsere Ideen voranzubringen.

Unter unserem Diktat wurde eine Reihe von Büchern geschrieben. Wir prüften alles sorgfältig, was in den Druck ging, um die Wahrheit in der bestmöglichen Qualität zu übermitteln. Und tatsächlich enthielten alle Werke, die von Blavatsky herausgegeben wurden, die Wahrheit. Die Form aber, in der das Material übermittelt wurde, war absichtlich verkompliziert, damit von dieser Wahrheit nur jene verkörperten Seelen Gebrauch machen konnten, die die zum Verständnis erforderlichen Schlüssel erhielten.

Unsere Aufgabe wurde hervorragend erfüllt. Wir hinterließen auf Erden ein materielles Zeugnis der uralten Wahrheit in Form der gedruckten Werke Blavatskys.

Aber die wahre Autorenschaft dieser Bücher lag natürlich bei uns selbst.

Und wir haben das gestellte Ziel erreicht. Das schöpferische Denken der besten Köpfe des Westens hat die richtige Richtung bekommen. Und der Same des Wissens, den wir ausstreuten, ging in den vielen esoterischen Lehren des darauffolgenden zwanzigsten Jahrhunderts auf.

Wir konnten unsere Lehre nicht in Russland geben. Dieses Land war am besten fähig, dieses Wissen wahrzunehmen, aber gerade deswegen, weil dieses Wissen den Menschen in Russland nicht zugänglich war, unternahm unsere Opposition alle möglichen Versuche, sodass diese Lehre in Russland mit einer Verzögerung von einhundert Jahren Verbreitung fand

Und als die Lehre dann schließlich nach Russland kam, war dieses Wissen bereits durch die vielen anderen Lehren verwässert und getrübt worden, die auf amerikanischem Boden geboren wurden.

Und obwohl diese esoterischen Lehren auf dem Wissen beruhten, welches wir in unseren durch Blavatsky veröffentlichten Werken darlegten, waren dennoch die dem amerikanischen Denken innewohnenden Entstellungen und Verzerrungen in diesen Lehren weitgehend vorhanden.

Und wenn wir, als wir dieses Wissen gaben, die Information absichtlich in einer schwer verständlichen Weise darlegten, um die Wahrheit vor unvorbereiteten Menschen nicht zu enthüllen, so wurde die Wahrheit in diesen neuen amerikanisierten Lehren völlig ohne unseren Wunsch mit Lügen verwässert.

Diese amerikanisierten Surrogate kamen schließlich nach Russland. Und ihr Nutzen bestand immerhin darin, dass die Menschen sich den Werken Blavatskys zuwandten, für deren Echtheit wir persönliche Verantwortung tragen, da wir selbst an der Erstellung dieser Bücher beteiligt waren.

In den Köpfen aufrichtiger Schüler kam es jedoch zur Verwirrung, weil viele Widersprüche zwischen den neuen amerikanisierten Lehren und den von uns gegebenen Lehren entdeckt wurden.

Und weil diese neuen Lehren in einfacher und zugänglicher Sprache geschrieben waren, gab man diesen neuen Lehren den Vorzug.

Aber die Zeit ist gekommen, da eine dringende Notwendigkeit besteht, den wichtigsten Widerspruch aufzuklären. Und dies betrifft den Fall der Engel und den Fall Luzifers.

Im vergangenen Jahr unternahmen wir durch unsere Gesandte Tatyana den Versuch, eine einfachere Erklärung zum Fall der Engel und zum Fall der Menschheit zu geben, die die Darlegung in Blavatskys *„Die Geheimlehre"* näher erläutert.

Und jetzt muss ich erneut zu diesem Thema zurückkehren, weil wir sehen, dass es für unsere besten Schüler in den Vordergrund gerückt ist.

Daher bestehen wir darauf, dass ihr das Thema mit noch größerer Aufmerksamkeit betrachtet, so wie es in *„Der Geheimlehre"* dargelegt wird.

Es ist der Moment gekommen, da ihr in eurem Bewusstsein eine jegliche Manifestation des Kampfes aufgeben müsst, einschließlich des Kampfes mit den gefallenen Engeln.

Tatsächlich trafen zwei Sichtweisen zu diesem Thema, zwei Herangehensweisen zur Geschichte der Menschheit und Entwicklung des Universums aufeinander. Die eine Herangehensweise ist typisch für die östliche Philosophie und spiegelt sich in den Religionssystemen Indiens und Tibets wider; die andere Herangehensweise ist dem westlichen Bewusstsein eigen und aus der Weltanschauung entlehnt, die dem westlichen christlichen Denken und diesen amerikanisierten neuen Lehren innewohnt.

Russland als Land liegt geographisch zwischen dem Osten und dem Westen und hat das Potenzial, die beiden philosophischen Systeme zu umfassen und zu assimilieren.

Daher kommen wir erneut durch eine russische Gesandte, um eure Gedanken zu lenken.

Der Fall der Engel und der sogenannte Aufstand Luzifers wurden nirgendwo besser erklärt als in den Werken, die von uns geschrieben wurden, als wir uns in der Verkörperung befanden.

Daher ist es an der Zeit, das in der Vergangenheit gegebene Wissen zu überdenken und eure Vorstellung von der Wahrheit auf eine neue Stufe zu heben.

Jedes Mal, wenn ihr den Wunsch habt, mit gefallenen Engeln zu kämpfen, erinnert euch daran, dass jeder von euch einen solchen Engel als das sogenannte fünfte Prinzip, oder das Christus-Selbst in sich trägt.[2]

Ihr könnt nicht mit einem Teil eurer selbst kämpfen. Eure Aufgabe besteht gerade darin, diesem gefallenen Engel zu helfen, nach Hause zu Gott zurückzukehren. Und was ihn daran hindert, sind eure vier niederen Körper, die mit dem Karma belastet sind, das ihr in einer langen Reihe von Verkörperungen auf Erden angesammelt habt.

Daher müsst ihr alle Anstrengungen darauf richten, euch von dem unwirklichen Teil eurer selbst, von eurem Ego, von euren karmischen Ansammlungen zu trennen und euer Bewusstsein auf die Ebene eures Christus-Selbst, eures Schutzengels zu erheben. Dies ist der nächste Evolutionsabschnitt, und er wird sich vollziehen, wie sehr ihr euch dem auch widersetzt und euch an irgendein System klammert, das euch bereitwillig zur Verfügung gestellt wurde und euch auf den Pfad des Kampfes führt.

---

[2] Siehe Tatyana Mickushina: „Gut und Böse", Kap. „Der Fall der Engel".

Denkt an die Lehre Jesu, denkt an die Lehre Buddhas. Hat einer von ihnen gelehrt, mit gefallenen Engeln zu kämpfen?

Lest in der Bibel nach. Selbst in dieser von unserem Standpunkt aus nicht ganz reinen Quelle lassen sich wahre Vorstellungen von der Entwicklungsgeschichte der Erde finden, wenn man die Textstellen mit den in der *Geheimlehre* angegebenen Schlüsseln liest.

Wir haben viel Mühe und Energie dafür aufgewendet, um die Widerstände in Tatyanas äußerem Bewusstsein zu überwinden, ihre Verehrung der früheren Gesandten zu überwinden und um ihre Vorstellung von den gefallenen Engeln zu überwinden, die durch diese früheren Gesandten aus Amerika gegeben wurden.

Daher spreche ich, solange die Möglichkeit besteht, durch diese Gesandte zu sprechen, und ich bestätige, dass sich die Zeiten geändert haben. Es ist jetzt unbedingt notwendig, auf eine neue Stufe der Erkenntnis der göttlichen Wahrheit aufzusteigen.

Ihr könnt wählen. Ihr könnt nachdenken. Vergesst jedoch nicht, dass es kosmische Fristen gibt, und diejenigen, die diese Fristen nicht einhalten, werden auf dem Weg Staub schlucken.

ICH BIN El Morya Khan.

Ich wende mich an jene von euch, die eine besondere Verbundenheit zu mir empfinden

Jesus
21. März 2005

ICH BIN Jesus. Ich bin durch diese Gesandte Gottes gekommen.

Seit meiner Inkarnation auf der Erde sind ungefähr zweitausend Jahre vergangen. Ich bin glücklich, diese Möglichkeit nutzen zu können, um euch durch diese Gesandte eine kleine Lehre zu geben.

Ihr wisst, dass während meiner Inkarnation viele Menschen kamen, um die Wunder zu sehen, die ich vollbrachte. Weitaus weniger Menschen kamen, um meine Lehren zu hören, und nur zwölf meiner engsten Jünger waren imstande, bis zu einem gewissen Grad das geheime Wissen wahrzunehmen, das ich ihnen gab.

Dieses Wissen unterschied sich allzu sehr von den religiösen Anschauungen jener Zeit.

Aber ich lehrte, weil ich die Samen der Wahrheit in die Herzen wenigstens einiger meiner Anhänger säen musste.

Was geschah danach? – Jene, die meine Lehre am vollständigsten verinnerlicht hatten, wurden verfolgt und hingerichtet.

Und es gab andere Menschen, denen es in ihrer List gelang, meine Lehren an ihre eigenen selbstsüchtigen Interessen anzupassen und zu ihrem eigenem Vorteil zu nutzen, ohne sich darum zu kümmern, dass sie dabei die göttliche Wahrheit verzerrten und entstellten.

Es besteht eine große Kluft zwischen der Lehre, die ich während meiner Verkörperung in die Welt brachte und der Lehre, die derzeit in den christlichen Kirchen gegeben wird. Dennoch haben fortgeschrittene Seelen im Laufe der letzten zweitausend Jahre den Unterschied verstanden und ließen sich von dem Verständnis meiner Lehren leiten, das ihrem Herzen entsprang, und nicht von den toten Buchstaben verzerrter Schriften.

Diese Streiter des Geistes hielten einen gewissen inneren Kontakt mit mir.

Und ich habe stets ihren aufrichtig strebenden Herzen geantwortet und gab ihnen alle nur mögliche Hilfe durch meine Weisungen, die sie im Geiste erhielten.

Auch heute pflege ich eine innere Verbindung mit vielen verkörperten Individuen.

Für euch, die diese besondere innere Verbindung zu mir spüren, die von Leben zu Leben aufrechterhalten wird, gebe ich diese Botschaft.

Ihr braucht keine äußere Lehre, um die Süße unserer Kommunikation zu spüren, meine Liebe zu spüren. Die äußeren Lehren geben eurem Bewusstsein nur einen Anstoß und eine Richtung. Leider ermutigen die offiziellen Kirchen euch nicht sonderlich dazu, eine direkte Verbindung mit mir zu suchen.

Daher wende ich mich an jene von euch, die eine besondere Nähe zu mir empfinden. Wisst, dass ich für den Kontakt mit euch in eurem Herzen offen bin.

Ich komme zu jedem, der mich einlädt und seinen Tempel darauf vorbereitet hat, mich zu empfangen.

Habt keine Angst und verzagt nicht, wenn unsere Kommunikation nicht sofort stattfindet. Es ist notwendig für mich, dass eure Schwingungen ein gewisses Maß der Reinheit erreichen, dann kann ich in euch verweilen und mit euch kommunizieren.

Euer Streben nach der Kommunikation mit uns erzeugt eine Art Magnet des Strebens, und ich bekomme die Möglichkeit, für die innere Kommunikation in euer Herz einzugehen.

Wenn ihr aufmerksam die Version des Evangeliums lest, die heutzutage zum Lesen erhältlich ist, so werdet ihr feststellen, dass ich nie zur Befolgung eines äußerlichen Rituals aufgerufen habe. Ich rief dazu auf, dem Weg zu folgen, der in eurem Herzen liegt.

Und ich lehrte euch, dass ihr euren Tempel für die Ankunft des Bräutigams vorbereiten sollt. Euer Bräutigam ist euer Christus-Selbst.

Wenn eure niederen Körper und eure Seele einen gewissen Grad der Reinheit erreicht haben, erhaltet ihr die Möglichkeit, mit eurem Christus-Selbst, oder dem höheren Teil eurer selbst, zu kommunizieren, und durch euer Christus-Selbst könnt ihr dann mit allen Aufgestiegenen Lichtwesen Kontakt aufnehmen.

Ihr braucht eigentlich keine äußeren Gesandten, damit unsere Kommunikation stattfinden kann.

Ich werde euch meine Unterstützung, meinen Frieden und meinen Trost geben. All dies werdet ihr in euch selbst in eurem Herzen finden.

Ich komme zu allen, die auf mich warten und sich nach mir sehnen. Ich verspreche euch, dass ich zu jedem von euch komme und euch das geben werde, wonach euer Herz am meisten verlangt. Ich werde euch das Wissen über euren Ursprung geben, über die Welt, aus der ihr gekommen seid und wohin ihr zurückkehren wollt. Ich werde euch an eure erste Liebe erinnern, und ich werde euch Kenntnisse über den Weg geben, der euch nach Hause zurückführt, zu eurem Vater im Himmel.

Glaubt nicht demjenigen, der euch sagt, dass das Reich Gottes hier oder dort ist. Glaubt nicht denjenigen, die euch einreden wollen, dieses Reich in der äußeren Welt zu errichten, wie auch immer es genannt wird, das Reich Gottes auf Erden oder den Kommunismus.

Ihr braucht nicht ans Ende der Welt zu reisen, um dieses Reich zu finden – sei es nach Indien, Amerika oder Tibet.

Das Reich Gottes ist ein Zustand eures Bewusstseins. Und wenn ihr eine bestimmte Entwicklungsstufe eures Bewusstseins erreicht, dann erhaltet ihr Zugang zu diesem Reich Gottes.

Es ist schwer für euch, dies zu verstehen, darum bitte ich euch, es mir zu glauben.

Nehmt meine Hand. Haltet sie fest, und ich werde euch den Weg zum Reich Gottes zeigen, dessen Eingang im Inneren eures Herzens liegt.

Nur müsst ihr euch zuerst selbst, aus eigenem Willen, von jenen Eigenschaften trennen, die auf eurem Herzen lasten und euch daran hindern, mich zu sehen, selbst wenn ich zu euch komme und direkt vor euren Augen stehe.

Ihr werdet mich so lange nicht sehen können, bis ihr euch von dieser Last befreit, die auf euren Schultern liegt. Diese Last besteht aus euren Bindungen an die Welt, die euch umgibt.

Ich werde euch eine Übung geben. Versprecht mir bitte, sie täglich zu machen.

Stellt euch jeden Tag ein blendendes, strahlendes Licht vor, das sich unmittelbar vor euch befindet. Ihr verspürt den Wunsch, mit diesem Licht zu verschmelzen, eins mit ihm zu werden. Dieses Licht ist aber sehr intensiv, und ihr könnt euch ihm nicht nähern, ohne euch zu verbrennen.

Denn es gibt etwas in euch, was nicht vom Licht ist und euch daran hindert, den Zustand eurer wahren Natur von Licht, Feuer, Flamme zu erlangen.

Denkt nach, was hindert euch? Was ist nicht von Licht in euch? Versucht nicht, alle eure Unvollkommenheiten auf einmal loszuwerden. Findet eine Eigenschaft in euch selbst, die euch eurer Meinung nach am meisten daran hindert, eure wahre Natur zu offenbaren. Wenn ihr nicht wisst, welche Eigenschaft dies ist, so meditiert über mich und fragt mich, und ich werde euch zu verstehen geben, welche Eigenschaft es ist. Sie wird sich in eurem Leben manifestieren, und ihr werdet euch wünschen, euch von ihr zu befreien.

Ihr müsst euch so sehnlichst wünschen, diese Eigenschaft oder schlechte Gewohnheit loszuwerden, dass ihr mich in euren Gebeten ständig darum bitten werdet, damit ich euch von dieser Eigenschaft befreie und euch helfe, diese Unvollkommenheit zu bewältigen.

Ihr könnt einfach darum bitten, und ihr könnt beten. Und der Tag wird kommen, an dem ihr euch von dieser Eigenschaft oder Gewohnheit völlig befreien werdet. Danach nehmt euch die nächste Unvollkommenheit vor.

Gebt mir alle eure Unvollkommenheiten. Bittet mich darum, und ich werde sie alle annehmen.

Und es wird nichts mehr in euch selbst geben, was euch daran hindert, mich zu sehen, wenn ich vor euch stehe. Und es bleibt mir nur, euch bei der Hand zu nehmen und euch durch den geheimen Gang ins Reich Gottes zu führen, der in der geheimen Kammer eures Herzens verborgen ist.

Aber bis dahin werden wir uns treffen. Ich werde immer wieder zu euch kommen, bis ihr mich hören und meine Liebe spüren könnt.

ICH BIN Jesus, euer Freund und Bruder auf dem Weg.

Die Erde durchlebt jetzt eine kritische Wendezeit

Sanat Kumara
22. März 2005

ICH BIN Sanat Kumara, und ich bin erneut durch meine Gesandte gekommen.

Wörtliche Formulierungen bevorstehender Ereignisse spiegeln immer wenig von dem wider, was geschehen muss, und sie sind nur von ungefährer und wahrscheinlicher Art.

Alle Ereignisse sind bereits vom Anbeginn der Schöpfung in Form ihrer Wahrscheinlichkeit angelegt.

In eurer Welt gibt es den Begriff des Tierkreises und der Tierkreiszeichen. Für einen Menschen, der mit der Sprache der Sterne vertraut ist, stehen Gegenwart und Zukunft in diesem Informationsfeld aus manifestierten Sternen geschrieben. Würdet ihr die Sprache der Sterne vollkommen beherrschen, so könntet ihr die Zukunft eures Planeten ablesen, die in der universellen Sprache des Weltalls geschrieben ist.

In eurer Zeit lässt sich aber kaum ein weltlicher Astrologe finden, der diese Sprache wirklich verstehen kann.

Wahres Wissen ist der Schlüssel zur Sprache der Sterne und ermöglicht ein Voraussehen der Zukunft, doch bleibt es der heutigen Menschheit verborgen. Ebenso wie euch das Wissen verborgen bleibt, welches es euch ermöglichen würde, den Tod vorauszusehen und eure eigene Vergangenheit und Zukunft zu kennen.

Vergangenheit und Zukunft werden aber durch die Gegenwart bestimmt, durch jede Minute und jede Sekunde der Gegenwart. In eurer Welt gelten die Begrenzungen von Raum und Zeit. In den höheren Welten gibt es aber keine solche Begrenzungen, daher kann sich die vollkommene Matrix der Schöpfung in Raum-Zeit-Koordinaten auf vielfältige Weise manifestieren, wobei die Wahrscheinlichkeit jeweils von den Entscheidungen abhängt, die ihr jede Minute trefft.

Daher kann sich der Plan für die Entwicklung des Universums, der auch den Plan für euren Planeten enthält, innerhalb eines gewissen Bereichs ändern, doch dieser Bereich ist begrenzt. Und wenn sich die Evolution eines Planeten an der Grenze des Korridors entwickelt, der für ihn durch den höheren Plan bestimmt ist, so greift die ganze Hierarchie Kosmischer Wesen ein, um diese Evolution zu korrigieren.

Dies geschah bereits viele Male auf eurem Planeten. Die Evolution erreichte einen bestimmten kritischen Punkt und kehrte dann auf die vorherige sichere Bahn zurück.

Die Gefahr für die Evolution ist damit verbunden, in welchem Maße diese Evolution sich von den höheren Mächten getrennt hat, von den Hierarchen des Universums, von Gott und vom göttlichen Gesetz.

Es gibt bestimmte kritische Momente in der Geschichte der Erde wie auch jedes anderen Planeten, die von kosmischen Zyklen bedingt und im Zodiakus (Tierkreis) ablesbar sind, da der evolutionäre Kurs der Lebensströme, die einen Planeten bevölkern, auf den Kurs und das Informationsfeld des kosmischen Gesetzes abgestimmt wird. Und in solchen Momenten vollzieht sich eine Korrektur in der Entwicklung des Planeten, wenn seine Abweichung vom vorgegebenen Kurs ein kritisches Maß übersteigt.

So geschieht es gerade jetzt. Die Evolution des Planeten ist von der Bahn abgekommen, die vom kosmischen Gesetz vorgegeben wurde, und sie muss jetzt korrigiert werden.

Wir kommen regelmäßig durch verschiedene Propheten und Gesandte, um euch an das geltende Gesetz zu erinnern und an die Notwendigkeit, es zu befolgen.

Und alle Prophezeiungen vom Ende der Welt und von verschiedenen Katastrophen, die in der Vergangenheit gegeben wurden und jetzt gegeben werden, sind nur eine Mahnung an die Notwendigkeit, sich dem Gesetz unterzuordnen, das in diesem Universum existiert.

Das Gesetz wird eingehalten, unabhängig von eurem Wunsch, es zu befolgen oder nicht.

Und die Aufgabe der höheren Mächte bestand von jeher darin, die Menschheit am Rande des Abgrunds davon abzuhalten, sich selbst zu vernichten.

Die Hilfe, die seit langem gegeben wurde und immer noch gegeben wird, besteht darin, das Bewusstsein der Menschen zu erweitern, sie beim Überwinden ihrer inneren Einschränkungen zu unterstützen und ihnen beim Aufsteigen zur nächsten Entwicklungsstufe des Bewusstseins zu helfen.

Die Erde erlebt jetzt eine kritische Wendezeit. Und die Aufgabe, die der Menschheit gestellt wurde, liegt darin zu erkennen, dass es außer dieser physischen Ebene noch weitere feinstoffliche Ebenen gibt und dass der Mensch seiner Natur nach ein großes kosmisches geistiges Wesen ist. Das Potenzial des Menschen ist gewaltig.

Dieses Potenzial kann erst dann gemeistert werden, wenn der Mensch jene seiner Eigenschaften bewältigt, die ihn an die physische Ebene binden.

Wenn wir einige von euch von der Ebene unseres aufgestiegenen Bewusstseins aus beobachten, so empfinden wir manchmal die gleichen Gefühle, wie ihr sie beim Beobachten einer Ameise empfindet.

Ihr habt wahrscheinlich in eurem Leben schon einmal eine Ameise beobachtet, die eine große Last in Richtung Ameisenhaufen schleppt. Für euch, von eurer Ebene aus, ist es besser zu sehen, wie sich die Ameise fortbewegen sollte. Und ihr seht, dass es einen kürzeren Weg gibt und der Ameisenhaufen schneller und mit geringerem Kraftaufwand erreicht werden kann.

Wenn ihr eine Ameise beobachtet, werdet ihr unsere Gefühle verstehen können, die wir haben, wenn wir eure Entwicklung beobachten.

Und genau so, wie ihr es nicht auf euch nehmt, die Arbeit einer Ameise zu verrichten, können wir nicht die Erfüllung von Aufgaben übernehmen, die vor euch liegen.

Wir können euch eine gewisse Hilfe erweisen, und wir tun dies ständig, doch nur im Rahmen dessen, was das Gesetz zulässt.

Eine Art der Hilfe, die wir euch geben, besteht darin, euch an die kosmischen Fristen zu erinnern und auch daran, wer ihr wirklich seid.

Euer Potenzial ist enorm. Und im Gegensatz zur Ameise, die in diesem Manvantara, in dieser Entwicklungsperiode des Universums keine menschliche Entwicklungsform erlangen kann, könnt ihr bis zum Ende dieses Manvantara noch eure wahre göttliche Natur offenbaren.

Daher werden von uns so viele Anstrengungen unternommen, um die Zerstörung der physischen Plattform selbst zu verhindern, dieser Erde, die euch so lange beherbergt hat und sichere Bedingungen für euer Leben und eure Entwicklung bietet.

Jeder Kataklysmus und jede Naturkatastrophe ist die Folge eures eigenen unvollkommenen Bewusstseins. Und wahrlich, ihr erntet die Früchte eures Ungehorsams, eures Egoismus und eurer Sturheit, wenn ihr solchen Manifestationen der Naturgewalt von Angesicht zu Angesicht gegenübersteht.

Das Informationsfeld der Menschheit ist eng mit dem Informationsfeld der Erde verbunden und verflochten.

Aus diesem Grund hat jeder unvollkommene Gedanke einen Einfluss auf den ganzen Planeten, verbreitet sich über die ganze Erdkugel und tritt in Resonanz mit ebenso unvollkommenen Gedanken und Gefühlen.

In gleicher Weise verleihen Gedanken, die auf das Gute und das Gemeinwohl gerichtet sind, sowie positive Gedankenformen und Emotionen dem ganzen Planeten Stabilität und tragen zur Ausrichtung der Erdachse bei.

Damit ihr eine ungestörte Existenz führen und euch weiterentwickeln könnt, sind Milliarden Kosmischer Wesen bereit, Tag und Nacht unermüdlich zu dienen, um viele Katastrophen und Kataklysmen von hoher Wahrscheinlichkeit auszubalancieren und abzuwenden.

Und darin besteht auch eure Hilfe, die ihr den Aufgestiegenen Lichtwesen leisten könnt.

Meditiert über das Gute, über das Gemeinwohl, über die Liebe. Bewahrt den inneren Frieden und die Ruhe. Jeder von euch muss zu einer Stütze auf Erden, zu einem Kanal des Lichtes werden, durch den die Ausbalancierung des Planeten erfolgen und das Licht einströmen wird, das für das Aufsteigen der Erde zur nächsten Ebene erforderlich ist.

Mit Freude beobachte ich die Errungenschaften vieler von euch. Und ich freue mich aufrichtig über eure Erfolge auf dem Weg.

Nach dem kosmischen Gesetz kann ich nicht zu euch kommen und jeden von euch mit einem Händedruck begrüßen. Aber ihr könnt euch in euren feinstofflichen Körpern zu meiner Ebene aufschwingen, und ich werde jeden umarmen, der zu mir kommt, und ihm die Hand drücken.

ICH BIN Sanat Kumara.

Ich bin gekommen, um euer Bewusstsein aus einem langen und tiefen Schlaf zu erwecken

Gautama Buddha

23. März 2005

ICH BIN Gautama Buddha, und ich bin erneut durch diese Gesandte gekommen.

Das Wissen, das ich euch heute geben möchte, stammt aus der Zeit meiner Verkörperung als Prinz Siddhartha. Ich war lange im Wald gewesen und zählte nicht länger die Tage. Es kam der tropische Regen, es kam die glühende Hitze. Dem Tag folgte die Nacht, und dann kam wieder ein neuer Tag.

Alles hörte auf, für mich noch irgendeine Bedeutung zu haben. Ich verstand, dass es in dieser Welt nichts mehr gab, was mich noch interessierte und meine Aufmerksamkeit anzog.

Ich saß unter dem Banyanbaum in Meditationshaltung. Mein Bewusstsein verließ mich, und ich ging in eine andere Realität ein – eine höhere Realität, die für mich viel wirklicher war als der Wald, in dem ich meinen physischen Körper zurückließ.

Ich saß weiter unter dem Baum und befand mich gleichzeitig in einer anderen, zeitlosen Realität. Ich erlebte Glückseligkeit, Freude und Freiheit. Es gibt in dieser Welt keine so starken Gefühle wie die, die ich in jener Realität erlebte.

Ich wollte nicht in meinen Körper zurückkehren. Allzu viele Begrenzungen und Finsternis herrschten in der Welt, in der ich meinen Körper zurückgelassen hatte, verglichen mit der Welt, in der ich während meiner Meditation verweilte.

Ich erlebte die Einheit mit dem Höchsten, das ich für Atman hielt. Es war eine Ekstase der Glückseligkeit, die sich in keiner irdischen Sprache beschreiben lässt.

Was brachte mich dazu, in den Körper zurückzukehren, den ich in Meditationshaltung unter dem Banyanbaum im Wald zurückgelassen hatte?

Ich musste anderen von der Erfahrung berichten, die ich gemacht hatte. Ich hatte einen Ort in meinem Inneren gefunden, an dem es weder Schmerz noch Leid gab, sondern nur Glückseligkeit, Frieden und grenzenlose Liebe.

Ich hätte noch länger an diesem Ort bleiben können. Viele Jahre hatte ich diesen Ort gesucht und endlich gefunden. Ich betrachte es als meine größte Errungenschaft in jener Verkörperung, dass ich mich dazu bringen konnte, in den Körper zurückzukehren. Mich bewegte das Mitleid mit allen Lebewesen, die auf der Erde zurückgeblieben waren und in ihrem äußeren Bewusstsein nichts von dem Ort wussten, an dem ich soeben gewesen war.

Ich kehrte in meinen Körper zurück. Obwohl die Sonne schien und es heiß war, fühlte ich Kälte und Finsternis um mich.

Vor mir stand eine schwierige Aufgabe – ich musste den Menschen von dem Ort erzählen, an dem ich soeben gewesen war, und ich musste ihnen den Weg zeigen, den ich selbst zu diesem Ort gegangen war, der in meinem Inneren lag.

Wie groß war mein Erstaunen, als ich Nachfolger fand. Diese Menschen hatten niemals die Glückseligkeit erlebt, die ich während meiner Meditationen erlebte. Sie waren weit von der Vollkommenheit entfernt. Und sie konnten die Reinheit meiner Schwingungen nicht spüren.

Viele von ihnen glaubten mir einfach blind. Ich sah in ihren Augen eine solche Sehnsucht nach jener Welt, von der sie keine Erinnerung in ihrem Geist bewahrt hatten. Doch sie glaubten alles, was ich ihnen sagte. Sie waren bereit, alle meine Anforderungen zu erfüllen, um den Zustand absoluten Glücks und Friedens wiederzuerlangen. Ich bewunderte und verehrte diese Menschen.

Ich war bereit, ihnen zu dienen, und ihnen zuliebe war ich zurückgekehrt.

Millionen von Lebewesen erleben unvorstellbares Leid auf diesem Planeten. Sie stecken in ihren physischen Körpern fest, die wie Mumien sind.

Und diese Menschen brauchten meine Hilfe. Ich kehrte zurück, um allen Lebewesen zu helfen.

Und ich tue dies bis zum heutigen Tag.

Ich bin in Tatyanas Körper gegenwärtig, und ich bin ebenso in den Körpern vieler anderer Menschenwesen auf diesem Planeten gegenwärtig. Und ich helfe ihnen aus ihrem Inneren. Es fällt euch schwer, dies zu glauben. Wahrscheinlich entspricht es nicht den Vorstellungen, die ihr aus verschiedenen Quellen und Büchern erhalten habt.

Doch ich und andere Meister der Weisheit befinden sich in eurem Inneren als Teil eurer selbst, als euer Höheres Selbst.

Und wir können diesen Planeten nicht verlassen, solange auch nur der kleinste Teil unserer selbst im Körper eines Menschen eingeschlossen ist, der immer noch gezwungen ist, sich auf diesem Planeten zu verkörpern und sich noch nicht vom Rad des Sansara befreien kann.

Deshalb kommen wir immer wieder mit unseren Lehren und reden auf einer Ebene, die jenen Menschen verständlich ist, von denen wir wissen, dass sie Zugang zu unseren Materialien erhalten werden.

Wie einfach wir auch die Wahrheit beschreiben, ihr werdet sie nicht verstehen. Und wie verwickelt wir auch die Wahrheit in Worte fassen, ihr werdet sie nicht verstehen. Aber ihr könnt die ganze Wahrheit mit einem Mal erfassen, als einen Moment der Erleuchtung eures Bewusstseins, als einen Moment der plötzlichen Erleuchtung. Ihr alle seid in der Lage, die Wahrheit zu erkennen. Und dies wird mit jedem von euch geschehen. Es mag sein, dass es nicht bei allen in diesem Leben geschehen wird. Aber ihr werdet unbedingt die Erleuchtung erleben. Die Wahrheit wird nicht in Worten oder Bildern zu euch kommen. Sie wird plötzlich in eurem Gehirn aufblitzen, und es wird wie ein Blitz sein, der die Erde von einem Ende zum anderen erhellt. Und ihr werdet nicht mehr schlafen können. Dieser

Moment der Erleuchtung wird wie ein Erwachen aus einem langen Schlaf sein, in dem ihr Millionen von Jahren verbracht habt.

Dieser Moment des Erwachens kann mit nichts anderem verwechselt werden. Es ist der Moment, wenn euer Bewusstsein auf die Ebene eures Höheren Selbst aufsteigt. Und ihr werdet euch daran erinnern, wer ihr wirklich seid und wozu ihr auf die Erde gekommen seid.

Und ihr werdet nicht mehr schlafen können. Ihr werdet jede Minute und jede Sekunde eures Aufenthalts auf der Erde dazu verwenden, allen Lebewesen zu helfen und ihnen von der Erleuchtung zu erzählen, die ihr erlebt habt. Und ihr werdet ihnen den Weg zeigen, der im Inneren eures Herzens liegt.

Ihr werdet erwacht sein – ein Buddha in der Verkörperung.

Und dies ist die nächste Stufe in der Entwicklung der Menschheit – eine Rasse, die aus Buddhas besteht.

Doch zuvor werden immer mehr Menschen erscheinen, die sich durch ihre Fähigkeiten sehr von anderen Menschen unterscheiden. Diese Menschen werden auf der ganzen Erdkugel ihresgleichen finden und sich auf der Grundlage des gemeinsamen Dienens für alles Leben auf der Erde vereinigen. Es ist eine neue Rasse von Menschen, die Sechste Menschenrasse, die bereits in die Verkörperung kommt und sich unter gewöhnlichen Menschen manifestiert, die viele Beschränkungen ihres Bewusstseins noch nicht überwunden haben.

Wenn der Schnee taut, bilden sich zunächst einzelne Stellen, die vom Schnee frei sind. Dann werden diese Stellen immer größer. Das Gras tritt hervor, dann erscheinen Blumen. Und in kurzer Zeit verwandelt sich die ganze Erde soweit das Auge reicht und ist von neuen Farben und Düften erfüllt.

Die Veränderung der Erde wird sich nach kosmischen Maßstäben sehr schnell vollziehen. Und jetzt beobachten wir bereits einzelne Orte, die frei von der starren Kälte des Schlafes des menschlichen Bewusstseins sind. Diese Orte sind zum Erwachen bereit oder bereits erwacht, und schon blühen die ersten Blumen, die unter dem Schnee hervorgetreten sind.

Wir beobachten eure Blüte. Wahrhaftig erinnert ein Mensch mit geöffnetem Bewusstsein an eine ungewöhnliche Blume, wenn man ihn auf der feinstofflichen Ebene betrachtet.

Ich bin gekommen, um euer Bewusstsein aus einem langen und tiefen Schlaf zu erwecken. Erwacht! Betrachtet die Sonne eures Atman, das in eurem Inneren wohnt.

ICH BIN Gautama, euer Bruder.

Ihr müsst euch darum bemühen, eure Gedanken und Gefühle zu kontrollieren

Kuthumi

24. März 2005

ICH BIN Kuthumi. Ich bin gekommen!

Ich bin gekommen, um die Gelegenheit zu nutzen und mit euch zu reden.

Ihr kennt mich als Meister-Psychologen, und ihr kennt mich auch als denjenigen, der sich zusammen mit El Morya verkörperte, um die Theosophische Gesellschaft zu gründen und der Menschheit Wissen zu geben, das ihr bis dahin verborgen geblieben war.

Ihr kennt mich als Weltlehrer, der diesen Posten mit dem geliebten Jesus teilt.

Ihr wisst von meinen Verkörperungen als Pythagoras und Schah Jahan.

Ihr wisst vieles über mich. Ich bin ein offener Meister.

Ich bin derjenige, der den Kontakt mit der nicht aufgestiegenen Menschheit sucht, und ich arbeite mit vielen von euch.

Wir haben euch in den letzten 150 Jahren reichlich Wissen vermittelt. Und wir werden auch weiterhin denjenigen neues Wissen geben, die dafür bereit sind, es wahrzunehmen. Aber zuerst müsst ihr euch einige unserer früheren Lektionen aneignen, die wir euch in der Vergangenheit gegeben haben.

Ihr werdet zustimmen, dass die Menschheit bei all ihrem Streben, neues Wissen zu erhalten, aus irgendeinem Grunde bereits erhaltenes Wissen oft nur ungern in die Praxis umsetzt.

Und es ist erst dann sinnvoll, neues Material weiterzugeben, wenn ihr euch das zuvor gegebene Material bereits angeeignet habt. Andernfalls werdet ihr einfach nicht imstande sein, das neue Material zu erfassen.

Euer Bewusstsein lässt sich in gewissem Sinne mit einem Gefäß vergleichen. Das Bewusstsein eines jeden Menschen ist begrenzt, während er sich in der Verkörperung befindet. Und dank der Gabe des freien Willens entscheidet ihr selbst, womit ihr das Gefäß eures Bewusstseins füllt.

Es kommt vor, dass ein Schüler bereit ist, sich eine bestimmte Menge an Wissen anzueignen, doch sein Bewusstsein besitzt weder das nötige Streben noch die erforderliche Orientierung. In diesem Falle wird er es vorziehen, das Gefäß seines Bewusstseins mit allem zu füllen, was ihm in der äußeren Welt begegnet und was er aus der Zeitung, dem Fernsehen oder dem Radio erfährt.

Bis zu einem bestimmten Zeitpunkt ist ein solches wahlloses Konsumieren zulässig. Aber nur bis zu einem bestimmten Zeitpunkt.

Denn wenn sich ein Mensch nicht bemüht, den Informationsfluss, der aus der physischen Welt in sein äußeres Bewusstsein gelangt, zu begrenzen, so füllt er sein Bewusstsein mit einer Menge unnötiger Dinge. Und wenn dann ein kosmischer Moment für den Empfang echten Wissens kommt, weil der Himmel beschlossen hat, dieses Wissen der nicht aufgestiegenen Menschheit zu geben, so ist das Bewusstsein eines solchen Individuums einfach nicht in der Lage, irgendetwas Neues aufzunehmen.

Darüber hinaus ist dieses Individuum nicht imstande, sich in all dem Chaos an Informationen, die in seinem äußeren Bewusstsein enthalten sind, zurechtzufinden. Die Nachrichten, die er aus der Tageszeitung erhält, haben für ihn die gleiche Bedeutung wie die Informationen aus den Botschaften der Meister.

Ein Teil des Informationsmülls gelangt in sein Unterbewusstsein und siedelt sich dort an. Und wenn dann hin und wieder das Monster irgendeines nach innen verdrängten psychologischen Problems mit ähnlichen Schwingungen aus den sogenannten Massenmedien zusammenkommt, dann ist das Ergebnis, das sich im äußeren Verhalten dieses Menschen manifestiert, so unberechenbar und passt in keinen Rahmen, dass kein Psychologe ihm bei der Lösung solch unerwartet auftretender psychologischer Probleme helfen kann.

Ihr verursacht aber alle eure Probleme selbst. Ihr tut dies gerade dann, wenn ihr das Gefäß eures Bewusstseins wahllos mit allen Informationen füllt, auf die ihr in eurem Leben stoßt, ohne an die Folgen zu denken. Euch wurde durch diese Gesandte wiederholt gesagt, dass neunzig Prozent der Informationen, die euch in eurer Welt umgeben, nicht der Wahrheit entsprechen und für eure Entwicklung als geistige Wesen ohne Nutzen sind.

Daher rate ich euch als Erstes dazu, nicht länger alles wahllos zu verschlingen. Ihr solltet euch nicht allzu sehr auf Informationen verlassen, die aus der äußeren Welt zu euch kommen.

Zunächst müsst ihr euch darum bemühen, eure Gedanken und Gefühle zu kontrollieren.

Findet etwa 10-15 Minuten pro Tag, wenn es keine Ablenkungen gibt. Ihr könnt dies vor dem Schlafengehen tun. Versucht zu beobachten, woran ihr denkt. Betrachtet eure Gedanken. Studiert sie. Stellt euch vor, dass eure Gedanken wie Fische im Aquarium sind. Jetzt gerade schwimmt ein Gedanke auf euch zu. Untersucht ihn. Womit ist dieser Gedanke verbunden? Wenn euch ein Gedanke an diese Welt bindet und dazu zwingt, euch auf die umgebende Welt zu konzentrieren, so entlasst ihn. Ihr braucht ihn nicht für euer spirituelles Wachstum.

Danach betrachtet euren nächsten Gedanken und so fort.

Euer Bewusstsein ist mit so vielen Gedanken angefüllt, die nichts anderes als Energien sind, die ihr aus der Umgebung anzieht und die im Einklang mit den Energien in eurem eigenen emotionalen und mentalen Körper stehen.

Wenn ihr in solcher Weise alles analysiert, woran ihr gerade denkt, dann analysiert auch alle eure Gedanken, die ihr im Laufe des Tages hattet.

Und ihr werdet verstehen, dass euer Bewusstsein so sehr mit der Verarbeitung unnötiger Informationen belastet ist, dass seine Kraft einfach nicht ausreicht, um mit der Verarbeitung von Informationen zu beginnen, die für eure Entwicklung wirklich nützlich sind.

Daher ist es jetzt besonders wichtig, dass ihr den Entschluss fasst, euer Bewusstsein nicht länger mit unnötigen Informationen aus der euch umgebenden Außenwelt zu füllen.

Danach werdet ihr euch möglicherweise dazu entschließen, eine Meditationspraxis auszuüben, die euch hilft, euch von Gedanken zu befreien, die euch an eure Welt binden.

Das Ziel einer jeden wahren Meditationspraxis besteht darin, einen Zustand der Gedankenleere zu erlangen.

Und wenn ihr diesen Zustand der Gedankenleere ausreichend lange bewahren könnt, so werdet ihr Zugang zu den wahren Informationen erhalten können, die für euer spirituelles Fortschreiten wirklich notwendig sind.

Die Zeit ist gekommen, wenn das mentale Feld des Planeten gereinigt werden muss. Erst müsst ihr den Topf leeren, bevor ihr ihn mit dem füllen könnt, was ihr zum gegebenen Zeitpunkt am meisten braucht.

Ich empfehle euch, ernsthaft euer Verhalten zu überprüfen, inwieweit ihr euer Bewusstsein unbedacht dem Einfluss aller möglichen Informationsströme eurer Welt aussetzt.

Aus diesen Botschaften müsstet ihr gelernt haben, dass eure Welt zu neunzig Prozent unnötige Informationen enthält. Befreit euch davon, und ihr werdet Zugang zu den Informationen erhalten, die ihr wirklich braucht.

Das Gleiche gilt auch für eure Gefühle.

Analysiert eure Gefühle im Laufe des Tages. Richtet euch dabei nicht nach anderen Menschen. Ich weiß, dass sich die Menschen insbesondere in Russland ständig in einem Zustand befinden, der der Depression nahekommt. Beobachtet eure Gefühle im Laufe des Tages. Wie oft empfindet ihr Liebe und Freude und seid ohne konkreten Grund guter Laune? Wie oft haltet ihr auf dem Weg an, um einfach die Bäume oder Wolken zu bewundern? Wie oft geht ihr überhaupt in die Natur?

Eure Emotionen sind genauso wie eure Gedanken dem Einfluss des allgemeinen Informationsfeldes der Erde ausgesetzt. Und dieses Feld verhindert, dass Bilder und Vorstellungen aus den höheren Oktaven in eure dichte Welt eindringen.

Die Menschheit befindet sich unter einer Kuppel aus ihren eigenen unvollkommenen Gedanken und Gefühlen, unter die sie sich selbst verbannt hat.

Und jetzt müsst ihr damit beginnen, die Berge eurer unvollkommenen Gedanken und Gefühle wegzuschaffen.

Eure Massenmedien passen sich an das durchschnittliche Niveau des menschlichen Bewusstseins an. Dies ist der Grund, warum sie euch daran hindern, auf eine höhere Bewusstseinsebene überzugehen. Verzichtet auf den Konsum dieser unechten Informationen, und die vom Konkurrenzkampf getriebenen Massenmedien werden beginnen, sich an euer Bewusstseinsniveau anzupassen.

Diese Welt ist nur eine Widerspiegelung eures Bewusstseins. Und indem ihr euer Bewusstsein verändert, werdet ihr in der Lage sein, vollkommene Manifestationen aus der feinstofflichen Welt anzuziehen.

Und die vollkommenen Vorbilder und Muster, die bereits vor langer Zeit von den fortschrittlichsten Köpfen der Menschheit für euch vorbereitet wurden und nur darauf warten, dass ihr diese Vollkommenheit in eure Welt aufnehmt, werden sich präzipitieren.

Der Zweck meines heutigen Gesprächs war es, euch daran zu erinnern, dass ihr selbst die Verantwortung für alles tragt, was auf der Erde geschieht.

Daher seid nicht faul und schiebt es nicht auf die lange Bank – beginnt sofort mit der Veränderung eures Bewusstseins.

ICH BIN Kuthumi, mit Liebe zu euch.

Ich spüre eure Liebe. Und ich sende euch meine Liebe!

Der Geliebte Saint Germain

25. März 2005

ICH BIN Saint Germain! ICH BIN gekommen!

ICH BIN!

Die Freude unseres Treffens wird von einer traurigen Nachricht überschattet, die ich euch jetzt bringen möchte. Ihr wisst bereits, dass ich meinen Kausalkörper als Pfand gab, damit die irdische Menschheit in einer für diesen Planeten schwierigen Zeit die Gabe der violetten Flamme nutzen konnte.

Das Gesetz besagt, dass Energie weise eingesetzt werden muss. Und jemand muss für den Schaden verschwendeter Energie aufkommen.

Ich gab meinen Kausalkörper als Pfand für das Recht der Erdbewohner, die violette Flamme zu nutzen. Das war eine großartige Möglichkeit, die zu einem großen Schub im Bewusstsein der Menschheit beitragen sollte. Indem ihr eure karmischen Ablagerungen mit Hilfe dieses universellen Lösungsmittels auflöst, könnt ihr auf die nächste Stufe der evolutionären Entwicklung aufsteigen und Kataklysmen und allen möglichen Naturkatastrophen und technogenen Kalamitäten entgehen.

Dies geschah aber nicht. Die violette Flamme wurde von der Menschheit nicht so genutzt, wie es von den Aufgestiegenen Lichtwesen vorgesehen war. Und wie euch der geliebte Surya bereits erklärte[3], wirkt die Dispensation der violetten Flamme jetzt nur selektiv und nur für jene Individuen, die in der Lage sind, diese Flamme einzusetzen, ohne dem Planeten weiteren Schaden zuzufügen.

Jemand musste den neu verursachten energetischen Schaden ausgleichen, der dadurch entstanden war, dass die Menschheit die Energie der violetten Flamme falsch verwendet hatte. Und dieser „Jemand" war ich.

---

[3] Siehe die Botschaft von Surya vom 19. März 2005: „Wir haben nur den Kindern die Streichhölzer weggenommen"

Ich verlor einen sehr großen Teil meines Kausalkörpers, dessen Energie zur Begleichung des Schadens benutzt wurde, den die Menschheit durch die falsche Verwendung der violetten Flamme verursacht hatte.

Deshalb bin ich gekommen, um euch von dem Opfer zu berichten, das ich euch zuliebe erbringen musste. Nicht deshalb, um euer Mitgefühl und eure Unterstützung zu erhalten, sondern um euch darüber in Kenntnis zu setzen, was sich ereignet hat. Und wäre dies nicht geschehen, dann hätte das Karma, das die Menschheit durch die falsche Verwendung der Energie der violetten Flamme verursacht hatte, zu nicht umkehrbaren Folgen für den Planeten Erde führen können.

Ich bin gekommen, um euch über dieses bedauerliche Ereignis zu berichten. Doch verliert deswegen nicht den Mut. Diese Welt hat stets Opfer von höheren Wesenheiten verlangt. Und solche Opfer wurden im Laufe der gesamten Geschichte der Entwicklung der irdischen Zivilisation immer wieder erbracht.

Ich werde euch noch mehr sagen. Viele Lichtwesen haben ihre Kausalkörper geopfert und werden dies auch weiterhin tun, damit das Momentum des Lichtes, das Momentum der Errungenschaften, das in diesen Körpern enthalten ist, zur Stabilisierung der Lage verwendet werden kann, sowohl auf diesem Planeten als auch auf anderen Planeten in anderen Galaxien, wo die Lage ebenso bedauerlich ist wie auf der Erde.

Ich vermute, dass diese Nachricht viele von euch traurig stimmen wird. Ich habe viele von euch beim Rezitieren der Dekrete an die violette Flamme beobachtet. Ihr tatet dies mit einer solchen Aufrichtigkeit und Hingabe, dass ich für dieses euer Streben, für diesen euren inneren Impuls und für die dabei erworbenen Errungenschaften bereit bin, alles zu opfern, was ich habe, alle meine Körper und alles, was ICH BIN.

Dies mag euch vielleicht unvernünftig erscheinen. Doch möchte ich euch daran erinnern, dass wir alle, die Aufgestiegenen Lichtwesen und die nicht aufgestiegene Menschheit, gemeinsam einen Körper Gottes bilden. Wir sind eins. Und wir sind unsterblich. Deshalb ist es unmöglich zu sterben, selbst wenn ihr alle eure Körper opfert. Dies ist ein Mysterium Gottes, und eines Tages werdet ihr die Bedeutung dieses Geheimnisses verstehen.

Jetzt kann ich euch sagen, dass es kein höheres Glück in diesem Universum gibt als das Glück, das man empfindet, wenn man sich für das Leben und die Rettung anderer Lebewesen opfert.

Auch ihr erbringt in eurem Leben solche Opfer. Jeder opfert das, was er gemäß seiner Entwicklung, gemäß der Entwicklungsstufe seines Bewusstseins opfern kann.

Ihr opfert eure freie Zeit, indem ihr die Dekrete an die violette Flamme rezitiert, ihr opfert eure Gewohnheiten, eure Fehler und Schwächen.

Und irgendwann werdet ihr in eurer Entwicklung zu einer Ebene aufsteigen, die es euch ermöglicht, einen Teil eures Kausalkörpers, oder sogar euren ganzen Kausalkörper, für das Wohlergehen allen Lebens zu opfern.

Ich werde euch ein Geheimnis verraten, nämlich dass all eure Opfer, die ihr bereits erbracht habt und noch erbringen werdet, in Wirklichkeit gar keine Opfer sind, wenn man es vom Standpunkt der geistigen Welt aus betrachtet. Ihr opfert einen sterblichen Teil eurer selbst, doch erhaltet ihr dabei eine unschätzbare Erfahrung, die eure Monade mit wunderbaren Farben erfüllt.

Ihr werdet genau so viel erhalten, wie ihr gebt. Und ihr erhaltet sogar mehr, denn ihr gebt in einer vergänglichen Währung, die in eurer Welt im Umlauf ist, aber ihr erhaltet dafür kostbare und unvergängliche Schätze im Himmel.

Und der Tag wird kommen, an dem ihr bereit sein werdet, auch diese kostbaren Schätze zu opfern, denn ihr versteht, dass es keine Grenze mehr gibt, die euch von Gott trennt. Ihr werdet in eurem Bewusstsein nicht länger trennen, was euch gehört und was Gottes ist. Denn ihr werdet mit Gott eins sein.

Und dies ist der Zustand, den ihr erlangen müsst.

ICH BIN Saint Germain. Ich bin der Saint Germain, den ihr liebt. Ich weiß, wie sehr ihr mich liebt. Ich spüre eure Liebe. Und ich sende euch ebenfalls meine Liebe.

Die Liebe eurer Herzen, die Energie der Liebe – das ist es, was wir, die Aufgestiegenen Lichtwesen, von euch brauchen. Eure Liebe ist für uns wie die feinste Kost, die man auf Erden genießen kann.

Und wir antworten euch mit unserer Liebe. Ihr fühlt unsere Liebe als Segen. Und dies ist das höchste Glück, das ihr in eurer physischen Welt erleben könnt.

Dies ist das Geheimnis der Alchemie. Es ist der Energieaustausch zwischen den Oktaven, und es ist der Plan Gottes für die irdische Menschheit.

Sehr bald, bereits während der kommenden Sechsten Rasse wird die Menschheit grobe Nahrung aufgeben. Sie wird sich von konzentrierter göttlicher Energie ernähren, die durch die Chakren in die niederen Körper einströmt und diese Körper ernährt.

Es mag euch wie eine Fantasie erscheinen, doch so wird es sein. Ihr werdet zu einer Rasse geistiger Wesen werden, und ihr werdet euch an alle eure Leben auf der Erde erinnern können, an all die kleinsten Details eines jeden Lebens. Ich will euch aber sagen, dass ihr als Erstes versuchen werdet, euch nie wieder an eure irdische Erfahrung zu erinnern. Denn für eine verfeinerte Seele wird die Erinnerung an diese Erfahrung einfach unerträglich sein.

Und was euch heute noch umgibt, wird euch bald wie ein Albtraum erscheinen, der Millionen von Jahren andauerte. Aber jeder Albtraum hat ein Ende. Und ich wünsche euch ein baldiges Erwachen zum wahren Leben!

ICH BIN Saint Germain,
und ich sende euch meine Liebe!

Möge das Beten meiner Rosenkränze in der nächsten Zeit zur vorrangigen Aufgabe eures Lebens werden

Mutter Maria

26. März 2005

ICH BIN Mutter Maria, eure Mutter im Himmel. Ich bin durch diese Gesandte zu euch gekommen.

Viele Male bin ich gekommen und durch viele Menschen, die heute auf dem Planeten Erde verkörpert sind. Ich nutze die Dispensation, die mir gegeben wurde und die es mir ermöglicht, die Energie zu verwenden, die mir die Menschen beim Beten der Rosenkränze geben, um mich in der physischen Welt zu offenbaren.

Ich erscheine vielen, und ich habe diese Möglichkeit, solange der Strom der Energie nicht versiegt, den ihr aus euren Herzen zu meinem Herzen sendet.

Ich nutze jede Möglichkeit, um denen zu erscheinen, die bereit sind, mich zu sehen und zu hören. Ich bin jetzt durch Tatyana gekommen, weil es an der Zeit ist, euch eine kleine Lehre zu geben, die im jetzigen Entwicklungsabschnitt für euch notwendig ist.

Ihr könnt mich visualisieren. Ich stehe direkt vor euch, wenn ihr diese Zeilen lest. Ich stehe mit einem Rosenstrauß in meinen Händen vor euch. Und diesen Strauß habe ich für euch gebunden, meine Geliebten. Für euch, die bestrebt sind und so viele Stunden mit dem Beten meiner Rosenkränze verbringen. Lasst von dieser Arbeit nicht ab, meine Geliebten, ich bitte euch.

Ich verstehe, wie viele Versuchungen und Verlockungen es in eurer Welt gibt, die euch wichtiger erscheinen als die täglichen Gebete, um die ich euch bitte.

Wäre nur die Not der Stunde und die Notwendigkeit für euren Dienst nicht so groß, so würde ich euch nicht stören.

Meine Geliebten, es ist nicht so wichtig, welchen Rosenkranz ihr betet, ob ihr traditionelle katholische Rosenkränze betet oder Rosenkränze, die ich euch in der letzten Zeit durch viele Gesandte gegeben habe. Versteht, dass nur das Streben und die Reinheit eures Herzens von Bedeutung sind, und ebenso der Wunsch, allem Leben auf diesem Planeten zu helfen.

Ich möchte euch nicht mit bevorstehenden Katastrophen und Kataklysmen ängstigen. Nicht, weil sie in naher Zukunft nicht bevorstehen würden. Die Kataklysmen sind unausweichlich, weil die Menschen nach wie vor ihren Blick nicht zum Himmel richten wollen und hartnäckig darauf bestehen, dieser Welt ein Vergnügen nach dem anderen abzugewinnen.

Deshalb ist die Energie eurer Gebete so notwendig für uns. Ich versichere jedem, der in dieser schwierigen Zeit täglich meine Rosenkränze beten wird, dass sich im Umkreis von hundert Kilometern von dem Ort, an dem ihr täglich euren Dienst leistet, keine Kataklysmen und Katastrophen ereignen werden.

Insbesondere wende ich mich an die Bewohner meines geliebten Russlands. Die große Ausdehnung eures Landes und die geringe Bevölkerungsdichte in vielen Gegenden erfordern von euch, dass ihr mit doppelter und dreifacher Anstrengung dient. Russland ist eine große Rolle bei der Veränderung des Bewusstseins der Menschheit vorbestimmt, bei der Erhöhung dieses Bewusstseins auf eine höhere Ebene.

Daher bitte ich jeden, der diese Botschaft vernimmt, dass das Beten meiner Rosenkränze in der nächsten Zeit zur vorrangigen Aufgabe eures Lebens werden möge, gleich durch welchen der Gesandten diese Rosenkränze zu euch kamen. Ihr müsst mir täglich ein Rosenkranzgebet geben. Ich bitte euch. Ich flehe euch an, meine Geliebten.

Ich komme zu jedem von euch, der die Verpflichtung auf sich nimmt, täglich meine Rosenkränze zu beten. Ich komme persönlich und gebe euch eine Rose aus meinem Strauß, als Zeichen meiner Liebe zu euch.

Und dies ist noch nicht alles, meine Geliebten. Ich bitte euch, dass ihr meine Rosenkränze mit einem Gefühl der höchsten Liebe zu eurem Planeten und zu allen Lebewesen betet, die ihn bewohnen. Und ich bitte euch, vor dem Beten eines Rosenkranzes in euer Herz zu gehen. Spürt die Wärme in eurem Herzen. Denkt an mich. Ich weiß, wie schwer es euch fällt, in dieser schwierigen Zeit auf der Erde verkörpert zu sein. Denkt aber daran, wie schwer es für mich war, als mein Sohn Jesus vor meinen Augen ans Kreuz geschlagen wurde. Wie war es für mich, sein Leiden mit ansehen zu müssen?

Geliebte, liebt ihr mich? Könnt ihr mir täglich vor dem Beten des Rosenkranzes nur wenige Minuten Liebe aus euren Herzen senden? Das ist doch nicht schwer. Werdet ihr meine Bitte erfüllen, meine Geliebten?

Ich liebe euch alle. Und während ihr Rosenkränze betet, werde ich zu euch kommen. Ihr werdet es spüren, ihr werdet mit Sicherheit meine Gegenwart spüren. Ihr könnt dann euer Gebet unterbrechen und mit mir reden. Ich werde alle eure Bitten und Wünsche anhören.

Und ich verspreche, dass ich euch alle Hilfe leisten werde, die mir das Kosmische Gesetz zu leisten gestattet.

Ich werde alles für euch tun, was in meinen Kräften steht. Kann ich damit rechnen, dass auch ihr tut, worum ich euch bitte?

Glaubt mir, wenn ich nicht wüsste, was ich weiß und was euren Augen verborgen ist, so würde ich niemals um diese Arbeit bitten, die nur ihr tun könnt.

Am allerwenigsten möchte ich, dass ihr Angst und Schrecken empfindet. Fürchtet euch vor nichts. Ich war unter euch und bin selbst auf der Erde gegangen, und ich kann euch versichern, dass jeder in seinem Leben genauso viele Prüfungen erhält, wie er ertragen kann.

Allzu schwer ist das Karma, das die Menschheit geschaffen hat. Und die Tilgung dieses Karmas erfordert große Opfer und viel Leid.

Gott ist aber gnädig, und er gibt euch die Werkzeuge, mit denen ihr euer Karma mildern und eure Bürde erleichtern könnt. Vernachlässigt diese Werkzeuge nicht, und verschmäht die Möglichkeit nicht, die euch gegeben wird.

Ich werde euch jetzt verlassen. Ich bin froh, dass ich diese Möglichkeit nutzen konnte, euch noch einmal an die Arbeit zu erinnern, die ihr tun müsst.

Wir treffen uns sicher mit jedem von euch bei euren täglichen Rosenkranzgebeten.

ICH BIN Mutter Maria, und wir treffen uns.

Ihr braucht Immunität gegen das Böse

Die Geliebte Kwan Yin
27. März 2005

ICH BIN Kwan Yin. ICH BIN durch diese Gesandte zu euch gekommen.

Es ist möglich, dass manche Leser dieser Botschaften mich nicht kennen. Ich bin im Osten bekannt. Ich habe für die Menschen im Osten die gleiche Bedeutung wie Mutter Maria für die Menschen im Westen.

Das weibliche Prinzip tritt heute zunehmend in den Vordergrund. Und die Verehrung der weiblichen Flamme, des weiblichen Aspekts Gottes muss jetzt von euch anerkannt werden.

Nicht weil dieser Aspekt der wichtigste ist, sondern weil dieser Aspekt Gottes lange Zeit herabgewürdigt wurde.

Unser Gott ist Vater und Mutter. Der männliche und der weibliche Aspekt sind gleichermaßen wichtig.

Wenn ihr einen der beiden Aspekte herabwürdigt, stört ihr die göttliche Harmonie, und dies spiegelt sich in diversen unharmonischen Erscheinungen eurer Welt wider, angefangen mit einem Mangel an Harmonie in der Familie bis hin zu Kataklysmen und Naturkatastrophen.

Beide Aspekte der Manifestation der Gottheit müssen in eurem Leben im Gleichgewicht sein. Der Aspekt des Vaters, die Verehrung des Willens des Vaters, des Willens Gottes, und der Aspekt der Mutter, jener Aspekt, der es ermöglicht, diesen Willen in ausgewogener Weise in der Materie zu manifestieren.

Gerade die Herabwürdigung des weiblichen Prinzips hat im Laufe der vielen vergangenen Jahrtausende dazu geführt, dass die Manifestation des göttlichen Planes für den Planeten Erde entstellt und verzerrt wurde. Und was ihr in eurer Zeit um euch seht, ist eine bedauerliche Parodie auf den Plan Gottes, der ursprünglich für euren Planeten vorgesehen war.

Ich bin die Göttin der Barmherzigkeit und des Mitgefühls. Und ich erfülle meine Mission, allen Lebewesen auf diesem Planeten zu helfen. Ich erfülle meine Mission im Osten genauso, wie Mutter Maria ihre Mission im Westen erfüllt. Es gibt aber keinen Unterschied zwischen unseren Missionen. Wir sind gekommen, um den Erdbewohnern zu helfen, und wir werden unsere Mission erfüllen, egal was passiert.

Ich möchte mich an die Bewohner Russlands und all jener Länder wenden, in denen man die russische Sprache versteht, aber ebenso an die Bewohner jener Länder, in deren Sprache mit der Zeit, so hoffen wir, diese Botschaften übersetzt werden.

Ich wende mich mit der Bitte an euch, in eurem Bewusstsein das Gleichgewicht zwischen dem weiblichen und dem männlichen Prinzip zu halten. Und da das männliche Prinzip in eurer Welt überwiegt, möchte ich, dass ihr dem weiblichen Aspekt mehr Aufmerksamkeit schenkt, und dies betrifft insbesondere die Bewohner Russlands.

Die Dominanz der männlichen Schwingungen führt Russland auf einem Weg, auf dem die meisten seiner Bewohner des Wohlstands beraubt werden. Das reichste Land der Welt an natürlichen Ressourcen ist heute ein bettelarmes Land, wenn man das Entwicklungsniveau des Landes am Pro-Kopf-Einkommen der Mehrheit der Bevölkerung betrachtet und nicht am Durchschnitt, der sowohl die Reichen als auch die Armen mit einschließt.

Wenn in Russland die Verehrung der Mutter, des mütterlichen Aspekts Gottes besser entwickelt worden wäre, hätten die Menschen dieses Landes dann wirklich zugelassen, dass betagte Frauen, die all ihre Kräfte, ihre Arbeit und ihre Fähigkeiten für das Wohl dieses Landes gaben und Kinder und Kindeskinder großzogen, jetzt ein elendes Dasein fristen und sogar darauf angewiesen sind, um Almosen zu betteln und im Müll nach Essensresten zu suchen?

Jedes Mal, wenn ihr eine alte Frau in Lumpen seht, die um Almosen bittet, so wisst, dass ich es bin, die Göttin der Barmherzigkeit, die in Gestalt dieser Frau zu euch kam, um in eurem Herzen Barmherzigkeit und Mitgefühl zu wecken.

Ihr müsst die Mutter-Frau ehren, die euch das Leben gab und eure Seele in die Verkörperung gebracht hat.

Es spielt keine Rolle, wie ungerecht und hart eure Mutter in der Kindheit mit euch umgegangen sein mag. Ihr wisst nicht, welche karmischen Beziehungen euch mit eurer Mutter verbinden.

Ich sage euch, dass in eurem Universum das Gesetz der Vergeltung gilt. Und die Haltung eurer Mutter euch gegenüber mag euch ungerecht erscheinen, doch habt ihr sie euch selbst verdient. Ihr wisst nicht, wie viele Male ihr in euren vergangenen Leben jenes Individuum gepeinigt und sogar getötet habt, das heute als eure Mutter verkörpert ist. Und glaubt mir, Gott hat euch die einfachste Möglichkeit gegeben, eure karmischen Beziehungen mit diesem Individuum abzuarbeiten, das heute eure Mutter ist.

Es scheint euch, dass eure Regierung euch ungerecht behandelt und dass ihr ein besseres Schicksal verdient. Natürlich verdient ihr ein besseres Los, und Russland hat eine große Zukunft vor sich.

Ihr könnt es mir nicht glauben, aber die ganze Situation in eurem Land ist gerade mit einer mangelnden Verehrung des weiblichen Prinzips, des weiblichen Aspekts Gottes verbunden. Das Gleichgewicht der Beziehungen in Familien, das Gleichgewicht der Beziehung zwischen Vater und Mutter, die richtigen Verhältnisse und Grundwerte in der Familie, bilden die Basis einer gesunden Gesellschaft. Und die Erziehung und die Grundlagen, die die zukünftige Generation in der Familie erhält, lassen sich in keiner Weise mit den Kenntnissen messen, die man aus dem Internet, dem Fernsehen oder in der Schule bekommt.

Und gerade auf die Zerstörung der Familie richteten sich alle Anstrengungen des Regimes, das in Russland siebzig Jahre lang herrschte und im Westen Kommunismus, in Russland aber Sozialismus genannt wurde.

Alle Anstrengungen dieses Regimes waren darauf gerichtet, die Familie als Keimzelle der Gesellschaft zu zerstören. Und dieser Basis beraubt, wurde Russland für die Propagandaviren der sogenannten freizügigen Lebensweise anfällig, die jetzt aus dem Westen nach Russland gekommen ist.

Ein gesunder Organismus ist immun gegen jedes zerstörerische Virus. Und für die menschliche Gesellschaft sind solche Viren die Propaganda für

Sex, Drogen und Gewalt. Und weil der Organismus Russlands im Laufe dieser siebzig Jahre geschwächt wurde, kann er diesen äußerlichen Infektionen und Viren nicht widerstehen, die das Informationsfeld dieses Landes überfluten.

Die Analogie mit dem menschlichen Organismus trifft hier vollständig zu. Der Organismus muss sich von den Viren und ihren Giftstoffen befreien. Und dies kann nur durch bestimmte Reinigungsverfahren erfolgen.

Es hat keinen Sinn, gegen Viren zu kämpfen. Vielmehr muss man sich darum bemühen, die Immunität zu stärken.

Das Böse existiert in dieser Welt. Und es gibt sehr viel Böses. Ihr braucht Immunität gegen das Böse. Und dann wird kein Virus gefährlich für euch sein.

Der erste Schritt, der unternommen werden muss, besteht darin, dass jedes Mitglied der Gesellschaft, jede Zelle der Gesellschaft den Wunsch haben muss, gesund zu sein und sich von irreführender Lüge und Propaganda zu befreien.

Lernt, im Leben und in eurer Umgebung die richtigen, göttlichen Vorbilder von den falschen zu unterscheiden, welche euch eine Kultur des Todes und der Hölle vermitteln.

Verbannt aus eurem Leben alles, was nicht von Gott ist. All die Lügen, die von Fernsehbildschirmen und Computern in euer Bewusstsein einströmen. Sucht und findet in eurer Umgebung die richtigen Vorbilder und kultiviert sie.

Nur von euch hängt es ab, wie ihr euer mühselig verdientes Geld investiert. Werdet ihr es ausgeben, um dem Leben sinnlose Vergnügungen abzugewinnen, oder werdet ihr es dafür ausgeben, dass eure Kinder Zugang zu den Kulturwerten der Vergangenheit und Gegenwart bekommen?

Die Schwingungen, die in der Musik der russischen Komponisten und in den Gemälden der russischen Maler des achtzehnten und neunzehnten Jahrhunderts enthalten sind, können die Schwingungen des Todes neutralisieren, die in euer Bewusstsein eindringen, wenn ihr die

Fernsehprogramme und die Musik konsumiert, die in der letzten Zeit Russland überschwemmen.

Schützt eure Kinder vor dem Einfluss des Fernsehens und der Rockmusik. Glaubt mir, der Schaden, den ihre Seelen unbewusst erleiden, lässt sich mit keinen Vorteilen, die der Einsatz eurer modernen Medien mit sich bringt, vergleichen.

Nutzt jede Gelegenheit, in der Natur zu sein. Verbringt Zeit in der Natur, aber nicht beim Grillen und mit Musik und Werbung aus dem Radio.

Hört auf die Klänge der Natur. Beobachtet die Vögel, seht euch die Bäume an. Betrachtet die Wolken. Lauscht der Stille.

Wir können nicht alle Menschen dazu bringen, zu beten und unsere Rosenkränze zu lesen, doch können wir sie auf Dinge in ihrem Leben aufmerksam machen, die ihr geistiges Wachstum behindern. Die Menschen müssen sich von solchen Hindernissen befreien und sie nach und nach durch Vorbilder der Vollkommenheit ersetzen.

Sollte es euch schwerfallen, selbst die Qualität dessen einzuschätzen, was euch umgibt, so sucht nach Menschen unter euch, denen es gelungen ist, ihren Einklang mit Gott zu bewahren, und für die es kein größeres Glück gibt, als euch ihre eigene Wahrnehmung der göttlichen Realität zu vermitteln und euch mit einem Teil ihrer Schwingungen der Reinheit auszustatten.

Ich habe euch genügend Denkanstöße gegeben. Und ich habe keine Zeit, um den heißen Brei herumzureden. Ich habe euch genau das gegeben, was für euch notwendig ist, damit eure Seelen Mut fassen und zur höheren Realität erwachen können.

Ich tue dies aus Liebe und Mitgefühl zu euch.

ICH BIN Kwan Yin

Ich lade euch in meine Schule der Mysterien ein

Gott Maitreya
28. März 2005

ICH BIN Maitreya. ICH BIN gekommen. Ich bin durch diese Gesandte zu euch gekommen. Ich bin da!

Bitte folgt aufmerksam meinen Worten, die ich heute an euch richte. Es mag euch so scheinen, dass meine Worte unbedeutend sind und keinerlei neue Informationen tragen. Seid aber nicht vorschnell mit eurem Urteil. Gebt mir die Möglichkeit zu entscheiden, was ihr genau jetzt erhalten müsst, damit ihr den nächsten Schritt auf eurem spirituellen Weg gehen könnt.

Ihr alle seid Kämpfer des Geistes. Ihr kommt in diese physische Welt, um mit der Illusion zu kämpfen. Denn dies ist der Plan Gottes für die heutige Zeit. Zuerst nehmt ihr die Illusion in euch auf, und es kann sein, dass ihr euch sogar ganz mit ihr identifiziert. Dann kommt der Moment, wenn ihr euch wieder von dieser Illusion trennen und auf eine höhere Stufe der Entwicklung eures Bewusstseins übergehen müsst.

Ihr werdet zum Schauplatz des Kampfes zwischen den Mächten, die die Illusion verteidigen, und den Mächten, die die Illusion zu überwinden suchen. Es scheint euch so, als würde dieser Kampf in eurer Welt ausgetragen, doch in Wirklichkeit spielt er sich in eurem Inneren ab.

Darin besteht die Einweihung, die ihr auf diesem Abschnitt des Weges vollziehen müsst. Ihr müsst verstehen, dass sich der ganze Kampf in eurem Inneren abspielt. Und solange sich dieser Kampf in eurem Inneren abspielt, werdet ihr euch immer wieder in dieser physischen Welt verkörpern und euch in der Umgebung von Menschen wiederfinden, in deren Innerem sich ebenfalls dieser Kampf abspielt.

Und ihr werdet so lange mit euren Leidenschaften, Schwächen und Unvollkommenheiten kämpfen, bis ihr sie vollständig besiegt habt.

Darin liegt der Sinn des Kampfes, den die Mächte des Lichtes gegen die Mächte der Finsternis führen. Diesen Sinn des Kampfes gebe ich euch jetzt, und dieser Sinn wird für eure Bewusstseinsebene gegeben. Wenn euer Bewusstsein reiner und euer Verstand glasklar wird wie ein Kristall, so werden wir euch neues Wissen und ein neues Verständnis des Kampfes geben.

Mein Rat ist daher: Hört auf, einen äußerlichen Kampf zu führen, und hört auf, die Feinde außerhalb von euch selbst zu suchen.

Jeder, der auf der physischen Ebene zu euch kommt, kann dies nur deswegen tun, weil eure Schwingungen es ihm ermöglichen. Und wenn dieser Mensch euch Schaden zufügt, euch beleidigt, solltet ihr diesen Menschen nicht als euren persönlichen Feind oder einen gefallenen Engel wahrnehmen. Er kam entweder deswegen zu euch, damit ihr eure karmische Schuld bei ihm begleichen könnt, oder um euch eine Lektion zu erteilen. Um zu prüfen, inwieweit ihr eine Lektion gelernt habt, die ihr von uns durch unsere Lehre erhalten habt.

Und jedes Mal, wenn ihr euch an einem Menschen rächen möchtet, der euch Schaden zugefügt hat, und ihn bestrafen wollt, so müsst ihr verstehen, dass ich es bin, der in der Gestalt dieses Menschen zu euch kam, um euch die Prüfung abzunehmen, inwieweit ihr unsere Lektionen gelernt habt.

Es gibt nichts außerhalb eurer selbst, gegen das es sich zu kämpfen lohnt. Und wenn ihr wollt, dass ich euch euren wahren Feind zeige, so stellt euch vor den Spiegel und betrachtet ihn. Da steht euer wahrer Feind, mit all seinen fleischlichen Begehren, seinem Egoismus, seiner Selbstsicherheit und Vermessenheit, dass er bereits die ganze Wahrheit erkannt hat und anderen diese Wahrheit beibringen kann.

Um die Wahrheit lehren zu dürfen, müsst ihr erst viel an euch selbst arbeiten. Ihr müsst den Kampf mit dem unwirklichen Teil eurer selbst gewinnen, und ihr müsst euren Hüter an der Schwelle, euer Ego bezwingen. Ihr müsst den Sieg in eurem eigenen Bewusstsein erringen. Ihr müsst als Sieger aus diesem Kampf hervorgehen. Erst dann, und nicht früher, erhaltet ihr das Recht zu lehren.

Der Mantel des Gurus – wie auch der Mantel des Gesandten – wird von uns nicht ohne bestimmte Verdienste verliehen. Viele von euch trugen die Mäntel in vergangenen Verkörperungen, und eure Seelen wissen das.

Ihr habt ein großes Momentum, das ihr euch durch eure Leistungen in der Vergangenheit erarbeitet habt.

Aus verschiedenen Gründen habt ihr eure Mäntel verloren. Und jedes Mal, wenn ihr euch verkörpert, erhaltet ihr erneut die Möglichkeit, die Einweihungen zu vollziehen und eure Mäntel zurückzugewinnen.

Daher lade ich euch in meine Schule der Mysterien ein, damit ihr euch den Prüfungen unterziehen könnt. Viele von euch möchten von mir persönlich gelehrt werden. Und ich bin stets bereit, Schüler aufzunehmen. Ihr müsst nur an den Altar herantreten und euch wünschen, dass ich euch als Schüler aufnehme. Ihr könnt diesen Wunsch einfach in eurem Herzen aussprechen.

Viele bekunden den Wunsch, meine Schüler zu werden. Und ich nehme sie alle als Schüler auf. Jedoch bestehen nur sehr wenige von ihnen die erste von mir gestellte Prüfung.

Ich brauche nicht persönlich zu euch zu kommen, um euch den ersten Test zu geben. Ich sende euch einen Menschen, den ihr als euren Feind betrachtet. Und dieser Mensch wird etwas tun, was euch als eine Beleidigung vorkommt. Ziel eines solchen Tests ist es, euch aus dem Gleichgewicht zu bringen. Ihr werdet nicht danach beurteilt, ob ihr aus dem Gleichgewicht geratet oder nicht, sondern danach, zu welchen Schlussfolgerungen ihr infolge dieses Tests kommt.

Die besten Schüler sind Gott und mir als Lehrer stets dankbar für die Möglichkeit, sich diesem Test zu unterziehen.

Diejenigen aber, die nicht einmal für die Anfangsstufe meiner Einweihungen bereit sind, können nicht einmal verstehen, dass ich ihnen diesen Test gab. Sie reagieren so, wie sie schon immer reagiert haben – beleidigt, entrüstet, voller Hass, mit dem Wunsch sich zu rächen.

Und ein solcher Mensch verliert die Möglichkeit, sich unter meiner Anleitung einer Ausbildung zu unterziehen, manchmal bis zum Ende seiner gegenwärtigen Verkörperung.

Und so möchten zwar viele meiner Schule der Mysterien beitreten, doch nur sehr wenige bestehen diese kleine Aufnahmeprüfung und bekommen die Möglichkeit zum nächsten Test.

Ich brauche meine Schüler nicht an einem bestimmten Ort auf der Erde zu versammeln, um ihnen einen Test zu geben. Ich nutze eure Lebensumstände und eure Mitmenschen, um euch meine Tests zu geben.

Die Möglichkeit, meiner Schule der Mysterien beizutreten, besteht für alle, doch nur sehr wenige erhalten die Möglichkeit, diese Schule erfolgreich abzuschließen und den Mantel des Gurus zu erhalten.

Und für euch wird es inzwischen keine Neuigkeit mehr sein, dass Tatyana, durch die ich jetzt meine Botschaft gebe, meine Schule im Jahre 2002 abgeschlossen hat, nachdem sie einen beschleunigten Kurs der Lehre absolvierte. So groß war die Notwendigkeit.

Und als Tatyana die Ausbildung begann, waren nur sehr wenige von uns sicher, dass sie die Ausbildung erfolgreich abschließen kann. Doch es gelang ihr, und infolgedessen erhielten wir die Möglichkeit, unsere Lehre durch sie zu übermitteln.

Ich möchte, dass ihr wisst, dass diese Situation nicht außergewöhnlich ist. Jeder von euch kann sich wünschen, unter meiner Anleitung geschult zu werden. Ich lade euch alle ein, meine Schüler zu sein.

Doch dürft ihr nie vergessen, dass von dem Moment an, wenn ihr euch mit der Bitte an mich wendet, euch als Schüler aufzunehmen, sich in eurem Leben allerlei Not und Unglück ereignen wird, und euer gewohntes Leben wird auf alle nur vorstellbare Weise vor euren Augen zusammenbrechen.

Und wie grausam euch dies auch erscheinen mag, es ist dennoch eine notwendige Ausbildungsstufe. Ihr müsst begreifen, dass alles, was euch umgibt, eine Illusion ist, und ihr müsst euch von allem losreißen, was euch in eurem Bewusstsein an diese Illusion bindet. Es wird euch so scheinen, als wärt ihr unheilbar krank und müsstet sterben. Ihr müsst diesen Gedanken mit Demut akzeptieren. Es wird euch so vorkommen, als wärt ihr vom Weg abgekommen, und Gott könne nicht so grausam sein und euch so hart bestrafen. Euer fleischlicher Verstand wird krampfhaft nach irgendeiner Gelegenheit in der Illusion suchen, an der er sich festklammern kann, um euch vom Weg der Einweihungen abzubringen.

Und ihr werdet mit eurem fleischlichen Verstand ringen, mit dem unwirklichen Teil eurer selbst. Und je länger ihr Widerstand leistet, desto schmerzhafter wird für euch der letzte Test, die Abschlussprüfung der

Schule. Und ihr könnt nicht Absolvent meiner Schule werden, solange noch irgendein Teil eurer selbst Widerstand leistet, sich dem göttlichen Gesetz unterzuordnen.

Ja, meine Geliebten, die Absolventen meiner Schule entsagen ihrem freien Willen, der ihnen von Gott gegeben wurde.

Der freie Wille ist eine Gabe Gottes an den Menschen. Und wenn ein Mensch aus freiem Willen dieser Gabe Gottes entsagt, so besteht er die letzte Einweihung meiner Schule. Er besteht die Abschlussprüfung.

Ich habe euch heute viele Geheimnisse meiner Schule enthüllt.

Ich war sehr offen. Tatsächlich war ich noch nie so offen in meiner Rede vor einem so großen Publikum. Ich hoffe, dass mein heutiges Gespräch mit euch von Nutzen für euch ist.

Und wenn sich einer von euch dennoch in der Lage fühlt, in meiner Schule unterrichtet zu werden, so heiße ich ihn herzlich willkommen. Die Pforten zu meiner Schule stehen immer weit offen. Doch nur sehr wenige möchten durch diese Pforten eintreten und sich den Prüfungen unterziehen.

ICH BIN Maitreya, und ich warte auf euch.

Euer Planet tritt in einen Zyklus ein, der zur Zusammenziehung der Illusion führt

Der Geliebte Serapis Bey
29. März 2005

ICH BIN Serapis, ICH BIN gekommen.

Die Erschaffung dieses Universums und seine Entwicklung sind mit der Überwindung Tausender von Hindernissen verbunden. Und diese Hindernisse entstehen durch die Interaktion der beiden Hauptkräfte, die in diesem Universum wirken. Der ursprünglich reine göttliche Plan erfährt zu Beginn der Differenzierung, der Manifestation den Widerstand der Kräfte, die im Frieden der ewigen Glückseligkeit verweilen. Diese Kräfte verhindern den Beginn der Manifestation des Universums. Sie zögern, den ursprünglichen Frieden der Glückseligkeit zu verlassen. Genauso wie ihr zögert, morgens aus dem Schlaf zu erwachen, besonders wenn euer Traum süß war, wie in der Kindheit.

Die Zeit vergeht, und das Universum beginnt den Widerstand der Kräfte zu spüren, die nicht zum ursprünglichen Frieden zurückkehren wollen. Das lässt sich damit vergleichen, wenn ein Mensch sich allzu sehr in die Probleme des Tages vertieft und keine Eile hat, in den Schlaf zu fallen.

Wie aber Tag und Nacht, Wachsein und Schlaf einander unausweichlich ablösen, so hat auch dieses Universum seinen eigenen Tag, sein eigenes Wachsein und seinen Frieden, seine Erholung.

Alles unterliegt seinen Zyklen. Und Zyklen innerhalb von Zyklen.

Euer Planet tritt in einen Zyklus ein, der zur Zusammenziehung der Illusion führt. Aber die Menschen haben sich so sehr in die manifestierte Illusion vertieft, dass sie sich der bestehenden Ordnung widersetzen.

In euch gibt es einen unsterblichen Teil, euren höheren Teil. Und in euch gibt es einen sterblichen Teil, eure vier niederen Körper. Euer höherer Teil ordnet sich dem göttlichen Gesetz unter, denn während der ganzen

Dauer eurer Wanderung als Individualität in dieser manifestierten Welt hat dieser Teil niemals die Verbindung zum Schöpfer verloren. Euer niederer Teil dagegen hat auf einem bestimmten Abschnitt seiner Evolution das Gefühl der Einheit mit dem Schöpfer dieses Universums und mit der ganzen Schöpfung verloren.

Euer niederer Teil wollte sein eigenes Leben führen und verirrte sich im Dschungel der Illusion. Und wie lange die Seele auch durch die Weiten des Kosmos wandert, die Zeit wird kommen, wenn die Seele aus der illusorischen Welt in die reale Welt Gottes zurückkehren muss. Und dieser Zeitabschnitt hat jetzt begonnen. Der Zeitabschnitt, in dem ihr euch von der Illusion lossagen und in die reale Welt zurückkehren müsst.

Deshalb wurde euch ein geistiger Führer, euer Schutzengel, euer heiliges Christus-Selbst gegeben. Und dieser geistige Führer muss euch auf den wahren Pfad bringen, den Pfad der Rückkehr in das Reich des Vaters.

Die ganze äußere Lehre, die wir durch diese oder andere Gesandte geben, hat das Ziel, die Verbindung mit dem Teil eurer selbst wiederherzustellen, der sich daran erinnert, wer ihr seid. Und je stärker die Verbindung mit dem realen Teil eurer selbst ist, desto schneller wird für eure Individualität der Weg der Rückkehr nach Hause sein.

Alle wahren Einweihungen, die ich meinen Schülern gab und die andere Meister ihren Schülern geben, sind genau darauf ausgerichtet, den Widerstand des illusorischen Teils eurer selbst zu überwinden und euch mit eurem unsterblichen Teil in Kontakt zu bringen.

Und diejenigen von euch, die meine Heilige Stätte, meinen Tempel in Luxor besucht haben, müssen sich jetzt an das Wissen erinnern, welches sie in meinem Tempel erhielten.

Ich bin ein strenger Lehrer, und ich verlange von meinen Schülern äußerste Disziplin. Denn wenn sich ein Schüler nicht dem Lehrer unterordnet, den er selbst gewählt hat, dann hat dieser Schüler nicht länger das Recht, unter unserer Anleitung gelehrt zu werden.

Das Gebot der heutigen Zeit ist so, dass eure Schulung und eure Einweihungen im gewöhnlichen Leben vollzogen werden. Es wird von euch nicht verlangt, bis ans Ende der Welt zu einem Lehrer in der Ferne zu reisen, um das für euch erforderliche Wissen zu erhalten. Das Gebot der heutigen Zeit ist so, dass ihr alles für euch notwendige Wissen dort erhaltet, wo ihr lebt. Ihr durchschreitet die Einweihungen in eurem normalen Leben. Und wir nutzen die Umstände eures Lebens dazu, um eurer Seele gerade jene Einweihungen zu geben, die sie am meisten braucht.

Und ihr empfangt nachts im Schlaf Wissen, wenn ihr unbewusst oder völlig bewusst unsere Heiligen Stätten aufsucht und während des Schlafs Unterricht erhaltet.

Eure Seelen arbeiten wahrhaftig unermüdlich Tag und Nacht.

Und ich rede hier nicht von jenen Seelen, die sich vor dem Unterricht drücken und es vorziehen, die Zeit des nächtlichen Schlafs nicht für ihre Weiterbildung zu nutzen, sondern stattdessen die Schichten der Astralwelt aufsuchen und im Schlaf auch weiterhin jene illusorischen Vergnügen und Genüsse erhalten, denen sie in der physischen Welt nachgehen.

Ich möchte diese nachlässigen Individuen nicht ängstigen. Doch alles, was sich nicht den Plänen Gottes fügt, wird seine Existenz in der neuen Welt nicht fortsetzen können. Nicht, weil Gott so grausam ist und euch bestrafen will. Nein, ihr selbst verurteilt euch zum Nichtsein, da es euch nicht möglich sein wird, in einer feinstofflichen Welt zu existieren, zu der euer Planet mit der Zeit werden muss, genau wie auch andere Planeten im Universum. Das Leben wird allmählich auf eine höhere Ebene übertragen werden. Natürlich wird es viele Millionen Jahre dauern. Wer sich aber dem Leben auf der feinstofflicheren Ebene nicht anpassen kann, wird vom Wind des kosmischen Wandels hinweggefegt werden.

Darum wird euch in diesen Botschaften ein Impuls gegeben, der darauf abzielt, den Schwerpunkt eures Wesens auf eine feinstofflichere Ebene zu verlagern.

Indem ihr in eurem Bewusstsein auf eine höhere Ebene aufsteigt und eure Schwingungen erhöht, zieht ihr in gewissem Sinn den ganzen Planeten mit auf eure Ebene.

Ich gebe euch das Bild von einem Bergsteiger, der einen steilen Berggipfel erklimmt, welcher die Spitze des göttlichen Bewusstseins ist, und der den ganzen Planeten an einem Seil mit sich hinaufzieht. Und je mehr solcher Bergsteiger es gibt, die den Gipfel des göttlichen Bewusstseins erobern, desto schneller und weniger schmerzhaft wird der Prozess der Erhöhung des Schwingungsniveaus dieses Planeten verlaufen, der Prozess des Übergangs auf die neue Entwicklungsstufe.

Ich muss euch etwas über ein Ereignis erzählen, das sich mit einem Dammbruch vergleichen lässt. Wenn die göttliche Energie zur Umgestaltung dieser Welt bei der überwältigenden Mehrheit von Individuen auf diesem Planeten auf Widerstand stößt, so lässt sich das Bewusstsein dieser Menschen mit einem Staudamm vergleichen, der sich den Fluten der göttlichen Erneuerung und Umgestaltung in den Weg stellt. Und früher oder später werden die zunehmenden Wassermassen den Damm durchbrechen, und das Wasser wird auf seinem Weg alles mitreißen, was sich ihm entgegenstellt.

Daher ist es nur euer Bewusstsein, was die göttliche Erneuerung behindert. Und je schneller ihr euer Bewusstsein ändert, desto weniger Naturkatastrophen erwarten euren Planeten in der Zukunft.

Und jedes Mal, wenn ihr mit irgendeiner Blockierung in eurem Bewusstsein nicht fertigwerden könnt, wenn ihr zu träge seid, die Anforderungen zu erfüllen, die wir an unsere Schüler stellen, so müsst ihr euch an jene Wassermengen erinnern, die jeden Augenblick die Erde überfluten und alles mit sich reißen können, was dem göttlichen Gesetz widersteht.

Ich habe euch von der Notwendigkeit der Stunde erzählt.

Ich möchte euch zum Abschluss eine Anweisung geben, wie ihr den Widerstand eures eigenen Bewusstseins am wirkungsvollsten überwinden könnt.

Wenn ihr schlafen geht, erinnert euch daran, dass ihr unsere Heiligen Stätten in den ätherischen Oktaven des Lichtes aufsuchen müsst. Euer letzter Gedanke vor dem Einschlafen, bevor euch euer Bewusstsein verlässt, soll der Gedanke sein, unsere Heiligen Stätten aufzusuchen, und auch euer Wunsch, dass das Wissen, das ihr in unseren Heiligen Stätten erhaltet, am nächsten Tag in euer äußeres Bewusstsein gebracht wird.

Vernachlässigt diese Hilfe und Gelegenheit nicht, die euch von den Aufgestiegenen Meistern gegeben wird.

Und jetzt verabschiede ich mich von euch, aber ich hoffe auf ein Treffen mit jedem von euch in meiner Heiligen Stätte über Luxor.

ICH BIN Serapis Bey.

Der fleischliche Verstand muss Platz für den göttlichen Verstand machen

Der Geliebte Zarathustra
30. März 2005

ICH BIN Zarathustra, und ich bin durch diese Gesandte gekommen.

Feurigkeit ist meine wichtigste Eigenschaft. Das Feuer ist mein Element!

Unsere Lehren erfahren eine Veränderung und Schwächung, wenn die feurigen Schwingungen, die unserer Welt innewohnen, mit den Schwingungen der physischen Ebene des Planeten Erde in Berührung kommen.

Doch das Feuer, das in meinen Worten enthalten ist, könnt ihr selbst durch die Welten hindurch spüren.

Ich bin gekommen!

Der Zustand der feurigen Welt unterscheidet sich sehr von dem Zustand eurer Welt, und die Bilder unserer Welt können von eurem Bewusstsein auf ungewöhnliche Weise wahrgenommen werden. Wir sprechen die Sprache des Feuers, und die Umwandlung unserer Schwingungen in die irdische Sprache kann die enthaltende Information nicht vollständig wiedergeben. Die Essenz, die Grundlage der Mitteilung wird jedoch ziemlich vollständig übermittelt.

Ich bin heute zu euch gekommen, weil ich den Wunsch habe, euch eine kleine Lehre zu geben. Ich gab meinen Schülern diese Lehre zu einer Zeit, als ich vor vielen Jahrtausenden auf der Erde verkörpert war. Der Wert dieser Lehre hat sich jedoch bis heute nicht geändert. Außerdem muss ich euch sagen, dass es nur sehr wenigen Menschen auf der Erde gelang, sich diese Lehre gänzlich zu eigen zu machen.

Wenn der vollkommene Geist in die dichte physische Welt herabsteigt – und dies geschieht, wenn hohe kosmische Geister, die in vergangenen Manvantaras einen bestimmten Grad der Errungenschaften erreicht haben, gemäß dem kosmischen Gesetz erneut in die Verkörperung herabsteigen müssen – dann ereignen sich beim Zusammentreffen mit der dichten, entwickelten Materie jene Dinge, von denen ich euch jetzt erzählen muss.

Vielleicht habt ihr in anderen Lehren gehört oder in irgendwelchen Büchern gelesen, dass der Mensch ursprünglich nach dem Vorbild und Ebenbild Gottes geschaffen wurde, einen höheren, unsterblichen Teil hatte, der niemals seine Einheit mit dem Schöpfer vergaß, und einen niederen Teil, der in vielen Jahrmillionen der Verkörperung auf diesem Planeten das Gefühl der Einheit mit dem Schöpfer und auch die Verbindung mit seinem höheren Teil verlor.

Jedoch gab es in der Geschichte der Entwicklung der Menschheit einen Moment, in dem ihre Entwicklung als ausweglos und nutzlos erkannt wurde. Die Menschenwesen waren den Tieren gleich und nur der äußeren Form nach dem Menschen ähnlich. So geschah es, dass die niederen Schöpfer der Form dem Menschen nicht das Feuer verleihen konnten, das den Menschenwesen eigen ist und sie Gott ähnlich macht. Es ist das Feuer der Vernunft, der Funke der Göttlichkeit, der im Menschenwesen vorhanden sein muss.

Vor vielen Millionen Jahren sollte die irdische Evolution als missglückt und verfehlt beendet werden. Und hohe Geister erklärten sich zur Rettung der Situation bereit. Sie hatten seit der Zeit früherer Manvantaras im Nirwana, dem Zustand höchster Glückseligkeit verweilt. Diese Geister sollten in die hoch organisierte Materie herabsteigen und ihr die Eigenschaft des Feuers, der Flamme, der Weisheit verleihen.

Sie stiegen herab. Sie stiegen in die Körper der Menschen herab, die ihrem Wesen nach Tiere waren. Und sie gaben den Menschen die Eigenschaft des Feuers, die ihnen selbst eigen war. Und die Augen der Menschen wurden vom Feuer des Verstandes erleuchtet. Und die Menschen verstanden, dass sie sich von den Tieren unterscheiden. So erhielt jeder Mensch in seinem Inneren einen Samen, einen Funken, das Feuer einer der höheren geistigen Wesenheiten, die aus den höchsten Sphären des Feuers in die Materie herabstiegen.

Jeder der hohen Geister gab vielen Menschenwesen einen kleinen Teil seines Feuers.

Und jedes Menschenwesen wurde je nach dem Grad seiner Entwicklungsstufe mit Verstand ausgestattet.

Dies war der Fall in die Zeugung der höchsten Geister oder Engel. Sie stiegen teils unter dem Einfluss des kosmischen Gesetzes herab, teils aus eigenem inneren Impuls heraus, um die irdische Menschheit vor der Vernichtung zu retten. Denn ohne den Verstand konnte die Menschheit nicht dem göttlichen Ziel entsprechen, mit dem sie geschaffen worden war.

Es war gelungen, die Unzulänglichkeit des Menschen durch das Opfer dieser hohen Wesenheiten zu korrigieren, die ihren nirwanischen Frieden geopfert hatten, um herabzusteigen und zu helfen.

Sie stiegen herab und gaben den Menschen den Verstand und einen Teil ihrer Eigenschaften, die nur eine blasse Widerspiegelung ihrer früheren Verdienste in vergangenen Manvantaras waren.

Und die Menschheit? – Die Menschheit wurde vernunftbegabt. Und sie erhielt das Recht, nach freiem Willen zu handeln – so wie der Verstand eines jeden ihm gebot.

Und als die Menschen verstanden, dass sie den Göttern ähnlich waren, begannen sie, sich wie Götter zu verhalten. Sie begannen, sich so zu verhalten, wie sie glaubten, dass Götter sich verhalten sollten.

Sie wollten in Glück und Vergnügen leben, sie wollten alle möglichen Lüste und Genüsse in der physischen Welt auskosten.

Wenn der Verstand des Menschen mit der dichten manifestierten Welt interagiert, so nimmt er einen dualen Charakter an – gerade weil die Eigenschaften der Götter, die aus der göttlichen Welt stammen, auf der Ebene der Illusion genau in ihr Gegenteil umschlagen.

Darin besteht das Paradoxon der manifestierten Welt. Und darin besteht der Plan Gottes für die manifestierte Welt.

Wenn der Geist beginnt, unter den Bedingungen der materiellen Welt zu handeln, ist er gezwungen, die dichte Materie als Gegenstand zu verwenden, auf den er seine Fähigkeiten anwendet. Und wenn der Geist beginnt, seine Fähigkeiten auf dichte Materie anzuwenden und sich dabei gleichzeitig an die göttliche Welt erinnert, so versucht er, die Gesetze der göttlichen Welt in der materiellen Welt einzuführen. Und da die Materie sehr niedrige Schwingungen hat, kann jede Eigenschaft des Geistes, die in der physischen Welt angewendet wird, zur Entstehung des Gegenteils dieser Eigenschaft führen, die durch ähnliche Bemühungen in der feurigen Welt geschaffen würde.

Hierin liegt das Geheimnis. Wenn ein hoher Geist aus den feurigen Sphären in die niederen Welten gerät und in der Materie auch weiterhin die Eigenschaften des Geistes aus der feurigen Welt gebraucht, so wird das Resultat dieser Einwirkung gerade wegen der Dichte der Materie selbst nicht immer dem göttlichen Plan entsprechen.

Vor Millionen von Jahren wurde jedem von euch, der diese Zeilen liest, ein Funke des göttlichen Verstandes verliehen, durch das Herabsteigen eines Teils der hohen Geister in euch, die gekommen waren, euch mit dem Verstand auszustatten.

Und jeder von euch trägt in seinem Inneren ein Teilchen dieser Meister, die in verschiedenen Lehren unterschiedliche Namen tragen – Meister der Weisheit, die Aufgestiegenen Meister oder die Meister von Shambala.

Sieben große Geister stiegen herab. Jeder von ihnen gab Millionen von Menschenseelen ein Teilchen seiner selbst.

Und die Menschen erhielten die Möglichkeit zu leben und sich zu entwickeln. Und jeder Mensch empfing in seinem Inneren ein Teilchen einer dieser großen Seelen, das zu seinem inneren Lehrer, seinem Schutzengel, seinem Christus-Selbst wurde.

Und heute lässt sich nicht länger unterscheiden, wo der tierische Teil des Menschen aufhört und wo sein geistiges Prinzip beginnt.

Der Mensch muss ständig mit seiner tierischen Natur kämpfen und ständig zum Geist hinstreben. Doch früher oder später wird der Tag kommen, wenn der Mensch das Tier in seinem Inneren besiegt, seine Leidenschaften und sein Ego besiegt und dem Geist die Möglichkeit gibt, die vollständige Herrschaft über sich zu übernehmen. Und der Mensch wird nicht länger ein niederes Wesen sein, eine Mischung aus Tier und Mensch. Das Tier wird gebändigt, und der Mensch wird Gott ähnlich sein.

Der Funke des Verstandes, der im Tempel eines jeden Menschen brennt, glimmt jetzt nur noch, und bei vielen Menschen ist er kurz vor dem Verlöschen oder bereits erloschen.

Um diesen Funken zu entfachen, wird daher die Lehre gegeben, werden Anweisungen gegeben.

Der Tiermensch muss dem göttlichen Menschen Platz machen. Der vergängliche Mensch muss dem unvergänglichen Menschen Platz machen.

Der fleischliche Verstand muss Platz für den göttlichen Verstand machen.

Und es wird geschehen. Weil der Funke und die Flamme in euch keinen Frieden geben wird, bis dies geschieht. Und ihr werdet herumrennen, ihr werdet suchen. Ihr werdet versuchen, den Zustand des Nirwana in der physischen Welt zu finden, an den sich das Teilchen der höheren Wesenheiten in euch erinnert. Ihr werdet diesen Zustand überall auf der Erde suchen. Und ihr werdet ihn nicht auf der physischen Ebene finden.

Und wenn ihr versteht, dass nichts mehr in dieser Welt euch noch anzieht, wenn ihr jeglicher Bindung an diese Welt entsagt, dann werdet ihr das wahre Nirwana erlangen. Und ihr werdet die Möglichkeit erhalten, das höchste Glück in der Vereinigung mit dem höheren Teil eures selbst zu erfahren und durch ihn mit dem Schöpfer dieses Universums.

Bis dahin werdet ihr aber kämpfen, ihr werdet leiden, ihr werdet herumrennen und ihr werdet suchen.

Und ihr werdet euren Ursprung, euren Sieg und eure wahre Glückseligkeit finden.

Und dann können die Teilchen der höheren Wesenheiten, die sich in euch aufhalten, erneut vereinigt werden, und auch sie werden die Freiheit von den Fesseln der Materie erhalten, die sie Millionen von Jahren gebunden haben.

Ich habe euch heute die Lehre gegeben, die ich auch meinen Schülern vor Tausenden von Jahren gab. Es kamen andere Religionen, und es kamen andere Lehren. Doch jetzt ist es an der Zeit, euch das Wissen von eurer Geschichte zurückzugeben. Und dieses Wissen wird euch helfen, euch selbst und den Kampf, der sich auf der Erde abspielt, mit anderen Augen zu sehen.

ICH BIN Zarathustra,
und ich stehe in der Flamme der Einheit.

Wir müssen Gott die Möglichkeit geben, sich durch uns zu offenbaren

Konfuzius

31. März 2005

ICH BIN Konfuzius, und ich bin durch diese Gesandte zu euch gekommen.

Ich bin gekommen, um euch in der Wissenschaft der göttlichen Weisheit zu unterweisen. Seit der Zeit meiner Verkörperung auf der Erde sind viele Jahrhunderte vergangen. Und ich bin froh über die Möglichkeit, die Worte meiner Lehre vor einem dankbaren Publikum zu wiederholen.

Es ist immer besser, die Worte direkt aus der Originalquelle zu hören, als einer Interpretation dieser Worte durch Menschen zu vertrauen, die eine hohe Stufe der Erkenntnis der Weisheit erreicht zu haben glauben, sich aber in Wirklichkeit erst am Fuß des Bergs der göttlichen Weisheit befinden, und die Nichtigkeiten des Lebens lenken ständig ihre Aufmerksamkeit ab und lassen sie nicht einen einzigen Schritt in Richtung des Gipfels tun.

Ich denke, dass dies bei denen, die diese Zeilen lesen, nicht der Fall sein wird. Ihr werdet in der Lage sein, euch für eine bestimmte Zeit von der euch umgebenden Illusion zurückzuziehen und auf die unvergänglichen Wahrheiten zu konzentrieren, die in keiner Weise mit eurer Zeit, eurem Land und der Umgebung, zu der ihr gehört, verbunden sind.

Versucht euch auf euer Herz zu konzentrieren. Auf euren Herzschlag. Lauscht auf euren Atem. Einatmen… Ausatmen…

Die Funktion eures Herzens und eure Atmung sind in keiner Weise mit dem Land verbunden, in dem ihr lebt. Und sie sind in keiner Weise mit der Rolle verbunden, die ihr im Leben spielt.

Ebenso steht es mit der göttlichen Wahrheit. Sie existiert für sich selbst und hängt nicht von eurem Bewusstsein und euren Gedanken ab.

Wozu existiert ihr also dann, wenn diese Welt gut ohne euch auskommen kann? Habt ihr euch diese Frage einmal gestellt? Habt ihr euch schon einmal gefragt, wozu ihr lebt?

Ich denke, dass diese Frage jedem von euch wenigstens einmal im Leben gekommen ist. Und für viele stellte sich diese Frage so eindringlich und häufig, dass die Suche nach dem Sinn des Lebens buchstäblich zum Sinn des Lebens für sie geworden ist.

Ihr habt recht, meine Geliebten, es ist eine würdige Aufgabe zu verstehen, wozu ihr lebt und wozu alles existiert, was euch umgibt.

Als ich verkörpert war, war ich geradezu besessen von dieser Frage. Es gab Tage, an denen ich keinen Platz für mich finden konnte und immer wieder versuchte, diese Frage zu beantworten.

Ich war ein gläubiger Mensch, und ich hielt an dem System der Weltanschauung fest, das in der Gesellschaft um mich herum akzeptiert war. Solange, bis mir klar wurde, dass dieses System der Weltanschauung von Menschen wie mir selbst geschaffen worden war. Als ich älter wurde, verstand ich, dass ich unvollkommen bin. Daher war jeder meiner Gedanken bereits unvollkommen, noch bevor ich ihn laut aussprach. Warum bin ich unvollkommen? Und warum kann ich, wie sehr ich mich auch bemühe, diese Unvollkommenheit in mir nicht überwinden?

Kommen euch diese Fragen bekannt vor? Habt ihr sie euch selbst auch gestellt?

Mit der Zeit wurde die Antwort auf diese Frage zur Grundlage jenes Lehrsystems, das ich den Menschen gab, die von mir unterrichtet werden wollten.

Ich verstand mit großer Klarheit, dass es in meinem Inneren einen höheren, vollkommeneren Teil meiner selbst gibt, und ich konnte mit diesem Teil meiner selbst kommunizieren. Ich wurde mir jedoch auch bewusst, dass ich selbst die Manifestation dieses Teils in mir behindere. Nicht irgendjemand außerhalb von mir, sondern gerade ich selbst.

Ich vermutete, dass ich und alle anderen Lebewesen nach dem Ebenbild dessen geschaffen worden waren, der diese Welt erschaffen hatte und eine unermesslich höhere Stellung einnimmt als wir. Und wir alle sind mit ihm verbunden und bilden eine untrennbare Einheit. Und genau so, wie es in mir einen höheren Teil meiner selbst gibt, so hat auch dieser Schöpfer der Welt einen höheren und einen niederen Teil seines Selbst. Und der niedere Teil seines Selbst – das bin ich in der Verkörperung. Das bin ich in der Verkörperung, und alle anderen Lebewesen in der Verkörperung und die ganze Erde, die ich sah, soweit das Auge reicht.

Wir alle waren ER in der Verkörperung.

Und ER lebte und erschuf und erkannte durch uns. Er erkannte sich selbst durch uns und durch jedes Lebewesen.

Wir alle waren seine Zellen und Gefäße. Wir bildeten seinen Körper. Und wir alle waren sowohl mit IHM als auch miteinander verbunden.

Alles, was uns voneinander und von der Einheit mit IHM trennte, musste überwunden werden.

Daher lehrte ich und lehre immer noch nur eines. Ich lade jeden von euch zur Arbeit an dem Teil eurer selbst ein, der euch daran hindert, mit dem Schöpfer eins zu werden. An dem Teil eurer selbst, der euch vom Zustand völliger Einheit mit Gott trennt, dem Schöpfer, dem Atman, dem höchsten Geist – es ist nicht so wichtig, wie ihr das nennt, wovon ihr ein Teil seid.

Ihr könnt nicht etwas für einen anderen Menschen tun. Und ihr könnt nicht einen anderen Menschen zwingen, etwas zu tun, was ihr wollt. Genauer gesagt, ihr könnt ihn zwingen, aber ihr müsst dazu Gewalt anwenden. Ihr müsst jemanden mit Gewalt dazu bringen, dass er für euch arbeitet oder eure Befehle ausführt. Es ist unwichtig, ob es sich um rohe physische Kraft handelt oder um die Kraft eines von euch geschriebenen Gesetzes.

Versucht aber einmal, das Herz in eurem Körper zum Atmen zu zwingen, und die Lungen zu zwingen, Blut durch euren Blutkreislauf zu pumpen.

Es wird euch nicht gelingen. Und wenn ihr euch die Geschichte der Menschheit anseht, so besteht die ganze Geschichte gerade aus solchen Ereignissen, in denen jemand einen anderen dazu zwingen wollte, etwas zu tun, was er selbst braucht. Daher die Kriege, daher die Manifestation jeglicher Ungerechtigkeiten in der Welt.

Und im Kern solcher Ungerechtigkeiten liegt immer der Wunsch eines Menschen, es so zu machen, wie er es will.

Und damit kehren wir wieder zum Thema der eigenen Unvollkommenheit zurück.

Als ich jung war, dachte ich wirklich, ich könnte mit Überzeugungskraft und durch mein persönliches Beispiel die Welt inspirieren, sich zu verändern. Ich wendete viel Kraft und Energie auf, andere Menschen davon zu überzeugen, was sie tun und wie sie sich verhalten sollten.

Und meine Kräfte reichten nicht aus, um die Menschen davon zu überzeugen, dass sie sich so verhalten sollten, wie es mir vernünftig erschien.

Dann versuchte ich, mit den Menschen gemeinsam zu handeln, die das System meiner Überzeugungen akzeptiert hatten. Doch reichten meine Kräfte noch nicht aus.

Glaubt mir, ich wendete sehr viel Kraft dafür auf, um die Menschen davon zu überzeugen, dass sie nicht in der rechten Weise lebten, und dass sie mir zumindest zuhörten, wie sie leben sollten.

Jahr für Jahr verging, und ein Jahrzehnt nach dem anderen. Doch die Situation in der Welt änderte sich nicht, wie sehr ich mich auch anstrengte und wie viel Mühe ich mir auch gab.

Woran lag das?

Ich war nur ein kleines Sandkorn, eine kleine Zelle im Organismus dieses Universums. Und ich versuchte, das gesamte Universum davon zu überzeugen, dass es nach meinen Gesetzen leben sollte.

Und nach vielen Jahrzehnten wurde mir endlich klar, dass der einzige Mensch auf der ganzen Welt, der mich hinderte, nur ich selbst war. Es war meine maßlose Eitelkeit und meine maßlose Überzeugung, dass ich die ganze Wahrheit erkannt hatte und diese Wahrheit andere Menschen lehren könne.

Anstatt sich dem Gesetz unterzuordnen, das in diesem Universum herrscht, versuchte der äußere Mensch in mir, das ganze Universum zu zwingen, nach meinem eigenen Gesetz zu leben.

Ich verstand die wichtigste Wahrheit. Und ich muss euch sagen, dass es die Sache wert war, ein ganzes Leben darauf zu verwenden, um diese Wahrheit zu erkennen.

Es ist sinnlos und nutzlos, unsere eigenen Gesetze in dieser Welt zu etablieren, in der wir leben. Wir müssen uns dem Gesetz unterordnen, das diesem Universum zugrunde liegt und das bereits im Moment der Schöpfung dieses Universums geschaffen wurde.

Und dieses Gesetz besagt, dass wir dem Wunsch entsagen müssen, uns selbst und unser Ego in unserem Leben zu manifestieren. Wir müssen alles tun, was in unserer Macht steht, um Gott die Möglichkeit zu geben, sich durch uns zu offenbaren.

Dann können wir unsere Einheit wiederherstellen. Und dann können wir an der Verwirklichung des Planes des Schöpfers dieses Universums teilnehmen.

Und dies ist die Aufgabe und Arbeit, die ein jeder leisten muss. Und kein anderer Mensch im ganzen Universum kann diese Arbeit für euch tun. Daher ist diese Arbeit äußerst wichtig, und ihre Erfüllung ist der Sinn eures Lebens, den ihr außerhalb eurer selbst sucht und nicht finden könnt.

Ich gebe euch die Frucht meiner Überlegungen während meines irdischen Lebens. Doch ich kann euch nicht dazu zwingen, diese Frucht zu essen. Das müsst ihr selbst tun.

Kein anderer außerhalb von euch selbst kann diese Arbeit für euch tun.

Ich verlasse euch jetzt. Und ich hoffe sehr, dass ich eurem Denken die richtige Richtung geben konnte.

ICH BIN Konfuzius.

Die Zeit für einen neuen Auszug ist gekommen, den ihr in eurem Bewusstsein vollziehen müsst

Mose
1. April 2005

ICH BIN Mose, und bin durch diese Gesandte gekommen.

ICH BIN gekommen!

Seit den Ereignissen, die in der Bibel als Auszug der Juden aus Ägypten beschrieben werden, sind viele Hunderttausend Jahre vergangen. Tatsächlich verkörperte ich mich damals auf der Erde mit der Mission, die Fünfte arische Wurzelrasse vom Kontinent Atlantis auf den damals neu entstandenen Kontinent Eurasien zu führen. Viel später wurden diese Ereignisse in den Sagen und Legenden der Völker umgestaltet und abgewandelt und erreichten den heutigen Leser unter anderem in der Form, wie sie in der Bibel dargestellt werden.

Aber diese Ereignisse sind in Wirklichkeit viel älter.

Wir befanden uns auf einem Kontinent voller Feindschaften. Es herrschte ein unaufhörlicher Krieg zwischen denen, die in ihrem Herzen die Hingabe an Gott bewahrt hatten, und denen, die sich zwar an ihren göttlichen Ursprung erinnerten, aber dennoch den Versuchungen der illusorischen Welt erlegen waren und ihre Fähigkeiten dazu gebrauchten, um Vorteile in dieser Welt zu erhalten.

Alles war genauso wie in eurer Zeit.

Es gab Menschen, die den Funken der Göttlichkeit in sich bewahrt hatten, und es gab Menschen, die sich entschlossen hatten, die göttliche Energie zur Stärkung ihrer eigenen Kraft und Macht zu verwenden.

Alles war genauso wie heute. Nur sehr wenige Menschen, die der neuen Rasse angehörten, welche im Inneren der alten atlantischen Rasse aufwuchs, waren bereit, auf die nächste Stufe der evolutionären Entwicklung aufzusteigen.

Ich verkörperte mich auf der Erde, und vor mir stand die Aufgabe, dieses auserwählte Volk, den Samen der künftigen Rasse von der in Sünde versunkenen Rasse der Atlantier zu trennen, und das auserwählte Volk ins gelobte Land zu führen, damit der Kontinent, auf dem die Sünde herrschte, von den Wassern zerstört und von der Erdoberfläche weggeschwemmt werden konnte mitsamt den ungehorsamen Atlantiern, die sich dem Willen Gottes nicht fügen wollten.

Ich versammelte die Menschen, die mir glaubten, und führte sie in ein neues Land im Osten.

Diese Menschen mussten ihre Existenz im Land der Sünde ganz vergessen. Ich gab ihnen ein neues Gesetz, das auf Tafeln geschrieben war, ein Gesetz, das für sie verständlich war und die Grundsätze festlegte, die für die Evolution der neuen Menschenrasse notwendig waren.

Wie groß aber waren meine Empörung und mein Zorn, als ich eines Tages nach meinem Gespräch mit Gott zurückkehrte und sah, wie mein Volk vor einem goldenen Kalb tanzte und einen äußeren Gott anbetete, den sie in einer Form gegossen hatten, anstatt den Gott in ihrem eigenen Inneren zu verehren.

Mich überkam ein so starker Zorn, dass ich die Tafeln zerbrach, auf denen das Gesetz geschrieben stand. Und ich ordnete an, die Schuldigen äußerst hart zu bestrafen, damit sich die Menschen noch Jahrhunderte später daran erinnerten und sich davor hüteten, dem Weg der Verehrung äußerer Götter zu folgen.

Es war eine außerordentlich harte Bestrafung[4], doch ich war verzweifelt. Ich wusste nicht, wie ich noch anders auf das Bewusstsein dieser halbwilden Menschen einwirken konnte.

---

[4] Mose bezieht sich auf das folgende Ereignis, das in der Bibel im 2. Buch Mose, Kapitel 32, Vers 15-28 geschildert wird:

Mose wandte sich und stieg vom Berge und hatte zwei Tafeln des Zeugnisses in seiner Hand, die waren beschrieben auf beiden Seiten. Und Gott hatte sie selbst gemacht und selber die Schrift eingegraben. Als er aber nahe zum Lager kam und das Kalb und den Reigen sah, ergrimmte er mit Zorn und warf die Tafeln aus seiner Hand und zerbrach sie unten am Berge und nahm das Kalb, das sie gemacht hatten, und zerschmelzte es mit Feuer und zermalmte es zu Pulver und stäubte es aufs Wasser und gab's den Kindern Israel zu trinken. Mose trat an das Tor des Lagers und sprach: Her zu mir, wer dem HERRN

Und dies war eine große Sünde meinerseits. Ich hatte Gewalt angewendet und mit Gewalt versucht, diese Menschen zum Glauben an den wahren Gott zu zwingen.

Das Gesetz des Karmas wurde durch mich jedoch nicht verletzt. Dies waren andere Zeiten, und mein Wunsch, das Bewusstsein dieser Menschen auf mein Niveau zu heben, war aufrichtig. Nicht viele wissen, dass ich in jenem Leben die Strafe für meine Tat erhielt. Ich wurde von meinem eigenen Volk getötet, und das Gesetz des Karmas war damit erfüllt.

Und die Menschen erhielten die beste Lehre, die ihrem damaligen Bewusstseinsniveau entsprach.

Viele hunderttausende Jahre später setzt sich dieser Kampf auf der physischen Ebene des Planeten Erde fort. Die Menschen töten einander, weil sie einen anderen Glauben haben. Viele empfinden auch weiterhin Hass und Feindschaft gegenüber jedem, der andere religiöse oder moralisch-sittliche Anschauungen oder auch nur eine andere Hautfarbe oder andere Sitten und Bräuche hat.

Die ganze Geschichte der Entwicklung der Menschheit ist ein unaufhörlicher Krieg und Kampf um Macht, Kontrolle und die Schätze dieser Welt.

Eine unaufhörliche Reihe von Morden, Kriegen, Gewalt, Leid und Not.

Ich war nicht zu grausam mit meinem Volk in meinem Wunsch, den Menschen eine Lektion zu erteilen. Ich handelte in Übereinstimmung mit dem Bewusstseinsniveau meines Volkes. Gerade darum sage ich, dass das Gesetz des Karmas von mir nicht verletzt wurde.

---

angehört! Da sammelten sich zu ihm alle Kinder Levi. Und er sprach zu ihnen: So spricht der HERR, der Gott Israels: Gürte ein jeglicher sein Schwert um seine Lenden und durchgehet hin und zurück von einem Tor zum andern das Lager, und erwürge ein jeglicher seinen Bruder, Freund und Nächsten. Die Kinder Levi taten, wie ihnen Mose gesagt hatte; und fielen des Tages vom Volk dreitausend Mann.

Und wenn ich in jener Zeit versucht hätte, mein Volk so zu lehren, wie viele Hunderttausend Jahre später Buddha, Christus und Zoroaster ihre Schüler lehrten, so hätte ich kaum Nachfolger gefunden.

Es waren harte Zeiten, und die von mir angewandte Gewalt war gerechtfertigt.

Und nun ist ein neuer Zyklus angebrochen. Das Bewusstsein der Menschheit muss erneut auf die nächste Stufe der evolutionären Entwicklung gehoben werden. Und genauso wie in der Zeit der Ablösung der Vierten Menschenrasse durch die Fünfte herrschen unaufhörliche Feindschaft und Kriege.

Aber diese Kriege wurden noch zerstörerischer. Millionen und Abermillionen von Menschen fielen dem letzten Weltkrieg zum Opfer, und bei den heutigen Kommunikationsmitteln werden blitzschnell alle Länder in neue Konflikte hineingezogen.

Die Welt ist wie ein Pulverfass geworden, bei dem ein einziger Funke ausreicht, um den ganzen Planeten in Stücke zu reißen.

Unter solchen Bedingungen tritt der Verzicht auf die Manifestation einer jeglichen Form von Gewalt in den Vordergrund. Und vor allem müsst ihr der Gewalt in eurem Bewusstsein entsagen.

Genauso wie die Nacht vor der Morgendämmerung besonders finster ist, müssen auch diese letzten globalen Kriege mit vielen Millionen von Opfern unwiederbringlich in der Vergangenheit versinken. Die Erde kann keinen weiteren globalen Krieg mehr aushalten. Daher bin ich gekommen, um euch diese Lehre von der Gewaltlosigkeit und Nichtanwendung von Gewalt zu geben.

Es gab einen bestimmten Zyklus in der Entwicklung der Menschheit, der viele Hunderttausend Jahre andauerte, als die Anwendung von Gewalt zulässig war. Und die karmische Verantwortung für Mord und Totschlag sogar während der Kriege und Konflikte war nicht so schwerwiegend wie in der heutigen Zeit.

Und jetzt muss ich euch sagen, dass in Übereinstimmung mit dem neuen Abschnitt in der kosmischen Entwicklung für euren Planeten eine neue Zeit anbricht, in der ihr karmische Schuld auf euch ladet, nicht nur wenn ihr einen Mord auf der physischen Ebene begeht, sondern bereits dann, wenn ihr gedanklich, in eurem Bewusstsein eure Feinde zu vernichten versucht.

Die Zeit für einen neuen Exodus ist gekommen. Für den Exodus der neuen menschlichen Rasse, die bereits in die Verkörperung gekommen ist und weiterhin kommt, zur Ablösung der Fünften Wurzelrasse.

Und die Zeit ist gekommen, den Auszug im eigenen Bewusstsein zu vollziehen und sich im eigenen Bewusstsein von allem Alten und Abgelebten zu trennen.

Für die Menschen der neuen Rasse wird es vor allem charakteristisch sein, dass sie auf Gewalt in jeder Form verzichten. Das bedeutet nicht, dass die Gewalt in der näheren Zukunft vom Erdboden verschwinden wird. Nein. Genauso, wie viele Jahre erforderlich waren, bis mehrere Generationen von Menschen herangewachsen sind, die sich nicht länger an das in Sünde versunkene Atlantis zur Zeit des Auszugs erinnerten, genauso werden auch viele Generationenwechsel erforderlich sein, bevor die Menschheit in der Lage sein wird, Gewalt und Lust zu kämpfen aufzugeben, zuallererst in ihrem Bewusstsein.

Und es wird ganze Territorien geben, die von Menschen mit einem neuen Bewusstsein bevölkert sein werden. Und es wird Territorien geben, in denen das alte Bewusstsein und die alte Denkweise vorherrschen werden.

Und allmählich werden die Territorien, in denen die alte Denkweise vorherrscht, eins nach dem anderen im Wasser versinken. Und es werden neue Länder entstehen, auf denen sich Menschen niederlassen werden, die der neuen Rasse angehören. Und der Unterschied zwischen diesen Menschen und der Rasse, die heute lebt, wird vorerst nur einer sein – eine völlig neue Bewusstseinsebene dieser Rasse und die Unannehmbarkeit eines jeden Wunsches nach Kampf und Gewalt für diese Rasse.

Die Zeit für einen neuen Auszug ist gekommen, den ihr in eurem Bewusstsein vollziehen müsst.

Und dieses neue Bewusstsein gibt euch die Möglichkeit, euch in kurzer Zeit von den meisten eurer Bindungen an die alte Welt zu befreien, und es wird euch sehr bald von den Fesseln des Fleisches befreien.

Und es wird nicht notwendig sein, die Menschen zu bestrafen, die in ihrem Unwillen hartnäckig bleiben und den Strömungen der neuen Zeit nicht folgen wollen. Diese Menschen verurteilen sich selbst zu ihrer Strafe, und Mutter Erde wird dafür sorgen, sich selbst von diesen Menschen zu befreien.

**ICH BIN Mose, und ich bin erneut gekommen,
um euch den Weg eures Auszugs zu weisen.**

Die Zukunft Russlands ist mit der Wiederherstellung der Traditionen des wahren Glaubens verbunden

Gott Shiva

2. April 2005

ICH BIN Shiva! Ich bin gekommen!

Ich bin durch diese Gesandte zu euch gekommen. Ich bin gekommen!

Shiva ist mein Name. Shiva!

ICH BIN Shiva!

Im fernen Indien, fernab von der sogenannten zivilisierten westlichen Welt, werde ich als höchste Gottheit verehrt. Millionen beten mich an. Millionen richten ihre Gebete an mich und bringen mir Opfer dar.

Ich bin die oberste Gottheit und habe ein strenges Naturell. Für diejenigen aber, die mir ergeben sind, bin ich der beste Freund, mit dem sie ihre Zeit in Gesprächen verbringen und Freude und Erquickung an meiner Gegenwart und Kommunikation erleben können.

Ich bin aber streng mit denen, die Gott nicht ehren, die ihre göttliche Natur vergessen haben und Gott nicht anbeten — weder Gott außerhalb ihrer selbst noch Gott in ihrem Inneren.

Alles ist Gott. Alles, was euch umgibt, alles, was ihr seht so weit das Auge reicht — alles ist Gott. Auch ihr selbst seid Gott. Ja, auch ihr seid Gott in der Verkörperung — aber nur dann, wenn ihr bestimmte Bedingungen erfüllt, die notwendig sind, damit sich eure wahre göttliche Natur manifestieren kann. Ich werde euch lehren, was ihr tun müsst, um Gott zu werden.

Vor allem müsst ihr Gott in allem, was euch umgibt, lieben und verehren. Es gibt nichts, was euch von irgendeinem Teil des Lebens trennen würde — von der kleinsten Ameise bis hin zum fortgeschrittensten Guru.

Ihr seid all dies, und gleichzeitig seid ihr eine Individualisierung der Gottheit in eurer begrenzten physischen Form. Und gerade eure physische Form ist das, was euch von der vollkommenen Göttlichkeit trennt.

Deswegen wurde euch diese Form für eine bestimmte Zeit gegeben, damit ihr euch im Laufe von vielen Jahrmillionen im irdischen Leben selbst erproben und Tausende und Zehntausende von irdischen Verkörperungen durchleben könnt.

Ihr nutzt diese Form für die Zwecke, für die Gott will, dass ihr diese Form nutzt. Gott will sich durch eure physische Form manifestieren. Und eure Aufgabe ist es, Gott die Möglichkeit zu geben, sich durch euch zu manifestieren.

Ihr müsst euer Leben Gott unterordnen, der ihr zugleich selbst seid. Und darin besteht die Aufgabe eines jeden Menschen. Ihr müsst eure Form pflegen, in gutem Zustand erhalten und sie mit allem Nötigen versorgen.

Ihr dürft jedoch niemals vergessen, dass ihr selbst Gott seid. Und daher dürft ihr nichts tun, was Gottes nicht würdig ist.

Schaut euch in eurem Leben um, seht euch die Umstände eures Lebens an. Entspricht alles in eurem Leben dem göttlichen Richtmaß?

Ihr müsst allen Aspekten eures Lebens Aufmerksamkeit schenken. Was esst ihr? Wie kleidet ihr euch? Mit wem habt ihr Umgang? Wie geht ihr mit euren Verwandten und Bekannten um?

Sie sind genauso Götter in der Form. Und euer Verhalten ihnen gegenüber muss eurem Verhalten Gott gegenüber ähnlich sein. Ihr könnt in einen Tempel oder in eine Kirche gehen. Ihr seht dort die Bildnisse von Gottheiten. Ihr betet diese Gottheiten an. Jedoch gibt es keinen großen Unterschied zwischen euch, euren Mitmenschen und den Gottheiten im Tempel. Wir alle sind Manifestationen Gottes.

Ja, wir alle stehen auf verschiedenen Stufen der Manifestation Gottes, doch dies hat keine große Bedeutung.

Ihr werdet zustimmen, dass, wenn ihr euch selbst gegenüber wie Gott gegenüber verhaltet, und wenn ihr euch allen Menschen gegenüber wie Göttern gegenüber verhaltet, sich euer Leben verändern wird. Und euer Leben wird sich umso schneller ändern, je länger und vollkommener ihr das Bild Gottes in eurem Bewusstsein aufrechterhalten könnt.

Deshalb braucht ihr die Bilder von Gottheiten in eurem Zuhause und am Arbeitsplatz.

Es ist äußerst wichtig, immer ein Vorbild zum Nachahmen vor Augen zu haben. Eure Welt ist eine Welt der Form, daher ist es besonders wichtig für euch, ständig die Gottheit zu visualisieren, die ihr selbst seid.

Stimmt ihr mir zu? – Ihr werdet zu dem, wonach ihr strebt und welche Bilder ihr ständig in eurem Bewusstsein haltet.

Schaut euch an, was euch zu Hause und draußen auf der Straße umgibt. Achtet auf die Bilder in der Werbung, die ständig im Fernsehen gezeigt werden. Wie groß ist eurer Meinung nach die Ähnlichkeit zwischen dem, was euch umgibt, und der göttlichen Realität?

Ich biete euch den einfachsten Weg, Gott zu werden. Ihr müsst euch nur gegen die unvollkommenen Bilder schützen und euch mit vollkommenen, göttlichen Bildern umgeben. Und es hat keine Bedeutung, welcher Religion und welchem Glauben diese Bilder angehören.

Es müssen Bilder sein, die euer Bewusstsein erhöhen und euch ermöglichen, in einem so vollkommenen Bewusstseinszustand wie möglich zu verweilen, der den göttlichen Schwingungen der Vollkommenheit so nahe wie möglich kommt.

Ich bin Shiva. Ich komme selten durch Menschen, die nicht hinduistische religiöse Anschauungen haben. Die Menschen im Westen verstehen es nicht, eine Gottheit zu verehren und sich ihr gegenüber richtig zu verhalten.

Daher rate ich euch, die Traditionen Indiens zu studieren – des Landes, in dem die Traditionen der Verehrung von Gottheiten bewahrt wurden. Des Landes, in dem die Menschen gewürdigt werden, die ihr Leben dem Dienst an einer Gottheit gewidmet haben.

In keinem anderen Land der Welt wurden solch gute Bedingungen für den Dienst an Gott geschaffen, wie in Mutter Indien.

Ich liebe das Volk dieses Landes. Und ich versuche, in den Menschen Indiens gegenwärtig zu sein.

Es wird ein Glück sein für ein Land wie Russland, die richtige Einstellung zu Gott, zur moralisch-sittlichen Erziehung zu schaffen. Russland ist ein von Gott geliebtes Land. Und die Zukunft Russlands ist mit der Wiederbelebung der Traditionen des wahren Glaubens verbunden. Des

Glaubens, der nicht auf der äußeren Verehrung einer Gottheit beruht, sondern auf der inneren Verehrung Gottes, der in jedem Menschen wohnt.

Die Erziehung der heranwachsenden Generation in den Traditionen der Verehrung der Gottheit, die in jedem Menschen wohnt, in der Ehrung der älteren Generation, ist eine Aufgabe von höchster Priorität.

Jedes äußere Bild einer Gottheit ist nur notwendig als Erinnerung für euch selbst an eure göttliche Natur und an die göttliche Natur eurer Mitmenschen.

Die Verehrung Gottes hat nichts mit Religion zu tun. Religion ist nur ein äußerer Weg, der für ein bestimmtes Stadium notwendig ist, aber man sollte diesem Weg nicht zu viel Aufmerksamkeit schenken.

In Indien gibt es viele Tempel, in denen man den Gottheiten dient. Und in Indien gibt es auch viele Weise und Yogis, die lehren, die Gottheit im eigenen Herzen zu verehren, und die lehren, wie man zu einem direkten Kontakt mit Gott im eigenen Inneren gelangen kann und mit den Gottheiten, die stets zur Kommunikation mit den Menschen bereit sind.

Ich verspreche euch, dass ich zu jedem von euch kommen werde, der in seinem Herzen eine Anrufung zu mir macht. Ich werde zu euch kommen und euch bei der Lösung jenes Problems helfen, das im gegebenen Moment am dringlichsten vor euch steht und euer spirituelles Fortschreiten behindert.

ICH BIN Shiva,
und ich bin froh über unsere heutige Kommunikation.

Eine Lehre über die Gemeinschaft

Gautama Buddha
3. April 2005

ICH BIN Gautama, und ich bin erneut durch meine Gesandte gekommen.

Ich möchte heute auf das Thema der Beziehungen zwischen den Mitgliedern verschiedener Gemeinschaften und religiöser Bewegungen eingehen.

Es ist sehr leicht, eure persönliche Beziehung mit Gott in eurem Inneren herzustellen. Und es ist sehr schwierig, Beziehungen mit anderen Menschen aufzubauen, die, wie es scheint, denselben Weg gehen und eigentlich eure Freunde sein sollten. Doch gerade seitens dieser Menschen begegnet ihr dem größten Widerstand und negativen Gefühlen in Form von Hass, Neid und Verurteilung.

Warum?

Viele von euch haben sich diese Frage gestellt. Und viele von euch haben versucht, eine Antwort darauf zu finden, aber vergebens.

Eure Weggefährten auf dem spirituellen Weg sind in Wirklichkeit eure karmischen Partner. Ihr werdet zur Lösung eurer karmischen Gegensätze zueinander hingezogen. Es gibt keine einzige Schuld, die euch vergeben werden kann. Wenn ihr also eine bestimmte Stufe spiritueller Errungenschaften erreicht habt, könnt ihr nicht weiter fortschreiten, bis ihr allen verkörperten Individuen begegnet seid, mit denen ihr ungelöste karmische Probleme habt.

Deshalb befindet ihr euch einerseits in der Gesellschaft von Menschen, die durch den Wunsch nach Erleuchtung in der Erkenntnis der göttlichen Wahrheit zur Lehre hingezogen werden, und andererseits sind gerade diese Menschen eure langjährigen karmischen Schuldner, oder ihr selbst müsst eure karmische Schuld bei ihnen begleichen.

Aus diesem Grunde werden Gegensätze in spirituellen Bewegungen häufig so heftig zum Ausdruck gebracht, bis hin zu offener Feindschaft, dass es scheint, dass diese Menschen wahrhaftig nichts Gemeinsames mit Gott haben und dem Teufel selbst dienen.

In jedem von euch wohnt Gott, und in jedem von euch wohnt der Teufel. Es gibt keine verkörperten Menschen, die vollkommen wären.

Damit sich reine Vollkommenheit in eurer Welt verkörpern kann, muss sie sich freiwillig mit solchen karmischen Problemen belasten, die eurem Planeten eigen sind, sodass ihr nach der Begegnung dieser göttlichen Vollkommenheit im Fleische denken werdet, es sei der Teufel selbst gewesen.

Die Wahrheit hier ist, dass Seelen von größerer Vollkommenheit, wenn sie in die Verkörperung kommen, möglichst viel von der karmischen Last anderer Menschen auf sich nehmen, um deren Last zu erleichtern.

Daher gebe ich euch heute diese Lehre und dieses Verständnis des Zusammenwirkens von Menschen in einer Gemeinschaft, und warum viele Menschen, nachdem sie persönlich mit zahlreichen, dieser Gemeinschaft innewohnenden Problemen konfrontiert wurden, es vorziehen, die Gemeinschaft zu verlassen und nach einer anderen zu suchen, die weniger Probleme hat und in ihren Manifestationen ausgeglichener ist. Dabei vergessen diese Menschen, dass sie durch die Qualität ihrer Schwingungen gerade zu jener Gruppe von Menschen hingezogen werden, die ihnen den schnellsten Weg bieten können, ihre karmischen Schulden abzuarbeiten.

Nicht alle Unvollkommenheiten lassen sich mit Gebeten und anderen spirituellen Praktiken bewältigen. Einen Teil dieser Unvollkommenheiten könnt ihr nur überwinden, wenn ihr im Leben dem Menschen begegnet, mit dem ihr Karma habt, und dieses Karma abarbeitet – durch unmittelbaren Umgang, durch Lösung des Konflikts und durch Überwindung dieses Konflikts, vor allem in eurem eigenen Bewusstsein.

Ihr solltet daher nie Zorn oder Entrüstung empfinden, wenn einer eurer Brüder oder Schwestern auf dem Wege euch anscheinend ungerecht behandelt. Ihr habt die Möglichkeit, eure karmische Schuld mit diesem Menschen auf die mildeste Weise von allen zu begleichen. Stellt euch vor, ihr hättet diesen Menschen in einem vergangenen Leben ermordet – und nun verletzt er euch in diesem Leben nur mit Worten, oder er verbannt euch aus der Gemeinschaft oder schafft durch Intrige und Geschwätz für euch unerträgliche Bedingungen für den Verbleib in der Gemeinschaft.

Obwohl es vielen von euch scheint, es wäre viel besser, getötet zu werden, als diese Seelenqualen erleiden zu müssen.

Lasst Gott entscheiden, wie ihr eure karmische Schuld abarbeiten müsst. Überlasst es Gott, für eure Seele zu sorgen. Glaubt mir, ihr erhaltet in eurem Leben genau die Prüfungen und werdet mit genau den Situationen konfrontiert, die am besten zu eurem Fortschreiten auf dem Weg beitragen.

Und wie viele Male ihr auch zu verschiedenen religiösen Gruppen und Gemeinschaften lauft und nach Orten sucht, an denen ihr euch behaglich unter Menschen in einer Gemeinschaft aufhalten könnt, werdet ihr doch das, was ihr sucht, nirgendwo finden, denn die Energien, die in euch selbst, in eurer Aura enthalten sind, erlauben es euch nicht, auf Erden einen Ort zu finden, an dem ihr euch vor eurer karmischen Schuld verbergen könnt. Und nur euer unwirklicher Teil, euer Ego drängt euch dazu, jemand anderem außerhalb eurer selbst die Schuld für eure eigenen Probleme zu geben.

Und solange ihr nicht den Widerstand dieses Feindes brecht, werdet ihr immer wieder in Situationen geraten, die euch verletzen und starke Gemütsbewegungen und Traumata in euch hervorrufen werden.

Ihr könnt andere Menschen nicht ändern, und ihr könnt das Leben auf dem Planeten Erde nicht ändern, zumindest könnt ihr keine spürbaren Veränderungen im Laufe eines Lebens erreichen, doch ihr könnt eure Einstellung zu den Umständen eures Lebens ändern. Und ihr könnt eure Einstellung zu den Menschen ändern, die euch beleidigen oder sonstiges Unrecht antun.

In welchen Schmutz ihr im Laufe eures Lebens auch geraten mögt und wie sehr euch die Leute beleidigen und beschimpfen mögen, wenn ihr Gold seid, so werdet ihr trotz alledem Gold bleiben.

Und jeder von euch ist ein solches Goldstück. Ihr alle tragt die reine Vollkommenheit in euch. Aber die Schmutzschicht, mit der eure Vollkommenheit, euer Gold bedeckt ist, erlaubt es anderen Menschen nicht, die vollkommene und göttliche Natur in euch zu erkennen.

Ist es möglich, in einer beliebigen Gruppe Beziehungen zu schaffen, die dem hohen Standard der Lehre entsprechen, die euch von den Meistern, Propheten und Gesandten gegeben wird?

Natürlich ist es möglich. Doch nur dann, wenn sich die Gruppe im Ganzen in Richtung des göttlichen Planes bewegt und bestrebt ist, die Höhen des göttlichen Dienens zu erreichen, das sich im Dienst am Nächsten, im Dienst am Leben in jeder seiner Erscheinungsformen manifestiert.

Eine Gruppe von Individuen, die bedeutende Stufen auf dem spirituellen Pfad erreicht haben, ist immer harmonisch und frei von Konflikten. Es ist jedoch notwendig, dass die Gruppe in ihrer Zusammensetzung wenigstens einen Menschen mit einem recht hohen Niveau spiritueller Errungenschaften hat, und sich bemüht, diesen Menschen zum Vorbild zu nehmen.

Es kommt auch vor, dass ein Mensch anfängt zu begreifen, er erlebt spirituelle Erleuchtung, und er versucht, seine Erfahrung an nahestehende Menschen in der Gruppe weiterzugeben, aber statt Unterstützung und Freude über diese Erfahrung, die er mit anderen teilen möchte, stößt dieser Mensch auf eine Wand des Unverständnisses und wird sogar des Stolzes und der Unvollkommenheit beschuldigt.

Das allgemeine Niveau der Gruppe ist in diesem Falle so, dass sie in ihrem Bewusstsein die Errungenschaften ihres Mitbruders oder ihrer Mitschwester nicht erkennen kann. Und so verliert diese Gruppe ihren Leitstern – eine Person, die ihnen ihr Licht und ihre Errungenschaften hätte geben können.

Viele Situationen entwickeln sich in verschiedenen Gruppen. Aber all diese Situationen müssen durchlaufen werden, müssen akzeptiert werden, und sie alle werden vom Schöpfer herbeigeführt geschaffen, damit ihr die Möglichkeit habt, euch in Gott zu vervollkommnen und eure Unvollkommenheit aufzugeben.

Daher bekommt jeder, was er verdient. Aber ich möchte nicht, dass sich nach dem heutigen Gespräch in eurer Seele ein Gefühl der Hoffnungslosigkeit und Verzweiflung niederlässt.

In Wirklichkeit erfolgt der Aufstieg auf eine neue Bewusstseinsebene sehr schnell, innerhalb weniger Sekunden. Ihr müsst nur in eurem Bewusstsein ständig die richtige Orientierung, die richtige Richtung und das rechte Streben haben.

Wir geben euch diese Botschaften gerade mit der Absicht, euer Bewusstsein zu lenken und euren Bestrebungen die richtige Richtung zu weisen.

Schenkt dem schmutzigen Belag, der die Seelen eurer Mitmenschen bedeckt, keine Aufmerksamkeit. Versteht es, hinter der Schmutzschicht die göttliche Natur eines jeden Menschen zu erkennen.

Und wählt in eurer Umgebung die richtigen Vorbilder zur Nachahmung. Euch werden dazu in diesen Botschaften viele Schlüssel gegeben.

Ich wünsche euch viel Erfolg auf eurem Weg.

ICH BIN euer Bruder Gautama.

Zwei Zyklen wurden von mir in der Apokalypse geschildert. Der Zyklus des Abstiegs in die Materie und der Zyklus des Aufstiegs aus der Materie

Johannes der Geliebte

4. April 2005

ICH BIN Johannes der Geliebte. Ihr müsst euch an mich erinnern. Man kennt mich als den, der die Apokalypse, die Offenbarung des Johannes des Geliebten geschrieben hat.

Ich schrieb das auf, was ich als Offenbarung während meiner geistigen Erleuchtungen auf der Insel Patmos empfing.

Ich schrieb es in einer Form auf, die es mir erlaubte, das Wesentliche der Offenbarung mitzuteilen und gleichzeitig dieses Wesentliche zu verhüllen.

Viele Menschen versuchten, den Sinn meiner Offenbarung zu verstehen, aber es gelang ihnen nicht. Nicht, weil es nicht geschrieben worden war, sondern weil es nicht verstanden wurde.

Ich gebrauchte viele Symbole und viele Bedeutungen für ein und dasselbe Symbol. Ich gebrauchte Worte, die unterschiedliche Bedeutungen haben. Ich benutzte Bilder, die eine negative Bedeutung haben, aber trotzdem positiv sind, und ich verwendete eine Chronologie, die sich nicht mithilfe des irdischen Systems der Zeitrechnung interpretieren lässt.

Weil ich von einem Ereignis redete, das sich nicht auf dieses Jahrtausend noch auf das vorige Jahrtausend oder das nächste Jahrtausend bezog. Ich redete von einem Ereignis, das sich über die gesamte Zeit der Entwicklung menschlichen Lebens auf der Erde erstreckt. Und Tausend Jahre haben für den Menschen die gleiche Bedeutung wie eine Million Jahre. Wenn wir diese Tausend und diese Million in Bezug auf die Zeitspanne eines Menschenlebens betrachten, so sind es gleiche Einheiten im Verhältnis zu den weniger als hundert Jahren, die ein Mensch lebt.

Ich sprach von der Entwicklungsperiode der Menschheit, und ich meinte dabei den gesamten Zyklus der Existenz des Menschen im physischen Körper.

Der Drache und das Tier haben in meiner Allegorie eine unterschiedliche Bedeutung. Der Drache hat die Bedeutung des Guten, das Tier hat die Bedeutung des Bösen. Der Drache steigt vom Himmel auf die Erde herab, und in seinem Zorn verfolgt er die Frau, die ein Kind männlichen Geschlechts empfangen hat.

Die Frau ist die Menschheit. Der Drache ist die göttliche Weisheit, die in den Menschen herabgestiegen ist. Das Kind ist die Frucht dieser Weisheit, das Höhere Selbst des Menschen, das Tausend Jahre und noch länger verborgen bleiben wird. Versteht darunter die Millionen von Jahren der Existenz der irdischen Menschheit. Und in dieser Zeit wütet das Tier. Das Tier stellt die Leidenschaften des Menschen, sein Ego dar.

Das Tier muss besiegt werden, genauso wie im Anfang der Zeit der Drache vom Himmel gestürzt wurde und in die Materie, die Mutter, die Frau herabstieg.

Zwei Zyklen wurden von mir in der Apokalypse geschildert. Der Zyklus des Abstiegs in die Materie und der Zyklus des Aufstiegs aus der Materie.

Und während des Aufenthalts in der Materie vergehen sieben weitere Zyklen, die durch den Klang der Posaunen der Engel angezeigt werden.

Jeder Zyklus bringt Unheil und Elend, das die Menschheit durchschreiten muss, um sich von dem Tier zu befreien, welches sich mit dem Menschen verschmolzen hat und nun die Manifestation der göttlichen Natur des Menschen hindert.

Und alle Not und alles Elend, das die Menschheit durchschreiten muss, ist notwendig, damit sie ihre göttliche Natur erkennt, sich von dem Tier der fleischlichen Begierden und des fleischlichen Verstandes befreit und ihr Bewusstsein auf die Ebene der göttlichen Wahrheit erhebt, was durch das Herabkommen der viereckigen Stadt am Ende der Zyklen symbolisiert wird.

Die sieben Zyklen symbolisieren die sieben Menschenrassen, und die sieben Köpfe des Drachen symbolisieren die sieben Menschenrassen.

Und nachdem der Mensch diese sieben Zyklen durchlaufen hat, muss er sich vom tierischen Bewusstsein befreien und zum göttlichen Menschen werden.

Ich gab eine Allegorie, die den Abstieg sehr hoher Geister in die Materie symbolisiert, und ich gab eine Allegorie, die den Aufstieg dieser Geister aus der Materie zusammen mit der Erhöhung des Bewusstseins der ganzen Menschheit symbolisiert. Ich bedaure sehr, dass die Bilder und Symbole, die ich verwendete, nicht verstanden und verzerrt wurden.

Und wenn ihr meine Botschaft zusammen mit den Botschaften von Mose[5] und Zarathustra[6] lest, so wird denen von euch, die die Wahrheit wissen wollen, und denen von euch, die für die Erkenntnis dieser Wahrheit bereit sind, die Bedeutung der alten Wahrheit offenbart.

Viele Jahre werden vergehen, bis diese Wahrheit das Bewusstsein vieler Menschen beherrschen wird. Und viele Jahre werden vergehen, bis das Bewusstsein vieler Menschen die Klarheit und Transparenz eines Kristalls erlangen und imstande sein wird, die ganze Fülle der göttlichen Wahrheit durch sich hindurchzulassen.

Jetzt gleicht euer Bewusstsein einem trüben Glas, ihr blickt hindurch und könnt die Wahrheit nicht erkennen, wie sehr ihr euch auch bemüht. Manche sehen nur die allgemeinen Konturen der Wahrheit, andere sehen überhaupt nichts und müssen sich auf die Meinung derer verlassen, die etwas sehen.

Auch kommt es vor, dass ein Mensch, der selbst nichts sieht, einem anderen nicht vertrauen kann, der etwas sieht, und diesen Menschen der Lüge beschuldigt oder es ihm neidet.

Noch lange wird das Tier der Unwissenheit die Köpfe der Menschen beherrschen. Und viele Menschen sind selbst den Tieren ähnlich und hören die Stimme der Vernunft weder in sich noch in anderen. Und nur Not, Unglück und Leid können diese Leute lehren, zu Menschen zu werden. Und diese Nöte bringen sie selbst über sich – durch ihre Taten gegenüber anderen, gegenüber der Natur und gegenüber Mutter Erde.

---

[5] Siehe die Botschaft von Mose vom 1. April 2005
[6] Siehe die Botschaft von dem geliebten Zarathustra vom 30. März 2005

Es ist eine schreckliche Zeit, in der ihr lebt. Die finstersten Leidenschaften toben in den Menschen, und sie wollen nicht auf die Stimme der Vernunft hören, und sie wollen nicht auf den Weg der Erkenntnis der göttlichen Wahrheit zurückkehren.

Alles wird so sein, wie ich es beschrieben habe. Und kein Kelch wird an den Menschen vorübergehen.

So war es, und so wird es sein.

Aber früher oder später werden die Zyklen zu Ende gehen, und der Mensch wird sich von seiner tierischen Natur befreien und mit dem Aufenthalt im Reich Gottes entlohnt werden, welches er verdient hat und mit Sicherheit in seinem Bewusstsein erreichen wird.

Es wird so sein, wie ich es beschrieben habe. Lest es nach.

Ich habe euch heute die Schlüssel gegeben, die notwendig sind, um meine Offenbarung zu verstehen.

Und ich habe euch genau so viel gesagt, wie gesagt werden sollte. Und für diejenigen, die verstehen, habe ich zu viel gesagt. Für diejenigen aber, die es nicht verstehen können, habe ich gar nichts gesagt.

ICH BIN Johannes der Geliebte,
und ich war heute bei euch.

Die Zeit ist gekommen, wenn ihr anfangen müsst zu handeln!

Der Aufgestiegene Meister Igor
5. April 2005

ICH BIN Igor, und ich bin durch diese Gesandte gekommen.

ICH BIN Igor, der als einfacher Bauer in der schrecklichen Zeit der Revolution und des Bürgerkrieges Anfang des zwanzigsten Jahrhunderts das Karma ganz Russlands ausgeglichen hat.

Zwei Kräfte stritten um die Zukunft Russlands. Dies war wahrhaftig ein Kampf zwischen Licht und Finsternis.

Aber es ist nicht gelungen standzuhalten. Der lichte Weg für Russland musste aufgeschoben werden, trotz aller Anstrengungen meiner selbst und anderer verkörperter Menschen, die diese Situation ausglichen und alles Mögliche taten, um die Zahl der Opfer zu minimieren.

Das Karma Russlands erlaubte es der russischen Staatlichkeit nicht, den Abgrund zu überqueren und auf eine neue Ebene aufzusteigen. Russland fiel für lange einhundert Jahre in den Abgrund des Unglaubens.

Und selbst heute sind diese schweren Zeiten noch nicht vorüber. Russland steckt zwischen der Vergangenheit und der Zukunft fest. Das Land bewegt sich nicht auf seine vorbestimmte lichte Zukunft zu. Es kann auch nicht zur Vergangenheit zurückkehren, die ihm schrecklich vorkommt. Millionen von Opfern des Krieges, der Revolution, der Enteignung der Großbauern, der Repression.

Ich sage euch, kein anderes Land der Welt hätte all diese ungeheuerlichen Experimente an sich selbst ertragen können.

Es erforderte eine geradezu endlose Geduld und Demut von diesem Land, um diesen Abschnitt des Weges zu gehen und nicht zu zerbrechen.

Als die Perestroika[7] begann, wollte man aufatmen, aber es misslang.

---

[7] Die Umbildung und Neugestaltung des sowjetischen politischen Systems (d.Ü.).

Wachsam ist das Tier, das Russland unterjocht hat, und es lässt nicht zu, dass das Land sich von den Knien erhebt, die Schultern aufrichtet und das Tier der Unwissenheit und des Unglaubens abwirft, das blutrünstige Tier, das sich mit tödlichem Griff an Russland geklammert hat.

Mutter Russland. Leidgeplagtes Land der Mutter. Die Finsternis hat Russland so dicht umhüllt, dass kein Lichtblick zu sehen ist. Man kann nicht sehen, wonach man streben soll. Zerstört ist der Glaube, zerstört sind die moralisch-sittlichen Ideale der Gesellschaft. Völliger Unglaube und Gesetzlosigkeit ließen sich in den Köpfen und Herzen der Menschen nieder.

Die Stärke einer Nation liegt in den Herzen ihrer Menschen. Es gibt nichts, was sich in der äußeren physischen Manifestation nicht ändern ließe, solange es aufstrebende Herzen gibt. Liebende Herzen. Glaubende Herzen.

Herzen, die bereit sind, selbst ihr Leben zu opfern, um in ihrem geliebten Land eine glückliche Herrschaft zu errichten.

Ich tat während meiner Verkörperung alles, was in meinen Kräften stand. Ich habe meinen Gebetsposten tagelang nicht verlassen und gestattete mir nur hin und wieder eine Pause für einen kurzen Schlaf.

Ich betete und betete und betete. Ich wollte nur eines, nämlich dass Russland über den Abgrund getragen würde. Ich bat die Gottesmutter und den König des Himmels um ein Wunder für Russland.

Aber das Wunder geschah nicht, jedoch wurde die Bürde erleichtert und Russland bewahrte seine Einheit.

Und hundert Jahre später wiederholt sich die Situation. In Russland herrscht die gleiche Armut, die gleiche Gesetzlosigkeit der Beamten. Man kann es nicht mit ansehen. Und man kann es nicht ertragen. Das Herz ist voller Tränen, wenn man das Leid der Bevölkerung dieses Landes sieht.

Welchen Ausweg gibt es? Erwartet ihr von mir Ratschläge und Empfehlungen, wie man vorgehen soll?

Ich sage euch ehrlich, wenn ich heute in Russland verkörpert wäre, könnte ich das Karma nicht allein mithilfe von Gebeten ausgleichen.

Wenn ihr ein Kind in einer brennenden Hütte seht und die Hütte einzustürzen droht, was werdet ihr tun? Werdet ihr beten und Anrufungen machen, dass ein Wunder geschehe, oder werdet ihr ins Feuer eilen und das Kind herausholen?

Diese Frage muss jeder für sich selbst beantworten. Alles hängt davon ab, wie rein das Herz des Betenden ist. Und wenn ihr eurer Heiligkeit gewiss seid und die Überzeugung besitzt, dass ihr durch euer Gebet jeder Not Einhalt gebieten könnt, so verneige ich mich vor eurem Glauben. Und ich werde in eurem Gebet mit euch sein und euer Gebet durch meine Gegenwart verstärken.

Jedoch braucht Russland jetzt konkrete Taten auf der physischen Ebene. Und dies betrifft insbesondere die Ausbildung der Kinder und Jugendlichen. Junge Menschen sind die Zukunft Russlands, und wenn sie auch weiterhin jeglicher Ideologie und elementarer moralischer Grundsätze beraubt bleiben, so werden sie als Erwachsene nicht fähig sein, die Verantwortung für dieses Land zu übernehmen.

Für einen schnellen Profit für sich und ihre Familie werden sie bereit sein, ihre Mutter Russland für 30 Silberstücke zu verpfänden, um das Reich Gottes im Ausland für sich zu erhalten.

Es gibt kein Reich Gottes auf Erden, und es kann keines geben. Und die Größe eurer Errungenschaften wird nicht an dem Dollarbetrag auf eurem Konto bei einer ausländischen Bank bemessen. Die Größe eurer Errungenschaften wird an den Opfern bemessen, die ihr für die Rettung eurer Nächsten, der Benachteiligten und der Bedürftigen erbringt.

Ein Staat wird gegründet, um sich selbst vor äußeren Feinden und vor inneren Feinden zu schützen. Und zu den inneren Feinden zählen Armut und Elend.

Daher ist ein Staat, der sich nicht um Menschen kümmert, die der Fürsorge bedürfen – Kinder, alte Menschen, Benachteiligte – nicht ein Staat, der vom höheren Gesetz unterstützt wird. Und ein solcher Staat ist dem Untergang geweiht oder wird der Umgestaltung unterliegen.

Ich biete euch die Hilfe des Himmels zur Umwandlung eures Staates an. Es gab in der Geschichte Zeiten, als Russland beinahe von anderen Ländern erobert wurde.

Ihr erinnert euch an die mongolischen Invasion und den Russlandfeldzug Napoleons im Jahre 1812.

Erinnert euch an Minin und Pozharski und an Alexander Newski.

Erinnert euch an den Großen Vaterländischen Krieg der Sowjetunion im vergangenen Jahrhundert.

Stets gab es Menschen, die sich erhoben und dank ihrer unglaublichen Bemühungen und auf Kosten des Lebens selbst ihr Land von ausländischen Eindringlingen befreiten.

Ich sage euch, Fremde haben jetzt dieses Land erobert. Und die Schwierigkeit besteht darin, dass sie aus dem Innern des Landes gekommen sind, aus dem Volk selbst, aber tatsächlich verhalten sie sich wie Eindringlinge aus einem fremden Land. Sie plündern Russland aus und schleppen das Raubgut nach Europa und Amerika.

Volk Russlands, ihr müsst euch erneut alle gemeinsam erheben, und ihr müsst in diesem Kampf zwischen Gut und Böse endgültig den Sieg erringen.

Russland erwartet eine helle Zukunft. Doch zuvor muss man sich von diesen fremden Eindringlingen befreien, die durch List und Betrug die Macht in diesem Lande an sich gerissen haben. Sie regieren euch nun und reiben sich die Hände mit jeder gestohlenen Million, die sie in einer schweizerischen Bank oder in Banken in Amerika deponiert haben.

Ich verspreche euch die Hilfe der Aufgestiegenen Lichtwesen und alle Hilfe des Himmels bei der Befreiung Russlands von diesen Eindringlingen. Doch ihr müsst euch alle gemeinsam erheben und das Joch dieser Eindringlinge abwerfen.

Die Zeit ist gekommen, die Ärmel hochzukrempeln! Ihr könnt nicht länger tatenlos bleiben! Ihr müsst handeln! Das Kind ist im Feuer!

Mutter Russland ist im Feuer!

Nur jemand, der blind und taub ist, kann weiter so tun, als wäre nichts passiert.

Ich gebe euch jetzt die stärkste Waffe, gegen die es keine Verteidigung gibt und der kein Feind standhalten kann.

Ich statte jetzt eure Herzen mit Glauben, mit Hoffnung und mit Zielstrebigkeit aus. Ich erfülle eure Herzen mit Liebe für eure Heimat, mit Liebe für Mutter Russland.

Ich entfache das Feuer in euren Herzen. Solange ihr dieses Feuer in euch habt, könnt ihr nicht untätig bleiben.

Dieses Feuer wird euch Tag und Nacht keine Ruhe geben. Ihr werdet wissen, was ihr tun müsst, und ihr werdet es tun. Ihr werdet das tun, wozu ihr in die Verkörperung gekommen seid. Ihr werdet jedem, der euch auf dem Wege begegnen wird, das Feuer des Glaubens und des Wissens bringen. Ihr werdet alles tun, was in euren Kräften steht, wie in den Zeiten der Belagerung eurer Heimatstädte durch den Feind. Und ihr werdet unermüdlich arbeiten und nur wenig Zeit zum Schlafen haben.

Ihr müsst handeln!

Steh auf, Russland!

Erhebe dich, Volk Gottes!

Der Feind steht im Hof!

Und voran liegt der Sieg! Und die Befreiung, und Freude!

Ich gebe euch diesen Impuls meines Herzens, und ich erfülle euch mit dem Streben zum Sieg!

Meine Lieben, die Himmel blicken auf euch! Die Zeit ist gekommen, wenn ihr anfangen müsst zu handeln!

ICH BIN Igor, und ich bin jetzt bei euch.

Wir legen unseren Fokus des Lichtes auf dem Boden Russlands

Der Geliebte Lanello
6. April 2005

ICH BIN Lanello, und ich bin durch diese Gesandte zu euch gekommen.

Erinnert ihr euch an mich? ICH BIN der, der im Jahre 1958 die Organisation Summit Lighthouse in Amerika gründete.

Ich gründete diese Organisation unter Anleitung El Moryas und anderer Aufgestiegener Meister, die diese Organisation über einen Zeitraum von fast 40 Jahren unterstützten, bis ihr El Morya im Jahre 1997 seine Sponsorschaft entzog.

Ich muss euch neue Informationen zu unserer Sponsorschaft von Organisationen geben, die heute in Amerika existieren.

Ihr wisst vielleicht, dass es in verschiedenen Staaten Organisationen gibt, unter anderem in Montana, die sich zu Nachfolgern von Summit Lighthouse erklärt haben, und die Leute, die diese Organisationen gegründet haben, haben sich zu Gesandten erklärt.

Der Moment ist gekommen, da ich euch helfen muss, die Verwirrung in euren Köpfen zu beseitigen, die mit der Existenz so vieler Organisationen und Gesandten verbunden ist.

Ich will euch einige Anweisungen geben, wie ihr euch solchen Organisationen gegenüber verhalten sollt.

Leider ist die Situation in Amerika gegenwärtig so, dass keine Organisation die Sponsorschaft der Aufgestiegenen Meister hat, und dass keiner von denen, die sich zu Gesandten der Großen Weißen Bruderschaft erklärt haben, tatsächlich ein Gesandter dieser Bruderschaft ist.

Amerika wurde die weitere Sponsorschaft einer jeglichen Organisation auf seinem Territorium verweigert.

Zu viel Licht, zu viel Energie wurde von den Aufgestiegenen Meistern für die Gründung solcher Organisationen wie Bridge to Freedom (Brücke zur Freiheit), der ICH BIN-Bewegung und zuletzt Summit Lighthouse aufgewendet. Es wurde so viel Licht durch diese Organisationen freigesetzt wie kaum je zuvor in einem solch kurzen historischen Zeitraum in der Entwicklungsgeschichte der Erde.

Die Menschen in Amerika hatten die Möglichkeit, bei der direkten Kommunikation mit den Aufgestiegenen Meistern anwesend zu sein, welche buchstäblich vor ihren Augen stattfand. Sie hatten die Möglichkeit, das Licht zu spüren, das bei der Durchgabe der Botschaften freigesetzt wurde.

Sie konnten buchstäblich mit den Lippen das Licht berühren und tranken und tranken dieses Licht.

Wir gaben den Durstigen zu trinken. Wir gaben Wissen in genau dem Umfang, wie es zu jener Zeit und in jenem Land gegeben werden konnte.

Und was haben wir letztendlich erhalten? – Ich enthülle euch kein großes Geheimnis, wenn ich euch sage, dass die Menschen, die jahrzehntelang das Licht der Botschaften getrunken haben, es geschafft haben, neunzig Prozent dieses Lichtes für innere Fehden und Streitereien zu vergeuden.

Ihr könnt euch gut vorstellen, wie es für die Aufgestiegenen Meister war, mit ansehen zu müssen, wie das Licht, das von ihnen liebevoll in die Herzen der Menschen gegossen wurde, in die Asche der Verurteilung, des Neides, der Eifersucht und anderer negativer Gefühle verwandelt wurde, die den Menschen innewohnen.

Wie schwer war es für uns, meine Geliebten, die Verfälschung und Verzerrung der Lichtenergie beobachten zu müssen, die wir mit solcher Liebe gaben.

Eine beispiellose Dispensation des Himmels scheiterte auf amerikanischem Boden. Ich muss diese beklagenswerte Tatsache feststellen. Und keiner Organisation, zumindest nicht in absehbarer Zukunft, wird eine weitere Sponsorschaft der Aufgestiegenen Meister gewährt werden.

Wir haben vielmals versucht, den Fokus des Lichtes auf dem Territorium Amerikas zu verankern, und jedes Mal mussten wir eine Niederlage durch den unberechenbaren und unwirklichen Teil unserer verkörperten Anhänger erleiden.

ICH BIN Lanello, der zu euch gekommen ist, um euch diese traurige Tatsache mitzuteilen.

Wir verlassen den Boden Amerikas, und wir verlegen unseren Fokus des Lichtes ins Land der Mutter – nach Russland.

Ihr wisst, dass die ursprüngliche Absicht der Großen Weißen Bruderschaft gerade darin bestand, den Fokus des Lichtes in Russland zu verankern, um die Pläne der Bruderschaft in diesem Land, einem von Gott geliebten Land, zu verwirklichen.

Aber der Widerstand seitens der Mächte der Finsternis war so stark, dass wir uns zurückziehen mussten. Und während des gesamten 20. Jahrhunderts konnten wir nicht auf dem Territorium Russlands handeln, aufgrund der dort herrschenden karmischen Umstände. Ihr wisst, dass Elizabeth und ich als Zarentochter Anastasia und Zarensohn Alexei verkörpert waren. Doch unsere Mission wurde gleich am Anfang durch die russische Revolution und die darauffolgende Erschießung der Zarenfamilie unterbrochen.

Das schwere Karma dieser Tat lastete auf dem ganzen russischen Volk. Und was ihr jetzt in diesem Land beobachtet – Zerrüttung und Verfall wie im Krieg ohne offensichtliche Kriegshandlungen auf der physischen Ebene – ist die Folge des Karmas, das durch die Erschießung der Zarenfamilie gesät wurde.

Russland hat im Laufe seiner Geschichte viele Feinde abgewehrt. Und ich habe immer viel Mitgefühl für die mutigen Menschen dieses Landes gehabt. Aber noch nie musste sich dieses Land einem unsichtbaren Feind stellen. Einem Feind, der in die Herzen und Köpfe der Menschen eingedrungen ist und sie zu Handlungen zwingt, die in keiner Weise mit dem göttlichen Plan für dieses Land übereinstimmen.

Wir verlegen unseren Fokus erneut ins Land der Mutter – nach Russland.

Ich wende mich jetzt an jene Bewohner von Mutter Russland, die mich hören und diese Botschaft lesen können.

Ihr habt das Beispiel Amerikas vor Augen. Und ihr habt das Beispiel Russlands vor Augen, jene Taten und Handlungen, die das Land in der

Vergangenheit an den Gesandten Gottes, den Stellvertretern der Hierarchie des Lichtes, begangen hat.

Die Situation auf dem Planeten Erde ist so unberechenbar, dass wir nicht im Voraus sagen können, inwieweit unsere Bemühungen dieses Mal erfolgreich sein werden.

Jedoch kann ich euch versichern, dass der Erfolg der von den Meistern jetzt geleisteten Arbeit voll und ganz durch eure persönlichen Anstrengungen gewährleistet werden muss.

Ja, wir haben viel Licht in das Land Amerika investiert und nichts, was sich lohnen würde, geerntet. Und jede neue Dispensation wird unter weitaus härteren Bedingungen und mit viel größeren Beschränkungen gegeben.

Und jetzt müsst ihr zu handeln beginnen, ohne eine Organisation zu haben, in der die Meister ihren Fokus verankern könnten, ohne finanzielle Mittel zu haben, ohne etwas anderes zu haben als eure eigenen Hände, eure Füße, euren eigenen Kopf und die Hingabe eurer Herzen.

Dies sind harte Bedingungen, und es ist eine schwere Prüfung für die Lichtträger dieses Landes.

Aber ich kann euch versichern, dass jetzt auf dem Territorium Russlands die besten Vertreter des Lichtes, die besten Söhne und Töchter Gottes verkörpert sind.

Und jeder von ihnen betrachtet es als eine Ehre, seine göttliche Mission zu erfüllen, wie schwierig die Bedingungen auch sein mögen, unter denen man jetzt in Russland handeln muss.

Ihr habt eine Gesandte, und ihr habt die Möglichkeit, diese Unterweisung und die Unterweisungen der anderen Meister zu erhalten.

Tatsächlich benötigt ihr nichts weiter, um zu handeln zu beginnen.

Wir haben die Söhne und Töchter Gottes in Amerika beinahe das ganze zwanzigste Jahrhundert hindurch genährt.

Und nun sind wir gezwungen, auf russischen Boden zurückzukehren und Unterstützung in den Herzen der Söhne und Töchter Russlands zu finden, die nicht so viel Licht erhalten haben, die nicht so viel von unserer Fürsorge und unserem Schutz erhalten haben, die aber dennoch reife und abgeklärte Kinder des Lichtes sind, und die in der Lage sind, unter beliebigen Umständen und selbst unter den härtesten Bedingungen zu handeln, die für dieses Land charakteristisch sind.

Ihr erhieltet eure Tests und wurdet euren Prüfungen unterzogen, ohne euch in den verhätschelten, einem Treibhaus ähnlichen Bedingungen des Summit Lighthouse zu befinden. Ihr erhieltet eure Einweihungen durch das Leben selbst, unter den Bedingungen in Russland.

Und ihr habt unter solch schwierigen Bedingungen standgehalten.

Was unter den Bedingungen in Amerika leicht zu verwirklichen war, durch die Grundsätze der Freiheit und Demokratie, die von Saint Germain bei der Gründung dieses Landes gelegt wurden, war unter den Bedingungen in Russland immer nur mit großen Schwierigkeiten zu verwirklichen.

Und sehr viele Söhne und Töchter Gottes sind in den Straf- und Arbeitslagern und psychiatrischen Heilanstalten umgekommen. Ihr musstet schwere Prüfungen durchstehen, und dadurch wurden eure Herzen gestärkt.

Wir legen unseren Fokus des Lichtes auf dem Boden Russlands. Und nun hängt es nur von euch selbst und euren Bemühungen ab, wie ihr von unserer Sponsorschaft Gebrauch machen werdet.

Wir öffnen euch den Weg. Doch ihr werdet ihn mit euren eigenen Füßen gehen.

ICH BIN Lanello.

Und ich bin gekommen, um euch über die neue Dispensation für Russland in Kenntnis zu setzen, die bereits begonnen hat!

Gemäß der Entscheidung des Karmischen Rates im Jahre 2017 wurde die göttliche Möglichkeit aus Russland genommen.

Wir haben grandiose Möglichkeiten vor uns, die Pläne Gottes für den Planeten Erde zu verwirklichen

Der Geliebte Cyclopea

7. April 2005

ICH BIN Cyclopea. ICH BIN heute durch diese Gesandte gekommen.

ICH BIN der Elohim Cyclopea. ICH BIN gekommen, um euch die göttliche Vision zur Lage auf eurem Planeten für die nahe Zukunft zu geben.

Ich bin der Schöpfer der Welt der Formen. Ich war derjenige, der bei der Erschaffung der manifestierten Welt der Formen die göttliche Vision verwirklichte.

Alle Manifestation wurde unter meiner Mithilfe geschaffen. Ich war an allen Stadien der Manifestation des materiellen Universums beteiligt. Ich bin derjenige, der in seinem Bewusstsein die göttliche Vision und den Plan Gottes für dieses Universum bewahrt.

Ich beginne damit, euch meine Vision darzulegen.

Die manifestierte Welt der Form in all ihrer Vielfalt ist ein notwendiger Teil der Schöpfung, wenn die Schwingungen der göttlichen Urenergie, die diesem Universum zugrunde liegt, bis zur untersten Grenze, bis zur niedrigsten Frequenz des Spektrums reduziert werden, die für dieses Universum zulässig ist.

Ihr befindet euch jetzt am niedrigsten Punkt der manifestierten Welt. Eure Schwingungen sind am niedrigsten Punkt. Und diesem Punkt entspricht eure manifestierte Welt.

Ihr befindet euch in dieser Welt, weil ihr in euren Schwingungen der umgebenden Welt entsprecht. Daher erscheint euch alles, was euch umgibt, real. Ihr könnt es sehen, und ihr könnt es berühren. Es ist eure Welt.

Jedoch ähnelt die Welt, die euch umgibt, dem Teil des Eisbergs, der sich über der Wasseroberfläche befindet. Und euer physischer Körper ist nur ein geringer Teil eurer selbst – jener Teil, dessen Schwingungen der niedrigsten Frequenz der Manifestation der göttlichen Energie angehören.

Aber eure feinstofflichen Körper, die euren physischen Körper umgeben und für euren physischen Blick nicht zugänglich sind, schwingen auf einer höheren Frequenz. Und diese feinstofflichen Strukturen bestimmen in hohem Maße eure Manifestation in der physischen Welt.

Diese eure feinstofflichen Körper, eure feinstofflichen energetischen Strukturen sind miteinander und mit eurem physischen Körper durch ein System von energetischen Zentren oder Chakren verbunden.

Ihr wisst, dass entlang eurer Wirbelsäule sieben energetische Hauptzentren angeordnet sind, die mit eurem emotionalen Körper, mentalen Körper und ätherischen Körper verbunden sind. In Wirklichkeit ist die Anzahl der energetischen Zentren entlang der Wirbelsäule erheblich größer. Und es gibt andere energetische Zentren, die sich in anderen Teilen eures Körpers befinden. Durch diese Zentren wird euer physischer Körper mit göttlicher Energie gespeist.

Ich enthülle euch kein Geheimnis, wenn ich sage, dass bei dem Großteil der verkörperten Menschheit die Verbindung zwischen den feinstofflichen Körpern und dem physischen Körper fehlt, weil ihre energetischen Zentren nicht funktionieren. Und der Hauptgrund, warum eure energetischen Zentren nicht funktionieren, ist euer Karma, eine Energie so dickflüssig wie Melasse, die euren energetischen Zentren anhaftet und sie daran hindert, die göttliche Energie durchzulassen. Im besten Falle sind bei den Menschen die unteren Chakren geöffnet oder teilweise geöffnet, und sie ermöglichen ihnen manchmal, die Schwingungen der göttlichen Energie zu empfinden, wenn sie Momente des Wohlgefallens in der Natur, durch Musik oder bei einem Gottesdienst erleben.

Jedoch haben die meisten Menschen keine Möglichkeit, die göttliche Energie direkt durch ihre Chakren zu erhalten.

Wie ihr aber wisst, ist diese Welt nur göttliche Energie, die auf verschiedenen Frequenzen schwingt. Und tatsächlich gibt es in diesem Universum nichts als göttliche Energie.

Wenn daher ein Mensch die göttliche Energie nicht durch seine eigenen Chakren erhalten kann, trennt er sich damit tatsächlich von Gott und von der göttlichen Realität. Er verurteilt sich selbst zum Tode, weil er die Verbindung mit der göttlichen Realität verliert.

Deshalb, meine Geliebten, verurteilt euch eine Existenz des physischen Körpers, der nicht mit den feinstofflichen Ebenen der Manifestation der göttlichen Realität verbunden ist, am Ende des Zyklus eures physischen Lebens zum Tode.

Und für euch ist die Wahl, die jeder von euch in dieser für die Planeten schwierigen Zeit trifft, wahrhaftig eine Frage auf Leben und Tod.

Ich hoffe, dass ich euch das Wesen der ablaufenden Prozesse klar genug verdeutlicht habe.

Wenn ihr die göttliche Realität zurückweist, wenn ihr euch zu einer isolierten Existenz in der physischen, illusorischen Welt entschließt, so verurteilt ihr euch damit buchstäblich zum Tode.

Deshalb wird für euch jetzt die Frage der Wahl zur höchsten Priorität, welche Welt ihr wählt. Die illusorische Welt, die euch umgibt, oder die göttliche Welt. Das Vergängliche oder das Unvergängliche.

Und jene Seelen, die die Existenz in der physischen Welt wählen, die diese Welt wählen, verurteilen damit ihren feinstofflichen Teil, ihren unsterblichen Teil zum Nichtsein.

Der Teil des Eisbergs, der sich über dem Wasser befindet, kann nicht allein existieren.

Entweder habt ihr einen vollständigen Eisberg, oder ihr habt gar keinen Eisberg.

Ich hoffe, dass ich meinen Gedanken sehr klar dargelegt habe.

Wenn ihr Gott nicht die Möglichkeit gebt, sich durch euch zu manifestieren, welche Bedeutung habt ihr dann für Gott?

Ihr alle seid untrennbare Teile des einen Organismus Gottes. Und wenn sich ein gesunder Organismus nicht von toten, abgestorbenen Zellen befreit, so verurteilt er sich selbst zum Tode.

Ihr merkt es nicht einmal, wie sich euer Organismus ständig von abgestorbenen Zellen befreit und von allem, was in ihm nicht mehr lebensfähig ist.

Die Analogie zwischen eurem Organismus und dem Universum ist in diesem Falle vollkommen.

Ihr selbst trefft die Wahl. Ihr richtet den Vektor eurer Aufmerksamkeit auf die Illusion, oder ihr richtet den Vektor eurer Aufmerksamkeit auf die reale göttliche Welt.

Euch wurde in den Botschaften durch diese Gesandte immer wieder gesagt, dass sich ein Zyklenwechsel vollzogen hat. Ein Zyklus hat begonnen, in dem die illusorische Welt zusammengezogen wird. Ein Zyklus der Erhöhung der Schwingungen der physischen Welt hat begonnen, ein Zyklus des Übergangs der göttlichen Manifestation auf eine feinstoffliche Ebene.

Keiner von euch kann sagen, dass er es nicht gehört habe. Euch wurde die Möglichkeit gegeben, völlig bewusst in eurem äußeren Bewusstsein die Wahl zu treffen. Und ein Großteil der Erdbevölkerung hat zum gegenwärtigen Zeitpunkt bereits die Wahl getroffen.

Daher wird sich in der nächsten Zeit verstärkt eine Differenzierung zwischen den Menschen vollziehen, die Gott gewählt haben, und den Menschen, die sich für die illusorische Welt entschieden haben.

Und ihr werdet das Auftreten zuvor verborgener Fähigkeiten und geistiger Gaben bei den einen beobachten, und eine offensichtliche Degenerierung bei den anderen.

Menschen, die sich zur Trennung von der göttlichen Energie verurteilt haben, werden sich in naher Zukunft nicht länger in dieser Welt manifestieren können. Denn sie werden jeglicher Energiequellen beraubt werden. Sie werden sich nicht länger die Energie von anderen nehmen können, und eigene Energie haben sie nicht.

Menschen, die sich dagegen für Gott entschieden haben, werden Zugang zur göttlichen Energie erhalten und können diese Energie durch ihr Wesen manifestieren und die Werke Gottes in der dichten Welt vollbringen.

Geliebte, ihr könnt mit Gott nicht handeln. Ihr könnt nicht länger die Energien des Gebets geben, um dafür Güter und Wohlstand in der physischen Welt zu erhalten. Der Handel ist vorbei.

Und ich empfehle denen von euch, die sich noch nicht bewusst für Gott entschieden haben, sich mit ihrer Wahl zu beeilen.

Lasst die Toten ihre Toten begraben. Wir haben grandiose Möglichkeiten vor uns, die Pläne Gottes für den Planeten Erde zu verwirklichen. Und lasst euch nicht durch offensichtliche Ungerechtigkeiten und Missbräuche aller Art verwirren, die ihr um euch seht. Die Nacht vor dem Morgengrauen ist finster.

Und die Morgendämmerung steht kurz bevor, und bereits nach einigen Generationen von Menschen werdet ihr spüren, wie sich der Planet verändern wird.

Ich habe euch kein neues Wissen gegeben. Ihr habt all dies bereits viele Male aus anderen Quellen gehört. Möglicherweise habe ich eurer Betrachtungsweise einfach einen etwas anderen Blickwinkel gegeben. Und ich werde froh sein, wenn dieser Blickwinkel euch hilft, die göttliche Vision für das zu erlangen, was sich jetzt um euch herum in der physischen Welt ereignet, und euch die göttliche Vision für die großartigen Aussichten gibt, die diesen Planeten in der Zukunft erwarten.

ICH BIN Cyclopea.

Der Weg zum Himmel liegt in eurem Inneren

Babaji
8. April 2005

ICH BIN Babaji. Ich bin durch diese Gesandte gekommen.

Vielleicht kennt ihr mich nicht. Ich war Ende des zwanzigsten Jahrhunderts in Indien verkörpert. Ich wurde nicht in dem Sinne geboren, wie gewöhnlich Kinder geboren werden. Ich wurde durch die Kraft des Gedankens erschaffen.

Ich kam, um die Traditionen des wahren Glaubens in Indien wiederherzustellen. Ich war eine Verkörperung Shivas.

Oh, es ist sehr schwer zu verstehen, wie ein und derselbe Meister durch verschiedene Menschen kommen und sich auf unterschiedliche Weise verkörpern kann. Ich muss euch aber sagen, dass die Meister, die höheren Wesenheiten, die gekommen sind, um der Erde und ihrer Menschheit zu helfen, jede Möglichkeit suchen, um in der physischen Welt gegenwärtig zu sein.

Eure Welt ist jetzt sehr dicht und ermöglicht es hohen Lichtwesen nicht, sich für längere Zeit unter euch aufzuhalten. Daher nutzen wir Teilinkarnationen oder ein vorübergehendes Verweilen in Menschen, die ihre körperlichen Tempel in der nötigen Weise vorbereitet haben, um uns die Möglichkeit zu geben, in ihnen gegenwärtig zu sein.

Wenn ihr Gäste in euer Haus einladet, gebt ihr euch Mühe, in eurem Haus Ordnung zu schaffen. Ihr räumt unnötige Dinge weg, wischt Staub und reinigt den Boden.

Es ist merkwürdig zu beobachten, wie viele von euch ein Wunder erwarten, die Gegenwart der höheren Meister in sich erhoffen oder mit ihrem höheren Selbst kommunizieren wollen, dabei aber keinerlei Anstrengungen unternehmen, sich wenigstens vom Schmutz ihrer fleischlichen Gedanken zu reinigen und sich ihrer nutzlosen menschlichen Wünsche zu entledigen.

Unsere Welten sind einander viel näher, als es euch scheint. Und unsere Welt ist immer offen für die Kommunikation mit euch. Ihr müsst euch nur auf die erforderliche Frequenz unserer Schwingungen einstellen.

Wir sind bereit, mit Menschen, die in der Verkörperung sind, zu kommunizieren. Die Frage ist, seid ihr zu dieser Kommunikation bereit?

Aber ich kann es nicht verbergen, dass die Orte, in denen ihr lebt, für unsere Gegenwart nicht besonders geeignet sind. Während meiner letzten Verkörperung hielt ich mich fast nie in großen Städten auf. Dennoch musste ich nach dem Aufenthalt unter Menschen erhebliche Anstrengungen unternehmen, um meine Energien zu regenerieren und meinen Tempel in Ordnung zu bringen, um den höheren Wesenheiten zu ermöglichen, mit mir zu kommunizieren.

Ich lebte in Indien, doch hatte ich die Möglichkeit, Menschen zu beobachten, die aus Europa und Amerika kamen.

Ihr Bewusstsein und ihre Mentalität unterscheiden sich sehr von dem Bewusstsein der Menschen, die in Indien leben. Und die wichtigste Lehre und das Wissen, das ich diesen Menschen geben musste, war das göttliche Gefühl – die göttliche Empfindung, die ich ihnen während meiner Darshans sandte.

Ich strahlte diese Göttlichkeit, diese Gnadengabe aus meinen Chakren aus. Und ich gab allen Anwesenden die Möglichkeit, das Gefühl der Gnade zu erleben.

Es war erstaunlich zu sehen, wie stolze Ausländer in meiner Gegenwart aufblühten und ihre Zivilisationsprobleme vergaßen und sich dem einfachen Leben und der göttlichen Kommunikation zuwandten.

Wenn es uns gelänge, in einer großen Anzahl von Menschen gegenwärtig zu sein, die ihre Tempel auf unsere Gegenwart vorbereitet haben, so könnt ihr euch vorstellen, wie sich die Situation auf dem Planeten verändern würde.

Viele wollen diese göttliche Verbindung erhalten, um ihr Ego zu bekräftigen. Es ist höchst interessant zu beobachten, wie ein Mensch versucht, zwei große Wassermelonen in einer Hand zu halten.

Er möchte die göttliche Kommunikation erlangen und gleichzeitig sein Ego bekräftigen.

Wie meint ihr, kann ein solcher Mensch mit dem Göttlichen kommunizieren?

Ein Mensch bekommt immer das, wonach er strebt. Und wenn ein Mensch sich sehr stark wünscht, mit dem Göttlichen zu kommunizieren, doch in seinem Tempel keine Ordnung geschaffen hat, wie es für die Ankunft höherer Wesenheiten notwendig ist, so wird er wohl die Kommunikation mit anderen Wesenheiten erhalten – doch nur mit solchen Wesenheiten, die seiner Bewusstseinsebene entsprechen.

Es gibt sehr viele Wesenheiten, die nur darauf warten, einen solchen Menschen in ihre Hände zu bekommen, ihn zu kontrollieren und durch ihn zu sprechen. Ihr wisst ja – Gleiches zieht Gleiches an.

Daher ist es erforderlich, dass ihr euch in eurem Bewusstsein von euren menschlichen Wünschen und allen Gedanken völlig lossagt, die mit dem Erhalt aller möglichen Vorteile für euch persönlich verbunden sind.

Ihr übergebt einfach all eure Unzulänglichkeiten und Unvollkommenheiten Gott und sagt:

„Gott, ich bin unvollkommen, aber ich liebe Dich, Gott. Hilf mir. Bitte hilf mir, Gott. Ich sehne mich nach Dir, ich sehne mich nach Deiner Gnade, nach Deiner Liebe. Es gibt nichts auf dieser Welt, was mich noch anziehen könnte, Gott. Ich will eins mit Dir sein. Ich will jeden Deiner Wünsche erfüllen. Ich werde Dir dienen. Ich werde allen Lebewesen dienen, in denen Du wohnst. Bitte hilf mir, oh Gott. Ich bin Dein!"

Nach dieser Anrufung, wenn ihr sie aufrichtig und von ganzem Herzen macht, werdet ihr unsere Hilfe bekommen.

Die Menschen irren jedoch, wenn sie glauben, dass sie sogleich die Gnadengabe erhalten und zur reinen Vollkommenheit im Fleische werden. Leider beginnt euer Weg zu Gott gerade erst mit dieser Anrufung.

Ich werde euch sagen, was auf diese Anrufung folgen wird. Ihr werdet eine beschleunigte Rückkehr eures Karmas erfahren. Ihr werdet mit Situationen außerhalb eurer selbst in der euch umgebenden Welt konfrontiert werden, und mit Situationen in eurem Innern in Form von psychologischen Problemen, die unermüdlich und tagtäglich in eurem Leben auftreten.

Ihr werdet die Möglichkeit erhalten, Gott zu beweisen, dass ihr wirklich alles zu erfüllen bereit seid, was ihr versprochen habt.

Und euer Streben zu Gott muss euch dabei helfen, alle Prüfungen und Schwierigkeiten zu überwinden, wie hart sie auch sein mögen.

Dies ist eure Lehrzeit. Und diese Phase kann auch ohne einen verkörperten Lehrer neben euch zurückgelegt werden. Eure Energien, die in eurer Aura enthalten sind, werden der beste Lehrer für euch sein. Diese Energien bringen euch jene Situationen, die ihr durchleben müsst, um zu beweisen, dass ihr tatsächlich bereit seid, euch von allem zu trennen, was euch an diese Welt bindet.

Ihr werdet nicht unbedingt alles verlieren – Familie, Arbeit, Haus und Wohlstand. Doch müsst ihr von allem Abschied nehmen, was euch an diese Welt bindet. Und das gilt nicht nur für Dinge, die ihr mit den Händen berühren könnt, sondern auch für jene euch innewohnenden Probleme, die euch von einem Leben zum nächsten begleiten. Für den einen ist es Neid, für einen anderen Kritik und Verurteilung, für wieder einen anderen Selbstmitleid. Es gibt sehr viele Eigenschaften, von denen ihr euch trennen müsst. Und dies ist ein äußerst schmerzhafter Prozess. Denn während eures Aufenthalts auf Erden seid ihr buchstäblich mit diesen Eigenschaften verwachsen. Und nun müsst ihr sie von euch losreißen. Man könnte es damit vergleichen, als müsstet ihr tatsächlich Stücke von eurer Haut abschneiden. Aber es ist nur eine andere Art von Schmerz – es ist ein seelischer Schmerz, der mitunter völlig unerträglich ist.

Und wenn ihr einem Lehrer begegnet, der euch sagt, dass er euch von eurem Karma und euren Problemen befreien und all dies auf sich nehmen wird, so glaubt einem solchen Lehrer nicht, ganz gleich, ob er Geld dafür verlangt oder nicht.

Von euren Problemen und eurer karmischen Last könnt ihr euch nur selbst befreien.

Ein äußerer Lehrer kann nur auf eure Probleme hinweisen, doch lösen kann er sie nicht für euch.

Deshalb komme ich, um euch vor den Schwierigkeiten eures Weges zu warnen und mit meinem Rat nach Kräften zu helfen.

Ich verstehe die ganze Schwierigkeit der Situation, in der ihr seid, ohne die Möglichkeit, hin und wieder den Rat eines wahren Gurus zu erhalten, der sich in der Verkörperung befindet. Eure Seelen benötigen aber Rat und Hilfe. Und wir bemühen uns unsererseits, euch diese Hilfe zu leisten und Rat zu geben.

Daher werden wir uns früher oder später begegnen.

Himmel und Erde werden einander begegnen. Und dies wird sich im Inneren eures Tempels vollziehen. Weil der Weg zum Himmel in eurem Innern liegt. Und ihr könnt um die ganze Welt reisen und nach einem wahren Guru suchen, ihr könnt alle eure Ersparnisse dafür ausgeben und nie etwas finden.

Die Tür zum Himmel befindet sich tatsächlich in eurem Innern. Und jetzt habt ihr sogar alle nötigen Schlüssel zu dieser Tür. Aber die letzte Anstrengung, die notwendig ist, um diese Tür zu öffnen, werdet ihr doch selbst machen.

Ich bin froh über unser heutiges Treffen, und ich denke, es war nützlich für euch.

ICH BIN Babaji,

und ich sende euch meine Liebe.

Ich gebe euch mein Mantra

Gott Krishna
9. April 2005

ICH BIN Krishna, der durch diese Gesandte zu euch gekommen ist.

ICH BIN Krishna, Gott Krishna. Man kennt und verehrt mich in Indien. Ich bin auch in vielen anderen Ländern der Welt dank der Anhänger des Gottes Krishna bekannt.

Ich bin wahrhaftig überall. Ich bin in der Form und ebenso in der Formlosigkeit. Ich bin im Bewusstsein und ebenso im Geiste.

Die Ebene meiner Errungenschaften erlaubt mir, in vielen Formen gleichzeitig zu sein. Ich bin allgegenwärtig.

Am weitesten verbreitet ist mein Bildnis als Flöte spielender Hirtenjunge. Und tatsächlich gefällt mir dieses Bildnis am besten, und gerade in dieser Gestalt erschien ich das letzte Mal in meiner irdischen Verkörperung in Vrindavan.

Ich habe meinen Anhängern ein Mantra gegeben, in dem die Namen Gottes gepriesen werden. Ich gab dieses Mantra, weil der Verstand der Menschen während des Kali-Yuga-Zyklus, der nach meinem Übergang begann, nicht in der Lage ist, die erhabenen Lehren wahrzunehmen. Der Verstand ist unruhig und ungehorsam. Daher ist es notwendig, ständig Mantras zu rezitieren, in denen die Namen Gottes gepriesen werden.

Solange der Verstand mit dem Wiederholen der Namen Gottes beschäftigt ist, bleibt ihm wenig Zeit dazu, niedere Gedanken zu denken und niedere Wünsche zu haben.

Diese Mantras, das regelmäßige Rezitieren von Mantras, macht es möglich, den Verstand im Zaum zu halten und ihn dem Höheren Selbst des Menschen gehorsam zu machen.

Ich möchte, dass die Menschen auf dem ganzen Planeten zu der Praxis zurückkehren, den Namen Gottes zu preisen, denn dies ist der kürzeste Weg zurück zu Gott.

Ihr werdet zu dem, worauf euer Verstand gerichtet ist. Und wenn euer Verstand ständig auf die Bilder konzentriert ist, die von den Bildschirmen und Werbeplakaten verbreitet werden, so wird euer Verstand dadurch an diese Welt gebunden und ist nicht imstande, sich von dieser Welt zu lösen.

Die Praxis, den Namen Gottes zu preisen, bedarf zu ihrer Ausführung keiner besonderen Bedingungen. Ihr braucht keine Gottesdienste zu besuchen und nicht an kirchlichen Zeremonien teilzunehmen, und ihr müsst keiner religiösen Organisation oder Gruppe angehören. Alles, was ihr tun müsst, ist zu lernen, die Namen Gottes korrekt auszusprechen, und diese Namen im richtigen Geisteszustand auszusprechen. Während ihr die Mantras rezitiert, müsst ihr ganz auf das Göttliche konzentriert sein. Euer Verstand muss aufhören, durch die Dinge und Bilder zu wandern, die euch in der physischen Welt umgeben.

Ihr müsst an Gott denken, und nur an Gott.

Es ist nicht so wichtig, was ihr tut, während ihr die Mantras rezitiert. Ihr mögt Geschirr spülen, öffentliche Verkehrsmittel benutzen, auf eurem Grundstück arbeiten, mit Kindern spazieren gehen, an eurem Arbeitsplatz sein.

Es ist gut, wenn ihr die Mantras laut aussprecht, unter Umständen mit gedämpfter Stimme, um eure Mitmenschen nicht zu stören, aber ihr könnt die Mantras auch leise rezitieren, um nicht die Aufmerksamkeit anderer Menschen auf euch zu ziehen.

Vergesst nie, dass ihr die Mantras für Gott sprecht und nicht, um einen Eindruck auf eure Mitmenschen zu machen.

Einige Anhänger rezitieren die Namen Gottes äußerst viel und lange. Sie verbringen ganze Tage mit dem Rezitieren von Mantras. Besonders gern rezitieren sie Mantras in großen Menschenansammlungen, damit alle sehen können, wie eifrig sie Gott dienen.

Die Wirkung eines solchen Rezitierens von Mantras wird genau das Gegenteilsein, denn die göttliche Energie wird in diesem Fall zur Stärkung des eigenen Egos verwendet und nicht zur Stärkung der Verbindung mit Gott.

Ich werde euch mein Mantra geben.

Bitte findet Menschen, die dieses Mantra korrekt aussprechen können, oder kauft Kassetten mit Aufnahmen dieses Mantras. Es ist überaus wichtig, dass die Aufnahmen meiner Mantras die richtigen göttlichen Schwingungen tragen. Fühlt die wahren göttlichen Schwingungen mit eurem Herzen.

Wenn es euch oder eure Nächsten verunsichert, die Namen Gottes in einer unvertrauten Sprache zu rezitieren und zu preisen, so zwingt euch nicht dazu.

In diesem Falle müsst ihr eine andere Praktik verwenden, die euch zu Gott zurückführt.

Es gibt viele Wege und Pfade, die zu Gott zurückführen. Fast jeder hat seinen eigenen Weg.

Doch dürft ihr nie vergessen, dass es ebenso viele Wege und Pfade gibt, die nirgendwohin führen.

Wenn ihr euch aber gar nicht rührt und nur mit verschränkten Armen dasitzt und auf ein Wunder wartet, so wird dieses Wunder wohl kaum geschehen.

Gott will, dass ihr eure eigenen Anstrengungen unternehmt. Und je größer die Anstrengungen sind, die ihr selbst unternehmt, desto mehr Hilfe werdet ihr von oben bekommen.

Ich gebe euch mein Mantra. Versprecht mir, dass ihr es genau so viele Male rezitiert, wie es euch Freude bereitet.

Sprecht mein Mantra, während ihr eure häuslichen Pflichten erledigt. Verbringt jede freie Minute mit dem Rezitieren meines Mantras.

Ich weiß, dass viele Menschen in ihren vergangenen Verkörperungen nach Indien kamen. Und das Rezitieren von Mantras ist ihnen ein natürliches Bedürfnis. Gerade diese Menschen müssen schneller auf meinen Ruf antworten als andere.

Es gibt eine lange historische Verbindung zwischen Indien und Russland.

Vor langer Zeit kam eine Zivilisation nach Indien, die im Vergleich zur damals dort ansässigen Bevölkerung weiter entwickelt war. Diese Zivilisation, dieses Volk kam aus dem Norden. Und für viele wird es überraschend sein, wenn ich sage, dass diese Menschen aus dem Territorium kamen, auf dem heute Russland liegt.

Aus diesem Grund besteht eine sehr enge Verbindung zwischen dem Boden Mutter Indiens und dem Boden Mutter Russlands.

Diese beiden Länder stehen einander sehr nahe, vor allem durch ihre reichen spirituellen Traditionen.

Und ich hoffe, dass sich Russland an seine alten historischen Wurzeln und an den Glauben seiner historischen Vorfahren erinnert, dessen Wurzeln der Glaube jenes Volkes war, das dieses Land in alten historischen Zeiten bewohnte.

Auf dem Territorium Russlands wurden viele Tempel gegründet und viele Kristalle gelegt.

Diese Heiligtümer ruhen vorerst noch. Doch die Zeit wird kommen, wenn mit dem Erwachen des Bewusstseins dieses Landes auch die historischen Heiligtümer aus alten Zeiten zum Leben erweckt werden, die Fokusse des Lichts, die sich auf dem Territorium dieses Landes befinden und heute noch vor den Augen der Profanen verborgen bleiben, werden wieder mit ganzer Kraft zu wirken beginnen.

Ich gebe euch mein Mantra, und ich weiß, dass dieses Mantra in euch das historische Gedächtnis und die gemeinsamen Wurzeln erwecken kann, die selbst in den Grundlagen der russischen Sprache angelegt sind.

HARE KRISHNA HARE KRISHNA
KRISHNA KRISHNA HARE HARE
HARE RAMA HARE RAMA
RAMA RAMA HARE HARE

Wiederholt dieses Mantra in Sanskrit.

Die Klänge dieses Mantras werden euch Kraft, Freude und Munterkeit geben, und Vertrauen in euch selbst, in eure Zukunft und in die Zukunft Russlands.

ICH BIN Krishna. Ich spüre, dass ihr meine Hilfe braucht. Und ich werde euch diese Hilfe erweisen, wenn ihr euch an mich wendet.

Lasst euch durch meine äußere Erscheinung nicht verwirren, die sich von den Bildnissen in euren Kirchen unterscheidet, die ihr anzubeten gewohnt seid.

Es gibt keinen Unterschied zwischen Jesus und mir. Wir sind eins und eine unteilbare Einheit auf der Ebene des Geistes.

Und mein Name Krishna bedeutet das gleiche wie auch der Name Christus.

All die Unterschiede und Trennungen bestehen nur in eurem begrenzten Bewusstsein und nur in diesem historischen Moment, in diesem äußerst wichtigen Moment, wenn euer Bewusstsein nach Jahrmillionen aus dem Schlaf erwacht.

Ich würde mich freuen, wenn jemand von euch meinen Rat befolgt und mein Mantra rezitiert.

ICH BIN Krishna,
und ich bin zu euch gekommen, um euch ein Teilchen
meiner Liebe zu bringen.

Nur *eine* eurer Schwingungen der Liebe und des Mitgefühls vermag das Höllenfeuer zu löschen, in dem viele Seelen auf diesem Planeten brennen

Der Geliebte Hilarion
10. April 2005

ICH BIN Hilarion, Meister des Fünften Strahls, der durch diese Gesandte zu euch gekommen ist.

Ich bin gekommen, um euch über Dinge zu berichten, denen ihr in eurem Leben begegnet und denen ihr keine Bedeutung beimesst, die aber bei näherer Betrachtung eure Zukunft auf der Erde für viele Jahre bestimmen.

Ich bin gekommen, um euch darüber zu erzählen, wie ihr selbst eure Zukunft schafft. Und es kann sein, dass diese Informationen manchen von euch unwirklich und unnötig kompliziert erscheinen. Doch es ist möglich, dass andere bereits mit diesen Informationen vertraut sind. Aber ich glaube, es ist immer nützlich, bereits Gelerntes in Erinnerung zu rufen und noch einmal zu wiederholen.

Und so möchte ich auf die Ursachen für die Leiden eingehen, geistige und körperliche Leiden, die euren physischen und eure feinstofflichen Körper belasten.

Der Mensch hat ein sehr kurzes Gedächtnis, und in der Regel fällt es ihm schwer, den direkten Zusammenhang zwischen seinem eigenen Handeln im Leben und den Folgen dieses Handelns nachzuverfolgen. Genau das ist jedoch die Grundlage des Karma-Gesetzes, des Gesetzes der Vergeltung oder des Gesetzes des kausalen Zusammenhangs zwischen der Handlung und der Folge dieser Handlung.

Wie oft müssen ich und besonders Mutter Maria die Bitten der Menschen um Heilung von Beschwerden und Krankheiten hören. Wenn ein ernstes Leiden einen Menschen und seinen physischen Tempel befällt, ist dieser Mensch zu großen Opfern bereit, um sich von diesem Leiden zu befreien. Er sucht Ärzte und Heiler außerhalb seiner selbst auf, die ihm helfen können.

Und wenn eine ganze Reihe von Ärzten, Heilern und Personen mit übersinnlichen Fähigkeiten ihren Lohn erhalten haben, ohne wirklich helfen zu können, so wendet sich der Mensch schließlich hilfesuchend an Gott und die Aufgestiegenen Lichtwesen.

Es kommt der Moment, wenn die Vernunft im Menschen die Oberhand gewinnt, und er versteht, dass sein Leiden ihm „von oben" herabgesandt wurde, und dass nur Gott ihn von diesem Leiden befreien kann.

Und der Mensch sucht einen Weg zu Gott, und er ist bereit, Opfer zu bringen und eine große Anzahl von Gebeten zu lesen, um sich zu heilen.

Selten verstehen die Menschen, dass ihre Krankheiten und Leiden nicht von einem boshaften und rachsüchtigen Gott verursacht werden, sondern durch ihre eigenen Taten nicht nur in vergangenen Leben, sondern auch bereits in ihrer gegenwärtigen Verkörperung.

Wenn ihr noch jung und voller Kraft und Energie seid, macht ihr euch kaum Gedanken über die Folgen eures eigenen Handelns. Es scheint euch natürlich zu sein, etwas Erwünschtes zu bekommen, selbst wenn dabei jemand gekränkt oder ernsthaft beleidigt wird.

Wie unermesslich ist manchmal euer Wunsch, den ihr unter allen Umständen befriedigen wollt, und der Schaden, den ihr anderen zuzufügen bereit seid, um diesen Wunsch um jeden Preis zu erfüllen.

So ist euer erster Feind und euer wichtigster Feind, und mitunter euer einziger Feind, in eurem eigenen Innern verborgen. Dies sind euer fleischlicher Verstand und eure unersättlichen Wünsche.

Es scheint, dass es nichts Schlimmes ist, wenn ihr versucht, eure Wünsche zu befriedigen. Es kommt euch so natürlich vor, besonders wenn ihr jung seid. Und ihr messt sogar den offensichtlichen Verletzungen der moralischen und ethischen Normen, die ihr begeht, keine besondere Bedeutung bei, um eure Wünsche zu befriedigen. Und über den Schaden, den ihr anderen zufügt, denkt ihr einfach nicht nach.

Wie kann man euren maßlosen, unbändigen Wünschen ein Ende setzen? Wie kann man euer Verlangen unterbinden, vom Leben immer wieder neue Genüsse erhalten zu wollen?

Nur sehr wenige Menschen sind imstande, von den Beispielen anderer Menschen zu lernen und sich selbstständig weiterzubilden, indem sie Bücher lesen oder Menschen finden, von denen sie Weisheit erhalten können.

Und für die anderen, die nicht imstande sind zu verstehen und zu lernen, beginnt das Gesetz des Karmas oder das Gesetz der Vergeltung zu wirken.

Jede Handlung, die ihr nicht in Übereinstimmung mit dem Willen Gottes begeht, führt dazu, dass die Göttliche Energie, die ihr ständig nutzt und ohne die ihr einfach nicht existieren könnt, durch diese eure unvollkommene Handlung gefärbt wird. Und je unvollkommener eure Handlung ist, desto niedriger sind die Schwingungen, die die göttliche Energie annimmt. Diese Energie verschwindet nicht, sie wird in eurer Aura, in eurem emotionalen, mentalen und ätherischen Körper gespeichert.

Diese Energie wirkt wie ein Magnet, der aus der euch umgebenden Welt ähnliche Energien zu euch zieht.

Wenn ihr also jemanden beleidigt habt, wird diese Energie früher oder später eine Lebenssituation anziehen, in der ihr beleidigt werdet.

Ihr tragt in eurer Aura die Aufzeichnungen all eurer unvollkommenen Taten und Handlungen. Diese Aufzeichnungen sind wie Mängel in eurer Aura. Und wenn ihr allzu häufig karmisch strafbare Handlungen, Gedanken und Gefühle zugelassen habt, so wird eure Aura früher oder später mit diesen negativen Schwingungen gesättigt sein. Und ihr seid nicht länger in der Lage, das von euch angesammelte Karma abzuarbeiten, indem ihr bei den zu euch zurückkehrenden karmischen Situationen die richtigen Taten und Handlungen bis zum Ende eurer gegenwärtigen Verkörperung vollbringt. Allzu viel negative Energie hat sich in eurer Aura angesammelt.

Es wurde euch gesagt, dass ihr in einer einzigartigen Zeit lebt, in der sich ein Wechsel der kosmischen Zyklen ereignet und ein neuer Zyklus beginnt.

Menschen, die mit einer allzu großen Menge negativer Energien belastet sind, werden krank und verlieren die Möglichkeit, aktiv im Leben zu handeln. Ihnen wird die göttliche Energie und die Möglichkeit verweigert, ihre Unvollkommenheiten in dieser Welt weiter zu vermehren. Denn ein

Mensch, dessen Aura mit einer allzu großen Menge an negativer Energie belastet ist, ähnelt wahrhaftig einem Leprakranken, der selbst unheilbar krank ist und zugleich andere gefährdet. Denn die negativen Schwingungen in seiner Aura können ähnliche Schwingungen in der Aura anderer Menschen hervorrufen, mit denen er im Leben in Kontakt kommt.

Dem Gesetz der Gleichheit zufolge werden solche Menschen zu ihresgleichen hingezogen, und sie bilden ganze Zonen auf dem Planeten Erde, die den Leprakolonien für Aussätzige ähnlich sind.

Und wenn ein Mensch mit einer genügend reinen Aura versehentlich an einen solchen Ort gerät, so wird er sich wie ein an Land geworfener Fisch fühlen.

Wenn wir auf den Planeten schauen, so sehen wir diese Zonen, diese Zentren von so dicht komprimierten negativen Energien, dass keiner unserer heilenden Strahlen durch sie durchbrechen kann, die wir unablässig zur Erde senden.

Die Menschen, die sich selbst in diese energetischen Leprakolonien verbannt haben, können sich nicht selbst helfen, und sie brauchen Hilfe, die ihnen noch von außen erwiesen werden kann.

Daher sind wir bereit zusammenzuarbeiten, und wir sind bereit, einen jeden einzusetzen, der in der Lage ist, seine Schwingungen auf einem genügend hohen Niveau zu halten, um durch einen solchen Menschen denjenigen zu helfen, die im spirituellen Sinne bereits tot zu sein scheinen, aber in letzter Hoffnung ihren Blick gen Himmel richten und aufrichtig um Hilfe flehen.

Wir sind bereit, Hilfe zu leisten, und wir helfen allen. Und diese Hilfe mag nicht den physischen Körper betreffen, der aufgrund unumkehrbarer Prozesse, die ihn befallen haben, nicht regeneriert werden kann. Unsere Hilfe betrifft vor allem die Seelen dieser Menschen. Wir versuchen, die Seelen derer zu bewahren und zu heilen, die zumindest am Ende ihres Lebens ihren Blick gen Himmel gerichtet haben, aufrichtig um Hilfe gebeten und aufrichtig all ihre Sünden bereut haben. Es gibt keinen Sünder der keine Zukunft hat. Doch ist es ebenso richtig, dass es unmöglich ist, jemanden zu retten, der nicht gerettet werden will.

Daher besteht immer die Möglichkeit zu helfen. Obwohl es uns manchmal an aufrichtigen Dienern mangelt, die dazu bereit sind, sich für die Errettung der Menschheit zu opfern, für die Errettung aller Lebewesen zu opfern, und um allen Lebewesen zu helfen.

Und ich wende mich jetzt an diejenigen, die mich verstehen können, und an diejenigen, die begreifen, wovon ich rede.

Die Zeit ist gekommen, in der buchstäblich um jede Seele in der Verkörperung gekämpft wird.

Es gibt Kräfte, die versuchen, eine möglichst große Anzahl von Seelen auf der Ebene der Illusion zu halten. Und es gibt Kräfte, die buchstäblich um jede Seele kämpfen, um sie aus der Hölle herauszuholen, in die sich die physische Welt des Planeten Erde an vielen Orten verwandelt hat.

Und manchmal reicht eine einzige Begegnung, ein einziger liebender und mitfühlender Blick, damit eine zum Nichtsein verurteilte Seele wieder Glauben, Hoffnung und Liebe findet.

Haltet das Gleichgewicht, und wahrt den Frieden eurer Seele. Ihr seid Kämpfer, die sich auf der Welt befinden. Und nur eine eurer Schwingungen der Liebe und des Mitgefühls vermag das Höllenfeuer zu löschen, in dem viele Seelen auf diesem Planeten brennen.

ICH BIN Hilarion.
Und ich habe mich an die Kämpfer des Geistes
auf diesem Planeten gewandt.

Bereitet eure Tempel auf die Ankunft des Messias vor

Johannes der Täufer
11. April 2005

ICH BIN Johannes der Täufer. Ich bin der, der die Ankunft des Messias, das Kommen Christi voraussagte.

ICH BIN gekommen. Ich bin gekommen, um euch die Geschichte meines damaligen Lebens zu erzählen. Und ich bin gekommen, um euch einige Anweisungen für euer heutiges Leben zu geben.

Vieles auf der Erde hat sich seit der Zeit meiner letzten Verkörperung verändert. Vieles hat sich in dem euch umgebenden Leben verändert, in allem, was mit der Lebensweise der Menschen und mit ihrer Arbeit zu tun hat. Es gibt viel Neues. Viele Entdeckungen, die in der Außenwelt genutzt werden.

Wenn wir uns jedoch der Weltanschauung des Menschen zuwenden, seinen Ansichten von Gott und dem Aufbau des Universums, so sind die Veränderungen nicht so bedeutend. Ja, die Terminologie hat sich geändert, es wurden viele wissenschaftliche Entdeckungen gemacht, die den Aufbau des Universums und die Gesetze der physischen Welt aufdecken.

Und gleichzeitig bleibt das Bewusstsein des Menschen, wie zuvor, an die äußeren Manifestationen der physischen Welt gebunden, an die äußere Anbetung Gottes, an äußere Rituale. Es ist, als seien seit meiner Verkörperung nicht zweitausend Jahre verstrichen.

Der Mensch nutzt mit erstaunlicher Geschwindigkeit alle wissenschaftlichen Begriffe und Entdeckungen. Doch nutzt er sie nicht, um sich Gott zu nähern, sondern um sich von Gott zu trennen.

Ihr haltet es für fortschrittlich, moderne Rhythmen im Gottesdienst einzusetzen. Und es erscheint euch modern, wenn ihr das Universum mit wissenschaftlichen Begriffen erklärt.

Jede wissenschaftliche Entdeckung und jede Errungenschaft des menschlichen Bewusstseins wird sofort genutzt, um sich noch mehr von Gott zu trennen.

Die Schlichtheit des göttlichen Gefühls und die Einfachheit des göttlichen Lebens hüllt ihr in eine Vielzahl moderner Begriffe und Fachausdrücke.

Ihr verwendet viele Fachbegriffe, wenn ihr über Gott philosophiert. Wenn ihr nur ebenso viel Mühe darauf verwenden würdet, um wirklich das zu zerstören, was euch in eurem Bewusstsein von Gott trennt, so würde sich das Leben auf der Erde im Handumdrehen ändern.

Die meisten modernen Erfindungen stellen ein unüberwindliches Hindernis zwischen euch und Gott.

Während meiner Verkörperung lebte ich, wie ihr wisst, in der Wüste. Ich ernährte mich vom Honig wilder Bienen und von Heuschrecken. Viele Menschen hielten mich für sonderbar. Aber nur indem ich mich von den Menschen und ihren Nichtigkeiten fernhielt, konnte ich in der Abgeschiedenheit Kommunikation mit Gott haben. Und ich würde diese Kommunikation gegen keine menschlichen Reichtümer und Ehren eintauschen.

Ich kam selten mit Menschen in Kontakt. Und die wichtigste Lehre, die ich ihnen gab, bestand darin, ihre Seelen zu reinigen und sie auf das Kommen des Messias vorzubereiten.

Die Menschen nahmen meine Worte so wahr, als bezögen sie sich auf das Kommen eines äußeren Messias, eines Menschen, der sie von Not und Unglück erretten sollte.

Ich meinte jedoch nicht nur das Kommen des äußeren Messias, sondern auch das Kommen des inneren Messias, der in jedem Menschen wohnt. Und ich bereitete das Bewusstsein der Menschen auf das Kommen dieses Messias vor.

Ich glaube nicht, dass einer der Menschen verstand, wovon ich sprach. Dennoch veränderte sich das Bewusstsein der Menschen ein wenig, und sie erwarteten die Ankunft Christi. Und ER kam und erfüllte seine Mission mit Ehren.

Meine Predigt kostete mich das Leben. Im Gegensatz zu den meisten Menschen erkannte die herrschende Priesterschaft sehr schnell, dass meine Lehre, wenn sie von den Menschen verstanden würde, ihre Gemeinde für immer von äußeren Gebeten und äußeren Ritualen abwenden und sie zur Begegnung mit dem wahren Messias, mit dem wahren Teil ihrer selbst führen würde, zur inneren Begegnung mit Gott in ihrem Inneren.

Und nachdem die Menschen die innere Verbindung erlangt hatten, nachdem sie Zugang zu dieser Glückseligkeit in ihrem Inneren erhalten hatten, würden sie nie wieder einer äußeren Religion oder äußeren Lehrern glauben können.

Menschen, die Zugang zum göttlichen Zustand des Bewusstseins erhalten hatten, würden sich sehr schnell mit ihresgleichen vereinigen. Der göttliche Bewusstseinszustand ist ebenso ansteckend wie die Manifestation nicht-göttlicher Bewusstseinszustände bei den meisten Menschen heute.

Die Menschen sind auf der feinstofflichen Ebene sehr eng miteinander verbunden. Und ein guter Gedanke, eine gute Denkweise, die in einigen Köpfen und Herzen aufkeimt, kann sich von Herz zu Herz ausbreiten, ähnlich dem, wie man mit einer Kerze eine Million anderer Kerzen anzünden kann. Natürlich hatte ich nicht die Möglichkeit, meine Lehre einer großen Anzahl von Menschen zu geben. Ich lehrte jene wenigen, die es wagten, zu mir zu kommen und mich anzuhören. Die Menschen fürchteten sich, von mir Wissen zu erhalten, weil die Priester es ihnen verboten hatten, mit mir zu reden. Es war schwierig für mich, den Menschen Wissen zu geben.

Seht, wie sich die Zeiten geändert haben. Heute gebe ich diese Botschaft, und noch am gleichen Tage habt ihr die Möglichkeit, euch mit ihr vertraut zu machen, selbst wenn ihr euch auf der anderen Seite der Erdkugel befindet. Dies ist wirklich eine Zeit großer Möglichkeiten. Wir müssen nicht einmal eure und unsere Kräfte aufwenden, um jene Menschen an einem bestimmten Ort auf der Erdkugel zu versammeln, die bereit sind, unsere Lehre wahrzunehmen. Ihr erhaltet unsere Lehre und unsere Schwingungen dank der gesegneten Gabe, die Saint Germain der Menschheit geschenkt hat. Ich meine das Internet. Und dies ist einer der wenigen Fälle, in denen das Internet greifbaren Nutzen bringt, und wofür eigentlich diese Erfindung auf die physische Ebene herabgelassen wurde.

Gesegnete Herzen, ihr habt die Möglichkeit, die Lehre der großen Lichtwesen zu hören, die sich im Laufe der vergangenen Jahrtausende verkörperten, um die Menschheit zu lehren.

Ihr habt die Möglichkeit, durch diese Botschaften einen beispiellosen Strom der göttlichen Energie zu erhalten. Und diese Dispensation, diese Gabe des Himmels, ist dank einer neuen Möglichkeit zur Wirklichkeit geworden. Schätzt diese Möglichkeit. Trinkt den Nektar der göttlichen Energie. Und denkt daran: Kein Tropfen dieser Energie darf verschwendet werden. Die Energie wird euch dazu gegeben, um gute Taten zu vollbringen. Nicht aber dazu, um herauszufinden, wer von euch wichtiger und wer göttlicher ist. Ihr könnt dies mit eurem menschlichen Bewusstsein nicht wissen. Der Größte unter euch ist der, der dem Leben am meisten dient, der allen Lebewesen dient und nichts dafür verlangt. Weil es in diesem Leben nichts gibt, was man für die Gabe der göttlichen Kommunikation eintauschen sollte, für die Möglichkeit, Gott in allem Leben zu dienen. Nutzt daher die erhaltene Energie für den vorgesehenen Zweck. Bereitet eure Tempel auf die Ankunft des Messias vor, erlaubt eurem Messias, eurem Höheren Selbst, eurem Christus-Selbst, zu euch zu kommen, in euch zu sein, durch euch zu sprechen und durch euch zu handeln.

Oh, Geliebte, ich bin glücklich, dass der geliebte Alpha in dieser für den Planeten schwierigen, aber wahrhaft gesegneten Zeit diese Möglichkeit für euch eröffnet hat.

Ich werde mich auf ein Treffen mit jedem von euch freuen, der seine Schwingungen auf meine Ebene hebt, und ich werde persönlich zu euch kommen und in eurem Herzen ein Gespräch mit euch führen können.

Geliebte, Gesegnete, glaubt mir, es wird alles genau so geschehen, wie es vorhergesagt wurde. Eure Augen werden klar sehen, und ihr werdet in der Lage sein, uns zu sehen und mit uns zu kommunizieren, mit uns zu gehen und euch mit uns zu unterhalten.

Es gibt in der göttlichen Welt keine Begrenzungen. Ihr selbst habt diese Begrenzungen in eurem Bewusstsein errichtet, und es ist an der Zeit, euch endlich von ihnen zu befreien.

Ich kann es nicht verbergen, welch eine Freude mich erfüllt, dass ich die Möglichkeit habe, mich direkt an euch zu wenden. Und ich weiß, dass sehr viele, die diese Zeilen lesen, schon zur Kommunikation mit mir bereit sind.

Könnt ihr euch vorstellen, wie sich die Welt verändern wird, wenn jeder direkt mit den Aufgestiegenen Lichtwesen kommunizieren kann? Und es wird so sein. Früher oder später wird es geschehen. Und es wird genauso unausweichlich geschehen, wie auf den Winter der Frühling folgt, und dann der Sommer.

ICH BIN Johannes der Täufer, der Prophet Elija, und ich gebe euch diese Prophezeiung. Und meine Prophezeiung wird sich mit Sicherheit erfüllen, und auch ihr wisst davon in euren Herzen.

ICH BIN Johannes der Täufer.

Ihr müsst alle Kämpfer des Lichtes in der Verkörperung finden und sie an ihre Mission erinnern

Gott Lanto

12. April 2005

ICH BIN Lanto, und ich bin durch diese Gesandte zu euch gekommen.

Ich bin gekommen, um ein sehr wichtiges Gespräch zu führen, das uns jetzt bevorsteht und mit großer Verantwortung verbunden ist. Ihr wisst, dass wir jedes Mal, wenn wir kommen, um euch eine Botschaft zu geben, versuchen, euch auf einige neue Informationen aufmerksam zu machen, wobei wir aber gewöhnlich nur einen neuen Blick auf euch bereits bekannte Fakten und Informationen geben.

Jetzt muss ich euch auf einige völlig neue Informationen aufmerksam machen, und vielleicht erscheinen diese Informationen vielen unerwartet und allzu fantastisch.

Also, ich werde anfangen. Ihr kennt mich als Meister des Zweiten Strahls, und das ist der Strahl der Weisheit. Deshalb wird mein Wissen euch gerade auf diesem Strahl dargeboten.

Stellt euch einen Menschen vor, der sein ganzes negatives Karma ausgleichen konnte, welches sich in vielen Tausenden von Verkörperungen in seinen Körpern angesammelt hatte. Der emotionale, mentale, ätherische und physische Körper eines solchen Menschen enthält nicht länger die Energie, die von diesem Menschen während des gesamten Zyklus seines Aufenthalts auf dem Planeten Erde falsch qualifiziert wurde. Was glaubt ihr wird mit einem solchen Menschen geschehen?

Wird er noch weiter in der physischen Welt existieren können, oder muss er den Übergang vollziehen und seine Existenz in einer feinstofflichen Welt fortsetzen?

Und gibt es auf dem Planeten Erde Menschen, die ihr ganzes Karma ausgleichen konnten?

Vielleicht werdet ihr richtig bemerken, dass man nicht nur sein Karma ausgleichen, sondern auch den göttlichen Plan erfüllen muss.

Und der göttliche Plan für jedes Individuum stimmt voll und ganz mit dem göttlichen Plan für den gesamten Planeten Erde überein. Daher haben vielleicht viele von euch bereits erahnt, dass ein solcher Mensch höchstwahrscheinlich weiter in der Verkörperung bleibt. Der Plan Gottes besteht nicht darin, dass ein einzelnes Individuum mit überaus großen Errungenschaften sich selbst außerhalb seiner Verbindung mit anderen Lebewesen und mit dem ganzen Weltall immer weiter vervollkommnet. Wenn also ein Mensch sein persönliches Karma ausgeglichen hat, so bedeutet dies nicht, dass er sofort den Übergang vollzieht.

Im Gegenteil, ein solcher Mensch gewinnt in den Augen Gottes und der Aufgestiegenen Lichtwesen einen besonders großen Wert. Er ist nicht mit übermäßigem Karma belastet, seine Chakren werden vom karmischem Müll befreit und beginnen, die göttliche Energie in vollem Umfang weiterzuleiten.

Wenn ein solches Individuum den Übergang vollziehen möchte, so wird es ihm natürlich nicht verweigert. Doch ein Mensch, der sein persönliches Karma zu hundert Prozent ausgeglichen hat, denkt nicht länger in Kategorien der Persönlichkeit. Er ist sich seiner Einheit mit dem ganzen Weltall bewusst, und er ist sich seiner vollkommenen Einheit mit Gott bewusst. Daher stellt ein solcher Mensch freiwillig seine Körper für die Erfüllung der göttlichen Mission zur Verfügung.

Ihr wisst, dass es außer dem persönlichen Karma noch das Karma der Familie, das Karma der Stadt, das Karma des Landes und das Karma der Welt gibt.

Der Planet im Ganzen ist von sehr dichten Energien umgeben. Er befindet sich wie unter einer sehr dichten Kruste von negativer Energie. Und diese dichte Kruste negativer Energie muss aufgelöst werden.

Ein Mensch, der sein Karma abgearbeitet hat, übernimmt auf den feinstofflichen Ebenen die Verpflichtung, das Karma des Planeten zu transmutieren. Wie geht dies technisch vor sich?

Wenn die Aura göttliche Reinheit erlangt und die Chakren ungehindert die göttliche Energie in die Welt leiten, so beginnt ein solcher Mensch aus freiem Willen negative Energien aus der umgebenden Welt in seine Aura aufzunehmen und sie zu verarbeiten. Dies ist wie bei einem Staubsauger.

Der Mensch kommt mit den Auren anderer Menschen oder mit Anballungen negativer Energien im umgebenden Raum in Kontakt, und mithilfe der Energie seiner Chakren beginnt er, die dichte und negative energetische Substanz zu neutralisieren.

Solche Menschen dienen der Welt wie Christus. Da sich ihre Schwingungen allzu sehr von den Schwingungen der umgebenden Welt unterscheiden, empfinden sie den bloßen Aufenthalt in der Welt als eine ständige und tägliche Kreuzigung.

Sie sind wirklich zwischen Geist und Materie ans Kreuz geschlagen.

Im Inneren dieser Menschen werden mit Hilfe ihrer Chakren die Welten verbunden.

Ihr wisst, dass die Chakren des Menschen den physischen Körper mit den feinstofflichen Körpern verbinden. Wenn daher die Chakren eines Menschen vollständig gereinigt sind, so ist ein solcher Mensch eine offene Tür zwischen den Welten.

Und der Dienst, den solche Menschen leisten, ist dem Dienst von Jesus ähnlich, als er in der Verkörperung war. Sie opfern sich freiwillig für die Rettung anderer Menschen.

Versteht ihr, Geliebte, wovon ich rede? Ein Mensch wählt freiwillig, sich inmitten der dichten Energien dieser Welt aufzuhalten. Und da sich seine Schwingungen allzu sehr von den Schwingungen der umgebenden Welt unterscheiden, ist der bloße Aufenthalt unter den Menschen einer täglichen Kreuzigung vergleichbar. Und wahrhaftig es ist eine Kreuzigung. Ein solcher Mensch nimmt das Karma der Welt, die Sünden der Welt auf sich. Er nimmt diese Sünden in seinen Körper auf, und durch seinen Dienst für die Welt und alle Lebewesen verarbeitet er diese Sünden, dieses Weltkarma.

Ich beschreibe euch den Dienst eines solchen Menschen deswegen so detailliert, weil viele von euch einen ähnlichen Dienst für die Welt leisten. Doch es ist möglich, dass nicht alle mit ihrem äußeren Bewusstsein, mit ihrem Wachbewusstsein, mit ihrem physischen Verstand begreifen, dass sie diesen Dienst tun.

Jeder wahre Lichtträger, der sich in der Verkörperung befindet, leistet seinen Dienst rund um die Uhr und kennt weder Schlaf noch Erholung.

Denn viele von euch setzen ihren Dienst auch im Schlaf fort, indem sie sich im feinstofflichen Körper auf der Astralebene aufhalten und helfen, die Astralebene von negativen Energien zu reinigen. Und während dieser nächtlichen Arbeit erleiden eure feinstofflichen Körper echte Wunden. Und morgens steht ihr auf, ohne euch an eure heroischen Taten in der Nacht zu erinnern, doch ihr fühlt euch angeschlagen und schwach, denn die Engel, die Heiler, hatten nicht genug Zeit, euren feinstofflichen Körpern während des nächtlichen Schlafs zu helfen.

Ich möchte, dass ihr von dem Dienst eurer Mitmenschen und von eurem eigenen Dienst wisst.

Eure Arbeit ist in den Augen Gottes und in den Augen der Aufgestiegenen Lichtwesen von unschätzbarem Wert.

Es ist mir sogar peinlich, euch darum zu bitten, noch eine weitere Belastung auf euch zu nehmen. Allzu wenige Kämpfer des Lichtes befinden sich in der Verkörperung. Und viele Kämpfer haben ihre kämpferische Pflicht vergessen und sind den Verlockungen dieser Welt erlegen. Sie haben vergessen, zu welchem Zweck sie sich verkörpert haben.

Daher bitte ich euch, diese Kämpfer des Lichtes zu finden und sie an ihren Dienst zu erinnern, zu dem sie sich vor ihrer Verkörperung verpflichtet haben.

Findet sie, gebt ihnen diese Botschaften zum Lesen, unterhaltet euch mit ihnen. Dies mag ein persönliches Gespräch oder ein öffentlicher Vortrag sein. Jeder von euch weiß, was er tun muss.

Ihr müsst aber alle Kämpfer des Lichtes finden, die in der Verkörperung sind, und sie an ihre Mission erinnern.

Ich möchte meine Dankbarkeit für euren Dienst zum Ausdruck bringen. Und ich verneige mich vor dem Licht Gottes in euch.

ICH BIN Lanto.

Der Prozess des Erkennens der göttlichen Wahrheit wird unaufhörlich vonstattengehen

Der Große Göttliche Lenker
13. April 2005

ICH BIN der Große Göttliche Lenker. ICH BIN durch diese Gesandte gekommen.

Es scheint merkwürdig, dass eine so große Anzahl Aufgestiegener Wesenheiten euch in einem solch kurzen Zeitraum ihre Botschaften übermitteln. Ich muss euch versichern, dass dies nichts Merkwürdiges ist. Die Aufgestiegenen Lichtwesen wollen mit der Menschheit kommunizieren und nutzen dazu jede Gelegenheit, die sich ihnen bietet. Und wir werden dies auch weiterhin tun, bis sich die Situation in eurer physischen Welt ändert, die mit dem Empfang dieser Botschaften verbunden ist.

Ich muss euch sagen, dass in der Tat der Empfang einer Botschaft von uns jedes Mal sehr sorgfältig geplant wird, und wir bemühen uns, die Information abzustimmen und genau das zu übermitteln, was dem jeweiligen Moment auf der Erde am meisten entspricht. Dabei müssen wir auch den Umfang des Wissens eines Gesandten und die natürlichen Grenzen des Kanals des Gesandten berücksichtigen.

So können wir beispielsweise keine Informationen übermitteln, die das äußere Bewusstsein des Gesandten aufgrund der ihm eigenen Begrenzungen nicht akzeptieren kann.

Doch kann ich euch versichern, dass wir alle Informationen übermitteln, die durch diesen physischen Kanal übermittelt werden können.

Nun möchte ich dazu übergehen, einige neue Informationen zu übermitteln.

Stellt euch ein Gefäß vor, das bis zum Rande gefüllt ist. Ist es einmal voll, so könnt ihr in dieses Gefäß nichts Zusätzliches hineingeben.

Daher ist es unsere und eure Aufgabe und eines der Ziele dieser Botschaften, in euren Gefäßen Raum für die Aufnahme neuer Informationen zu schaffen.

Euer physisches Gehirn ist im Gegensatz zu den Fähigkeiten eures göttlichen Verstandes äußerst begrenzt. Und wenn in eurem physischen Gehirn bereits Informationen zu einem bestimmten Thema enthalten sind, so könnt ihr zu diesem Thema keine neuen Informationen aufnehmen, die einen etwas anderen Inhalt haben.

Und gerade darin besteht die Schwierigkeit bei der Arbeit mit dem menschlichen Bewusstsein.

Wenn ihr Informationen aus einer Quelle bekommen habt, die ihr für maßgeblich haltet, und wenn dann später Informationen aus einer anderen Quelle zu euch kommen, die für euch neu ist, und diese Quelle Informationen auf eine etwas andere oder geradezu entgegengesetzte Weise darstellt, so werdet ihr die Informationen aus der für euch neuen Quelle höchstwahrscheinlich ablehnen.

Und daran ist nichts auszusetzen. Wenn ihr alle Informationen aus einer beliebigen äußeren Quelle für bare Münze nehmen würdet, so könntet ihr in eurer Welt einfach nicht existieren. Denn ihr müsstet gleichzeitig in eurem äußeren Bewusstsein entgegengesetzte und einander ausschließende Informationen enthalten.

Daher herrschen in einem bestimmten Stadium der evolutionären Entwicklung der Menschheit gewisse Wahrheiten vor, die dann allmählich durch andere Wahrheiten ersetzt werden. Somit vollzieht sich schrittweise die Evolution des menschlichen Bewusstseins, die einen gewalttätigen Weg ausschließt.

Und das größte Problem, auf das wir beim Umgang mit dem menschlichen Bewusstsein stoßen, ist gerade seine begrenzte Natur und die Neigung dazu, die früher aus einer maßgeblichen Quelle erhaltenen Informationen als Dogma zu betrachten.

Und jedes Mal, wenn wir anfangen, neue Informationen darzulegen, tun wir dies äußerst vorsichtig und bemühen uns, keine Zurückweisung und Ablehnung hervorzurufen, die zu heftigen Reaktionen führen und allzu große Ausbrüche negativer Emotionen im Raum verursachen.

Ich schlage euch vor, die Frage des Falls der Engel auf eine etwas andere Weise zu betrachten. Ihr erinnert euch wahrscheinlich, wie dieses Thema in Büchern dargelegt wird, die durch frühere Gesandte gegeben wurden. Und ich selbst gab einige Gedanken zum Fall der Engel, die Bestandteil der Lehre geworden sind, die in der westlichen Welt weit verbreitet wurde.

Es ist schwer zu sagen, warum die Menschen diese Lehre so geliebt haben. Vielleicht liegt die Idee eines Aufruhrs gegen Gott und seine Gesetze dem menschlichen Bewusstsein sehr nahe. Und es ist allzu verlockend, die eigenen Unzulänglichkeiten sogar den höheren Mächten zuzuschreiben. Hat der Aufruhr der Engel nicht deswegen eine solch weite Verbreitung in der westlichen Welt gefunden, weil diese Idee so ganz nach dem Herzen des heutigen Menschen ist? Weil man sich selbst und das eigene Verhalten stets rechtfertigen kann, indem man sich darauf beruft, dass selbst die Engel im Himmel rebellieren?

Bislang haben wir versucht, dieses Thema in unseren Botschaften zu vermeiden, und wenn wir es erwähnt haben, haben wir nur allgemeine Fragen im Zusammenhang mit dem Kampf zwischen den beiden Prinzipien angesprochen. Zwischen der Kraft, die die Illusion vervielfacht, und der Kraft, die zur ursprünglichen unmanifestierten göttlichen Schöpfung zurückkehren will.

Und ich muss euch sagen, dass die Legende von den gefallenen Engeln, wie sie in vielen im Westen verbreiteten Lehren dargelegt wird, einfach das kosmische Gesetz widerspiegelt, das mit der unveränderten Erfordernis verbunden ist, dass sich die höchsten Lichtwesen in einem bestimmten Abschnitt der kosmischen Evolution in menschliche Körper inkarnieren müssen. Die höchste Form des Lebens, die in früheren kosmischen Zyklen ihre endgültige Befreiung von der physischen Form erreicht hat, muss in einem bestimmten Stadium zur physischen Ebene in die Körper der Menschen zurückkehren, die sich auf einer niedrigeren Stufe der evolutionären Entwicklung befinden, um diesen Körpern den Funken der Göttlichkeit, des göttlichen Verstandes und des göttlichen Verstehens zu verleihen.

Die physische manifestierte Welt kann nicht sich selbst überlassen werden, sie kann nicht autonom von der gesamten Schöpfung existieren. Und aufgrund der großen Präsenz der Mächte des Chaos in der manifestierten Welt bedarf sie der ständigen Fürsorge und Obhut durch die höheren manifestierten Welten dieses Universums.

Der Vorgang des Herabsteigens der Engel in die Körper der Menschen ist ein notwendiges Stadium in der evolutionären Entwicklung. Und dieser Prozess lässt sich damit vergleichen, wie ihr einen Teig anreichert. Wenn der Teig aus irgendeinem Grunde von geringer Qualität ist, so bessert ihr ihn auf. Ihr könnt Eier oder Butter hinzufügen, um ihm eine höhere Qualität und bessere Eigenschaften zu verleihen. Ein ebensolcher Prozess wird angewendet, wenn die Menschheit mit höheren Fähigkeiten ausgestattet wird, dadurch dass Teilchen von Wesenheiten einer höheren Stufe der evolutionären Entwicklung in die Körper der Menschen herabsteigen.

Und dieser Prozess, durch den der Mensch immer göttlicher wird und zunehmend seiner ursprünglichen göttlichen Natur entspricht, setzt sich unablässig fort.

In diesen Botschaften wurde euch wiederholt gesagt, dass ein Mensch, der seinen physischen Tempel darauf vorbereitet hat, im Inneren seines Tempels zusätzliches Licht in Form der Gegenwart von Lichtwesen erhält, die sich durch den von euch bereitgestellten physischen Kanal manifestieren können.

Wir streben danach, in den Menschen der Erde gegenwärtig zu sein, und wir streben danach, jede Möglichkeit für unsere zusätzliche Gegenwart zu nutzen.

Das Gesetz des freien Willens wird hierbei nicht verletzt, denn ein Mensch, der die Stufe der Zusammenarbeit mit uns erreicht hat, ist gern bereit, seinen Tempel für unsere Gegenwart zur Verfügung zu stellen. Und das Geplante wird tatsächlich verwirklicht, und ihr werdet zu unseren Händen und Füßen.

Ebenso fand vor Jahrmillionen der Abstieg der Engel, oder der höheren Lichtwesen, in die Körper der Menschen statt. Sie statteten den Menschen mit dem Verstand aus und gingen in die Struktur seines höheren Körpers, oder Christus-Selbst, ein.

Ich möchte eure Aufmerksamkeit heute nicht weiter bei diesen Dingen halten, weil ich eine allzu heftige Reaktion von vielen voraussahne, die diese Zeilen lesen werden. Ich habe genug gesagt, um euer Bewusstsein zu wecken und ihm einen neuen Impuls für die Erkenntnis der göttlichen Wahrheit zu geben.

Und denkt nicht, dass ihr die ganze göttliche Wahrheit mit einem Mal erfassen werdet. Es wird eine gewisse Anzahl von Jahren vergehen, und die von der Menschheit mit viel Mühe angeeignete Wahrheit muss wieder durch eine andere Wahrheit abgelöst werden, die den Verstand des Menschen der göttlichen Wahrheit noch näher bringt.

Und dieser Prozess des Erkennens der göttlichen Wahrheit wird unaufhörlich vonstattengehen.

Von euch wird nur verlangt, unablässig die göttliche Wahrheit erkennen zu wollen, nach ihrer Erkenntnis zu streben und euch von allen Dogmen zu befreien, an die sich das menschliche Bewusstsein so schnell bindet, dass es überaus schwerfällt, diese Dogmen aufzugeben. Und manchmal verursacht dies erhebliche Schmerzen und Ablehnung durch das Ego eines menschlichen Wesens.

Denkt daran, dass das Gefühl, dass ihr die ganze Fülle der göttlichen Wahrheit besitzet, tatsächlich nur eine Manifestation eures Egos ist. Wie kann ein begrenztes Bewusstsein die unbegrenzte göttliche Wahrheit in sich aufnehmen?

Ich habe euch heute viel neues Wissen gegeben, und ich habe versucht, dies so behutsam wie möglich zu tun, um keine allzu großen mentalen und emotionalen Aufwallungen in eurer Aura hervorzurufen.

ICH BIN der Große Göttliche Lenker,
und ich war heute bei euch.

Die dunkle Zeit für Russland ist zu Ende!

Nicholas Roerich

14. April 2005

ICH BIN Nicholas Roerich, der Aufgestiegene Meister Nicholas Roerich. Ich bin gemeinsam mit dieser Gesandten zu euch gekommen.

Es freut mich zu sehen, dass unser Treffen zustande gekommen ist.

Die Aufgestiegenen Meister haben überaus große Anstrengungen unternommen, damit die Anwesenheit dieser Gesandten auf russischem Boden zur Wirklichkeit werden konnte.

Ihr wisst, dass wir während meiner Verkörperung viele Male versucht haben, auf russischen Boden zurückzukehren. Und jedes Mal gab es zahlreiche Gründe, warum dies nicht möglich war, und der wichtigste Grund war der enorme Widerstand der Mächte der Finsternis, die Russland erobert hatten und jede Möglichkeit unserer Anwesenheit in diesem Land verhinderten.

Ihr wisst, wie wichtig es ist, ein Leuchtfeuer, einen Lichtfokus auf dem Territorium eines Landes wie Russland zu haben, der im Herzen eines verkörperten Menschen verankert ist.

Ihr wisst, wie schwierig es war, diesen Lichtfokus in Russland einzurichten.

Und wahrhaftig ist dies ein großer Sieg für die Mächte des Lichtes!

Ihr könnt euch nicht einmal vorstellen, wie sich die Zukunft Russlands ändern kann, wenn es euch gelingt, diesen Lichtfokus zu bewahren, ihn zu schützen und durch ihn viele andere Lichtfokusse zu entflammen, sowohl auf dem Territorium Russlands als auch auf den Territorien der benachbarten Länder.

Wir freuen uns. Der Himmel ist glücklich. Im Himmel herrscht großer Jubel!

Die Verankerung dieses Lichtfokus war kein Zufall, sie war eine mühsame Arbeit im Laufe der vergangenen eineinhalb Jahrhunderte.

Ihr wisst, dass sich noch kein Gesandter der Großen Weißen Bruderschaft lange Zeit auf dem Territorium dieses großen Landes aufhalten konnte. Ihr könnt euch vorstellen, wie viele Anstrengungen unternommen wurden, um euch die Möglichkeit zu geben, diese Botschaften zu erhalten.

Tatsächlich wird es einige Zeit dauern, bis sich die Lichtträger der ganzen Bedeutung dieses Ereignisses bewusst werden.

Ihr wisst, dass wir während unseres kurzen Aufenthalts auf dem Territorium Russlands in den zwanziger Jahren des vergangenen Jahrhunderts zweimal durch Omsk reisten. Das erste Mal auf dem Weg nach Moskau, und das zweite Mal auf dem Rückweg, um Russland zu verlassen.

Nur sehr wenige Menschen wissen jedoch, dass wir während unseres Aufenthalts in Omsk einen Lichtfokus gelegt haben, einen Kristall aus Lichtenergie, der die ganze Zeit auf der feinstofflichen Ebene gewirkt hat.

So bereiteten wir den Weg. Und ihr wisst, dass diese Gesandte in Omsk geboren wurde und ihr ganzes Leben in Omsk verbracht hat, und sie konnte nicht anders, als auf der feinstofflichen Ebene die Hilfe von unserem Lichtfokus, von unserem Kristall zu erhalten, den wir an diesem Ort vor beinahe einhundert Jahren gelegt haben.

So erfüllt sich die Geschichte, so entwickeln sich die Ereignisse auf der Erde. Und es gab keine Garantie dafür, dass dieses Experiment erfolgreich sein und nicht abgebrochen würde, wie schon so viele Male Versuche abgebrochen wurden, einen Fokus der Bruderschaft im physischen Tempel eines in Russland lebenden Menschen zu verankern.

Ich berichte euch darüber so ausführlich, damit ihr von der Möglichkeit erfüllt seid, die sich eröffnet. Nicht alles, was sich auf der physischen Ebene ereignet, spiegelt das wider, was auf der feinstofflichen Ebene geschieht. Und auf der feinstofflichen Ebene wurde das neue Russland schon vor langer Zeit erbaut. Es wurde durch die Bemühungen der besten Söhne und Töchter der Mutter Russland errichtet. So viele Tempel, so viele wunderbare Projekte befinden sich auf der ätherischen Ebene über Russland. Und diese Pläne der von Gott inspirierten Projekte sind bereit, auf die physische Ebene hinabgelassen zu werden.

Die Nacht vor dem Morgengrauen ist finster.

Russland hat mit erstaunlicher Beharrlichkeit wie ein nicht zugerittenes Pferd viele wichtige Missionen der Mächte des Lichtes von sich geworfen. Es wählte den harten Weg. In all diesen Jahren herrschte auf dem Territorium Russlands ein Stöhnen von Millionen von Lebensströmen, die die karmische Vergeltung für den Ungehorsam dem Willen Gottes gegenüber in vollem Umfang erhalten haben.

Das Volk hat viel erlitten. Es ist stehen geblieben. Wie sehr man die Sache auch zu umgehen versucht, es gibt dennoch keine Möglichkeit, sich vor dem Plan Gottes für dieses Land zu verstecken. Und es ist an der Zeit, mit der Umsetzung des Geplanten zu beginnen.

Die Zeit ist gekommen, die kosmische Möglichkeit für dieses Land zu verwirklichen. Und jetzt befinden sich genau jene Menschen in der Verkörperung, die die ätherischen Entwürfe auf der physischen Ebene Russlands präzipitieren müssen.

Ihr wisst, dass es immer schwierig ist, allein einen unzugänglichen Gipfel zu besteigen. Wenn aber einer aufsteigt, so können viele die helfende Hand und das Beispiel nutzen, um ebenfalls den Gipfel des göttlichen Bewusstseins zu erklimmen.

Oh Russland, ist deine Zeit wirklich gekommen? Und wie könnte sie nicht gekommen sein, wenn sie denn wirklich gekommen ist!

Noch viele unerwartete Windungen des Weges liegen vor euch, viele gefährliche Anstiege und steile Felsen, doch die Lichtträger Russlands haben jenen Punkt erreicht, von dem aus der Weg zum Gipfel sichtbar ist.

Und diese Phase der Arbeit, die euch jetzt bevorsteht, den göttlichen Plan auf der physischen Ebene zu präzipitieren, verlangt von euch all eure Kräfte und Fähigkeiten.

Die dunkle Zeit für Russland ist zu Ende!

Und in euren Herzen spürt ihr schon das Herannahen des neuen Tages.

Immer wohnte tief in den Herzen der Menschen Russlands der Traum von einer hellen Zukunft, die kommen sollte. Immer hegten die Menschen

Russlands in ihren Herzen den Glauben, dass Russland durch ein Wunder gerettet wird.

Und viele Male wurde Russland tatsächlich durch ein Wunder gerettet.

Und jetzt kommt die Zeit der Wunder.

Durch eure Herzen und euren Verstand, mit euren Händen und Füßen wird das Goldene Zeitalter in Russland erschaffen werden. Dieses Land hat sich schon immer von anderen Ländern unterschieden und überraschte immer durch seine Unberechenbarkeit. Und in den Köpfen der besten Vertreter dieses Volkes wohnte immer die Hoffnung auf einen besonderen Weg, der sich plötzlich öffnet, und dieser Weg wird unbedingt mit Gott verbunden sein.

Russland ist ein Land, das von Gott geliebt wird.

Und ich bin überwältigt von der Freude und dem Vorgefühl der nahen Morgendämmerung, und dann des strahlend sonnigen Tages für Russland!

Ich war heute bei euch. Und ich bin froh über unser Treffen.

ICH BIN Nicholas Roerich.

Im Jahre 2012 wurde nach einer Brandstiftung im Aschram der Gesandten der Fokus des Lichtes aus Russland fortgenommen.

Mehr darüber lesen Sie in der Botschaft von Gott Shiva „Eine Lehre über den Fokus des Lichtes" vom 20. Juni 2016.

Eure Liebe und euer Glaube ist alles, was ihr braucht, um euren göttlichen Plan zu erfüllen

Der Heilige Erzengel Michael

15. April 2005

ICH BIN der Heilige Michael, der Erzengel Michael! ICH BIN durch diese Gesandte Gottes gekommen.

Die himmlischen Heerscharen meiner Engel, die Legionen meiner Engel sind mit mir gekommen, um unserer Gesandten die Ehre zu erweisen.

Lasst euch durch unsere Gefühlsbezeugungen nicht in Verlegenheit bringen. Wir leisten unserer verkörperten Gesandten wirklich sehr gerne alle nötige Hilfe, Unterstützung und unseren Schutz.

Ich möchte mich jetzt an jene von euch wenden, die die Bedeutung und Wichtigkeit dieses Ereignisses noch nicht ganz erkannt haben.

ICH BIN Michael, der Erzengel des Ersten Strahls, des Strahls des Glaubens. Und ich muss euch verkünden, dass der erste Schritt zu eurem Vorankommen auf dem Weg euer Glaube ist. Ohne Glauben wird euch keine Hilfe von oben erwiesen, und ohne Glauben könnt ihr nicht einen Schritt auf dem Weg zu Gott tun.

Jede Tat, die ihr auf der physischen Ebene vollbringt, wird ohne Glauben an Gott erfolglos bleiben und wie ein Haus sein, das auf Sand gebaut ist.

Nur euer Glaube ist der Leitstern, der euch den Weg durch die Stürme und Unwetter des Lebens weist, mit denen ihr in eurem Leben auf der physischen Ebene konfrontiert werdet.

Daher hängt es von der Größe eures Glaubens ab, wie erfolgreich euer nächster Schritt sein wird.

Wenn ihr glaubt und euer Glaube stark ist, so könnt ihr um Gottes Führung in eurem Leben bitten. Und ihr werdet diese Führung in dem Maße erhalten, wie euer Glaube es zulässt.

ICH BIN Michael, der Erzengel! ICH BIN gekommen, um euren Glauben und eure Hingabe an Gott zu bestärken. Ihr werdet Zweifel haben, und ihr habt immer Zweifel, wenn ihr dem Weg zurück zu Gott folgt. Ihr bittet um Zeichen und Führung, während ihr euren Weg geht. Ihr werdet Zeichen und Führung erhalten, aber nicht bevor ihr euren Glauben und eure Ergebenheit an Gott und an die Aufgestiegenen Lichtwesen unter Beweis gestellt habt.

Zuerst gebt ihr euer menschliches Ego auf, zuerst zeigt ihr eure Ergebenheit an den Willen Gottes, und erst dann erhaltet ihr Zeichen und Bestätigung für die Richtigkeit eurer Wahl.

Es ist das Gesetz, und weder ich noch ihr könnt daran etwas ändern.

Daher braucht ihr alle, die ihr euch in der Verkörperung befindet, den Glauben. Und durch euren Glauben werdet ihr Hoffnung und Führung erhalten.

Und die Manifestation eures Glaubens auf der physischen Ebene wird eure Liebe sein. Denn ohne die Liebe, die euch ganz durchdringt und zu Taten auf der physischen Ebene inspiriert, ist es unmöglich, auch nur einen Schritt in die richtige Richtung zu tun.

Zuerst glaubt ihr, und dann beginnt ihr, das Gefühl einer allumfassenden Liebe zu erleben. Und diese Liebe übernimmt in eurem Leben die Führung und führt euch durch alle Prüfungen und Tests.

Eure Liebe und euer Glaube ist alles, was ihr braucht, um den göttlichen Plan zu erfüllen.

Und wenn ihr zur Erfüllung eures göttlichen Plans noch irgendetwas anderes braucht, dann analysiert sorgfältig eure Wünsche und Bestrebungen. In der Regel ist es genau das, wovon ihr euch als Erstes befreien müsst.

Wenn ihr Geld, Macht oder irgendetwas anderes braucht, was zur illusorischen Welt gehört, und wenn ihr glaubt, ohne dies Gott nicht dienen zu können, so befindet ihr euch auf dem falschen Weg.

Ihr werdet immer alles Notwendige haben, um euren göttlichen Plan zu erfüllen und Gott und den Menschen zu dienen, wenn der Glaube und die Liebe zu euren ständigen Begleitern in eurem Leben werden.

Und die Weisheit, die göttliche Weisheit ist gerade jene Eigenschaft, die ihr erwerbt, wenn ihr selbstlos liebt und glaubt.

Gott belohnt euch mit seiner Weisheit – und nicht nur mit seiner Weisheit, sondern auch mit den anderen Gaben des Heiligen Geistes, die auf euch herabkommen, wenn ihr darum bittet, und sogar dann, wenn ihr nicht darum bittet.

Die Eigenschaften eures Herzens, die ihr in uneigennützigem Dienst an Gott erlangt, ziehen selbst alles in eure Welt, was dazu nötig ist, um euren Dienst noch effektiver zu machen.

Wenn ihr auf dem richtigen Weg seid, so erlangt ihr alle göttlichen Eigenschaften und Vollkommenheiten in dem Maße, wie ihr auf dem Weg voranschreitet.

Sobald ihr aber das Objekt eures Strebens vergöttert, kommt ihr sehr schnell vom Weg ab. Der menschliche Verstand ist so listig, dass er selbst das Streben nach den göttlichen Eigenschaften zu seinem eigenen Nutzen wenden kann, zum Nutzen des Egos und nicht zum Nutzen Gottes.

Solange ihr euch in der dichten physischen Welt aufhaltet, müsst ihr ständig auf der Hut sein und jede Minute zu unterscheiden versuchen, welche Motive und Wünsche euch bewegen.

Daher gibt es so viele Menschen, die sich verschiedenen religiösen Gruppen und Strömungen angeschlossen haben, und die tatsächlich in diese Gruppen gekommen sind, nicht um Gott zu dienen, sondern um ihrem Ego zu dienen und es zu verehren.

Tatsächlich erfordert die Anbetung Gottes von euch kein Ritual oder eine äußere Institution, und sie erfordert auch nicht, dass ihr irgendwelche Kirchendogmen befolgt.

Ihr betet Gott in eurem Herzen an. Ihr müsst Gott in eurem Herzen finden und nur ihn anbeten.

Und alle äußeren Lehren, äußeren Gruppen und äußeren Kirchen sind nur dazu notwendig, damit ihr diese einfache Wahrheit versteht und euch dem einzig wahren Gott zuwendet, der in eurem Herzen wohnt.

Wenn ihr euch den Worten aller großen Lehrer der Menschheit zuwendet und auch den Worten, die sie in den Botschaften durch diese

Gesandte nahegebracht haben, so werdet ihr eine allgemeine Gesetzmäßigkeit erkennen. Alle großen Lehrer der Menschheit, ein jeder in seiner eigenen Sprache und gemäß seinem inneren Verständnis, haben ein und dieselbe große Wahrheit gelehrt, dass alles Gott ist, und dass dieser Gott im Inneren aller Dinge und Gegenstände wohnt, die sich in dieser manifestierten Welt befinden.

Und dementsprechend wohnt Gott auch in euch. Und wenn diese göttliche Wahrheit endlich das Bewusstsein der meisten Menschen erobert und jeder Mensch zu dem Gott streben wird, der in seinem Inneren wohnt, so wird die manifestierte Welt, diese manifestierte Illusion, aufhören zu existieren. Und die Menschheit und die ganze Erde werden auf eine höhere energetische Ebene übergehen und in anderen, in feinstofflichen Körpern existieren.

Und dann endet der Kampf zwischen den Kräften, die die Illusion verteidigen, und den Kräften, die ihre Bemühungen auf das Zusammenziehen der Illusion richten. Wenn ihr aufmerksam, im höchsten euch zugänglichen Bewusstseinszustand, die euch umgebende Welt betrachtet, so werdet ihr sehen, wie diese beiden Kräfte um euch herum ständig aufeinanderstoßen.

Es gibt Menschen, die die Illusion dieser Welt verteidigen, und alle ihre Handlungen sind darauf gerichtet, diese Illusion aufrechtzuerhalten. Und es gibt Menschen, deren ganzes Handeln auf das Zusammenziehen der Illusion dieser Welt gerichtet ist.

Und ihr könnt bemerken, dass die ersten wesentlich zahlreicher sind als die zweiten.

Doch es ist nur ein scheinbares Übergewicht der Kräfte. Und dieses Übergewicht ist vorübergehend und manifestiert sich nur auf der physischen Ebene dieses Planeten zu diesem historischen Zeitpunkt. Aber auf der feinstofflichen Ebene wurde das endgültige Übergewicht der Kräfte des Lichtes erreicht, und es ist nur eine Frage der Zeit, bis sich dieser Sieg auch auf der physischen Ebene manifestiert.

Daher geht der Widerstand der beiden Kräfte gegeneinander weiter. Und die Arbeit für mich und meine Legionen der blauen Flamme nimmt nicht ab.

Und alle Lichtträger, selbst wenn sie sich in der Minderheit befinden, sind sicher und verlässlich geschützt!

Das Übergewicht der Kräfte ist mit denen, die auf der Seite Gottes stehen. Und so war es schon immer.

Nicht durch die Zahl, sondern durch Glauben und Hingabe wurden auf Erden jene Veränderungen geschaffen, die zur richtigen Zeit gemäß dem Plan Gottes stattfinden mussten.

Lasst euch daher durch das vorübergehende Übergewicht der sogenannten Mächte der Finsternis auf der physischen Ebene nicht verwirren. Ihre Zeit ist tatsächlich bereits abgelaufen. Und wie sehr sie am Ende auch toben mögen, so schwinden doch ihre Kräfte bereits.

Ich und meine Legionen stehen euch zur vollen Verfügung. Und wir sind bereit, auf euren Ruf hin euch alle Hilfe zukommen zu lassen, die eurem Glauben gemäß erwiesen werden kann.

ICH BIN Erzengel Michael,

und ich warte auf eure Hilferufe rund um die Uhr,

und ich verspreche zusammen mit meinen Legionen von Engeln,

euch alle nur mögliche Hilfe zu geben!

Größer unter euch ist derjenige, der anderen mehr dient

Der Geliebte Vairochana
16. April 2005

ICH BIN Vairochana. Ich bin durch diese Gesandte gekommen.

ICH BIN der Buddha einer der geheimen Strahlen, und ich gehöre zum Mandala der fünf Dhyani-Buddhas.

ICH BIN auch ein Mitglied des Karmischen Rates.

Ich muss euch heute einiges Wissen über die geheimen Strahlen geben.

Ihr wisst vielleicht, dass es neben den sieben Hauptstrahlen, die den sieben Hauptchakren entlang der Wirbelsäule entsprechen, auch noch geheime Strahlen gibt.

Und aus den Lehren, die in der Vergangenheit gegeben wurden, wisst ihr, dass sich Chakren der geheimen Strahlen an den Handflächen, auf den Fußsohlen, sowie an jener Stelle befinden, an der Jesus am Kreuz mit einer Lanze durchbohrt wurde.

Möglicherweise wissen nicht alle, dass außer den sieben Hauptchakren noch weitere Chakren entlang der Wirbelsäule liegen, die sich mit den Hauptchakren abwechseln. Diese Chakren sind ebenfalls Chakren der geheimen Strahlen.

Mein Chakra ist das Chakra, das zwischen dem Solarplexus-Chakra und dem Herzchakra liegt. Ich zeige auf dieses Chakra mit einer Handgeste auf meinem Bildnis in Form einer Statue.

Ich möchte heute eine Lehre geben, die mit diesem Chakra in der Mitte der Brust verbunden ist.

Es ist das zentrale Chakra, und dieses Chakra öffnet sich nur bei Menschen, die in der Vergangenheit sehr hohe Leistungen erbracht und sie auch in diesem Leben bestätigt haben. Dieses Chakra verbindet euch direkt mit eurer ICH BIN-Gegenwart. Es ist das Chakra der Buddhas und Bodhisattwas.

Ein Mensch, der Zugang zu den Energien dieses Chakras erhalten hat, kann seinem Wunsch gemäß mithilfe dieses Chakras nicht nur sein eigenes Karma, sondern auch Weltkarma transmutieren.

Daher sagt man, dass Buddhas und Bodhisattwas den Dienst für die Welt leisten und Weltkarma transmutieren.

Das Gebet der Buddhas ist das Pulsieren der Chakren. Das Gebet der Buddhas wird nur für diejenigen Individuen erreichbar, die ihr Karma zu hundert Prozent ausgeglichen und ein Gelübde des Dienstes an der Menschheit abgelegt haben.

Jeder Buddha, der in der Verkörperung ist, trägt ein gewaltiges Stück des planetaren Karmas auf seinen Schultern. Aus diesem Grund streben viele Individuen, die die Bewusstseinsstufe eines Buddhas erreicht haben, danach, eine Verkörperung in einem physischen Körper zu erhalten, sich den nötigen Einweihungen zur Öffnung der Chakren zu unterziehen und durch das Gebet der Buddhas der Welt zu dienen.

Viele Buddhas sind jetzt in der Verkörperung auf der Erde. Und jeder dieser Buddhas, der seinen selbstlosen Dienst verrichtet, reinigt den Raum um sich herum für viele Hunderte und sogar Tausende von Kilometern von Karma. Ein solcher Buddha ersetzt durch seinen Dienst Zehntausende von reinen Mönchen und Heiligen.

Ihr könnt mit eurem menschlichen Bewusstsein den Grad der Errungenschaften eines Buddhas nicht bestimmen. Doch jeder Buddha, der seinesgleichen in der Verkörperung begegnet, erkennt bereits nach einigen Minuten des Umgangs die bekannten und verwandten Schwingungen, die sich in allem zeigen: im Timbre der Stimme, in den Gesten, im Verhalten und sogar in der Art sich zu kleiden.

Das Hauptproblem, dem die Buddhas in ihrer Verkörperung begegnen, sind die dichten, niederen Schwingungen der umgebenden Welt. Sie können sich praktisch nicht in großen Städten aufhalten, unter einer große Menschenmenge. Daher wählen sie einsame Aufenthaltsorte in der Wildnis oder in den Bergen. Doch der wichtigste Teil ihres Dienstes ist die Aufklärung der Menschheit, und daher treffen sich diese Buddhas mit Menschen, soweit es die äußeren Umstände erlauben, und geben ihnen ihre Lehre.

Aber viele von ihnen treffen bis zum Ende ihres Lebens keine gewöhnlichen Menschen, um sich an Orten aufzuhalten, an denen ihre Chakren mit voller Kraft arbeiten und das Licht in die dichte physische Welt leiten können.

Ich habe für euch heute den Schleier etwas gelüftet, der mit dem Dienst der Aufgestiegenen Lichtwesen verbunden ist, die für die gewöhnlichen Menschen unsichtbar bleiben. Es wäre merkwürdig, wenn sich die Aufgestiegenen Meister in einer für die Erde so schwierigen Zeit allein auf die Gebete von Neulingen verließen, die ihre ersten, kaum wahrnehmbaren Schritte auf ihrem Weg machen, der zu Gott zurückführt. Ihre Schritte sind so unsicher und zaghaft und manchmal werden sie so sehr von der umgebenden Illusion mitgerissen, dass sie Gott und ihren Weg vergessen.

Doch wir werden diese Menschen nicht zu streng beurteilen. Jeder von ihnen befindet sich auf seinem Abschnitt des Weges, und jeder von ihnen tut das Notwendige gemäß der Stufe seiner Errungenschaften.

Und diese Neulinge tragen nicht wirklich viel karmische Verantwortung für ihre Handlungen, ihre mitunter völlig falschen Handlungen, welche die Illusion durch übermäßig viele äußerliche Rituale vermehren, die die Aufmerksamkeit vom Wesen der Lehre über Gott ablenken.

Es gibt aber auch Menschen, die einen beachtlichen Grad der Errungenschaften auf dem Weg erreicht haben und ihre Errungenschaften bewusst dazu einsetzen, um äußere Zeichen der Macht und des Einflusses zu erlangen. Sie manipulieren nichts ahnende Neulinge und benutzen sogar die Energien des Gebets zu eigennützigen Zwecken.

Diese Menschen erzeugen schweres Karma und werden ihre gerechte karmische Vergeltung erfahren.

Je höher die Stufe eurer Errungenschaften ist, desto größer ist eure karmische Verantwortung, die ihr tragt, wenn ihr vom Weg abweicht und andere von diesem Weg wegführt.

Daher besteht die einzige Möglichkeit für aufrichtig zu Gott strebende Menschen, die Gefahr seitens dieser falschen Hirten zu erkennen, in der Reinigung ihrer Körper, ihrer Gedanken und ihrer Gefühle, um eine klare

Vision und das Unterscheidungsvermögen zu erlangen, das es ermöglicht zu verstehen, wer wer ist.

Und ich bin mir völlig bewusst, dass es sehr schwierig ist, eine solche Bewertung mit dem äußeren Bewusstsein vorzunehmen. Doch versichere ich euch, dass ihr auf der Ebene der Seele immer wisst, wer wirklich ein Kanal der göttlichen Energie ist, und wer nur fremdes Licht sammelt und auf Kosten dieses Lichtes lebt.

Und nachdem ihr dieses Wissen von eurer Seele erhalten habt, übernehmt ihr gleichzeitig die karmische Verantwortung für die Verwendung eures Lichts, wenn ihr weiterhin falsche Hirten unterstützt.

Ihr habt meinen Gedanken verstanden. Nur derjenige trägt karmische Verantwortung für die falsche Verwendung seines Lichtes, der, obwohl er falsche Hirten erkannt hat, sie aus Gründen, die mit seinem Ego zusammenhängen, auch weiterhin mit seinem Licht unterstützt.

Wenn aber ein falscher Lehrer Unschuldige vom wahren Weg wegführt, so möchte ich nicht einmal meine Fähigkeiten einsetzen, um die Folgen des Karmas zu sehen, das er schafft.

Ich habe euch heute einiges Wissen über die wahren Diener gegeben, und ich habe euch ein Verständnis für falsches Dienen gegeben.

Und nachdem ihr dieses Wissen erhalten habt, könnt ihr eure Lehrer nicht mehr verantwortungslos auswählen. Schaut hin. Beobachtet. Im Zweifelsfalle könnt ihr immer eine aufrichtige Anrufung an die Aufgestiegenen Lichtwesen machen – an den Meister, der euch nahe steht und mit dem ihr eine tiefe innere Verbindung und Verwandtschaft spürt. Und ihr werdet Hilfe bekommen. Eines schönen Tages wird euch eine innere Vision gegeben werden, und ihr werdet das innere Wesen des Lehrers sehen, dem ihr folgt.

Ihr müsst nur dem höheren Teil eurer selbst mehr vertrauen. Oh, ihr seid viel mehr als das Spiegelbild, das ihr jeden Tag im Spiegel vor euch seht. Ihr seid wahrhaftig mächtige geistige Wesen, die in diese Welt gekommen sind, um menschliche Erfahrung zu sammeln. Und eure Seele hat vor der Verkörperung selbst die Umstände eurer jetzigen Verkörperung gewählt.

Und ihr wusstet, dass, wie schwierig euer Weg auch sein würde, ihr die übernommene Mission erfüllen werdet, die auf die Erhöhung des Bewusstseins der Menschen gerichtet ist.

Ich bin heute gekommen, um die Erinnerung eurer Seele an die Verpflichtungen zu wecken, die ihr vor der gegenwärtigen Verkörperung auf euch genommen habt.

Legt daher eure Spielzeuge zur Seite, mit denen ihr immer noch spielt, obwohl ihr das Erwachsenenalter erreicht habt. Es ist an der Zeit, wirklich erwachsen zu werden und euer Bewusstsein auf das Niveau eines geistig reifen Menschen zu erheben und die Verantwortung nicht nur für euch selbst zu übernehmen, sondern auch für andere, die sich auf einer Bewusstseinsebene unter eurer eigenen befinden.

Vergesst nicht, größer unter euch ist derjenige, der anderen mehr dient. Der größte Diener der Menschheit ist ein Buddha, der demütig in der Meditationshaltung in den Bergen sitzt und mithilfe seiner Chakren das Karma der Welt transmutiert.

Ich bitte euch nicht darum, dass ihr alle in der Meditationshaltung sitzt und versucht, das Karma der Welt zu transmutieren.

Jeder von euch wurde genau an dem Ort, in dem Land und unter den äußeren Umständen geboren, die ihr für eure Errungenschaften nutzen müsst. Und um euch herum befinden sich genau die Menschen und Umstände, die eurer Hilfe bedürfen.

Ich überlasse euch jetzt euren Gedanken über die Lehre, die ihr heute erhalten habt.

ICH BIN Vairochana, und ich war heute bei euch.

Ihr müsst zu Elektroden werden, durch die die physische Ebene des Planeten Erde mit Licht angereichert wird

Die Geliebte Pallas Athene

17. April 2005

ICH BIN Pallas Athene, die durch diese Gesandte zu euch gekommen ist.

Kennt ihr mich? ICH BIN die Göttin der Wahrheit, und ICH BIN auch ein Mitglied des Karmischen Rates.

ICH BIN heute zu euch gekommen, um euch einiges Wissen über die Manifestation des Gesetzes des Karmas in eurer physischen Welt zu geben. Wenn ihr in die Verkörperung kommt, schließt sich der Schleier hinter euch, und ihr erinnert euch nicht länger daran, was mit euch vor eurer Verkörperung geschah. Ihr vergesst eure früheren Verkörperungen. Dies war nicht immer so. Und diese Maßnahme ist für eure Lebensströme eher human als begrenzend.

Tatsache ist, dass ihr in vielen eurer Leben nicht die allerbesten Dinge getan habt. Und wenn ihr euch an alle eure schlimmen Taten und Missbräuche erinnern würdet, so könntet ihr in eurem jetzigen Leben nicht handeln. Daher schließt sich der Schleier in eurem Gedächtnis sofort nach eurer Geburt. Dieser Schleier ist jedoch nicht dicht für diejenigen, die durch ihre Verdienste den Weg geebnet haben, die Gabe zu besitzen, in die Vergangenheit und Zukunft zu sehen. Ihr wisst, dass viele in der Vergangenheit und Gegenwart verkörperte Propheten und Heilige die Gabe des Hellsehens besaßen.

Der Schleier hebt sich, wenn eure vier niederen Körper einen bestimmten Grad der Reinheit erlangen und euer Bewusstsein jene Stufe erreicht, auf der es keine Angst mehr vor Dingen bekommen kann, die bei der Interaktion zwischen den Welten geschehen. Das menschliche Bewusstsein ist tatsächlich sehr begrenzt. Es beschränkt sich auf die Rolle, die ihr in diesem Leben erfüllt, und es ist begrenzt durch euer Karma, das ihr in vergangenen Leben geschaffen habt. Tatsächlich ist euer Karma dasjenige Hindernis, das zwischen euch und den feinstofflichen Welten steht. Euer Karma ist eine Energie, eine dichte energetische Substanz mit sehr niederen Frequenzschwingungen. Und diese niederen Schwingungen sind der Schleier, der euch von unserer Welt trennt. Deshalb, meine Geliebten, gibt es keinen anderen Unterschied zwischen euch und mir als den Unterschied unserer Schwingungen. Und wenn ihr die Möglichkeit erhaltet, euch durch eure Bemühungen und Verdienste von eurem Karma, von euren Unvollkommenheiten zu befreien, so erlangt ihr die Fähigkeit, mit unserer Welt zu kommunizieren und euch in unserer Welt aufzuhalten. Der Bereich eurer Wahrnehmung der Welt erweitert sich, und ihr erlangt viele Fähigkeiten, die man auch die Gaben des Heiligen Geistes nennt.

Daher ist der Zweck meiner heutigen Mitteilung, euch ein klareres Verständnis zu geben, dass nur ihr selbst, eure Taten und Handlungen in der Vergangenheit und Gegenwart diesen Schleier geschaffen haben, der euch von der wahren Welt Gottes trennt. Und da sich nach dem Plan Gottes alles in diesem Universum auf dem Evolutionsweg entwickelt, ist der nächste Abschnitt des Weges, den ihr unausweichlich erreichen werdet, die Befreiung vom Karma eurer irdischen Verkörperungen. Ihr befreit euch von eurem Karma und steigt auf eine höhere energetische Ebene.

Und tatsächlich gibt es mehrere Wege, wie ihr euer Karma loswerden könnt. Ihr könnt richtige Entscheidungen treffen. Euer Leben ist nichts anderes als eine Reihe von Situationen, in denen ihr immer die Möglichkeit habt, eine von zwei Entscheidungen zu treffen. Die eine Entscheidung bringt euch Gott näher, und die andere Entscheidung entfernt euch weiter von Gott. Es ist alles sehr einfach. Und die ganze Vielfalt der Lebenssituationen lässt sich nur auf diese beiden Entscheidungen reduzieren. Dieser Weg ist der einzige, dem alle auf der Erde verkörperten Menschen folgen. Die übrigen Wege sind Hilfswege.

Ihr seid mit einem solchen Weg wie der Gebetspraxis vertraut, bei dem ihr durch das Momentum eurer Herzen zusätzliche göttliche Energie in euer Leben zieht und mithilfe dieser Energie eure karmische Last auflöst.

Vor kurzem wurde euch von einer höheren Praxis berichtet, bei der durch das Pulsieren von Chakren Karma aufgelöst wird[8]. Aber leider wird diese Praxis erst auf einer recht hohen Stufe eurer spirituellen Errungenschaften möglich. Aber am wichtigsten ist für euch dennoch das Streben, euren begrenzten Zustand zu überwinden, in dem ihr euch aus karmischen Gründen befindet. Wenn ihr die Diagnose kennt, fällt es euch leichter, die richtige Heilbehandlung zu finden und sie in eurem Leben anzuwenden. Daher ist alles, was ihr in eurem Leben tut, für euch ein Mittel zur Überwindung eures begrenzten karmischen Zustandes. Und dafür nehmt ihr die Verkörperung auf euch.

So ist das Gesetz dieser Welt. Irgendwann habt ihr euch dafür entschieden, euch in der Verkörperung als Individualität zu erfahren. Ihr erhieltet die Freiheit, eure Experimente durchzuführen. Und ihr fingt an, die göttliche Energie nach eurem Ermessen zu nutzen. Zu diesem Zweck wurde euch eine Persönlichkeit gegeben. Auf einem bestimmten Abschnitt der evolutionären Entwicklung wurde eure Persönlichkeit mit dem Verstand ausgestattet. Und der Verstand hat die Eigenschaften der Dualität. Er hat die Möglichkeit zu wählen, wie er seine Fähigkeiten einsetzen möchte.

Und infolge eurer Experimente mit eurem Verstand fingt ihr an, euch mit immer dichteren Energien zu umhüllen, dadurch Karma zu schaffen, das heißt, die göttliche Energie nicht im Einklang mit dem Plan Gottes, sondern nach den Vorstellungen eures eigenen Verstandes zu gebrauchen.

Eure Aktivitäten in der dichten physischen Welt über Millionen von Jahren haben die umgebende Wirklichkeit geschaffen, in der ihr euch jetzt befindet. Ihr wisst, dass die euch umgebende Welt nur ein Spiegel ist, in dem sich euer unvollkommenes Bewusstsein widerspiegelt. Dies war der Zeitabschnitt, in dem euch gemäß dem Plan Gottes für dieses Universum gestattet wurde, nach eurem freien Willen mit der göttlichen Energie zu experimentieren.

---

[8] Siehe die Botschaften des geliebten Vairochana vom 16. April 2005 und von Gott Lanto vom 12. April 2005.

Und jetzt beginnt ein neuer Abschnitt. Im ersten Abschnitt habt ihr euch in die Illusion vertieft, aber es ist jetzt an der Zeit, in die wahre Welt Gottes zurückzukehren. Und nach dem Plan des Schöpfers müssen dieselben Seelen, die an der Erschaffung der Illusion beteiligt waren, durch ihr Handeln diese illusorische Manifestation überwinden. Und vor allem müsst ihr eure eigene unvollkommene Schöpfung in eurem Bewusstsein aufgeben.

Im ersten Abschnitt sinkt ihr immer tiefer in die Materie und trennt euch immer mehr von Gott. Im zweiten Abschnitt müsst ihr durch das Bewusstwerden eurer Einheit mit Gott zum wirklichen Teil eurer selbst zurückkehren, indem ihr die Illusion aufgebt und euch der Realität zuwendet.

Indem ihr euren unvollkommenen Zustand überwindet und euer Karma abarbeitet, erhöht ihr eure Schwingungen. Und mit der Erhöhung eurer eigenen Schwingungen erhöhen sich zugleich die Schwingungen der euch umgebenden Welt.

Ihr überwindet euch selbst, ihr überwindet eure menschliche Natur und erlangt immer mehr göttliche Eigenschaften. Und allmählich kehrt ihr zur göttlichen Realität zurück, aus der eure Seelen zum Experimentieren in die physische Welt kamen.

Die Erinnerung eurer Seele zu wecken und euren Bestrebungen die richtige Richtung zu geben – dazu sind die Botschaften bestimmt, die von uns durch diese Gesandte gegeben werden. Und im Laufe eurer Entwicklung erlangt ihr allmählich immer mehr die richtige innere Vision, und ihr erkennt die göttliche Wahrheit und werdet in einem bestimmten Stadium eins mit dieser Wahrheit.

Ich habe heute versucht, euch eine etwas andere Sichtweise zu den Veränderungen zu geben, die jetzt auf der Erde vonstattengehen. Und tatsächlich werden all diese Veränderungen möglich, und sie werden nur mit eurer Hilfe möglich, mithilfe der Bestrebungen eurer Herzen und mithilfe der göttlichen Energie, die ihr in eure dichte Welt leitet.

Und in naher Zukunft müsst ihr alle, die diese Zeilen lesen, zu Elektroden werden, durch die die physische Ebene des Planeten Erde mit Licht angereichert wird.

Ich wünsche euch viel Erfolg auf diesem Weg, und dass ihr alles in eurem Innern überwinden werdet, was euch daran hindert, den Plan Gottes für diesen Planeten zu verwirklichen.

ICH BIN Pallas Athene.

Kultiviert das Gefühl der Liebe in eurem Herzen

Der Geliebte Djwal Khul
18. April 2005

ICH BIN Djwal Khul. Ich bin auf dem Strahl der Liebe durch diese Gesandte zu euch gekommen.

Ja, Geliebte, ICH BIN heute zu euch gekommen, um die Liebe zu bejahen.

Von allen Eigenschaften, von allen göttlichen Eigenschaften, ist die Liebe die Wichtigste.

Welten werden durch Liebe erschaffen. Und wenn ihr in eurem Leben keine Freude empfindet, wenn schwere Gedanken und Gefühle auf euch lasten, fehlt euch einfach Liebe in eurem Wesen.

Es ist nicht wichtig, ob man euch liebt oder nicht. Die Liebe ist jene Kraft, die in der Tiefe eures Wesens wohnt. Und sie ist immer bei euch, solange ihr die göttliche Energie aus ihrer Quelle empfangt.

Daher versetzt euch der geringste Mangel dieses Gefühls der Liebe in einen unharmonischen Bewusstseinszustand. Die Eigenschaft der Liebe durchdringt die gesamte Schöpfung und ist organisch in euer Leben und in das Leben aller Lebewesen eingewoben.

Und viele Probleme in der Welt, um nicht zu sagen alle Probleme dieser Welt, sind gerade mit einem Mangel an Liebe verbunden.

Ich bin gekommen, um euch einen Rat zu geben, wie ihr den Fokus der Liebe in eurem Herzen verankern könnt.

Versprecht mir, diese Übung jeden Tag zu machen, wann immer ihr eine freie Minute habt. Diese Übung erfordert keine besondere Ausbildung und keine zusätzlichen Vorbereitungen und Bedingungen. Ihr könnt sie zu Hause und bei der Arbeit ausführen und selbst an Orten mit großen Menschenmengen.

Also, ihr müsst ständig das Bild eines geliebten Menschen vor Augen haben. Ich verstehe sehr gut, dass viele von euch vielleicht sagen, dass sie für niemanden in dieser Welt Liebe empfinden. Dies ist ein Irrtum. Ihr müsst lieben. Ihr müsst in eurem Bewusstsein ein Bild finden, für das ihr Liebe empfindet.

Ich meine jetzt nicht, dass es unbedingt das Bild eures Geliebten oder eurer Geliebten sein muss. Forscht aber sorgfältig in den Tiefen eures Herzens. Findet jenes Bild, zu dem ihr Liebe empfinden könnt.

Dies können eure Mutter, euer Vater, eure Gattin oder euer Gatte oder eure Kinder sein. Es kann auch der Meister sein, mit dem ihr auf den inneren Ebenen eine Verbindung habt.

Wenn euer Herz so traumatisiert ist, dass die bloße Erwähnung geliebter Menschen Selbstmitleid und Tränen in euren Augen hervorruft, sucht dennoch nach einem Bild, an dem ihr mit eurem Bewusstsein festhalten und zu dem ihr Liebe empfinden könnt.

Mag es sogar euer Haustier oder eine Lieblingspflanze sein.

Kultiviert das Gefühl der Liebe in eurem Herzen.

Die wichtigste Aufgabe in eurem Leben besteht darin, das Gefühl der Liebe unter allen Umständen wiederzugewinnen.

Wenn ihr euch unter Menschen befindet, so bemüht euch, das Gefühl der Liebe für alle Menschen in eurer Umgebung zu empfinden. Liebt die Menschen nicht für das, was sie für euch getan haben oder tun können, empfindet eine Liebe, die bedingungslos ist.

Es mag euch nicht gelingen, euch lange auf das Gefühl der Liebe zu konzentrieren. Doch solltet ihr wenigstens zwei bis drei Minuten täglich Zeit finden, um dieses Gefühl zu erleben.

Kultiviert dieses Gefühl in euch.

Und der Tag wird kommen, wenn ihr ein allumfassendes, bedingungsloses Gefühl der Liebe für alles erleben könnt, was euch umgibt – für alle Menschen auf der Erde, für die Erde selbst, für die Natur, die Wolken, den Himmel, den Regen, die Sonne.

Euch wird das Gefühl der Liebe überwältigen und das Gefühl der Einheit mit allem, was euch umgibt. Ihr seid das alles zur gleichen Zeit. Versteht, dass euer Bewusstsein, euer menschliches Bewusstsein, euch von allem trennt, was euch umgibt. Aber eure Natur und die Natur all dessen, was euch umgibt, sind gleich.

Alles ist Gott. Und unsere Trennung von der Einheit mit Gott existiert nur in unserem Bewusstsein.

Reden wir nun ein wenig über etwas anderes. Ich möchte diese Gelegenheit nutzen und euch einiges Wissen oder einige Informationen geben, die gerade zu diesem Zeitpunkt nützlich für euch sein werden.

Ihr seid in dieser schwierigen Zeit auf der Erde verkörpert, in der sich in eurer Welt eine Trennung vollzieht. Die kosmischen Zyklen haben gewechselt, und neue Energien sind auf die Erde gekommen. Die Energien der Liebe, der Einheit. Diese Energien werden durch den Einfluss des Planeten Venus, meines Heimatplaneten, gebracht.

Es gibt kein Lebewesen, das den Einfluss dieser Energien nicht in sich fühlen würde.

Jedoch haben diese Energien nicht auf alle eine wohltuende Wirkung. Es gibt in eurer Welt Wesenheiten, die ihre Verbindung zur göttlichen Quelle so zerstört haben, dass sie nicht länger imstande sind, diese Energien wahrzunehmen. Sie sind tot. Und genauso, wie die Sonne für alle Pflanzen scheint und einen wohltuenden Einfluss auf sie ausübt, indem sie ihre Entwicklung und Lebensaktivität fördert, scheint die Sonne auch auf abgestorbene und verdorrte Pflanzen. Und unter der Einwirkung der Sonne trocknen solche Pflanzen noch weiter aus und eignen sich nur mehr zum Befeuern des Ofens.

Daher wird alles Überholte und Abgestorbene bald gesammelt und im kosmischen Ofen verbrannt werden.

Ein guter Gärtner kümmert sich um den Garten und verbrennt vertrocknete Bäume rechtzeitig. Er lässt nicht zu, dass sich Infektionen auf gesunde Pflanzen ausbreiten.

Was ich euch jetzt sage, ist sehr traurig. Aber es ist die Wahrheit, mit der ihr in eurem Leben konfrontiert werdet. Die Verluste sind unvermeidlich und jeder wählt seinen eigenen Weg. Jede Minute eures Aufenthalts auf der Erde trefft ihr eine Wahl. Ihr wählt entweder Gott und das Leben, oder ihr wählt den Tod. Wie viele Male habt ihr davon gehört, dass die Zeit kommt, in der die Spreu vom Weizen getrennt wird. Wie viele Male habt ihr davon gehört, dass das Unkraut abgesondert und verbrannt werden muss.

Selbst von denen, die Gott fern sind, kann keiner sagen, dass er noch nie im Leben davon gehört hat.

Warum seid ihr erstaunt? – Die Zeit ist gekommen. Und jene Menschen, die sich die neuen Schwingungen nicht zu eigen machen können, die den Übergang auf die neue Ebene des Bewusstseins nicht vollziehen können, werden in die Hände des Gärtners fallen, der sich um ihr weiteres Schicksal kümmert.

Und der Gärtner in unserem Universum ist Gott selbst.

Macht euch daher keine Sorgen. Alles geschieht nach dem Willen Gottes. Alle Fristen und alle damit verbundenen Arbeiten werden zur rechten Zeit und in genauer Übereinstimmung mit dem göttlichen Plan ausgeführt. Was sollt ihr in dieser Zeit tun? – Lernt von der Natur. Geht in den Wald und schaut, was im Wald passiert.

Dort gibt es vertrocknete Bäume und morsche Stümpfe. Doch gibt es auch junge Sprösslinge. Und das Leben geht weiter. Die Bienen summen, die Vögel singen, die Blumen blühen. Es herrscht völlige Harmonie. Und jeder von euch ist eine einzigartige Blume in diesem Wald. Daher müsst ihr einfach blühen und Liebe für alles empfinden, was euch umgibt.

Nehmt euch ein Beispiel an der Natur, die euch umgibt. Die Blumen blühen einfach. Sie kämpfen weder mit verdorrten Bäumen noch mit morschen Stümpfen. Alles ist dem göttlichen Gesetz untergeordnet, und alles geschieht im Einklang mit dem göttlichen Gesetz.

Und glaubt mir, es gibt solche Diener im Universum, die berufen sind und deren Arbeit darin besteht, das Universum von Schmutz und Unrat zu reinigen und von allem, was abgestorben ist oder mit dem bestehenden Gesetz nicht übereinstimmen will.

Ihr habt von der Zeit der Ernte gehört. Ihr habt daran gedacht, dass die Zeit der Ernte naht. Doch aus irgendeinem Grunde war niemand beunruhigt, als die Erntezeit begann. Und die Ernte ist in vollem Gange.

Und alles geht so natürlich vor sich, dass die Menschen die Ernte nicht einmal bemerken. Alles geschieht zur rechten Zeit und in völliger Übereinstimmung mit dem Höheren Gesetz.

Ich habe euch heute sehr viele nützliche Informationen gegeben. Und obwohl ich diese Informationen in einer sehr schonenden Form dargeboten habe, wird es dennoch für viele traurig sein, von den jetzigen Ereignissen auf der Erde zu hören.

Und trotzdem rufe ich euch dazu auf, öfter das Gefühl der Liebe für alles Leben zu empfinden. Denn nur die Liebe kann in eurem Leben und im Leben eurer Mitmenschen Wunder wirken.

Ihr liebt, also lebt ihr! Und das ist das Wichtigste.

ICH BIN Djwal Khul, und ich war heute bei euch.

Das Gebet durch Taten war schon immer und bleibt eine der höchsten Formen des Gebets

Padre Pio

19. April 2005

ICH BIN Padre Pio. ICH BIN durch diese Gesandte zu euch gekommen. Vielleicht ist mein Name vielen von euch unbekannt.

Ich habe im letzten Jahrhundert in Europa gelebt und war Priester der römisch-katholischen Kirche.

Ich wurde bekannt dank der Gaben des Heiligen Geistes, die ich erlangt hatte, aber die meisten Menschen kannten mich wegen der Stigmata, die ich den größten Teil meines Lebens trug.

Die Menschen kamen in großen Mengen zu meinen Gottesdiensten, nur um meine Stigmata zu sehen.

Ich trug diese Last an meinem Körper, weil ich diese Last auch auf den inneren Ebenen auf mich genommen hatte. Es war ein freiwilliger Wunsch meiner Seele, diese Stigmata zu tragen. Zusammen mit diesen Stigmata nahm ich einen großen Teil des Weltkarmas auf mich.

Ich gehörte mein ganzes Leben der römisch-katholischen Kirche an, und ich diente dieser Kirche. Viele führten mich schon bald nach meinem Tode als Beispiel, als Vorbild für die Hingabe an die Kirche und für den Gehorsam gegenüber den kirchlichen Dogmen und Regeln an.

Ich blieb tatsächlich in der Kirche, selbst nachdem mir für lange Zeit das Recht entzogen wurde, in der Gemeinde die Beichte abzunehmen. Dies war ein wichtiger Teil meines Dienstes. Während der Beichte nahm ich einen Teil der karmischen Last der Menschen auf mich, denen ich die Beichte abnahm, um ihre Last zu erleichtern. Ich hatte auch während der Beichte die Möglichkeit, die wahren Ursachen der Probleme zu sehen, mit denen diese Menschen in ihrem Leben konfrontiert wurden, und konnte ihnen Unterweisungen geben, die für ihre Seelen notwendig waren. Ich redete nicht nur mit dem Menschen, dessen Beichte ich hörte, ich redete auch mit seiner Seele und versuchte alles nur Mögliche zu tun, um die Last zu erleichtern, die auf diesem Menschen als Karma seiner vergangenen

Handlungen lag. Zwar wird in der westlichen christlichen Kirche der Begriff des Karmas nicht verwendet. Ich hatte jedoch die Möglichkeit, die Ursachen des Leidens der Seelen zu sehen und tat alles in meiner Macht Stehende, um dieses Leiden zu lindern und den äußeren Verstand des Menschen, der bei mir beichtete, auf den richtigen Weg zu lenken, der es zulässt, die Ursachen des Leidens seiner Seele in Zukunft zu vermeiden.

Viele führen mich als ein Vorbild der Demut gegenüber der kirchlichen Hierarchie an. Ich verließ die Kirche tatsächlich all jene langen Jahre nicht, die ich warten musste, bevor mir wieder das Recht gegeben wurde, die Beichte zu hören. Ich verließ die Kirche nicht, aber nicht aus dem Grunde, weil ich die Ungerechtigkeit der Kirchenleitung mir gegenüber akzeptiert hatte. Ich sah einfach keinen anderen Weg außerhalb der römisch-katholischen Kirche, den Menschen einen solch wirksamen Dienst zu leisten. Und was konnte ich der Entscheidung der Kirchenführung entgegensetzen? Meinen Kampf? Sollte ich einen Kampf für mein Recht beginnen, den Menschen zu dienen?

Ich habe zu Recht geurteilt, dass Gott mich auf jede erdenkliche Weise in Versuchung führen könne. Und er tat dies durch die Kirchenführung.

Gott entzog mir das Recht, meine Gabe zu nutzen; Gott und nicht die Menschen, die in diesem Fall Vollstrecker seines Willens waren.

Daher geht es nicht um meine Ergebenheit und Demut der Kirchenführung und dem Kirchengesetz gegenüber – es geht um meine Ergebenheit und Demut dem Willen Gottes gegenüber.

Gott hat das Recht, uns alles zu nehmen, woran wir auch nur ein kleines bisschen hängen. Auf diese Weise prüft er uns, unsere Hingabe an seinen Willen und unsere Demut.

Es gibt nur eure Beziehung zu Gott; eure persönliche Beziehung zu Gott und eure persönliche Beziehung zum Teufel. Und beide sind in eurem Inneren. Darum ist es eigentlich nicht so wichtig, welcher Religion, religiösen Gruppe oder Richtung ihr angehört. Das Wichtigste ist eure persönliche Beziehung zu Gott.

Ihr könnt von einer Kirche zur anderen laufen, von einer Religion zur nächsten, doch ihr werdet keine Ruhe in eurer Seele finden, solange ihr nicht versteht, dass sowohl Gott als auch der Teufel in eurem Inneren wohnen. Und eine äußere Religion oder ein Religionssystem haben nur eine unterstützende Bedeutung. Und sie sind für euch nur so lange nützlich, wie sie euch bei der Lösung eurer inneren Fragen und Probleme helfen. Solange sie euch helfen, die wichtigste Frage zu lösen – die Frage eurer Beziehung zu Gott.

Und ihr dürft nie vergessen, dass es in jeder Kirche Menschen gibt, die aufrichtige Diener sind, und Menschen, die in die Kirche gekommen sind, um ihr Ego zu verehren.

Und von den aufrichtigen Dienern gibt es immer weniger. Doch es gibt sie in jeder Kirche und in jeder Religion. Denn die Kraft einer Kirche und ihr Einfluss beruhen gerade auf dem Licht, das die Heiligen dieser Kirche und dieser Religion in sich tragen.

Wenn eine Kirche beginnt, ihre Heiligen zu verfolgen, dann ist eine solche Kirche zu einem langsamen Sterben verurteilt, weil sie sich ihres eigenen Fundaments beraubt, auf dem sie steht.

Deshalb könnt ihr neue Religionen und neue Menschen suchen, die euch Wissen bringen, aber ihr könnt auch im Rahmen der traditionellen Religionen und Kirchen bleiben. Alles wird nicht von der äußerlichen Zugehörigkeit zur richtigen oder falschen Religionsrichtung bestimmt, alles wird von eurem inneren Streben und eurer Suche nach der Wahrheit in eurem Innern bestimmt.

Und wenn ihr aufrichtig danach strebt, so werdet ihr im Rahmen eines jeden Religionsbekenntnisses Menschen begegnen, die mit euren Schwingungen in Einklang sind, und ihr werdet von ihnen genau das erhalten, was ihr für die Entwicklung eurer Seele zum gegebenen Zeitpunkt am meisten braucht. Und es können nicht nur Worte der Anerkennung und Ermunterung sein, sondern auch Prüfungen, die ihr mit Ehre bestehen müsst, denn dies ist in diesem Moment genau das, was eure Seele für ihre Entwicklung am meisten braucht.

Und die Wahrscheinlichkeit, dass ihr auf falsche religiöse Strömungen und Sekten außerhalb der offiziellen Religionen trefft, ist genauso groß wie die Wahrscheinlichkeit, dass ihr auf Menscheninnerhalb der alten und scheinbar bewährten Religionsbekenntnisse stoßt, die die Religion falsch interpretieren.

Ihr selbst zieht mit euren Schwingungen und mit euren Energien jene Lebenssituationen an, die im Grunde genommen Prüfungen auf eurem Wege sind, und ihr müsst aus ihnen mit Ehre hervorgehen.

Versucht daher nicht, Gott außerhalb eurer selbst zu finden. Bemüht euch, eine Beziehung zu Gott in eurem Inneren aufzubauen. Und ihr werdet mit Sicherheit einen Menschen auf eurem Wege finden, sei es ein Priester oder nicht, der euch das Wissen gibt, das auf eurem Weg notwendig ist.

Versteht es, auf euer Herz zu hören, und versteht es, die Wölfe im Schafspelz zu unterscheiden, die in solcher Fülle umherlaufen und nach einem Weg suchen, von eurer Seele Besitz zu ergreifen – sowohl innerhalb als auch außerhalb der Grenzen traditioneller Religionsbekenntnisse. Und es gibt keine Garantie dafür, dass ein Mensch, dem ihr auf eurem Wege außerhalb der offiziellen Kirche begegnet, euch das gibt, was ihr braucht.

Ihr geratet in jene Lebenssituationen, die ihr durch eure eigenen Schwingungen anzieht.

Und für den einen ist es notwendig, über die Grenzen einer traditionellen Kirche hinauszugehen, während es für einen anderen gerade wichtig ist, im Rahmen der traditionellen Kirche zu verbleiben. Nicht deswegen, weil diese Kirche durch und durch gut ist, sondern einfach, weil es für die unerfahrene Seele dieses Menschen besser ist, sich innerhalb der gewohnten, wenn auch vom Staub bedeckten Traditionen zu bewegen. An der frischen Luft könnte diese Seele einfach krank werden und ihre Prüfungen nicht bestehen.

Es gibt keine allgemeinen Empfehlungen für alle, und es kann keine geben. Jeder Mensch befindet sich auf einer bestimmten Stufe in seiner evolutionären Entwicklung. Und was für den einen gut ist, kann für den anderen verhängnisvoll sein.

Abschließend möchte ich euch noch einige Empfehlungen geben.

Nehmt niemals in der Eile irgendwelche Verpflichtungen an, die euch finanziell an eine Organisation binden. Unterschreibt keine äußerlich bindenden Dokumente und Verträge.

Eure Beziehung zu Gott kann nicht auf irgendwelchen äußerlichen Verpflichtungen beruhen, die euch gegenüber einer Kirche oder Organisation binden.

Ihr selbst und nur ihr selbst könnt entscheiden, wie viel Geld und anderes Eigentum ihr der einen oder anderen Organisation oder Kirche spenden könnt.

Und keine Organisation auf der physischen Ebene kann euch dazu zwingen, irgendwelche finanziellen Verpflichtungen zur Unterstützung dieser Organisation auf euch zu nehmen.

Um euren Weg zu Gott zu finden, braucht ihr keiner äußeren Organisation anzugehören. Um aber die göttlichen Grundsätze in eurem Leben in Übereinstimmung mit den Gesetzen eures Landes zu verwirklichen, benötigt ihr möglicherweise eine äußere Organisation. Diese Organisation braucht aber keinesfalls religiös ausgerichtet zu sein. Es kann eine beliebige Organisation sein, die dazu bestimmt ist, die Prinzipien der göttlichen Führung in einem bestimmten Lebensbereich einzuführen – sei es in der Erziehung von Kindern, Altenpflege, Seelsorge, im Gesundheitswesen und in der medizinischen Betreuung, im Bildungswesen und sogar im geschäftlichen Bereich.

Das Leben ist vielfältig, und alle Bereiche menschlicher Aktivität müssen auf den höchsten göttlichen Grundsätzen beruhen und nicht auf den Grundsätzen des Profits. Und nur von euch selbst hängt es ab, von welchen Grundsätzen ihr euch in eurem Leben bei der Gründung solcher Organisationen leiten lasst.

Und manchmal, wenn ihr imstande seid, eine Organisation aufzubauen und sie in Übereinstimmung mit den höchsten göttlichen Grundsätzen zu leiten, bringt ihr nicht weniger Nutzen, als wenn ihr euer ganzes Leben den Gebeten im Kloster widmet.

Das Gebet durch Taten war schon immer und bleibt eine der höchsten Formen des Gebets.

ICH BIN Padre Pio.

Die wichtigste Aufgabe, die ihr auf der Erde erfüllt, besteht darin, das Bewusstsein der Erdbewohner zu erhöhen

Buddha des Rubinroten Strahls
20. April 2005

ICH BIN der Buddha des Rubinroten Strahls, und ich bin durch diese Gesandte gekommen. Ich bin der amtierende Buddha auf dem Rubinroten Strahl.

Ich bin gekommen, um euch einiges Wissen zu vermitteln, das mit der Hierarchie des Rubinroten Strahls verbunden ist.

Ihr wisst, dass vor vielen Jahren, vor Millionen von Jahren nach irdischen Maßstäben, Meister, die der Hierarchie des Rubinroten Strahls angehören, auf die physische Ebene des Planeten Erde herabgestiegen sind. Wir verkörperten uns in den Körpern der Menschen. Jeder von uns erhielt die Möglichkeit, in vielen Körpern als ein Teil zu verbleiben, der Bestandteil der höheren Körper der Menschen ist.

Es gab Individuen, die uns aufgrund ihrer Entwicklung und ihrer Schwingungen nicht aufnehmen konnten. Es gab andere Individuen, die einen bedeutenden Teil der Lichtwesen als Bestandteil ihrer selbst erhielten. Und es gab diejenigen, die nur einen sehr kleinen Funken erhielten.

So ist dieses Universum aufgebaut, und so ist der Weg der Evolution allen Lebens in diesem Universum, dass der Zeitpunkt kommt, wenn Höhere Wesen ihr Momentum an Errungenschaften in Form des Dienstes am Leben abgeben und mit der niederen Form des Lebens verschmelzen, um ihr den für die Entwicklung der Göttlichkeit notwendigen Impuls zu geben.

Ihr wisst, dass an der Spitze der Hierarchie des Rubinroten Strahles Sanat Kumara steht, und er kam in einer für den Planeten Erde schweren Zeit vom Planeten Venus zu euch. Daher die Verbindung zwischen dem Planeten Venus und der Erde. Unsere Evolutionen sind sehr eng miteinander verflochten. Fast jeder Urerdbewohner trägt in der Zusammensetzung seines höheren Körpers ein Teilchen der Venusianer.

Dieses neue Wissen und Verständnis, das ich euch jetzt gebe, erklärt nur die euch bereits bekannte Tatsache, dass 144.000 Venusianer in die Körper der Menschen herabstiegen. Ihr wisst dies oder habt bereits davon gehört. Ich erweitere und konkretisiere euer Wissen ein wenig.

Die Verkörperung der Meister in den Körpern der Menschen fand auf unterschiedliche Weise statt. Sehr selten und in sehr fernen Zeiten konnte ein hoher Meister mit der ganzen Kraft seines Lichtes im Körper eines Menschen verbleiben. In der Regel gab ein Meister von der Venus sein Licht und seine Errungenschaften sehr vielen Erdbewohnern. Dieser Prozess lässt sich damit vergleichen, wie ihr ein Stück Butter nehmt und es in kleine Stücke schneidet, um diese in verschiedene Portionen Brei zu geben. Daher haben die Meister, die ihr als die Aufgestiegenen Meister kennt, einen bedeutenden Teil ihrer selbst, der in verschiedenen Menschen verkörpert ist.

Und solange ein Mensch, der ein Teilchen des Meisters in seiner Zusammensetzung hat, dem Gesetz des Karmas unterliegt und gezwungen ist, weiter auf die Erde in die Verkörperung zu kommen, kann der Meister den Planeten Erde nicht verlassen und zu einem Kosmischen Wesen werden. Er ist an euren Planeten und eure Körper gebunden.

Ihr wisst, dass jeder von euch einem bestimmten Strahl angehört, und jeder von euch spürt eine Verbindung mit einem bestimmten Meister. Nun wisst ihr, warum ihr diese Verbindung habt. Und bis der letzte Mensch in der Verkörperung sein Ego, sein Karma überwindet und die Bewusstseinsstufe einer Aufgestiegenen Wesenheit erreicht, bis dahin werden die Aufgestiegenen Meister auf der Erde verbleiben und der Menschheit dienen.

Dies ist ein sehr geheimes und sehr spezifisches Wissen.

Ihr wisst, dass tatsächlich alles in diesem Universum Gott ist. Und jeder von euch ist nur ein kleines Teilchen, eine Zelle, ein Atom dieses göttlichen Körpers. In dem Maße, wie ihr euer Bewusstsein erhöht, versteht ihr, dass zwischen euch und allen anderen Lebewesen kein Unterschied besteht, und ihr seid bereit, euch für das Wohl aller Lebewesen zu opfern. Je höher die Ebene eurer Errungenschaften und je höher die Stufe, die ihr in der kosmischen Hierarchie einnehmt, desto leichter wird es für euch sein, euch für das Leben im Universum zu opfern.

So ist das Gesetz dieses Universums. Das Höhere opfert sich für das Niedere, um den niederen Manifestationen des Lebens die Möglichkeit zu geben, sich zu entwickeln und eine höhere Bewusstseinsstufe zu erreichen. Wenn sich daher die großen Lehrer auf der Erde verkörpern, so lehren sie, dass der, der die größten Errungenschaften besitzt, allen der größte Diener ist.

Die Qualität des Herzens veranlasst einen Menschen, der eine höhere Bewusstseinsstufe hat, sich für die Entwicklung des Bewusstseins jener zu opfern, die auf den Stufen der Evolutionsleiter niedriger stehen. Und wenn ihr die Stufe eines Buddhas erreicht, könnt ihr euch selbst hingeben, eure Gegenwart Millionen von Lebewesen schenken.

Es gibt Aufgestiegene Meister, die an den Planeten Erde gebunden sind, und es gibt Kosmische Wesen, deren Zuhause der ganze Kosmos, das ganze Universum ist. Und sie können auf ihren Wunsch hin und in Übereinstimmung mit dem kosmischen Gesetz Teile ihrer selbst in viele Lebewesen auf den unteren Stufen der evolutionären Entwicklung projizieren, um sie mit einem zusätzlichen Impuls des Lichtes, mit zusätzlichem Verstand zu erleuchten.

Und ich, der Buddha des Rubinroten Strahls, habe die Möglichkeit, in den Körpern vieler Erdbewohner zu verbleiben. Ich verfüge über die Teilbarkeit des Bewusstseins, und ich kann gleichzeitig in den Körpern von Tausenden und Millionen Menschen verkörpert sein und dabei im aufgestiegenen Bewusstseinszustand verbleiben.

Dies ist die Eigenschaft, die ihr erlangen müsst. Ihr müsst euch ständig bewusst sein, dass euer Aufenthalt auf der Erde nur vorübergehend ist, und die wichtigste Aufgabe, die ihr auf der Erde erfüllt, besteht darin, das Bewusstsein der Erdbewohner zu erhöhen. Das Bewusstsein der Erdbewohner auf die Ebene des aufgestiegenen Bewusstseinszustands zu bringen.

Und dann, wenn ihr nicht länger durch irdische Dogmen und Beschränkungen gebunden seid, werden sich eurem Bewusstsein höchst faszinierende Perspektiven eröffnen.

Die Evolution ist grenzenlos.

Ich habe heute versucht, den Horizont eurer Wahrnehmung des Weltalls ein wenig zu erweitern. Und vielleicht werden einige von euch mit Freuden das Wissen über die Gegenwart des Aufgestiegenen Meisters in euch wahrnehmen, wie etwas, was euch auf einer unterbewussten Ebene seit langem bekannt ist; aber für andere wird es allzu fantastisch erscheinen. Ihr alle befindet euch auf verschiedenen Stufen der Entwicklung eures Bewusstseins.

Und weil diese Botschaften einem sehr breiten Publikum gegeben werden, habe ich euch dieses neue Körnchen des Wissens auf einem sehr zugänglichen Niveau gegeben.

Wenn ihr auf eurem Weg voranschreitet, seid ihr auf den inneren Ebenen mit vielen anderen Individuen verbunden, und eure Errungenschaften übertragen sich sofort auf der feinstofflichen Ebene auf Tausende und Millionen. Und wenn ihr in eurem Bewusstsein auf das Niveau eines Höhlenmenschen abrutscht, so hat dies ebenfalls einen Einfluss auf Tausende und Millionen von Lebewesen.

Ihr sollt niemals Angst haben, an einen falschen Ort zu gelangen. Habt keine Angst zu experimentieren. Habt keine Angst, Fehler zu machen.

Ihr werdet immer Hilfe auf eurem Weg erhalten, und ihr könnt immer um diese Hilfe bitten.

Ihr seid nicht allein. Ihr befindet euch in zuverlässiger Obhut und Fürsorge – aber nur so lange, wie ihr dem Weg zu folgen wünscht und euch dem Gesetz unterordnet, das in diesem Universum gilt.

Wenn ihr euch aus freiem Willen von diesem Universum trennen und nach euren eigenen Gesetzen leben wollt, so wird euch auch dies niemand verbieten.

In diesem Falle reicht eure Freiheit jedoch nur bis zu einer bestimmten Grenze, und wenn ihr diese überschreitet, so droht euch der Zustand des Nichtseins. Versteht mich richtig, ich will euch nicht erschrecken und ängstigen. Tatsächlich, selbst wenn ihr für die Pläne Gottes für dieses Universum so gefährlich werdet, dass euch das Nichtsein droht, so verschwindet ihr nirgendwohin. Ihr werdet als Energie weiter existieren, nur werden die Aufzeichnungen aus eurem Bewusstsein gelöscht, die nicht dem göttlichen Plan entsprechen. Und ihr beginnt eure Evolution erneut von der niedrigsten Ebene, um die Stufen der Evolution emporzusteigen, die ins Unendliche gehen.

ICH BIN der Buddha des Rubinroten Strahls, und ich sende meinen Rubinroten Strahl denjenigen von euch, die bereit sind, ihn zu empfangen.

Der Rubinrote Strahl ist eine konzentrierte Manifestation der Liebe. Er kann euer Bewusstsein wecken und euch die Perspektiven eures weiteren Weges eröffnen.

ICH BIN der Buddha des Rubinroten Strahls.

Nehmt als Grundlage für eure Tätigkeit die göttlichen Ideen, die euch die Meister geben

Meister Godfre[9]

21. April 2005

ICH BIN Godfre. ICH BIN durch diese Gesandte gekommen.

Vielleicht kennt ihr mich nicht. Ich bin besser bekannt in Amerika, einem Land, das ich sehr liebe und in dem ich viele meiner Verkörperungen verbrachte. Ich stand an den Ursprüngen dieses Landes, und ich war stets bestrebt, die Grundsätze der Demokratie und der Freiheit aufrechtzuerhalten.

Alles kann sich ändern, aber Demokratie und Freiheit müssen in der Grundfeste dieses Landes verbleiben. Und solange diese Grundsätze nicht erschüttert werden, wird dieses Land gedeihen.

In der Tat gibt es im gegenwärtigen Abschnitt der historischen Entwicklung nichts Wichtigeres als die Grundsätze der Freiheit und der Demokratie, die die Grundlage für alle Staaten sein sollten, die heute auf der Welt existieren. Freiheit und Demokratie sind Garanten dafür, dass ein Land nicht in den Totalitarismus abgleitet und dass günstige Lebensbedingungen für alle Bewohner des Landes gewährleistet werden und nicht nur für die herrschende Elite.

Ich bin mir völlig darüber im Klaren, dass ich mich heute hauptsächlich an die Bewohner Russlands und solcher Länder wende, die in der jüngeren Vergangenheit nicht nur wenig Freiheit und Demokratie gesehen haben, sondern auch nichts, was Freiheit und Demokratie im Entferntesten ähnelt.

---

[9] Der Aufgestiegene Meister Godfre war als Guy W. Ballard verkörpert und war ein Gesandter von Saint Germain. Durch ihn kamen die Lehren der Großen Weißen Bruderschaft und das Gesetz der ICH-BIN-Gegenwart auf die Erde. Er hielt den Fokus des Christusbewusstseins für den Planeten bis zu seinem Übergang im Jahre 1939. Seine Frau Edna Ballard ist jetzt die Aufgestiegene Meisterin Lotus. Guy Ballard schrieb unter dem Pseudonym Godfre Ray King.

Wenn ein Mensch im Gefängnis geboren wird und den größten Teil seines Lebens im Gefängnis verbringt, so mag der Zustand eines freien Menschen für das Bewusstsein dieses Gefangenen so unzugänglich sein, dass Berichte von Menschen außerhalb der Gefängnismauern ihm wie ein Märchen erscheinen.

Freiheit ist vor allem ein Zustand des Geistes, ein Zustand der Seele des Menschen. Und dies ist es, was ihr mit eurem ganzen Wesen anstreben sollt.

Glaubt mir, je erfolgreicher Russland und die umliegenden Länder in der nahen Zukunft die Grundsätze der Freiheit und Demokratie in ihrem Leben verwirklichen können, desto schneller und erfolgreicher werden sich die göttlichen Pläne für diese Länder in den kommenden Jahrzehnten erfüllen.

Die Verbindung von Freiheit und Demokratie mit einem tiefen, wahren Glauben an Gott ist das, was bald in Russland und den umliegenden Ländern vorherrschen wird.

Ich weiß, dass ihr jetzt meine Worte wie ein Märchen wahrnehmt. Und möglicherweise messt ihr ihnen keine große Bedeutung bei. Wer weiß, wovon die Aufgestiegenen Meister hier reden? Und es unterscheidet sich so sehr von dem, was euch umgibt, dass es anscheinend nichts mit euch und eurem Leben zu tun hat.

Ihr irrt euch, meine Geliebten. Alles, was wir euch sagen, jedes Wort, das wir sagen, ist für euch sehr wichtig. Ich verstehe, dass eure Wahrnehmung für die vielen völlig konkreten Dinge durch eine solche Fülle von Botschaften zerstreut werden kann, die wir euch aufzeigen. Daher versprecht mir, dass ihr diese Botschaften erneut lesen werdet. Ihr werdet in der nächsten Zeit jeden Tag eine Botschaft lesen, die euch durch diese Gesandte gegeben wird. Ihr werdet über jedes Wort in diesen Botschaften nachdenken. Und ihr werdet verstehen, dass nicht ein Wort ohne Grund gesagt wurde. Unter dem, was wir euch empfohlen haben, gibt es nichts, was nicht gerade in diesem Moment äußerst wichtig wäre, gerade für eure Länder und insbesondere für Russland.

Bitte geht an die Worte dieser Botschaften sehr aufmerksam heran. Und ich bitte euch, den Übungen und Empfehlungen der Meister besondere Aufmerksamkeit zu schenken, die euch in solcher Fülle gegeben werden.

Geliebte, es ist eine Frage eures Glaubens. Wie stark ihr daran glaubt, dass die Aufgestiegenen Meister in der Lage sind, mit euch zu reden und euch ihre Anweisungen zu geben, so erfolgreich wird der Plan Gottes für Russland in der nahen Zukunft verwirklicht werden.

Ich möchte lieber nicht an die bedauerliche Erfahrung unlängst in Amerika erinnern. Aber seht einmal, für fast das gesamte 20. Jahrhundert haben die Aufgestiegenen Lichtwesen der Bevölkerung dieses Landes ihre Empfehlungen und ihr Wissen gegeben. Es war eine beispiellose Ausgießung von Licht und göttlicher Weisheit.

Und man kann den Eindruck bekommen, dass die Botschaften der Meister von vielen, wenn nicht von fast allen, als ein weiteres Unterhaltungsprogramm wahrgenommen wurden. So ähnlich wie ein Baseballspiel oder eine Theateraufführung.

Geliebte, bitte nehmt die Möglichkeit der neuen Dispensation ernst, die euch von Gott gegeben wurde.

Nur von euch selbst, davon, wie ihr alles wahrnehmt, was in diesen Botschaften dargelegt wird, und inwieweit ihr imstande sein werdet, dies in eurem Leben zu verwirklichen, davon hängt der Erfolg und die Geschwindigkeit der Veränderungen für die Völker eurer Länder ab.

Für Gott ist nichts unmöglich, meine Geliebten, und Gott kann euch die beste Regierung und die besten Bedingungen in euren Ländern geben. Doch wenn ihr in eurem Bewusstsein nicht bereit seid, diese göttliche Gnade anzunehmen, so bleibt diese Gnade, diese Dispensation nur eine Möglichkeit und kann in eurer Welt nicht existieren.

Alle wohltuenden Veränderungen in den äußeren Umständen eures Lebens und in den Existenzbedingungen eurer Länder werden nur durch die Ebene eures Bewusstseins bestimmt und dadurch, inwieweit ihr in eurem Bewusstsein bereit seid, für euer Land die Grundsätze der göttlichen Führung anzunehmen und göttliche Hilfe zu empfangen.

Deshalb sage ich euch immer wieder: Nehmt diese Botschaften. Lest sie. Sie sind das Werkzeug, das in den nächsten Jahrzehnten euer

Bewusstsein verändern und euch einen Impuls und eine Richtung für euer Voranschreiten geben kann.

Ihr erinnert euch daran, wie man euch vor nicht allzu langer Zeit dazu zwang, die Materialien eurer Parteitage und die Werke der Väter marxistischer Ideologie zusammenzufassen. Das Geheimnis ist einfach. Das menschliche Bewusstsein ist sehr beweglich und unbeständig, und damit sich in eurem Bewusstsein etwas verankert, sind zahlreiche Wiederholungen bis hin zum Auswendiglernen notwendig.

Meint ihr, dass die Worte der Meister für euch weniger Bedeutung haben als die Worte der Menschen, die ihr jahrzehntelang studiert und zitiert habt?

Damit eine Veränderung in dem euch umgebenden Leben geschehen kann, muss sich euer Bewusstsein verändern. Ihr habt genügend Wissen erhalten. Und in der nächsten Zeit besteht eure Aufgabe darin, dieses Wissen an einen möglichst weiten Personenkreis weiterzugeben, der in der Lage ist, dieses Wissen wahrzunehmen und es sich anzueignen. Doch vor allem müsst ihr selbst euch dieses Wissen zu eigen machen. Ihr verändert euer Bewusstsein, und erst danach verändert sich die euch umgebende Welt. Das menschliche Bewusstsein ist so aufgebaut, dass es ständig eine äußere Lehre und äußere Orientierung braucht, zu denen es streben muss. Ihr mögt dies als ideologische Richtlinien bezeichnen. Ich würde es vorziehen, dass ihr sie göttliche Leitgrundsätze nennt.

Ideen bewegen die Welt. Daher nehmt bitte als Grundlage für eure Tätigkeit jene göttlichen Ideen, die euch die Meister geben. Es ist nichts Schlechtes daran, wenn ihr davon besessen seid, göttliche Leitgrundsätze in euer Leben einzuführen. Zumindest ist diese Besessenheit für eure Seelen nützlicher als ein Streben nach den vergänglichen und mythischen Werten dieser Welt.

Und wieder steht vor euch wie immer die Frage der Wahl. Was zieht ihr vor? Wählt ihr diese Welt mit ihrem Tand und ihren goldenen Kälbern, oder wählt ihr die göttliche Welt? Wählt ihr die Illusion oder die göttliche Realität? Ihr trefft euer ganzes Leben lang, und von Leben zu Leben, nur diese eine Wahl. Und wenn wir jetzt zu den Eigenschaften der Freiheit und Demokratie zurückkommen, so möchte ich, dass ihr auch hier unterscheidet, welche Schattierungen dieser Welt eigen sind und welche der göttlichen Welt innewohnen.

Und wie oft ihr auch sagt, dass Russland ein freies und demokratisches Land ist, es wird kein solches Land sein, solange die Eigenschaft der Freiheit, der göttlichen Freiheit nicht in euren Herzen wächst und sich von euren Herzen auf das ganze Land und über die ganze Welt ausbreitet.

ICH BIN Godfre, und ich war heute bei euch.

Und ich statte euch mit dem Impuls der Freiheit

aus meinem Herzen aus.

Die beste Predigt wird euer persönliches Beispiel sein

Die Göttin der Freiheit
22. April 2005

ICH BIN die Göttin der Freiheit, und ich bin durch diese Gesandte zu euch gekommen.

ICH BIN Mitglied des Karmischen Rates, und ich bin am Tag vor dem 23. April mit einer bestimmten Absicht zu euch gekommen.

Der geliebte Surya kam am 19. März zu euch, um euch mitzuteilen, dass die Dispensation am 23. eines jeden Monats jetzt nur für diejenigen Seelen gilt, die ein reines Herz und reine Motive für ihr Handeln haben.

Vergesst daher nicht, dass ihr am 23. eines jeden Monats die Möglichkeit habt, das Karma des darauffolgenden Monats zu transmutieren.

ICH BIN die Göttin der Freiheit, und die Eigenschaft der göttlichen Freiheit bedeutet für euch in erster Linie die Freiheit von eurem Karma, die Freiheit von jenen Energien, die ihr in der Vergangenheit durch eure Taten und Handlungen verzerrt habt, welche dem Willen Gottes nicht entsprachen. Diese Energien binden euch an die physische Ebene und andere dichte Schichten des Planeten Erde. Und eure wichtigste Aufgabe besteht darin, euch von dieser Gebundenheit zu befreien.

Und dieser Prozess der Befreiung ist kein einmaliger Vorgang. Würde all die von euch verzerrte Energie aus vielen tausenden Verkörperungen plötzlich in eurer Aura aktiviert, so könntet ihr eine solche Belastung nicht ertragen. Daher ist euer Leben gemäß dem humanen Gesetz der kosmischen Zyklen in Zeitintervalle eingeteilt, in denen jeweils diese oder jene in der Vergangenheit von euch verzerrte Energie aktiviert wird. Und diese Zeitintervalle sind so eingeteilt, dass sie den 12 Hauptstrahlen der kosmischen Uhr entsprechen.

Diese zeitlichen Zyklen sind in Jahreszyklen, sogenannte 12-Jahres-Zyklen, in Übereinstimmung mit den Tierkreiszeichen eingeteilt, und in monatliche Abschnitte innerhalb eines jeden Jahres.

Dies sind die Zyklen, gemäß denen karmische Situationen zu euch zurückkehren, die ihr durchschreiten müsst, um in der Vergangenheit von euch verzerrte Energien auszugleichen, die jetzt in eurer Aura enthalten sind.

Alles im Universum geschieht in Übereinstimmung mit den kosmischen Zyklen, und diese Zyklen sind von Gott in der Sprache der Sterne aufgezeichnet. Wer die Sprache der Sterne beherrscht, erhält Zugang zu den Einzelheiten des Planes Gottes für das gesamte Universum wie auch für einzelne Planeten und Sterne. Zum Zeitpunkt eurer Geburt wird die kosmische Uhr für euren Lebensstrom gestartet. Die Triebfeder eurer individuellen Uhr wird aufgezogen. Und wenn ihr den Plan für euer Leben kennt, der ebenfalls von den Sternen zum Zeitpunkt eurer Geburt bestimmt wird, so könnt ihr erfahren, in welcher Zeitperiode welche Energien aus euren karmischen Aufzeichnungen aus der Vergangenheit zur Abarbeitung zugänglich werden.

Wenn ihr euer Leben aufmerksam verfolgt, könnt ihr feststellen, dass mit erstaunlicher Periodizität eure Aufmerksamkeit immer wieder auf die gleichen Probleme gezogen wird, die mit eurer seelischen Verfassung und mit der Wahrnehmung eurer selbst und der euch umgebenden Welt verbunden sind. Die Feder [der kosmischen Uhr] wickelt sich weiter ab, und mit jeder neuen Windung kehren die gleichen Probleme mit erstaunlicher Beständigkeit zu euch zurück. Und immer wieder seid ihr gezwungen, zu euren noch nicht bewältigten Eigenschaften zurückzukehren und die vor euch auftretenden Probleme des Lebens jedes Mal auf einer neuen Ebene zu lösen.

Es ist wie das Heranrollen der Wellen des Ozeans. Die Welle rollt ans Ufer und zieht sich dann zurück. In ihrer Bewegung erfasst sie die Steine, die an der Ozeanküste liegen, und zieht sie mit sich. Und im Laufe von Jahrtausenden werden die Steine geglättet. Jede Unebenheit auf den Steinen wird vom Ozean glattgeschliffen. Auf die gleiche Weise schleift Gott Tag um Tag, Jahr um Jahr mithilfe des Gesetzes der kosmischen

Zyklen eure unvollkommenen Eigenschaften, bis ihr glattgeschliffen seid, bis eure Aura die richtige ovale Form, Transparenz und Farben annimmt, die ursprünglich eurer Seele eigen waren, bevor ihr die Verkörperung in der physischen Welt auf euch nahmt.

Und dieser Vorgang des Schleifens eurer Eigenschaften und ihrer Umwandlung in göttliche Eigenschaften dauert länger als nur ein Leben.

Ein weiser Mensch versteht, dass die Wirkung des kosmischen Gesetzes nicht umgangen werden kann, doch das Ergebnis, auf das das kosmische Gesetz euch ausrichtet, kann in kürzerer Zeit erreicht werden, wenn ihr euch dem Gesetz nicht widersetzt, sondern zu seiner Erfüllung verhelft. Das Ergebnis wird in diesem Fall in einer geringeren Anzahl von kosmischen Zyklen erreicht. Und darin liegt der Sinn des Gesagten, dass die Tage für die Auserwählten verkürzt werden.

Ihr habt die Möglichkeit, eure Tage auf der Erde zu verkürzen, aber nur dann, wenn ihr die Rückkehr des Karmas beschleunigt. Und was für einen gewöhnlichen Menschen zur Abarbeitung Jahrzehnte erfordert, könnt ihr in einem Jahr schaffen.

Ihr wandelt die verzerrte Energie nur schneller um, weil ihr dies wünscht, und dank der göttlichen Gnade, die es euch erlaubt, dies zu tun.

Vernachlässigt daher nicht die Dispensation am 23. eines jeden Monats. Sind eure Absichten rein, so könnt ihr an diesem Tag das Karma des darauffolgenden Monats nicht nur dadurch transmutieren, dass ihr die richtigen Entscheidungen trefft, sondern auch durch eure Gebetspraxis.

Ich möchte, dass ihr euch das rechte Motiv zu eigen macht, mit dem ihr an diesem Tag anfangen sollt, Gebete zu lesen:

- Ihr erkennt aufrichtig alle eure Sünden an, die ihr in der Vergangenheit begangen habt, und ihr bemüht euch, so weit wie möglich alles zu tun, um diese Sünden in Zukunft nicht zu wiederholen.

- Und mit dem Momentum eures Herzens, das von Liebe für die ganze Schöpfung und für jedes Lebewesen erfüllt ist, seid ihr bereit, eine solche Menge an göttlicher Energie in eure Welt zu ziehen, dass ihr die von euch verzerrte Energie vollständig umwandeln könnt.

Und wenn ihr auf diese Weise, mithilfe des von euch erarbeiteten Momentums, all die unvollkommene Energie in Licht umwandeln könnt, die gemäß dem Gesetz in diesem kosmischen Zeitabschnitt zur Umwandlung offen steht, dann werdet ihr nichts mehr umzuwandeln haben, wenn die nächste Frist zur Umwandlung dieser Energie kommt.

Und dennoch werdet ihr euren Dienst fortsetzen. Denn solange ihr euch in der Verkörperung befindet, müsst ihr jede Minute eures Aufenthalts auf der Erde nutzen, um jenen Lebewesen zu helfen, die im Voranschreiten auf ihrem Weg nicht so erfolgreich sind wie ihr.

Damit ein Mensch seine Situation in dieser Welt begreifen, seine Unvollkommenheit erkennen und zu Gott streben kann, braucht er eine Anfangsenergie, die ihm ermöglicht, dies zu tun.

Stellt euch vor, ihr geht auf einen Menschen zu, der so sehr von Karma belastet ist, dass er sich seiner Verbindung mit Gott und mit allen anderen Wesen auf der Erde nicht länger bewusst ist. Er ist wie ein mit Ruß verschmutztes Gefäß. Allzu sehr mit Ruß verschmutzt. Warum solltet ihr nicht einen Teil eurer Energie dazu verwenden, um dieses Gefäß zu säubern? Mit einem Tuch darüber zu wischen und diesem Menschen zu helfen, wenigstens ein kleines Teilchen von der göttlichen Energie, einen kleinen Strahl des Lichtes zu erhalten, der sein schlafendes Bewusstsein zu wecken vermag.

Jeder von euch, falls ihr euch daran erinnert, befand sich in der Vergangenheit einmal in einem solch verschmutzten Zustand. Und immer war in eurer Nähe ein Mensch, der euch einen zärtlichen Blick zuwarf oder eurer Seele Mitgefühl erwies. Und ihr erhieltet jene Menge an Energie, die euch in dem Moment fehlte, um euer Bewusstsein auf die Ebene der Erkenntnis der höheren Realität zu heben.

Jeder von euch braucht Hilfe, und jeder von euch kann solche Hilfe leisten.

Ihr könnt diese Hilfe unbewusst leisten – durch euren Blick, oder durch eure Reaktion auf eine entstandene kritische Situation. Die beste Predigt wird euer persönliches Beispiel sein, wie ihr euch im Leben verhaltet und wie ihr Lebenssituationen und Lebensprüfungen akzeptiert.

Eure Abschlussprüfung für die Grundschule der Einweihungen wird der Tag sein, an dem ihr erkennt, wie vielen Mitmenschen ihr helfen müsst. Und eure größte Errungenschaft wird der Moment sein, wenn ihr euch aufrichtig über die Erfolge eurer Mitmenschen freut.

Wenn ihr euch aufrichtig über die Leistungen eurer Mitmenschen freut, so erlangt ihr als Momentum eurer eigenen Errungenschaften die Leistungen all der Menschen, über deren Erfolge ihr euch aufrichtig freut.

Auf diese Weise könnt ihr eure Schätze im Himmel mehren, die Schätze eures Kausalkörpers. Ihr könnt nichts weiter tun als anderen zu helfen und euch aufrichtig über ihre Erfolge zu freuen. Und ihr werdet weit mehr Verdienste und gutes Karma erarbeiten als selbst dann, wenn ihr alle eure Kräfte dem Kampf mit euren persönlichen Unzulänglichkeiten widmet.

Ich habe euch heute ein sehr einfaches Geheimnis enthüllt, dank dessen sehr viele ihren Aufstieg erhielten und die Reihe ihrer irdischen Verkörperungen beendeten.

Lernt, euch aufrichtig über die Leistungen anderer zu freuen und ihre Leistungen zu bewundern.

ICH BIN die Göttin der Freiheit,
und ich gab euch an diesem Tag meine Unterweisung.

Der Sinn der Gebetspraxis besteht gerade darin, euer Bewusstsein zu erhöhen

Padmasambhava

23. April 2005

ICH BIN Padmasambhava. Kennt ihr mich?

ICH BIN durch diese Gesandte gekommen, um euch ein wenig über die Arbeit zu erzählen, die ich während meiner Verkörperung auf der Erde leistete.

Ich kam vor mehr als tausend Jahren auf die Erde. Ich wurde durch den Verstand geboren. Ich wurde aus dem Lotos des Verstandes geboren.

Meine Ebene der Errungenschaften eines Buddhas ermöglichte es mir, auf eine solche Weise in diese Welt zu kommen.

Oh, ihr mögt mir nicht glauben. Viele Wunder geschehen auf der Erde, doch wenn ihr nicht an solche Wunder glaubt, so werden sie für euch nicht existieren.

Ihr glaubt nur an das, was ihr auf den Bildschirmen eurer Fernseher und auf den Bildschirmen eurer Computer seht.

Was unwirklich ist, haltet ihr für die Realität, und was wirklich ist, könnt ihr nicht wahrnehmen.

Ihr werdet zu einem Buddha, wenn in eurem Bewusstsein der umgekehrte Prozess stattfindet: Ihr werdet die Göttliche Realität wahrnehmen, während ihr euch mitten in der Illusion befindet, und ihr werdet euch der gesamten illusorischen Natur eurer Welt bewusst sein.

Ich kam auf die Erde, um die Grundlagen jenes Glaubens zu bejahen, der Buddhismus genannt wurde, um diesen Glauben zu erneuern und zu stärken. Dies war meine Mission. Und ich bin froh über die Möglichkeit, die sich mir geboten hat, mich an Menschen zu wenden, die in der Mehrheit nicht zu den Buddhisten zählen.

Tatsächlich kann jeder von euch sehr leicht Buddhist werden. Es reicht aus, wenn ihr in eurem Herzen den Entschluss fasst, niemals einem Lebewesen auf Erden Schaden zuzufügen, und ihr müsst die Verpflichtung auf euch nehmen, allen Lebewesen auf der Erde zu helfen. Und wenn ihr bereit seid, diese beiden Versprechen zu erfüllen, so könnt ihr euch vom heutigen Tage an als Buddhisten betrachten.

Ich bin am Tag vor dem Vesakh-Fest zu euch gekommen, wenn der Vollmond im Zeichen Stier steht. Und ich bin gekommen, um die Grundlagen des Buddhismus in euren Herzen zu bejahen, genauso wie ich vor mehr als tausend Jahren mit dieser Mission kam. Nichts hat sich in der Welt verändert. Die Welt verbleibt nach wie vor in der Illusion und hat keine Eile, sich von der Illusion zu trennen.

Eure Gebetspraxis muss Bestreben haben. Wenn ihr ohne das nötige Bestreben betet, verschwendet ihr eure Zeit. Und wenn euch während des Betens oder Meditierens Gedanken kommen, welch große Arbeit ihr für die Menschheit leistet, so verliert euer Gebet seinen Sinn.

Während des Gebets müsst ihr euer menschliches Bewusstsein völlig zurücklassen. Wie könnt ihr mit Gott reden, wenn ihr euch in eurem Bewusstsein nicht zu einer solchen Höhe erhoben habt, wo Gott euch hören kann? Wenn ihr miteinander redet, so bemüht ihr euch, einander näher zu kommen, damit der Mensch, an den ihr euch wendet, euch hören kann. Warum bemüht ihr euch beim Gespräch mit Gott nicht darum, dass Gott euch hören kann?

Gott spricht zu euch in der Sprache des Herzens, und er spricht zu euch in eurem Herzen. Daher soll während eures Gebets nichts eure Aufmerksamkeit ablenken. Ihr müsst ganz auf euer Herz konzentriert sein, auf die Empfindungen in eurem Herzen.

Ihr müsst dabei nicht unbedingt die Worte eines Gebets aussprechen. Ihr vereinigt euer Bewusstsein einfach mit dem Bewusstsein Gottes. Ihr erhebt euer Bewusstsein auf die Ebene eures Höheren Selbst. Und ihr seid in Gott.

Der ganze Sinn der Gebetspraxis besteht gerade darin, euer Bewusstsein zu erhöhen. Wenn eure Lippen und eure Zunge die Worte des Gebets aussprechen, aber euer Geist gleichzeitig in der Umgebung umherirrt und beobachtet, was andere Leute tun, so wäre es besser für euch, das Gebet zu beenden. Ihr tut dann etwas Sinnloses. Das Gebet ist ein Gespräch mit Gott und keine Übung für die Zunge. Ihr wisst, dass es im

Buddhismus einen Unterschied im Verständnis von Gott gibt. Doch wenn ihr unter Gott das höchste Gesetz versteht, das Absolute, den höchsten Verstand, dann werdet ihr schon fast zu Buddhisten.

Wie seltsam ist es zu beobachten, wenn die Menschen mit ihrem menschlichen Bewusstsein beurteilen, wie Gott ist und was Er ist. Und wenn eure persönlichen Vorstellungen von Gott nicht mit den Vorstellungen eines anderen Menschen übereinstimmen, so kann es sein, dass ihr sogar eine Feindseligkeit gegenüber diesem Menschen empfindet. Jeder Mensch hat in seinem Bewusstsein sein eigenes Bild von Gott. Daher müsst ihr einfach den Gedanken zulassen, dass andere Menschen eine andere Vorstellung von Gott haben können. Das bedeutet aber nicht, dass der eine die richtigere Vorstellung von Gott hat und der andere die weniger richtige.

Ihr nähert euch Gott nur dann, wenn ihr euer Bewusstsein auf die höchste euch zugängliche Ebene erhebt. Und je höher die Ebene eures Bewusstseins ist, desto mehr werdet ihr verstehen, dass ihr Gott nicht begreifen könnt. Und selbst wenn ihr in den Augen anderer Menschen zu einem Gott werdet, werdet ihr Gott immer noch nicht erkennen.

Es gibt nur ein ewiges Streben, das Sein zu begreifen, ein ewiges Übertreffen seiner selbst. Wenn ihr aber in eurem Bewusstsein den Zustand des Nirwana erlangt, so werdet ihr verstehen, dass ihr alles erreicht habt und nichts weiter erkennen müsst, denn ihr seid in den Zustand der Göttlichkeit eingegangen.

Es werden jedoch kosmische Zeiten kommen, wenn ihr diesen Zustand wieder verlassen werdet und erneut Gott zu erkennen beginnt. Und dieser Prozess hat weder Anfang noch Ende.

Ihr befindet euch jetzt aber auf der niedrigsten Stufe der Erkenntnis Gottes, und die allererste Aufgabe, die ihr zu bewältigen habt, besteht darin, die illusorische Welt von der wirklichen Welt zu unterscheiden. Und vor allem müsst ihr lernen, die Illusion im Inneren eures eigenen Bewusstseins zu unterscheiden.

Wenn ihr über eure Gedanken und Gefühle nachdenkt, so werdet ihr verstehen, dass eure Gedanken und Gefühle völlig unwirklich sind. Alles, was ihr mit eurem menschlichen Verstand berührt, ist nur eine Illusion. Daher ist der erste Schritt zur Befreiung von der Illusion euer Verständnis, dass alle eure Gedanken und Gefühle nur eine Illusion sind. Und sobald ihr das verstanden habt, werdet ihr für den nächsten Schritt bereit sein, nämlich zu verstehen, was in euch real ist.

Es gibt viele Meditationspraktiken. Sie alle sind darauf ausgerichtet, mit dem wirklichen Teil eurer selbst in Berührung zu kommen. Und euer erster Schritt zum wirklichen Teil eurer selbst ist die Beruhigung eures Geistes.

Ich werde euch mein Mantra geben. Ich lege meine Energie in dieses Mantra, das Momentum meiner Errungenschaften. Wenn ihr euch daher entschließt, dieses Mantra jetzt zu rezitieren, so werdet ihr davon die größte Wirkung erfahren. Dieses Mantra wird euch helfen, euch nicht nur von der übermäßigen Beweglichkeit eures Geistes zu befreien, sondern ermöglicht euch auch, viele eurer Unvollkommenheiten loszuwerden.

Also sprecht in Demut aus:

OM MANI PADME HUM

Wiederholt dieses Mantra so viel und so oft, wie ihr dies tun möchtet. Dieses Mantra wird euch helfen, euer Ego so schnell loszuwerden, wie ihr dies in eurem Verstand zulasst.

Einige von euch denken, dass sie sich vielleicht nicht bis zum Ende dieses Lebens von ihrem Ego trennen können. Andere denken, dass sie noch einige Leben benötigen, um sich von ihrem Ego zu befreien.

Es wird genau das geschehen, was ihr in eurem Bewusstsein zulasst. Und wenn ihr in eurem Bewusstsein zulasst, dass ihr euch von eurem Ego befreien werdet, wenn ihr mein Mantra ein Jahr lang tausendmal am Tag rezitiert, so wird es geschehen.

Vergesst aber bitte vor dem Rezitieren meines Mantras nicht, meinen Empfehlungen zu folgen, die ich euch in dieser Botschaft gab.

Vergesst nicht, dass ihr mit Gott redet. Und kommt ihm in eurem Herzen so nah wie möglich, damit Er euch hören kann.

ICH BIN Padmasambhava,
und ich war heute am Tag vor dem Vesakh-Fest bei euch.

Ihr müsst alle Finsternis aus Russland vertreiben, durch die Kraft eurer Herzen, durch die Kraft eures Beispiels

Der Aufgestiegene Meister Nikolai
24. April 2005

ICH BIN der Aufgestiegene Meister Nikolai. Ihr kennt mich. ICH BIN der russische Zar Nikolaus II. aus dem Geschlecht der Romanows, jetzt der Aufgestiegene Meister Nikolai.

Ich bin sehr aufgeregt angesichts unseres heutigen Treffens und freue mich über diese Möglichkeit, mich an euch zu wenden. An alle, die in Russland leben und in den Ländern, die man früher Russland nannte.

Ich rede, und meine Augen füllen sich mit Tränen. So vieles möchte ich euch sagen. Doch vor allem möchte ich euch das Wichtigste mitteilen, was ihr in diesem historischen Moment wissen müsst. Das, was für euch nicht sichtbar ist, was sich aber tatsächlich auf der feinstofflichen Ebene über Russland ereignet.

Eine große Anzahl der himmlischen Mächte haben jetzt ihre schöpferischen Bemühungen über dem Territorium dieses Landes konzentriert. Im Himmel über Russland ist eine gewaltige Kraft versammelt.

Und wir sind bereit zum Handeln. Alles ist bereit, die letzten Vorbereitungen sind abgeschlossen. Die göttliche Möglichkeit, der Plan des Himmels für Russland ist zur Präzipitation auf die physische Ebene bereit.

Oh, dies ist ein grandioser Plan! Und alles, was wir jetzt brauchen, ist eure Hilfe bei der Präzipitation dieses Planes auf die physische Ebene. Ihr wisst, damit die Präzipitation des göttlichen Plans auf der physischen Ebene stattfinden kann, brauchen wir eine bestimmte Anzahl verkörperter Individuen, die uns und dem Willen Gottes ganz ergeben sind.

Wir verstehen, wie schwer es für euch ist, einen solch rasenden Ansturm der Mächte auszuhalten, die ihr Ende vorausahnen und daher jetzt unverhüllt handeln, ohne sich im Geringsten darum zu bemühen, ihre gottlosen Taten hinter dem Deckmantel irgendeiner Ideologie oder hinter einer anderen Verschleierung ihrer Schamlosigkeit zu verbergen.

So verhält sich ein tödlich verwundetes Tier, das sein nahes Ende spürt und in seiner rasenden Wut und Machtlosigkeit alles zu vernichten und zu zerstören bereit ist, was ihm in den Weg kommt.

Jene Kräfte, die jetzt in Russland an der Macht sind, gleichen einem solchen tödlich verwundeten Tier. Und es scheint, dass nichts sie aufhalten und zur Vernunft bringen kann.

Es gibt aber einen Plan Gottes für dieses Land, und dieser Plan wird verwirklicht werden. Ein Aufschieben um einige Jahrzehnte oder sogar um ein Jahrhundert ist eine unbedeutende historische Zeitspanne. Ihr wisst, dass ich und viele Mitglieder meiner Familie Ende des 19. und Anfang des 20. Jahrhunderts zu dieser hohen Mission verkörpert waren.

Doch das Tier war zu jener Zeit noch stark. Und es fand bei dem Volk Russlands Unterstützung und nutzte die Unwissenheit der Menschen aus, die dieses Land bevölkerten. Unwissenheit ist ein Mangel, durch den die bösartigsten Mächte auf diesem Planeten wirken. Der unwissende Mensch wird zum blinden Werkzeug in den Händen der Mächte der Finsternis.

Wie schmerzlich war es für mich, mir während der Zeit meiner Abdankung vom Thron und der darauffolgenden schändlichen Festnahme und Inhaftierung meiner Machtlosigkeit bewusst zu werden. Ich liebe Russland. Ich liebe Russland mit meinem ganzen Herzen, mit meinem ganzen Wesen. Und ich war bereit, mich und meine Familie zu opfern, nur um den Menschen die Möglichkeit zu geben, ihre Chance auf eine helle Zukunft zu bekommen.

Ihr wisst, dass ich mein Schicksal kannte. Ich wusste von dem Märtyrertod, der mir und meinen Kinder bevorstand. Und es gab viele Wege, mein Leben zu bewahren und ins Ausland zu fliehen. Ich wies sie alle zurück.

Ich nahm dieses Kreuz, diese Kreuzigung bewusst auf mich. Am schwierigsten war es, den Widerstand jenes Teils in mir zu überwinden, der meine Kinder um jeden Preis zu retten versuchte. Doch ich opferte meine Kinder. Genauso, wie Abraham bereit war, seinen Sohn zu opfern. Und ich hoffte bis zum letzten Moment, dass Gott die Hand des Schicksals abwenden würde – wenn nicht von mir selbst, so wenigstens von meinen Kindern. Aber nein. Das Schreckliche geschah.

Die heiligen Unschuldigen wurden dem Märtyrertod übergeben. Und dieser Moment diente als Signal für die bösartigsten Mächte der Finsternis, aus ihrem Hinterhalt hervorzukriechen und sich auf die Macht zu stürzen.

Alle Finsternis trat nach außen. Was zuvor noch den Anstand zu wahren versucht hatte, kroch jetzt aus dem Versteck hervor. Es war ein Bacchanal der niederträchtigsten Geister. Und dieses Bacchanal setzt sich bis heute fort. Und während sich diese Menschen früher noch hinter einer Maske der Ideologie verbargen und sich hinter der Sorge um die Bedürfnisse der Menschen versteckten, so bemühen sie sich heute nicht länger, ihre Gesetzlosigkeit irgendwie zu rechtfertigen.

Es ist traurig zu beobachten, was in Russland vor sich geht. Ihr wisst aber, dass eine Krankheit, die nach innen gedrängt wird, unmerklich an einem Organismus zehren kann, bis er alle Kraft verloren hat und stirbt.

In Russland geschah es jedoch, dass alle Mächte des Bösen, alle bösen Geister, alle Krankheiten nach außen getreten sind. Und schon mehr als ein Jahrhundert liegt Russland im Fieber. Doch ich glaube an die Macht dieses Landes, ich glaube an das Volk dieses Landes, und ich weiß, dass die Krankheit früher oder später besiegt werden wird.

Bevor Gott diesem Land eine neue Möglichkeit gibt, muss es einer Katharsis, einer Reinigung, unterzogen werden. Und nach der Reinigung muss die Reue erfolgen, und erst dann wird sich für die Völker Russlands der lichte Weg öffnen.

Ich hätte mich widersetzen können. Ich hätte meine Familie retten können, und wir hätten alle am Leben bleiben können. Doch welchen Sinn hätte mein Leben ohne Russland gehabt? Ich wählte den Weg, dem Kampf zu entsagen. Der Gewalt zu entsagen. Ich wählte den Weg Christi und erlaubte es, dass ich und meine Familie gekreuzigt wurden.

Ich wurde zum Aufgestiegenen Meister, ich erlangte meinen Aufstieg. Aber meine Kinder, meine Töchter sind immer noch in der Verkörperung. Zwei von ihnen wurden Gesandte der Großen Weißen Bruderschaft – die eine in Amerika, und die andere in Russland.

Und wenn ich mein Leben noch einmal leben würde, so würde ich erneut die Kreuzigung für mich und meine Familie wählen.

Ihr wisst, dass Jesus mit seinem Märtyrertod das Karma der Menschheit auf sich nahm. Er litt für die Sünden der Menschen. Die Heiligen aller Zeiten nahmen die Sünden der Menschheit, einen Teil des planetarischen Karmas auf sich, damit die Last erleichtert werde und die Menschheit sich aufrichten und zum Himmel blicken kann.

Nun seid ihr an der Reihe. Ihr, die ihr euch jetzt in der Verkörperung befindet, seid verantwortlich für die Zukunft Russlands, für die Zukunft des gesamten Planeten. Denn nach dem Plan Gottes muss Russland allen anderen Ländern den Weg zeigen.

Ich beschreibe euch die Situation, in der ihr euch befindet, so, wie ich sie im aufgestiegenen Zustand meines Bewusstseins sehe.

Und ich sehe, dass man nicht mehr lange warten muss. Doch gerade jetzt werden euch wie nie zuvor alle Anstrengungen abverlangt.

Alles ist in Russland durcheinandergeraten. Der Weizen wurde mit dem Unkraut vermischt, als hätte jemand alles absichtlich durcheinandergebracht. Das riesige Tier hat auf seinem Weg alles durcheinandergeworfen und setzt sein Zerstörungswerk auch weiterhin fort.

Doch jetzt ist alles offen sichtbar, und ihr habt die Möglichkeit, nach den Früchten zu beurteilen.

Ihr seht jetzt, wer wer ist.

Doch ich bitte euch, das Kämpfen aufzugeben. Folgt dem Weg, den Jesus euch gezeigt hat. Folgt dem Weg, den ich in meiner letzten Verkörperung wählte. Eure Aufgabe ist es, auf jegliche Gewalt zu verzichten.

Ihr müsst alle Finsternis aus Russland vertreiben, durch die Kraft eurer Herzen, durch die Kraft eures Beispiels.

Jeder von euch muss sich in einen gigantischen Generator des Guten und des Lichtes verwandeln. Und dort, wo ihr euch befindet, wird kein Platz mehr für die Finsternis sein.

Lasst sie aus Russland fliehen. Lasst sie das Raubgut nehmen und verschwinden. Gott wird Russland nie verlassen, solange mindestens ein Heiliger in der Verkörperung ist.

Und jetzt befindet sich eine nie dagewesene Anzahl von Heiligen in der Verkörperung.

Vergesst nicht, selbst wenn ihr auf der physischen Ebene eine augenscheinliche Niederlage erleidet, erringt ihr auf der feinstofflichen Ebene gewaltige Siege.

Ihr seid unsterblich. Und indem ihr euren physischen Körper opfert, bejaht ihr nur das Leben. Ihr bejaht die Grundsätze des Guten und des Lichtes auf diesem Planeten.

Vermehrt das Licht! Tut Gutes!

Man wird euch verfolgen. Man wird euch durch Elend erniedrigen.

Ich flehe euch an, all dies zu ertragen. Wie ihr es im Laufe der ganzen schwierigen Geschichte dieses Landes ertragen habt.

Es wird nicht mehr lange dauern, meine Geliebten. Habt Geduld.

Die Zeiten haben sich geändert. Und was für eure Augen nicht sichtbar ist, kann ich von meinem aufgestiegenen Zustand aus sehen.

Und ich sage euch, Russland ist ein großes, ein besonderes Land. Und seine Macht ist jetzt auf der feinstofflichen Ebene konzentriert.

Und ihr wisst, dass der Plan Gottes, die Absicht Gottes ausgeführt werden wird, trotz allem Widerstand der Mächte der Finsternis.

Wie sehr das verwundete Tier auch toben mag, das Ende ist vorbestimmt.

Man muss nicht mehr lange warten. Habt Geduld, meine Geliebten.

Ich werde euch helfen. Ich werde euch alle Hilfe geben, die zu geben mir erlaubt wird. Bittet mich in euren Gebeten um Hilfe.

Und mögen eure Herzen von der Erwartung eines baldigen großen Sieges mit Freude erfüllt sein!

ICH BIN der Meister Nikolai,
und ich stehe jedem Lichtträger Russlands bei.

**Ihr seid in diese Welt gekommen, um zu handeln.
Tut eure Pflicht!**

Der Geliebte El Morya
25. April 2005

ICH BIN El Morya, und ich bin erneut durch diese Gesandte zu euch gekommen.

Ich beeile mich, mein Momentum des Lichtes im Kraftfeld von Tatyana zu fixieren. Entsprechend der mir gegebenen Pflicht habe ich in den letzten einhundert Jahren alle Gesandten gesalbt.

Und jetzt, in diesem Moment platziere ich meine elektronische Gegenwart über Tatyana als Zeichen meines Schutzes und meiner Obhut.

Ich kann meine Sponsorschaft nicht einer Organisation erweisen, weil es keine Organisation auf der physischen Ebene gibt. Es gibt nur eine Gesandte.

Daher nehme ich Tatyana vom heutigen Tage an unter meine Sponsorschaft und befestige meinen beschützenden Faden in ihrer Aura.

Ich mache es jetzt.

…

Es ist vollbracht!

Von diesem Moment an statte ich Tatyana mit Vollmachten aus, mich in der physischen Oktave zu vertreten, und ich nehme sie unter meinen Schutz.

Ich bin froh, dass ich wieder meine Stellvertreterin auf der Erde habe, auf der physischen Ebene dieses Planeten.

Ihr wisst, dass ich bestrebt bin, mit Menschen zu arbeiten. Kein anderer Meister hat so viele Schüler wie ich. Aber ich erweise meine persönliche Sponsorschaft äußerst selten und nur in Ausnahmefällen.

Ihr ahnt vielleicht nicht, was das bedeutet.

Sobald die Bruderschaft die Möglichkeit erhält, einen dauerhaften Fokus des Lichtes in der Aura eines Gesandten in einem bestimmten Land zu verankern, und solange dieser Fokus des Lichtes aufrechterhalten wird, leisten wir nicht nur der Gesandten selbst, sondern auch dem ganzen Land unseren Schutz und unsere Unterstützung.

Daher konzentriere ich eure Aufmerksamkeit auf das heutige Ereignis. Und wir werden sehen, was die Zukunft bringen wird, inwieweit sich unsere Hoffnungen und unser Vertrauen als gerechtfertigt erweisen werden.

Und dies betrifft nicht nur die Gesandte selbst, es betrifft auch jene Lichtträger, die gegenwärtig in Russland verkörpert sind. Dies ist eine Chance für euch alle, in allen euren Initiativen beispiellose Unterstützung und die Hilfe des Himmels zu erhalten.

Und ich verspreche vom heutigen Tag an denen von euch, die unsere Gesandte mit ganzem Herzen annehmen, dass ich auf jeden eurer Rufe antworten werde. Und ich werde euch alle nur mögliche Hilfe erweisen, die euch in euren Initiativen erwiesen werden kann. Die einzige Bedingung ist die Reinheit eurer Motive, und dass eure Initiativen dem Willen Gottes entsprechen müssen.

Meine Geliebten, seid ihr euch darüber im Klaren, welch eine Möglichkeit ihr erhaltet? Ist es nicht atemberaubend, auf eure erste Anrufung hin die Hilfe und den Schutz der Aufgestiegenen Meister zu erhalten?

Könnt ihr euch vorstellen, wie schnell sich alles um euch herum verändern wird?

Also, alles, was ihr tun müsst, ist, an euren Altar heranzutreten oder in euer Herz zu gehen und die folgende Anrufung zu machen:

„Im Namen des ICH BIN WAS ICH BIN, im Namen meiner mächtigen ICH-BIN-Gegenwart, im Namen meines heiligen Christus-Selbst, im Einklang mit der Möglichkeit, die mir von dem geliebten El Morya durch die Gesandte der Großen Weißen Bruderschaft, Tatyana Mickushina, gegeben wird, bitte ich darum, dass der Wille Gottes sich in meiner Arbeit offenbart, die ich im Namen Gottes in dieser physischen Oktave erfülle".

Als Nächstes beschreibt ihr das Wesentliche jener Maßnahme oder Sache, für die ihr meine persönliche Hilfe und die Hilfe der Aufgestiegenen Lichtwesen erhalten möchtet.

Ihr könnt eure Bitte auf ein Blatt Papier schreiben und es verbrennen. Sogar ohne eine Organisation erhaltet ihr auf solche Weise Hilfe, die euch in euren göttlichen Aktivitäten direkt erwiesen wird, wo immer ihr euch befinden mögt.

Es hat keine Bedeutung, ob ihr allein oder in einer Gruppe Gleichgesinnter handelt.

Damit ihr auch die Anrufungen unserer Gesandten als Hilfe in eurer Arbeit nutzen könnt, empfehle ich euch, eine Kopie eurer Bitte direkt an meine Gesandte zu schicken.

Von diesem Tag an erhält Tatyana den Mantel meiner persönlichen Gesandten, zusätzlich zu dem Mantel der Gesandten der Großen Weißen Bruderschaft, der vor einem Jahr auf ihre Schultern gelegt wurde.

So werden wir sehr bald alle Lichtträger kennen, die bereit sind, sich dieser neuen Dispensation anzuschließen und in ihrem Rahmen zu handeln.

Es gibt jedoch einen Unterschied zu unseren früheren Dispensationen. In der Vergangenheit legten wir unseren Fokus in eine bestimmte Organisation, die sich in einem bestimmten Land befand. Und in der Regel stand der Gesandte an der Spitze dieser Organisation, und die gesamte organisatorische Arbeit lastete auf seinen Schultern. Jetzt haben wir einen anderen Weg gewählt. Auf eure Bitte hin werden wir jenen Organisationen, die ihr an eurem Wohnort gründet, unseren Schutz und unsere Unterstützung gewähren.

Wartet nicht auf irgendein Kommando außer den Weisungen eures Herzens.

Ihr seid in die Verkörperung gekommen, und jeder von euch hat sich für eine bestimmte Mission verkörpert. Ihr wisst, was ihr tun müsst.

Ihr braucht nicht unbedingt eine Organisation zu gründen, die alle Aspekte der Tätigkeit umfasst. Es muss nicht unbedingt eine öffentliche oder religiöse Organisation sein.

Ihr könnt eine kommerzielle Organisation gründen, um göttliche Prinzipien in den Geschäftsmethoden in eurem Land zu etablieren. Ihr könnt eure eigene Gesundheits- oder Bildungseinrichtung gründen.

Die einzige Anforderung ist: Die Priorität für eure Organisationen müssen die ihnen zugrundeliegenden göttlichen Grundsätze sein, und die Hilfe für eure Mitmenschen.

Jagt nicht dem Geld nach. Es wird gerade so viel Geld geben, wie ihr für die Verwirklichung eurer Pläne benötigt.

Geld, die Energie des Geldes, ist zweitrangig. Das Wichtigste ist die Reinheit eures Herzens und der Wunsch, den Willen Gottes zu erfüllen.

Das ist euer Dienst, den zu tun ihr in diese Welt gekommen seid. Die Zeit für konkrete Taten ist gekommen. Und sagt mir nicht, dass ihr nicht wisst, was ihr tun sollt. Schaut euch um.

Sehen denn eure Augen wirklich nicht, wozu eure Fähigkeiten, eure Kräfte, eure Hände und Füße eingesetzt werden können?

Die Zeit für konkretes Handeln ist gekommen. Ihr seid in diese Welt gekommen, um zu handeln. Seid so gut und erfüllt eure Pflicht.

Genug des leeren Geredes, wer von euch die größeren Erfolge auf dem Weg erzielt hat. Ich möchte sehen, was ihr wirklich in der physischen Welt leisten könnt, die euch umgibt.

Ihr seid in diese Welt gekommen, um zu handeln. Tut eure Pflicht!

Und wenn ihr immer noch nicht verstanden habt, wovon ich rede, so muss ich zu euch hinabsteigen, die Ärmel hochkrempeln und euch zeigen, was ihr tun müsst.

Seht, wie viel Müll es um euch herum gibt.

Und es geht dabei nicht nur um den physischen Müll. Es ist auch der Müll, der all eure Massenmedien, das Fernsehen, das Radio, das Internet und die Zeitungen überfüllt.

Entfernt den Müll aus eurer Umgebung und aus eurem Bewusstsein.

Und wenn jemand von euch nicht weiß, wofür er seine Kräfte einsetzen soll, so bleibt euch nur zu beten und Gott um Erleuchtung zu bitten, denn ihr seid so sehr von der göttlichen Wirklichkeit entfernt, dass ihr nicht einmal mehr erkennen könnt, wie sehr die Welt, in der ihr euch aufhaltet, von dieser göttlichen Wirklichkeit entfernt ist.

Die Zeiten haben sich geändert, und mit dem Wechsel der Zyklen wählen wir eine andere Vorgehensweise.

Wir werden keine einheitliche Organisation gründen, die ein Leckerbissen und eine Versuchung für diejenigen wäre, die anführen wollen.

Nein, wir werden unseren Fokus des Lichtes über jeder Organisation platzieren, die unseren Prinzipien entspricht und entweder direkt oder durch unsere Gesandte um unseren Schutz und unsere Unterstützung bittet. Und wir werden durch jeden handeln, der seinen Tempel auf unsere Ankunft vorbereitet hat. Wir nehmen einfach eure Einladung an, in eure Tempel einzugehen, und euer Angebot, zu unseren Händen und Füßen auf der physischen Ebene zu werden.

Wir werden in eure Tempel eingehen. Und dies wird sich auf eine solch natürliche Weise vollziehen, dass ihr unsere Gegenwart nicht einmal bemerken werdet. Und wir zeigen euch den besten Weg, wie ihr handeln könnt, und was vorrangig ist, worauf ihr eure Anstrengungen richten müsst.

Und wenn jemand von euch sagt, dass er keine Möglichkeit hat, eine Organisation oder ein Unternehmen zu gründen, und dass er keine Gleichgesinnten und Unterstützer hat und ganz und gar allein ist, so gestattet mir, dass ich es euch nicht glaube.

Ihr lebt unter Menschen, und diese Menschen brauchen eure Hilfe. Ihr habt eure vier niederen Körper, und diese Körper müssen gereinigt werden.

Sagt mir also nicht, dass ihr nicht wisst, was ihr zu tun habt und womit ihr euch beschäftigen sollt.

Die Zeit zum aktiven Handeln ist gekommen. Der Himmel wird euch in allen euren Initiativen beistehen, wenn sie dem Willen Gottes entsprechen!

Worauf wartet ihr noch?

Muss ich wirklich zu euch kommen und euch zeigen, was ihr tun müsst? Dann haltet eure Schultern her, und ich werde euch einen Teil meiner Pflichten und meiner Arbeit übertragen.

Jeder muss seine Arbeit leisten. Beginnt mit der Arbeit, und ihr werdet über die Hilfe erstaunt sein, die euch gegeben wird.

ICH BIN El Morya,
und ich bin immer bei euch, dort, wo ihr konkrete Dinge
im Namen Gottes tut.

Eine Lehre über die Zwillingsflammen

Der Geliebte Kuthumi
26. April 2005

ICH BIN Kuthumi, und ich bin durch diese Gesandte zu euch gekommen. ICH BIN gekommen, um euch eine neue Lehre über die Zwillingsflammen zu geben. Diese unterscheidet sich von der Lehre, die euch zuvor gegeben wurde.

Ihr wisst, dass es in jedem Mann und in jeder Frau, die auf der Erde verkörpert sind, sowohl das männliche als auch das weibliche Prinzip gibt. Im Grunde genommen habt ihr in eurem höchsten Aspekt, in euren höheren Körpern kein Geschlecht, ihr seid androgyn. Und erst im Laufe der Differenzierung, der Verdichtung der Materie erhaltet ihr zuerst einen physischen Körper und dann die Merkmale eines Geschlechts. Der Trugschluss der früheren Vorstellungen bestand darin, dass ihr außerhalb eurer selbst einen Teil von euch habt, der in einer bestimmten Phase der Evolution von euch getrennt wurde.

Was aber die Geschichte der Entwicklung eurer Seelen betrifft, so war in Wirklichkeit euer weißfeuriger Kern beziehungsweise eure ICH-BIN-Gegenwart, der unsterbliche Teil Gottes in euch, niemals in zwei Teile geteilt, die das männliche und das weibliche Prinzip darstellen. Dies ist eine falsche Vorstellung, von der wir zuließen, dass sie euch in einem bestimmten Abschnitt eurer Entwicklung offenbart wurde. Jetzt hat aber eine neue Phase begonnen, und wir können euch eine etwas andere Sicht auf die Entwicklung eurer Seele geben, die sich von der vorhergehenden unterscheidet.

Euer höchster Körper wurde also niemals in eine männliche und weibliche Polarität geteilt. Aber woher kam dann die Vorstellung von den Zwillingsflammen und all die schönen Legenden von der Suche nach eurer zweiten Hälfte, und dass man durch die rechtmäßige Ehe zweier Zwillingsflammen die Einheit erlangen könne?

Gestattet es mir, die Sache zu erklären. Eure Seele und eure höheren Körper haben kein Geschlecht. Sie sind geschlechtslos. Nur euer physischer Körper hat ein Geschlecht, und er hat die Geschlechtsmerkmale erst vor relativ kurzer Zeit in der evolutionären Entwicklung, vor einigen Millionen Jahren, erlangt.

Bis zur Aufteilung in Geschlechter war der Vorgang der Geburt von Kindern ganz anders. Aber wir werden jetzt nicht weiter darauf eingehen.

Woher kam also die Vorstellung von eurer zweiten Hälfte und dem mit ihr verbundenen Glück?

In einer bestimmten Phase der Evolution erhieltet ihr einen höheren Körper, der in verschiedenen Religionssystemen unterschiedliche Namen hat. Dies ist euer Christus-Selbst, oder euer Höheres Selbst oder das Höhere Manas.

Ihr habt vielleicht aus diesen Botschaften verstanden, dass euer Höheres Selbst euch als eine Emanation von höheren geistigen Wesen gegeben wurde, die euch mit einem kleinen Teil ihrer selbst begnadet haben. Und dies war in einer bestimmten Phase der menschlichen Evolution notwendig. Der Mensch sollte in seinem Inneren einen Wegführer erhalten, dessen Weisungen er folgen konnte, um das ihm so fehlende Gefühl der Einheit mit Gott und mit der gesamten Schöpfung zu erlangen.

Als sich der geliebte Jesus in der Verkörperung befand, gab er die Lehre von der Einheit der Seele. Ihr erinnert euch an das Gleichnis vom Bräutigam, und ihr erinnert euch an die Erwähnung der Braut, die sich auf die Ankunft des Bräutigams vorbereitet hat. Dies ist die Lehre über die Zwillingsflammen, die von Jesus dargelegt wurde und die eine andere, aber richtigere Bedeutung hat. Die Einheit mit eurer Zwillingsflamme ist die Einheit mit dem höheren Teil eurer selbst.

Es kommt ein neuer Abschnitt in der kosmischen Evolution, und dieser Abschnitt kommt recht bald, wenn jeder von euch die Einheit mit seiner Zwillingsflamme, mit seinem Christus-Selbst finden muss.

Die Vereinigung der Zwillingsflammen ist ein Ritual, bei dem eure niederen Körper oder eure Seele in ihren Schwingungen mit eurem höheren Körper, eurem Christus-Selbst, in Einklang gebracht werden.

Und weil ihr zu diesem Zeitpunkt eure niederen Körper vollständig gereinigt habt, zirkuliert die Energie frei durch eure Körper und spült sie. Und jene Ekstase der Einheit, die ihr erlebt, wenn ihr euch mit dem höheren Teil eurer selbst wiedervereinigt, erhebt euch auf den Gipfel einer grenzenlosen Glückseligkeit, die sich in keiner Weise mit der Vereinigung zwischen Mann und Frau auf der physischen Ebene vergleichen lässt.

Oh, meine Geliebten! Gott hat noch viele Geheimnisse und Mysterien, die euch zu gegebener Zeit enthüllt werden. Und es mag sein, dass ich heute in euren Köpfen die schöne Legende von den Zwillingsflammen zerstört habe, die jedem so am Herzen lag, der sich mit dieser Lehre durch einen früheren Gesandten vertraut machen konnte. Früher oder später muss man aber die Kindermärchen beiseitelegen und erwachsen werden.

Und es ist immer angenehm, im erwachsenen Bewusstseinszustand im Leben auf Wunder zu treffen, deren Beschreibungen ihr selbst in den besten Geschichten nicht begegnet seid. Denn an die göttliche Realität, und ein Erfassen der göttlichen Realität, können selbst die kühnsten Fantasien der Geschichtenerzähler nicht heranreichen, die die göttlichen Wahrheiten durch ihr menschliches Bewusstsein verändern.

Und jetzt, meine Geliebten, möchte ich noch einen Punkt ansprechen, der euch in Erstaunen versetzen mag. Da in jenen fernen Zeiten jedes Lichtwesen viele Lebensströme mit einem Teil von sich selbst ausstattete, haben viele von euch das Christus-Selbst, das die gleiche Natur hat und zu demselben Lichtwesen gehört, das euch einen Teil von sich gab.

Und wenn ihr einen Zustand der Einheit mit dem höheren Teil eurer selbst erlangt und andere Menschen ebenfalls den Zustand der Einheit mit dem höheren Teil ihrer selbst erreichen, so werdet ihr miteinander eins. Ihr empfindet eure Einheit mit jedem. Und anstatt einer einzigen Zwillingsflamme spürt ihr die Einheit mit Millionen von Zwillingsflammen, die eine gemeinsame Natur mit eurem Christus-Selbst haben.

Doch gibt es noch einen anderen Aspekt der Legende von den Zwillingsflammen, und dieser Aspekt ist mit einem noch viel früheren Abschnitt der kosmischen Evolution verbunden. Irgendwann, zu Beginn der Erschaffung dieses Universums, erfolgte eine Trennung in männliche und weibliche Polarität, und diese Trennung diente als Punkt, an dem das manifestierte Universum seinen Anfang nahm. Der Punkt, von dem aus die gesamte Schöpfung sich zu manifestieren begann. Daher, wenn ihr in eurer evolutionären Entwicklung zusammen mit dem Universum wieder zu diesem Punkt werdet, werden sowohl die männliche als auch die weibliche Polarität in diesem Universum verschwinden. Doch dies wird sich nach menschlichen Maßstäben in unendlich ferner Zeit ereignen.

Und jetzt kann euer Bewusstsein viele kosmische Wahrheiten nicht erfassen. Aber ich mache es mir auch nicht zur Aufgabe, euch alle Wahrheiten darzulegen, selbst in der Form, wie ich sie von meinem aufgestiegenen Zustand aus sehe.

Fürs Erste reicht es, was ich euch gesagt habe.

Zum Trost kann ich noch sagen, dass jene Individuen, deren Christus-Selbst von der gleichen Natur wie mein Christus-Selbst ist, in gewisser Weise meine Zwillingsflammen sind. Und daher habt ihr außer eurem Christus-Selbst, das zu Recht eure Zwillingsflamme ist, noch einige Millionen weitere Zwillingsflammen, die sich in der Verkörperung befinden und die eine gemeinsame Natur mit euch auf der Ebene des Christus-Selbst haben.

Und manche werden sich darüber freuen, und andere werden enttäuscht sein.

Es ist jedoch unmöglich, den Prozess des Erkennens der göttlichen Wahrheit aufzuhalten. Dieser Prozess wird sich fortsetzen, die kontinuierliche Offenbarung wird sich fortsetzen. Ob ihr es wollt oder nicht, der Evolutionsprozess eures Bewusstseins ist nicht aufzuhalten. Und wenn ihr euch dem Fortschritt widersetzt, dann überlegt, ob ihr im Einklang mit dem göttlichen Gesetz handeln werdet.

Im heutigen Gespräch habe ich euch auf eure Zwillingsflamme aufmerksam gemacht, die ständig bei euch ist und geduldig wartet, bis ihr aufhört, euch von der Illusion dieser Welt mitreißen zu lassen, und euren Blick auf sie richtet. Eure Zwillingsflamme möchte mit euch kommunizieren, sie wartet auf euch. Und es gibt keinen Menschen auf dieser Welt, der euch näher wäre und mit dem ihr all eure Geheimnisse teilen und zuverlässige Ratschläge erhalten könnt.

Ich schweige jetzt, um euch die Möglichkeit zu geben, die unerwarteten Informationen des heutigen Gesprächs zu erfassen.

ICH BIN Kuthumi.
Und ich habe mit vielen von euch eine gemeinsame Natur
auf der Ebene des Christus-Selbst.

Wenn ihr wirklich in eurem Leben etwas ändern wollt, so müsst ihr öfter über euer Bewusstsein nachdenken

Der Geliebte Surya

27. April 2005

ICH BIN Surya. Ich bin erneut durch diese Gesandte zu euch gekommen.

Das Thema unseres heutigen Gesprächs wird euer Bewusstsein sein. In der Hektik eures täglichen Lebens denkt ihr nicht an das Wichtigste – an euer Bewusstsein. Ihr denkt an eine Menge Dinge, an eure Ernährung, an Arbeit und Familie, an Unterhaltung und Vergnügen. Ihr denkt an eine Menge Dinge, doch ihr denkt nur selten über euer Bewusstsein nach.

Ich will euch sagen, dass euer Bewusstseins ein ebenso wichtiges Thema ist, wie die Frage über Gott. Denn euer Bewusstsein ist das, was euch überlebt. Es ist das, was alle eure Lebenserfahrungen bewahrt, die Ergebnisse der ganzen Reihe eurer Leben. Und tatsächlich bestimmt die Ebene eures Bewusstseins alles, was mit euch im Leben geschieht. Die Ebene eures Bewusstseins ist sehr eng mit eurem Karma und dem Karma eurer Mitmenschen verbunden. Je höher der Prozentsatz eures Karmas ist, den ihr abgearbeitet habt, desto höher ist die Ebene eures Bewusstseins und desto näher seid ihr Gott.

Die Ebene eures Bewusstseins ist auch mit euren Schwingungen verbunden. Je höher das Niveau eurer Schwingungen, desto höher die Ebene eures Bewusstseins. Und deshalb zieht euch die Ebene eures Bewusstseins zu dieser oder jener Umgebung hin. Gleiches zieht Gleiches an. Wenn ihr also wirklich etwas in eurem Leben ändern wollt, müsst ihr öfter über euer Bewusstsein nachdenken.

An alle Dinge und Ereignisse, die euch in der physischen Welt umgeben, könnt ihr von zwei Seiten herangehen. Für alles gibt es zwei hauptsächliche Gesichtspunkte. Und die ganze Vielfalt des Lebens, die ganze Vielfalt der Entscheidungen im Leben läuft auf eure Wahl hinaus: Welche Welt wählt ihr? Wählt ihr die illusorische Welt, oder wählt ihr die reale Welt Gottes?

Ich werde euch einige Beispiele geben, die das Thema meines Gesprächs mit euch erläutern.

Stellt euch vor, ihr befindet euch in einem völlig harmonischen Bewusstseinszustand. Gewiss habt ihr in eurem Leben solche Bewusstseinszustände erlebt. Ihr spürt eine tiefe innere Ruhe, Ausgeglichenheit, eine grundlose Freude und Liebe für alles, was euch umgibt. Gott schickt euch solche Momente, damit ihr in schwierigen Lebenssituationen zu diesen Empfindungen zurückkehren könnt, die ihr in diesen seligen Minuten eures Lebens erlebt habt. Ich rate euch, dass ihr euch diese Bewusstseinszustände in Erinnerung ruft. Oder dass ihr versucht, diesen Zustand sicher im Gedächtnis zu verankern, wenn er in naher Zukunft auf euch herabkommt. Dies ist das Eichmaß, an dem ihr eure Bewusstseinszustände in anderen Momenten eures Lebens messen werdet.

Jetzt stellt euch vor, dass ihr in eurem Leben in eine beliebige unharmonische Situation geratet. Es kann fürchterlich laute Rockmusik sein, es können unharmonische Menschen sein. Ihr trefft jeden Tag auf viele Manifestationen, die nicht göttlich sind. Und wenn ihr auf solche unharmonischen Lebenssituationen stoßt, kommt ein äußerst wichtiger Moment. Ihr könnt euch in diese Situation hineinziehen lassen, oder ihr könnt im Zustand des Gleichgewichts bleiben.

Ich werde ein konkretes Beispiel geben. Bei der Arbeit, in der Familie oder auf der Straße hat man euch beleidigt. Ihr wurdet, wie es euch scheint, völlig unverdient gekränkt. Ihr könnt nun auf zwei verschiedene Weisen reagieren, die ich bereits oben erwähnt habe. Ihr könnt euch in die Situation hineinziehen lassen und anfangen zu beweisen, dass ihr Recht habt und dass man euch unverdient beleidigt hat. Oder ihr könnt euch nicht auf die Situation einlassen. Ihr könnt diese Situation einfach in eurem Bewusstsein vermerken, aber keine Energie in sie investieren.

Denkt daran, dass diese ganze illusorische Welt ausschließlich von eurer Energie unterstützt wird. Und ihr selbst entscheidet jede Minute und jede Sekunde, worauf ihr eure Energie richtet. Und wenn ihr euch in eine unangenehme Situation hineinziehen lasst, in die ihr geraten seid, beginnt ihr, in diese Situation die Energie zu investieren, die über die Kristallschnur aus der göttlichen Welt in eure Aura fließt.

Was geschieht hier? – Ihr investiert eure Energie in die Unvollkommenheit, und vermehrt die Illusion. Und die meisten Menschen, die auf der Erde leben, handeln in einer solchen Weise.

Diese Welt wird nur von eurer Energie unterstützt. Und ihr nährt mit eurer Energie die ganze Unvollkommenheit dieser Welt.

Die andere Wahl, die ihr treffen könnt, wenn ihr in eine unharmonische Situation geratet, besteht darin, dass ihr euch weigert, eure Energien in die Unvollkommenheit zu investieren. Ja, ihr bemerkt, dass die Situation nicht gerecht ist, aber ihr versteht, dass alles, was sich in eurer physischen Welt ereignet, eine Illusion ist. Deshalb entfernt ihr diese Situation einfach aus eurem Bewusstsein und erlaubt eurem Bewusstsein nicht, weiter über diese Situation nachzudenken.

Es bedeutet nicht, dass ihr gleichgültig gegenüber den Manifestationen eurer Welt seid, die nicht göttlich sind. Ihr gebt eure Einschätzung. Ihr gebt unbedingt eure Einschätzung, ihr könnt sogar auf einer Ebene, die den Menschen in eurer Umgebung verständlich ist, eure Einschätzung mitteilen, aber ihr investiert in eure Einschätzung keine Energie. Ihr erinnert euch an jene harmonischen Zustände, in denen ihr euch befunden habt, und ihr führt euer Bewusstsein auf diese Ebene und aus der unharmonischen Situation, die euch umgibt.

Ich bin mir völlig bewusst, dass das, wovon ich hier rede, ein Adept einer sehr hohen Entwicklungsstufe tun kann, während für die meisten Menschen, die diese Zeilen lesen, eine solche Reaktion auf die Situationen des Lebens noch unerreichbar ist. Ihr müsst jedoch wissen, wonach ihr streben sollt. Und ihr müsst versuchen, euer Bewusstsein zu ändern. Die ganze göttliche Vollkommenheit liegt in eurem Inneren. Und nur ihr selbst entscheidet, ob ihr in dieser Vollkommenheit verbleibt oder euch der Illusion eurer Welt hingebt.

Ich möchte euch abschließend das Bild Buddhas geben, der am Ufer eines Flusses sitzt. Buddha sitzt in der Meditationshaltung und beobachtet den Fluss. Er sieht, wie auf dem Fluss erst ein kleines Stück Holz, dann ein Baumstamm vorüberschwimmt. Dann sieht er, wie ein Boot mit einigen

Leuten vorbeifährt. Buddha sieht all dies, und er bewertet alle Objekte und alle Erscheinungen, die an ihm vorüberziehen, aber er legt seine Energie in keines dieser Objekte. Er nennt die Dinge einfach beim Namen, und das ist alles.

Wenn statt Buddha ein gewöhnlicher Mensch dort sitzt, werden sich seine Gedanken an jeden Gegenstand heften, den er sieht. Wenn er das Stück Holz sieht, so wird er denken, wie verantwortungslos die Menschen sind, die den Fluss verschmutzen. Wenn er den Baumstamm sieht, so wird er darüber nachdenken, wie er ihn in seinem Haushalt verwenden könnte. Und er wird in seinem Bewusstsein jeden Menschen beurteilen, der in dem Boot an ihm vorüberfährt.

Ich habe dieses Beispiel angeführt, um für euch endgültig aufzuklären, wie ihr durch euer Bewusstsein die euch umgebende Illusion erzeugt.

Indem ihr in eurem Kopf ständig an negativen Situationen festhaltet, mit denen ihr im Leben konfrontiert werdet, und indem ihr eure Reaktionen auf diese Situationen immer wieder durchspielt und die Reaktionen eurer Mitmenschen auf eure eigenen Reaktionen, so lenkt ihr eure von Gott gegebene Energie auf die Vermehrung der Illusion, die euch umgibt.

Dies gilt auch für alle anderen unvollkommenen Gefühle, die ihr in euer Bewusstsein einlasst. Ihr müsst ständig alle eure Gedanken und Gefühle analysieren und sie an dem vollkommenen Zustand messen, den ihr als Vergleichsmaß ständig in eurem Gedächtnis bewahren müsst. Daher ist es für euch notwendig, in eurem Bewusstsein ein solches Gefühl wie die Lust zum Kämpfen aufzugeben. Wenn ihr in Kampfstimmung seid, so zieht ihr den Gegenstand des Kampfes in eure Welt.

Dies betrifft auch den von euch so geliebten Kampf mit den gefallenen Engeln. Wenn ihr zum Kampf gestimmt seid, werdet ihr unter euren Mitmenschen stets den Gegenstand eures Kampfes finden. Wenn ihr aber keinen Wunsch verspürt, zu kämpfen, dann werdet ihr auf eurem Weg keinen Menschen begegnen, mit denen ihr kämpfen müsst. Und wenn ihr darüber hinaus euer Bewusstsein ständig auf einer hohen Ebene haltet, so könnt ihr mit eurem Bewusstseinszustand jeden anstecken, dem ihr in eurem Leben begegnet.

Ich habe heute versucht, eure Aufmerksamkeit auf euer Bewusstsein zu konzentrieren. Denn das ist es, womit ihr immer arbeiten müsst.

Und ihr werdet zustimmen, dass ihr für die Arbeit mit eurem Bewusstsein nichts weiter braucht als euren Wunsch und euer Bestreben, euer Bewusstsein zu verändern. Ich werde mich freuen, wenn ihr das heutige Gespräch nicht als eine abstrakte Erörterung auffasst, sondern als eine Anleitung zum Handeln.

ICH BIN Surya.

Ich werde in eure Tempel eingehen und durch euch handeln

Der Geliebte El Morya
28. April 2005

ICH BIN El Morya, und ich bin erneut durch meine Gesandte zu euch gekommen.

ICH BIN gekommen, um für euch neues Wissen und ein Verstehen der Ereignisse zu bestätigen, die sich jetzt auf der feinstofflichen Ebene des Planeten Erde abspielen.

Ihr wisst, dass ein Zykluswechsel im Gange ist. Vieles wurde darüber gesagt, sowohl in den Botschaften durch diese Gesandte als auch in unseren Botschaften durch andere Gesandte.

Was ist nun kennzeichnend für den gegenwärtigen Abschnitt der Umwandlungen, die im Zusammenhang mit dem Wechsel der Zyklen auf der Erde stattfinden?

Ihr werdet erstaunt sein, wenn ich euch sage, dass die Veränderungen auf feinstofflicher Ebene fast abgeschlossen sind. Mit Ausnahme der untersten Schichten der Astralebene haben wir alle Schichten der feinstofflichen Welt von negativen Energien gereinigt, die in solche Schichten vordringen konnten, die ihrem Wesen nicht entsprechen.

Dies war großartige Arbeit, meine Geliebten, und sie wurde von uns erfolgreich abgeschlossen.

Jetzt ist die Zeit gekommen, in der wir gerade mit der Reinigung der Schichten beginnen, die der physischen Ebene am nächsten liegen, und mit der Reinigung der physischen Ebene selbst.

Worin besteht die Schwierigkeit? – Jene Kräfte, die gesetzwidrig in die höheren Schwingungsebenen vordringen konnten, wurden von uns zur Erde gedrängt. Und nun suchen sie jeden nur erdenklichen Vorwand, um ihre Position auf der physischen Ebene und in den dichten Schichten der Astralwelt zu behaupten.

Diese Kräfte besitzen keine eigene Quelle der göttlichen Energie, und sie nähren sich von eurer Energie, die ihr ihnen manchmal so unbedacht zu ihrer vollen Verfügung stellt.

Daher tritt jetzt die Frage der Kontrolle über den Gebrauch der göttlichen Energie in den Vordergrund. Und das Leitmotiv fast aller dieser Botschaften, wenn ihr sie noch einmal aufmerksam lest, ist gerade die Kontrolle über den Gebrauch der göttlichen Energie, die ihr, meine Geliebten, selbstständig ausüben müsst.

Jeder von euch ist eine Quelle der göttlichen Energie für eure physische Welt. Ihr selbst, als Wesen, die mit freiem Willen ausgestattet sind, entscheidet, wofür ihr die von Gott gegebene Energie gebraucht.

Es ist für euch nicht möglich, diese Energie nicht zu gebrauchen. Die göttliche Energie fließt jede Minute und jede Sekunde eures irdischen Daseins als ein ununterbrochener Strom aus der göttlichen Welt in eure Aura. Und nur von euch hängt es ab, wie ihr über eure göttliche Energie verfügt.

Die Mächte der Finsternis haben selbst keinen Zugang zur göttlichen Energie, aber sie sind sehr erfahren in ihren Methoden, sich eure göttliche Energie anzueignen. Sie entziehen euch eure Energie, die ihr ihnen so unbedacht durch jede nicht-göttliche Tätigkeit gebt, welche ihr euch in eurer Welt gestattet.

Die ganze moderne Industrie arbeitet zu neunzig Prozent daran, den Energiebedarf der Mächte der Finsternis zu befriedigen. Habt ihr schon einmal darüber nachgedacht, meine Geliebten? Ihr haltet es für harmlos, in ein Rockkonzert zu gehen und Horrorfilme, Seifenopern oder Filme anzusehen, die Gewalt fördern.

Ihr haltet es für harmlos, der Mode zu folgen und völlig unnötige Dinge und Sachen zu kaufen. Alle von euch angeschafften Dinge tragen aber bestimmte Schwingungen in sich. Und es gibt Dinge, die Licht in sich tragen, aber es gibt auch Dinge, die euch Licht entziehen. Denkt ihr darüber nach, wenn ihr euer Geld, was ein anderer Gegenwert für eure göttliche Energie ist, für nicht-göttliche Dinge ausgebt?

Beratet ihr euch mit eurem Christus-Selbst, wenn ihr eure Einkäufe macht?

Jeden Moment eures Lebens trefft ihr eine Wahl, und diese Wahl lenkt eure göttliche Energie entweder auf die Vermehrung der Illusion dieser Welt, oder auf die Zusammenziehung der Illusion.

Ihr färbt eure göttliche Energie mit wunderbaren Gefühlen voller Freude und Liebe, und ihr erhöht die Schwingungen dieser Welt. Wenn ihr aber von negativen Gedanken und Gefühlen erfüllt seid, so erfüllt ihr diese Welt mit einer schweren und negativen Energie, die einer dickflüssigen Melasse gleicht.

Und nur ihr selbst könnt die Kontrolle über jedes Erg der göttlichen Energie ausüben, die ihr gebraucht. Wir können dies nicht für euch tun. Wir möchten sehr, dass jeder von euch zu einer Elektrode des Lichtes wird, die die umgebende Welt mit Schwingungen der Harmonie, der Schönheit, der Liebe und der Freude erfüllt. Und wir nehmen die Verpflichtung auf uns, jedem von euch zu helfen, der uns aufrichtig bei der Reinigung eurer Oktave von den Mächten der Finsternis helfen will. Aber wir können euch nicht dazu zwingen, diese Wahl zu treffen, meine Geliebten.

Wir bieten euch eine sehr einfache Lösung an, die nicht einmal einen zusätzlichen Zeitaufwand von euch erfordert, wie es beim Lesen von Gebeten notwendig ist. Zwar sind Gebete jetzt für die Welt so notwendig wie nie zuvor, da sie eine zusätzliche Quelle des Lichtes für die physische Oktave sind. Aber wenn ihr euch selbst ständig kontrolliert, wie ihr eure göttliche Energie gebraucht, so erfordert dies von euch keinerlei zusätzlichen Aufwand. Ganz im Gegenteil, es wird euch helfen, euer Geld zu sparen. Denn, wenn ihr einmal darüber nachdenkt, wofür ihr euer Geld ausgebt, stellt sich heraus, dass neunzig Prozent der Produkte und Dinge, die ihr besorgt, in keiner Weise zur Erhaltung eures physischen Körpers notwendig sind. Im Gegenteil, sie tragen zur Zerstörung eures Körpers bei, und ihr werdet von einer ganzen Industrie abhängig, die euch zuerst in den Prozess der Zerstörung eures physischen Körpers und eurer Psyche verwickelt, und dann bereitwillig eine große Palette kostspieliger Produkte anbietet, die euch angeblich helfen werden, eure Gesundheit wiederherzustellen.

Kontrolliert euch im Laufe des Tages. Achtet auf eure Gedanken und Gefühle. Worauf eure Gedanken gerichtet sind, dorthin fließt eure Energie.

Achtet darauf, woran ihr denkt. Ihr denkt an eure ungerechte Regierung und ihr sendet den Mitgliedern eurer Regierung eure Energie. Ihr denkt darüber nach, wie ungerecht euer Chef euch bei der Arbeit behandelt hat, und ihr sendet ihm eure Energie. Ihr denkt über den Stoff der soeben geschauten Seifenoper nach und sendet eure Energie, um den ganzen Egregor künstlicher Gedanken und Gefühle auf der Astralebene zu vermehren.

Ihr seid für jedes Erg von Energie verantwortlich, das ihr unbedacht vergeudet. Und jedes Mal, wenn ihr eure Energie nicht im Einklang mit den göttlichen Grundsätzen gebraucht, schafft ihr Karma. Und wenn ihr über das karmische Gesetz informiert seid und eurem Ego zuliebe trotzdem weiter die göttlichen Grundsätze verletzt, ist euer Karma noch schwerer.

Glaubt mir, wir sagen diese Worte nicht ohne Grund. Wir gebrauchen unsere Energie nicht nutzlos. Jedes Wort, das wir in diesen Botschaften durch diese Gesandte sagen, ist genau darauf gerichtet, euch jenes Wissen zu geben, das ihr jetzt am meisten braucht.

Daher wiederholen wir unermüdlich ein und dasselbe: Ihr seid für die Verwendung eurer Energie verantwortlich. Und ihr seid für die Verwendung eurer Energie doppelt verantwortlich, wenn ihr eure bisherige Lebensweise nach dem Lesen dieser Botschaften nicht ändert und euch einredet, dass alles, was in diesen Botschaften gesagt wird, euch in keiner Weise betrifft.

Ihr seid in der physischen Oktave verkörpert, und viele von euch haben sich vor ihrer Verkörperung verpflichtet, der Menschheit in dieser äußerst schwierigen Übergangszeit zu helfen. Und wir erinnern euch jetzt an die von euch übernommenen Verpflichtungen.

Sagt also später nicht, wenn ihr vor dem Karmischen Rat stehen werdet, dass ihr von nichts gewusst und nichts geahnt habt, dass man euch nicht gewarnt hat und ihr nichts gehört habt.

Ich wiederhole es euch immer wieder. Die Lehrzeit ist zu Ende. Von euch werden jetzt konkrete Taten und konkrete Schritte auf der physischen Ebene gefordert.

Noch klarer, als wir es durch diese Gesandte tun, lassen sich unsere Anforderungen an euch wohl kaum formulieren. Ihr müsst die Prioritäten eures Bewusstseins ändern.

Versteht, dass wir auf eurer physischen Ebene ohne eure Hilfe und Unterstützung machtlos sind, irgendetwas auszurichten. Wir haben nicht einmal Zugang zu eurer physischen Welt, es sei denn, dass jemand von euch seinen Tempel auf unsere Gegenwart vorbereitet und die Anrufung macht, seine vier niederen Körper dafür einzusetzen, dass wir zur Ausführung unserer Pläne eure Hände und Füße nutzen können.

Und so gebe ich euch diese Anrufung. Bitte macht sie jeden Tag.

„Im Namen des ICH BIN WAS ICH BIN, im Namen meiner mächtigen ICH-BIN-Gegenwart, im Namen meines heiligen Christus-Selbst: Ich rufe den geliebten El Morya auf, in meinen Tempel einzutreten und durch mich für die Offenbarung des Willens Gottes in der physischen Oktave und in den dichten Schichten der Astralwelt zu handeln. Geliebter El Morya, ich stelle dir meine vier niederen Körper ganz zur Verfügung: den physischen Körper, den astralen Körper, den mentalen Körper und den ätherischen Körper. Handle durch mich, wenn dies der heilige Wille Gottes ist. Möge der Wille Gottes geschehen. Amen."

Und ich verspreche euch, sobald sich nur die Gelegenheit bietet, werde ich in eure Tempel eintreten und durch euch handeln.

Und so werden wir diese Welt verändern! Und die Erde wird leben und zu einem wunderbaren Stern der Freiheit, der Freude und der Liebe werden!

**ICH BIN El Morya, und ich gab diese Botschaft
vom Punkt der höchsten Liebe zu euch.**

Ihr könnt das mächtigste Werkzeug Gottes zu eurer Verfügung erhalten

Der Geliebte El Morya
29. April 2005

ICH BIN El Morya. Ich bin zu euch gekommen!

ICH BIN gekommen, um euch eine kleine Lehre über die Möglichkeit zu geben, die ihr erhaltet, wenn eure vier niederen Körper und eure Chakren gereinigt sind.

Ihr wisst, dass bei den meisten Menschen, die heute auf dem Planeten Erde leben, die vier niederen Körper in einem äußerst verschmutzten Zustand sind. Und wie ihr wisst, verbinden eure Chakren eure feinstofflichen Körper untereinander und mit der göttlichen Welt, und daher sind auch eure Chakren in einem sehr bedauerlichen Zustand.

Deshalb beabsichtige ich heute, euch eine Lehre über die Möglichkeiten zu geben, die ihr erhaltet, wenn eure Chakren rein sind. Und die abstrakten Erörterungen über die Reinigung eurer vier niederen Körper und die Reinheit eurer Chakren werden für euch eine praktische Bedeutung erhalten.

Also, eure Chakren. Ihr wisst, dass ihr sieben Hauptchakren habt, die entlang der Wirbelsäule liegen, und ihr habt auch die Chakren der geheimen Strahlen, die entlang der Wirbelsäule liegen, und ihr habt noch viele weitere Chakren in vielen anderen Teilen eures Körpers. Wie ihr wisst, gibt es insgesamt 144 Chakren.

Die zwölf Chakren leiten die vollkommenen Gott-Eigenschaften auf den zwölf kosmischen Strahlen in eure Welt, und jede dieser Eigenschaften trägt in sich noch zwölf Schattierungen oder Untertöne. Und wenn sich eure Chakren wie bezaubernde Blumen öffnen, werdet ihr zu einem Kanal der vollkommenen Gott-Eigenschaften in eure physische Wirklichkeit.

Gott hat alle möglichen Missbräuche vorausgesehen, die die Menschheit durch den falschen Gebrauch der göttlichen Energie zulassen könnte. Wenn ihr die göttliche Energie nicht entsprechend dem göttlichen Gesetz gebraucht, das in diesem Universum gilt, wirkt sich dies daher vor allem auf die Durchlassfähigkeit eurer Chakren aus. Und die göttliche Energie, die über die Kristallschnur in eure Körper einströmt, wird auf natürliche Weise begrenzt. Dies lässt sich mit einem Wasserhahn vergleichen, durch den die göttliche Energie in die physische Welt strömt, und der zuerst ein wenig zugedreht und am Ende ganz geschlossen wird. Und eure Möglichkeiten, die göttliche Energie zu missbrauchen, verringern sich.

Daher kann jener Bewusstseinszustand, der der Menschheit im gegenwärtigen Stadium ihrer Entwicklung eigen ist, nicht über unbegrenzte göttliche Kraft verfügen. Denn das Erste, was euer Bewusstsein tun würde, wenn es Zugang zur unbegrenzten Quelle der göttlichen Energie hätte, wäre, dass es beginnen würde, diese Energie zu nutzen, um die Bedürfnisse seines Egos zu befriedigen. Und ihr wisst, dass es unmöglich ist, die Bedürfnisse eures Egos zu befriedigen. Sie sind grenzenlos. Daher ist der Zugang zur göttlichen Energie bei einem Großteil der Menschheit verlässlich blockiert. Und um Zugang zur göttlichen Energie zu erhalten, müsst ihr den Weg der Einweihungen beschreiten. Dieser Weg dauert länger als nur ein Leben. In Ausnahmefällen, und nur für unsere auserwählten Chelas, erlauben wir es, diesen Weg im Laufe eines einzigen Lebens zu durchschreiten.

Ihr erhaltet Prüfungen und Tests für jede Gott-Eigenschaft, und ihr müsst jeden dieser Tests zwölfmal bestehen. Zum erfolgreichen Abschluss der Einweihungen müsst ihr insgesamt 144 Tests in den zwölf Hauptchakren bestehen, was zu ihrer Öffnung erforderlich ist. Und wären da nicht die wiederholten Tests, die ihr aufgrund eurer Nachlässigkeit ablegen müsst, dann könntet ihr im Laufe von nur wenigen Jahren den Erfolg erzielen.

Was bringt es euch, geöffnete Chakren zu haben? Warum solltet ihr danach streben?

Ein Mensch, dem ein solch mächtiges Werkzeug wie geöffnete Chakren zur Verfügung steht, kann der Welt einen unschätzbaren Dienst erweisen. Und der wichtigste Teil dieses Dienstes besteht darin, die umgebende Welt von jeglichen negativen Schwingungen und Energien zu reinigen.

Die Kraft eurer Chakren vermag eine geradezu unvorstellbare Menge an falsch qualifizierter Energie zu neutralisieren, von welcher eure Welt buchstäblich durchdrungen ist. Wenn ihr, meine Geliebten, eure Dekrete oder Gebete sprecht, so zieht ihr zusätzliches Licht in eure Welt. Und dieses Licht fließt durch eure Chakren in eure Welt. Nun stellt euch vor, wie viel mehr Licht ihr in eure Welt bringen könnt, wenn eure Chakren völlig geöffnet sind. Und weil ihr zu dem Zeitpunkt, wenn alle eure Chakren geöffnet sind, zu einem vollkommenen Buddha werdet – das heißt, ihr erreicht in eurem Bewusstsein die Ebene des Buddha-Bewusstseins –, so dürft ihr nicht einmal mehr in euren Gedanken etwas zulassen, was der euch umgebenden Welt und den Lebewesen um euch auch nur den geringsten Schaden bringen könnte.

Ihr seid ständig in einem Gebetszustand des Bewusstseins. Und ihr müsst nicht einmal mehr die Worte des Gebets aussprechen, um ständig in einem Gebetszustand des Bewusstseins zu bleiben.

Eure Chakren funktionieren manchmal sogar unabhängig von eurem Bewusstsein wie ein Staubsauger, der allen Schmutz aus der euch umgebenden Welt einzieht, und sie erfüllen diese Welt mit makellos reiner göttlicher Energie.

Wenn eure Chakren geöffnet sind, könnt ihr euch daher an eure ICH-BIN-Gegenwart wenden und sie darum bitten, die Energie eurer Chakren zu lenken, um diese oder jene Situation in eurer Welt zu lösen. Und wenn eure Bitte dem Gesetz Gottes entspricht, so wird eure ICH-BIN-Gegenwart selbst die Arbeit eurer Chakren steuern, und die Energie wird auf jene konkrete Situation gerichtet, um die ihr in eurer Anrufung bittet.

Ihr könnt die Energie eures Hals-Chakras sowohl zu eurem eigenen Schutz einsetzen als auch zum Schutz all derjenigen, die ihr gemäß dem göttlichen Gesetz schützen dürft.

Ihr könnt mithilfe eurer Chakren Karma transmutieren, nicht nur euer eigenes Karma, welches ihr zu diesem Zeitpunkt nicht länger habt, sondern auch das Karma des Planeten und des Landes. Ihr könnt jenen Menschen gezielt Hilfe leisten, die eurer Ansicht nach eure Hilfe brauchen und euch um Hilfe bitten.

Das sind wirklich fantastische Möglichkeiten und eine wahrhaftig unschätzbare Hilfe für die Menschheit, die ihr leisten könnt, wenn ihr die notwendigen Einweihungen besteht, um eure Chakren zu öffnen.

Damit ihr die Kraft versteht, die euch in diesem Falle zur Verfügung steht, werde ich euch ein Beispiel geben. Zehn Minuten des Pulsierens eures Zentralchakras, das das Karma transmutiert, ersetzen das Lesen der Dekrete der violetten Flamme für eine Dauer von 400 Stunden. Dies ist wirklich das mächtigste Werkzeug, meine Geliebten, und dieses Werkzeug ist in euch verborgen.

Ziel des heutigen Gesprächs war es, euch die Perspektiven und Möglichkeiten des nächsten Schrittes aufzuzeigen.

Meine Geliebten, viele von euch sind für diesen Schritt bereit, und viele sind auf halbem Wege zur vollständigen Öffnung ihrer Chakren.

Ihr müsst wissen, was ihr anstrebt und was der nächste Schritt ist. Ihr werdet eine Kraft zur Verfügung haben, die ganz der Kontrolle eurer ICH-BIN-Gegenwart untersteht. Und wenn ihr versucht, diese Kraft nicht im Einklang mit dem Willen Gottes einzusetzen, so werden eure Chakren einfach nicht pulsieren. Und wenn ihr dennoch einen Weg findet, das kosmische Gesetz zu umgehen und die göttliche Energie für eure persönlichen Zwecke zu nutzen, so werden sich eure Chakren schließen, und der Zugang zur göttlichen Energie wird euch in absehbarer Zeit versagt bleiben.

Gott ist bereit, euch dieses vollkommene Werkzeug zu geben, das für euch in dieser für die Erde schwierigen Zeit so notwendig ist. Nehmt es. Gebraucht es. Und nur von euch selbst hängt es ab, meine Geliebten, ob ihr dieses vollkommene Werkzeug zur Verfügung erhaltet oder nicht.

Ich sage euch: Die Zeit ist gekommen. Ihr könnt das mächtigste Werkzeug Gottes zu eurer Verfügung erhalten.

Ihr müsst nur die Wahl treffen und euch auf den Weg der Einweihungen begeben. Und ihr müsst mit Ehre jede der Einweihungen bestehen, die Gott euch zu durchschreiten erlaubt.

ICH BIN El Morya,
und wir sehen uns auf dem Pfad der Einweihungen.

Versucht, euch an die neuen Bedingungen anzupassen. Ändert euer Bewusstsein

Buddha des Universums
30. April 2005

ICH BIN Buddha des Universums. Dies ist die Bezeichnung meiner Position in der göttlichen Hierarchie in diesem Universum.

ICH BIN ein Buddha, und aufgrund der Eigenschaft der Allgegenwärtigkeit, die mir eigen ist und die meine Natur ist, kann ich an jedem Punkt in diesem Universums anwesend sein, und ich kann auch in allen Lebewesen gegenwärtig sein.

Der einzige Ort, an dem ich nicht anwesend sein kann, ist eure Welt und andere dichte Welten, deren Schwingungen für meine Gegenwart zu niedrig sind.

Daher kann ich nur in jenen Lebewesen gegenwärtig sein, die in ihrem Bewusstsein die Ebene eines Buddhas erreicht haben und den Wunsch hatten, sich in dieser schwierigen Übergangszeit in einem Akt des selbstlosen Dienstes an der Menschheit auf der Erde zu verkörpern.

Der Plan Gottes für die irdische Menschheit besteht darin, dass alle Lebensströme, die jetzt den Planeten Erde bevölkern, zu Buddhas werden. Diese Ebene des Bewusstseins nennt man auch das göttliche Bewusstsein. Und dieser Abschnitt in der Entwicklung der Menschheit entspricht dem göttlichen Plan, wonach der Mensch in seiner Entwicklung auf die nächste Stufe der evolutionären Entwicklung aufsteigen und zum Gottmenschen werden kann.

Es ist kein Geheimnis, dass die Stufe des Bewusstseins, auf der sich die Menschheit jetzt befindet, euch nur geringfügig von den Tieren unterscheidet. Und es wird auch kein Geheimnis sein, wenn ich euch sage, dass viele Lebewesen, die ihr als Tiere betrachtet, weit höhere Ebenen der Entwicklung ihres Bewusstseins erreicht haben als viele Menschen.

Ich meine hier einige Arten von Walen und Delfinen. In Bezug auf ihre Entwicklungsstufe sind diese Wesen anderen Lebewesen auf der Erde weit voraus. Ihr energetisches System und ihre Chakren ermöglichen es ihnen, sich an die Datenbank dieser Welt und des Universums anzuschließen. Und wir benutzen die physischen Formen dieser Wesen dazu, um eine Vorstellung von der Situation auf der Erde zu bekommen. Unsere treuen Mitarbeiter befinden sich in schwer zugänglichen und unbewohnten Gebieten der Ozeane und halten das Gleichgewicht für den Planeten Erde aufrecht.

Ich hoffe, dass die Menschheit der Erde dennoch diese Bewusstseinsebene erreichen wird, die manchmal budhistisches[10] Bewusstsein genannt wird, und die es der Menschheit der Erde erlauben wird, zum nächsten Abschnitt der evolutionären Entwicklung überzugehen.

Ihr unterstützt mit eurem unentwickelten Bewusstsein die technokratische Zivilisation, die auf eurem Planeten existiert.

Und ich bin gekommen, um euch mitzuteilen, dass der Plan Gottes für den Planeten Erde keine Unterstützung für eure technokratische Zivilisation vorsieht.

Alles, was nicht dem Plan Gottes entspricht, wird von der Oberfläche des Planeten hinweggefegt werden.

Es gibt außer eurem Planeten viele andere Zivilisationen im Universum, die den Weg einer technokratischen Entwicklung eingeschlagen haben. Und ein Merkmal all dieser Zivilisationen ist die Trennung von der Datenbank des Universums.

Ich muss diese Fachbegriffe verwenden, um die Informationen, die ihr jetzt benötigt, in eurer eigenen Sprache zu übermitteln.

Ihr schließt euch an die Datenbank des Universums in jenem Stadium der Entwicklung eures Bewusstseins an, das der Bewusstseinsebene eines

---

[10] Fußnote d.Ü.: "budhistisch", von Budha, Weisheit oder Kenntnis (Vidya), Fähigkeit des Erkennens, von der Sanskritwurzel budh, wissen (im Gegensatz zu "buddhistisch", den Buddhismus betreffend, zu ihm gehörend). Vgl. auch die Einleitung zu H.P. Blavatskys Geheimlehre.

Buddhas entspricht. Auf dieser Bewusstseinsebene werdet ihr zum Gottmenschen. Eure Chakren öffnen sich, und dies ermöglicht euch den freien Austausch von Informationen mit dem gesamten Kosmos, mit jedem Wesen dieses Universums, das eine ähnliche Entwicklungsstufe des Bewusstseins wie ihr erreicht hat.

Für euch existieren keine räumlichen und zeitlichen Grenzen mehr. Ihr habt Zugang zu allen Informationen, die in den Bibliotheken und Speichern dieses Universums vorhanden sind.

Natürlich gibt es unterschiedliche Entwicklungsstufen des budhistischen Bewusstseins. Im ersten Entwicklungsstadium könnt ihr nicht über alle Fähigkeiten verfügen, und euer Informationsumfang wird die Grenzen eures Planeten nicht überschreiten. Doch allmählich werdet ihr euer Bewusstsein erweitern und erst auf die Ebene eures Sonnensystems hinaustreten, dann auf die Ebene eurer Galaxie und von dort auf die Ebene eures Galaxiensystems.

Die Möglichkeiten für das Wachstum eures Bewusstseins sind grenzenlos, und wenn ihr in eurem Bewusstsein über dieses Universum hinauswachst, werdet ihr eine Geburt in einem neuen Universum erhalten, das der Entwicklungsstufe eures Bewusstseins entspricht, oder ihr werdet auf euren Wunsch hin die Position eines Buddhas in niederen Universen einnehmen, um das Gleichgewicht für die Lebewesen aufrechtzuerhalten, die sich in diesen Universen entwickeln.

Das Ziel meines heutigen Besuchs ist es, euch über den nächsten Abschnitt eurer Entwicklung zu informieren.

Und dieser Entwicklungsabschnitt ist nicht mit eurer technokratischen Zivilisation verbunden. Daher wird alles, was nicht mit dem Plan Gottes übereinstimmt und eine Verbreitung von Entwicklungsideen und -konzepten darstellt, die nicht dem Willen Gottes entsprechen, allmählich durch Entwicklungskonzepte und -richtungen ersetzt, die dem Willen Gottes entsprechen.

Alles, was sich zu sehr widersetzt, wird entweder durch eine Reihe von Naturkatastrophen von der physischen Ebene entfernt, oder durch seine

Schwingungen zu jenen technokratischen Inseln hingezogen, die in diesem Universum noch existieren, deren Tage aber ebenfalls gezählt sind.

Ich habe euch soeben den Plan beschrieben, dem der Planet Erde folgen muss. Ich bitte euch jedoch, den Maßstab eurer irdischen Zeitrechnung nicht auf diesen Plan anzuwenden. All dies wird geschehen, doch wird es in Zeitzyklen geschehen, die sich nicht mit den Zyklen eures Lebens als tierischer Mensch vergleichen lassen.

Euer System der Zeitrechnung ist nicht dafür geeignet, euch die richtigen Orientierungen und zeitlichen Fristen zu geben. Um aber voranzustreben und in eurem Bewusstsein die Orientierung zu behalten, in welche Richtung ihr euch bewegen müsst, sind konkrete Fristen nicht erforderlich.

Ich möchte noch ein wenig über etwas Schmerzhaftes sprechen. Ihr seht um euch herum viele Beispiele von Tierarten, die aussterben, weil sie sich nicht an die neuen Existenzbedingungen angepasst haben.

Es ist immer schwer, das Aussterben mit ansehen zu müssen. Was aber unter den neuen Bedingungen nicht lebensfähig ist, verschwindet oder muss sich einem grundlegenden Wandel unterziehen. Dies ist eine exakte Analogie zum Tiermenschen – der Art, der ihr gegenwärtig angehört. Ihr müsst euch entweder an die neuen Existenzbedingungen auf eurem Planeten anpassen, oder diese Art wird dem Aussterben unterliegen.

Versteht, dass es nicht in eurer Macht liegt, die Existenzbedingungen zu ändern. Es gibt etwas in diesem Universum, was ihr nicht regulieren könnt wie das Wasser aus einem Wasserhahn oder die Temperatur in eurem Zuhause.

Es gibt ein Gesetz des Universums, das die Existenzbedingungen auf eurem Planeten regelt. Und wir haben jetzt einfach weitere Schwingungen für eure Ebene hinzugefügt. Es ist unmöglich für euch, dies nicht zu spüren.

Daher versucht bitte, euch an die neuen Bedingungen anzupassen. Ändert euer Bewusstsein. Die Schlüssel, wie ihr euer Bewusstsein ändern könnt, werden euch gegeben.

Ihr habt alle erforderlichen Anweisungen erhalten, von denen ihr euch leiten lassen sollt, und ob ihr diesen Anweisungen folgt oder nicht, entscheidet ihr selbst. Dies ist euer freier Wille, und ihr könnt in Übereinstimmung mit eurem freien Willen handeln, solange die äußeren Bedingungen auf diesem Planeten es euch erlauben.

Ich habe euch Perspektiven für eure Entwicklung gegeben, und ich habe euch vor Gefahren gewarnt, die euch bedrohen. Und jetzt verstumme ich und verlasse euch. Es war mir sehr angenehm, heute durch diese Gesandte mit euch zu sprechen.

Vielen Dank!

ICH BIN Buddha des Universums.

Ich habe die Sünden der Welt auf mich genommen, doch vor allem habe ich euch den Weg gezeigt

Der Geliebte Jesus

1. Mai 2005

ICH BIN Jesus Christus, und ich bin heute durch diese Gesandte Tatyana zu euch gekommen.

ICH BIN gekommen! An diesem Tag, an dem die orthodoxen Christen das lichterfüllte Osterfest[11] zum Gedenken an meine Auferstehung nach der Kreuzigung feiern.

Das Symbol der Kreuzigung und das Symbol der Auferstehung gehören, wie ihr wisst, nicht nur zu dem Ereignis, das vor zweitausend Jahren stattfand.

Es sind Symbole, die jeden von euch betreffen, der jetzt auf der Erde lebt. Und jeder von euch muss seine Kreuzigung und seine Auferstehung durchschreiten. Daher möge euch der heutige Feiertag als Erinnerung an euren Weg der Einweihungen und an die bevorstehenden Prüfungen auf diesem Weg dienen.

Das bedeutet nicht, meine Geliebten, dass ihr unbedingt in der Weise gekreuzigt werdet, wie ich gekreuzigt wurde. Und es bedeutet nicht, meine Geliebten, dass ihr in der Weise auferstehen werdet, wie ich auferstanden bin. Doch werden diese Ereignisse unausweichlich auf der abschließenden Stufe eurer Einweihungen stattfinden.

Eure Kreuzigung wird sich ereignen, wenn ihr am Kreuz zwischen Leben und Tod hängen werdet. Zwischen dem ewigen Leben und dem sterblichen Aufenthalt in eurer Welt. Ihr werdet euch der Vergänglichkeit der euch umgebenden physischen Welt bewusst, und ihr werdet spüren, wie ihr die ewige Welt berührt. Und die Empfindungen, die ihr bei eurer Einweihung durchleben werdet, werden mit jenem Prozess der Kreuzigung vergleichbar sein, den ich durchleben musste. Euer physischer Körper und

---

[11] Am 1. Mai 2005 war der Ostertag der russisch-orthodoxen Kirche (d.Ü.).

all eure feinstofflichen Körper werden leiden. Ihr werdet nicht nur euren eigenen Schmerz spüren, sondern auch den Schmerz eines jeden Lebewesens, das in eurer Welt leidet. Ihr werdet in ganzer Fülle die Unvollkommenheit eurer Welt erfahren.

Ihr werdet mit diesen unvollkommenen Zuständen des Bewusstseins um euch herum konfrontiert werden, und ihr werdet die Wahl treffen, euch selbst zu opfern, alles zu opfern, was ihr habt, sogar euren physischen Körper, um den leidenden Wesen zu helfen, die um euch sind und die nicht ahnen, weshalb sie leiden.

Ja, Geliebte, die Menschen, die schon zum Erwachen bereit sind, deren Zeit gekommen ist, erleben solch schreckliche Qualen und Leiden, dass sie bereit sind, Hilfe von jedem anzunehmen, der ihnen die Ursache ihrer Leiden erklärt.

Und es wird gut sein, wenn es in ihrer Nähe einen Mensch gibt, der den Zustand des Seins zwischen den beiden Welten schon erkannt und seine Wahl zugunsten der göttlichen Welt getroffen hat.

Geliebte, viele von euch haben ihre Kreuzigung bereits durchlebt, und viele sind bereits kurz davor, ihre Kreuzigung zu bestehen. Dies ist der Zustand eures Bewusstseins, wenn ihr euch eurer Bestimmung bewusst seid, wenn ihr euch ganz für das Wohl aller Lebewesen opfert. Und anstatt euch zu danken und zu preisen, werden diese Lebewesen euch zu erniedrigen und zu verletzen versuchen, sie werden euch verfolgen und euch bestrafen wollen.

Und in dem Moment, wenn es scheint, dass ihr nicht mehr die Kraft habt, diese unmenschliche Anspannung all eurer Kräfte zu ertragen, werdet ihr verstehen, dass diese Menschen nicht wissen, was sie tun. Und ihr werdet ihnen allen vergeben, und darüber hinaus werdet ihr ihre Sünden auf euch nehmen wollen, die ihre Augen blind machen und sie daran hindern, die Wahrheit zu sehen.

Und dann vollbringt ihr eure Kreuzigung am Kreuz der Materie.

Und danach werdet ihr für die Auferstehung bereit sein. Als Zustand eures vollkommenen Einklangs mit dem Willen Gottes und der völligen Reinheit von menschlichen Gedanken und Gefühlen.

Dies ist wahrhaftig eine Auferstehung, denn euer Geist erhält die Möglichkeit, durch euch zu handeln. Und ihr werdet unverwundbar sein für die Pfeile, die auf euch gerichtet sind. Es gibt nichts in eurer physischen Welt, was euch schaden könnte.

Ihr habt eure geistigen Energien wieder auferstehen lassen und haltet diese geistigen Energien auf eurer physischen Ebene. Und nichts von dem Gräuel der Verwüstung, das euch umgibt, kann eine Wirkung auf euch ausüben. Ganz im Gegenteil, meine Geliebten, allein durch eure Gegenwart seid ihr imstande, allen Manifestationen der Unvollkommenheit in eurer Welt Einhalt zu gebieten.

Und ihr bekommt eine zusätzliche Möglichkeit, euren Dienst zu leisten. Und die Hilfe, die ihr dabei euren Mitmenschen leisten könnt, ist die Hilfe des Himmels selbst. Denn es gibt in euch nicht länger etwas, worin sich euer Bewusstseinszustand vom Göttlichen unterscheidet.

Glaubt denen nicht, die euch sagen werden, dass es nur einen Sohn Gottes gab und dass nur er alle Sünden der Welt auf sich nehmen konnte.

Ja, ich habe die Sünden der Welt auf mich genommen, aber das Wichtigste, was ich getan habe – ich habe euch den Weg gezeigt, dem ihr folgen müsst und den ihr bereits geht.

Ich gab euch den Weg, den Rosenweg, der mit Rosen und Dornen übersät ist. Und es gibt keinen anderen Weg, auf dem ihr das Reich eures Vaters im Himmel erreichen könnt.

Meine Geliebten, mich erfüllt das Gefühl der Liebe zu euch. Ich sehe euer Dienen, und ich sehe, wie schwer ihr es in dieser Zeit habt. Die Ereignisse entwickeln sich so schnell, dass es eurem Bewusstsein kaum gelingt, sich an den raschen Wechsel der Szenerie anzupassen.

Und diejenigen, die sich auf den Weg des Dienens begeben haben und ihn sicher gehen, werden die Bestätigung erhalten, dass der gewählte Weg der richtige ist, als Momente stiller Freude und unbeschreiblicher Glückseligkeit. Meine Geliebten, bewahrt diese Momente in eurem Gedächtnis, nehmt diese Zustände des Glücks mit allen Zellen und Atomen eures Wesens auf. Fangt diese Momente der Glückseligkeit ein. Dies gibt euch Kraft und Energie und die Möglichkeit, all eure Tests, alle eure Prüfungen auf dem Weg zu bestehen.

Möge die Liebe in allen Momenten eures Lebens euer ständiger Begleiter sein. Und wenn ihr das Gefühl der Liebe nicht empfindet, so bittet mich darum, wendet euch an mich, und ich werde alles tun, was in meiner Macht steht, damit eure Liebe zu euch zurückkehrt.

Die Liebe ist das Zeichen auf eurem Weg, das euch bestätigt, dass ihr auf dem richtigen Weg seid.

Ihr sollt dieses Gefühl nicht mit einer bestimmten Person verbinden, und ihr sollt nicht verlangen, dass man eure Liebe erwidert. Obwohl es mitunter gerade eure Liebe zu einem bestimmten Menschen ist, die euch in den schwierigsten Zeiten eurer Prüfungen rettet.

Wenn ihr liebt, braucht ihr nichts anderes. Ihr seid bereit, diesen Zustand einfach nur zu erleben und ihn zu genießen. Und all eure Probleme, alle eure Unvollkommenheiten und die Unvollkommenheiten der euch umgebenden Welt werden von diesem universellen „Lösungsmittel" aufgelöst, das von Anbeginn in diesem Universum vorhanden war.

Die Flamme der wahren göttlichen Liebe kann sich nur in den Herzen jener Menschen niederlassen, die ihre Verbindung mit der göttlichen Welt nicht verloren haben. Und gerade dieses Gefühl kann eure Schwingungen erhöhen und sie mit den ständig steigendenden Schwingungen eurer physischen Ebene in Einklang bringen.

Diejenigen, die nicht in der Lage sind, sich die Energien der Liebe zu eigen zu machen, werden zunehmend die Trennung von eurer Welt empfinden. Und früher oder später werden sie sich entweder dazu entscheiden, sich den Energien der Liebe hinzugeben, oder sie werden diese Welt für immer verlassen, in der sie sich wegen des allzu großen Schwingungsunterschieds nicht länger aufhalten können.

Meine Geliebten, es war mir eine Freude, diese Möglichkeit zu nutzen und euch an diesem Tag zu treffen, an dem, wie ich weiß, die Mehrheit derer, die diese Zeilen lesen, das Ereignis meiner Auferstehung feiert. Gestattet auch mir, an eurem Fest teilzunehmen und den Sieg der Auferstehung derjenigen von euch zu feiern, die in ihrem Bewusstsein die Auferstehung der göttlichen Schwingungen erreicht haben und die mit mir und anderen Aufgestiegenen Meistern völlig im Einklang sind.

Dies ist ein großer Sieg, meine Geliebten, denn ihr habt jenen Zustand erreicht, der es uns ermöglicht, in euren Tempeln gegenwärtig zu sein!

Und ihr werdet es mir nicht glauben, wenn ich euch sage, dass der Teil meiner selbst, der im Himmel verblieben ist, bereits viel kleiner ist als der Teil, der sich auf Erden in euren Tempeln aufhält. In den Tempeln derer, die mich eingeladen haben, in ihre Tempel einzutreten, und deren Schwingungen mir dies ermöglichen.

Ich sage euch auch im Vertrauen, dass die Mehrheit der Aufgestiegenen Meister, die ihre Verbindungen mit der nicht aufgestiegenen Menschheit beibehalten haben, sich ebenso unter euch aufhalten, in euren eigenen Körpern und in den Körpern eurer Brüder und Schwestern.

Die Welten nähern sich einander an. Jetzt ist die Zeit, da unsere Welten in ihren Schwingungen einander immer näher kommen. Und immer mehr von euch, meine Geliebten, werden Kontakt zu uns haben und dies mit ihrem äußeren Bewusstsein erkennen.

Unser heutiges Treffen war mir eine Freude. Ich sende euch die ganze Liebe meines Herzens, und ich nehme die Liebe eurer Herzen an.

ICH BIN Jesus, euer Bruder.

Jeder Akt des Dienstes für alle Lebewesen verringert die Wahrscheinlichkeit des nächsten drohenden Kataklysmus

Der Herr der Welt Gautama Buddha

2. Mai 2005

ICH BIN der Herr der Welt Gautama Buddha, der durch diese Gesandte zu euch gekommen ist.

ICH BIN gekommen, um euch über einige Ereignisse in Kenntnis zu setzen, die auf dem Planeten Erde geschehen sind und bald geschehen werden.

Ihr wisst, dass ich derzeit die Position des Herrn der Welt innehabe, und diese Position sieht die Aufrechterhaltung des Gleichgewichts auf dem Planeten Erde vor.

Erst vor kurzem, am Ende des Jahres 2003, stand die Erde vor einer schwierigen Situation. Eine Reihe von Kataklysmen gewaltigen Ausmaßes musste sich ereignen, weil es unmöglich war, die negativen Energien der Menschen auszugleichen.

Die nichts ahnende Menschheit feierte weiter das Fest des Lebens. Die Menschen waren nicht sehr besorgt über die Prophezeiungen und Vorhersagen, die wir gaben.

Die Störung des energetischen Gleichgewichts war von einer Art, die sogar zur völligen Zerstörung der irdischen Zivilisation führen konnte.

Warum ist trotzdem nichts passiert? Ihr mögt von einem Wunder reden. Ihr mögt sagen, dass sich die Prophezeiungen nicht erfüllt haben. Doch ein Wunder in dem Sinne, wie ihr es versteht, gibt es nicht. Jedes Wunder hat seinen Preis.

Und wenn die Energie, die den Planeten in einem dichten Ring umgibt, sich nicht transmutieren lässt und die Kraft der Energie des Lichtes nicht ausreicht, um das Übergewicht der auf diesem Planeten vorhandenen Negativität auszugleichen, so muss der Versuch unternommen werden, das erforderliche Gleichgewicht wiederherzustellen.

Ihr wisst, dass die wahrscheinlichen Ereignisse, die mit einer Reihe von globalen Katastrophen verbunden sind, von uns vorhergesagt wurden. Und wir bereiteten uns auf diese Ereignisse vor. Die Gabe der violetten Flamme, die die Menschheit gegen Ende des vergangenen Jahrhunderts erhalten hatte, war einer der ausgleichenden Faktoren.

Und wenn die violette Flamme in Übereinstimmung mit unseren Plänen eingesetzt worden wäre, so hätte die Gefahr von Kataklysmen gänzlich abgewendet werden können.

Aber ihr wisst, dass dies nicht geschah. Und im Jahr 2003 stand die Welt am Rande der Zerstörung. Jetzt kann ich euch darüber berichten.

Was war geschehen? Warum gab es keinen Kataklysmus – oder jedenfalls keinen Kataklysmus, der das Fortbestehen der heutigen Zivilisation bedroht?

Als Herr der Welt, dessen Hauptaufgabe es ist, das Gleichgewicht auf diesem Planeten aufrechtzuerhalten, opferte ich alle meine Körper und das ganze Momentum all meiner Errungenschaften. Ich brachte alles zum Altar, was meine Individualität darstellt.

Und da das Momentum des Lichtes, das ich hatte, enorm war, reichte es aus, um den Kataklysmus abzuwenden.

Ihr fragt, wozu es notwendig war, ein solches Opfer zu erbringen? Schließlich ist die Seele des Menschen unsterblich, und die Menschheit würde ihre Existenz auf der feinstofflichen Ebene dieses Planeten fortsetzen.

Meine Geliebten, die überwältigende Mehrheit der Menschheit ist für die Existenz auf der feinstofflichen Ebene noch nicht bereit. Und ohne die physische Plattform würde die Menschheit in ihrer Entwicklung Millionen von Jahren vom vorgesehenen göttlichen Plan abweichen.

Daher war mein Opfer völlig gerechtfertigt, und es wurde vollbracht. Ihr habt die Möglichkeit zu leben.

Die Gnade Gottes kennt jedoch keine Grenzen, und nach dem Beschluss des Karmischen Rates der Großen Zentralsonne wurden alle meine Körper entsprechend der Matrix meines Lebensstroms wiederhergestellt. Und zur Wiederherstellung meiner Körper wurden Energien aus dem Kausalkörper des geliebten Sanat Kumara verwendet.

Ich bin wie ein Phönix auferstanden. Und ich erhielt die Möglichkeit, erneut allen Lebewesen auf dem Planeten Erde zu dienen.

Alle Wunder, die in diesem Universum geschehen, geschehen dank der Selbstaufopferung und des Dienstes der gesamten Hierarchie von Lichtwesen. Und jedes Wesen, das auf einer höheren Entwicklungsstufe des Bewusstseins steht, ist aus Liebe und Mitgefühl bereit, sich für jene Lebewesen zu opfern, die sich auf den niedrigeren Stufen ihrer Entwicklung befinden.

Ich habe euch von diesen Ereignissen erzählt, damit ihr über eure eigenen Handlungen nachdenkt. Jeder von euch kann zur Bildung einer dichten Schicht beitragen, die aus negativer Energie besteht. Und jeder von euch kann zur Auflösung dieser dichten Schicht beitragen, die den Planeten Erde umgibt. Alles hängt von euch selbst ab, meine Geliebten. Ihr seht, dass der Himmel alles in seiner Macht stehende tut. Aber habt ihr jemals darüber nachgedacht, dass die göttliche Gnade Grenzen haben könnte?

Ich bin gekommen, um euch zu sagen, dass das Momentum des Lichts, das ich für die Stabilisierung der Situation auf der Erde geopfert habe, sein energetisches Potential erschöpft hat.

Und von diesem Moment an wird es von jedem einzelnen von euch abhängen, welche Energien in der Aura der Erde in naher Zukunft angesammelt werden und überwiegen.

Um in der Zukunft eine große Spannung zu verhindern, die zu einem globalen Kataklysmus führen kann, haben wir beschlossen, kleinere Kataklysmen wie das Erdbeben in Südasien und den dadurch verursachten Tsunami Ende Dezember des letzten Jahres (i.e., 2004 – d.Ü.) zuzulassen.

Jedes Mal also, wenn sich in diesem oder in den kommenden Jahren Kataklysmen, Naturkatastrophen, technogene Katastrophen, Kriege, Terrorakte, soziale Ausbrüche und extreme Wetterbedingungen ereignen werden, möge es euch als Erinnerung an die schwierige Lage auf dem

Planeten Erde dienen und an die Verantwortung, die ihr für die Zukunft dieses Planeten tragt.

Ich bin mir bewusst, dass sehr viele Menschen auf dem Planeten Erde die Zusammenhänge zwischen ihrem Handeln, ihren Gedanken und Gefühlen und den Kataklysmen auf der Erde nicht verstehen können. Aber genau das gleiche Gesetz, das in diesem Universum herrscht, gilt auch auf diesem Planeten.

Diejenigen von euch, deren Bewusstsein weiterentwickelt ist, sind dazu verpflichtet, den Individuen zu dienen, die noch nicht die Stufe erreicht haben, auf der sie sich der engen Verbundenheit von allem, was auf diesem Planeten existiert, bewusst sind.

Daher sprechen wir in diesen Botschaften immer wieder von eurer Verantwortung für eure Gedanken, Gefühle und Taten. Für alles, was ihr in eurem Leben tut. Für den Gebrauch eines jeden Ergs der göttlichen Energie.

Und wie immer wird der Großteil der Arbeit und der Verantwortung für die Stabilisierung der Lage auf der Erde denen zufallen, die ein größeres Bewusstsein haben.

Ich bin im Vesakh-Monat zu euch gekommen, wenn nicht nur Buddhisten, sondern auch andere Menschen in vielen Ländern der Welt den Tag meiner Geburt, meiner Erleuchtung und meiner Verschmelzung mit dem ewigen Licht feiern.

Ihr könnt jetzt diesen Ereignissen den Tag meiner neuen Geburt hinzufügen, als ich die Möglichkeit erhielt, meinen Dienst für die Menschheit fortzusetzen, dank der Gnade und dank dem Schutz und der Hilfe, die mir Sanat Kumara erwiesen hat, mein ewiger Guru und der Meister, der mir am nächsten steht.

Ich hoffe, dass in euren Gemeinschaften immer der Geist der gegenseitigen Hilfe, der Unterstützung und des Dienens vorherrschen wird.

Jeder Akt des Dienstes für eure Nächsten und für alle Lebewesen erhöht die Schwingungen des Planeten Erde und verringert die Wahrscheinlichkeit des nächsten drohenden Kataklysmus.

Beurteilt euer spirituelles Fortschreiten nicht an der Zahl der Stunden, die ihr in Gebeten und Meditationen verbracht habt. Beurteilt euer spirituelles Fortschreiten an der Hilfe, die ihr allen Lebewesen einschließlich Menschen, Tieren und Pflanzen erweist. Beurteilt euer spirituelles Fortschreiten an den Gedanken und Gefühlen, die in eurem Bewusstsein vorherrschen.

Dies werden gerade die Früchte sein, an denen Jesus euch aufrief zu beurteilen.

Ich verabschiede mich nun von euch.

ICH BIN und verbleibe in der Welt. Gautama.

Ihr lebt in einer erstaunlich gesegneten Zeit. Ihr habt die Möglichkeit zu beispiellosem inneren Wachstum

Der Mächtige Kosmos

3. Mai 2005

ICH BIN der Mächtige Kosmos, und ich bin an diesem Tage zu euch gekommen.

Ich bin gekommen, um die Grenzen eurer Wahrnehmung der Welt etwas zu erweitern. ICH BIN ein Kosmisches Wesen. Ich lebe in diesem Universum, und das ganze Universum ist mein Zuhause.

Es ist wahrhaftig ein Wunder, dass ich so leicht zu euch in euer irdisches Zuhause kommen und euch meine Lehre geben kann. Die Gnade des Himmels ist wirklich grenzenlos.

Ihr verbindet euer Bewusstsein mit eurer Welt, und ihr denkt innerhalb der Grenzen eurer Welt. Daher, wenn ich zu euch über Dinge rede, von denen ihr nicht die geringste Vorstellung habt, wird diese Information an eurem Bewusstsein vorbeigehen, ohne darin eine Spur zu hinterlassen.

Der Kosmos ist völlig von Energien durchdrungen, und der Kosmos ist völlig von Informationen durchdrungen. Diese Informationen durchdringen euch im wahrsten Sinne des Wortes in einem unablässigen Strom. Im Kosmos gibt es keine Geheimnisse. Und nur eure Schwingungen, die das Niveau eurer Schwingungen trennt euch von allen Geheimnissen des Kosmos.

Jeder von euch, erhält Zugang zu immer neuen Ebenen von Wissen, indem er seine Schwingungen erhöht. Ihr steigt in eurem Bewusstsein unaufhörlich zur ewigen Wahrheit auf, und euer Weg zur göttlichen Wahrheit verlangt von euch die Anstrengung all eurer Kräfte. Nur wenn ihr in einem Zustand ständiger Anspannung und Überwindung eurer selbst lebt, wachst ihr und steigt immer höher zum Gipfel des göttlichen Bewusstseins auf.

Und ihr geht von einer Welt in die nächste über, ihr reist durch dieses Universum, und später erhaltet ihr die Möglichkeit, in andere Universen zu reisen.

Wahrscheinlich wird es für viele von euch eine Überraschung sein, wenn ich sage, dass alles in eurem Inneren ist. Und die Welten vereinigen sich in eurem Inneren. Und alle eure Errungenschaften sammeln sich in eurem Inneren an. Ihr seid absolut einzigartig. Ihr seid wirklich nach dem Vorbild und Ebenbild Gottes geschaffen. Eigentlich seid ihr Götter.

Ihr wart ursprünglich als Götter geboren, und ihr wolltet diese illusorische Welt erschaffen, in der ihr euch jetzt aufhaltet. Und nun habt ihr endlich genug vom Spiel in eurer eigenen Illusion. Und es ist an der Zeit, in eure Realität zurückzukehren, in eure heimische Welt.

Ihr wisst, dass eure Struktur einer Matroschka ähnlich ist. Ihr habt einen physischen Körper, aber ihr habt auch andere, feinstoffliche Körper, die eure Aura bilden. Ihr habt einen astralen, mentalen und ätherischen Körper. Ihr wisst, dass diese feinstofflichen Körper durch ein System von Chakren verbunden sind. Und ihr wisst von den sieben Hauptchakren, die entlang der Wirbelsäule angeordnet sind.

Die Ebene eurer Entwicklung wird tatsächlich von der Reinheit eurer Chakren bestimmt. Und je mehr eurer Chakren geöffnet sind, desto größer ist der Umfang an kosmischen Informationen, zu denen ihr Zugang habt.

Ich möchte heute über die Chakren der geheimen Strahlen sprechen. Diese Chakren liegen zwischen euren sieben Hauptchakren und sind mit euren höheren Körpern, mit eurem Christus-Selbst, mit eurem Kausalkörper und mit eurer ICH-BIN-Gegenwart verbunden.

Es gibt ziemlich viele Menschen auf diesem Planeten, bei denen die Chakren der sieben Hauptstrahlen geöffnet sind. Und es kommen neue Rassen, bei denen bereits von Geburt an sowohl die Chakren der sieben Hauptstrahlen als auch die Chakren der geheimen Strahlen geöffnet sind. Für diese Menschen ist charakteristisch, dass sie Zugang zu Informationen haben, die dem Großteil der Menschheit verborgen bleiben. Ihr erinnert euch, wie ich sagte, dass die Informationen frei zugänglich sind. Alle

Informationen. Aber ihr könnt erst dann Zugang zu diesen Informationen erhalten, wenn ihr euer Schwingungsniveau erhöht.

In der Tat seid ihr ein äußerst empfindliches Element. Ihr braucht keine perfekten Computer, Datenbanken und Kommunikationssysteme. Alles, was für euch notwendig ist, ist einfach, das Niveau eurer Schwingungen zu erhöhen. Und ihr erhaltet Zugriff auf die Datenbank des Universums. Ihr wisst einfach. Und manchmal werdet ihr nicht einmal verstehen, woher ihr es wisst.

Das ganze Geheimnis ist in den Chakren eurer geheimen Strahlen enthalten. Gerade durch diese Chakren erhaltet ihr Zugriff auf die kosmische Datenbank, und ihr erhaltet Zugriff auf das Wissen, das in eurem Kausalkörper gespeichert ist. Solange sich die allgemeine Situation in eurer Welt nicht ändert, könnt ihr eure Fähigkeiten nicht voll ausschöpfen, selbst wenn eure Chakren der geheimen Strahlen geöffnet sind. Eure technokratische Zivilisation verursacht allzu viele Störungen. Dies sind auch Störungen in Form von Radiowellen und verschiedenen Strahlungen, aber die größten Störungen werden durch die Gedanken der Menschen erzeugt, da die Gedankenfrequenzen den Frequenzen am nächsten sind, auf denen eure Chakren funktionieren.

Durch eure Chakren wächst die göttliche Welt in eure physische Welt hinein. In eurem Inneren vereinigen sich die Welten. Aus diesem Grunde ist das Entwicklungsniveau eures Bewusstseins am wichtigsten, das in direktem Zusammenhang mit der Reinheit eurer Chakren und der Öffnung eurer Chakren steht. Und durch die Chakren eurer geheimen Strahlen vollzieht sich die Geburt des ewigen Menschen.

Jetzt habt ihr viel Fleischliches, Schweres, Menschliches, Egoistisches. Allmählich gebt ihr die Attribute eures Spiels in der physischen Welt auf. Mit der Zeit werdet ihr euren physischen Körper nicht länger brauchen. Danach werdet ihr euch von eurem astralen, mentalen und sogar von eurem ätherischen Körper trennen. Und wie aus der Larve ein Schmetterling hervorgeht, so werdet ihr aufflattern und in den Kosmos hinausfliegen. Ihr werdet eine neue Existenz in neuen Körpern erlangen.

Weil ihr eure gegenwärtigen Körper nur dazu braucht, um in der physischen Welt zu leben. Und wenn der kosmische Moment kommt, werdet ihr euch dieser Körper entledigen und in anderen Körpern leben, euren wirklichen Körpern.

Und für euch werden die Begrenzungen von Raum und Zeit nicht länger existieren. Denn Raum und Zeit stellen nur die Szenerie dar, vor deren Hintergrund die Entwicklung eures unsterblichen Teils stattfindet.

Und der Moment wird kommen, wenn ihr euch an die Minuten eures Aufenthalts im physischen Körper erinnern werdet, denn all eure irdischen Leben werden von der Höhe eures kosmischen Bewusstseins nur wie wenige Minuten erscheinen, die ihr in der dichten Welt verbracht habt. Ihr werdet euch an eure irdische Erfahrung erinnern, und es wird euch nicht klar sein, warum ihr eure Vergangenheit und Zukunft nicht sehen konntet, warum ihr so blind und begrenzt wart.

Gerade in der Überwindung eurer selbst findet jedoch die ewige Entwicklung und Vervollkommnung statt.

Das Universum hört auf zu existieren, wenn es die Fähigkeit zur Selbstentwicklung und Vervollkommnung verliert.

Und für das Universum gilt genau dasselbe Prinzip wie für das Leben jener Menschen, die sich nicht weiterentwickeln wollen und sich wie Kakerlaken in den Ritzen ihres begrenzten Bewusstseins verkriechen und nicht heraus ans Licht kommen wollen.

Alles, was dem wichtigsten Gesetz dieses Universums, dem Gesetz der Selbstentwicklung und Vervollkommnung nicht folgen will, kann nicht über eine bestimmte Zeitgrenze hinaus existieren.

Liebt die Anspannung all eurer Kräfte und all eurer Möglichkeiten. Liebt das Streben und den reißenden Strom der Hindernisse, die ihr überwindet.

Segnet diese Hindernisse, segnet eure Feinde, segnet alle Umstände und Schwierigkeiten eures Lebens, denn sie helfen euch, zu wachsen und euch selbst zu überwinden.

Hochentwickelte Individuen streben danach, unter möglichst schwierigen Lebensumständen geboren zu werden, Sie kennen den

Geschmack der Selbstüberwindung, und Hindernisse sind ihnen eine Freude.

Ihr lebt in einer erstaunlich gesegneten Zeit. Ihr habt die Möglichkeit zu beispiellosem inneren Wachstum.

Und in gewisser Weise beneide ich euch sogar. Ich werde euch ein Geheimnis enthüllen, dass jedes Wesen, das den aufgestiegenen Bewusstseinszustand erreicht hat, selbst die geringste Möglichkeit zu erhalten sucht, um in dieser schwierigen Zeit unter euch zu sein, um sich noch einmal zu erproben und um eine Möglichkeit zu haben, jenen Lebensströmen zu helfen, die ihren Willen zu leben und sich weiterzuentwickeln verloren haben.

Der Prozess eurer Entwicklung ist jetzt in jene Phase eingetreten, in der sich euer Bewusstsein nur mit Mühe an den Wandel der äußeren Lebensbedingungen anpasst. Und diese rasanten Veränderungen zwingen euch dazu, euch auf das vom Standpunkt der Evolution Wichtigste zu konzentrieren und all eure alten Spielchen und unnötigen Vergnügungen und Unterhaltungen aufzugeben.

Gott hat alles vorausgesehen. Und Millionen von Lichtwesen behüten euch sorgsam und halten ein Auge darauf, dass ihr so sicher wie möglich in eurem Bewusstsein den Übergang auf eine qualitativ neue Stufe in eurer Entwicklung vollzieht.

Ich biete euch meine Hilfe an. Ich werde jedem von euch, der sich an mich wendet, die wichtigste Unzulänglichkeit zeigen, jene Eigenschaft, die derzeit eure Entwicklung und euer Fortschreiten behindert. Und wenn ihr den wichtigsten Feind in eurem Inneren kennt, so könnt ihr jeden Meister, der mit diesen Eigenschaften arbeitet, darum bitten, euch bei der Bewältigung dieser Eigenschaft in eurem Inneren zu helfen. Aber ich an eurer Stelle würde versuchen, die eigenen Unzulänglichkeiten selbst zu bewältigen.

Also sagt ihr:

„Im Namen des ICH BIN WAS ICH BIN, Mächtiger Kosmos, hilf mir, meine wichtigste Unzulänglichkeit zu erkennen, die mein Fortschreiten auf dem Weg zu Gott zurückhält".

Wiederholt diese Anrufung dreimal täglich 9 Tage lang, und ich verspreche euch, dass es in eurem Leben zu einem Ereignis kommen wird, das euch erlaubt, eure Aufmerksamkeit auf eure Unzulänglichkeit zu richten.

Und ich bin sicher, dass ihr diese Unzulänglichkeit unbedingt bewältigt. Ihr habt einfach keine andere Wahl.

Ich wünsche euch viel Erfolg auf eurem Weg! Es war mir angenehm, mit den Menschen der Erde zu sprechen.

ICH BIN der Mächtige Kosmos.

Ein weiser Mensch sucht Gott in seinem Herzen

Der Geliebte Melchisedek
4. Mai 2005

ICH BIN Melchisedek. ICH BIN durch diese Gesandte Gottes zu euch gekommen.

Selten komme ich und spreche zu den Menschen der Erde, und das heutige Gespräch ist eine Ausnahme.

Vielleicht habt ihr von der Priesterschaft des Ordens von Melchisedek gehört. Aber wie viele von euch vermuten, worum es geht?

Mein Orden gehört keiner bestimmten Religion an. Und das Priestertum Melchisedeks wird einem Individuum aufgrund bestimmter spiritueller Errungenschaften verliehen und nicht aufgrund einer äußeren Position, die ein Mensch in einer Kirche der äußeren Welt belegt. Ihr werdet erstaunt sein, aber keiner der höchsten geistlichen Führer der heutigen religiösen Konfessionen gehört dem Priestertum nach der Ordnung Melchisedeks an.

Ich weihe meine Priester auf den inneren Ebenen, und die wichtigste Eigenschaft, die ich berücksichtige, ist die vollkommene und bedingungslose Ergebenheit an den Willen Gottes.

Für Individuen, die sich würdig erwiesen haben, in das Priestertum nach der Ordnung Melchisedeks eingeweiht zu werden, ist es unbedingt erforderlich, dass sie die Prüfungen auf den sieben Hauptstrahlen und auf den fünf geheimen Strahlen bestehen. Daher sind bei meinen Priestern alle 12 Chakren entlang der Wirbelsäule geöffnet. Die wichtigste Anforderung ist jedoch, die Prüfung auf dem dreizehnten Strahl, oder dem sechsten geheimen Strahl zu bestehen.

Ja, meine Geliebten, ich bin der Hierarch des sechsten geheimen Strahls, oder des dreizehnten Strahls. Und das Chakra meines Strahls befindet sich zwischen dem Chakra eures dritten Auges und dem Kronenchakra.

Ihr werdet erstaunt sein, aber das Öffnen dieses Chakras ist unmöglich für Menschen, die sich auf den Rahmen traditioneller religiöser Glaubensbekenntnisse beschränkt haben, da keine der religiösen Konfessionen der Welt den Anforderungen entspricht, um wahrhaft Gott zu dienen.

Es gibt allzu viele Dogmen und Beschränkungen, die die Anhänger dieser Konfessionen vom wahren Dienen und von der wahren Verehrung Gottes trennen.

Meine Priester sind in der Regel Eremiten, Yogis und Älteste, die durchaus formell einem traditionellen Glauben angehören mögen, aber meine Gebote, meine Anweisungen und meinen Verhaltenskodex befolgen.

Und mein Verhaltenskodex ist äußerst streng. Vor allem bedeutet dies, dem Willen Gottes völlig ergeben zu sein und die Reinheit der Energien der göttlichen Mutter aufrechtzuerhalten.

Mein Strahl ist der Strahl des göttlichen Dienens und der göttlichen Reinheit.

Es ist aber nicht meine Absicht, euch gegen irgendeine offizielle Religion oder ein Glaubensbekenntnis aufzubringen. Die Religionen existieren nun einmal, und es nützt nichts, mit ihnen zu ringen oder sich ihnen zu widersetzen.

Alle Institutionen in eurer Zivilisation, die Kirche eingeschlossen, sind an euer durchschnittliches Bewusstsein angepasst und spiegeln die Ebene eures Bewusstsein wider.

Und wenn ein Mensch in seinem Bewusstsein harte Beschränkungen in seinen Vorstellungen vom Glauben, von Gott und von moralischen und sittlichen Verhaltensnormen in der Gesellschaft hat, so kann nur dieser Mensch selbst sein Bewusstsein ändern, diese Beschränkungen überwinden und über sie hinausgehen. Und der erste Schritt besteht darin, die Beschränkungen des eigenen Bewusstseins zu verstehen und den Wunsch zu haben, sie zu überwinden.

Meine Geliebten, dies war die Ursache aller Religionskriege, als die religiöse Führungsspitze die Beschränkungen des Bewusstseins der

Menschen, manchmal sogar absichtlich festgelegte Beschränkungen ausnutzte, um die Menschen zu manipulieren und sie für eigennützige Interessen zu gebrauchen.

Es schmerzt mich zu beobachten, wie völlig ausgedachte Einschränkungen bis heute als Grund für religiöse Intoleranz und religiöse Konfrontation dienen. Meine Geliebten, Gott hat keine Beschränkungen, und die meisten der heutigen religiösen Anschauungen werden mit der Zeit wegfallen. Dies ist nur ein vorübergehendes Gewand für die göttliche Wahrheit, das nur in der gegenwärtigen Phase der historischen Entwicklung existiert.

Und für diejenigen Menschen, die ein ausreichend hohes Bewusstseinsniveau haben, gibt es keine Widersprüche zwischen den verschiedenen Religionen und Weltanschauungssystemen, außer dem wichtigsten Widerspruch, /mit dem es unmöglich ist, sich auszusöhnen.

Das bringt mich, meine Geliebten, zu einer schwierigen und heiklen Frage. Ich sagte bereits, dass die Priesterschaft des Ordens von Melchisedek dem Willen Gottes bedingungslos ergeben ist. Und die Frage bestand immer darin, wie dieser Wille Gottes zu verstehen ist.

Meine Geliebten, tatsächlich könnt ihr nicht sicher sein, ob euer Verständnis und eure Vorstellung vom Willen Gottes der Wahrheit entsprechen, solange ihr nicht bestimmte Einweihungen bestanden habt.

Und es gibt sehr viele Menschen, die die Unwissenheit der Massen zu ihren eigennützigen Zwecken ausnutzen, einschließlich der Unwissenheit in Fragen des Verständnisses von Gott.

Die Grenze zwischen den Menschen, die ein wahres oder falsches Verständnis des Glaubens haben, verläuft nicht zwischen bestimmten Religionen und Glaubensrichtungen. Diese Grenze, meine Geliebten, verläuft in den Herzen der Menschen. Es gibt sehr viele aufrichtige Diener. Und es gibt noch mehr falsche Diener, die nichts von Gott in sich tragen und dabei am meisten von Gott und vom Dienen reden.

Ihr hört die richtigen Worte, und ihr könnt sogar die richtigen Taten sehen, doch diese Menschen folgen nicht dem wahren Willen Gottes, und sie sind keine echten Diener.

Gibt es in eurer Welt ein bestimmtes Kriterium, meine Geliebten, von dem ihr euch leiten lassen könnt, um in eurem Bewusstsein die echten Diener Gottes von den falschen zu trennen?

Diese Frage ist in eurer Zeit von vorrangiger Bedeutung. Doch die Antwort auf diese Frage gab der geliebte Jesus vor 2000 Jahren: Ihr müsst nach den Früchten beurteilen.

Nicht nach ihren Taten, Worten oder Handlungen, sondern gerade nach ihren Früchten. Denn ihr mögt die richtigen Worte hören, ihr mögt die rechten Taten sehen, aber die Frucht, das Resultat dieser Taten, wird dennoch faul sein.

Aus diesem Grunde könnt ihr nicht innerhalb eines kurzen Zeitraums beurteilen. Obwohl die Zeit beschleunigt wurde und die Früchte jetzt viel schneller reifen, was mit der beschleunigten Rückkehr des Karmas auf dem Planeten Erde insgesamt verbunden ist.

Alles, was dem Willen Gottes und dem göttlichen Dienen entspricht, wird in der Ewigkeit leben und jene Diener überdauern, die Träger der einen oder anderen Lehre oder eines bestimmten Glaubens sind. Aber alles, was dem göttlichen Dienen nicht entspricht, wird sehr bald seine faulen Früchte zeigen.

Diejenigen von euch, die keine Geduld haben und sofort eine Antwort wünschen, ob eine bestimmte modische religiöse Strömung oder Sekte dem Willen Gottes entspricht, können indirekt eine Vorstellung bekommen, indem sie die Grundsätze der verkündeten Lehre studieren.

Und ich werde euch jetzt einige solche indirekten Anzeichen nennen.

Ihr wisst, dass ein Epochenwechsel stattgefunden hat. Die kosmischen Zyklen haben sich gewendet. Ein neuer Zyklus von gewaltiger Dauer hat begonnen, in dem die Illusion zusammengezogen wird. Daher wird alles, was auf das Zusammenziehen der Illusion gerichtet ist, indirekt auf die Übereinstimmung mit dem Willen Gottes hindeuten.

Ich werde dies an einem Beispiel erklären. Es gibt in eurem Inneren das, was ewig ist, und es gibt den vergänglichen Teil eurer selbst.

Und wenn ihr eine übermäßige Sorge um äußeren Wohlstand und äußeres Wohlergehen seht, dann betrachtet in der Lehre, die ihr einzuschätzen versucht, jene Thesen näher, die mit der Bejahung jeglicher Prioritäten dieser Welt verbunden sind. Dies kann ein übermäßiges Befolgen von Ritualen und kirchlichen Dogmen sein, eine übermäßige Sorge um die Gesundheit des physischen Tempels oder das Streben nach einer sorglosen Existenz auf der physischen Ebene.

Euer Ego und alles, was euch an diese physische Welt bindet, muss überwunden werden. Schaut euch an, was die von euch untersuchte Lehre über die Bewältigung eures Egos, über das Aufgeben des unwirklichen Teils eurer selbst sagt.

Ihr könnt jetzt an jede These einer beliebigen Religion mit diesem universellen Maß der neuen Epoche herangehen, das euch gegeben wurde.

Versucht euch einen Eindruck zu verschaffen, und lasst euch dabei nicht von eurem äußeren Bewusstsein leiten, sondern vom Punkt der höchsten Annäherung eures Bewusstseins an die göttliche Wahrheit. Und wisst immer: Es gibt nichts außerhalb der Grenzen eures Selbst, was euch und eurer Seele schaden kann.

Nur eure eigenen Mängel und Unvollkommenheiten ziehen euch zu der einen oder anderen Religion, zu dem einen oder anderen Glauben hin. Bevor ihr euch daher einer religiösen Organisation anschließt, führt ein ehrliches und unvoreingenommenes Gespräch mit euch selbst. Was bewegt euch, was drängt euch dazu, euch dieser Lehre oder Sekte anzuschließen?

Wollt ihr eure Gesundheit verbessern?

Wollt ihr eure materielle Lage verbessern?

Habt ihr den Wunsch, euch selbst in dieser Welt zu verwirklichen?

Wollt ihr euren Mitmenschen helfen?

Je näher euer Motiv dem Göttlichen ist, desto wahrscheinlicher ist es, dass die Lehre, der ihr zu folgen wählt, so weit wie möglich der göttlichen Wahrheit und dem wahren Glauben entspricht.

Vergesst nicht, dass alles in dieser Welt seinen Schwingungen gemäß angezogen wird. Und ihr werdet gerade zu jenem Glauben und jener religiösen Strömung hingezogen, die euch im jeweiligen Moment und auf der jeweiligen Entwicklungsstufe eurer Seele die beste Lehre und Unterweisung geben kann.

Und keine Religion und keine religiöse Bewegung, die ihr für unwahr haltet, könnte existieren, wenn sie nicht von den Energien jener Menschen unterstützt würde, die diese Religion sowohl mit spiritueller Energie als auch mit materieller Energie in Form eures Geldes und eurer Spenden unterhalten.

Ein weiser Mensch sucht Gott an dem einzigen Ort, an dem er sich wirklich aufhält, nämlich in seinem Herzen. Der weniger weise Mensch sucht die Weisheit außerhalb seiner selbst, in äußerlichen Religionen und Glaubensrichtungen. Und er erhält seine Lektionen auf dem Pfad.

Die Priester nach der Ordnung Melchisedeks dienen dem einen und unteilbaren Gott, der im Herzen eines jeden Lebewesens wohnt.

Ich habe euch heute eine wichtige Unterweisung gegeben. Und ich denke, sie wird euch im Meer neuer Religionen, Boten und Sekten als Orientierung nützlich sein.

ICH BIN Melchisedek.

Für jene von euch, die bereit sind, dem Willen Gottes zu folgen, werde ich eine so fürsorgliche Amme sein, wie ihr sie auf der physischen Ebene nicht finden werdet

Der Geliebte El Morya

5. Mai 2005

ICH BIN El Morya, und ich bin wieder durch meine Gesandte gekommen.

Die Spannung der letzten Tage wirkt sich unverzüglich auf die Situation in der Welt aus. Die Ströme im Raum sind angespannt. Spürt ihr diese Spannung? Es ist unmöglich, dass ihr sie nicht spürt.

Die euch umgebende Wirklichkeit, alles, was euch zuvor vertraut vorkam, scheint euch jetzt unbekannt und fremd. Die Änderung der Schwingungen der Erde nehmt ihr als Nichtübereinstimmung wahr. Die Nichtübereinstimmung zwischen euch selbst und eurer Wahrnehmung von dem, was euch umgibt.

Es scheint, dass alles dasselbe ist, und doch irgendwie anders. Und es gibt keine Erklärung für das, was auf der physischen Ebene und in eurem Bewusstsein vor sich geht. Eure Wissenschaftler versuchen, mithilfe der Messwerte ihrer Geräte zu erklären, was sich auf der Erde ereignet. Es sind ungewöhnliche Messwerte, die nie zuvor in der ganzen Geschichte der modernen Wissenschaft registriert wurden.

Ja, meine Geliebten, wenn die Menschheit mit der Verwirklichung der Pläne Gottes konfrontiert wird, so bleibt ihr nur, sich demütig dem Willen Gottes zu fügen. Allzu lange hat der Zyklus der Vertiefung in die Materie angedauert. Ihr habt euch daran gewöhnt, dass sich eure Gedanken und Wünsche bereitwillig in der Materie erfüllen und wie in einem Spiegel von der Materie abgebildet werden. Und jetzt hat sich etwas geändert.

Es gibt Zeiten, wenn es der Menschheit erlaubt ist, Experimente durchzuführen, aber dann kommt eine neue Zeit, und die Situation ändert sich. Weder ihr selbst noch all eure Wissenschaftler können erklären, was auf dem Planeten vor sich geht. Es gibt etwas, was sich in keiner Weise dem Willen der Menschen unterwirft. Und wenn Gott einen Wechsel der

Zyklen für den Planeten Erde geplant hat, so wird dies ungeachtet eurer Wünsche geschehen.

Die Zeit ist gekommen, sich dem Willen Gottes zu ergeben. Es gibt das Gesetz dieses Universums, und dieses Gesetz wird erfüllt werden, ob ihr es wollt oder nicht.

Daher rate ich euch eindringlich, in eurem Herzen zu bestimmen, was in eurem Leben in Übereinstimmung mit dem Willen Gottes für die gegenwärtige Phase der Entwicklung der Erde geschieht, und was in eurem Leben im Widerspruch zum Willen Gottes steht.

Ich verstehe, dass es euch schwerfällt, in eurem Bewusstsein eure persönlichen Wünsche und Bestrebungen vom Willen Gottes für euren Lebensstrom zu unterscheiden. Es ist jedoch in dieser Zeit dringend erforderlich, die Grenze zwischen dem zu ziehen, was in euch eurem Ego hörig ist und was in euch dem göttlichen Gesetz untergeordnet ist. Und je schneller ihr dies versteht, desto schneller könnt ihr euch von allem befreien, was in euch nicht von Gott ist.

Und diese Prozesse der Unterscheidung, des Erkennens sind von solch feiner Art und kaum von der irdischen Logik zu erfassen, dass ihr euch in der nahen Zukunft ernsthaften Prüfungen im Leben unterziehen müsst, die euch schließlich dazu zwingen werden, über die Trennung des Wirklichen vom Unwirklichen in eurem Inneren nachzudenken.

Meine Geliebten, alle unharmonischen äußeren Manifestationen, jegliche Wetteranomalien und Katastrophen – all diese Dinge ereignen sich, weil euer Bewusstsein nicht im Einklang mit dem Willen Gottes ist. Es gibt einen Vektor, nach dem es für den Planeten Erde bestimmt ist, sich zu entwickeln. Und es gibt die Vektoren eurer Bestrebungen. Und wenn die Vektoren eurer Bestrebungen nicht mit der Hauptentwicklungsrichtung der Evolution übereinstimmen, die für diesen Planeten vorbestimmt ist, so werden die Vektoren eurer persönlichen Bestrebungen grob durch äußere Kräfte verändert werden.

Und wenn ihr in der äußeren, euch umgebenden Welt auf allzu großen Widerstand stoßt, so denkt darüber nach, ob ihr alles im Einklang mit dem Willen Gottes tut.

Jedoch gibt es auch eine genau entgegengesetzte Tendenz, und sie ist derzeit besonders stark. Wenn eure Bestrebungen ganz mit dem Willen Gottes übereinstimmen und der Vektor eurer Bestrebungen in die erforderliche Richtung gerichtet ist, aber ihr von Kräften umgeben seid, die sich nicht verändern wollen und die auf einer unterbewussten oder völlig bewussten Ebene verstehen, dass ihr eine Gefahrenquelle für sie seid. Ihr bringt die göttliche Energie der Veränderung in diese Welt, einen frischen Wind des Wandels.

Daher werdet ihr auf den Widerstand jener Kräfte treffen, die keine Veränderungen wollen.

Deshalb bringe ich euch wieder zu dem Gedanken zurück, dass ihr in eurem Leben ständig unterscheiden müsst. Jede Minute und jede Sekunde eures Aufenthalts auf der Erde trefft ihr eine Wahl, die nicht nur eure Zukunft, sondern auch die Zukunft des ganzen Planeten verändert.

Und als ich euch meine Sponsorschaft anbot, so tat ich dies, um allem, was in Richtung des Vektors der göttlichen Entwicklung wirkt, eine Möglichkeit zu geben, sich zu entwickeln. Und ich werde alle mir zur Verfügung stehenden Maßnahmen ergreifen, um euch vor dem überflüssigen Widerstand der Mächte zu schützen, die dem allgemeinen Verlauf der Evolution entgegenwirken.

Wenn ihr aber um Sponsorschaft gebeten habt, um davon einen persönlichen Vorteil, persönlichen Erfolg und Wohlstand zu erhalten, so werde ich euch ebenfalls meiner Kontrolle unterstellen, doch meine Hilfe wird in diesem Falle darin bestehen, dazu beizutragen, dass ihr in eurem Leben mit äußeren und inneren Umständen konfrontiert werdet, die euch zum Nachdenken zwingen, ob ihr wirklich im Einklang mit dem Willen Gottes handelt.

Nur unentwegte Anstrengung und Entwicklung, und keine Erholung, meine Geliebten.

Ihr seid in diese Welt gekommen, um zu handeln, und ihr werdet handeln, ob ihr dies wollt oder nicht.

Es ist unmöglich, Gott zu betrügen, meine Geliebten. Es ist unmöglich, mich zu betrügen. Ich lese in euren Herzen und sehe eure wahren Motive und eure wahren Bestrebungen.

Und wenn ihr in eurem Leben auf unüberwindbare Hindernisse stoßt, so müsst ihr vor allem unterscheiden, ob diese Hindernisse eine Folge der falsch gewählten Richtung eurer Bewegung, des Vektors eurer Bestrebungen sind, oder ob sie die Folge des Widerstands seitens der Mächte der Finsternis sind, die sich euch gerade deswegen in den Weg stellen, weil eure Bestrebungen völlig dem Willen Gottes entsprechen.

Und wenn die Hindernisse in eurem Leben durch den Widerstand der Mächte der Finsternis hervorgerufen werden, so macht eine Anrufung, bittet um meine Hilfe, und das unüberwindbare Hindernis wird von den Legionen des Lichtes aufgelöst werden. Und dies wird so schnell geschehen, wie die äußeren Umstände es erlauben, und so natürlich, dass ihr schon bald vergessen werdet, dass euch dieses Hindernis noch vor kurzer Zeit im Wege stand.

Und jene von euch, die sich einen persönlichen Vorteil von meiner Sponsorschaft erhoffen, werden sehr bald genötigt sein, ihre Motive zu überdenken und ihre Konsumhaltung in Bezug auf die Hilfe des Himmels zu ändern.

Versucht daher nicht, meine Geliebten, Gott dazu zu zwingen, nach euren Regeln zu spielen.

Die Spielregeln wurden ein für alle Mal zum Zeitpunkt der Erschaffung des materiellen Universums festgelegt. Und jetzt ist gemäß diesen Regeln der kosmische Moment gekommen, wenn ihr jegliche persönlichen Bestrebungen aufgeben und all dem in euch entsagen müsst, was nicht dem Willen Gottes entspricht.

Natürlich ist dies kein einmaliger Prozess, und dieser Prozess wird einen weit größeren Zeitraum umspannen als ein einziges irdisches Leben. Denkt aber immer daran, dass die Zeit für die Auserwählten verkürzt ist. Und wenn ihr den Wunsch habt, den Zyklus der Existenz eures Egos zu beenden und euch noch in diesem Leben von ihm endgültig zu trennen, so wird euch alle mögliche Hilfe des Himmels erwiesen werden. Vergesst aber nicht, dass ihr damit eine beschleunigte Rückkehr eures Karmas wählt, und dass dies zu ernsthaften Schwierigkeiten in eurem Leben führen kann.

Daher ist dieser beschleunigte Pfad für die meisten Menschen nicht möglich. Denn sie sind mit solch schwerem Karma belastet, dass die

Rückkehr dieses Karmas im Laufe eines einzigen Lebens aufgrund der natürlichen Gesetze der materiellen Welt einfach physisch unmöglich organisiert werden kann. Ganz zu schweigen davon, dass euer physischer Körper eine solche beschleunigte Rückkehr des Karmas einfach nicht aushalten würde.

Ich habe euch heute die Kriterien erklärt, von denen ich mich bei der Bereitstellung meiner Hilfe leiten lasse. Und ich habe euch ausführlicher erklärt, worin meine Hilfe besteht. Ich helfe vor allem eurer Seele und dem unsterblichen Teil eurer selbst. Euer physischer Körper und alles, was mit einem ruhigen und gedeihlichen Aufenthalt eures Körpers in der physischen Welt verbunden ist, wird von mir einfach nicht in Betracht gezogen.

Euer physischer Körper muss in einem arbeitsfähigen Zustand sein, aber nur dann, wenn ihr den Willen Gottes erfüllt und euren physischen Tempel nicht für die Vergnügungen dieser Welt benutzt.

Wenn daher jemand in seinem Leben keinerlei Hindernissen begegnet und sein Leben nur zu Vergnügungen nutzt, so würde ich mir darüber Gedanken machen, ob dieser Mensch noch am Leben ist. Hat nicht sein innerer Mensch ihn sich selbst überlassen, seine Zeit friedlich zu Ende zu leben? Und hat ein solcher Mensch eine Zukunft? Oder ist er nur mehr ein Toter, der dank der Gnade des Himmels seine Zeit im Luxus zu Ende lebt? Letztlich bekommt jeder das, was er verdient, und das, wonach er strebt.

Mein heutiges Gespräch mit euch erschien euch möglicherweise als hart und unangenehm. Nun, es zählt nicht zu meinen Aufgaben, Komplimente zu machen und jene von euch zu verhätscheln, die dem Willen Gottes und dem Gesetz dieses Universums nicht folgen wollen. Doch für jene von euch, die dem Willen Gottes zu folgen bereit sind, werde ich eine so fürsorgliche Amme sein, wie ihr sie auf der physischen Ebene nicht finden werdet.

ICH BIN El Morya Khan.

Eure Aufgabe ist es, euch von dieser Welt zu trennen und es Gott zu erlauben, in euch zu wohnen

Gott Maitreya

6. Mai 2005

ICH BIN Maitreya, und ich bin durch diese Gesandte zu euch gekommen.

ICH BIN gekommen, um darüber zu sprechen, wie sich die weiteren Ereignisse auf der Erde in naher Zukunft entwickeln werden. Es ist kein Geheimnis, dass viele von euch unter meiner direkten Führung Einweihungen durchschreiten. Ihr könnt dies in eurem äußeren Bewusstsein erkennen oder nicht. Aber ich bin der zukünftige Buddha, und ich bereite euch auf die kommende Epoche vor. Ihr seid Kämpfer Maitreyas. Und ich bereite euch auf den inneren Ebenen vor, und ihr durchschreitet meine Einweihungen.

Worin besteht der Unterschied zwischen den Anforderungen, die ich an meine Schüler stelle, und den Anforderungen der anderen Meister?

Ihr wisst, dass ein Großteil der Meister euch Einweihungen auf bestimmten Strahlen gibt, und dass sie für eure Ausbildung in bestimmten göttlichen Eigenschaften verantwortlich sind, die diesen Strahlen innewohnen.

Meine Schüler haben die Ausbildung auf den sieben Hauptstrahlen bereits bestanden, und sie haben einen Großteil der Einweihungen auf den geheimen Strahlen bestanden.

ICH BIN ein Meister, der Einweihungen auf den geheimen Strahlen gibt.

Ich bereite meine Schüler auf meine Gegenwart in ihnen vor. Ihr habt die Prophezeiungen vernommen, und ihr wisst, dass die Epoche Maitreyas kommen wird. Alle warten auf die Ankunft Maitreyas. Und es ist an der Zeit, euch Wissen über meine Ankunft zu geben.

Ich muss gemeinsam mit meinen Schülern meine Ankunft in die Verkörperung auf der Erde vorbereiten. Ich kann nicht zur Erde kommen, ohne zuvor meine Ankunft vorbereitet zu haben.

Ich bereite mir den Weg durch meine Schüler, durch jene, die ihre Tempel auf meine Gegenwart in ihrem Inneren vorbereitet haben. Ich kann nur in jenen meiner Schüler gegenwärtig sein, die ihre Tempel so weit vorbereitet haben, dass sie sowohl die Chakren der sieben Hauptstrahlen als auch die Chakren der geheimen Strahlen geöffnet haben. In ihren Tempeln kann ich gegenwärtig sein. Sie sind die Menschen der neuen Rasse, und sie kommen bereits zur Erde. Sie sind meine Menschen, meine Schüler, die im Laufe von vielen Jahrtausenden die Einweihungen unter meiner Führung durchschritten haben. Meine Auserwählten und Treuen.

Ich komme durch meine Schüler, durch jene, die mir erlauben, in ihren Tempeln gegenwärtig zu sein. Und ich bereite den Weg für meine Verkörperung auf der Erde vor.

Ich kann nicht kommen, wenn ihr in eurem Bewusstsein nicht bereit seid, mich zu empfangen. Daher ist das Einzige, was meiner Verkörperung auf der Erde im Wege steht, das Entwicklungsniveau eures Bewusstseins.

Deswegen ist es mir eine Freude, durch jene zur Erde zu kommen, die mir den Aufenthalt in ihren Tempeln erlauben, und sei es auch nur für eine kurze Zeit. Durch ihre Körper mache ich mich mit der Lage auf der Erde vertraut.

Noch viele Jahre werden vergehen, bevor ich mich vollständig auf der Erde verkörpern und im vollen Glanz meiner Macht vor den Menschen der Erde erscheinen kann. Von jedem von euch, der sich in der Verkörperung befindet, hängt die Zeit meiner Ankunft und meiner Verkörperung ab.

Doch bis dahin werde ich kommen und mich in den Körpern meiner Schüler unter euch aufhalten.

Es gibt kosmische Fristen, und die Zeit meiner Ankunft ist bereits nahe. Sie ist nahe nach kosmischen Maßstäben, aber sie ist noch recht fern, wenn man die Zeit meiner Ankunft nach irdischen Maßstäben misst.

Ich werde kommen, wenn die Mehrheit der Menschen auf der Erde in der Lage ist, meine Ankunft anzunehmen. Und es wird erst dann geschehen, wenn die Menschheit bewusst von dem unwirklichen Teil ihrer selbst Abschied nimmt und sich von ihrem Ego befreit, von dem Tier, das sie beherrscht und von ihr Besitz ergriffen hat, und das sie seit Hunderttausenden von Jahren ausnutzt.

Ihr alle müsst dieses Tier von euch abwerfen. Ihr müsst das Tier eures fleischlichen Verstandes und der tierischen Instinkte bekämpfen. Ihr müsst siegen. Und jene von euch, die den Kampf überleben und den Sieg über den unwirklichen Teil ihrer selbst erringen, empfange ich als Kämpfer und Sieger.

Ich verspreche, dass ich jeden von euch, meine siegreichen Kämpfer, empfangen und euch zu dem errungenen Sieg gratulieren werde.

Aber bis dahin, bis diese Zeit gekommen ist, habt ihr noch Zeit.

Ich bin gekommen, um meine Kämpfer daran zu erinnern, wer sie wirklich sind. Viele von euch befinden sich an Orten und Plätzen, die eines Kämpfers unwürdig sind. Ich bin gekommen, um euch daran zu erinnern, dass die Schwingungen eurer Welt euch wie ein Sumpf herabziehen.

Die Gefahr besteht darin, dass ihr euch zunächst ein wenig den Schwingungen der euch umgebenden Welt hingebt. Euer energetisches System wird ein wenig geschwächt, und ihr merkt es nicht einmal. Doch ihr beginnt bereits, in eurem Bewusstsein abzusinken. Und allmählich zieht euch der Sumpf des weltlichen Bewusstseins immer tiefer hinab. Schon bald könnt ihr nicht länger Licht und Finsternis, Gut und Böse voneinander unterscheiden.

Alles, was von dieser Welt ist, ist schädlich für euch. Alles, was zu der Welt um euch gehört und in eurer Welt als prestigeträchtig gilt und ein Objekt der Begierde und des Strebens für Millionen von Menschen ist, ist gerade das, was ihr aufgeben müsst.

Und wenn es euch schwerfällt, die euch umgebende Illusion aufzugeben, während ihr inmitten dieser Illusion bleibt, tut, was die Ältesten und Yogis aller Zeiten taten. Trennt euch von eurer Welt so weit wie möglich. Bildet Gemeinschaften und Siedlungen, die von der umgebenden Welt abgeschieden sind. Mögen diese Gemeinschaften als Stimmgabeln für eure Seelen dienen. Ein Mensch, der die vollkommenen göttlichen Schwingungen gekostet hat, selbst wenn er nur kurze Zeit in einer solchen Gemeinschaft des Geistes verbracht hat, wird im Laufe des Jahres imstande sein, die schädlichen Schwingungen der umgebenden Welt zu erkennen und sich von ihnen fernzuhalten.

Eure Aufgabe ist es, euch von den Schwingungen eurer Welt so weit wie möglich zu trennen. Und erst dann, wenn ihr stark genug seid, den negativen Schwingungen der Welt zu widerstehen, könnt ihr in die Welt gehen. Und nichts, was sich außerhalb eurer selbst befindet, kann euch schaden. Denn Gott selbst wohnt in eurem Inneren.

Wenn ihr für lange Zeit eure Aura und eure Chakren rein halten könnt, werdet ihr zu einem Gefäß, in dem Gott wohnen kann. Wenn ihr in eurem Inneren ohne Makel seid, gibt es nichts in dieser Welt, was euch Schaden zufügen könnte. Ihr seid eins mit Gott. Wer wird es wagen, sich euch entgegenzustellen?

Wenn ihr nichts von dieser Welt in euch habt, so wird es niemandem gelingen, euch in irgendeiner Weise Schaden zuzufügen.

Denn ihr seid rein, und Gott ist mit euch.

Und jeder Schlag, der gegen euch gerichtet wird, prallt von eurer Aura zurück und trifft eure Feinde. Und alle Handlungen auf der physischen Ebene werden sich gegen eure Feinde wenden. Aber ihr werdet eure Feinde nicht einmal bemerken.

Weil ihr keine Feinde habt. Und diejenigen Individuen, die feindselige Gefühle gegenüber euch empfinden, verdienen nur euer Mitleid. Sie sind einem solchen Stolz verfallen, der sie gegen Gott ankämpfen lässt.

Also, eure Aufgabe ist es, euch von dieser Welt zu trennen und es Gott zu erlauben, in euch zu wohnen.

Und ihr habt für diese Zeit keine andere Aufgabe, glaubt es mir.

Ich werde erst dann in eure Welt kommen, wenn das Bewusstsein eines Großteils der Menschheit für meine Ankunft bereit sein wird und wenn die Menschheit mein Kommen erwartet.

Wenn ich vor der Zeit ankomme, dann erkennt mich niemand von euch, weil eure Augen mich nicht sehen können und eure Ohren mich nicht hören können.

Bereitet daher eure Tempel auf meine Gegenwart vor, bereitet eure Tempel auf die Gegenwart von anderen Meistern vor, bereitet eure Tempel auf die Gegenwart Gottes in euch vor.

Alles ist Gott, und alles, was sich in seinem Bewusstsein nicht dem Gesetz dieses Universums und dem Willen Gottes unterwerfen will, sollte wissen, dass ihm nicht mehr viel Zeit für seinen Aufenthalt in dieser Welt bleibt. Und diese Welt selbst wird bald durch eure Bemühungen und dank eurer Errungenschaften so sehr verändert werden, dass sie nicht wiederzuerkennen ist.

Ich danke allen Kämpfern des Gottes Maitreya, die sich in der Verkörperung befinden und mich jetzt hören können.

ICH BIN Maitreya.

Ich warte geduldig darauf, bis jeder von euch bereit ist, sich der Hierarchie des Lichtes anzuschließen und ihr Vorposten dort zu sein, wo er sich gerade jetzt befindet

Sanat Kumara

7. Mai 2005

ICH BIN Sanat Kumara, und ich bin wieder durch meine Gesandte gekommen.

ICH BIN gekommen, um über die Wege der Entwicklung unserer Bewegung zu reden, über die Wege der Entwicklung des äußeren Teils der Organisation, die ihr als die Hierarchie des Lichtes oder die Große Weiße Bruderschaft kennt.

Ihr wisst, mit welcher Genauigkeit unser Handeln organisiert ist, und ihr wisst von unserer hierarchischen Struktur.

Wenn unsere Chelas über demokratische Grundsätze reden, die in unseren äußeren Organisationen etabliert werden müssen, können wir nur darüber lächeln.

Nein, es herrscht eine strenge Unterordnung des Niedrigeren unter das Höhere. Und dieses Prinzip der Unterordnung ist nicht zu diskutieren. Ihr könnt euch mit der Gründung und Entwicklung einer beliebigen Organisation befassen, die auf demokratischen Grundsätzen aufgebaut ist. Doch diese Organisation wird nichts mit unserer Hierarchie zu tun haben.

Unsere Organisationen wurden immer auf dem Prinzip der völligen Unterordnung aller Mitglieder unserer Organisationen unter das höchste Gesetz dieses Universums gegründet. Und das Gesetz dieses Universums erfordert, dass alle, die sich auf einer niedrigeren Stufe in der Entwicklung befinden, sich den Höherstehenden unterordnen.

Es mag euch so vorkommen, als stünde diese Bestimmung meiner Lehre im Widerspruch zu einer früher gegebenen Lehre, dass das Höhere in diesem Universum dem Niederen dient.

Meine Geliebten, das ist nur ein scheinbarer Widerspruch.

Zuerst gebt ihr freiwillig euer Ego auf, übernehmt bestimmte Verpflichtungen, was euer Dienen betrifft, und dann erhaltet ihr alle nötige Hilfe. Hilfe in Bezug auf euer Dienen und nicht in Bezug auf eure Vorstellungen, was ihr für euer Dienen erhalten sollt. Wenn in euch Gedanken aufkommen, euch während eures Dienens irgendwelche materiellen Vorteile oder Machtprivilegien zu verschaffen, dann ist es besser, wenn ihr unseren äußeren Organisationen fernbleibt.

Ihr sollt nicht nach euren Regeln mit uns spielen. Alle diese Spieler werden im Laufe der Zeit die ganze Last des Karmas verstehen, das sie verursachen, indem sie Gesandte spielen, das Dienen für die Hierarche spielen und den Dienst an Gott spielen.

Diejenigen, die aufrichtig und uneigennützig in ihrem Dienst sind, erhalten unsere Hilfe und Unterstützung in all ihren Initiativen und Bestrebungen, die dem Willen Gottes entsprechen.

Wer sich persönliche Vorteile verschaffen will, wird harten Bedingungen unterstellt, unter denen er die endgültige Wahl treffen muss, wem er dient. Beabsichtigt er, Gott zu dienen, oder beabsichtigt er, weiterhin seinem Ego zu dienen?

Und was ihr in den Organisationen beobachtet, die sich selbst zu unseren äußeren Organisationen erklärt haben, ist der Prozess der Trennung von Spreu und Weizen, sowohl innerhalb der Organisationen, als auch in den Herzen der Individuen, aus denen diese Organisationen bestehen.

Wenn ihr Gott zwingen wollt, nach euren Regeln zu spielen, so werdet ihr eine vollständige Illusion erhalten, dass es euch gelungen ist. Ihr werdet einen vollständigen äußeren Effekt erhalten, der euch und denen, die euch unterstützen, beweist, dass ihr viele Errungenschaften auf dem Pfad erreicht habt. Es gibt aber einen großen Unterschied zwischen äußerlichen und inneren Errungenschaften. Und welche Ämter und Posten ihr euch auch aneignet und in welche Gewänder ihr euch kleidet, mit welchem Brimborium ihr euch und die Orte eurer Verehrung des goldenen Kalbes auch aufputzt, dies hat keinerlei Einfluss auf die Höhe eurer Erfolge. Und der wahre Christus, barfuß und in einfachen Lumpen, wird seine Errungenschaften haben, die vor den Augen des Profanen verborgen sein werden, die aber denen sichtbar sein werden, deren Augen geöffnet sind und deren Ohren bereit sind, die Wahrheit zu hören.

Sucht niemals nach äußeren, spektakulären Beweisen für die Richtigkeit unserer Lehren. Ich werde euch mehr sagen. Die Bewusstseinsebene der Menschheit ist gegenwärtig so beschaffen, dass dort, wo sich große Massen von Gläubigen und großer Reichtum konzentrieren, welche eurer Ansicht nach unwiderlegbare Beweise der Echtheit einer Religion oder eines Glaubens und ihrer Unterstützung durch Gott selbst sind, tatsächlich die göttliche Wahrheit am wenigstens offenbart wird und das göttliche Prinzip am wenigsten vorhanden ist.

Christus offenbart sich in einem leisen Gespräch, unter einigen wenigen und aufrichtigen Jüngern.

Menschenmengen versammeln sich entweder, um den Messias anzuschauen, oder um ihn zu kreuzigen. Und für die meisten Menschen spielt es keine große Rolle, ob sie den wahren Messias Christus oder einen beliebten Popstar sehen.

Es ist ein trauriges Bild, menschliche Individuen zu beobachten, die dem Massenbewusstsein unterworfen sind. Und das Bewusstsein der meisten Menschen ist so weit vom Göttlichen entfernt, dass es besser wäre, wenn ihr euch von Menschenmassen fernhaltet.

Ich halte in meinem Herzen einen Plan für das neue Zeitalter. Ich sehe wunderschöne Blumen, die in den Herzen unserer Chelas aufblühen, die die Bewusstseinsebene Christi erreicht haben. Ich sehe diese Blumen hier und da auf dem Planeten erblühen.

Jedes dieser Christuswesen kann und muss zu einem solchen Kristallkeim werden, um den sich immer neue Mitarbeiter herausbilden, und auf der physischen Ebene wird ein wunderbarer Kristall offenbart, eine Gemeinschaft des Heiligen Geistes die aus unseren hingebungsvollen Mitarbeitern besteht, die kein anderes Ziel haben, als Gott und der Bruderschaft zu dienen.

Ihr könnt eure Gemeinschaften auf äußeren demokratischen Grundsätzen aufbauen, aber lasst Christus in euren Gemeinschaften und in eurer Führung und Verwaltung immer den obersten Platz einnehmen.

Ein neuer Abschnitt der Zusammenarbeit hat begonnen, und die Christuswesen müssen sich auf der physischen Ebene zunächst in kleinen Organisationen und Gruppen vereinigen, die als Keime, Matrizen und Prototypen der zukünftigen Gesellschaftsstruktur dienen werden.

Ihr könnt nicht das Bewusstsein aller Regierungen der Welt und aller Menschen auf der Erde ändern. Doch ihr könnt euer eigenes Bewusstsein so weit verändern, dass es euch ermöglicht, sich mit euch ähnlichen Christuswesen in Gemeinschaften des Heiligen Geistes zu vereinigen.

Ich sage euch, dass dies jetzt in den Vordergrund tritt. Sät in eurem Herzen einen Plan für eine Organisation, die nicht aus Millionen, nicht aus Tausenden, sondern aus einigen wenigen Christuswesen besteht, die ihr ganzes Leben der Erfüllung des Willens Gottes und der Verwirklichung der Pläne der Hierarchie für die physischen Oktave untergeordnet haben.

Jedes dieser Christuswesen wird in innerem Kontakt mit der Bruderschaft stehen. Und ihr könnt euch in euren äußeren Aktivitäten von jenen Grundsätzen und Anweisungen leiten lassen, die ihr während eurer Meditationen und in der inneren Kommunikation mit uns erhaltet.

Glaubt mir, es ist nur euer Ego und die mangelnde Reinheit eurer vier niederen Körper, eurer Aura und Chakren, was euch daran hindert, unsere Pläne für die heutige Zeit zu verwirklichen.

Ihr könnt die euch umgebende Wirklichkeit nach dem göttlichen Vorbild verändern. Doch dazu müsst ihr euch selbst ändern und mit der Bruderschaft im Einklang stehen.

Ihr müsst in euch den wahren Klang haben, der als Kammerton schwingt, der mit eurem Höheren Selbst in Einklang ist, mit Gott in euch. Und durch diesen wahren Ton werdet ihr imstande sein, Mitarbeiter auf der physischen Ebene zu finden und den göttlichen Plan für den jeweiligen Moment zu verstehen, und ihr werdet zu handeln beginnen und dabei eurer Umgebung das rechte Vorbild zur Nachahmung und Orientierung geben.

Ihr müsst anfangen, wartet nicht auf irgendeinen Befehl von außen. Alle Instruktionen und Hinweise, was zu tun ist und wie, werdet ihr aus eurem Inneren, aus eurem eigenen Herzen erhalten.

Beginnt nur zu handeln und glaubt mir, alle Aufgestiegenen Lichtwesen werden bereit sein, euch bei der Erfüllung eurer Pläne und Vorhaben zu helfen.

Wir beginnen einen neuen Abschnitt unserer Bewegung. Und er beginnt dort, wo ihr euch jetzt befindet, und in jenem Moment, wenn ihr in eurem Herzen die folgenden Worte sprecht:

„Ich bin bereit, Gott. Nimm mich an, Gott, nimm meine Kenntnisse, meine Fähigkeiten. Gebrauche mich, Gott, zur Verwirklichung Deiner Pläne. Hier bin ich, Gott. Ich unterwerfe mich in Demut Deinem Willen und Deinem Gesetz. Es gibt nichts mehr in mir, was nicht von Gott ist. Es gibt nichts, was uns trennt. Wir sind eins".

Ihr werdet Fehler machen und hinfallen, aber ihr müsst weitergehen. Und euer Fortschreiten zur Wahrheit wird so erfolgreich sein, wie euer Motiv rein und aufrichtig ist.

Ihr seid nur so lange einsam, bis ihr die Einheit mit Gott in eurem Inneren spürt. Und durch diese Einheit werdet ihr zugleich eins mit jedem, dessen Schwingungen mit euren Schwingungen im Einklang stehen.

Ja, meine Geliebten, ihr seid nur wenige, doch es befinden sich genug von euch in der Verkörperung, um mit dem Handeln anzufangen und damit zu beginnen, Gemeinschaften des Heiligen Geistes genau dort zu gründen, wo ihr euch gerade jetzt befindet.

Ich gebe euch diesen Impuls zur Vereinigung aus meinem Herzen.

Ich warte geduldig darauf, bis jeder von euch bereit ist, sich der Hierarchie des Lichtes anzuschließen und dort ihr Vorposten zu sein, wo er sich gerade jetzt befindet.

ICH BIN Sanat Kumara.

Wir kommen, um eure Göttlichkeit zu erwecken

Der Geliebte Kuthumi
8. Mai 2005

ICH BIN Kuthumi, und ich bin wieder durch diese Gesandte zu euch gekommen.

ICH BIN gekommen, um einige Erklärungen bezüglich der Lehre zu geben, die ich vor kurzem übermittelt habe[12]. Es ist die Lehre von den Zwillingsflammen.

Für viele von euch kam es unerwartet, die Interpretation dieser Lehre zu hören, so wie sie von mir gegeben wurde.

Doch früher oder später müssen eure Vorstellungen von euch selbst und von eurer Seele erweitert werden.

Ihr seid ganz und gar nicht diejenigen, mit denen ihr euch in eurem äußeren Bewusstsein assoziiert. Ihr besitzt unbegrenzte Macht.

In euch, in einem jeden von euch steckt das Potenzial, ein Gott zu sein.

Ihr seid in der Tat Götter. Und eure Aufgabe ist es, eure Göttlichkeit allmählich zu meistern. Die Göttlichkeit in euer äußeres Bewusstsein einzulassen.

Glaubt mir, ihr seid keine Menschen, die vorhaben, die Rolle Gottes zu spielen. Ihr seid Götter, die für eine bestimmte Zeit gekommen sind, um die Rolle von Menschen zu spielen.

Eure Göttlichkeit ist vor eurem äußeren Bewusstsein verborgen, und eure Fähigkeiten schlafen so lange in eurem Inneren, bis ihr eure Rolle in dieser Welt vollständig erfüllt habt.

Die Samen eurer Seelen besäten vor Jahrmillionen die Planeten, die sich zu jener Zeit formten. Euer unsterblicher Teil, eure Monade, durchlief

---

[12] Siehe die Botschaft von Kuthumi vom 26. April 2005.

in seiner Entwicklung alle Stadien und Phasen der Entstehung des materiellen Universums.

Ihr wart Steine, ihr wart Pflanzen, ihr wart Insekten, ihr wart Vertreter der niederen Tierwelt, und ihr wart höher entwickelte Tiere. Ihr habt all diese Entwicklungsstadien durchlaufen. Ihr habt diese Stadien nicht nur auf diesem Planeten, sondern auch auf anderen Planeten durchlaufen.

Dies alles erforderte Milliarden von irdischen Jahren.

Das Teilchen Gottes, das den Kern eures Wesens bildet, umhüllte sich nach und nach mit den Erfahrungen all eurer Existenzen im materiellen Universum.

Dies lässt sich damit vergleichen, wenn ihr in ein Werk einer großen Firma kommt, um zu arbeiten. Ihr wisst, dass ihr nach einiger Zeit der Leiter dieses Werkes werden sollt. Um aber ein guter Werkleiter zu werden, habt ihr entschieden, alle Stadien, alle Stufen der Karriereleiter zu durchlaufen, vom einfachen Arbeiter zum unteren und mittleren Management bis hin zum Werkleiter.

Und in allen Stadien eures Aufenthalts im Werk erhaltet ihr wichtige Kenntnisse und Erfahrungen, die euch Menschen vermitteln, die Berufserfahrung haben und alle Fertigkeiten in ihrem Beruf bereits gemeistert haben.

Stellt euch vor, ihr seid in der Entwicklungsabteilung angekommen, und der Leiter dieser Abteilung verbringt zahlreiche Stunden mit euch und lehrt euch alle Einzelheiten der Entwicklungsarbeit, die Fertigkeiten, die er in den langen Jahren seiner Arbeit in diesem Beruf gemeistert hat.

Wenn wir eine Analogie zu eurem Aufenthalt im Dienst als Menschen auf der Erde ziehen, so erhaltet ihr auf einer bestimmten Stufe eurer evolutionären Entwicklung einen inneren Mentor in der Gestalt eures Christus-Selbst, welches von höheren Wesenheiten stammt, die das menschliche Entwicklungsstadium bereits vor vielen Jahrmillionen durchschritten haben. Und diese hochentwickelte Wesenheit begnadet euch mit einem Teilchen ihrer selbst, das euer Mentor und zugleich euer engster und bester Freund ist.

Und gleichzeitig erhaltet ihr den Verstand, jenen Verstand, der den Menschen vom Tier unterscheidet und der zu Recht euer Verführer ist. Denn indem der Mensch den Verstand erhält und zugleich freien Willen besitzt, kann er seinen Verstand sowohl dazu gebrauchen, um ihn seinem Aufenthalt in der physischen Welt dienlich zu machen, als auch für das Voranschreiten auf dem Evolutionsweg und für die Vervollkommnung in Gott.

Euer Verstand ist das, was euch von den Tieren unterscheidet, und gleichzeitig wird euch in Übereinstimmung mit eurem freien Willen erlaubt, euren Verstand gerade dafür zu gebrauchen, um rein tierische Lüste und Genüsse vom Leben zu erhalten und euch auf der physischen Ebene mit allen Vergnügungen und Freuden zu umgeben, die euch nur in den Sinn kommen.

Wenn wir zur Analogie mit eurem Praktikum in der Entwicklungsabteilung zurückkehren, beginnt ihr, die erworbenen Fachkenntnisse im Bereich der Entwicklung dafür einzusetzen, um etwas zu entwerfen, was euch ermöglicht, einer Maschine zu schaffen, die all eure Wünsche erfüllen kann. Und stellt euch vor, dass ihr euch mit der Entwicklung dieser Maschine befasst und dafür alle Ressourcen der Entwicklungsabteilung und schließlich auch die Kapazität des ganzen Werkes benutzt.

Früher oder später wird man euren Aktivitäten Einhalt gebieten, weil sie nicht dem Zweck entsprechen, für den das Werk gebaut wurde.

Und ihr werdet genötigt sein, euch entweder dem Zweck unterzuordnen, zu dem euch diese Arbeit angeboten wurde, oder aber die Firma und eure Arbeitsstelle zu verlassen.

Genauso steht vor euch in der gegenwärtigen Phase eurer evolutionären Entwicklung die Aufgabe: Entweder ihr gebt die Befriedigung eurer unbändigen Wünsche in der physischen Welt auf und konzentriert euch auf die Aufgabe, zu der euer unsterblicher Teil in diese Welt gekommen ist, um die notwendigen praktischen Erfahrungen und Kenntnisse zu sammeln. Oder ihr werdet diese Welt verlassen müssen, denn eure Interessen stehen in Konflikt mit dem Plan für dieses Universum, und euch muss Einhalt geboten werden.

Der Unterschied besteht darin, dass es in diesem Universum kein anderes Werk gibt, wo ihr eine Arbeitsstelle finden könnt.

Euch wurde auf einem bestimmten Abschnitt der evolutionären Entwicklung euer Verstand gegeben, und eure Aufgabe für diesen gewaltigen historischen Zeitraum der Entwicklung der Menschheit bestand darin, euren Verstand zu beherrschen und seine rein fleischlichen, tierischen Neigungen der göttlichen Führung zu unterwerfen.

Das Stadium ist gekommen, in dem ihr dem fleischlichen Aspekt eures Verstandes entsagen und euch vollkommen dem göttlichen Geist unterordnen müsst. Das eine wie das andere wohnt in euch. Ihr müsst nur in eurem Bewusstsein das eine vom anderen trennen und freiwillig dem entsagen, was euch im nächsten Stadium eurer evolutionären Entwicklung hinderlich sein wird, wenn ihr vom tierischen Menschen zum Gott-Menschen übergehen müsst.

Und in diesem Stadium braucht ihr euren Freund und Mentor in der Gestalt eures Christus-Selbst, der geduldig darauf wartet, bis ihr ihm endlich eure Aufmerksamkeit zuwendet und imstande seid, den Unterricht unter seiner unmittelbaren Führung zu beginnen.

Die Zeit ist gekommen, sich von den Spielzeugen der Kindheit zu trennen, die eure materielle Welt erfüllen, und sich der realen Welt zuzuwenden.

Euer Christus-Selbst ist derjenige Teil eurer selbst, mit dem ihr euch in der nächsten Zeit in eurem Bewusstsein vereinigen müsst. Und es ist eure wahre Zwillingsflamme, der Bräutigam eurer Seele.

Ihr seht, wie einfach alles ist, meine Geliebten.

Die Lehre über Gott ist tatsächlich eine sehr einfache Lehre. Und die ganze Schwierigkeit, diese Lehre wahrzunehmen, besteht darin, dass ihr mit eurem äußeren Verstand Dinge erfassen müsst, die nicht zu eurer Welt gehören. Und ihr könnt dies nur tun, indem ihr eure göttlichen Fähigkeiten nutzt, die in euch wohnen, sich aber bei den meisten Menschen im Schlafzustand befinden.

Wir kommen, um eure schlafenden Fähigkeiten zu wecken. Wir kommen, um eure Göttlichkeit zu erwecken. Und es ist an der Zeit, euch freiwillig dem höheren Verstand unterzuordnen, der den höheren Willen in eurem Inneren manifestiert.

Es war mir eine Freude, euch einige zusätzliche Erklärungen zu geben, die den gegenwärtigen Abschnitt der evolutionären Entwicklung eurer Seele betreffen.

ICH BIN Kuthumi,
und ich bin immer mit euch auf eurem Weg.

Der Plan Gottes für Russland ist eine Gemeinschaft des Heiligen Geistes

Nicholas Roerich

9. Mai 2005

ICH BIN Nicholas Roerich, und ich bin durch diese Gesandte zu euch gekommen.

Ich bin an diesem bedeutungsvollen Tag gekommen, an dem nicht nur Russland, sondern auch die ganze Welt den Sieg im Zweiten Weltkrieg feiert.

Ich möchte euch meine geistige Vision der Ereignisse geben, deren Zeugen ihr im vergangenen Jahrhundert wart.

Ich möchte euch meine Sichtweise dieser Ereignisse geben, die ich nach meinem Aufstieg erlangt habe. Und vielleicht scheinen euch einige der von mir heute geäußerten Gedanken den Gedanken zu widersprechen, die ich während meiner Verkörperung geäußert habe, oder die ihr aus den Botschaften der Meister durch andere Gesandte erhalten habt.

Ich werde mich bemühen, euch die Früchte meiner Überlegungen über Russland zu bringen. Und ihr müsst selbst entscheiden, ob ihr meine Gedanken zur Grundlage eures Handelns macht oder sie ignoriert.

Ihr wisst, dass ich Russland sehr geliebt habe und dass ich es mir sehr zu Herzen nahm, den größten Teil meines Lebens nicht physisch in diesem Land verbringen zu können.

Wäre unsere Mission erfolgreich gewesen, die wir in den zwanziger Jahren des vergangenen Jahrhunderts im Auftrag der Meister unternahmen, so hätte die ganze Geschichte Russlands und die ganze Weltgeschichte einen anderen Verlauf nehmen können. Ich spreche von der Mission der Übergabe des heiligen Schatzkästchens und der Botschaft der Mahatmas an die damalige Regierung Sowjetrusslands.

Unsere Mission blieb ohne Erfolg. Und der Versuch seitens der Mächte des Lichtes, auf die Situation in Russland Einfluss zu nehmen, wurde auf unbestimmte Zeit verschoben. Und ein neuer Versuch wurde durch meinen

Tod verhindert. Ihr wisst, dass ich nach dem Sieg, der in diesem schrecklichen Krieg errungen worden war, mit all meinem Herzen nach Russland strebte.

Ich möchte meine Gedanken über die Situation in Russland geben, die sich nicht auf äußere Ereignisse gründen, sondern auf die inneren Ereignisse, die hinter allem standen, was in Russland im vergangenen Jahrhundert geschah – hinter der Revolution, der Erschießung der Zarenfamilie, dem Bürgerkrieg, dem Großen Vaterländischen Krieg der Sowjetunion, der neuen Revolution und der Macht der Elite, die jetzt etabliert wurde.

Nur zwei Kräfte stehen hinter all diesen Ereignissen. Zwei Kräfte, deren Wechselwirkung, wenn sie nicht harmonisiert werden kann, zu schrecklichen Erschütterungen und dem Verlust von Millionen von Menschenleben führt.

Die eine ist die Kraft, die die Illusion vermehrt, und die andere ist die Kraft, die auf die Zusammenziehung der Illusion gerichtet ist.

Ihr könnt diese Kräfte als die Mächte des Guten und die Mächte des Bösen bezeichnen, doch dies ist nicht ganz richtig. Denn die Ideen des Guten, des Gemeinwohls, verwandeln sich in ihr genaues Gegenteil, wenn sie unter den Einfluss der Kräfte fallen, die die Illusion erzeugen. Und die Ideen des Bösen werden ebenfalls zu ihrem genauen Gegenteil, wenn sie unter den Einfluss der Mächte des Lichtes kommen.

Ihr wisst, dass Ideen die Welt bewegen, und Ideen werden in der Welt durch die Menschen verwirklicht.

Um welche Idee es sich daher auch handeln mag, wenn es keine Menschen gibt, die diese Idee umsetzen, so wird sie einfach nicht verwirklicht werden. Und wenn eine Idee an sich gut ist, doch die Menschen, die sie ausführen, innerlich verdorben sind, in ihrem Bewusstsein verdorben sind, so wird die Idee bis zur Unkenntlichkeit verzerrt und in ihr genaues Gegenteil verkehrt.

Und Energie kommt in diese Welt nur durch Menschen. Energie, die göttliche Energie strömt in diese Welt durch die Herzen der Menschen. Deshalb bestimmt ihr selbst, wohin ihr eure Energie lenkt.

Ihr wisst, dass wir die Veränderungen unterstützten, die in Russland nach der Revolution begannen. Und viele sehen darin einen Widerspruch. Gestattet mir, dazu einige Erklärungen zu geben.

Die Idee der Gemeinschaft, der Gemeinschaft des Heiligen Geistes als der wahrsten und gerechtesten Art, die Gesellschaft zu führen, wurde von mir immer unterstützt. Ihr könnt darüber in den Agni-Yoga-Büchern lesen.

Wenn aber die Idee der Gemeinschaft von Menschen umgesetzt wird, die unter den Einfluss der Mächte der Finsternis geraten sind, so wird aus der Umsetzung dieser Idee nichts Gutes hervorgehen. Daher hofften wir auf die Intelligenzija, auf jene Menschen, die in der Lage waren, durch die Veränderung ihres Bewusstseins den Lauf der Geschichte zu beeinflussen, indem sie sich nicht direkt an der Regierung beteiligten, sondern indirekt Einfluss ausübten – durch die Kunst, die Wissenschaft, Bildung und das Gesundheitssystem.

Wir sahen, dass dies möglich war. Aber die Menschen, die sich die Idee der Gemeinschaft zunutze machten, um an die Macht zu kommen und von den Früchten dieser Macht zu profitieren, taten alles, um alle Bereiche des gesellschaftlichen Lebens mit korrekten doch völlig leblosen Parolen zu durchdringen, denn das Wichtigste, was einer jeden Gemeinschaft zugrunde liegen sollte, wurde abgelehnt – die Verbindung mit der Hierarchie und der wahre Dienst an Gott.

Daher beobachteten wir ein schreckliches Monster, das im Laufe des gesamten zwanzigsten Jahrhunderts in Russland existierte. Eine Schlange mit dem Maul eines Löwen. Und noch heute beobachten wir das bestialische Grinsen dieses Monsters.

Und man lässt die Arme sinken, und im Bewusstsein des aufgeklärteren Teils der Gesellschaft findet sich kein Verstehen für den weiteren Weg.

Russland ist zum Stillstand gekommen. Als hätte man die Zeit angehalten. Nichts ändert sich. Und es hätte sich etwas ändern können, doch die Menschen wissen nicht, welche Richtung einzuschlagen ist.

Und was jetzt geschieht, sind die Ausschweifungen der Mächte, die die Illusion fördern. Ihr wisst aber, dass diesen Kräften gemäß dem göttlichen Plan nur noch wenig Zeit bleibt, an der Macht festzuhalten. Daher sind sie am Ende so wütend und voller Hass und Bosheit. Sie haben alle Scham verloren und jede Moral und Rechtschaffenheit über Bord geworfen.

Russland wird einer großen Prüfung unterzogen. Ihr wisst, dass Russland von Gott geliebt wird. Und wen Gott liebt, dem sendet er die schwierigsten Prüfungen, denn durch Prüfungen wachsen wir, und durch Prüfungen wird unser Geist gestärkt. Und jene, die weinen und jammern und sagen, dass Russland verloren sei, sind nur dem Einfluss der Mächte der Illusion erlegen.

Euer Geist, eure Göttlichkeit, Gott in eurem Inneren, das ist es, worauf ihr eure Aufmerksamkeit richten müsst.

Ihr seid wahrhaftig Riesen des Geistes. Und jene Kolosse auf Tonbeinen, die jetzt in Russland unter euch leben und euch regieren, werden zusammenbrechen und in Stücke zerfallen, wenn die Bogatyre[13] nur ihre Schultern bewegen.

Der Plan Gottes für Russland ist eine Gemeinschaft des Heiligen Geistes, die auf den Grundsätzen der Göttlichkeit, der göttlichen Freiheit, der Demokratie und der Fürsorge für jedes Mitglied der Gemeinschaft gegründet ist.

Und diese Gemeinschaft wird nicht von oben verkündet oder im Laufe des nächsten Umsturzes oder der nächsten Revolution errichtet werden. Der göttliche Weg ist der Weg allmählicher Veränderungen im Bewusstsein der Menschen. Und die Veränderungen im menschlichen Bewusstsein können, wenn sie einen bedeutenden Prozentsatz der Bevölkerung des Landes umfassen, zu einem vollkommenen göttlichen Wunder führen.

Die beste Form der Regierung wird keinen Bestand haben, wenn sie in den Köpfen und Herzen der Menschen keinen Anklang findet.

Daher ist eure wichtigste Aufgabe, überall Gemeinschaften des Heiligen Geistes zu gründen, in jeder Stadt und in jedem Dorf.

Versammelt euch. Lest das Buch „Gemeinschaft". Lest die Agni-Yoga-Bücher. Sie wurden euch gegeben.

---

[13] Tapfere und sehr starke Ritter mit mythischen Kräften, die häufig in russischen Sagen erwähnt werden (d.Ü.).

Denkt darüber nach, welche Grundsätze ins Fundament der Gemeinschaft gelegt werden sollten.

Verbreitet diese Vorstellungen in der Welt mithilfe des Internets und durch die Erziehung der Kinder.

Ihr müsst das ganze Land mit der Idee einer neuen Regierung nähren, mit den Ideen des Gemeinwohls und des Guten.

Ich sage euch, dass alle Lichtwesen des Himmels auf eure Taten und Handlungen warten, um euch alle nur mögliche Hilfe zu erweisen.

Die Idee der Gemeinschaft ist nichts Neues. Und es geht nur um Kleinigkeiten. Ihr müsst nur beginnen, gerade dort eine Gemeinschaft zu gründen, wo ihr euch jetzt befindet. Beginnt mit dieser Arbeit, meine Geliebten.

Denkt darüber nach, warum die Idee der Gemeinschaft in der ganzen Welt immer einen solchen Widerstand hervorruft. Warum kann die Idee der Gemeinschaft in keinem Land der Welt Wurzeln schlagen? – Weil es die neue Art der Führung und Verwaltung ist, die die heutige Art der Führung und Verwaltung ablösen muss. Und jene, die jetzt an der Macht sind, verstehen sehr gut, dass mit der Gemeinschaft das Ende ihrer Manipulationen, ihrer Kontrolle der Finanzen, ihrer Regierung kommt. Denn sie können nur kontrollieren und regieren, indem sie ihre Macht auf die niederen, tierischen Instinkte der Menschen stützen. Und dem göttlichen Menschen, den der ganze Himmel unterstützt, haben sie nichts entgegenzusetzen.

Denkt darüber nach, wie man der neuen Generation Wissen vermitteln kann. Denkt darüber nach, wie man Gemeinschaften des Heiligen Geistes gründen kann. Und eure wichtigste Aufgabe für die nahe Zukunft besteht in der Vereinigung. In der Vereinigung aller Lichtträger, doch nicht auf den Grundsätzen des Kampfes gegen das Böse, sondern auf den Grundsätzen der Liebe, der Hilfe, der Barmherzigkeit und des Mitgefühls.

Und selbst wenn ihr allein seid und niemand in eurer Nähe ist, mit dem ihr eine Gemeinschaft bilden könntet, so wisst, dass ihr selbst bereits eine Gemeinschaft des Heiligen Geistes seid, wenn ihr euer Leben und die Beziehungen zu euren Mitmenschen auf den Grundsätzen des Gemeinwohls, des Guten und der Liebe aufbaut. Und dort, wo ihr euch befindet, kommen alle himmlischen Heerscharen, um euren Weg zu beschützen.

Die Gemeinschaft, das Gemeinwohl und das Gute werden aus euren Herzen kommen. Eure Aufgabe ist es, einfach eure Herzen zu öffnen und die Göttlichkeit einzulassen.

Die Augen fürchten es, doch die Hände tun es.[14] Den Weg bewältigt der, der ihn geht.

ICH BIN Nicholas Roerich.

---

[14] ein russisches Sprichwort (d.Ü.)

Ich stelle euch in den Dienst auf dem Planeten Erde

Der Geliebte Surya
10. Mai 2005

ICH BIN Surya, und ich bin von der Großen Zentralsonne durch diese Gesandte Gottes zu euch gekommen.

Seit wir mit der Arbeit begonnen haben, unsere Botschaften durch diese Gesandte zu übermitteln, konntet ihr euch mit den neuesten Nachrichten und Informationen vertraut machen, die der Kategorie angehören, mit der wir es für möglich hielten, euch vertraut zu machen.

Wir werden unsere Arbeit auch weiterhin fortsetzen. Folgt weiter unseren Botschaften. Bemüht euch, bei diesen Botschaften nicht nur den Inhalt zu erfassen, der an der Oberfläche liegt, sondern versucht, auch gewissermaßen zwischen den Zeilen zu lesen.

Jede wahre Botschaft des Himmels zeichnet sich vor allem dadurch aus, dass sie vielschichtig ist und einen zweiten, dritten und vierten Sinn hat. Ja, meine Geliebten, trotz der scheinbaren Einfachheit und Zugänglichkeit der Darlegung enthalten diese Botschaften Informationen, die an eurem äußeren Bewusstsein vorbeigehen und die tiefen Schichten eurer Seelen zum Erwachen bringen. Und eine unserer Hauptaufgaben besteht darin, eure schlafenden göttlichen Fähigkeiten zu erwecken. Damit ihr über die Grenzen eurer physischen Welt hinaustreten und die andere Welt, die göttliche Welt erkennen könnt, die immer neben euch existierte; aber ihr habt es vorgezogen, sie nicht zu bemerken, oder ihr habt so getan, als ob sie nicht existiert.

Für euch war es viel leichter, sich der Illusion eurer Welt hinzugeben, eure Rollen auszuführen und mit euren Spielzeugen zu spielen.

Ihr seid imstande, das wahrzunehmen, was ihr wahrnehmen wollt, und was ihr eurem freien Willen gemäß in eurem Bewusstsein zulassen könnt. Die feinstofflichen Welten sind für eure physischen Sinne nicht spürbar. Ihr könnt sie nicht berühren, sehen oder hören. Und um eure Kommunikation mit der göttlichen Welt zu beginnen, müsst ihr eure physischen Sinne so sehr verfeinern, dass sie für die feinstofflichen Schwingungen empfänglich werden. Der Bereich eurer Feinfühligkeit erweitert sich gewissermaßen, und ihr beginnt, die feinstoffliche Welt zu spüren.

Ihr nehmt Düfte wahr, feine Aromen, deren Quelle nicht in eurer Umgebung ist. Ihr seht vor eurem inneren Auge ein Schillern und Wirbeln von wunderschönen Farben, und ihr seht Funken und andere Lichteffekte. Ihr beginnt, die Musik der Sphären zu hören, und ihr hört die Klänge unserer Welt.

Doch das Wichtigste, wonach ihr mit all eurem Wesen streben müsst, ist ein Gefühl der Göttlichkeit. Dies ist eine unvergleichliche Entzückung durch die Berührung mit unserer Welt. Ein Gefühl voller Ehrfurcht, vielleicht vergleichbar mit der Betrachtung des Objektes eurer ersten Liebe. Eures Geliebten oder eurer Geliebten. Und dieses Gefühl ist so erhaben, dass ihr fürchtet, sogar mit eurem Atem oder einer ungeschickten Bewegung dieses Gefühl zu vertreiben.

Eure Welt ist von äußerst groben Schwingungen erfüllt. Und inmitten der Geschäftigkeit eurer Welt ist es sehr schwierig, sich auf die göttliche Tonart einzustimmen. Daher empfehlen wir euch, so viel Zeit wie möglich in der Natur zu verbringen, in der Stille. Das Rascheln der Gräser, der Gesang der Vögel, sogar das Brummen und Surren der Insekten sind Klänge, die unserer Welt besonders nahe stehen.

Lernt, den Stimmen der Natur zu lauschen. Lernt, die Natur zu betrachten. Die Bilder der euch umgebenden Natur auf euch, auf euer Bewusstsein wirken zu lassen.

Wenn ihr in der Stille am Ufer eines Flusses oder Meeres, in einem Wald oder auf einem Feld seid, befindet ihr euch wahrhaftig im Tempel Gottes. Und angesichts der Fürsorge Gottes für euch müsst ihr vollkommen göttliche Ehrfurcht empfinden. Gott hat die vollkommensten Tempel für euch gebaut.

Und euer Aufenthalt in der Natur muss einem Besuch im Tempel gleichen. Dankt Gott für jede Minute der Stille, wenn ihr in seinem Tempel seid und Ehrfurcht empfindet. Denn die feinstoffliche Welt kann sich euch nicht nähern, wenn ihr euch in Städten und selbst kleinen Siedlungen befindet. Nur in der Natur, wo es keine Spuren der sogenannten Zivilisation gibt, seid ihr imstande, mit den hohen Schwingungen unserer Welt in Berührung zu kommen.

Und für viele Menschen sind die Schwingungen unserer Welt unerträglich. Wenn sie sich daher in der Natur wiederfinden, so versuchen sie, sich wieder mit Rockmusik, Zigarette, Alkohol und dem Geruch von Fleisch zu betäuben, das am Feuer gebratenen wird. Ist dies nicht ein weithin bekanntes Bild der Erholung der Massen in der Natur?

Und alles, meine Geliebten, liegt an der Unähnlichkeit der Schwingungen. Viele Menschen haben sich so sehr an die niederen Schwingungen der physischen und astralen Welt gebunden, dass ihnen der Aufenthalt in der Stille der Natur einfach zur Qual wird.

Deshalb, wenn ihr die Kommunikation mit Gott sucht, und wenn ihr die Kommunikation mit unserer Welt sucht, findet die Zeit und Möglichkeit, mindestens einmal pro Woche in die Natur zu gehen und über die Sonne, das Rauschen des Windes, den Duft von Wildblumen zu meditieren.

Und inmitten dieser Bilder und Klänge der Natur wird es euch viel leichter fallen, die Schwingungen unserer Welt einzufangen.

Die Zeit ist gekommen, zu einer natürlichen Lebensweise zurückzukehren, wie sie von Gott für euch vorgesehen ist.

An der Harmonie, die ihr empfinden könnt, wenn ihr stundenlang allein mit euch selbst und allein mit der Natur seid, könnt ihr indirekt die Stufe eurer spirituellen Errungenschaften beurteilen. Ich kann euch versichern, dass ein Mensch, der an die astrale und an die physische Ebene gebunden ist, sich nicht einmal fünf Minuten hinsetzen und die Bilder der Natur betrachten kann.

Nur die Seelen derer, die zur Kommunikation mit der göttlichen Welt bereit sind, finden Frieden und erleben Glückseligkeit im Kontakt mit der Natur.

Eure Städte sind eine solche Ansammlung der Mächte der Finsternis, dass man sich wundern muss, wie ihr in diesen Kloaken des Massenbewusstseins und in der sogenannten modernen Zivilisation überleben könnt.

Die Keime des neuen Bewusstseins müssen sich ihren Weg in der Stille der Natur bahnen. Und im Laufe der Zeit wird eine neue Zivilisation die bestehende Zivilisation ablösen. Und sie wird sich von der bestehenden Zivilisation gerade durch die Harmonie der Beziehungen zwischen Mensch und Natur unterscheiden.

Und glaubt mir, all die rauen klimatischen Bedingungen und extremen Wetterbedingungen sind nur eine Folge eures unvollkommenen Bewusstseins.

Ändert euer Bewusstsein, ich meine allgemein das Bewusstsein der gesamten Menschheit, und die Existenzbedingungen in eurer Welt werden sich ändern. Und die Elementarwesen, die heute zu Tausenden zugrunde gehen und buchstäblich in den Wahnsinn getrieben werden von eurer Zivilisation, werden sehr schnell auf Erden die göttliche Ordnung wiederherstellen.

Die Erde wird sich in einen Planeten mit einem solch milden Klima und solch komfortablen Existenzbedingungen verwandeln, dass ihr nicht länger so viel Mühe und Energie aufwenden müsst, um eure Wohnstätte zu heizen.

Seht euch um. Ihr und nur ihr allein seid für die Unvollkommenheit eurer Welt verantwortlich. Ihr und nur ihr allein seid für alle Orkane, Naturkatastrophen, Tsunamis und extreme Wetterbedingungen verantwortlich. Dies ist das Werk eurer Hände und das Werk eures Bewusstseins.

Und wartet nicht darauf, dass die Aufgestiegenen Lichtwesen kommen und in eurem Haus Ordnung schaffen. Nein, meine Geliebten, dies ist euer Planet und euer Zuhause, und es ist eure Pflicht, darin Ordnung zu schaffen.

Die Zeit ist gekommen, euer Bewusstsein von dem Müll zu befreien, der sich darin im Laufe von Jahrmillionen eures Aufenthalts in der Verkörperung auf dem Planeten Erde angesammelt hat. Jetzt müsst ihr euer Bewusstsein reinigen. Und ihr müsst euer Haus reinigen, euren Planeten Erde.

Ihr seid für die Reinheit auf dem Planeten verantwortlich. Ich stelle euch in den Dienst auf dem Planeten Erde.

ICH BIN Surya.

Eine Lehre von wahren und falschen Gesandten

Sanat Kumara
11. Mai 2005

ICH BIN Sanat Kumara, und ich bin wieder durch meine Gesandte gekommen.

ICH BIN gekommen, um noch einmal zu bezeugen, in welch einer gesegneten Zeit ihr lebt. Ihr versteht, dass wir jedes Mal, wenn wir kommen, um eine neue Botschaft zu geben, mit einer bestimmten Absicht kommen. Und das Ziel der heutigen Botschaft wird es sein, das bereits erreichte Momentum des Energieaustauschs zwischen den Oktaven zu unterstützen.

Ihr versteht, dass diese Botschaften nicht nur eine informative und energetische Komponente haben, sondern auch die Funktion des Energieaustauschs zwischen den Oktaven erfüllen. Unser Ziel ist es, einen Punkt des Lichtes zwischen den Welten zu erhalten. Und dieser Punkt erlangt für uns absolute Wichtigkeit. Damit bejahen wir unsere Gegenwart in eurer Welt, und wir bieten einem verkörperten Gesandten die Möglichkeit, unsere Oktaven zu erreichen. Und was in den Kräften eines einzelnen steht, werden früher oder später alle bewältigen.

An einem Punkt zwischen den Welten zu sein und zu bleiben, ist das, was wir von euch erwarten. An einem Punkt zwischen den Welten zu sein und zu bleiben, ist das, was ihr erreichen müsst, wenn nicht in dieser Verkörperung, dann in einer der folgenden Verkörperungen.

Die Position eines Gesandten ist kein Amt, das Verehrung und Anbetung erfordert. Die Position eines Gesandten, der Mantel des Gesandten bietet nur eine Möglichkeit, noch wirksamer im Namen Gottes zu dienen.

Der Mantel des Gesandten ermöglicht, die Schwingungen des Raumes zu verändern, und wir haben die Möglichkeit, an dem Punkt gegenwärtig zu sein und unsere Botschaften zu übermitteln, an dem sich die Welten verbinden.

Denkt darüber nach, dass jeder von euch zu einem solchen Punkt werden kann. Und in der Tat ist dies nur eine Frage eurer Wahl, eures Wunsches und eures Strebens.

Vieles muss geopfert werden, um den Mantel des Gesandten zu verdienen. Ihr müsst alles aufgeben, was euch an diese Welt bindet. Und wenn jemand von euch den Weg des Gesandten beschreiten möchte, so werde ich mich gerne mit eurer Schulung befassen – entweder persönlich oder durch diese Gesandte.

Es ist Zeit, sich vom nächsten eurer Welt innewohnenden Mythos zu verabschieden, dass ein Gesandter ein völlig außergewöhnlicher Mensch ist. Tatsächlich gibt es bestimmte Begrenzungen, die mit eurer karmischen Vergangenheit verbunden sind und euch daran hindern können, unser Gesandter zu werden. Dies sollte euch jedoch nicht daran hindern, euren Dienst in begrenzterem Umfang zu erfüllen und dennoch so nah wie möglich am Dienst eines Gesandten.

Ich möchte euch heute einige Erklärungen zu einem Thema geben, das in eurer Welt viel diskutiert wird. Es geht um falsches Gesandtentum, falsche Lehrer und den falschen Weg.

Und ich habe die Absicht, diese Frage heute für euch endgültig zu klären. In der Frage des Gesandtentums – wie auch bei jedem anderen Thema, das eure Welt betrifft – besteht die gleiche Dualität, die eurer Welt eigen ist.

Daher gibt es wirklich Gesandte, die die Mächte des Lichtes, die Hierarchie der Mächte des Lichtes vertreten, und es gibt Gesandte, die nur behaupten, dass sie die Hierarchie der Mächte des Lichtes vertreten, doch im besten Falle vertreten sie nur sich selbst, und im schlimmsten Falle stellen sie sich in Wirklichkeit jenen Kräften zur Verfügung, die man die Mächte der Finsternis nennen kann. Ich ziehe es vor, sie die Kräfte zu nennen, die die Illusion vermehren, das heißt, jene Kräfte, die sich derzeit den Plänen Gottes für den gegenwärtigen Abschnitt der Evolution in diesem Universum widersetzen.

Worin besteht der Unterschied zwischen den wahren und den falschen Gesandten? Wovon müsst ihr euch in eurer Wahl leiten lassen? Dies ist eine sehr ernste Frage. Denn von der Wahl, welchem Gesandten ihr folgt, hängt es ab, auf welcher Seite ihr euch wiederfindet, wenn es an der Zeit ist, die Spreu vom Weizen zu trennen. Ihr könnt vorgeben, dass ihr keine Wahl treffen und keinem Gesandten den Vorzug geben müsst, dass ihr nur dem Gott in eurem Inneren und eurem Christus-Selbst vertraut. Und dies ist die richtige Einstellung unter der Bedingung, dass ihr tatsächlich eine Verbindung zu Gott in eurem Inneren oder zu eurem Christus-Selbst habt.

Die meisten Menschen verfügen aber nicht über eine solche Verbindung und müssen sich daher mehr oder weniger von den Informationen leiten lassen, die sie von außen erhalten. Von Menschen, die sich selbst zu unseren Gesandten oder euren Lehrern ernannt haben.

Was sind hier die Kriterien, und worin besteht der Unterschied?

Vor allem wird ein wahrer Gesandter euch niemals dazu drängen, ihm zu folgen. Die Aufgabe des Gesandten besteht einfach darin, die Information auf die physische Ebene zu bringen und als Orientierungspunkt im Meer der verschiedenen religiösen Strömungen und Lehren zu dienen.

Er braucht weder eure Unterstützung noch euch als seine Anhänger. Ihr selbst entscheidet aus freiem Willen, ob ihr die Informationen, die durch diesen Gesandten zu euch kommen, als Leitfaden für euer Leben annehmt oder nicht. Zwingend notwendig sind solche Eigenschaften wie Uneigennützigkeit und das Fehlen eines jeden Wunsches, sich einen Namen zu machen oder Beliebtheit zu erlangen. Die einzige Aufgabe, die von uns gutgeheißen wird und die unser Gesandter erfüllen muss, besteht in einer möglichst weiten Verbreitung der Lehre mit allen ihm zugänglichen Mitteln.

Wenn wir jetzt die Kategorie von Gesandten betrachten, die sich dem Dienst der uns entgegengesetzten Kräfte verschrieben haben, so herrscht hier ein genau umgekehrtes Bestreben, sich mit Nachfolgern und Schülern zu umgeben und seine Nachfolger zur Vermehrung der eigenen Macht, Kontrolle und des eigenen Wohlstands in der physischen Welt auszunutzen. Weil die uns entgegengesetzten Kräfte keine eigene Energiequelle haben (sie zogen es vor, sich von der einzigen Energiequelle in diesem Universum, nämlich der göttlichen Energie, zu trennen), brauchen sie nun zur Unterstützung ihrer Existenz eure Energie in Form eurer Anerkennung, eurer Verehrung und Anbetung, eurer Gaben und eures Zehnten. Solche Menschen werden all ihren Einfluss dazu nutzen, dass ihr nicht selbstständig Zugang erhaltet, mit den Mächten des Lichtes zu kommunizieren. Beibringen können sie euch diese Kommunikation aber nicht, denn sie besitzen sie selbst nicht. Alles, was sie tun können, ist, euch an ihr Egregor anzuschließen, das von der Energie ihrer Anhänger gebildet wurde, die ihre Energie diesen falschen Gesandten und Lehrern schenken.

Es wird euch schwerfallen, eine Unterscheidung zu treffen, denn von außen sieht alles gleich aus. Ihr hört die richtigen Worte. Ihr seht die korrekt ausgeführten Handlungen. Ihr könnt sogar einen Zustand religiöser Ekstase erleben. Aber euer spiritueller Fortschritt ist unter der Führung falscher Lehrer unmöglich. Im besten Falle werdet ihr auf der Stelle treten, doch im schlimmsten Falle werdet ihr das gesamte Momentum eurer spirituellen Errungenschaften verlieren.

Meine Geliebten, wenn ihr einen wahren Lehrer gewählt habt und auf die Worte hört, die durch unsere Gesandte kommen, so zeigt sich das Ergebnis, die Frucht, die Folge eurer richtigen Wahl nicht erst in Jahrzehnten oder im nächsten Leben. Ihr werdet den inneren Wandel bereits im Laufe der nächsten paar Monate spüren können.

Ja, Prüfungen sind möglich, und Rückschläge sind möglich, auch euer Kampf und eure Auseinandersetzungen mit eurem Ego, dem unwirklichen Teil eurer selbst. Und diese Auseinandersetzungen, die Prüfungen und der Kampf können äußerst schmerzhaft sein. Aber ihr müsst verstehen, dass ohne diesen Kampf euer unwirklicher Teil euch nicht verlassen kann, und ihr werdet den unwirklichen Teil eurer selbst nicht besiegen können, wenn ihr euch ständig eurem Ego und euren Wünschen hingebt.

Damit der Eiter austreten kann, muss man mitunter einen Einschnitt machen, und dies kann schmerzhaft und sehr unangenehm sein.

Wenn ihr euch aber von dem Eiter in eurem Organismus nicht befreit, so kann sich die Entzündung auf den ganzen Organismus ausweiten und zum Tod führen.

In eurer dualen Welt ist es nicht immer so, dass das Unangenehme Schaden bringt und das Angenehme nützlich ist.

Deshalb, meine Geliebten, ist das Unterscheidungsvermögen jene Eigenschaft, um die ihr als eine Gnade bitten müsst, die euch in erster Linie zuteilwerden sollte.

Ich sollte noch einen wichtigen Punkt erwähnen. Ein Gesandter ist ein Mensch, der auf der Spitze des Berges steht. Und alle Blitze und alle Orkane treffen ihn als ersten.

Daher gibt es nur sehr wenige Menschen, die sich auf dem Gipfel des göttlichen Bewusstseins halten können, während sie sich in eurer Welt befinden. Und viele Menschen, die unsere Prüfungen bestanden und ihre Botenmäntel verdient hatten, konnten später ihr Bewusstsein nicht auf der erforderlichen Höhe halten und verloren unsere Mäntel.

Daher, meine Geliebten, verstehe ich eure Schwierigkeiten sehr gut, die mit der Dualität eurer Welt verbunden sind und es mitunter geradezu unmöglich machen, eine wahre Vorstellung von diesen oder jenen Menschen, Ereignissen oder Dingen zu bekommen.

Ich kann euch sagen, dass euer Höheres Selbst immer die Wahrheit kennt. Und daher müsst ihr nur eurem Höheren Selbst vertrauen und nicht den äußerlichen Eindrücken, den Worten und sogar Taten dieser oder jener Menschen, die sich für selbst zu unseren Gesandten oder euren Lehrern ernannt haben.

Falsche Lehrer und falsche Gesandte nähren sich von eurer Energie. Und alles, was sie euch lehren können, ist, euer Ego zu stärken. Menschen, die ein sehr großes Ego besitzen, können leider unsere Schwingungen und unsere wahren Gesandten nicht erkennen. Aber wir wissen, dass die Prüfungen und Situationen des Lebens sie früher oder später zu unseren Gesandten führen werden. Und nach all den Prüfungen, die ihr Los sind, werden sie für die Möglichkeit dankbar sein, einfach zu Füßen des Gurus zu sitzen und die Worte der Wahrheit zu hören. Und ihre durch Leid gestärkten Herzen werden sich von der äußerlichen Erscheinung des Gurus nicht täuschen lassen, und auch nicht von der Tatsache, dass ihr Guru von den Mächtigen dieser Welt nicht anerkannt wird.

Betet um die Gabe des Unterscheidungsvermögens, und ihr werdet erhalten, worum ihr bittet.

ICH BIN Sanat Kumara.

Eine Lehre über die Energie der göttlichen Mutter

Der Geliebte Paul der Venezianer
12. Mai 2005

ICH BIN Paul der Venezianer, und ich bin zu euch gekommen.

ICH BIN der Meister des Dritten Strahls, des Strahls der Liebe. Auf kaum einem anderen Strahl kann man auf der Erde so viele Verfälschungen und Entstellungen finden, wie wir ihnen auf dem Strahl der Liebe begegnen. Und dies lässt sich durchaus erklären. Wenn durch den dualen Zustand der Welt alle anderen göttlichen Eigenschaften verfälscht wären, es aber gelänge, nur die eine Eigenschaft die göttliche Liebe in ihrer ursprünglichen Form zu bewahren, so nähme die ganze Welt eine andere Gestalt an. Liebe. Die Eigenschaft der Liebe, der wahren Liebe, der göttlichen Liebe – dies ist es, was eurer Welt jetzt in katastrophaler Weise fehlt.

Ich bin gekommen, um die Liebe zu bejahen. Ich bin gekommen, um euch Liebe zu bringen.

Welten werden durch Liebe erschaffen, und Welten zerfallen aus einem Mangel an Liebe. Daher ist es an der Zeit, dass ihr sorgfältig über die Liebe und ihre Manifestation in eurem Leben nachdenkt.

Tatsächlich ist bei den meisten Menschen das Herzchakra vollständig blockiert, das dafür verantwortlich ist, die Energien der Liebe in eure physische Welt zu leiten. Daher verspürt ihr einen Mangel an Liebe, und ihr versucht, diesen Mangel durch seltsame Praktiken zu kompensieren, indem ihr den rein physiologischen Instinkt stimuliert. Glaubt mir, die meisten Verzerrungen der göttlichen Energie in eurer Welt sind gerade mit einer falschen Verwendung der Energie der göttlichen Mutter verbunden, oder anders gesagt, mit eurer sexuellen Energie.

Gott gab euch das heilige Feuer, die Flamme des heiligen Feuers, die euch den Göttern ähnlich macht. Und glaubt mir, diese Flamme und diese Energie wurden euch nicht dazu gegeben, dass ihr sie zu eurem Vergnügen gebraucht. Je unbedachter ihr euer heiliges Feuer gebraucht, desto mehr Karma schafft ihr. Eure Massenmedien und die Stereotypen des Verhaltens in eurer Gesellschaft, selbst die Art und Weise, wie ihr euch kleidet und verhaltet, stimulieren den falschen Gebrauch eurer sexuellen Energie.

Es wird einige Zeit vergehen, und ihr werdet die wahre Bestimmung der Gabe des heiligen Feuers verstehen können, die euch von Gott gegeben wurde hat. Doch jetzt müsst ihr verstehen, dass ihr jedes Mal Karma schafft, wenn ihr diese Gabe nicht im Einklang mit der göttlichen Bestimmung gebraucht. Ihr schafft Karma, weil ihr göttliche Energie verschwendet, um leere, rein tierische Vergnügungen zu erhalten. Übrigens verhalten sich die Tiere in dieser Hinsicht weitaus vernünftiger als ihr. Zumindest findet ihr Gebrauch der sexuellen Energie innerhalb der Jahreszyklen zur passenden Zeit des Jahres statt.

Während des Geschlechtsverkehrs erfolgt eine gewaltige Freisetzung von göttlicher Energie. Und diese Freisetzung göttlicher Energie lässt sich mit dem Aufleuchten einer Supernova vergleichen. Und ihr wisst, wohin eure Aufmerksamkeit gerichtet ist, dorthin fließt eure Energie. Und wenn ihr im Moment der Freisetzung der göttlichen Energie daran denkt, Vergnügen für euch selbst oder für euren Partner zu erhalten, so verwendet ihr eure sexuelle Energie nicht ihrer Bestimmung gemäß. Für viele von euch mögen meine Worte so scheinen, als würden sie in keiner Weise in den Rahmen eures Bewusstseins passen. Ich bin mir völlig darüber im Klaren, dass meine Worte für viele von euch seltsam klingen werden. Ich muss euch jedoch über die elementaren Grundlagen der göttlichen Ethik informieren, mit denen selbst die Tiere vertraut sind, die aber die Menschheit aus irgendwelchen Gründen vergessen hat.

Alles in dieser Welt gehört Gott. Und ihr seid Teilchen Gottes. Daher muss alles, was ihr tut, jede eurer Handlungen mit dem göttlichen Gesetz übereinstimmen und im Rahmen dieses Gesetzes erfolgen. Wenn ihr etwas ohne den Willen Gottes tut, stört ihr damit das Gesetz dieses Universums und schafft Karma. Daher, wie seltsam euch meine Anweisungen und Empfehlungen auch erscheinen mögen, bitte hört sie wenigstens erst einmal an.

Bevor ihr mit dem Geschlechtsverkehr beginnt, stellt bitte sicher, dass euer Handeln dem Willen Gottes entspricht. Ihr müsst euch in einer legitimen Ehe mit eurem Geschlechtspartner befinden. Ihr dürft keine sexuellen Beziehungen mit Gelegenheitspartnern oder mit Menschen des gleichen Geschlechts eingehen.

Warum ist ein fester Partner notwendig, mit dem ihr eine rechtlich bindende Beziehung habt?

Die Tatsache ist, dass während der Erfüllung eurer ehelichen Pflicht ein direkter Energieaustausch zwischen euch und eurem Partner stattfindet. Und wenn ihr bereits beim gewöhnlichen Umgang mit anderen Menschen ständig Energien austauscht, so steigert sich euer Energieaustausch bei sexuellen Beziehungen noch um ein Vielfaches. Ihr tauscht tatsächlich alle eure Energien aus – sowohl gute als auch schlechte. Ihr übernehmt das Karma voneinander, und ihr teilt eure Verdienste mit euren Geschlechtspartnern. Und wenn ihr euch in einer legitimen Ehe befindet, so habt ihr im gemeinsamen Leben die Möglichkeit, nicht nur euer eigenes Karma abzuarbeiten, sondern auch dasjenige eures Ehepartners, wenn das Karma eures Ehepartners euer eigenes Karma überwiegt.

Nun stellt euch vor, dass ihr sexuelle Beziehungen mit vielen Partnern eingeht. Und stellt euch vor, dass viele von ihnen einen weit geringeren Prozentsatz ihres Karmas abgearbeitet haben als ihr selbst. Und ihre karmische Schuld mag viel schwerwiegender sein als eure eigene. Möglicherweise kamen sie in diese Welt, um das Karma von Mord, Verrat oder andere äußerst schlimme Arten von Karma abzuarbeiten. Und nun geht ihr ganz unbedacht eine sexuelle Beziehung mit ihnen ein und nehmt einen Teil ihres Karmas auf euch. Und wenn ihr gleichzeitig verheiratet seid, so übertragt ihr dieses Karma auf eure Familie. Und dann wundert ihr euch, warum in eurem Leben so viele Probleme entstehen?

Die sexuelle Energie ist von der gleichen Natur wie die Energie, die für Kreativität und schöpferisches Tun in eurer Welt verwendet wird. Und wenn ihr euer sexuelles Potenzial für Vergnügungen verschwendet, so beraubt ihr euch damit der schöpferischen Energie und begrenzt eure eigene Entwicklung. Tatsächlich sind die meisten Menschen bereits in mittleren Jahren so sehr erschöpft infolge des Missbrauchs der sexuellen Energie, dass sie zu höherer schöpferischer Tätigkeit völlig unfähig sind. Sie sind einfach nicht imstande, zu Mitschöpfern Gottes zu werden, oder auch nur schöpferische Arbeit zu verrichten, wie sie für eure Welt üblich ist.

Das Ziel meiner heutigen Botschaft war, euch ein überaus wichtiges Thema zur Betrachtung vorzulegen. Und ich tue dies offen und so unverblümt wie möglich, denn, ich wiederhole es noch einmal, der größte Teil der von der Menschheit verzerrten Energie wird gerade durch den Missbrauch der Energie der göttlichen Mutter verzerrt.

Jedes Mal, wenn ihr ehelichen Geschlechtsverkehr habt, sollt ihr ihn im Namen Gottes ausführen. Wendet euch mit einem Gebet an Gott, und widmet Gott das heilige Feuer, das beim Geschlechtsverkehr freigesetzt wird. Vergesst nicht: Wohin eure Aufmerksamkeit gerichtet ist, dorthin strömt eure Energie. Und wenn ihr bei der Freisetzung eures heiligen Feuers alle freigesetzte Energie Gott widmet, so richtet ihr sie damit in die höheren Sphären des Lichtes. Und diese Energie kehrt dann in Form von Segnungen für euch und eure Kinder zu euch zurück.

Versucht, die Energie der göttlichen Mutter nur für die Empfängnis von Kindern zu gebrauchen. Und wenn es euch anfangs schwerfällt, solche Einschränkungen auf euch zu nehmen, so versucht, den Geschlechtsverkehr auf ein- oder zweimal pro Woche zu beschränken. Und vergesst nicht, zumindest in Gedanken alle freigesetzte Energie auf Gott zu richten. Bittet Gott, dass diese Energie darauf gerichtet wird, euch selbst, eure Kinder und eure ganze Familie zu segnen.

Denkt immer daran, dass jede Tat und Handlung auf der physischen Ebene sowohl zum Guten als auch zum Bösen genutzt werden kann. In jeder Minute und jeder Sekunde eures Aufenthalts in der physischen Welt erhaltet ihr göttliche Energie und richtet sie entweder auf die Schaffung der Illusion, wenn die Energie sich in dieser Welt präzipitiert und die Illusion vermehrt, oder ihr richtet eure Energie in die göttliche Welt und vermehrt eure Schätze im Himmel, schafft gutes Karma und vermehrt eure Verdienste.

Und am wichtigsten in eurem Leben wird es sein, wie ihr eure sexuelle Energie gebrauchen werdet.

Ich möchte, dass ihr euch sorgfältig mit der heutigen Lektion vertraut macht und euch bemüht, alle von mir gegebenen Empfehlungen in eurem Leben umzusetzen.

ICH BIN Paul der Venezianer.

Öffnet eure Herzen für die grenzenlose Gnade des Himmels

Der Geliebte Helios
13. Mai 2005

ICH BIN Helios. Ich sende euch meinen Gruß von der Sonne unseres Sonnensystems!

Ich bin gekommen, um euch eine kleine Lehre über die Natur der Sonne zu geben. Ihr seht die Sonne jeden Tag, und es scheint für euch so natürlich, dem Aufgang der Sonne und ihrem Untergang zuzusehen, dass ihr nicht mehr darauf achtet.

Die Sonne ist in unserem Sonnensystem jedoch das Zentrum, ohne das die Existenz von Leben auf keinem Planeten des Sonnensystems möglich wäre, weder auf denen, die eurem physischen Blick sichtbar sind, noch auf den unsichtbaren. Daher habe ich als das Wesen, das mit seiner Gegenwart unsere Sonne beseelt, eine große Verantwortung.

Alle Vorgänge, die auf der physischen Sonne ablaufen und die Ereignisse auf dem Planeten Erde beeinflussen, wie eure Wissenschaftler bewiesen haben, sind die Folge von Prozessen, die auf der feinstofflichen Ebene stattfinden.

Eure Sonne ist ein Stern, der von intelligenten und sehr hoch entwickelten Wesenheiten bevölkert ist. Somit stehen die Vorgänge, die in unserem Sonnensystem ablaufen, ganz unter unserer Kontrolle. Und wie oft eure Wissenschaftler auch beweisen mögen, dass die Existenz von Leben bei derart hohen Temperaturen unmöglich ist, ich bin hier, und ich existiere, und ich leiste jedem Planeten des Sonnensystems einschließlich eurer Erde meine Hilfe und meinen Schutz.

Euer Planet befindet sich im Wandel, und in naher Zukunft, natürlich nach kosmischen Maßstäben, stehen euch auf eurem Planeten ernsthafte Veränderungen bevor. Dies wird alle Lebewesen betreffen, die den Planeten Erde bevölkern. Und die Sonne, ihre Strahlung, ihre Magnet- und Gravitationsfelder, sowie ihre feinstofflichen Felder, die eure

Wissenschaftler nicht feststellen können, werden keine unwichtige Rolle bei den Umwandlungen spielen, die der Erde bevorstehen.

Fürchtet euch nicht vor diesen Veränderungen, die dem Planeten Erde bevorstehen. Diese Veränderungen werden im Laufe vieler Jahrtausende stattfinden, im Laufe vieler eurer Verkörperungen. Und diese Veränderungen werden dazu beitragen, dass eure technokratische Zivilisation aus dem Gedächtnis neuer Generationen von Menschen und neuer Rassen gelöscht wird. Die Korrektion der Zukunft für die Erde hat bereits begonnen, und es ist uns gelungen, die Zerstörung des Planeten abzuwenden. Daher werden alle erwarteten zukünftigen Veränderungen planmäßig sein. Die Erde wird allmählich von den Folgen des Einflusses eurer Zivilisation gereinigt werden und ein natürlicheres Aussehen und milderes Klima erhalten, und die Existenz an sich auf dem Planeten wird sicherer und angenehmer sein.

All dies wird sich nach kosmischen Maßen in naher Zukunft ereignen. Und all diese Veränderungen werden sich mithilfe der Veränderung eures Bewusstseins vollziehen, durch euren Geist und eure Herzen.

Und die Veränderung eures Bewusstseins erfolgt unter dem Einfluss vieler Faktoren, und der wichtigste dieser Faktoren ist eure Sonne und jene Prozesse, die auf der Sonne ablaufen, sowohl auf der physischen Ebene als auch auf den feinstofflichen Ebenen.

Selbst der Empfang dieser Botschaften erfolgt mit Hilfe der Sonnenenergie und unter meiner unmittelbaren Mitwirkung und Gegenwart bei der Übermittlung jeder Botschaft. Ja, meine Geliebten, eine notwendige Bedingung für die Übermittlung unserer Botschaften ist die Sonnenenergie, die wir zur Verstärkung der übermittelten Informationen benutzen.

Und genauso, wie die Sonne ohne Ausnahme für alle scheint, werden auch diese Botschaften, die wir bereits im dritten Monat jeden Tag übermitteln, allen ohne Einschränkung gegeben.

Und genauso, wie die Sonne auf manche eine wohltuende Wirkung ausübt, auf andere aber eine schädliche, genauso ist die Wirkung dieser Botschaften.

Es gibt Menschen, für die in diesen Botschaften ein vollkommener, lebensspendender Nektar der göttlichen Energie enthalten ist und die bereit sind, diesen Nektar jeden Tag zu trinken und nicht genug bekommen können. Ebenso gibt es andere Menschen, die unter dem Einfluss der in diesen Botschaften enthalten Energien sehr negative innere Zustände erleben. Sie verfallen zunehmend in eine Haltung der Kritik, Verurteilung und sogar in Wut.

Dies ist die Eigenschaft der göttlichen Energie, meine Geliebten, sie beschleunigt jene inneren Vorgänge, die im Inneren eures Wesens ablaufen. Und wenn ihr mit ganzem Herzen und all eurem Wesen zum Licht, zur Sonne, zum Guten und zu Gott strebt, dann wird die zusätzliche göttliche Energie eure guten Bestrebungen beschleunigen, und ihr werdet einen beispiellosen Impuls für euer Wachstum und eure Entwicklung erhalten. Wenn sich aber in eurem Inneren negative Energien des Neides, der Verurteilung, des Egoismus und des Hasses angesiedelt haben (und viele andere negative Gefühle, die es auf der Erde gibt), so wird die göttliche Energie all eure negativen Eigenschaften verstärken. Und was zuvor unter einer äußerlichen Maske der Ehrbarkeit und vorgeblicher Gottgefälligkeit verborgen war, kann nicht länger verborgen bleiben und wird nach außen treten.

Und eure negativen Gefühle und Gedanken werden sich durch eure Handlungen manifestieren, in euren Worten und in allem, was ihr tut.

Und für euch sollte dies vor allem als Signal dienen, um zu analysieren, ob denn in eurem Inneren alles in Ordnung ist. Seid ihr nicht vom Kurs abgekommen? Ist es nicht an der Zeit, euren negativen Eigenschaften besondere Aufmerksamkeit zu widmen und euch endgültig und unwiderruflich von ihnen zu befreien?

Deshalb, meine Geliebten, achtet beim Lesen dieser Botschaften sorgfältig auf die Veränderung eures Zustands, und bemüht euch rechtzeitig, selbst den kleinsten Mangel und die geringste negative Energie, die sich in eurer Aura eingenistet hat und in eurem äußeren Bewusstsein gekeimt ist, mit der Wurzel auszureißen.

Ja, meine Geliebten, die göttliche Energie wird euch vor allem dazu gegeben, damit ihr eure Unvollkommenheiten aufdeckt und rechtzeitig Maßnahmen ergreift, um euch von ihnen zu trennen.

Für diejenigen von euch, auf die diese Botschaften eine solch negative Wirkung ausüben, dass ihr sie einfach nicht lesen könnt, weil euch buchstäblich eine Welle von Wut, Hass, Entrüstung und Verurteilung überkommt, rate ich, diese Botschaften für einige Zeit nicht mehr zu lesen. Das ist weitaus besser, als negative Schwingungen um euch herum zu verbreiten und die göttliche Energie falsch zu gebrauchen.

Ihr müsst an euch arbeiten. Bittet die Meister um Hilfe, bittet sie, euch dabei zu helfen, euch von euren negativen Gedanken und Gefühlen zu befreien. Bittet nicht gelegentlich, sondern jeden Tag. Und ich glaube, dass der Moment kommen wird, wenn ihr das Lesen dieser Botschaften wieder aufnehmen und den darin enthaltenden Nektar der göttlichen Energie genießen könnt.

Nur für das, was bereits tot ist und aus freiem Willen die weitere evolutionäre Entwicklung abgelehnt hat, werden diese Botschaften keine Wirkung haben.

Wenn ihr beim Lesen dieser Botschaften nichts spürt und von der Lektüre dieser Botschaften weder Informationen noch Energie zu eurer Stärkung erhaltet, so kann ich nur Mitleid mit euch haben. Ihr habt wahrhaftig eure Wahl getroffen, und diese Wahl liegt abseits des Hauptweges der Evolution auf diesem Planeten und in diesem Universum.

Und selbst das, was im spirituellen Sinne tot ist, erhält trotz allem das Licht der Sonne. Denn die Natur der Sonne ist es, zu scheinen und Wärme und Energie zu geben. Und ihr werdet zustimmen, dass ihr der Sonne keine Vorwürfe machen könnt, dass sie mit ihren Strahlen allzu stark auf euch einwirkt.

Ebenso könnt ihr uns und unserer Gesandten keine Vorwürfe wegen der Botschaften machen, die wir euch geben.

Dies ist wirklich eine Gnade, die euch der Himmel erweist. Und die ganze Bedeutung dieser Gnade werdet ihr erst nach einiger Zeit schätzen können.

Die behutsamen und fürsorglichen Hände von Kosmischen Wesen sind bereit, euch rund um die Uhr alle notwendige Hilfe zu geben. Und nur ihr selbst entscheidet, ob ihr diese Hilfe nutzt oder ablehnt.

Öffnet eure Herzen für die grenzenlose Gnade des Himmels und stellt eure Chakren unter den Strom der nimmer endenden göttlichen Energie, unter die Flut des Lichtes, die auf euch niederströmt.

ICH BIN Helios, und ich stehe vor euch
in der Flut des Sonnenlichts und der göttlichen Energie.

Streben, Beständigkeit und Hingabe. Das sind die Eigenschaften, die für unsere Schüler notwendig sind

Der Geliebte El Morya
14. Mai 2005

ICH BIN El Morya, und ich bin wieder durch meine Gesandte zu euch gekommen.

ICH BIN. Und ICH BIN genauso real, wenn nicht noch realer als alles, was euch in eurer illusorischen Welt umgibt. Und eure Ausbildung, die wir für unsere Schüler durchführen, ist vor allem mit der Erweiterung eures Bewusstseins verbunden und damit, dass ihr in eurem Bewusstsein unsere Welt annehmt, die jenseits der Wahrnehmung durch eure Sinnesorgane liegt, die aber deswegen nicht weniger real ist.

Ich bin gekommen, um euch ein Verständnis der Kommunikation zwischen den Welten zu geben, zur Bejahung in eurem Bewusstsein.

Wir sind in euren irdischen Bemühungen und Sorgen ständig bei euch, aber wir können euch nicht von euren Sorgen abbringen, es sei denn, ihr selbst wollt euch uns zuwenden.

Glaubt mir, unsere Welt ist immer in eurer Nähe. Und nur das Niveau eurer Schwingungen trennt uns voneinander. Erhöht eure Schwingungen, erstrebt die Kommunikation mit uns, und ihr werdet das erhalten, wonach ihr strebt.

Die ganze Schwierigkeit liegt in eurer Fähigkeit, unsere Gegenwart wie auch die Möglichkeit der Kommunikation mit uns in eurem äußeren Bewusstsein zuzulassen.

Ihr bittet um Zeichen. Und wir geben Zeichen. Ihr bittet um Hilfe, und wir helfen euch. Ihr bittet um die Kommunikation mit uns, und wir beginnen die Kommunikation mit euch. Doch wenn ihr um all dies bittet, warum vergesst ihr sofort, worum ihr gebeten habt? Und wenn wir auf euren Ruf hin kommen, ist euer Bewusstsein schon so sehr in eure illusorische Welt vertieft, dass ihr uns nicht hören könnt.

Deshalb bin ich gekommen, um euch an die ständige Disziplin eures Bewusstseins und eures Geistes zu erinnern, die ihr einhalten müsst, wenn ihr wirklich unsere Schüler werden wollt. Wir brauchen keine Schüler, die sagen, dass sie unsere Schüler sein wollen, und die um Hilfe bitten, doch deren Bewusstsein nur wenige Stunden später so sehr in die umgebende Illusion hineingezogen wird, dass sie all ihre Bitten, Versprechen, Eide und Beteuerungen vergessen.

Wir brauchen Schüler, aber wenn ihr wirklich unter der Führung der Aufgestiegenen Meister ausgebildet werden wollt, seid bitte so gut und unternehmt dazu wenigstens ein Mindestmaß an Anstrengung.

Denkt daran, dass ihr nicht nur von Zeit zu Zeit unsere Schüler sein wollt, wenn ihr euch in der Hektik eures Alltags gelegentlich an uns erinnert. Nein, ihr müsst euch ständig daran erinnern, was ihr erreichen wollt und wonach ihr strebt. Ihr müsst euer Bewusstsein auf unsere Welt gerichtet halten und in eurem Bewusstsein zu unserer Welt streben, wie schwierig die Lebenssituationen auch sein mögen, in die ihr geraten seid.

Streben, Beständigkeit und Hingabe. Dies sind die Eigenschaften, die für unsere Schüler notwendig sind.

Ihr könnt mit euren alltäglichen Dingen beschäftigt sein und eure häuslichen Pflichten erfüllen, doch ihr müsst ständig das Bild unserer Welt im Bewusstsein behalten. Ihr müsst immerzu mit uns im Einklang stehen.

Dies ermöglicht euch, Feingefühl zu entwickeln. Ein Feingefühl für unsere Erfordernisse und für die Notwendigkeit der Stunde.

Wir halten rund um die Uhr auf dem Planeten Wache und gestatten uns nur eine kurze Erholung, in der wir ins Nirwana eintauchen.

Was hindert euch daran, euch an uns ein Beispiel zu nehmen? Bewahrt eure Feinfühligkeit und euer Streben, und erhaltet sie den ganzen Tag über aufrecht. Damit ihr, wenn eure Hilfe erforderlich wird oder die Zeit für eure Lektion kommt, den Moment nicht verpasst, weil ihr gerade durch leeres Geschwätz, unnötigen Streit oder irgendeine TV-Serie abgelenkt seid.

Wenn ihr unsere Schüler werden wollt und von uns Führung, Unterweisung und Hilfe ersehnt, warum glaubt ihr, dass ihr uns gegenüber frei von jeglichen Verpflichtungen seid?

Wir können zu jeder Tages- und Nachtzeit kommen und euch eine Lektion, eine Aufgabe oder Informationen geben. Daher ist es eure Pflicht, wenn ihr euch unseren Schülern anschließt, ständig euer Feingefühl und eure Wachsamkeit aufrechtzuerhalten.

Wenn ihr am Unterricht in einer Schule oder Universität teilnehmt, zählt es zu euren Pflichten, den Unterricht zu besuchen und euren Lehrern zuzuhören. Und die Lehrer können euch dafür bestrafen oder sogar vom Unterricht ausschließen, wenn ihr nachlässig seid. Warum denkt ihr, dass die Ausbildung unter unserer Führung mit weniger Verantwortung verbunden ist?

Wenn ihr Wissen in euren Bildungseinrichtungen erhaltet, so erhaltet ihr größtenteils Wissen, das ihr in eurem jetzigen Leben benötigt. Wir aber geben euch Wissen, das ihr für die Dauer all eurer Leben benötigt. Warum also erlaubt ihr es euch, unseren Unterricht zu versäumen und euch vor euren Pflichten zu drücken?

Unser Unterricht unterscheidet sich dadurch, dass wir euch den Unterricht erteilen, ohne euch von den Pflichten eures Lebens abzulenken. Ihr könnt bei der Arbeit sein und von uns unterrichtet werden. Ihr könnt zu Hause sein, auf euer Kind aufpassen und den Unterricht unter unserer Führung erhalten.

Darum müsst ihr ständig euer Feingefühl aufrechterhalten und auf unsere Aufgaben, Anweisungen und Informationen warten, die wir euch geben.

Wir kommunizieren mit unseren Schülern nicht in ihrer Sprache. Wir senden unser Wissen und unsere Informationen in Form von Energie, als einen feinen Lufthauch, ein leichtes Aufblitzen, einen leisen aufkommenden Wunsch oder als Energie, die zur Erfüllung irgendeiner Angelegenheit erscheint. Sehr selten sprechen wir zu unseren Schülern. Und unsere Worte erscheinen so natürlich in eurem Kopf, als wären es eure eigenen Gedanken. Und erst einige Zeit später könnt ihr erkennen, dass diese Gedanken von uns zu euch gekommen sind.

Daher müsst ihr ständig eure Feinfühligkeit aufrechterhalten und bereit sein, unsere Informationen und Anweisungen zu empfangen.

Erwartet nicht, dass ich oder einer der anderen Meister in seiner ganzen Größe zu euch kommt und sich mit euch unterhält, euch unterrichtet und eure Fragen beantwortet. Wir haben keinen physischen Körper und wenden daher äußerst selten unsere Kraft und Energie dafür auf, um unseren Schülern im dichten Astralzustand zu erscheinen. Wenn ihr von uns unterrichtet werden wollt, so müsst ihr eure Wahrnehmung in einem solchen Maße verfeinern, dass ihr für unsere Worte und unsere Anforderungen und Erfordernisse empfänglich seid.

Entwickelt in euch das Unterscheidungsvermögen. Viele astrale Wesenheiten mögen sich einen Scherz mit euch erlauben und sich als Meister ausgeben. Viele von ihnen sind nicht sehr freundlich, und viele sind einfach sehr boshaft und rachsüchtig.

Das beste Bewertungskriterium für euch, mit wem ihr es auf der feinstofflichen Ebene zu tun habt, ist euer eigener Bewusstseinszustand. Ihr wisst, dass Gleiches von Gleichem angezogen wird. Und wenn ihr innerlich unausgeglichen und unharmonisch seid und irgendwelche negativen Gefühle empfindet, die den Menschen innewohnen, dann werdet ihr wohl kaum die Kommunikation mit den wirklichen Aufgestiegenen Meistern erhalten.

Achtet deshalb im Laufe des Tages auf die Ebene eures Bewusstseins. Euer Bewusstsein ist sehr rege. Man kann sagen, dass ihr euch im Laufe eines Tages in eurem Bewusstsein auf einer Skala zwischen der niedersten Stufe eures Bewusstseins und der höchsten bewegt. Die Ebene eures Bewusstseins wird von allem beeinflusst, womit ihr im Leben konfrontiert werdet. Von den Menschen, mit denen eure Aura in Berührung kommt; von den Filmen, die ihr schaut, und von der Musik, die ihr hört. Buchstäblich alles in eurem Leben übt einen Einfluss auf euch aus. Daher besteht eure allererste Aufgabe darin, euer Bewusstsein den größten Teil des Tages auf dem höchsten euch zugänglichen Niveau zu halten.

Und findet im Laufe des Tages immer die Zeit, um euch wenigstens für einige Minuten zurückzuziehen und euren Zustand im Laufe des Tages zu analysieren. Alle Gedanken, Gefühle und Bilder, die zu euch kommen.

Analysiert ständig euren Zustand, und überprüft immer wieder eure Empfindungen.

Wir sind ständig bei euch, und nur das Niveau eurer Schwingungen und das Niveau eures Bewusstseins gestatten es euch nicht, uns zu sehen und zu hören.

Und das Erste, was ihr tun müsst, ist zu lernen, unsere Gegenwart und unsere Schwingungen zu spüren.

Unsere besten Schüler sind immer wachsam. Sie befinden sich ständig im Einklang mit uns und sind rund um die Uhr bereit, die notwendigen Anweisungen von uns anzunehmen.

Bevor ihr euch also gekränkt fühlt, dass die Meister euch nicht die gebührende Aufmerksamkeit und notwendige Hilfe zuteilwerden lassen, analysiert sorgfältig euren inneren Zustand. Habt ihr nicht unsere Anweisungen und unsere Hilfe verpasst, weil ihr zu sehr damit beschäftigt wart, über euer schweres Leben zu klagen, und weil ihr der Illusion um euch allzu viel Aufmerksamkeit geschenkt habt?

Ich habe euch die heutige Unterweisung in der Hoffnung gegeben, dass ihr die Schwierigkeiten versteht, die für uns entstehen, wenn ihr uns um Hilfe bittet und wir euch unsere Hilfe gewähren, doch ihr sie einfach nicht bemerkt, weil ihr zu sehr mit euren irdischen Problemen beschäftigt seid.

ICH BIN El Morya.

Die Zeit ist gekommen, wenn ihr euch für die ganze Fülle der göttlichen Wahrheit dem höheren Teil eurer selbst zuwenden müsst

ICH BIN WAS ICH BIN

15. Mai 2005

ICH BIN WAS ICH BIN, und ich spreche aus deinem Inneren.

Alles, was wir bisher getan haben, diente dazu, dich auf die Wahrnehmung neuer Informationen vorzubereiten. Und ich werde heute versuchen, deinem äußeren Bewusstsein einen Teil der neuen Informationen in einer Form nahezubringen, die für deine Wahrnehmung am zugänglichsten ist.

Die ganze Schwierigkeit der Kommunikation zwischen den Welten besteht darin, dass für unsere Welten unterschiedliche Schwingungen charakteristisch sind. Und wenn wir deine Schwingungen auf eine Ebene anheben, auf der du Informationen wahrnehmen kannst, die von den höheren Sphären des Lichtes ausgehen, so wirkt sich die Nichtübereinstimmung deiner Schwingungen mit der umgebenden Welt auf alles aus, was dich umgibt, und auch auf dich persönlich.

Deine Welt kann nicht einmal einer kurzzeitigen Erhöhung der Schwingungen standhalten. Sofort strömen all jene Kräfte an den Ort des Empfangs der Botschaften, die den Mächten des Lichtes entgegenstehen. Daher ist es äußerst schwierig, das Gleichgewicht und die Balance aufrechtzuerhalten.

Deswegen ist der Informationsgehalt der Botschaften nicht so wichtig wie die Tatsache der Verankerung des Lichtfokus in der physischen Oktave und die Möglichkeit, diesen Lichtfokus kontinuierlich über eine beträchtliche Zeitdauer zu nutzen. Wir haben die Möglichkeit, die uns entgegengesetzten Kräfte aufzudecken und Maßnahmen zu ergreifen, um ihren Ausgleich zu bewirken, sie zu neutralisieren oder neu zu polarisieren.

Die ganze Schwierigkeit besteht darin, dass es aufgrund der Dichte der physischen Welt unmöglich ist, eure Welt mit Hilfe der Wesen des Lichts, die unsere Welt bewohnen, direkt zu beeinflussen.

Eure Welt formte sich als eine Widerspiegelung des Bewusstseins der menschlichen Wesen. Und je weiter sich das Bewusstsein des Menschen von den göttlichen Mustern und Vorbildern entfernte, desto mehr verdichtete sich die Materie, und schließlich formte sich der dichte Schleier, der unsere Welten trennt. Es ist ein rein energetischer Schleier, durch den die Kommunikation zwischen den Welten sehr erschwert ist.

Und wie sehr die Lichtwesen auch bestrebt sind, in eure Welt hinabzusteigen, sie können dies nicht tun, weil sie wegen der niederen Schwingungen in eure Welt nicht vordringen können. Das Gleiche gilt umgekehrt auch für die Menschenwesen. In ihrem verkörperten Zustand können sie sich nicht durch den Schleier hindurch erheben. Jedenfalls nicht, ohne eine bestimmte Ausbildung und ein Training unter der Führung der Aufgestiegenen Wesenheiten zu absolvieren, also der Wesenheiten, die sich hinter dem Schleier befinden.

Daher kann die himmlische Welt keinen direkten Einfluss auf die irdische Welt ausüben. Und um Kontrolle auszuüben und die Richtung der Entwicklung eurer Welt in Übereinstimmung mit den göttlichen Gesetzen vorzugeben, sind wir gezwungen, auf die Hilfe von Vermittlern zuzugreifen, die eine bestimmte Ausbildung und Schulung absolviert haben und imstande sind, ihr Bewusstsein auf die Ebene der Aufgestiegenen Wesenheiten zu heben.

Der Prozess der gegenseitigen Durchdringung der Welten ist dem Vorgang des Tauchens ähnlich. Die hochentwickelten Lichtwesen tauchen in eure Welt hinab, indem sie sich verkörpern und zusammen mit der Verkörperung ein bestimmtes Karma in Form von verschiedenen Unvollkommenheiten auf sich nehmen. Aus diesem Grunde sagt man, dass es in der Verkörperung keine vollkommenen Wesenheiten gibt. Vollkommene Wesenheiten können sich in eurer Welt einfach nicht aufhalten.

Doch im Laufe ihrer Entwicklung und Ausbildung stellen die Mitarbeiter des Lichtes einen Teil ihres Wissens und ihrer Fähigkeiten wieder her und tauchen bereits mithilfe von Meditationspraktiken und veränderten Bewusstseinszuständen in unsere Welt ein.

Der Irrtum ist, dass die Mitarbeiter des Lichtes unbedingt die reine Vollkommenheit sind – eine Art Götter.

Vollkommenheit hat keinen Platz in eurer Welt. Zumindest nicht an Orten, die dicht von Menschen bevölkert sind.

Darum ist es so schwierig, die Mitarbeiter des Lichtes zu erkennen und sie von jenen Menschen zu unterscheiden, die sich entschlossen haben, den entgegengesetzten Kräften zu dienen. Den Mächten, die die Illusion erzeugen.

Wenn euer Bewusstsein eine bestimmte Entwicklungsstufe erreicht hat, könnt ihr unterscheiden, welche Menschen ein Kanal für welche Kräfte sind. Doch für einen gewöhnlichen Menschen im gegenwärtigen Entwicklungsstadium der Menschheit ist es nicht möglich zu unterscheiden, mit dem Vertreter welcher Kräfte er es zu tun hat.

Die Situation wird dadurch noch erschwert, dass jeder Mensch, der in die Verkörperung kommt, der Einwirkung von zwei entgegengesetzten Kräften ausgesetzt ist. Tatsächlich findet die Konfrontation zwischen den beiden Kräften im Inneren eines jeden Menschen statt. Ich meine damit die Auseinandersetzung zwischen den Kräften, die die Illusion vermehren, und den Kräften, die die Illusion zurückziehen.

Daher können zu einem bestimmten Zeitpunkt in einem Menschen diese oder jene Kräfte vorherrschen. Zum Beispiel mögt ihr gestern noch mit einem Menschen zu tun gehabt haben, in dem die Mächte des Lichtes vorherrschten. Das heißt, man könnte ihn für einen lichterfüllten Menschen halten. Doch in der Nacht errangen die Mächte der Finsternis im inneren Kampf dieses Menschen den Sieg, oder doch einen teilweisen Sieg.

Ihr habt es mit ein und demselben Menschen zu tun, und äußerlich sieht er noch genauso aus, doch seinem Wesen nach ist er bereits ein völlig anderer Mensch. Und sein inneres Wesen wird sich früher oder später zu manifestieren beginnen. Es kann aber mehr als ein Monat oder vielleicht sogar ein Jahr vergehen, bevor sich diese Veränderungen im Menschen bemerkbar machen. Gerade darin besteht die Schwierigkeit der Interaktion mit eurer Welt. Tatsächlich ist euer physischer Körper nur ein Mechanismus, ein Roboter, der von inneren Kräften gesteuert wird, unter deren Einfluss dieser Mensch zu fallen gewählt hat.

Deshalb wird euch immer wieder gesagt, dass ihr euch an den Antworten eures Herzens, eures Höheren Selbst orientieren müsst. Euer Höheres Selbst kennt immer die Antwort auf die Frage, mit wem ihr es zu tun habt, und welche Kräfte hinter dem Menschen stehen, den ihr vor euch habt.

Und leider gibt es keine verlässlichere und sicherere Methode, mit der ihr euch in eurer Welt orientieren könnt.

Daher zielt die gesamte wahre Lehre, die von uns gegeben wird, darauf ab, die Verbindung mit eurem Höheren Selbst zu entwickeln. Damit ihr nicht wie blinde Kätzchen seid und von einem Lehrer zum anderen tapst, von einem Glauben zum anderen übergehen, von einer religiösen Bewegung zur anderen. Unsere Aufgabe besteht darin, dass ihr euch nicht nur in den äußeren Lehren orientieren könnt, sondern auch im Inneren einer jeden Lehre. Denn wie es im Inneren der wahren, von uns gegebenen Lehren Menschen gibt, die auf der Seite der Mächte der Finsternis handeln, so gibt es auch in jenen Lehren, die ihr als unwahr betrachten mögt, vollkommene Diener des Lichtes.

In eurer Welt gibt es keine Eindeutigkeit, und es kann keine geben.

Und das Ziel des heutigen Gesprächs ist es, euch eine Vision zu geben, die nicht ein Schwarz-Weiß-Bild der Welt ist, in der zwei gegensätzliche Prinzipien einander bekämpfen und die Frontlinie zwischen den gegnerischen Seiten klar gezogen ist.

Eure Welt ist wirklich eine Arena des Kampfes zwischen zwei Prinzipien oder Kräften. Doch die Nuancen und Feinheiten ihres Vordringens in alle Bereiche menschlicher Aktivität sind so ausgeklügelt miteinander verwoben, dass es nicht möglich ist, diese raffinierten Verflechtungen schnell und ohne Verluste zu entwirren.

Daher ist der Verlauf der evolutionären Entwicklung der Menschheit darauf ausgelegt, euch zu lehren, sich in allen Feinheiten des Gobelins, des gewebten Wandteppichs des Lebens auszukennen und die feinsten Schattierungen von Licht und Dunkel in der euch umgebenden Wirklichkeit zu finden, und schließlich jeden von euch lehren, unfehlbar den Weg und die Richtung der Bewegung zu bestimmen.

Doch bis dahin werdet ihr in verschiedene karmische Situationen geraten und unter den Einfluss verschiedener Kräfte fallen.

Und während ihr eure Hindernisse überwindet und alle Schattierungen des Lichtes und des Dunkels in der euch umgebenden Welt und vor allem in euch selbst unterscheiden lernt, werdet ihr eine reine göttliche Vision erlangen und kostbare Erfahrungen sammeln, die eure Schätze im Himmel sein werden. Jene Schätze, die weder von Motten noch von Rost bedroht sind.[15]

Das Stadium ist gekommen, in dem ihr die schwarz-weiße Denkweise zurücklassen und selbst die Samen der Wahrheit finden müsst. Der gegenwärtige Abschnitt eurer Entwicklung ist gerade dadurch gekennzeichnet, dass ihr viele Lehrer und viele Bewegungen habt. Und um euch in all dieser Vielfalt zurechtzufinden, benötigt ihr nur eine gute Orientierungshilfe, die ihr alle besitzt, nämlich euer Höheres Selbst.

Daher werden diejenigen von euch, die sich auf den Weg machen, die Verbindung mit ihrem Höheren Selbst herzustellen, auf diesem Abschnitt der evolutionären Entwicklung Vorteile im Vergleich zu jenen Menschen erhalten, die auf alte Weise einen äußeren Lehrer und eine äußere Organisation suchen, die ihnen die ganze Fülle der göttlichen Wahrheit geben können.

Die Zeit ist aber gekommen, wenn ihr euch für die ganze Fülle der göttlichen Wahrheit euch selbst, dem höheren Teil eurer selbst zuwenden müsst.

Ihr könnt auf eurer Suche nach Antworten auf eure Fragen rund um die ganze Erdkugel reisen. Ihr könnt Hunderte von Lehrern und Tausende von Organisationen aufsuchen. Aber was ihr auf dem jetzigen Abschnitt des Weges wirklich tun müsst, ist, euch an den einzigen wahren Guru zu wenden, der in eurem Herzen wohnt und darauf wartet, euch seine Unterweisungen und seine Lehre zu geben.

ICH BIN WAS ICH BIN.

---

[15] vgl. Matth. 6:20 (d.Ü.)

Eine Lehre über das Gesandtentum, das Kämpfen und die Rolle des Summit Lighthouse

Der Geliebte Lanello

16. Mai 2005

ICH BIN Lanello, und ich bin erneut durch diese Gesandte zu euch gekommen.

ICH BIN gekommen, um euch eine wichtige Lehre über das Wesen des Gesandtentums zu geben. Ihr wisst, dass ich während meiner letzten Verkörperung in Amerika den Auftrag eines Gesandten der Großen Weißen Bruderschaft erfüllte. Später teilte ich diese Position mit meiner Gattin Elizabeth.

Was auch immer man für eine Einstellung zum Gesandtentum hat, so muss ich euch dennoch mit aller Verantwortung und Gewissheit sagen, dass diese Position äußerst verantwortungsvoll ist und völlige Selbstverleugnung und absolute und bedingungslose Hingabe an die Bruderschaft erfordert.

Die Schwere der Strafe für einen Rücktritt von den übernommenen Verpflichtungen lässt sich nicht mit einer gewöhnlichen karmischen Strafe für gewöhnliche Menschen vergleichen, die keine Gesandtenmäntel haben. Und die Verantwortung eines Menschen, der die Pflicht auf sich genommen hat, der Bruderschaft in dieser Position zu dienen, ist wirklich enorm. Es geht darum, der Menschheit Informationen von der feinstofflichen Ebene zu übermitteln, wobei die Qualität dieser Informationen beinahe vollständig von den persönlichen Eigenschaften des Gesandten bestimmt wird. Und das Karma für ein Abweichen vom Verhaltenskodex für einen Gesandten wiegt weit schwerer als das Karma gewöhnlicher Menschen für vergleichbare Verstöße.

Ein Gesandter ist jedoch wie jeder andere verkörperte Mensch der Einwirkung aller Kräfte der physischen Welt ausgesetzt. Und ihr wisst, dass dort, wo eine große Menge Licht freigesetzt wird, die entgegengesetzten Kräfte, die versuchen, sich dieses Licht zunutze zu machen und seinen positiven Einfluss zu eliminieren, die Mächte des Lichtes überwiegen.

Daher ist der Gesandte immer derjenige, den alle Attacken und Übergriffe seitens der Mächte der Finsternis als Ersten treffen.

Darin besteht eine der größten Gefahren und eine der größten Schwierigkeiten. Wenn man jeden Tag Attacken und Konfrontationen ausgesetzt ist, ist es sehr schwer, nicht der Versuchung zu erliegen und sich auf einen offenen Kampf mit den feindlichen Kräften einzulassen. Gerade hier lauert die größte Versuchung. Denn sobald ihr euch den Energien des Kampfes hingebt und zu kämpfen beginnt, sinken eure Schwingungen sofort, und schon könnt ihr nicht länger die korrekte und einwandfreie Übermittlung der göttlichen Weisungen und der göttlichen Wahrheit in eure physische Oktave garantieren. Eine der wichtigsten Aufgaben eines Gesandten ist es daher, sein Bewusstsein ständig auf einer Ebene zu halten, die keinen offenen Kampf zulässt.

Dies ist sehr schwer zu erklären, meine Geliebten. Einerseits befindet ihr euch ständig im Zentrum feindlicher Energien. Ihr spürt buchstäblich im physischen Sinne die Einwirkung dieser feindlichen Kräfte auf euch selbst, und aufgrund eures Unterscheidungsvermögens seht ihr, wie diese Kräfte durch Menschen wirken, die euch nahe stehen und sich in eurer Umgebung befinden. Und gleichzeitig müsst ihr völlige Neutralität bewahren und dürft euch keinen einzigen Schritt erlauben, um in einen Kampf zu geraten. Ihr steht im Zentrum des Kampfes und haltet euch gleichzeitig völlig abseits des Kampfes. Ihr mischt euch nicht in ihn ein. Vor allem gebt ihr kein einziges Erg eurer Energie, um diesen Kampf zu unterstützen. Denkt daran, dass sich alles in dieser Welt von eurer Energie nährt und dank eurer Energie lebt, die über die Kristallschnur zu euch kommt und die ihr in Übereinstimmung mit eurem freien Willen lenken und einsetzen könnt. Und sobald ihr es euch erlaubt, eure Energien in den Kampf um euch herum einzubringen, gebraucht ihr augenblicklich eure Energie zu falschen Zwecken. Ihr lenkt eure Energie auf den Kampf und infolgedessen auf eine Vermehrung der negativen Eigenschaften dieser Welt und auf die Vermehrung der Illusion.

Ich bin deswegen so ausführlich auf die Frage des Kampfes eingegangen, weil gerade dies der entscheidende Punkt war, an dem das Summit Lighthouse entglitt.

Ihr wisst, dass sich die weiße Magie von der schwarzen Magie nur durch eines unterscheidet – durch das Vorhandensein eines einzigen bösen Gedankens. In diesem Fall, wenn ihr beginnt, wie es euch anfangs scheint, in eurem Herzen einen gerechten Zorn und einen gerechten Kampf gegen die Mächte des Bösen zu kultivieren, begebt ihr euch auf einen schlüpfrigen Pfad, und ihr beginnt, eure Energie nicht für gute Zwecke einzusetzen, sondern für die Ziele jener Kräfte, die die Illusion vermehren. Das ist ein äußerst feiner Moment, und bis heute glauben sehr viele Lichtträger, dass sie einen gerechten Kampf für das Licht führen und die Grundsätze des Guten verteidigen müssen, indem sie das Böse und seine Vertreter binden, den Samen des Bösen binden.

Sobald ihr die Energie der Dekrete benutzt, um zu kämpfen, verwendet ihr die göttliche Energie in der falschen Weise, und ihr betreibt schwarze Magie.

Die Feinheit des Augenblicks bestand darin, den Heerscharen der Engel, den Engeln des Erzengels Michael, unter Wahrung des vollkommenen Gleichgewichts und vollkommenen Friedens die Energien des Gebets zu geben, damit sie ihre Arbeit ausführen, um die Kräfte der Finsternis zu binden. Und um die Energie des Gebets zu geben, war in diesem Fall wirklich eine Gratwanderung erforderlich, indem man einen völlig ausgeglichen Zustand der Nicht-Beteiligung am Kampf bewahrte und ein Gefühl der Liebe und Harmonie im eigenen Herzen aufrechterhielt.

Sobald ihr beim Rezitieren von Richtsprüchen irgendwelche negativen Gedanken zulasst, werdet ihr automatisch in den Kampf verwickelt, und ihr schafft Karma. Anstatt gutes Karma zu schaffen, erzeugt ihr in diesem Falle negatives Karma, das sich in euren vier niederen Körpern als negative Energie ablagert. Und anstatt auf dem Weg der Einweihungen voranzukommen, haltet ihr euer Fortschreiten für viele Jahre und möglicherweise für viele Verkörperungen auf.

Zu einem gewissen Zeitpunkt, bereits nach meinem Übergang gelang es der Gemeinschaft des Summit Lighthouse nicht, das erforderliche Gleichgewicht und die Balance aufrechtzuerhalten. Leider ist das, was wir jetzt beobachten, die Folge einer solchen falschen Verwendung der Energie des Gebets. Der Dschinn wurde aus der Flasche freigelassen, und um ihn aufzuhalten, war es erforderlich, einem Großteil der Dekrete die Energie zu entziehen und die Wirkung der Dispensation der violetten Flamme teilweise auszusetzen.

Ihr wisst, dass der geliebte Saint Germain einen Teil seines Kausalkörpers verloren hat. Ihr beobachtet auch, wie die Folgen des falschen Handelns auf der Gesandten lasten, die sich immer noch in der Verkörperung befindet und das schwere Karma abarbeitet, das auf ihren Schultern liegt.[16]

Natürlich verhinderte das Karma, das geschaffen wurde und Jahr um Jahr wie ein Schneeball wuchs, eine qualitativ hochwertige Übermittlung von Informationen aus den ätherischen Oktaven. Und bedauerlicherweise, wie schwer es auch fiel, wurde Elizabeth der Gesandtenmantel abgenommen, und die Übermittlung von Botschaften musste aufhören.

Aber das gute Karma, das mit einer beispiellosen Verbreitung der Botschaften und Lehren verbunden war, sollte die negativen Auswirkungen der Aktivitäten des Summit Lighthouse überwiegen. Und ich denke, dass der Karmische Rat sich letztendlich gegenüber den Fehlern und Verfehlungen, die gemacht wurden, wohlgeneigt zeigen wird.

In der Tat ist das Wichtigste nicht das Vorhandensein von Fehlern, sondern die Fähigkeit, aus den Fehlern zu lernen und eine unschätzbare Erfahrung zu machen. Und das Summit Lighthouse hat eine enorme und unvergleichbare Möglichkeit für die Menschen geboten, nicht nur in den Vereinigten Staaten sondern auch weltweit, sich der Schulung und den Prüfungen zu unterziehen und aus ihren Fehlern zu lernen.

Für diejenigen Menschen, die es nicht erlaubten, dass ihr Bewusstsein der neuen religiösen Elite unterworfen wurde, welche sich im Rahmen der neuen Kirche mit erstaunlicher Schnelligkeit formte, und die im Einklang mit der göttlichen Wahrheit blieben, die in ihrem Herzen wohnt, brachten diese

---

[16] Dies bezieht sich auf Elizabeth Clare Prophet und ihre Krankheit, die die Ärzte als Alzheimer-Krankheit diagnostizierten. Die Krankheit erlaubte es Elizabeth nicht, sich ohne fremde Hilfe zu bewegen, und sie versagte ihr in den letzten Jahren ihres Lebens bis zum Moment ihres Übergangs im Jahre 2009 die Fähigkeit zu sprechen. Im Jahre 2005, als diese Botschaft empfangen wurde, lebte Elizabeth Clare Prophet noch.

Prüfungen einen gewaltigen Sprung voran in der Entwicklung ihres göttlichen Bewusstseins. Wir kommen in die physische Welt, um uns einer Ausbildung zu unterziehen, uns weiterzuentwickeln und unser Bewusstsein zu erhöhen. Darum wurde das wichtigste Ziel dank der Organisation erreicht, die im Jahre 1958 unter der Leitung von El Morya und anderen Meistern von mir gegründet wurde.

Und die Opfer, die erbracht werden mussten, waren gerechtfertigt, da es vielen Individuen gelang, große Errungenschaften in der Entwicklung ihres Bewusstseins zu erreichen. Und diese Entwicklung geht weiter, und ihr habt die Möglichkeit, eure Ausbildung an allem, was sich um euch herum ereignet, fortzusetzen, einschließlich mit Menschen, die der Organisation Summit Lighthouse angehören, wie auch mit jenen, die diese Organisation verlassen haben.

Was immer auch geschieht, meine Geliebten, Gott wendet immer alle Umstände in einer solchen Weise, dass eure Seele die beste Lektion und die beste Möglichkeit für ihr Wachstum und ihre Entwicklung erhält.

Deshalb lasst uns nicht traurig sein. Das Vergangene ist uns nur dazu gegeben, damit wir notwendige Lektionen daraus ziehen, weiter fortschreiten und niemals auf dem Wege anhalten außer zu einer kurzen Erholung und Analyse der vergangenen Ereignisse.

Es ist nichts Trauriges in der gegenwärtigen Situation. Ja, auf der physischen Ebene sieht nicht alles bestens aus, doch die von den Lichtträgern gewonnene Erfahrung ist wirklich unschätzbar.

Daher verliert bitte nicht den Mut. Setzt euren Weg der ständigen Vervollkommnung und unablässigen Entwicklung in Gott fort.

ICH BIN Lanello, und ich bin mit euch auf eurem Weg.

Empfehlungen, die ich euch geben möchte

Sanat Kumara
17. Mai 2005

ICH BIN Sanat Kumara, und ich bin durch meine Gesandte gekommen.

ICH BIN gekommen, um eine kleine Lehre über eure Beziehung zu Gott, zu den Meistern, zu dem höheren Teil eurer selbst zu geben. Wenn ihr euch mitten im Leben, mitten in der Geschäftigkeit des Tages befindet, kann es manchmal schwierig sein, sich auf das Göttliche einzustimmen, und hinter all den Nichtigkeiten, hinter der Szenerie der euch umgebenden Welt das Ewige und Unvergängliche zu sehen, das immer gegenwärtig ist, aber euren Augen verborgen bleibt.

Daher ist die Einstimmung auf die Göttlichkeit so wichtig. Lernt die Ereignisse um euch herum zu beobachten, als ob ihr durch einen Bildschirm hindurchschaut, als ob ihr im Theater seid und die Menschen um euch herum die Schauspieler sind. Und wenn ihr euch in den Sinn eures Lebens hineindenkt, so seid ihr tatsächlich in diese Welt gekommen, um eine bestimmte Rolle zu spielen. Im Laufe des Lebens können sich eure Rollen ändern. Ihr könnt sogar im Laufe eines Tages verschiedene Rollen spielen. Doch die Empfindung des Spiels soll euch nie verlassen. Denn Gott hat diese Welt als eine gigantische Bühne geschaffen, auf der ihr eure Rollen spielen und gleichzeitig lernen könnt.

Wenn ihr das Bild einer Bühne, auf der ihr eure Rollen spielt, längere Zeit in eurem Bewusstsein haltet, könnt ihr auch bald verstehen, dass es einen Regisseur für diese grandiose Aufführung gibt. Und dieser Regisseur hat es sich nicht zur Aufgabe gemacht, euch dazu zu zwingen, nach einem im Voraus geschriebenen Drehbuch zu spielen. Nein, im Rahmen seines Gesamtplans habt ihr die Möglichkeit, eure eigenen schöpferischen Werke zu manifestieren. Ihr könnt neue Rollen übernehmen oder jene Rollen verändern, die ihr früher ausgeführt habt.

Und der Moment wird kommen, wenn ihr eurer eigenen Improvisationen überdrüssig werdet und euch direkt an den Regisseur wendet und mit ihm eine schöpferische Zusammenarbeit beginnt. Ihr werdet versuchen, seinen Plan zu verstehen, und je tiefer ihr den Plan des Schöpfers erfasst, desto mehr werden eure Handlungen seinem Vorhaben entsprechen.

Es wird euch langweilig werden, die Rollen auszuführen, die ihr früher so gerne gespielt habt, denn das Bild des Plans für dieses Universum, das sich vor euch öffnet, wird euch faszinieren und eure ganze Aufmerksamkeit in Anspruch nehmen. Und je mehr ihr von diesem Plan durchdrungen werdet, desto wichtigere Rollen werdet ihr spielen.

Versucht in eurem Leben, die Grenzen des Spieles nicht zu überschreiten. Nehmt nicht alles zu ernst, was euch umgibt. Denkt immer daran, dass die euch umgebende Illusion vorübergehend ist und nur für die Zeit geschaffen wurde, bis euer Bewusstsein in der Lage ist, hinter diese Illusion zu blicken und hinter ihr die reale göttliche Welt und das reale Leben zu erkennen.

Euer innerer Zustand bestimmt die Lebenssituationen, in denen ihr euch befindet. Und solange ihr die euch umgebende Illusion als Realität betrachtet, könnt ihr euch von der Illusion nicht trennen. Denkt daran, dass alles in dieser Welt gemäß den Schwingungen angezogen wird. Und tatsächlich zieht ihr wie ein Magnet mit eurem Bewusstsein jene Situationen an, in die ihr in eurem Leben geratet. Es wird euch jedoch sehr schwer fallen, euch in eurem Bewusstsein von der Illusion zu befreien. Zumindest erfordert dies eine gewisse Zeit. Tatsache ist, dass in euren niederen Körpern die energetischen Aufzeichnungen jener Situationen enthalten sind, in denen ihr nicht in Übereinstimmung mit dem Willen Gottes gehandelt habt. Und diese Aufzeichnungen haben sich dort in mehr als einer Verkörperung angesammelt. Bis diese Aufzeichnungen in Übereinstimmung mit den göttlichen Normen, in Übereinstimmung mit dem Plan des Schöpfers für euren Lebensstrom umgewandelt werden, geratet ihr daher in jene Lebenssituationen, die euch die beste Möglichkeit geben, eure negativen Aufzeichnungen oder euer Karma abzuarbeiten.

Wenn ihr die Gesetze des Karmas und die göttlichen Gesetze für dieses Universum kennt, verkürzt ihr euren Weg auf der Erde erheblich. Die meisten Menschen ziehen es jedoch vor, viele andere Informationen und rein menschliche Gesetze zu studieren. Mit anderen Worten, die

Menschheit ist so in ihr Spiel vertieft, dass sie sich nicht länger bewusst ist, dass es nur ein Spiel ist. Wir kommen immer wieder, um euch an die wirkliche Welt, an eure Mission und an euren Weg zu erinnern. Nur selten ist jemand in der Lage, seine Aufmerksamkeit von der Illusion abzuwenden und sie auf unsere Worte und unsere Lehre zu lenken.

Wir haben es jedoch nicht eilig. Die Menschheit hat eine gewisse Zeitspanne für ihre Entwicklung. Und früher oder später werden alle die irdische Schule abschließen. Zumindest diejenigen von euch, die fähig sein werden, weiter zu lernen.

Und wenn es nicht den Wechsel der kosmischen Zyklen gäbe und die Notwendigkeit, diesen Zyklen zu folgen, würden wir euch nicht mit dem Lesen unserer Botschaften belästigen und euch nicht von eurer Illusion ablenken.

Stellt euch Schauspieler vor, die so in ihre Rolle vertieft sind, dass sie weiterspielen, obwohl die Zeit der Aufführung schon beendet ist. Die Menschheit erinnert jetzt an solche Akteure.

Um etwas zu lernen, müsst ihr ständig einen kindlichen Bewusstseinszustand aufrechterhalten, einen Zustand des Spiels. Aber ihr dürft nicht zulassen, dass die Illusion euer Bewusstsein vollständig einnimmt, selbst wenn ihr mitten im Leben steht.

Hier sind die Empfehlungen, die ich euch geben möchte.

Nach dem Gesetz der kosmischen Zyklen soll sich euer Bewusstsein in naher Zukunft erheblich verändern. Und wahrscheinlich spürt ihr diese Veränderungen bereits. Es ist unmöglich, sie nicht zu bemerken. Die Schwingungen des Planeten Erde erhöhen sich. Und diejenigen von euch, deren Bewusstsein nicht bereit ist, auf eine neue Stufe der evolutionären Entwicklung überzugehen, fühlen sich fehl am Platze. Sie versuchen künstlich, ihre Schwingungen herabzusetzen, indem sie dazu jene Mittel verwenden, die ihnen früher ein Gefühl der Freude bereitet haben. Die Menschheit hat während ihrer Existenz ein ganzes Arsenal von Mitteln entwickelt, welche die höheren Fähigkeiten völlig blockieren. Alkohol, Drogen, Tabak, Sex, Glücksspiele.

Doch weitere Verwendung dieser Mittel bringt euch keine Zufriedenheit mehr.

Die lebensspendenden göttlichen hohen Schwingungen, die allmählich auf die Erde kommen, werden eine immer größere Wirkung auf die Menschen haben, und ein Senken der Schwingungen wird euch zunehmend aus dem allgemeinen Schwingungshintergrund verdrängen. Ihr müsst alles aufgeben, was dem göttlichen Plan nicht entspricht. Natürlich verläuft der Prozess der Erhöhung der Schwingungen allmählich. Und die Menschheit wird nicht in der Lage sein, sofort ihre alten Gewohnheiten aufzugeben. Aber jeder, der in sich einen inneren Drang und Wunsch verspürt, sich von seinen alten Gewohnheiten und Bindungen zu befreien, erhält unsere Hilfe und Unterstützung.

Ihr werdet erstaunt sein, wie leicht es euch gelingt, euch von euren Gewohnheiten zu befreien.

Schreibt einen Brief an mich oder an einen der Meister, mit denen ihr eine besondere Verbundenheit spürt. Listet alle Gewohnheiten und Bindungen auf, von denen ihr euch befreien möchtet.

Bittet die Schutzengel, diesen Brief an seinen Bestimmungsort zu bringen und verbrennt ihn.

Ab diesem Moment gehört es zu eurer Pflicht, täglich eure Absicht zu bestätigen, euch von euren schädlichen Gewohnheiten und Bindungen zu befreien.

Ihr könnt eine Kopie eures Briefes an die Meister behalten und täglich eure Bitte vor dem Beginn eures Gebetsrituals lesen.

Einige Monate werden vergehen, und ihr werdet euch von euren Gewohnheiten und Bindungen befreit haben.

Es ist nur euer starker Wunsch nötig, meine Geliebten. Wenn ihr mit zu vielen Gewohnheiten belastet seid, könnt ihr darum bitten, euch zuerst von einer, dann von einer anderen Gewohnheit zu befreien, bis ihr euch von allen euren Gewohnheiten befreit habt.

Vergesst nicht, dass es neben schlechten Gewohnheiten auch anhaltende Zustände eures Bewusstseins gibt, die euch daran hindern, euch die göttlichen Schwingungen zu eigen zu machen. Es kann Niedergeschlagenheit, Selbstmitleid, Missbilligung, Neid und anderes mehr sein. Und ihr könnt wünschen, euch genauso von diesen inneren Energien und Barrieren zu befreien, die eure Entwicklung behindern.

Man kann alles verändern, meine Geliebten. Und der Himmel ist bereit, euch jede Hilfe zu geben.

Aber ihr müsst den ersten Schritt machen und euren Wunsch zeigen, euch von euren Mängeln zu befreien.

Also, ihr seid euch bewusst, dass es in euch eine negative Eigenschaft oder schlechte Angewohnheit gibt.

Dann äußert ihr euren Wunsch, euch von dieser Unzulänglichkeit zu befreien, die eure Entwicklung behindert.

Dann bestätigt ihr eure Absicht, eure Unzulänglichkeit während der Zeitspanne loszuwerden, die notwendig ist, um jene Energien in eurer Aura zu transmutieren, die zur Manifestation dieser Unzulänglichkeit beitragen.

Ich wünsche euch viel Erfolg bei der Arbeit an euch selbst und an euren Unzulänglichkeiten.

Bitte sucht jedoch nicht nach zu vielen Mängeln in euch. Damit kultiviert ihr nur eure Mängel.

Wenn ihr eure Aufmerksamkeit ständig auf schöne Bilder und Muster, die Natur, Musik, Kunst konzentriert und euch von Unvollkommenheiten fernhaltet, dann werden die negativen Energien auf natürliche Weise und ohne größere Bemühungen eurerseits ersetzt.

ICH BIN Sanat Kumara.

Eine Lehre über die Meditationspraxis

Amitabha

18. Mai 2005

ICH BIN Amitabha Buddha, und ich bin durch diese Gesandte zu euch gekommen.

Viele Menschen im Westen haben von mir noch nicht gehört. Ich bin im Osten als einer der fünf Dhyani Buddhas bekannt.

Ich bin berufen, auf einem der geheimen Strahlen zu dienen. Ihr könnt mich rufen, wenn euch die menschlichen Begierden und Leidenschaften überwältigen. Jede menschliche Begierde und Leidenschaft kann überwunden werden. Und ihr kommt in die Verkörperung, um eure Begierden und Leidenschaften zu überwinden, um euch von euren Begierden und Leidenschaften zu befreien.

In der Regel hängen alle Leidenschaften eng mit dem Missbrauch eurer sexuellen Energie zusammen. Und alle Verzerrungen auf meinem Strahl sind entweder mit der Nichterfüllung eurer eigenen Wünsche oder mit übermäßigen Wünschen verbunden.

Mein Chakra befindet sich zwischen dem Wurzelchakra und dem Sakralchakra. Und dieses Chakra ist mit eurem Christus-Selbst verbunden.

Ich lehre die Praxis der Meditation, die euch von menschlichen Wünschen und Begierden befreien kann.

Aus diesem Grund werde ich die Aufgabe des heutigen Gesprächs für erfüllt halten, wenn ihr ein gewisses Verständnis von der Bedeutung der Meditationspraxis bekommt und euch dazu entschließt, diese Praxis in eurem Leben auszuüben.

Ziel und Zweck jeder Meditation ist es, den Zustand der Gedankenleere zu erlangen. Einen Zustand absoluter Ruhe des Geistes.

Wenn es euch gelingt, euren Geist zu beruhigen, bringt ihr eure inneren Gefühle in einen harmonischen Zustand. Ihr balanciert eure innere Natur aus und beruhigt eure Wünsche.

Solange euer Bewusstsein mit Dingen beschäftigt ist, die euch in der physischen Welt umgeben, könnt ihr euer Bewusstsein nicht auf jene Höhen emporheben, die es euch ermöglichen, in die andere, wirkliche Welt einzutreten und euch dort aufzuhalten.

Jede Meditationspraxis zielt darauf ab, eine Ebene eures Bewusstseins zu erreichen, die es euch erlaubt, über die Grenzen eurer Welt hinauszugehen.

Wenn ihr die Fähigkeit erlangt zu meditieren, erhaltet ihr Zugang zu den Energien und zum Wissen der höheren Welten.

Jeder von euch kann unterschiedliche Errungenschaften auf dem Gebiet der Meditation haben. Ihr könnt verschiedene Sphären erreichen und unterschiedliche Vorstellungen von den höheren Welten erhalten. Das Wichtigste in eurer Praxis wird jedoch sein, wie sich die Energien der feinstofflichen Welt auf euer Bewusstsein auswirken. Dies geschieht unmerklich für euer äußeres Bewusstsein. Ihr bekommt einfach die Möglichkeit, euch in Welten mit höheren Schwingungen aufzuhalten, und ihr nährt euch von den Energien dieser Welten. Euer Bewusstsein ändert sich allmählich unter der Einwirkung der hohen Schwingungen der höheren Welten. Ihr braucht nicht den ganzen Mechanismus zu kennen, wie dies geschieht.

Die Wirkung der Energien der höheren Welten auf euer Bewusstsein kann man mit der Wirkung der Sonne auf eure Haut vergleichen. Ihr setzt euch einfach den sanften Sonnenstrahlen aus, und eure Haut wird geglättet und gebräunt.

Auf die gleiche Weise wird euer Bewusstsein unter der Einwirkung der feinen Energien geglättet, es verliert seine Unzulänglichkeiten und Mängel und erlangt die Verfeinerung, die für die Wahrnehmung der neuen Informationen erforderlich ist. Euer Bewusstsein erweitert sich und die Barrieren verschwinden, die euch früher daran gehindert haben, offensichtliche Wahrheiten wahrzunehmen.

Natürlich erfordert die Meditationspraxis viel Zeit und einen erfahrenen Lehrer an eurer Seite.

Viele Lehrer im Osten, die die Meditationspraxis gemeistert haben, versammeln Schüler um sich und unterrichten sie mittels jener Praktiken, die sie selbst beherrschen.

Man braucht viele Jahre, um die Meditationspraxis zu meistern. Es ist aber der kürzeste Weg, der zur Erweiterung eures Bewusstseins führen kann, und ich kenne keinen anderen Weg, der genauso effektiv wäre.

Historisch gesehen war die Meditationspraxis für die Menschheit im Westen nicht zugänglich. Im Westen liegt der Schwerpunkt mehr auf dem Gebet.

Aber die besten Gebetspraktiken führen gerade dazu, dass der Mensch sein äußeres Bewusstsein ausschaltet, seine Schwingungen erhöht und in direkten Kontakt mit den höheren Sphären kommt. In diesem Fall findet ein direkter Energieaustausch mit dem höheren Teil eurer selbst und mit den höheren Welten statt.

Das Gebet, wenn es eine starke Bedeutungslast trägt, erlaubt es eurem Geist jedoch oft nicht, sich von der euch umgebenden Welt zu lösen.

Es gibt eine Praxis, kurze Gebete viele Male zu wiederholen. Das Rezitieren von Gebeten, bis zu einem Zustand ohne jegliche Gedanken und bis zum Automatismus gebracht, hat die gleiche Wirkung wie die Praktik des Rezitierens von Mantras. Diese Praktik an sich ist sehr wertvoll. Aber sie kann nur als eine Vorbereitungsstufe zur Meditation betrachtet werden.

Warum braucht ihr einen erfahrenen Mentor oder Lehrer während eurer Meditationsübungen?

Ihr wisst, dass die unsichtbare Welt unterschiedliche Schwingungsfrequenzen hat. Sie ist geschichtet wie ein Blätterteigkuchen. Und die Gefahr besteht darin, dass ihr unter die Einwirkung von nicht sehr hohen Energien geraten und in Kontakt mit nicht freundlich gesinnten Wesenheiten kommen könnt. Und diese Wesenheiten können euch nicht die besten Dinge lehren und nicht mit den besten Energien speisen.

Alles hängt von der anfänglichen Bewusstseinsstufe ab, die ihr bereits erlangt habt. Wenn ihr die Meditation in einem guten, ausgeglichen Zustand beginnt, von Göttlichkeit erfüllt und auf die göttliche Harmonie eingestimmt seid, dann werdet ihr höchstwahrscheinlich unter den Einfluss hoher Schwingungen und reiner Energien gelangen.

Wenn ihr jedoch die Meditation voller egoistischer Wünsche und Neigungen beginnt, dann erhaltet ihr höchstwahrscheinlich während der Meditation nur die Verstärkung eurer negativen Eigenschaften.

Letztendlich wird alles davon bestimmt, inwieweit ihr fähig seid, euer Ego vor dem Beginn einer Meditation zu überwinden und zu bändigen.

Daher kann jede Meditationspraktik, genau wie alles in eurer Welt, dualer Natur sein. Und das Ergebnis, das ihr erhaltet, wird vollständig von euren Motiven und inneren Bestrebungen bestimmt. Wenn ihr eine Meditation beginnt, um Praktiken zu meistern, mit denen ihr Menschen kontrollieren oder Fähigkeiten erwerben könnt, die es euch ermöglichen, eine privilegierte Position in eurer Welt einzunehmen, so werdet ihr während eurer Meditationen Karma schaffen. Weil ihr die göttliche Energie für die Verherrlichung eures Egos benutzt.

Ihr sollt jede Meditationspraktik nur in völliger Demut vor dem Willen Gottes und in freudigem Beben vor seiner Mächtigkeit beginnen.

Nur dann, wenn euer Motiv rein ist und eure Wünsche rein sind, könnt ihr euer Bewusstsein zu solch hohen Schwingungen erheben, dass ihr Zugang zu den vollkommenen göttlichen Energien erhaltet, die einen neuen Menschen aus euch meißeln werden, der in seiner Natur göttlich ist.

Und je mehr Zeit ihr in diesem Fall in Meditation verbringt, desto mehr werden sich eure Schwingungen den vollkommenen göttlichen Mustern annähern.

Fürchtet euch in diesem Fall nicht, euch zu weit von eurer Wirklichkeit zu entfernen. Denn sobald ihr den meditativen Zustand verlasst, wird euer Bewusstsein mit der Geschwindigkeit eines Hochgeschwindigkeitsaufzugs auf eure Ebene herabsinken. Es wird noch einige Zeit dauern, und ihr werdet wieder imstande sein zu verstehen, wo ihr euch befindet.

Zunächst wird es für euch schwierig sein, solche Schwingungsänderungen zu ertragen. Ihr werdet den Zustand des Eintauchens in vollem Umfang erleben. Zuerst lasst ihr alle Gedanken und Gefühlen los und taucht in eine höhere Realität ein. Dann kehrt ihr allmählich aus dieser Realität in eure Welt zurück und hüllt euch wieder in eure irdischen Gedanken und Gefühle.

Eine solche Praxis wird es euch ermöglichen, euch ständig bewusst zu sein, dass ihr euch gleichzeitig in zwei Welten befindet. Wie jede andere Praxis erfordert die Meditationspraxis von euch die Stetigkeit und Regelmäßigkeit eurer Übungen. Ideal wäre es, wenn ihr dieser Praxis täglich 1,5 bis 2 Stunden widmet.

Wenn jedoch die Bedingungen eures Aufenthaltes in der physischen Welt dies noch nicht zulassen, könnt ihr eure Meditationspraktik mit wöchentlichen Übungen beginnen. Aber es sind regelmäßige Übungen und Bestrebungen notwendig.

Ich weiß, dass viele von euch bis zu einer Stunde oder mehr pro Tag beten. Vielleicht ist es für euch sinnvoll, einen Teil eurer Zeit, die ihr dem Gebet widmet, mit der Meditationspraxis zu verbringen. Sagen wir, 15-20 Minuten.

Euer höheres Selbst weiß immer, was im Moment am wichtigsten und notwendigsten für die Entwicklung eurer Seele ist. Daher hört auf eure inneren Empfindungen. Damit es nicht dazu kommt, dass ihr euch der für euch so notwendigen Gebetspraxis entzieht, und aufgrund eurer inneren Einschränkungen nicht in der Lage seid, eine hochwertige Meditation zu erhalten.

Ich habe heute sehr wichtige Fragen im Zusammenhang mit der Meditationspraxis angeschnitten. Und ich würde mich freuen, wenn meine Unterweisung einigen von euch hilft. Es gibt tatsächlich sehr viele Menschen, die im Westen verkörpert sind, aber in der Vergangenheit viele Male im Osten verkörpert waren, wo sie die Meditationspraktiken in vollem Umfang gemeistert haben. In diesem Fall müsst ihr euer Bewusstsein nur ein wenig ermutigen, um euch an jene Fähigkeiten zu erinnern, die ihr in der Vergangenheit schon hattet. Gerade an diese Menschen habe ich mich heute zum größten Teil gewandt.

ICH BIN Amitabha.

Bemüht euch, den größten Teil des Tages einen Zustand des inneren Friedens und der Harmonie zu bewahren

Der Geliebte Kuthumi

19. Mai 2005

ICH BIN Kuthumi, und ich bin wieder zu euch gekommen. Heute bin ich gekommen, um eine kleine Lehre zu geben, die euch vielleicht unerwartet erscheint, aber ich möchte dennoch, dass ihr euch sorgfältig mit allem vertraut macht, was ich eurem Bewusstsein im jetzigen Zeitabschnitt nahebringen muss.

Wie ihr wisst, wurde das Ereignis Ende letzten Jahres in Form des Erdbebens und Tsunamis[17] ausschließlich durch das unvollkommene Bewusstsein der Menschheit verursacht.

Die Menschheit erzeugt weiterhin mit erstaunlicher Beharrlichkeit ungeheure Anballungen negativer Energien, die den ganzen Erdball in einem dichten Ring umhüllt haben. Und dieser Ring verhindert, dass Energien der Erneuerung hindurchdringen können. Mit anderen Worten, es entsteht eine Spannung zwischen den Kräften, die versuchen, den bestehenden Zustand auf dem Planeten aufrechtzuerhalten, und den Kräften, die danach streben, den Evolutionsplan für den Planeten Erde zu fördern.

Einerseits beobachtet ihr eine ständige und unentwegte Erhöhung der Schwingungen des Planeten. Und andererseits wird nach wie vor eine Menge negativer Energie durch das Massenbewusstsein und alte Stereotypen erzeugt, die sich im Bewusstsein der Menschen festgesetzt haben. Woher kommt die negative Energie?

Die gesamte Energie in diesem Universum ist nur in einer Quelle konzentriert. Und das ist die göttliche Energie. Diese Energie strömt durch die Kristallschnur zu euch, und ihr verfügt über diese Energie mit eurem freien Willen. Und wenn ihr diese Energie verwendet, um eure egoistischen

---

[17] Anmerkung des Übersetzers: Dies bezieht sich auf das Erdbeben und den Tsunami am 21. Dezember 2004.

Bestrebungen zu befriedigen oder um negative Gefühle und Eigenschaften und anhaltende schlechte Gewohnheiten beizubehalten, dann wählt ihr damit das Alte. Und ihr lenkt eure Energie darauf, die Anballungen der negativen Energie auf diesem Planeten zu verstärken.

Wenn also die positive Energie der Veränderungen mit der von der Menschheit erzeugten negativen Energie zusammentrifft, ist das wie ein Aufeinandertreffen zweier Wolken mit unterschiedlichen Ladungen. Ihr wisst, was passiert, wenn zwei Wolken aufeinandertreffen. Ihr beobachtet Blitz und Donner. Ähnliches geschieht auch auf dem Planeten Erde. Wenn zwei Energieanballungen mit unterschiedlichen Potenzialen aufeinandertreffen, dann ereignen sich verschiedene Kataklysmen, Naturkatastrophen und Orkane.

Es scheint euch, dass die Naturgewalt blind und unkontrollierbar ist. Dies ist jedoch nicht ganz richtig. Es gelingt uns in der Regel, die Anballungen der aufkommenden negativen Energie an den Orten ihrer Entstehung zu lokalisieren. Daher sind von den Naturkatastrophen gerade jene Gegenden betroffen, in denen das menschliche Bewusstsein zur Bildung der negativen energetischen Anballungen beigetragen hat.

Es ist Zeit, meine Geliebten, dass ihr euch von der Ansicht trennt, ihr könntet den größten Teil des Tages sündigen, schlechte Taten und Handlungen begehen, nicht gottgefällige Gedanken und Gefühle zulassen, und ihr könntet euch anschließend hinsetzen, beten und das Karma transmutieren, das ihr und eure Nächsten geschaffen haben.

Natürlich ist der Nutzen von Gebeten nicht zu bezweifeln und nicht zu bestreiten. Der Nutzen von Gebeten steht nicht zur Diskussion. Aber in dieser Situation ist Beten allein zu wenig, meine Geliebten.

Welchen Sinn hat es, zuerst die negativen energetischen Anballungen zu erzeugen und sie danach zu bekämpfen?

Die Zeit ist gekommen, in der ihr alles bewusst angehen müsst, was ihr im Laufe des Tages tut. Ihr müsst ständig eure Gedanken und eure Gefühle kontrollieren. Jeder negative Gedanke muss mit der Wurzel und bereits im Keim aus eurem Bewusstsein entfernt werden. Schützt euch gegen alles, was dazu beiträgt, negative Gedanken und Gefühle in eurem Bewusstsein zu behalten.

Schenkt euren Kindern besondere Aufmerksamkeit. Überlasst sie nicht den größten Teil des Tages sich selbst. Vergesst nicht: So wie ihr eure Kinder zu Beginn ihres Lebens anleiten könnt, welche Kenntnisse ihr ihnen über die in diesem Universum geltenden Gesetze vermitteln könnt, werdet ihr die entsprechenden Früchte buchstäblich in wenigen Jahren erhalten, wenn eure Kinder erwachsen werden und die Verantwortung und den Dienst für das Wohl der Evolutionen der Erde übernehmen können. Jeder von euch ist für die Zukunft dieses Planeten verantwortlich und dafür, wie sich die Ereignisse bereits in den nächsten Monaten entwickeln werden.

Denkt daran, dass die Spannung, die durch den Kataklysmus im Süden Asiens am Ende des vorigen Jahres entschärft wurde, wieder zunimmt. Und tatsächlich bringt ihr mit jeder eurer negativen Taten und Handlungen, mit jedem eurer negativen Gedanken und Gefühle unablässig einen neuen Kataklysmus näher.

Bemüht euch, den größten Teil des Tages einen Zustand des inneren Friedens und der Harmonie zu bewahren. Vergesst nicht, dass andere Menschen um euch herum leben. Und im Laufe des Tages kommt eure Aura mit Tausenden von Menschen in Berührung, wenn ihr in einer großen Stadt lebt. Und wenn es euch gelingt, einen harmonischen Zustand in eurem Inneren aufrechtzuerhalten, dann steckt ihr buchstäblich mit diesem Zustand Tausende von Menschen an, mit denen ihr im Laufe des Tages durch eure Auren in Berührung kommt.

Und ein Effekt von solcher Art lässt sich auch beobachten, wenn ihr einem Menschen begegnet, der wie eine Gewitterwolke ist und jemanden sucht, an dem er sich entladen und seine Wut auslassen kann. Aber in diesem Fall infiziert ihr euch mit den negativen Energien dieses Menschen.

Schützt eure innere Welt vor dem Eindringen jeglicher negativer Energien. Kümmert euch besonders um eure Kinder.

Ihr könnt sagen, dass nichts von euch abhängt und dass eure Regierung die Schuld an allem trägt, weil sie sich nicht richtig um euch kümmert und euch nicht ein anständiges Leben führen lässt.

Gestattet es mir, euch darin nicht zuzustimmen. Alles in dieser Welt wird den Schwingungen gemäß angezogen, und ihr habt jene Regierung, die gerade deshalb bestehen kann, weil die Mehrheit der Bevölkerung es für möglich hält, sich mit der bestehenden Regierung und ihrer Politik abzufinden.

Ihr tauscht ständig Energie mit Tausenden von Menschen aus, und somit tauscht ihr ständig Karma mit ihnen aus. Was glaubt ihr, wie sich das Karma der Familie, das Karma der Stadt, das Karma des Landes, das planetarische Karma manifestiert? Stellt euch einen Menschen vor, der sich vollständig von seinem persönlichen Karma befreit hat. Was denkt ihr, wird mit diesem Menschen weiter geschehen? Wird er aufsteigen?

Es ist durchaus möglich, dass dieser Mensch aufsteigen kann. Aber ich kann euch versichern, dass ein Mensch, der sich von seinem persönlichen Karma befreit hat, ein völlig anderes, erweitertes Bewusstsein erlangt. Er steigt in seinem Bewusstsein auf eine andere, höhere Ebene und versteht, dass es unmöglich ist, nur sich selbst zu retten. Und tatsächlich ist alles Gott. Und auf der neuen Stufe seines Bewusstseins empfindet der Mensch viel stärker, dass alles, was lebt, eine Einheit ist. Und höchstwahrscheinlich wird ein solcher Mensch in der Verkörperung bleiben, unabhängig davon, ob sein äußeres Bewusstsein von der getroffenen Entscheidung weiß oder nicht. Ein solcher Mensch bleibt gemäß seiner Wahl weiter in der Welt. Jeden Tag zieht er die negativen Energien seiner Mitmenschen in seine Aura und wandelt diese Energien um. Ein solcher Mensch ist wie ein Schwamm. Sobald er mit den Auren der Menschen in Berührung kommt, die mit einer allzu großen Menge negativer Energie erfüllt sind, übernimmt er einen Teil dieser Energie und neutralisiert sie. Dann geschieht, was ihr die Transmutation des Karmas einer Stadt, eines Landes und des Planeten nennt.

Daher hängt sehr vieles von jedem von euch ab, meine Geliebten. Von eurer Fähigkeit, Harmonie und Gleichgewicht zu bewahren, ohne Rücksicht auf äußere Umstände. Und wenn ihr euch entmutigt fühlt, keine Freude habt, grundlose Wehmut empfindet, dann seid ihr höchstwahrscheinlich unter den Einfluss einer großen Anballung von negativer Energie geraten. Und ihr habt eure Aura so belastet, dass ihr einige Zeit allein oder in der Natur verbringen müsst, um euren inneren Frieden und euer Gleichgewicht wiederzugewinnen.

Lernt, euren inneren Zustand zu erkennen und die Ursachen, die euch in einen disharmonischen Zustand des Bewusstseins bringen.

Ihr leistet euren Dienst ununterbrochen 24 Stunden am Tag, wenn ihr eine bestimmte Stufe des Bewusstseins erlangt habt, die es euch ermöglicht, das Karma einer Stadt, eines Landes und des Planeten auf euch zu nehmen und zu transmutieren.

Das ist ein sehr wichtiger Dienst, meine Geliebten. Ich habe euch die heutigen Empfehlungen in der Hoffnung gegeben, jenen von euch, die diesen wichtigen Dienst für die Welt leisten, den Mechanismus zu erklären, auf welche Weise euer Dienst geleistet wird.

Und wenn ihr jetzt über euren Dienst Bescheid wisst, könnt ihr rechtzeitig Maßnahmen für die Wiederherstellung eurer Schwingungen und eurer Energien ergreifen. Hört sorgfältig auf euren Organismus, und wenn ihr von Mutlosigkeit überwältigt werdet, findet für euch einen Weg, innere Harmonie und inneren Frieden wiederherzustellen. Für den einen wird es eine Meditation sein, für einen anderen ein Gebet, einen Spaziergang in der Natur zu machen, ruhige Musik zu hören oder mit Kindern zu spielen.

Erlaubt euch nicht, lange in einem negativen Bewusstseinszustand zu bleiben. Löscht alle negativen Schwingungen in eurem Inneren, sobald sie auftreten. Erlaubt ihnen nicht, euer Wesen vollständig zu beherrschen.

Und denkt daran, dass ihr die Möglichkeit habt, in der Not immer die Aufgestiegenen Lichtwesen um Hilfe zu bitten. Und wir leisten unseren treuen Dienern alle Hilfe, die uns das Kosmische Gesetz erlaubt.

ICH BIN Kuthumi, euer Bruder.

**Ich werde so lange mit jedem von euch sein,
bis ihr alle nach Hause zurückkehrt**

Sanat Kumara
20. Mai 2005

ICH BIN Sanat Kumara, und ich bin wieder durch meine Gesandte gekommen. ICH BIN gekommen, um euch zu unterweisen und zu lehren, damit ihr die göttliche Realität verstehen könnt, jene andere Welt, die gleichzeitig mit eurer Welt existiert und sich nur in ihren Schwingungen von eurer Welt unterscheidet.

Jeden Moment, den ihr in eurer Welt verbringt, könnt ihr euch gleichzeitig auch in unserer Welt aufhalten. Und es gibt einen Teil eurer selbst, der sich ständig in den höheren Welten befindet. Dieser Teil eurer selbst bewahrt während der gesamten Zeit eurer Verkörperungen in der physischen Oktave seine Verbindung und Interaktion mit der höheren Realität.

Es kommt die kosmische Frist, und der höhere Teil eurer selbst hüllt sich in dichtere Körper und steigt in die Materie herab.

In dem Maße, wie sich die umgebende Welt verdichtet, wird die Verbindung zwischen dem höheren und dem niederen Teil eurer selbst allmählich unterbrochen und wird zunächst kaum wahrnehmbar, bis sie schließlich ganz verschwindet. Und wenn die Materialität eurer Welt ihren höchsten Punkt erreicht, verliert ihr die Verbindung mit dem höheren Teil eurer selbst.

Aus diesem Grunde sind alle wahren spirituellen Praktiken in eurer Welt darauf ausgerichtet, diese innere Verbindung wiederherzustellen. Sobald ihr euch daran erinnert, wer ihr wirklich seid, und sobald ihr die Möglichkeit erhaltet, mit dem höheren Teil eurer selbst zu kommunizieren, seid ihr in der Lage, eure Schwingungen nach eurem Wunsch zu ändern.

Ihr seid weiterhin in eurer physischen Welt, doch gleichzeitig ist euer Bewusstsein so sehr erhöht, dass ihr zu bestimmten Zeiten imstande seid, Informationen und Wissen aus unserer Welt zu erhalten.

Viele herausragende Menschen zu allen Zeiten besaßen die Fähigkeit, spontan und unwillkürlich ihre Schwingungen zu erhöhen und in ihrem Wachbewusstsein in die höheren ätherischen Oktaven zu gelangen. Gerade von hier aus erhielten und erhalten sie ihre Inspiration und Vorbilder für ihre künstlerischen und anderen schöpferischen Werke, für ihre wissenschaftlichen Erkenntnisse und Erfindungen.

Jede Entdeckung wurde immer von Menschen gemacht, die bis zu einem gewissen Grad Zugang zu unserer Realität hatten.

Und jetzt wird die Fähigkeit zur gegenseitigen Durchdringung der Welten und zum Eindringen eures Bewusstseins in unsere Welt um ein Vielfaches verstärkt.

Ihr werdet eure Gaben des Heiligen Geistes erhalten, und ihr werdet wirklich erstaunliche Fähigkeiten erhalten. All dies erwartet euch in naher Zukunft. Das einzige, was euch zurückhält, sind eure Bindungen an die physische Welt und eure Unvollkommenheiten.

Ihr müsst die Fähigkeit erlangen, das in euch selbst unterscheiden zu können, was nicht göttlich ist, und es nach und nach aufgeben. Anfangs wird euch die Kommunikation mit uns und mit dem höheren Teil eurer selbst erst dann gelingen, wenn ihr ein völlig isoliertes Leben führt und euch von jeglichen Einflüssen der Massenkultur fernhaltet, wie auch von Menschen, die dem Einfluss der Massenkultur ausgesetzt sind. Dies ist mit den Wegbereitern vergleichbar, die die nackten Felsen des göttlichen Bewusstseins erklimmen. Und für diese Wegbereiter ist ihre Arbeit und Mühe wahrhaft gigantisch und erfordert den Einsatz aller Kräfte und aller von Gott gegebenen Fähigkeiten.

Nur wenigen in eurer Zeit gelingt es, auf den Gipfel des göttlichen Bewusstseins aufzusteigen. Und der Weg ist so schwer, dass ihr jeden Augenblick herabfallen und die bereits erreichte Höhe verlieren könnt.

Jedoch wird es für diejenigen, die diesen Wegbereitern folgen, wesentlich leichter sein. Ich sehe bereits in naher Zukunft die Entstehung von Gemeinschaften an verschiedenen Orten auf der Erde voraus, die sich aus Menschen zusammensetzen werden, die eine bestimmte Stufe des Christusbewusstseins erlangt haben.

Diese Gemeinschaften werden zu Prototypen, zu Matrizen zukünftiger Siedlungen und Gesellschaftsstrukturen. Durch die Verbindung von Arbeitsverpflichtungen und spirituellem Dienst werden solche Gemeinschaften völlig unabhängig und autonom von der umgebenden Welt existieren.

Ich sehe, dass sich mit der Zeit an den Orten, an denen solche Gemeinschaften des Heiligen Geistes gegründet werden, völlig neue Prinzipien der staatlichen und weltlichen Ordnung etabliert werden. Und an den Orten, an denen solche Gemeinschaften überwiegen, werden die Bedingungen für das Kommen des Goldenen Zeitalters geschaffen.

Ich hoffe, dass solche Gemeinschaften vor allem in Russland entstehen werden. Dieses Land neigte geschichtlich in seinen Traditionen immer schon zur kollektiven Wirtschaft. Die Schwierigkeit bestand darin, dass gewisse Kräfte diese nationale Eigenschaft immer geschickt nutzten und die Neigung der Menschen zur gemeinschaftlichen Arbeit für ihre eigennützigen Zwecke manipulierten.

Ich möchte euch auch darauf aufmerksam machen, dass es so lange keine ideale Gemeinschaft geben kann, bis jedes Mitglied der kollektiven Gemeinschaft eine bestimmte Stufe des Christusseins erreicht hat und aufhört, die Errungenschaften gemeinschaftlicher Arbeit und schöpferischer Aktivität zu eigennützigen und egoistischen Zwecken zu nutzen.

Und wieder tritt für jeden von euch die außerordentlich wichtige Frage des persönlichen Strebens zur Vervollkommnung in Gott in den Vordergrund. Die Frage der Entsagung des Egos und der Sorge um die Reinheit der vier niederen Körper.

Ein Punkt ist wichtig, auf den ich eure Aufmerksamkeit richten möchte. Tatsächlich gibt es zwei Wege, die zur Vervollkommnung in Gott führen. Der erste Weg verläuft in der Abgeschiedenheit und ist mit Gebeten verbunden, und er ist leichter. Und der zweite Weg ist, wenn ihr an euch selbst arbeitet, ohne euer gewöhnliches Leben zu verlassen.

Jeder der Wege hat seine Vor- und Nachteile. Und wenn für euch das einzige Hindernis, bevor ihr ernsthaft mit der Arbeit an euch selbst beginnen könnt, eure Umgebung ist, in der ihr euch auf dem jetzigen Abschnitt eures Weges befindet, und ihr ernsthafte Schulung für euch selbst automatisch ablehnt, weil ihr der Meinung seid, dass die äußeren Bedingungen dies nicht zulassen, dann muss ich euch daran erinnern, dass die Bedingungen, in denen ihr euch befindet, der Ebene eures Bewusstseins und dem Verhältnis zwischen eurem negativen und positiven Karma entsprechen. Daher werden die Ausgangsbedingungen für jeden von euch verschieden sein. Ihr müsst alle Unannehmlichkeiten eurer äußeren Bedingungen und karmischen Umstände überwinden. Jedoch müsst ihr euch bewusst werden, dass ihr durch eure Entscheidungen in diesem und in vorigen Leben solche Umstände selbst verdient habt, die euch jetzt umgeben. Und euer Klagen über schlechte Bedingungen und eine unharmonische Umgebung dient nur als Ausrede für euer Ego, nichts tun zu müssen. Und viele gestatten sich sogar direkte Anschuldigungen gegen Gott und die Meister wegen der Umstände ihres Lebens.

Daher ist der erste Schritt auf eurem Weg die Demut vor den Umständen, unter denen ihr euren Weg beginnt, und die Entscheidung, dem Weg zu folgen, der zurück zu Gott führt, trotz aller äußeren Umstände eures Lebens.

Glaubt mir, wenn ihr mit Zielstrebigkeit und Entschlossenheit eurem Weg folgt, dann erhaltet ihr alle notwendige Hilfe. Und mit der Zeit werden sich die Umstände eures Lebens zu einer milderen Manifestation jeglicher, selbst schwerer karmischer Begrenzungen ändern. Und in dem Maße, wie ihr euer Bewusstsein ändert, erhaltet ihr alles, was für euer spirituelles Fortschreiten und eure Vervollkommnung in Gott notwendig ist.

Alle Hindernisse und alle Begrenzungen liegen in eurem Inneren. Und alle eure Begrenzungen sind Ansammlungen negativer Energien in euren vier niederen Körpern.

Stellt euch vor, dass eure vier niederen Körper ein Dachboden sind, in dem im Laufe mehrerer Jahrhunderte allerlei unnötige Sachen abgelagert wurden. Mit der Zeit wurde dieser Dachboden so sehr mit Gerümpel vollgestellt und von Staub bedeckt, dass man ihn nicht länger betreten kann. Bei den meisten Menschen gleichen die vier niederen Körper gerade einem solchen Dachboden.

Daher müsst ihr eines schönen Tages den Entschluss fassen und damit beginnen, die karmischen Ansammlungen in eurem Dachboden zu beseitigen.

Natürlich werdet ihr dies nicht an einem Tag und möglicherweise auch nicht in einigen Jahren schaffen können. Doch je schneller ihr den Entschluss fasst und zu handeln beginnt, desto schneller werdet ihr die schmutzige und mühsame Arbeit der Reinigung eures Bewusstseins und eures Unterbewusstseins beenden, in das ihr mit erstaunlicher Beharrlichkeit im Laufe der ganzen Zeit eurer irdischen Verkörperungen alle möglichen psychologischen Probleme eingelagert habt.

Und natürlich müsst ihr, wenn eure Probleme eins nach dem anderen aus eurem Unterbewusstsein wieder auftauchen, beträchtliche Anstrengungen unternehmen, um eure Probleme zu überwinden und für immer Abschied von ihnen zu nehmen. Das lässt sich damit vergleichen, wenn ihr alte Sachen vom Dachboden holt, und sie wecken manchmal schmerzliche Erinnerungen in euch bis hin zu unerträglichem Leid.

Dennoch werft ihr entschlossen unnötige Dinge weg, und mit ihnen befreit ihr euch von einem Teil der negativen Energien, die in euch vorhanden sind.

Deshalb möchte ich diejenigen Menschen in Voraus warnen, die sich auf einen angenehmen Zeitvertreib für die Dauer ihres Weges nach Hause zurück vorbereiten. Erwartet keinen leichten Weg. Seid auf alle möglichen Überraschungen vorbereitet. Ihr wisst nie, welche Energien aus euren karmischen Ablagerungen aufsteigen. Ihr werdet Dinge tun, für die ihr keine logische Erklärung findet. Ihr werdet Menschen begegnen, denen gegenüber ihr heftige Gefühle empfindet, für die es keinen Grund zu geben scheint. Seltsame Dinge werden euch passieren. Und ihr müsst auf alles vorbereitet sein.

Ihr müsst euch in eurem Bewusstsein ständig an die von euch getroffene Entscheidung erinnern, zu Gott zurückzukehren und euer Bewusstsein zur Erkenntnis der höheren Welten zu erheben. Und ihr müsst immer daran denken, dass ihr nicht allein seid. Wir beobachten aufmerksam jeden, der den Mut aufgebracht hat, den Fels des göttlichen Bewusstseins zu erklimmen, und notfalls werden wir euch immer in einer kritischen Situation die Hand reichen. Wenn eure Absichten rein sind, habt ihr nichts zu befürchten.

Die Reinheit eurer Bestrebungen hüllt euch in einen unverwundbaren Schutz des Lichtes.

Jeder von uns ging zur Zeit seines Aufenthalts auf der Erde diesen Weg. Der Weg ist erprobt und bewährt. Bereitet euch daher auf den Weg vor und schreitet kühn voran.

ICH BIN Sanat Kumara,

und ich werde so lange mit jedem von euch sein,

bis ihr alle nach Hause zurückkehrt.

Ihr müsst handeln, handeln und handeln

Der Geliebte El Morya
21. Mai 2005

ICH BIN El Morya, und ich bin durch meine Gesandte gekommen.

Die Umstände zwingen mich heute, euch eine kurze Botschaft und Belehrung zu geben. Nehmt sie mit ganzer Aufmerksamkeit und allem Ernst auf.

Die Kürze der Darlegung trägt zur Klarheit bei.

Eile schafft die notwendige Spannung.

Im Raum herrscht Spannung. Die Ströme sind verstärkt.

Die Botschaften aus unserer Welt kommen genau zur rechten Zeit.

Seid wachsam. Macht euch zum Handeln bereit.

Die allgemeine Flaute in den irdischen Angelegenheiten täuscht. Es werden Veränderungen und Ereignisse auf euch zukommen, an die man sich aufgrund ihrer augenscheinlichen Dramatik und Ausweglosigkeit erinnern wird.

Wir entfernen jedoch das Nutzlose und das Abgelebte. Wir kümmern uns um das Neue und das Fortschrittliche.

Diejenigen, die in ihren Bestrebungen und in ihrem Dienst mit uns sind, haben nichts zu befürchten. Jene, die dem göttlichen Plan anmaßend und arrogant gegenüberstehen und sich selbst für Götter halten, werden auf ihren Platz verwiesen.

Es besteht keine Absicht, euch durch meine Botschaft Angst zu machen. Jeder erhält das, was er verdient, und jeder weiß in seinem Herzen, inwieweit seine Taten und Handlungen dem höheren Gesetz entsprechen.

Es gibt die Kühnheit vom Licht, wenn die Diener ihre ganze Energie und alle Kräfte auf das Gemeinwohl, das Gute richten.

Es gibt auch die finstere Unverschämtheit, wenn ein Individuum die Mächte des Lichtes zum Kampf herausfordert und in seinem Frevel das Fehlen einer schnellen Bestrafung für eine Schwäche der Mächte des Lichtes hält.

Unabhängig davon, ob solche Lästerer im Rahmen irgendeines Religionsbekenntnisses handeln oder ihre dunklen Machenschaften lieber im Schatten der Regierenden und Mächtigen dieser Welt ausführen, ihre Zeit ist abgelaufen, und bald werden sie ihre Rechnungen begleichen müssen.

Engel zeichnen streng alle Schmähworte und alle gottlosen Taten und Handlungen auf. Es gibt immer die Möglichkeit, einen anderen Weg zu wählen. Es gibt immer die Möglichkeit, zu bereuen und die Vergeltung in Demut anzunehmen.

Jedes Mal sagen wir es, und jedes Mal glauben die Menschen nicht, dass es sie selbst betrifft. Das menschliche Gedächtnis ist kurz. Und wenn es an der Zeit ist, die Rechnung zu begleichen, wundern sie sich: „Schulden wir wirklich so viel?"

Daher denkt nach, bevor ihr Schulden macht. Die Zeit läuft unablässig und unaufhaltsam. Der Strom der göttlichen Energie ist nicht aufzuhalten. Und es ist unmöglich, die Zeit anzuhalten.

Denkt deshalb darüber nach, worauf ihr jede Minute eures Seins eure Aufmerksamkeit richtet. Denn worauf eure Aufmerksamkeit gerichtet ist, dorthin fließt eure Energie. Und wenn ihr innehaltet und unvoreingenommen darüber nachdenkt, woran ihr im Laufe des Tages gedacht habt, wird euch das Grauen überkommen. Neunzig Prozent eurer Aufmerksamkeit wurde auf Dinge gerichtet, die nicht einmal einen Blick von euch erfordern.

Die Kontrolle über eure Gedanken und Gefühle rückt jetzt in den Vordergrund.

Es ist nicht möglich, die Vergeltung aufzuschieben. Die Zeit für die Rückkehr des Karmas eurer Taten und Handlungen ist verkürzt. Ihr werdet eine finstere Sache noch nicht beendet haben, wenn ihr bereits die

Vergeltung erfahrt. Und es wird nicht nötig sein, jemanden zu fragen: "Wofür, Gott?"

Die harten Bedingungen auf der Welt zwingen dazu, entschlossen und schnell zu reagieren.

Die Zeit der Kindheit ist vorbei. Und es wird keine fürsorgliche Mutter mehr geben, die die Last der Sorge um euch übernimmt.

Die Reifezeit ist gekommen, und ihr werdet euch für jede Handlung und jeden Gedanken verantworten müssen und für alles, was ihr in eurem Bewusstsein zulasst und was nicht dem Willen Gottes entspricht.

Bevor etwas Neues beginnen kann, müssen Raum und Platz für den Bau geräumt werden.

Darum kümmern wir uns jetzt, und dazu wenden wir unsere Kräfte auf. Wir haben die höheren Ebenen gereinigt, und jetzt sind die niederen Ebenen an der Reihe.

Ein Großreinemachen hat auf der Erde begonnen. Schaut, seid wachsam, kommt dem Besen Gottes nicht in die Quere.

Ich warne euch, weil in diesen Tagen vieles von euch abhängt. Nicht nur eure Verdienste sind von Bedeutung, sondern auch das Verhältnis der gemeinsamen Anstrengungen von beiden Seiten. Es gibt keine Zeit zu warten, bis das Karma transmutiert wird. Die Besonderheit dieser Zeit liegt in einer schnellen Rückkehr all dessen, was geschaffen wurde. Noch bevor ihr mit dem Beten beginnen könnt, wird eine Situation auftauchen, die eure Reaktion erfordert

Vergesst nicht, ihr durchschreitet die Prüfungen und arbeitet euer Karma ab, unabhängig davon, dass ihr in einer unerwarteten Situation möglicherweise eine falsche Reaktion zulasst. Ihr arbeitet Karma ab und besteht die Tests, wenn ihr die richtigen Lektionen aus der Situation zieht, der ihr im Leben begegnet seid.

Ich passe auf alle meine Schützlinge auf, die um meine Sponsorschaft und meinen Schutz gebeten haben. Doch das bedeutet nicht, dass ich sie vor den Schwierigkeiten und Unbilden bewahren werde. Gott gibt die größten Prüfungen denen, die er besonders liebt.

Denn nur durch Überwindung von Schwierigkeiten wachst ihr, vermehrt eure Fähigkeiten und vergrößert auch euer Bewusstsein.

Es ist wichtig, euch ein Verständnis jener Hindernisse zu geben, denen ihr begegnet, und euch zum richtigen Zeitpunkt daran zu erinnern, wie wichtig Überwindung, Unerschütterlichkeit, Zielstrebigkeit und Mut sind.

Unter meinen Schülern gibt es keine Nörgler und Faulenzer.

Ich sage: „Beeilt euch. Auf den Weg!" Und jeder meiner Schüler ist bereit.

Ihr könnt euren Gürtel im Gehen umschnallen und während des Gehens herausfinden, wie ihr am besten handeln sollt.

Bewahrt daher euer Feingespür. Ich erwarte von euch, dass ihr schnell und geschickt reagiert, sobald ich rufe.

Erwartet nicht, dass ich komme und euch ins Ohr schreie. Schaut mein Bildnis an und ihr werdet wissen, was ihr unverzüglich tun müsst.

Es gibt keine Zeit mehr für leeres Gerede. Die gegenwärtige Situation verlangt Taten.

Deshalb müsst ihr handeln, handeln und handeln. Nutzt jede Minute eures Aufenthalts auf der Erde.

Denkt darüber nach. Ihr habt Tausende von Jahren auf die Gelegenheit zum Handeln gewartet. Und jetzt ist der Moment gekommen. Es ist an der Zeit zu handeln.

Jammert deshalb nicht, dass ihr keine Zeit hattet euch vorzubereiten, dass eure Schuhe voller Löcher sind und ihr nicht alle Siebensachen im Rucksack gepackt habt.

Lasst alle eure Sachen liegen. Ihr werdet nichts brauchen außer eurem Wunsch zu dienen und außer dem Feuer eurer Herzen.

Sorgt euch nicht darum, was morgen und übermorgen sein wird.

Denkt nicht darüber nach, was gestern und vorgestern war.

Das hindert euch auf eurem Weg. Denkt darüber nach, was im Moment passiert, und wendet all eure Kräfte auf, um einen bestmöglichen Dienst zu leisten.

Zwingt mich nicht, euch noch einen Boten zu senden, um euch an eure Mission zu erinnern. Alles Wissen und der ganze Plan sind immer bei euch in euren Herzen.

Ich sage: "Beeilt euch." Ich sage: "Dringend." Und es ist erforderlich, dass ihr alles tut, was ihr tun müsst. Gerade jetzt ist der Moment gekommen, für den ihr in die Verkörperung gekommen seid. Alles muss geändert werden. Ein Großreinemachen hat auf der Erde begonnen. Klettert auf den Dachboden eures Bewusstseins. Steigt hinunter in den Keller eurer dunklen Wünsche. Holt eure schmutzige Wäsche hervor.

Wir werden alles waschen, reinigen, trocknen.

Nichts bleibt von euren alten Kleidungsstücken, was nicht gereinigt und gewaschen wurde.

Und habt keine Angst, euch von den alten Lumpen eurer egoistischen Gedanken und Gefühle zu trennen.

Alles wird in der Flamme eures Dienens und im Feuer eurer Herzen verbrennen.

Unvollkommenheit hat keinen Platz in der neuen Welt.

Ich sage euch, die Morgendämmerung naht, und es ist Zeit aufzustehen und mit dem Handeln zu beginnen.

Die neue Zeit kommt! Begrüßt sie!

ICH BIN El Morya,
und ich habe mich an meine ergebenen Schüler gewandt.

Der Weg der Einweihungen, den ich lehre, ist der Weg der völligen Demut vor dem Willen Gottes, der völligen Hingabe und Selbstaufopferung

Der Geliebte Jesus
22. Mai 2005

ICH BIN Jesus, euer älterer Bruder und Lehrer, der durch diese Gesandte gekommen ist.

ICH BIN zu einem ewigen Gespräch gekommen, das für euch so lange aktuell sein wird, bis ihr in ein Hochzeitsgewand gekleidet seid und ins Licht aufsteigt.

Bis dahin werdet ihr ständig damit beschäftigt sein, in eurem Bewusstsein zu trennen, was ewig ist und was vergänglich ist, was der höheren Welt angehört und was der vergänglichen Welt angehört.

Eure Wirklichkeit hüllt euch in einen Nebel der Illusion und lenkt euch von jener Arbeit ab, für die ihr berufen seid. Aber wie lange ihr auch in der illusorischen Welt umherirrt, früher oder später wird eure Wanderung ein Ende haben. Viele ergebene Sucher der Wahrheit begehen den Fehler und Irrtum zu denken, dass der Weg nach Hause einen Zustand ständiger Glückseligkeit und Liebe darstellen sollte. Das ist wahr, aber es ist genau so wahr, wie in eurer Welt etwas wahr und richtig sein kann.

Zustände der Glückseligkeit, Freude, Liebe und des inneren Friedens sind ein Zeichen dafür, dass ihr auf dem richtigen Weg seid und dass ihr den richtigen Weg gewählt habt. Aber in eurer Welt wird es euch nicht gelingen, ständig einen ausgeglichenen Geisteszustand aufrechtzuerhalten. Und mein Ziel heute ist es, euch eine Unterweisung zu geben und euch vor möglichen negativen Bewusstseinszuständen zu warnen, denen ihr auf eurem Weg begegnen könnt. Und diese Zustände werden nicht unbedingt davon zeugen, dass ihr vom Weg abgekommen seid.

Was von euch während der gesamten Dauer eures Weges immer verlangt wird, ist eine ständige Analyse und ein ständiges Unterscheiden eurer Zustände.

Stellt euch vor, ihr habt euch wirklich auf den Weg begeben und ihr geht zuerst zu einer Zeit, wenn die Sonne scheint, alles windstill ist und alles blüht und duftet. Ihr könnt das als ein sicheres Zeichen auf eurem Wege betrachten. Doch plötzlich, wie aus dem Nichts, ziehen Regenwolken heran, es kommt ein Wind auf, und schon grollt der Donner. All dies bedeutet jedoch nicht unbedingt, dass ihr vom Wege abgekommen seid. Ihr geht nach wie vor in die richtige Richtung, ungeachtet dessen, dass sich die äußeren Umstände geändert haben und eure Stimmung sich mit dem Wetterwechsel verschlechtert hat.

Auf die gleiche Weise könnt ihr auch in eurem Leben die erhabensten Bewusstseinszustände erleben. Ihr könnt auf dem Gipfel der Glückseligkeit sein. Und plötzlich kann sich euer Zustand ohne Grund verschlechtern. Mit einem Mal spürt ihr ohne einen besonderen Grund eine Schwermut, Niedergeschlagenheit, ein Gefühl der Sinnlosigkeit eurer Existenz und Unglauben.

Nicht immer, meine Geliebten, weisen solche Zeichen darauf hin, dass ihr vom Wege abgekommen seid. Es kommt einfach die Zeit, und ihr beginnt, Prüfungen und Tests zu durchschreiten. Ihr habt von der Schule der Mysterien Gott Maitreyas gehört, ihr habt von den Schulen der Einweihungen gehört, die zu allen Zeiten existierten.

Wenn der Weg zu Gott ein beständiger Zustand der Glückseligkeit und Wonne wäre, wozu wären dann diese Schulen der Einweihungen nötig?

Und wozu sind die Einweihungen überhaupt nötig?

In eurem Inneren wohnen zwei Menschen. Der eine Mensch ist sterblich, und der andere Mensch ist unsterblich. Und diese beiden Menschen sind in vielen Jahrmillionen ihrer Existenz auf dem Planeten Erde so eng miteinander verflochten und verschlungen, dass erhebliche Anstrengungen erforderlich sind, um die beiden voneinander zu trennen. Der eine von ihnen muss auf der Erde bleiben und in die Erde zurückkehren, von der er genommen wurde. Der andere wird seine Existenz auf einer anderen, einer höheren Ebene des Seins fortsetzen.

Und wenn ihr in eurem Inneren den Prozess der Trennung dieser beiden Menschen voneinander beginnt, den Prozess der Trennung, der vor allem in eurem Bewusstsein erfolgt, so kann es sehr schwierig sein, diese

Trennung zu vollziehen. Man muss im wahrsten Sinne des Wortes an Lebendem schneiden. Ihr seid es gewohnt, euch mit jenem Individuum zu identifizieren, das ihr im Spiegel vor euch seht. Und in der Tat sind alle Stufen der Einweihungen, die ihr durchschreitet, genau dazu bestimmt, euch zu helfen, dass ihr euch von der Identifikation mit dem befreit, was ihr im Spiegel seht. Deshalb heißt es: Wenn ihr euren Feind sehen wollt, so tretet vor den Spiegel und schaut ihn an.

Tatsächlich ist alles, was ihr im Laufe vieler Leben als eure Individualität betrachtet habt, eigentlich nicht ihr selbst, sondern jener Teil eurer selbst, den ihr aufgeben müsst, mit dem ihr euch nicht länger identifizieren sollt.

Und dasjenige in euch, was sich dem Prozess widersetzt, dass ihr euch die neue Individualität zu eigen macht, wird aus der Tiefe eures Wesens, aus eurem Unbewussten und aus eurem Unterbewusstsein aufsteigen und protestieren. Und in eurem äußeren Bewusstsein könnt ihr nicht vollständig den Grund für eure Bedrückung, eure Verzweiflung und euren Zustand äußerster Niedergeschlagenheit und Hoffnungslosigkeit verstehen.

Es ist schwierig zu analysieren, welche Energien in Übereinstimmung mit dem kosmischen Zeitabschnitt, der jetzt angebrochen ist, in euren vier niederen Körpern aktiviert wurden. Aber diese Energien gehören zum unwirklichen Teil eurer selbst. Und die Aufgabe eines jeden Tests, meine Geliebten, ist es, euch daran zu erinnern, dass ihr nur Schüler auf dem Pfad seid und die nächste Prüfung ablegt. Und wie wirklich euer Zustand euch auch vorkommen mag, ihr müsst immer daran denken, dass dies nur ein Test ist.

Und je mehr ihr euch in eurem äußeren Bewusstsein der Trennung von der Energie widersetzt, die in euch aktiviert wurde, desto länger wird euer Test dauern.

Die am weitesten fortgeschrittenen Schüler vergessen nie, dass Gott das Recht hat, sie zu prüfen und ihnen die scheinbar unerträglichsten Bewusstseinszustände zu geben. Und im Moment der höchsten Anspannung aller eurer Kräfte, wenn es so aussieht, als würde die Sonne nie mehr scheinen, treten sie an den Altar und sprechen in ihrem Herzen:

"Gott, ich weiß, dass dieser mein Zustand unwirklich ist. Ich weiß, Gott, dass dies nur eine Prüfung ist. Ich bin bereit, Gott, allen Prüfungen standzuhalten, die Du mir schickst. Und ich werde mir alle Mühe geben, dies zu tun. Du hast das Recht, mir jegliche Prüfungen zu geben, Gott. Und ich danke Dir für alle Prüfungen, die Du mir schickst. Denn ich weiß, dass Du mich liebst und dich um mich kümmerst. Ich bitte Dich, Gott, hilf mir, diese Prüfung zu bestehen und sie bis zum Ende durchzuhalten".

Alle Prüfungen werden nur um einer Eigenschaft willen gegeben – euch von dem unwirklichen Teil eurer selbst zu trennen, vor allem in eurem Bewusstsein.

Dank der unendlichen Gnade des Himmels habt ihr die Möglichkeit, eure Tests und Prüfungen zu durchschreiten und eure Examen abzulegen, ohne euer gewohntes Leben zu verlassen. Ihr führt euer gewohntes Leben weiter, doch wenn ihr auf den inneren Ebenen den Wunsch geäußert habt, die Einweihungen zu durchschreiten und gleichzeitig im gewohnten Leben zu bleiben, so wird euch diese Möglichkeit gegeben. Unabhängig davon, ob ihr in eurem äußeren Bewusstsein von eurer Bitte wisst oder nicht. Daher bin ich heute gekommen, um jenen von euch, die grundlose, düstere Zustände erleben und an verschiedenen psychologischen Problemen leiden, die Ursache eurer Zustände zu erklären.

Ja, meine Geliebten, ihr habt euch entschieden, am Unterricht in der Schule der Einweihungen teilzunehmen, ohne euer gewohntes Leben zu verlassen. Ihr habt den beschleunigten Weg gewählt. Eure Seele wollte die Einweihungen in diesem Leben durchschreiten, um nicht auf die nächste Verkörperung und auf Bedingungen zu warten, die für den Aufenthalt in einer Schule der Mysterien irgendwo in der Stille, abseits der Wege der modernen Zivilisation, geeignet sind.

Und dieser Weg der Einweihungen, der Rosenweg, ist jener Weg, den ihr alle gehen müsst. Und ich kenne keinen anderen Weg. Die Trennung des wirklichen Teils eurer selbst von eurem unwirklichen Teil bringt immer schmerzhafte und unangenehme Erlebnisse mit sich. Und wie lange solche Zustände andauern werden und wie schwer sie für euch sind, wird davon bestimmt, wie viel Widerstand der unwirkliche Teil eurer selbst leistet. Alles, meine Geliebten, wird davon bestimmt, wie stark euer Ego ist.

Ihr wisst, dass es mir gelang, mich von dem unwirklichen Teil meiner selbst in den vierzig Tagen zu trennen, die ich in der Wüste verbrachte. Ihr wisst auch, dass danach mein Dienen, meine Verklärung, meine Kreuzigung, meine Auferstehung und mein Aufstieg folgten.

Solange ihr euch auf der physischen Ebene des Planeten Erde befindet, werdet ihr immer wieder Tests und Prüfungen unterzogen. Und wenn ihr euch von dem unwirklichen Teil eurer selbst trennt, dann könnt ihr dem Rest der Menschheit nicht einfach den Rücken kehren und euch an einem gemütlichen Plätzchen irgendwo im Himmel verkriechen.

Meine Geliebten, hofft nicht darauf, dass mit eurem Aufstieg eure Entwicklung, eure Anstrengung, eure Arbeit und eure Verantwortung enden werden. Alles fängt gerade erst an. Und je größer eure Fähigkeiten sind, desto größer wird die Last sein, die ihr auf euch nehmt, und desto größer der Dienst, den ihr leisten werdet.

Ihr müsst die Anstrengung lieben. Ihr müsst das Dienen lieben.

Und die höchste Form eurer Liebe wird das Mitgefühl für die ganze Menschheit, für alle Lebewesen sein. Und ihr werdet bereit sein, euch für die Rettung der Menschheit zu opfern. Ihr werdet bereit sein, eure ganze Zeit, all eure Errungenschaften und alle eure Körper zu opfern.

Der Weg der Einweihungen, den ich lehre, ist der Weg der völligen Demut vor dem Willen Gottes, der völligen Hingabe und Selbstaufopferung.

Es gibt keinen anderen Weg, meine Geliebten. Und unsere Aufgabe ist es, euch auf diesem Weg zu führen und euch alle nötige Hilfe zu geben.

ICH BIN Jesus,
und ich habe von dem Punkt der höchsten Liebe
zu jedem von euch gesprochen.

Unsere Aufgabe ist es, die Erde mit neuen Schwingungen, mit einem neuen Bewusstsein und einer neuen Einstellung zur Welt zu nähren

Gautama Buddha

23. Mai 2005

ICH BIN Gautama Buddha, und ich bin wieder gekommen.

Seit unserem letzten Treffen ist es zu einer Reihe von Ereignissen auf der feinstofflichen Ebene des Planeten Erde gekommen. Und ich möchte euch kurz mit dem vertraut machen, was geschehen ist. Die angesammelten negativen Energien, die unweigerlich die nächste Naturkatastrophe verursachen müssen, konnten erfolgreich an den Orten ihrer Entstehung lokalisiert werden.

Deshalb wird sich das, was wir nicht neutralisieren und unschädlich machen können, vor allem auf jene Menschen auswirken, die diese Ungeheuer ihrer Gedanken und Gefühle erzeugt haben.

Wie zu Noahs Zeiten werden Warnungen und Hinweise durch verschiedene Menschen gegeben. Doch die Menschen halten sich lieber die Ohren zu und hören nichts. Sie schließen lieber die Augen und sehen nichts.

Manche Menschen begehen geradezu unglaubliche Akte der Liederlichkeit und Verantwortungslosigkeit, während andere Wunder des Heldentums und der Selbstaufopferung vollbringen, um das Unvermeidliche abzuwenden.

Ein jeder handelt so, wie er es vorzieht zu handeln. Und jeder handelt abhängig davon, von welchem Rat er sich in seinem Leben am liebsten leiten lässt.

Es nahen Ereignisse, die abermals die Nichtübereinstimmung zwischen den Schwingungen des Großteils der Erdbevölkerung und den Schwingungen der neuen Epoche aufzeigen werden, die bereits zur Erde gekommen sind und weiterhin kommen.

Und so wird durch schrittweise Annäherungen das verwirklicht, was auf dem Planeten Erde verwirklicht werden muss. Geliebte Chelas, man soll niemals gegen den Willen Gottes angehen, man soll niemals den Plänen zuwiderhandeln, die von dem höheren Gesetz für den Planeten Erde vorgesehen sind.

So werden in einem jeden die richtigen Bestrebungen und göttliche Eigenschaften kultiviert. Und jeder erhält die Möglichkeit, sein inneres Wesen zu manifestieren.

Warum wird euch die Lehre gegeben, dass ihr euch nur um euch selbst, um eure eigenen Gedanken und Gefühle kümmern müsst? Warum könnt ihr andere Individuen nicht führen und sie dazu bringen, so zu handeln, wie es euch als richtig erscheint?

Weil alles, was sich auf dem Planeten und mit jedem Individuum ereignet und in Zukunft ereignen wird, durch das Vorhandensein dieser oder jener Energien in seiner Aura, in seinem Kraftfeld bestimmt ist.

Wenn ihr viel negative Energie in euch tragt und diese Energie im Laufe vieler Verkörperungen auf der Erde angesammelt habt, so wird es euch nicht gelingen, dem zu entgehen, was mit euch gemäß eurem Karma geschehen sollte, wie sehr ihr euch auch darum bemüht. Und wenn ihr euch andererseits frühzeitig um eure Gedanken und Gefühle gekümmert und euch von einem großen Teil eurer karmischen Last befreit habt, so wird es keinem anderen Menschen gelingen, euch Schaden zuzufügen, wie sehr er es auch versucht.

Eure Feinde werden sich bemühen, euch zu schaden, aber wenn es in eurer Aura nichts gibt, woran sie sich festklammern können, so werden ihre Taten und Handlungen euch keinen Schaden zufügen, sondern nützlich für euch sein.

Darin besteht das Geheimnis, wie Menschen unter Bedingungen überleben, die man eigentlich nicht überleben kann. Und dies erklärt, warum mit Menschen Dinge geschehen, die sonst niemanden in ihrer Umgebung treffen.

Daher hat es keinen Sinn, dass ihr euch bemüht, euch selbst und den Menschen in eurer Umgebung zu beweisen, dass ihr gut und Gott völlig ergeben seid. All eure Taten und Handlungen, Gedanken und Gefühle werden in eurer Aura und in der so genannten Akasha-Chronik gespeichert. Daher ist es einfach sinnlos, mit dem in diesem Universum geltenden kosmischen Gesetz irgendwelche Spiele spielen zu wollen. Aus diesem Grunde wird gesagt, dass ihr euch nur um eure eigenen Gedanken und Gefühle kümmern müsst und darum, wie ihr selbst handelt und was ihr tut.

Ihr könnt einem anderen Menschen nicht helfen, wenn er eure Hilfe nicht annehmen will. Ihr könnt niemanden mit Gewalt dazu bringen, eure Überzeugungen zu teilen. Doch ihr habt immer die Möglichkeit, die Schätze eures Wissens mit denen zu teilen, die bereit sind, euch zuzuhören. Und das Geheimnis hier ist, dass ein Mensch, der eure Fürsorge und euer Wissen anzunehmen bereit ist, über ein Bewusstsein und Schwingungen verfügt, die es ihm erlauben, dies zu tun. Er hat dieses Bewusstsein und diese Schwingungen in mehr als einer Verkörperung erworben.

Deswegen bemüht euch nicht weiter, eure Anschauungen denen aufzuzwingen, die euch nicht zuhören wollen. Findet besser in eurer Umgebung Menschen, die die in dieser Welt herrschende Hoffnungslosigkeit leid sind, die stickige Atmosphäre, die sie umgibt. Für diese Menschen wird das Wissen, das ihr ihnen anbietet, wie ein wunderwirkender Balsam sein, der ihre Existenz erleichtert und ihre Wunden salbt, die sie sich von der Berührung mit den weniger guten Aspekten eurer Welt zugezogen haben.

Ihr habt immer die Möglichkeit, wenigstens einen Menschen in eurer Umgebung zu finden, der eure Hilfe und das Wissen braucht, das ihr ihm anbieten könnt. Leider ist das Bewusstseinsniveau der Menschheit so beschaffen, dass nur ein geringer Teil der Menschheit sich das Wissen, die Energien und die Informationen aneignen kann, die in unseren Botschaften enthalten sind, welche wir euch jetzt durch diese Gesandte geben.

Wir sind uns völlig bewusst, dass wir möglicherweise nur das Bewusstsein von einigen tausenden oder zehntausenden Menschen in der ganzen Welt erwecken können.

Aber glaubt mir, geliebte Chelas, dass dies für den Anfang völlig ausreichend ist.

Und diese Informationen, und diese Schwingungen, und dieses Wissen werden im energetischen Feld, in der Aura der wenigen Menschen gespeichert werden, die in der Lage sind, sie sich anzueignen und die im Voraus ihre Tempel zum Empfang dieser Informationen vorbereitet haben.

Die Menschen der Erde sind auf der feinstofflichen Ebene eng miteinander verbunden. Es gibt den Begriff des kollektiven Unbewussten der Menschheit. Wenn das Wissen, das wir in die Köpfe von ein oder zwei Menschen bringen können, sich über das Bewusstsein der meisten Menschen verbreitet. Und wenn die Menschen irgendwo von dem für die Erde völlig neuen Wissen hören, entsteht bei vielen das Gefühl, dass sie bereits davon gehört haben oder von irgendwoher darüber wissen, doch euch wohl kaum die Quelle nennen können, aus der sie ihr Wissen bezogen haben.

Die feinen Schwingungen unserer Welt können viele Individuen erreichen, selbst wenn dies in ihrem äußeren Bewusstsein zunächst keine Resonanz findet. Vergesst nicht, dass der Mensch wie eine Matroschka aufgebaut ist und dass sein höchster feinstofflicher Teil immer sehr empfindlich auf das reagiert, was im Informationsfeld der Erde geschieht.

Euer physischer Körper und eure äußeren Sinnorgane sind wie Dinosaurier, die sich nicht an die schnellen Veränderungen der Wirklichkeit und der Schwingungen dieser Welt anpassen können. Und wie die Dinosaurier zu ihrer Zeit ausstarben, so werdet auch ihr euch im Laufe der Zeit von euren physischen Körpern trennen müssen.

Daher geben wir euch Lehren über die Meditation. Deshalb lenken wir euer Bewusstsein auf die feinstofflichen Welten. Allmählich wird sich der Schwerpunkt eures Bewusstseins auf eure feinstofflichen Körper verlagern. Und ihr werdet mehr Beweglichkeit, mehr Leichtigkeit erlangen. In der Tat sind eure physischen Körper der Gegenstand eurer wichtigsten Sorge während eures Aufenthalts in der Verkörperung. Und einen großen Teil der Zeit, die ihr auf der Erde verbringt, seid ihr gezwungen, eure Körper zu pflegen, sie zu waschen, zu ernähren, zu kleiden und zu heilen.

Ihr könnt euch vorstellen, wie schnell die Evolution der Menschheit fortschreiten wird, wenn sie sich von ihren Körpern befreit und gleichzeitig von der Notwendigkeit befreit wird, so viel Zeit mit der Pflege ihrer Körper zu verbringen.

Und ihr werdet erstaunt sein, wenn ich sage, dass ihr euch tatsächlich schon längst von euren physischen Körpern befreit und die Evolution auf der feinstofflichen Ebene fortgesetzt hättet, doch eure Bindungen an eure physischen Körper und alles, was auf der physischen Ebene existiert, halten euch zurück und zwingen euch, immer wieder in die Verkörperung zu kommen.

Und das einzige, was euch in eurer Entwicklung zurückhält, ist die Ebene eures Bewusstseins und der Grad eurer Gebundenheit an eure äußere Persönlichkeit, an euer Ego, an jenen Teil eurer selbst, der auf der physischen Ebene existiert und auf den feinstofflichen Ebenen, die mit der physischen Ebene verbunden sind – der mentalen und der astralen Ebene.

Und alle Kataklysmen und Katastrophen hätten abgewendet werden können, wenn sich die Menschheit nur von dem niederen Teil ihrer selbst trennen könnte. Alle unharmonischen Manifestationen in dieser Welt werden durch das unharmonische und unvollkommene Bewusstsein der Erdbewohner verursacht. Und wahrhaftig hängt alles, was sich auf dem Planeten Erde ereignet und ereignen kann, von jedem einzelnen von euch ab. Ihr lest einfach diese Botschaften, und ihr macht euch die Informationen zu eigen, die in diesen Botschaften enthalten sind. Und die Wirkung, die ihr auf die irdischen Ereignisse ausüben werdet, wird wie bei einem Stoßdämpfer sein. Ihr werdet jede Not und jeden Kataklysmus abfedern.

Unsere Aufgabe ist es, die Erde mit neuen Schwingungen, mit einem neuen Bewusstsein und mit einer neuen Einstellung zur Welt durch das Bewusstsein jener Menschen zu nähren, die in der Lage sind, das von uns gegebene Wissen aufzunehmen.

Ihr werdet sehr bald sehen, wie sich alles um euch herum zu verändern beginnt. Und dies wird wahrhaftig einem Wunder gleichkommen, doch dieses Wunder, meine Geliebten, wird nur mit eurer Hilfe geschehen.

ICH BIN Gautama Buddha.

Ändert euer Bewusstsein, ändert eure Denkweise, ändert eure Lebensweise

Der Geliebte Lanello

24. Mai 2005

ICH BIN Lanello, und ich bin wieder durch diese Gesandte zu euch gekommen. Ich muss euch heute eine Lehre geben, die hoffentlich gerade in dieser Phase eurer Erkenntnis der göttlichen Realität von Nutzen sein wird.

Ihr wisst, dass eure Erkenntnis der göttlichen Realität ein allmählicher Prozess ist. Ihr könnt nicht sofort die ganze Fülle der göttlichen Wahrheit verstehen. Das wäre so, als würdet ihr versuchen, in ein Tongefäß von geringem Fassungsvermögen ein viel größeres Volumen hineinzuzwängen, als es fassen kann. Das Gefäß kann bersten. Wenn ihr mit eurem äußeren Bewusstsein einen Begriff, eine Lehre oder Wissen erfasst, könnt ihr daher nicht den ganzen Umfang dieses Wissens mit einem Mal aufnehmen.

Euer Bewusstsein muss einen Prozess der allmählichen Wandlung und Veränderung durchlaufen. In diesem Fall wird für euch der Prozess der Erkenntnis der göttlichen Wahrheit mehr oder weniger schmerzlos verlaufen.

Viele Dinge, die der göttlichen Realität innewohnen und von eurem menschlichen Bewusstsein empfangen werden, können Ablehnung und Zurückweisung hervorrufen. Das hängt damit zusammen, dass das menschliche Bewusstsein in einem bestimmten Rahmen von Raum und Zeit existiert und durch diesen Rahmen begrenzt ist. Wenn ihr in eurem Bewusstsein diese zeitlichen und räumlichen Grenzen überwinden könnt, wird sich der Bereich eurer Wahrnehmung der göttlichen Realität erweitern. Doch bis dahin erhaltet ihr nur Brosamen des Wissens, und selbst diese Brosamen können Zurückweisung und sogar Aggression hervorrufen, wenn sie nicht mit dem Wissen übereinstimmen, das ihr zuvor aus anderen Quellen erhalten habt.

Leider ist der Bereich der Wahrnehmung der Wirklichkeit durch euer Bewusstsein sehr begrenzt. Aber dies wäre kein so ernstes Hindernis, und wir könnten im Laufe der Zeit immer wieder neues Wissen vermitteln und die Grenzen eurer Wahrnehmung der Welt erweitern. Die Menschheit neigt jedoch in ihrem Bewusstsein dazu, viele Dinge als Dogma anzunehmen und jede Abweichung von diesem Dogma als Gotteslästerung und ein Abfallen vom Glauben zu betrachten. Das Problem liegt im Dämmerzustand eures Bewusstseins. Wenn euer Bewusstsein in Unwissenheit versunken ist, neigt ihr dazu, alles zu verurteilen, was euren zuvor gewonnenen Vorstellungen und Einsichten nicht entspricht. Das einzige Heilmittel gegen Unwissenheit ist das Licht des Wissens. Und die Überwindung eurer inneren Barrieren, Blockierungen und Hindernisse war immer schon die erste und wichtigste Aufgabe für die spirituell Suchenden.

Wenn ihr unvoreingenommen die Geschichte der Menschheit betrachtet, und insbesondere die Geschichte der Religion, so könnt ihr verstehen, dass der Großteil der Konflikte, einschließlich religiöser Konflikte, dadurch verursacht wurde, dass die Menschen nicht geneigt waren, den Standpunkt anderer Menschen zu akzeptieren, und sich nicht bemühen wollten, eine gemeinsame Herangehensweise zu dem einen oder anderen Thema zu finden.

Jeder erkannte nur seinen eigenen Standpunkt an und wollte den Standpunkt anderer nicht berücksichtigen.

Daher ist die allererste Aufgabe in eurer Zeit, Berührungspunkte zwischen den verschiedenen religiösen Strömungen und neuen Lehren zu finden.

Die Aufgabe besteht darin, sich über die Beschränkungen zu erheben, die einem jeden religiösen System eigen sind. Und der Ausgangspunkt und wichtigste Aspekt, um Brücken und Übergänge zwischen den verschiedenen Ansichten zu schaffen, ist die Anerkennung der einfachen Tatsache, dass die Menschheit in der gegenwärtigen Entwicklungsphase nicht in der Lage ist, die ganze Fülle der göttlichen Wahrheit mit hundertprozentiger Gewissheit zu beschreiben. Zunächst einmal könnt ihr zustimmen, dass keine böswillige Absicht darin liegt, wenn einer die göttliche Wahrheit auf eine bestimmte Weise versteht, während ein anderer die göttliche Wahrheit auf eine andere Weise versteht. Letztendlich ist jedes Individuum einzigartig und wird alles aus seiner eigenen Sicht betrachten.

Und es wird sehr wichtig sein anzuerkennen, dass andere Menschen das Recht haben, die göttliche Wahrheit auf ihre Weise zu verstehen. Sehr wichtig ist im gegenwärtigen Stadium die Eigenschaft der Toleranz, der religiösen Toleranz. Gerade der Mangel an Toleranz, an religiöser Toleranz ist die Ursache für eine solch schreckliche Erscheinung wie den Terrorismus. Gerade Dogmatismus und Intoleranz gegenüber dem Standpunkt anderer führen zu Anstiftung von religiösem Extremismus und Feindschaft.

Denkt darüber nach, ob es so wichtig ist, darauf zu bestehen, wessen Religion richtiger ist, wenn keines der heutigen Religionssysteme die Fülle der göttlichen Wahrheit auch nur zu einem geringen Teil widerspiegelt.

Die göttliche Wahrheit existiert unabhängig vom Bewusstsein der Menschen. Und wir alle sind Kinder in der Erkenntnis der göttlichen Wahrheit. Sobald ihr beginnt, darauf zu bestehen, dass euer eigenes Verständnis der göttlichen Ordnung das wahrste und vollkommenste sei, blockiert ihr damit jede Möglichkeit, die göttliche Wahrheit zu erkennen. Denkt darüber nach, ob eine solche Intoleranz gegenüber dem Standpunkt anderer Menschen nicht ein Ausdruck des Hochmuts und der Eigenschaften ist, die dem Ego oder dem unwirklichen Teil eurer selbst eigen sind.

Daher beruhen alle religiösen Auseinandersetzungen, Kriege, Konflikte und jegliche Manifestationen von religiösem Fanatismus, Extremismus und der Intoleranz nur auf den egoistischen Bestrebungen einzelner Individuen, die an der Spitze religiöser Sekten, Gruppen und selbst traditioneller und verhältnismäßig alter Religionen wie dem Christentum, Islam und anderen Religionen stehen.

Glaubt mir, die göttliche Wahrheit hat meistens nichts mit den Vorstellungen, Dogmen und Einstellungen gemein, die für die meisten, wenn nicht für alle Religionen der Welt charakteristisch sind.

Eine der wichtigsten Aufgaben, die die Organisation Summit Lighthouse zu lösen berufen war, welche ich mit der Hilfe der Meister im vergangenen Jahrhundert gegründet hatte, bestand daher gerade in der Erweiterung des Bewusstseins der Menschen, damit sie den gemeinsamen Kern hinter jeder Religion und jedem kirchlichen Dogma verstehen konnten. Und sie sollte euch eine Vorstellung davon geben, dass das

Wichtigste eure persönliche Beziehung zu Gott, eure eigene Entwicklung in Gott und euer Verständnis der göttlichen Wahrheit ist. Dies ist eure schöpferische Arbeit, eure Entwicklung, eure spirituelle Arbeit. Und kein religiöses System kann eure unmittelbare mystische Erfahrung, eure Kommunikation mit dem Höheren Teil eurer selbst und eure Kommunikation mit den Aufgestiegenen Lichtwesen ersetzen.

Sobald jedoch die neue Organisation gegründet worden war, strömten mit einem Mal von allen Seiten Kräfte herbei, die es als ihre Hauptaufgabe betrachteten, einen neuen, gerade erst entstandenen absolut wahren und unfehlbaren Glauben für die nächsten 2000 Jahre zu proklamieren.

Meine Geliebten, selbst die Meister, die diese Organisation gesponsert hatten, hatten eine derart ungeheure und schnelle Verfälschung der Grundsätze nicht erwartet, die ich bei der Gründung der Summit Lighthouse-Organisation gelegt hatte. Und natürlich wollen weder sie noch ich weiterhin mit dieser Organisation und mit deren Führung etwas zu tun haben.

Die göttliche Wahrheit kommt auf die Erde, ohne irgendwelche Religionsführer um Erlaubnis zu bitten. Die göttliche Wahrheit wächst in den Herzen der Menschen. Und eure berufliche Stellung, eure gesellschaftliche Lage und euer sozialer Status haben keine große Bedeutung.

Es ist für uns viel leichter, den Weg zu den Herzen gewöhnlicher Menschen zu finden, die sich nicht mit religiösen Dogmen und Regeln belastet haben, als zu versuchen, uns durch kirchliche Insignien und kirchliche Gewänder hindurch bei Religionsführern Gehör zu verschaffen, die sich mit dogmatischem Ballast beschwert haben.

Der Weg zu Gott liegt immer nur in eurem Inneren, in euren Herzen. Und in der Stille eures Herzens könnt ihr die Stimme Gottes hören. Daher ist eure wichtigste Aufgabe, auf euer Herz zu hören. Zu lernen, auf euch selbst, auf den höheren Teil eurer selbst zu hören. Und euch allmählich von allem zu befreien, was euch belastet und daran hindert, diese Verbindung herzustellen.

Ihr selbst trefft die Wahl zwischen all den Dingen dieser Welt und der Möglichkeit, die leise Stimme in eurem Inneren zu hören.

Seid ehrlich mit euch selbst. Fragt euch aufrichtig, ob ihr bereit seid, eure Bindungen an all das aufzugeben, was euch in eurer Welt umgibt, an eure Familie, eure Arbeit, euer Eigentum, eure Gewohnheiten, einschließlich Fernsehen und Radiohören, Rauchen, leeres Gerede mit Freunden und Bekannten. Seid ihr bereit, eure Bindungen an all dies aufzugeben und dafür nur eines zu erhalten – die Verbindung mit dem wirklichen Teil eurer selbst? Seid nicht unaufrichtig mit euch selbst.

Wenn es etwas außerhalb eurer selbst gibt, was euch wichtiger ist als die Verbindung mit dem höheren Teil eurer selbst, dann ist eure Zeit noch nicht gekommen. Aber vielleicht solltet ihr dennoch dem Teil eurer selbst einen kleinen Stoß geben, der nicht ans Licht kommen will und eure Entwicklung und euer spirituelles Wachstum behindert?

Wenn ihr selbst aus eigener Initiative nicht beginnt, euch von dem unwirklichen Teil eurer selbst zu befreien, so werdet ihr dennoch durch die äußeren Umständen gezwungen sein, euch von eurem Ego zu trennen. Und je größer der Widerstand ist, den ihr leistet, desto dramatischer können sich die Ereignisse eures Lebens entwickeln, damit ihr euch endlich auf den Weg der spirituellen Entwicklung begebt.

Ich habe euch heute sehr viele wichtige Informationen gegeben. Und ich hoffe, dass ihr nicht nur darüber nachdenken, sondern auch endlich beginnen werdet, euch in eurem Leben von den Grundsätzen des wahren Glaubens und nicht von religiösen Dogmen und Regeln leiten zu lassen. Bitte trefft diese Unterscheidung in eurem Herzen und lasst euch nicht von jenen Menschen täuschen, die behaupten, dass ihnen die Rettung eurer Seele am Herzen liegt. Nur ihr selbst seid derjenige Mensch, der imstande ist, seine Seele zu retten. Und die Rettung eurer Seele könnt ihr nicht für Geld und in keinem Geschäft der Welt kaufen.

Ändert euer Bewusstsein, ändert eure Denkweise, ändert eure Lebensweise und befreit euch nach und nach von allem, was nicht zu eurem spirituellen Fortschreiten beiträgt.

ICH BIN Lanello,

und ich habe mich über unser heutiges Treffen gefreut.

Zündet eure Fackeln an und geht, schenkt der Welt euer Feuer

Der Geliebte El Morya
25. Mai 2005

ICH BIN El Morya, und ich bin durch meine Gesandte zu euch gekommen.

Das heutige Treffen wird ganz unserer Arbeit gewidmet sein, die mit Russland verbunden ist und mit jenen Problemen, die wir in diesem Land lösen müssen, um die Verwirklichung unserer Pläne zu gewährleisten.

Ihr wisst, dass wir im Laufe der letzten eineinhalb Jahrhunderte versucht haben, unsere Pläne in Bezug auf dieses Land zu verwirklichen, das sich von allen anderen Ländern unterscheidet und keinem anderen ähnlich ist. Und jedes Mal, sobald wir mit der Umsetzung unserer Pläne begannen und einen Kanal auf der physischen Ebene fanden, durch den wir dies tun konnten, zogen die uns entgegengesetzten Kräfte ins Feld, und wir mussten uns zurückziehen.

Doch kann man nicht ewig vor dem eigenen Schicksal fliehen. Wenn es einen Plan Gottes für dieses Land, Russland, gibt – und ich sage euch, dass es einen solchen Plan gibt, so muss dieser Plan umgesetzt werden. Und alle Hindernisse stärken nur den Kämpfer auf dem Weg. Alle Hindernisse sind notwendig, um Fähigkeiten und Fertigkeiten zu erwerben.

Und wenn ihr selbst, eure Eltern und eure Großeltern nicht durchgestanden hättet, was ihr in den letzten hundert Jahren durchgestanden habt, so könntet ihr auch heute unsere Lehre kaum verstehen.

Es ist ein Irrtum zu glauben, dass wir eine Niederlage erlitten haben. Diese Niederlage, meine Geliebten, betrifft nur die physische Ebene. Und alle Opfer, die in diesem Land in all den Jahren der Kriege, Revolutionen und Repressionen erbracht wurden, erfolgten nur auf der physischen Ebene. Aber wenn ihr betrachtet, was sich auf der feinstofflichen Ebene ereignet hat, könnt ihr ein gigantisches Wachstum der Seelen sehen. Ihr seht jene Möglichkeiten, die einer jeden Seele für ihr Wachstum geboten wurden.

Und ihr seht, dass die einen Menschen sich für das allgemeine Wohl und das Gute aufopferten, während die anderen, um auf der physischen Ebene kurzfristige Vorteile zu erzielen, schreckliche Verbrechen begingen und Karma schufen.

Und so war es im Verlauf der ganzen neuesten Geschichte.

Gott will, dass ihr euch entwickelt. Gott will, dass ihr euch vervollkommnet und wachst.

Und weil Gott Russland und die Bevölkerung dieses Landes liebt, hat Er dem Volk dieses Landes die Möglichkeit gegeben, beschleunigte Tests und eine beschleunigte Entwicklung zu durchlaufen.

Sehr vieles wurde durchlebt, viel Trauer und viel Leid musste ertragen werden. Und jetzt befindet sich das Land in einer tiefen spirituellen Krise und in einer tiefen Stagnation.

Dies ist die Folge des Karmas der Gottlosigkeit, die die Menschen zugelassen haben. Stellt euch vor, dass gerade jetzt eine Generation von Menschen geboren wird, die sich im vorigen Leben auf dem Feld im Bürgerkrieg bekämpften und in der Zeit der Repressionen im Verhör gegenüberstanden.

Ihr könnt euch vorstellen, dass gerade jetzt die früheren Opfer und die früheren Henker die Schulbank teilen. Jene, die töteten, und jene, die getötet und gequält wurden. Aber das Karma ist nicht verschwunden. Das Karma ist geblieben und muss abgearbeitet werden.

Ihr wisst, dass wenn ein Pendel allzu weit in eine Richtung ausgeschlagen ist, es nach dem Gesetz der Physik zwangsläufig um die gleiche Amplitude in die andere Richtung ausschlagen muss. Und wenn ihr in den letzten einhundert Jahren beobachtet habt, wie das Pendel in Richtung Gottlosigkeit, Unglauben und Verleugnung des höheren Gesetzes für alles Sein schwang, so bedeutet dies, meine Geliebten, dass Russland in den nächsten einhundert Jahren für den Glauben an Gott und an das höhere Gesetz prädestiniert ist. Und da diese letzten einhundert Jahre für die Entwicklung der menschlichen Seelen nicht spurlos vorübergegangen sind, werden die Erfahrungen, die diese Seelen gesammelt haben, es ihnen nicht länger erlauben, vom blinden Glauben und von blinden Dogmen einer äußeren Kirche mitgerissen zu werden.

Daher beginnen wir einen neuen Zyklus in einem Zustand des völligen spirituellen Vakuums, und umso leichter fällt es uns, einen Strauch des neuen Wissens, neuer Ideen und eines neuen Verstehens der Weltordnung in den Herzen und Köpfen der Generation zu pflanzen, die heute in Russland lebt.

Kein Verfall auf der physischen Ebene und keine Hoffnungslosigkeit in den Köpfen der Menschen sind ein Hindernis. Das Wichtigste ist, die Samen des Strebens in den Köpfen und Herzen der Menschen zu säen, das Feuer des Wissens und die Flamme der göttlichen Freiheit zu entfachen.

Ihr seid es gewohnt, euch auf das Äußere zu verlassen. Ihr seid es gewohnt, eure Pläne zu machen, indem ihr euch auf äußeres Wissen stützt, das ihr durch euren Verstand erworben habt. Die Zeit ist gekommen, in der ihr Gott die Möglichkeit geben müsst, durch euch zu handeln. Und alles, was dazu notwendig ist, meine Geliebten, ist, euer Ego vollständig aufzugeben und euch von jeglichen Bindungen an die Dinge dieser Welt loszusagen. Ihr müsst eure Tempel für die göttliche Führung bereitstellen. Uns hindert euer Ego, die Geschäftigkeit eures Verstandes, nutzlose Fragerei.

Ihr müsst euch einfach auf den Willen Gottes verlassen. Ihr müsst euch ganz dem Willen Gottes unterordnen.

Der Wille Gottes offenbart sich nicht in äußeren Kirchen. Es gibt keine Organisation auf der physischen Ebene, die den Willen Gottes ausführt. Der Wille Gottes, meine Geliebten, manifestiert sich nur durch euch, durch eure Herzen. Deshalb müsst ihr euch von ganzem Herzen wünschen, alle eure niederen Körper bereitzustellen, um den Willen Gottes für dieses Land zu verwirklichen.

Ihr müsst wie besessen davon sein, den Willen Gottes zu erfüllen. Ihr müsst von dem Wunsch besessen sein, ein gefügiges Werkzeug Gottes zu werden, um den Plan für dieses Land zu erfüllen.

Ich bitte euch nicht darum, euren Willen irgendeiner äußeren Organisation unterzuordnen. Ich bitte euch nicht, dass ihr euch für jegliche Anweisungen an diese Gesandte wendet, durch die ich diese Botschaft gebe.

Nein, meine Geliebten. Ihr braucht keinen Vermittler mehr zwischen euch und Gott. Zwischen euch und den Aufgestiegener Lichtwesen.

Euer Höheres Selbst und euer Schutzengel kennen immer den göttlichen Plan für euren Lebensstrom. Und ihr braucht nicht zu Boten, Hellsehern, Medien oder den Dienern eines Kultes gehen, um den Plan Gottes für euren Lebensstrom zu erfahren. Alles steht in eurem Herzen geschrieben.

Sagt mir, wie viele von euch haben sich in letzter Zeit mit ihrem Herzen unterhalten? Wie viele von euch haben versucht zu verstehen, was euch euer Herz sagt?

Ihr seid so beschäftigt in eurem Leben, dass ihr keine Zeit habt, auch nur fünf Minuten allein mit euch selbst in der Stille zu sein, abseits von der Hektik des Alltags.

Euer Herz versucht ständig, sich mit euch zu unterhalten. Doch ihr hört es nicht. Ihr hört lieber euren Freunden und Bekannten zu, ihr seht lieber fern, hört eure schreckliche Musik oder versucht, Wissen aus den Zeitungen, Büchern und Zeitschriften zu erhalten.

Meine Geliebten, es gibt keine Informationsquelle in eurer Welt, die euch etwas über euren Lebensplan sagt, darüber, wozu ihr die Verkörperung auf euch genommen habt und was ihr jetzt und in naher Zukunft tun müsst.

Ihr könnt nichts darüber im Radio hören, ihr könnt nichts darüber aus Fernsehsendungen erfahren. Ihr werdet nichts darüber in irgendwelchen Büchern lesen.

Euer Herz bewahrt diese für euch so notwendige, verborgene Information, und es will diese Information mit euch teilen.

Alle Aufgestiegenen Lichtwesen, meine Geliebten, sind bereit, euch alle nur mögliche Hilfe bei eurer göttlichen Arbeit zu geben, für die ihr in dieser schwierigen Zeit auf dem Planeten Erde in die Verkörperung gekommen seid.

Warum verschmäht ihr die Hilfe des Himmels?

Wie lange werdet ihr noch in eurer elenden Welt umherlaufen und nach dem Sinn des Lebens suchen? Ihr werdet den Sinn des Lebens niemals in der euch umgebenden Welt finden können! Dies sage ich euch mit voller Verantwortung. Denn das Sterbliche kann das Unsterbliche nicht ererben. Eure Natur ist ihrem Wesen nach göttlich. Und ihr müsst zu eurer göttlichen Natur zurückkehren.

Eure Suche nach dem Sinn des Lebens auf der physischen Ebene ist von Anfang an zum Scheitern verurteilt. Der einzige wahre Weg liegt in eurem Inneren, in euren Herzen. Es gibt viele Wege auf dieser Welt, denen Menschen von Verkörperung zu Verkörperung, von Leben zu Leben zu folgen vorziehen. Und der einzig wahre Weg wird von ihnen abgelehnt.

Gott ist geduldig, meine Geliebten. Und wie lange ihr auch in der äußeren Welt umherirrt, die Zeit wird kommen, und ihr werdet nach Hause zurückkehren.

Daher besteht eure Hauptaufgabe für die nahe Zukunft darin, diesen Weg in eurem Herzen zu erspüren. Und ihr könnt auf diesem Weg ein lebendes Zeichen für viele verirrte Seelen werden.

Wenn ihr beginnt, dem Weg zu folgen, der euch nach Hause führt, werdet ihr unnötiges Gepäck zurücklassen müssen, das euch belastet und an die physische Welt bindet.

Eure Schwingungen werden sich zu erhöhen beginnen, eure Gefühle und Gedanken werden gereinigt werden, und ihr werdet denen als Leuchte auf dem Weg dienen, die immer noch in der Dunkelheit umherirren.

Alle Wunder und alle Schätze der Welt sind in der Tiefe eures Herzens verborgen. Und wenn ihr durch euer Streben eine Fackel in eurem Herzen entzünden könnt, dann wird sich alles in euch selbst ändern, und es wird sich alles um euch herum ändern.

Wir brauchen treue Mitarbeiter. Wir brauchen Kämpfer des Lichts, auf die wir uns bei der Verwirklichung unserer Pläne für dieses Land und für die gesamte Menschheit verlassen können.

Zündet eure Fackeln an und geht, schenkt der Welt euer Feuer.

ICH BIN El Morya,
und ich gebe euch das Feuer des Wissens.

Eine Lehre über das Karma von Armut und Reichtum

Gott Surya
26. Mai 2005

ICH BIN Surya, und ich bin wieder von der Großen Zentralsonne gekommen, um mich mit euch durch diese Gesandte zu treffen.

ICH BIN mit dem Ziel gekommen, euch eine wichtige Lehre vom Karma und seiner Umwandlung zur Kenntnis zu bringen.

Wenn ihr die Erde aus der Sicht der Großen Lichtwesen betrachtet, die in der Ewigkeit wohnen, so ist der ganze Planet und alles, was euch umgibt, und eure vier niederen Körper, nichts anderes als Karma. Die göttliche Energie wird von Individuen gebraucht, die die Verkörperung auf sich genommen haben und während des gegenwärtigen kosmischen Zyklus dem Aufenthalt auf den niederen, dichten Ebenen dieses Universum unterworfen sind. Diese göttliche Energie, indem sie durch das Bewusstsein der verkörperten Individuen fließt und verändert wird, verdichtet sich und erschafft die euch umgebende materielle Welt.

Diese Welt manifestiert sich allmählich aus einem unmanifestierten Zustand und schafft eine gigantische Bühne für euch. Und ihr kommt von Verkörperung zu Verkörperung auf diese Bühne, um eure Rollen zu spielen.

Daher kann man im Wesentlichen sagen, dass die gesamte, euch umgebende Welt Karma oder die verhärtete Energie eurer falschen Handlungen, Gedanken und Gefühle darstellt.

Doch selbst aus eurer eigenen Lebenserfahrung, die ihr in diesem Leben gesammelt habt, kann euch klarwerden, dass ihr kaum etwas lernen könnt, wenn ihr nicht wirklich etwas in eurem Leben tut. Ihr lernt ständig, und ihr sammelt ständig Lebenserfahrungen, während ihr euch in der Verkörperung befindet. Es ist unmöglich für euch, dies nicht zu tun, da ihr euch gerade deswegen in der materiellen Welt aufhaltet, um eine Schulung zu durchlaufen, um die erforderlichen Erfahrungen zu sammeln.

Und wenn euer Bewusstsein die erforderliche Stufe erlangt, werdet ihr mithilfe eures Bewusstseins den Zustand der euch umgebenden Welt kontrollieren können. Ihr werdet die euch umgebende Welt verändern können, indem ihr die göttliche Energie durch euer Wesen fließen lasst, und da euer Bewusstsein ein ziemlich hohes Niveau erreicht haben wird, so werden auch eure Schwingungen ziemlich hoch sein. Und indem ihr eure Schwingungen auf die euch umgebende Welt übertragt, werdet ihr die physische Welt verändern können und sie immer mehr dem göttlichen Vorbild annähern.

Darin liegt die Bedeutung des gigantischen „Lila"[18], das Spiel Gottes. In jedem von euch wohnend, erschafft Gott zuerst eine Illusion, dann zieht Er sie zusammen. Dies ist, wie wenn ein Kind eine Sandburg errichtet, sie dann zerstört und eine weitere, vollkommenere Burg baut. Und mit jedem Mal wird seine Schöpfung immer vollkommener, sie nähert sich immer mehr der Vollkommenheit an und übertrifft jedes Mal in ihrer Vollkommenheit alle vorherigen Schöpfungswerke.

Ihr seid den Göttern ähnlich, und genauso habt ihr in eurem Leben die Möglichkeit, schöpferisch tätig zu sein und vollkommene Vorbilder und Muster zu erschaffen.

Einige Individuen ziehen es vor, ihren eigenen Weg zu gehen, und sie bauen ihr Leben und die sie umgebende Wirklichkeit nach Maßstäben, die von der Vollkommenheit weit entfernt sind. Gott erlaubt euch zu experimentieren. Und ihr könnt euch früher oder später selbst davon überzeugen, welche eurer Schöpfungen Schönheit und Harmonie besitzen und in den Rahmen des Vollkommenen passen, und was elend und hässlich ist und umgewandelt werden muss.

---

[18] „Lila" ist ein Begriff im Hinduismus, der wörtlich „Zeitvertreib, Sport, Spiel" bedeutet. Der Begriff existiert sowohl in den monistischen als auch den dualistischen philosophischen Schulen, hat aber eine unterschiedliche Bedeutung. Im Monismus beschreibt Lila die gesamte Realität einschließlich des Kosmos als das Ergebnis des kreativen Spiels des göttlichen Absoluten (Brahman). In den dualistischen Schulen bezieht sich Lila auf die Aktivitäten von Gott und seinen Anhängern (d.Ü.).

Wenn ihr es also vorzieht, euch in eurem Leben von niedrigen Standards leiten zu lassen und euch an nicht-göttlichen Dingen zu orientieren, so wird euch dies erlaubt.

Ihr befindet euch in eurer Welt, um die göttlichen Vorbilder von ihren hässlichen Nachahmungen unterscheiden zu lernen. Und ihr müsst lernen, eure Unterscheidung in jedem Bereich eures Lebens zu vollziehen. Unter den Bedingungen der dualen Welt scheint alles dual zu sein, und was gut erscheint, kann sich als schlecht herausstellen, und was schlecht erscheint, kann eine unschätzbare Hilfe für die Entwicklung eurer Seele sein.

Deshalb wird euch empfohlen, nie mit eurem fleischlichen Verstand zu urteilen. Selbst der letzte Bettler (nach dem Urteil eures Bewusstseins) kann sich als geistig reicher Mensch erweisen, der in Wirklichkeit wertvolle Schätze in seinem Kausalkörper besitzt. Und ein solches Individuum ist gerade aus dem Grund in die Verkörperung gekommen, um die Erfahrung einer elenden Existenz zu machen, weil all seine königlichen Verkörperungen in der Vergangenheit ihm nicht die Möglichkeit gaben, solche Erfahrungen zu sammeln. Es ist eine sehr hohe spirituelle Leistung, eine elende Existenz im eigenen Bewusstsein zu akzeptieren und sich damit abfinden zu können. Und viele hohe Seelen, die in die Verkörperung kamen, verstanden den Wert einer solchen Erfahrung und verzichteten freiwillig auf ihren Wohlstand und sozialen Status und wurden zu Bettlern. Ihr kennt viele Bespiele aus der Geschichte. Ich erwähne hier nur Franziskus von Assisi und Gautama Buddha.

Und wenn ihr Gautama Buddha begegnet wärt, als er in der Zeit seiner Prüfungen im Wald saß, so hättet ihr wahrscheinlich gedacht, dass es ein unbedeutender Bettler sei, der eure Aufmerksamkeit nicht verdiene. Und ihr würdet euch irren und die Möglichkeit versäumen, mit einer überaus erhabenen und alten Seele zu kommunizieren.

Daher ist Unterscheidungsvermögen für euch so wichtig.

Und noch ein Beispiel. Ihr kennt Menschen, die großen Reichtum besitzen. Aber wisst ihr auch, dass viele von ihnen diesen Reichtum als größte Prüfung erhielten? Und wisst ihr, wie schwer es für sie ist, die Last ihres Reichtums zu tragen?

Aber ich kann euch sagen, dass es sowohl unter den sehr reichen Menschen, als auch unter den sehr armen Menschen hohe Seelen gibt, und es gibt Seelen, die seit langer Zeit vom göttlichen Weg abweichen, der für eine jede Seele bestimmt ist.

Die Gegensätze eurer Welt und die Kluft zwischen reichen und armen Menschen verdeutlichen die Unausgeglichenheit des Karmas in eurer Welt. Und gleichzeitig schafft dies sehr gute Voraussetzungen für die Entwicklung eurer Seelen.

Ja, meine Geliebten, wie seltsam euch diese Aussage auch erscheinen mag, euer Karma schafft sehr gute Bedingungen für die Entwicklung eurer Seelen.

Das Karma ist für euch wie ein Trainer, der euch ständiger Belastung aussetzt und nicht erlaubt, euch zu entspannen. So seid ihr ständig in guter Form und bereit, euch ständig zu übertreffen und die göttlichen Eigenschaften zu entwickeln.

Sowohl großer Reichtum als auch große Armut sind die Folge großen Karmas. Es kann aber sein, dass ein Mensch dieses Karma selbst erzeugt hat, und es kann sein, dass ein Individuum dieses Karma freiwillig auf sich genommen hat, um es in der gegenwärtigen Verkörperung abzuarbeiten und dadurch das Karma der Menschheit zu erleichtern.

Man muss unterscheiden.

Und die beste Einstellung zu Reichtum und Armut wird für euch eine gleichermaßen ausgeglichene, ruhige Haltung zum Luxus wie zum Elend sein.

Das Wichtigste ist der Zustand eures Geistes. Und wenn ihr Armut und Reichtum in gleichem Maße wahrnehmt, zeugt dies davon, dass ihr nicht an äußere Manifestationen gebunden seid. Ihr müsst in euch die Eigenschaft einer unvoreingenommenen Einstellung gegenüber den Menschen eurer Umgebung entwickeln.

Weder Reichtum noch Armut zeugen von der Entwicklung einer Seele, aber eure Einstellung zu Reichtum und Armut zeugt von der Ebene eurer geistigen Errungenschaften.

Und wenn der Großteil der Menschheit in seinem Bewusstsein die richtige Einstellung zum Thema Armut und Reichtum erlangt hat, wird dies ein Zeichen dafür sein, dass die Menschheit diese Art von Weltkarma abgearbeitet hat. Und es wird auf der Erde keine Reichen und Armen mehr geben.

Um ehrlich zu sein, sind der Reichtum der einen und die Armut der anderen nur eine Folge eures unvollkommenen Bewusstseins. Und wenn ihr diese Unvollkommenheit in eurem Bewusstsein überwunden habt, werdet ihr in eurem Leben weder mit übermäßiger Armut noch mit übermäßigem Reichtum konfrontiert.

Daher ist weder der Kampf gegen die Reichen, noch der Kampf gegen die Armen sinnvoll.

Sinnvoll ist nur euer Kampf mit eurem unvollkommenen Bewusstsein, das die Armut verneint und nach Reichtum strebt.

Und es wird keine Reichen und keine Armen mehr geben, wenn das Bewusstsein des Großteils der Menschheit die richtige Einstellung zu Armut und Reichtum entwickelt.

Die Wurzel eurer Armut und eures Reichtums ist das Karma eurer übermäßigen Bindungen an die Dinge dieser Welt. Ihr könnt dieses Karma freiwillig zur Abarbeitung auf euch nehmen, oder ihr könnt dieses Karma aufgrund eures falschen Gebrauchs der göttlichen Energie in früheren Verkörperungen erzeugt haben.

Und alles, was euch umgibt, ist die Folge eures Karmas und des Karmas der Menschheit. Jede Eigenschaft, jede Manifestation dieser Welt, jedes Gefühl und jeder Gedanke. Doch all dies schafft den Hintergrund, jene Bühne, die es eurer Seele ermöglicht, eine qualitativ bessere Schulung zu durchlaufen und sich weiterzuentwickeln.

Euer Leben kann euch völlig hoffnungslos erscheinen. Doch vielleicht ist es ein großer Trost für euch, wenn ich euch sage, dass viele Lichtwesen euch beneiden, dass ihr solch gute Bedingungen für die Entwicklung eurer Seelen habt. Und viele von ihnen würden gerne die Plätze mit euch tauschen, wenn das göttliche Gesetz dies zulassen würde.

Daher ist es eure Aufgabe, eine umfassendere Sichtweise zur Entwicklung eurer Seele und allgemein zur Entwicklung der gesamten Menschheit und des gesamten Universums zu erlangen.

Und ich werde mich freuen, wenn mein heutiges Gespräch mit euch zu einer Veränderung eures Bewusstseins in die richtige Richtung beitragen wird.

ICH BIN Surya, und ich sende euch meinen Gruß
von der Großen Zentralsonne.

Eine Lehre von der Liebe und den Prüfungen des Lebens

Gott Maitreya
27. Mai 2005

ICH BIN Gott Maitreya, und ich bin wieder durch diese Gesandte gekommen!

Die Wonne unserer Kommunikation und die Informationen, die ich mit euch zu teilen beabsichtige, werden für euch von Nutzen sein.

So selten gibt es eine Möglichkeit, mit der unaufgestiegenen Menschheit zu kommunizieren. Und so selten kommuniziert ihr mit den Aufgestiegenen Lichtwesen, dass keine Information überflüssig sein wird und das Lesen dieser Botschaft ein Moment des Glücks für euch sein wird.

Ich möchte mit euch über ein Thema sprechen, das überaus wichtig ist. Und ich möchte mit euch über dieses Thema sprechen, weil es für euch jetzt nichts Wichtigeres gibt.

Wenn ein Wunder geschehen würde und alle Menschen mit einem Mal das Gefühl der Liebe empfinden würden, dann kann ich euch versichern, dass es augenblicklich zu einem Wunder der Umwandlung kommen würde. Liebe ist die Eigenschaft, an der in eurer Welt ein chronischer Mangel herrscht. Aber in Wirklichkeit ist Liebe die Eigenschaft, die dieser Welt von Anbeginn innewohnt. Und dass ihr ständig einen Mangel an Liebe verspürt, bedeutet, dass ihr dem falschen Weg folgt.

Wenn ihr nur dieses wunderbare, alles verzehrende Gefühl ständig erleben könntet! Euer Geist und euer emotionaler Körper wären ständig in einem erhöhten Zustand. Eure Schwingungen wären ständig an der höchsten euch zugänglichen Grenze.

Und was braucht ihr mehr, meine Geliebten?

Wenn ein Mensch von hohen Schwingungen erfüllt ist, wenn er von dem göttlichen Gefühl der Liebe erfüllt ist, erlebt er ohne besonderen Grund einen Zustand des Glücks und dass sein Leben von Sinn, Frieden und Harmonie erfüllt ist.

Ich meine nicht jene Eigenschaft, die die meisten Menschen auf der Erde Liebe nennen und die in Wirklichkeit mit wahrer Liebe, mit reiner Liebe, mit göttlicher Liebe nichts zu tun hat.

Ich kann euch mit aller Bestimmtheit und Gewissheit sagen, dass das wahre Gefühl der Liebe für eure Welt eine solch große Seltenheit ist wie eine Begegnung mit den Aufgestiegenen Lichtwesen.

Und wenn ihr eure Schwingungen auch nur für kurze Zeit zum Gefühl der göttlichen Liebe erheben könntet, so könntet ihr fast augenblicklich mit den Aufgestiegenen Lichtwesen kommunizieren.

Die Aufgestiegenen Lichtwesen lassen die Eigenschaft der Liebe nie unbeachtet. Deshalb bitten wir euch, uns eure Liebe zu senden. Es gibt für uns keine höhere Wonne, als eure Liebe zu fühlen.

Und wenn ihr auf der Frequenz der Liebe schwingt, könnt ihr ebenso unsere Liebe spüren.

In vielen Lehren, die durch viele Gesandte gegeben wurden, wurde gesagt, dass die Liebe der Schlüssel ist. Versteht ihr jetzt, warum die Liebe der Schlüssel ist?

Weil dieses Gefühl eure Schwingungen sofort erhöhen und sie den Schwingungen der ätherischen Oktaven des Lichts näherbringen kann. Und ihr seid in der Lage, eine Verbindung mit jedem Meister herzustellen, zu dem ihr gerade das Gefühl der göttlichen Liebe empfindet.

Ein Signal für eure Bereitschaft, mit unserer Welt zu kommunizieren, ist euer Gefühl der Liebe, der wahren Liebe, der göttlichen Liebe. Dieses Gefühl der Liebe selbst schafft einen völlig undurchdringlichen Schutz gegen die Angriffe jeglicher negativer Kräfte und Energien und solcher Individuen, die sich dem Einfluss dieser Kräfte unterworfen haben.

Daher ist es sehr leicht zu bestimmen, in welche Richtung ihr geht. Wenn ihr vom Gefühl der grundlosen Liebe, Freude und Ruhe erfüllt seid, dann geht ihr in die richtige Richtung. Ihr seid bereit, die ganze Welt zu umarmen, und ihr seid bereit der ganzen Welt zu helfen.

Ihr werdet von grundloser Großzügigkeit, Freude und dem Wunsch erfasst, euer Licht, eure Liebe zu geben, zu geben und zu geben. Der Welt eure Liebe zu schenken, ohne etwas dafür zu verlangen.

Und umgekehrt, wenn ihr euch verirrt habt oder in die falsche Richtung geht, werdet ihr einen Mangel an Liebe empfinden und infolgedessen Misstrauen, Angst und Verurteilung verspüren. Ein Mensch, der von Liebe erfüllt ist, wird sich in seinen Schwingungen so sehr von euch unterscheiden, dass ihr ihm gegenüber Gereiztheit empfinden werdet.

Ihr seht, das Kriterium dafür, ob ihr auf dem richtigen Weg seid, ist sehr einfach.

Entweder ihr erlebt das Gefühl der Liebe, oder ihr erlebt es nicht.

Und da dieses großherzige Gefühl nur von einem sehr geringen Prozentsatz der Menschen auf der Erde empfunden werden kann, könnt ihr beurteilen, wie viele Menschen auf dem richtigen Weg gehen.

Wenn ihr es gewohnt seid, Liebe zu erleben, so empfindet ihr das Fehlen der Liebe als einen großen Mangel. Ihr spürt sofort, dass euch die Liebe fehlt. Ich kann euch ein Geheimnis verraten, dass das Gefühl der Liebe während eurer Prüfungen auf dem Weg blockiert wird. In diesem Fall werden eure Schwingungen herabgesetzt, und ihr geratet in einen Zustand der Hoffnungslosigkeit und werdet allerlei negativen Gefühlen ausgesetzt, die eurer Welt eigen sind und die immer noch in eurer Aura in Form von minderwertigen, negativen Energien vorhanden sind.

Das Bestehen der Prüfungen auf eurem Weg ist jedoch ein sehr wichtiges und notwendiges Element.

Eure Tests sind Prüfungen. Es ist sehr leicht, durch das Leben zu gehen und die richtigen Entscheidungen zu treffen, wenn eure Schwingungen harmonisch und hoch sind. Wenn ihr jedoch in einem unharmonischen Bewusstseinszustand in die gleichen Situationen geratet, fällt es euch schwer, die richtige Wahl zu treffen.

Dies ist wie bei einer Prüfung im Einmaleins. Erinnert euch daran, wie schwierig es für euch war zu beantworten, was fünf mal sechs oder acht mal sieben ergibt, als ihr vor der Klasse standet und die ganze Klasse euch ansah. Als ihr jedoch zu Hause, in einer ruhigen Umgebung wart, konntet ihr diese Frage mühelos beantworten.

Die Tests sind für euch notwendig, damit ihr in jeder Lebenssituation die richtige Wahl treffen könnt. Ihr müsst immer den höchsten, den göttlichen Weg wählen. Wie stark auch die euch umgebende Illusion sein mag, ihr müsst immer daran denken, dass es eine andere, eine höhere Realität gibt. Und diese Realität ist euer wahres Zuhause. Aber in eurer Welt seid ihr nur Wanderer.

Und wenn ihr euren Test erfolgreich bestanden habt, kehrt das Gefühl der Liebe sofort zu euch zurück. Und auf diese Weise könnt ihr immer wissen, ob ihr euren Test bestanden habt, und wie erfolgreich und schnell.

Viele von euch bekunden ihren Wunsch, den Aufgestiegenen Lichtwesen zu dienen. Und viele von euch sind durchaus aufrichtig in ihrem Impuls. Ihr vergesst jedoch, dass ihr eine Ausbildung absolvieren und eine Prüfung bestehen müsst, bevor man euch erlaubt, ein Auto oder einen Zug zu fahren oder ein Flugzeug zu fliegen. Das Gleiche müsst ihr tun, bevor euch ein wichtiger Dienst anvertraut wird. Ihr müsst eine Ausbildung absolvieren und eine Reihe von abschließenden Prüfungen ablegen.

Wenn die Tests und Prüfungen des Lebens beginnen, vergessen die meisten Menschen bereits ihren Wunsch, den Aufgestiegenen Lichtwesen und der irdischen Menschheit zu dienen. Sie fallen bei ihren Tests durch und bestehen ihre abschließenden Prüfungen nicht.

Und dann sind sie sehr überrascht, dass sie ihre Bereitschaft zum Dienen geäußert haben, doch abgelehnt wurden.

Wie können wir euch vertrauen und euch mit einer verantwortungsvollen Arbeit beauftragen, wenn ihr nicht in der Lage seid, euch zumindest einige Monate lang an eure eigenen Bitten und Wünsche zu erinnern, die ihr vor dem Altar geäußert habt?

Und viele Individuen haben eine solche Angst vor den Tests und den damit verbundenen Lebensprüfungen, dass sie bereit sind, von ihren Bitten abzulassen und von ihren Eiden und Versprechen zurückzutreten, die sie vor dem Altar und in ihren Briefen an uns gegeben haben.

Und wenn sie sich dann nach einiger Zeit wieder an ihren Wunsch zu dienen erinnern, haben sie die Möglichkeit bereits verpasst, und die kosmischen Zyklen und irdischen Fristen erlauben es nicht, einen neuen Zyklus der Einweihungen zu beginnen. Und es ist sehr bedauerlich, dass viele unserer Chelas eine Möglichkeit nach der anderen verpassen und ein ganzes Leben vom Standpunkt der Entwicklung der Seele nutzlos verstreicht.

Daher seid wachsam. Wenn ihr an der Reihe seid, die Prüfungen abzulegen und die Einweihungen zu bestehen, weicht nicht von dem gewählten Weg ab. Denkt immer an das Gefühl der Liebe, das euch geführt hat und euer Leitstern war, und versucht in jeder Lebenssituation eine Lösung zu finden, die euch das Gefühl der Liebe zurückbringt.

Es gibt keine leichten Tests und es gibt keine leichten Prüfungen. Aber so ist das Gesetz dieses Universums. Und ihr müsst die erforderlichen Tests bestehen, bevor euch ein Dienst anvertraut wird. Und vergesst nicht, dass es keine Tests gibt, die nicht bestanden werden könnten. Ihr erhaltet genau so viel, wie ihr ertragen könnt, selbst wenn ihr an die Grenze eurer Kräfte und Fähigkeiten kommt.

Mit Liebe zu euch, ICH BIN Maitreya.

Eure Welt unterliegt der Veränderung, und diese Veränderung kann nur durch eine Veränderung eures Bewusstseins vollzogen werden

Der Geliebte Jesus
28. Mai 2005

ICH BIN Jesus, ich bin an diesem Tag zu euch gekommen.

Der Inhalt meines heutigen Gesprächs wird Material sein, ohne welches euer Voranschreiten auf dem Pfad weniger erfolgreich sein wird. Daher müsst ihr die Zeit finden und euch sorgfältig mit diesem Material vertraut machen.

Ihr wisst, dass ich vor etwa zweitausend Jahren auf der Erde gelebt habe. Und dieses Ereignis wurde in den Augen einer großen Anzahl von Menschen so bedeutend, dass sehr viele von ihnen an mich als den Sohn Gottes und ihren Erlöser glaubten. Und dieser Glaube bildete die Grundlage der Religion, die ihr als Christentum kennt.

Aber ich muss euch sagen: Niemals in der ganzen Geschichte seiner Existenz hat das Christentum das Wesen jener Lehre wiedergegeben, die ich lehrte, als ich auf der Erde war.

Ich möchte keinesfalls in euren Köpfen und Herzen Misstrauen gegen das Christentum oder irgendeine andere Religion auf der Welt säen. Ich möchte einfach euren Verstand und eure Aufmerksamkeit nicht auf die äußere Manifestation der Lehre lenken, wie sie in allen äußeren christlichen Kirchen dargestellt wird, sondern auf das innere Wesen meiner Lehre. Und ihr werdet verstehen, warum ich gekreuzigt wurde.

Und die innere Essenz meiner Lehre bestand darin, dass diese Welt eine vorübergehende Welt ist und ihr euch auf den Übergang in eine neue Welt vorbereiten müsst, in die göttliche Welt, die euer wahres Zuhause ist, woher ihr gekommen seid und wohin ihr zurückkehren werdet.

Daher gibt es keine Religion in dieser Welt, die das Wesen meiner Lehre widerspiegeln würde.

Das Geheimnis besteht darin, dass jede Religion eine Interpretation der göttlichen Wahrheit in den Köpfen der Menschen darstellt, die sich in der Verkörperung befinden und versuchen, die göttliche Wahrheit mit eigenen Worten auszudrücken. Und weil das Bewusstsein dieser Menschen von der Vollkommenheit weit entfernt ist, ist auch die Wahrheit, die sie in der äußeren Religion repräsentieren, weit von der realen göttlichen Wahrheit entfernt.

Deshalb hat Gott immer wieder Gesandte und Propheten in diese Welt geschickt, um die Menschen an den wahren Glauben und an die wahre Religion zu erinnern. Eine Religion, die nicht auf einem Kult und der Verehrung von etwas beruht, was außerhalb von euch liegt. Sondern eine Religion, die auf Verehrung des Einen beruht, des Einen in eurem Inneren, in eurem Herzen. Eine Religion des Herzens, die die allumfassende Liebe zur ganzen Schöpfung und die Einheit aller Teilchen des Lebens lehrt.

In diesem Glauben oder dieser Religion gibt es keinen Platz dafür, die Überlegenheit eines menschlichen Individuums gegenüber einem anderen zu behaupten. In diesem Glauben oder dieser Religion hat jeder den gleichen Stand vor dem Einen Schöpfer, dem Schöpfergott. Und alle sind Diener im Tempel Gottes.

Weil das Bewusstsein des Menschen unvollkommen ist, verursachte diese Unvollkommenheit die Ungleichheit der Menschen. Die Ungleichheit des Eigentums, die zur Teilung der Menschheit in Arm und Reich führte. Die soziale Ungleichheit, die zur Teilung der Menschen in unterschiedliche soziale Schichten und Kasten führte, was einen ungleichen Zugang der verschiedenen Bevölkerungsschichten zu Bildung, Informationen, und materiellen Gütern verursachte.

Jegliche Ungleichheit, die für eure Welt charakteristisch ist, ist eine Folge eures unvollkommenen Bewusstseins. In Wirklichkeit seid ihr alle gleich vor eurem Vater. Und der himmlische Vater liebt euch alle gleichermaßen und kümmert sich um jeden von euch.

Aber aufgrund eurer individuellen Besonderheiten, die euch von Anbeginn eigen sind, schafft ihr für euch selbst solche karmischen Bedingungen, die Einschränkungen verursachen. Und jeder von euch gerät im Laufe der Zeit auf unterschiedliche Stufen der Entwicklung seines Bewusstseins.

Einige Individuen erhielten die Möglichkeit zu größerem Voranschreiten auf dem Weg, aufgrund der Verdienste, die sie in früheren Verkörperungen erzielt hatten. Andere Individuen blieben in ihrer Entwicklung zurück, und es ist sehr schwierig für ihr Bewusstsein, selbst elementares Wissen zu erfassen.

Deshalb, meine Geliebten, lässt Gott eine solch große Anzahl verschiedener Glaubensrichtungen und Religionen zu, auch wenn viele von ihnen die göttliche Realität stark verzerren, aber für manche Individuen wird gerade eine solche Herangehensweise in der jetzigen Entwicklungsphase ihres Bewusstseins das Beste sein.

Wir sind uns völlig darüber im Klaren, dass die Botschaften, die wir derzeit durch unsere Gesandte geben, nur für sehr wenigen Menschen verständlich sein werden. Bei anderen Menschen, insbesondere bei solchen Menschen, die ihr Bewusstsein fest an eine religiöse Doktrin gebunden haben, werden diese Botschaften nichts als Gereiztheit und Verärgerung hervorrufen und den Wunsch, den Menschen loszuwerden, durch den diese Botschaften vermittelt werden.

Und es kann sein, dass ihr erneut vor der gleichen Situation stehen werdet, in der sich die Menschheit vor zweitausend Jahren befand, als die rasende Menge schrie: „Kreuzige ihn!"

Möglicherweise wird es dieses Mal nicht zu einer direkten physischen Gewalttat kommen. Doch die negativen Mächte, die in eurer Welt aktiv sind, haben dafür gesorgt, dass das ganze Arsenal der schwarzen Magie und Hexerei für jeden Menschen zugänglich wurde, der den Wunsch danach verspürt. Schaut euch die Regale in den Geschäften an. Bei all der Fülle an Büchern, die dort angeboten werden, werdet ihr kaum ein paar Dutzend Bücher finden können, die wirklich für eure spirituelle Entwicklung und euer spirituelles Fortschreiten notwendig sind. Die übrigen neunzig Prozent der Bücher stellen nur einen minderwertigen Ersatz dar, dessen Lektüre im besten Fall nutzlos ist und im schlimmsten Fall eine zerstörerische Wirkung auf euer Bewusstsein, auf eure Denkweise hat und euch buchstäblich darauf programmiert, falsche Taten und Handlungen zu begehen.

Daher freue ich mich immer sehr, wenn ich von der feinstofflichen Ebene aus beobachte, wie ein weiterer Mensch Zugang zu diesen Botschaften erhält, wenn er im Dickicht des Internets die Webseiten findet, auf denen sie veröffentlicht sind. Ein solcher Mensch ist für mich wie ein kleines Licht der Vernunft, der Liebe, des Strebens und des Glaubens, das plötzlich in der Finsternis eurer Welt aufgeleuchtet ist.

Und wenn ich beobachte, wie immer mehr solcher kleinen Lichter in den Ländern aufleuchten, wo man die russische Sprache versteht, in der diese Botschaften gegeben werden, so bedaure ich, dass es uns immer noch nicht gelungen ist, zuverlässige Menschen zu finden, die diese Botschaften in andere Sprachen der Welt übersetzen können. Daher bitte ich jene von euch, die in sich das Verlangen und Streben verspüren und die Möglichkeit haben, diese Botschaften in andere Sprachen der Welt zu übersetzen oder bei der Übersetzung mitzuwirken: Bitte macht euch die Mühe, meine Bitte zu erfüllen und diesen wichtigen Dienst für die Welt zu leisten.

Diese Botschaften sind wie ein frischer Wind, der in die muffige Atmosphäre der Menschheit hineinstürmt. Und für manche Menschen wird dieser frische Wind des Wandels nützlich sein, denn sie setzen sich gern solchen Windstößen aus. Sie spüren in diesem Wind etwas Neues voraus, das unweigerlich auf die Erde kommen wird. Und es kommt bereits durch die Köpfe und Herzen derer, die diese Botschaften lesen. Andererseits wird dieser frische Wind bei sehr vielen Menschen eine solche Gereiztheit und Verärgerung hervorrufen, dass sie diese Quelle der Erneuerung und Heilung des menschlichen Bewusstseins um jeden Preis schließen wollen. Weil sie die Gefahr spüren werden, die von dieser Quelle ausgeht, jene Kraft, die ihre gewohnte Lebensweise zerstören und sie zwingen kann, sich an die neue Welt und die veränderten Existenzbedingungen in dieser Welt anzupassen.

Sie können, wie auch vor zweitausend Jahren, ihre Kräfte einsetzen, um die Quelle des Lichtes physisch zu beseitigen, oder versuchen, sie mit ihren gottlosen Handlungen zu unterdrücken. Erinnert euch jedoch an die

Botschaft des geliebten Surya[19]. Jeder, der irgendwelche Handlungen gegen unsere Gesandte unternimmt, wird die schwerste Art von Karma tragen, die es in eurer Welt gibt, nämlich das Karma der Gottlosigkeit.

Jeder Mensch, der unverhüllt oder in seinem Bewusstsein gegen Gott, gegen das Gesetz Gottes kämpft, ist wie eine Krebsgeschwulst, die geheilt werden muss. Und wenn sie sich nicht heilen lässt, dann ist eine dringende Operation erforderlich, um den göttlichen Organismus von dieser Geschwulst zu befreien. Und dies wird getan werden und geschieht bereits für das Wohlergehen und die Gesundheit des gesamten Organismus dieses Universums, von dem dieser Planet ein Teil ist.

Eure wahren Feinde sitzen nicht irgendwo in einer Regierung, und sie stehen nicht an der Spitze einer Religion oder Glaubensrichtung. Eure wahren Feinde, mit denen ihr erbarmungslos kämpfen müsst, wohnen in eurem Inneren. Und dies sind vor allem eure Unwissenheit und eure Unwilligkeit, euer Bewusstsein zu ändern.

Ihr werdet Tausende von Gründen finden, um alle eure Handlungen, alle negativen Eigenschaften, Gedanken und Gefühle zu rechtfertigen, anstatt alles Unvollkommene aufzugeben und alle eure Bindungen an diese Welt, alle eure Unzulänglichkeiten am Altar des Dienens für den wahren Gott niederzulegen, der in eurem Inneren, in eurem Herzen wohnt.

Ich weiß, dass für jeden von euch der Tag kommen wird, an dem das Licht der Vernunft die Dunkelheit eures Wesens erleuchten wird, und ihr werdet eure endgültige Wahl treffen, und ihr werdet euch nie mehr in eurem Bewusstsein von Gott trennen, von dem ihr ein Teilchen seid.

Und ihr werdet den Sinn eures Lebens und den Sinn eurer Existenz in völliger Ergebenheit an den Willen Gottes finden und in eurem Dienst, diesen Willen in der euch umgebenden Wirklichkeit zu erfüllen.

Eure Welt unterliegt der Veränderung, und diese Veränderung kann nur durch eine Veränderung eures Bewusstseins vollzogen werden. Das ist die einfache Wahrheit, die ich vor zweitausend Jahren zu lehren kam, und die

---

[19] „Werdet niemals erwachsen in Fragen der Erkenntnis der göttlichen Wahrheit". Der Geliebte Surya, 9. März 2005

Menschen zogen es vor, mich zu kreuzigen, anstatt ihr Bewusstsein zu ändern.

Und nun steht ihr wieder vor dem gleichen Dilemma, und ihr trefft wieder eure Wahl.

Daher wünsche ich euch, dass ihr dieses Mal die richtige Wahl trefft und euch endlich demütig dem Willen Gottes hingebt und für alle Zeiten seine aufrichtigen Diener werdet.

ICH BIN Jesus.

Ihr könnt mit Hilfe eurer Liebe alle Unvollkommenheit aus eurer Welt vertreiben

Der Geliebte Lanello
29. Mai 2005

ICH BIN Lanello, und ich bin wieder zu euch gekommen!

Ich bin gekommen, um euch die Möglichkeit zu geben, euch mit meinen Gedanken und meinen Überlegungen über Russland und die Situation in der Welt vertraut zu machen. Und es liegt in eurem freien Willen, meine Überlegungen zur Kenntnis zu nehmen oder nicht, euch in eurem Leben von ihnen leiten zu lassen oder sie zu verwerfen.

Leider hört ihr selten auf die Ratschläge, die ihr von uns erhaltet.

Und die in diesen Botschaften enthaltenen Informationen unterscheiden sich für viele von euch nicht von den Informationen, die ihr aus rein menschlichen Quellen erhaltet. Der Grund dafür ist euer mangelnder Glaube.

Ihr könnt mit eurem menschlichen Verstand durchaus nicht glauben, dass die Aufgestiegenen Lichtwesen so einfach kommen und zu euch sprechen können.

Es geschieht genau das, meine Geliebten, was ihr in eurem Bewusstsein zulasst. Und wenn ihr in eurem äußeren Bewusstsein endlos wiederholt, dass sich in diesem Russland niemals etwas ändern wird und es nicht besser werden wird, so wäre es naiv zu erwarten, dass irgendwelche Veränderungen um euch herum geschehen.

Zuerst muss euer Bewusstsein die Änderungen akzeptieren, dann werden diese Änderungen auf die physische Ebene präzipitiert. Vergesst nicht, dass Energie, die göttliche Energie, in eure Welt nur durch die Kristallschnur einströmen kann, die in eurem Herzen, in der geheimen Kammer eures Herzens verankert ist. Und die göttliche Energie, die durch eure Herzen in eure Welt einströmt, wird durch eure Gedanken, eure Gefühle und eure Bestrebungen gefärbt. Und wenn ihr ständig in eurem Bewusstsein die schlimmsten Gedanken und die schlimmsten Vorahnungen über die Zukunft Russlands wiederholt und sie in eurem Kopf behaltet, kommt es euch da nicht seltsam vor, danach irgendwelche positiven Veränderungen in eurem Land zu erwarten?

Daher müsst ihr in naher Zukunft lernen, eine positive Einstellung zu der euch umgebenden Wirklichkeit zu entwickeln. Ihr müsst in eurem Bewusstsein ein positives Bild der Zukunft für euer Land, für euren Wohnort und schließlich auch für eure Familie kultivieren.

Macht es euch zur Gewohnheit, jedes Mal, nachdem ihr euren Dienst geleistet habt, über das Wohl für Russland zu meditieren. Hört schöne klassische Musik von russischen Komponisten wie Rachmaninow, Tschaikowsky, die Musik von hervorragenden Komponisten aus anderen Ländern der Welt wie Bach, Beethoven und Mozart.

Denkt darüber nach, wie ihr die Zukunft für euer Land sehen möchtet.

Scheut euch nicht, selbst Ideen auszudrücken, die auf den ersten Blick als reine Fantasie erscheinen. Baut in eurem Bewusstsein eine glückliche Zukunft für euer Land auf. Wenn es euch schwerfällt, euch auf das ganze Land zu konzentrieren, so könnt ihr über die Tätigkeit nachdenken, die eure Gruppe verrichten kann.

Und wenn ihr keiner Gruppe angehört, so könnt ihr in eurem Bewusstsein eine Zukunft für eure Familie, für eure Verwandten und Bekannten, und schließlich auch für euch selbst aufbauen.

Und wenn eure Fantasie nicht ausreicht, euch eine glückliche Zukunft für euer Land, für eure Familie und für euch selbst vorzustellen, dann denkt darüber nach, was Glück für euch bedeutet, was ihr in eurem Leben ändern möchtet, um ständig einen Zustand des Glücks, des Friedens, der Harmonie und der Liebe zu erfahren.

Selbst wenn ihr euch einfach in einem erhöhten Bewusstseinszustand befindet und alle bedrückenden Gedanken und Gefühle von euch weist, werdet ihr zu einer Quelle des Lichtes für eure Welt. Stellt euch vor, wie die reine göttliche Energie in einem ununterbrochenen Strom in euer Herz fließt. Und ihr seid im Besitz dieser Energie. Und ihr tragt die volle Verantwortung dafür, diese Energie in Reinheit und Heiligkeit zu bewahren.

Spürt, wie diese Energie eure Aura erfüllt. Eure Aura dehnt sich aus, wird ausgeglichen. Euer ganzer Körper taucht in einen Zustand der Glückseligkeit und Wonne. Ihr empfindet Frieden und Vertrauen in euch selbst, in eure Zukunft. Ihr versteht, dass Gott sich jede Minute eures Aufenthalts auf der Erde um euch kümmert. Und ihr müsst nur ein feines Gespür haben und auf jene Ratschläge hören, die ihr vom höheren Teil eurer selbst erhaltet.

Euer Höheres Selbst weiß immer, was ihr tun müsst. Seid nicht stur und hört auf seine Ratschläge, nehmt seine Hilfe in euren irdischen Angelegenheiten an.

Wenn ihr von einem Gefühl des Friedens und der Liebe erfüllt seid, versucht, dieses Gefühl auf das ganze Zimmer auszuweiten, in dem ihr euch befindet. Stellt euch vor, wie sich eure Aura ausdehnt und das ganze Zimmer umfasst. Dann dehnt sich eure Aura weiter aus und umfasst das ganze Haus, in dem ihr euch befindet. Eure Aura dehnt sich weiter aus und umfasst schon die benachbarten Häuser und die ganze Stadt. Und jeder Mensch, der in das Wirkungsfeld eurer Aura gerät, wird ebenso ruhig, harmonisch, ausgeglichen wie ihr selbst. Alle schlechten und beunruhigenden Gedanken verlassen jeden Menschen, der ins Wirkungsfeld eurer Aura gerät.

Mit jedem Schlag eures Herzens dehnt sich eure Aura immer weiter aus. Mit jedem Einatmen und Ausatmen wird der Einflussbereich eurer Aura immer größer.

Ihr könnt euch vorstellen, wie euer ganzes Land und die ganze Erdkugel ins Wirkungsfeld eurer Aura geraten.

Die ganze Welt erlebt einen ständigen Mangel an Liebe, an Frieden. Ihr könnt eure Liebe der ganzen Welt schenken, jedem Lebewesen, das auf dem Planeten Erde wohnt.

Stellt euch vor, wie viele Wesen auf dem Planeten Erde gerade jetzt eure Hilfe brauchen. Und die Wellen der Liebe, die gerade in diesem Moment von eurem Herzen ausgehen, können den Tod eines Menschen abwenden oder das Leiden eines Menschen lindern.

Schenkt der Welt eure Liebe. Dies ist etwas, was ihr für die Welt tun könnt und was keinen zusätzlichen Ausgaben von euch erfordert.

Schickt eure Liebe dem Regierungschef eures Landes. Schickt eure Liebe allen Menschen, die Macht haben und von denen die Änderung der Situation in eurem Land abhängt.

Wenn ein Mensch die Liebe fühlt, die ihm gesandt wurde, so gibt ihm dies die Kraft und Zuversicht, die richtigen, göttlichen Taten und Handlungen auszuführen.

Betet, dass die Regierenden eures Landes imstande sind, die göttliche Weisheit in ihren Herzen zu empfangen. Dass ihre Herzen sich für die göttliche Führung öffnen.

Euer Land ist euer Kind, eure kollektive Schöpfung. Und jeder von euch hat die Verantwortung, sich um euer Kind zu kümmern.

Zurzeit ist euer Land wie ein verwahrlostes Kind, das niemand braucht und das von allen verflucht wird.

Ändert eure Einstellung zu eurem Kind, und die Situation in eurem Land wird sich ändern.

Ich habe euch heute die Richtung für eure tägliche Arbeit gewiesen. Ihr könnt selbst einen Text für eure Meditation verfassen und ihn wiederholen.

Die einzige Bedingung ist eure Aufrichtigkeit und die Reinheit eurer Gefühle. Ihr könnt Liebe nicht spielen, ihr könnt eure Sorge für euer Land nicht spielen. Ihr müsst dies aufrichtig tun. Ihr müsst eure Liebe aufrichtig in jede unharmonische Situation senden, die in eurem Land entsteht.

Zuerst harmonisiert ihr euch also selbst. Ihr spürt die göttliche Energie, die in euer Herz fließt. Ihr spürt die Wärme in eurem Herzen. Ihr spürt, wie die göttliche Liebe und Harmonie aus der göttlichen Welt euch durchdringt. Nun könnt ihr diese Liebe und diese Harmonie über euer ganzes Land, über die ganze Welt verbreiten.

Und wenn ihr in eurem Leben auf eine unharmonische Situation stoßt, erinnert euch immer an dieses Gefühl der Liebe in eurem Herzen, das ihr während der Meditation empfunden habt, und sendet diese Liebe aus eurem Herzen in diese unharmonische Situation.

Ihr könnt nicht die Unvollkommenheit der ganzen Welt bekämpfen, aber ihr könnt mit Hilfe eurer Liebe alle Unvollkommenheit aus eurer Welt vertreiben.

ICH BIN Lanello, mit Liebe zu euch.

Ich glaube an die große Zukunft Russlands, und ich möchte jeden von euch mit einem Teilchen meines Glaubens ausstatten

Der Geliebte Nicholas Roerich
30. Mai 2005

ICH BIN Nicholas Roerich, der Aufgestiegene Meister. Ich bin durch diese Gesandte zu euch gekommen.

So vieles möchte ich den Menschen der Erde sagen, die sich jetzt in der Verkörperung befinden. Und ich muss das Notwendigste sagen. Ich muss genau die Ratschläge und Empfehlungen geben, die ihr derzeit nutzen sollt.

Zu dem bereits Gesagten muss man nur einige Begriffe und Erklärungen hinzufügen, die für euch so notwendig sind. Wenn ich mich jetzt in der Verkörperung befände, so würde ich alle meine Kräfte, meine ganze Energie und all meine Geldmittel nur für eines verwenden – für den Aufbau eines Systems kostenloser Bildung für Kinder in dem Alter, in dem sie für Informationen aller Art am empfänglichsten sind und ihr Geist noch nicht durch die Flut falscher Informationen aus den Massenmedien der Welt blockiert ist.

Ich würde alle Anstrengungen unternehmen, um mich mit den Menschen zu treffen, in deren Händen die Macht liegt, sowie mit Menschen, die über finanzielle Mittel verfügen.

Man muss die richtigen Worte finden, man muss sich darum bemühen, andere davon zu überzeugen, ein breites Netzwerk von Bildungseinrichtungen für Kinder aufzubauen, die die Fähigkeit zum Studieren besitzen und einen forschenden Geist haben. Es muss eine allumfassende geisteswissenschaftliche Bildung mit einem Pflichtstudium der Kunstgeschichte, Weltgeschichte, Religionsgeschichte und der modernen Kommunikationsmittel sein. Gerade ein breit gefächerter Zugang und das Studium der besten Vorbilder schöpferischer Arbeit in Kunst und Wissenschaft, über die die Menschheit auf der jetzigen Entwicklungsstufe verfügt und die ihr von früheren Generationen als Erbe hinterlassen wurden.

Die Bildung muss möglichst vielseitig und von allgemein geisteswissenschaftlicher Art sein. Der forschende Geist eines Kindes, der frei ist von Dogmen, religiösen Dogmen, wie auch von einem Anflug der Hoffnungslosigkeit, die einer bereits entwickelten Generation eigen ist, kann wie ein Schwamm das Wissen und Verständnis aufnehmen, das der Menschheit zur Verfügung steht.

Ein Mensch, der eine umfassende Bildung und vor allem eine Vorstellung von dem göttlichen Gesetz erhalten hat, wird als Basis, als Fundament dienen, worauf wir das Gebäude der Zukunft errichten können, das Gebäude der neuen Epoche, die die alte Epoche ablösen wird.

Besondere Aufmerksamkeit muss man dem Religionsunterricht widmen. Niemals sollte man im Bewusstsein eines Kindes die Grundlagen einer Religion verankern, die bereits auf der Erde existiert. Aber es ist notwendig, das Wissen und das Verständnis über die Grundlagen des Glaubens zu geben. Das göttliche Gefühl ist ursprünglich einem jeden Kind eigen, das in diese Welt kommt. Das gilt besonders für die Seelen, die der neuen, Sechsten Wurzelrasse angehören und die sich bereits auf der Erde zu verkörpern begonnen haben.

Und dieses göttliche Gefühl, der Glaube an das göttliche Gesetz und an die göttliche Gerechtigkeit müssen sich im Bewusstsein eines Kindes frei entwickeln, ohne der Einwirkung kirchlicher Dogmen ausgesetzt zu sein. Das offene Bewusstsein eines Kindes kann sehr schnell hinter allen bestehenden Glaubensrichtungen und Religionen das gemeinsame Wesen, die gemeinsame Quelle finden. Und genau dies ist es, was für Russland im jetzigen Stadium notwendig ist.

Russland wurde historisch darauf vorbereitet, zum ersten Nachfolger des neuen Glaubens zu werden, der keiner der bestehenden Glaubensrichtungen angehört, doch sie alle umfasst.

Jeder Widerspruch aus religiösen Gründen ist ein Ausdruck der Begrenztheit des menschlichen Bewusstseins. Gewissenlose Menschen nutzen die Begrenztheit des menschlichen Bewusstseins, um ihre Macht durch die Einführung religiöser Dogmen und Regeln zu behaupten. Das Ziel solcher gewissenlosen Menschen und der Mächte, die durch sie wirken, besteht darin, den Geist des Menschen wie ein kleines Kind einzuwickeln und in einen engen Rahmen von Dogmen und Regeln zu verbannen, wie sie für alle heute auf der Erde bestehenden Religionen charakteristisch sind.

Und der Mensch muss an sich selbst die Wirkung entgegengesetzter Kräfte erfahren. Der ihn beherrschenden Dogmen und Begrenzungen einer offiziellen Religion einerseits, und des völlig grenzenlosen und keine Beschränkungen duldenden göttlichen Bewusstseins andererseits, von dem er ein Teil ist. Und das ist sein Höheres Selbst, sein göttliches Selbst. Durch diesen Widerspruch hin- und hergerissen, sind die Menschen wirklich gezwungen, ihr ganzes Leben in der Klemme zu stecken.

Ich ahne einen starken Widerstand seitens der offiziellen Religionen bei der Gründung von Bildungseinrichtungen der Zukunft voraus. Ich ahne voraus, wie schwierig es sein wird, das Geplante auszuführen und den Plan zu erfüllen. Jedoch wird jedes Kind, das eine umfassende Bildung erhalten hat, in der Lage sein, einen Einfluss auszuüben und sich an der Schaffung von Orientierungshilfen für das Leben von Tausenden und Millionen von Bürgern des Landes zu beteiligen, unabhängig davon, in welchem Bereich es sich entscheidet, seine Kräfte einzusetzen.

Die Sorge um die Erziehung der Kinder ist jene Aufgabe, die sich in ihrer Bedeutung und Wichtigkeit mit keiner anderen vergleichen lässt. Ein Land, das sich nicht um seine Zukunft kümmert, kann kein lebensfähiges Land sein.

Es ist an der Zeit, solche Begriffe wie Würde und Ehre in den Alltag zurückzubringen. Die Gesellschaft braucht dringend eine Wiederherstellung sittlich-moralischer Orientierungshilfen. Ich bin mir völlig darüber im Klaren, dass das, worum ich bitte und wovon ich heute rede, sich nur schwer erfüllen lässt. Das Land als Ganzes und jeder Bürger dieses Landes trägt das Karma der Gottlosigkeit, das Russland nach der Revolution im Jahre 1917 und der Ermordung der Zarenfamilie auf sich nahm. Und dieses Karma erlaubt vielen von euch nicht, Perspektiven zu sehen, und schließt vor euch die göttliche Vision der Zukunft für dieses Land.

Und wenn ihr das Gefühl habt, völlig machtlos zu sein und ohne Möglichkeit, eure Kräfte dafür einzusetzen, um die Voraussetzungen für eine positive Entwicklung in diesem Land zu schaffen, so verfallt auf keinen

Fall in Verzweiflung und Mutlosigkeit. Glaubt an ein Wunder, das Russland retten wird.

Euer Glaube an ein göttliches Wunder, das unbedingt geschehen muss und das Russland retten wird, bietet den Aufgestiegenen Lichtwesen die Möglichkeit, in die gegenwärtige Situation in diesem Land einzugreifen. Manchmal reicht es aus, eine Aktion zur richtigen Zeit und in der richtigen Weise durchzuführen, um den Lauf der Geschichte für das ganze Land zu ändern.

Aber damit eine solche Aktion stattfindet und der nötige Impuls gegeben werden kann, ist es notwendig, dass ihr, meine Geliebten, in eurem Bewusstsein die Möglichkeit eines Wunders für Russland akzeptiert.

Betet und bittet Gott in euren täglichen Gebeten um die Rettung Russlands. Bittet darum, dass Gott gnädig ist und ein Wunder für Russland zulässt. Allzu schwer wiegt das Karma, das Russland in der Zeit der Gottlosigkeit geschaffen hat. Man muss dieses Karma jedoch mit Demut annehmen. Man muss bereuen. Gerade die Reue und das Bekenntnis der Sünden, die in der Vergangenheit begangen wurden, wird der Moment sein, der den Aufgestiegenen Lichtwesen ermöglicht, in die Situation eures Landes einzugreifen und ein Wunder zu vollbringen.

Verlasst euch nicht auf Amerika und Europa. Verlasst euch nicht auf jemanden, der kommen und Russland retten wird. Russland wird sich wie der Phönix aus der Asche erheben, und seine Mission besteht gerade darin, der ganzen Welt den Weg zu weisen, auch Amerika und Europa.

Alle Prophezeiungen für Russland sind in den russischen Volksmärchen niedergeschrieben. Erinnert euch an Ivan, der lange auf dem Ofen lag. Und dann fuhr der Ofen selbst los, und Ivan verwandelte sich und begann Wunder zu vollbringen. In den russischen Volksmärchen ist eine Prophezeiung über Russland niedergeschrieben. Ich sage euch, was bestimmt ist, was vorbereitet wird und was für Russland geschehen wird.

Ich rede nicht von einer fernen glänzenden Zukunft, und ich fordere euch nicht auf, eure Enkelkinder auf ein Leben im Kommunismus vorzubereiten. Ich spreche von einem Wunder, das die heutige Generation von Menschen noch erleben wird.

Los, Ivan, steh vom Ofen auf! Deine Zeit ist gekommen! Bleib nicht länger liegen! Es steht große Arbeit zur Veränderung des Bewusstseins der Menschheit bevor!

Ihr seid euch der Kraft, der Energie nicht bewusst, die dem Volk Russlands innewohnt. Wenn Russland nicht Großes vorbestimmt wäre, hätten dann die Mächte der Finsternis in den letzten einhundertfünfzig Jahren so viel Mühe aufgewendet, um alle Keime der neuen Welt auf dem Territorium Russlands zu unterdrücken?

Ich glaube an die große Zukunft Russlands, und ich möchte jeden von euch mit einem Teilchen meines Glaubens ausstatten.

ICH BIN Nicholas Roerich.

Eine Lehre über das Karma

Der Geliebte Kuthumi
31. Mai 2005

ICH BIN Kuthumi, und ich bin wieder durch diese Gesandte zu euch gekommen.

ICH BIN gekommen, um eine weitere kleine Lehre zu geben und jenes Wissen zu festigen, das bereits in früheren Botschaften gegeben wurde. Die Heerscharen des Lichts sind unsichtbar unter euch und nutzen jede Gelegenheit für ihre Gegenwart, sobald ein Fenster geschaffen wird, ein Raum reiner Schwingungen, der es uns ermöglicht, in eurer Welt gegenwärtig zu sein.

Unsere Welten bereichern sich gegenseitig. Betrachtet eure Welt nicht als eine Ausgeburt der Hölle.

Ja, die derzeitige Situation in eurer Welt ist sehr bedauerlich, doch dies wird nicht immer so sein. Die Reinigung eurer Welt und die Erhöhung der Schwingungen der physischen Ebene, die unvermeidlich folgen wird, sind eine unerlässliche Voraussetzung für das weitere evolutionäre Fortschreiten der Menschheit.

Da euer Karma jetzt sehr groß ist, sowohl das Karma jedes einzelnen Individuums als auch das allgemeine planetarische Karma, erschafft diese verdichtete Energie, erstarrt in Form von Karma, eure dichte Welt.

Wenn Karma durch die Erhöhung des Bewusstseins der Menschheit, durch den Verzicht auf falsche Handlungen und durch das Aufrechterhalten der richtigen, göttlichen Stimmung der Gedanken und Gefühle abgearbeitet wird, dann wird die physische Ebene allmählich immer mehr an Dichte verlieren, bis sie ganz verschwindet. Aber lange bevor die physische Ebene des Planeten Erde verschwindet, wird das Leben von dieser Ebene auf die feinstofflichen Ebenen übergehen. Und diese Ebenen sind euch derzeit sehr nahe. Besonders nahe sind die Astralebene und die Mentalebene. Ihr könnt zu Hause oder sogar auf der Arbeit bewegungslos sitzen, während und zu dieser Zeit wandert euer mentaler oder emotionaler Körper durch die mentale und astrale Welt. Und diese Wanderungen können euer äußeres Bewusstsein erreichen und von eurem äußeren Verstand wahrgenommen werden oder nicht.

Ihr verlasst euren Körper und wandert jede Nacht durch die Astralwelt. Euer äußeres Bewusstsein erkennt nicht immer, wohin ihr nachts gewandert seid und wem ihr begegnet seid. Es gibt einige Individuen, die die Fähigkeit haben, sich an ihre nächtlichen Träume zu erinnern und sich sogar bewusst im Schlaf an andere Orte zu begeben und mit Menschen zu treffen, mit denen sie sich treffen möchten.

Diese Aktivität kann wie jede andere Aktivität eurer Welt sowohl zu guten als auch zu schlechten Zwecken eingesetzt werden. Alles hängt davon ab, zu welchem Zweck ein Mensch seine Astralreisen unternimmt und von welchem Motiv er sich leiten lässt. Will er für seine eigenen egoistischen Zwecke auf die Individuen einwirken, mit denen er sich trifft, oder tut er dies für das Wohl des Planeten?

Außerkörperliche Reisen, Reisen in euren feinstofflichen Körpern sind natürlich. Und diese Reisen geschehen unabhängig davon, ob ihr dies mit eurem äußeren Bewusstsein versteht oder nicht.

Ich muss euch jedoch warnen, dass, wenn ihr einen bewussten Austritt in die Astralwelt dazu benutzt, um ein Individuum zu beeinflussen oder ihm sogar zu schaden, eure Taten genau das gleiche Karma verursachen, als wenn ihr diese Handlungen bei vollem Bewusstsein am helllichten Tag auf der physischen Ebene getan hättet.

Wenn euer äußeres Bewusstsein nicht erkennt, was ihr auf der astralen Ebene tut, so befreit euch dies nicht von der karmischen Verantwortung für eure Taten und Handlungen.

Ich sage euch noch mehr: Sehr viele Individuen erzeugen im Schlaf viel mehr Karma als im wachen Zustand ihres Bewusstseins. Es ist genauso, wie wenn ihr zu Hause seid und zu dieser Zeit einen unbewussten Austritt auf die astrale oder mentale Ebene zulasst, und eure Gedanken und Gefühle gegen irgendein Individuum gerichtet sind, dann schafft ihr euer Karma.

Wenn ihr in eurem Bewusstsein, in euren Gedanken irgendwelche Rachegedanken oder sexuellen Szenen durchspielt, schafft ihr das gleiche

Karma, als wenn ihr all diese Dinge wirklich auf der physischen Ebene vollzogen hättet.

Daher wiederholen wir unermüdlich immer wieder, dass ihr eure Gedanken und Gefühle ständig kontrollieren müsst. Ihr werdet während eures Nachtschlafs zu solchen Schichten der Astralebene hingezogen, die der Qualität der Schwingungen eurer Gedanken vor dem Zubettgehen entsprechen. Wenn ihr vor dem Schlafengehen einen Thriller oder Horrorfilm gesehen habt oder in einer betrunkenen Runde von Menschen verkehrt habt, so werdet ihr zu den Schichten der Astralebene hingezogen, in denen ihr eure abendlichen Vergnügungen fortsetzt. Und in diesem Fall schafft ihr das gleiche Karma, als würdet ihr dies alles auf der physischen Ebene tun.

Daher ist eure Stimmung im Laufe des Tages so wichtig und insbesondere eure Stimmung vor dem Schlafengehen.

Am besten wäre es zu beten oder, wenn ihr das Beten vor dem Schlafengehen nicht gewohnt seid, zumindest ruhige Musik zu hören oder einen Spaziergang in der Natur zu machen. Es wird auch von Nutzen sein, vor dem Schlafengehen eine liebevolle Gutenachtgeschichte für eure Kinder zu lesen.

Und natürlich solltet ihr unbedingt vor dem Einschlafen die Engel darum bitten, dass sie euch zu den ätherischen Oktaven des Lichtes, in die heiligen Refugien der Bruderschaft geleiten.

Ihr könnt sogar genau äußern, mit welchem der Meister ihr euch im nächtlichen Schlaf treffen möchtet und auf welche Frage ihr eine Antwort erhalten möchtet.

Wenn ihr mir vor dem Einschlafen eine konkrete Frage gestellt habt, dann muss euer erster Gedanke am Morgen sein, dass ihr euch konzentriert und an die Antwort erinnert, die ihr von mir im Schlaf erhalten habt.

In der Regel antworte ich allen, die mich während ihres Schlafes in meinem Refugium erreichen und ihre Fragen stellen. Und es liegt nur an euch selbst, euch sofort nach eurem Erwachen an diese Antwort zu erinnern und sie aufzuschreiben.

Ihr seht, wie unterschiedlich ihr eure Zeit während des Nachtschlafs verbringen könnt. Und ihr selbst entscheidet, wie ihr den Nachtschlaf nutzen möchtet. Ihr programmiert euch buchstäblich selbst vor dem Zubettgehen, was ihr während eurer Nachtruhe tun werdet.

Daher wiederhole ich immer wieder: Es ist notwendig, dass ihr eure Gedanken und Gefühle ständig, jede Minute kontrolliert. Vergesst nie, dass, wenn die Situationen, die ihr im Kopf durchspielt, karmisch strafbar sind, ihr bereits Karma schafft, indem ihr nur an solche Situationen denkt.

Der Mechanismus der Erzeugung von Karma ist in diesem Fall wie folgt: Die göttliche Energie, die aus der göttlichen Welt über die Kristallschnur in eure vier niederen Körper einströmt, wird von euren Gedanken und Gefühlen gefärbt. Und wenn eure Gedanken unvollkommen sind, dann gebraucht ihr die göttliche Energie in einer falschen Weise.

Es ist sehr wichtig, euren Bewusstseinszustand jeden Moment zu kontrollieren. Euer Bewusstsein ist so beweglich, dass ihr sogar während eines Gebetes so viel Karma schafft, dass man sich darüber nur wundern kann.

Aus diesem Grund werdet ihr auf die Meditationspraxis als einen der möglichen Wege zur Beruhigung eures Geistes hingewiesen.

Nur wenn es euch gelingt, all eure nichtigen Gedanken und Gefühle zu beruhigen, und ihr völligen Frieden in eurem Geist erlangt, werdet ihr in der Lage sein, in die höheren Ätheroktaven des Lichts aufzusteigen und dort für lange Zeit zu verweilen. Ihr werdet in der Lage sein, euch mit den Meistern zu treffen, euch mit ihnen zu unterhalten und mit ihnen durch die Ätheroktaven des Lichts zu gehen.

Damit ihr indirekt die Höhe eurer spirituellen Errungenschaften beurteilen könnt, stellt euch bitte einen Wecker, dass er euch jede Stunde ein Signal gibt. Und wenn ihr den Alarm hört, versucht euch daran zu erinnern, woran ihr gerade gedacht habt.

Wenn eure Gedanken in diesem Moment von hohem und geistigem Inhalt sind, so notiert dies mit einer „1" auf einem Blatt Papier oder im Gedächtnis. Wenn eure Gedanken negativer Art sind, so notiert dies mit einer „0".

Es reicht aus, zehnmal im Laufe des Tages eure Gedanken nach der von mir vorgeschlagenen Methode zu erfassen. Addiert dann alle Einsen, fügt eine Null hinzu, und ihr könnt den ungefähren Prozentsatz des von euch abgearbeiteten Karmas sehen.

Wenn zum Beispiel in sechs von zehn Fällen eure Gedanken erhabener Art waren, beträgt euer Anteil an abgearbeitetem Karma ungefähr 60 Prozent.

Es liegt kein Missverständnis vor, wenn ihr an einem Tag den Prozentsatz des abgearbeiteten Karmas mit 10% und am nächsten Tag mit 70% verzeichnet. Tatsächlich verändert sich euer Karma im Laufe des Tages. Karma ist Energie, und wenn ihr den größten Teil des Tages in der Natur verbracht und mit niemanden kommuniziert habt, dann ist euer Anteil an abgearbeitetem Karma sehr nahe dem natürlichen Anteil, den ihr auf diesem Abschnitt eurer Entwicklung erreicht habt. Wenn ihr im Laufe des Tages mit Tausenden von Menschen in Kontakt kommt, dann tauscht ihr jedes Mal bei der Berührung mit den Auren dieser Menschen, beim Gespräch oder bei der Zusammenarbeit Energien aus. Und infolgedessen tauscht ihr jedes Mal Karma mit all diesen Menschen aus, mit denen ihr im Laufe des Tages Kontakt hattet.

Daher lebten alle Ältesten, Propheten und Yogis in der Einsamkeit und zogen es vor, nicht mit Menschen zu kommunizieren.

Daher ist es für euch unmöglich, solange ihr euch auf der Erde befindet, nicht das Karma eurer Familie, eurer Stadt und das planetarische Karma zu tragen.

Die Menschheit der Erde ist karmisch sehr eng miteinander verflochten. Und es erfordert eine hohe Stufe der spirituellen Verdienste, um die Fähigkeit zu erlangen, vom Karma der euch umgebenden Menschen nicht abhängig zu sein.

Und vergesst nicht, dass in eurer Welt das Gesetz der Gleichheit gilt. Ihr werdet zu jenen Menschen und Situationen hingezogen, zu denen ihr hingezogen werden müsst, um euer Karma abzuarbeiten.

Ein Buddha geht auf der Erde, und keine karmische Situation kann ihm etwas anhaben. Er geht auf der Erde, von niemandem bemerkt, und keine negativen Energien bleiben an ihm haften. Damit ein Buddha jedoch in eure Welt kommen kann, muss er zuerst Unvollkommenheit oder Karma auf sich nehmen. Dies ist mit einem Taucher vergleichbar, der einen Stein in die Hände nimmt, wenn er tauchen geht.

Daher wird euch nachdrücklich empfohlen, über keinen Menschen zu urteilen. Ihr könnt nie sagen, ob ein Buddha vor euch steht oder der letzte Sünder. Weil der eine wie der andere manchmal mit derselben Art von Karma belastet ist. Aber der eine übernimmt absichtlich das Karma der Menschheit aus Mitgefühl für die Menschheit und aus dem Wunsch zu helfen, während der andere sich aufgrund seiner Unwissenheit mit Karma belastet.

Heute habe ich einige euch schon bekannte Themen angeschnitten. Und wir haben gemeinsam viele Fragen unter einem neuen Blickwinkel betrachtet. Die Fragen des Karmas sind sehr kompliziert, und ich verneige mich vor den Mitgliedern des Karmischen Rates, weil ich mir der Schwierigkeiten bewusst bin, auf die sie in ihrer Arbeit stoßen.

ICH BIN Kuthumi.

Eine Botschaft an die Menschheit der Erde

Der Geliebte Alpha

1. Juni 2005

ICH BIN Alpha, und ich bin mit einer Botschaft für die Menschheit der Erde gekommen.

ICH BIN gekommen, um eine wichtige Botschaft zu geben, die es euch ermöglichen wird, den Fokus eures Strebens zu diesem Zeitpunkt aufrechtzuerhalten. Konzentriert euch auf euer Herz. Nur ihr und euer Herz, meine Geliebten.

Es gibt nichts anderes in eurer Welt. In eurem Herzen liegt der einzige Eingang in die Realität Gottes.

Alles, was euch in eurer physischen Welt umgibt, ist nur das, was euch hilft, euch zu entwickeln, zu wachsen, euch selbst zu überwinden und euer Bewusstsein, eure Errungenschaften zu vermehren.

Ihr seid Wanderer, die ständig in unablässiger Bewegung sind. Selbst wenn ihr in Ruhe seid, legt ihr in eurer Welt weite Strecken zurück und fliegt mit eurem Planeten, mit eurem Sonnensystem und eurer Galaxie Tausende und Millionen von Kilometern.

Das ist das äußere Universum. Und es gibt ein anderes Universum, das innere, der Eingang in dieses Universum liegt in eurem Inneren, in eurem Herzen.

Euer nächster Schritt soll darin bestehen, diesen Eingang in eine andere Welt, in die göttliche Welt zu entdecken. Eine Welt, die nicht der Zeit untersteht und keinen Raum kennt. Die Welt des Allwissens und der Allvollkommenheit. Die Welt, aus der alles hervorgeht und wohin alles zurückkehrt. Eure Welt, euer Zuhause, eure wahre Realität, aus der ihr in die physische Welt gekommen seid und eure physische Welt erschaffen habt.

Millionen von Lichtwesen haben an der Erschaffung des manifestierten Universums, der äußeren Welt gearbeitet, und sie arbeiten auch weiterhin daran. Und jeder von euch arbeitet an diesem Werk, unabhängig davon, ob ihr euch dessen bewusst seid oder nicht. Ein Kind mag den Aufbau der Welt und ihre Komplexität nicht verstehen, doch es wurde geboren und lebt in dieser manifestierten Welt.

Dann wächst das Kind heran, erwirbt Kenntnisse und beteiligt sich bewusst am Aufbau der Welt und an ihren Aktivitäten.

Ihr seid Kinder. Ihr seid auf eurer Bewusstseinsebene nicht in der Lage, bewusst an der Erschaffung der Welten teilzunehmen und diese Welten in Ordnung und Reinheit zu halten. Aber die Zeit ist gekommen, in der ihr erwachsen werden müsst.

Eure Abschlussprüfung, um in die Welt der Erwachsenen einzutreten, besteht darin, den Eingang in eurem Herzen zu finden, den Eingang zur wirklichen Welt Gottes.

Ich hoffe sehr, dass ihr alle, die diese Zeilen lesen, eure Abschlussprüfung bestehen könnt, die Prüfung, die euch das Recht gibt, zu Mitschöpfern Gottes zu werden und den Plan Gottes für dieses Universum bewusst zu verwirklichen. Ihr müsst durch eine enge geheime Tür gehen, die in eurem Herzen, in seiner geheimen Kammer verborgen ist.

Und wer auch immer euch in die verlockenden Weiten des Kosmos ruft, um ferne Welten zu erkennen, die jenseits der Grenzen eurer selbst liegen, glaubt ihm nicht. Alle Welten, der Zugang zu fernen Welten und anderen Welten, sind in eurem Herzen. Der Schlüssel zur Tür in eurem Herzen ist die Liebe.

Und ihr öffnet diese Tür mit Hilfe eures Bewusstseins, eures göttlichen Bewusstseins.

Euer äußeres Bewusstsein und euer äußerer Verstand werden euch im Wege stehen. Und sie werden euch immer neue Hindernisse in euren Weg legen.

Aber jetzt wisst ihr, wo sich die geheime Tür zu dieser Welt befindet, woher ihr gekommen seid und wohin ihr zurückkehren müsst. Versucht in euren Lebensprüfungen den Schlüssel zu dieser Tür nicht zu verlieren. Und versucht, alles aus eurem Bewusstsein zu entfernen, was euch daran hindert, euch durch diese enge Tür zu zwängen.

Es gibt nichts in eurer Welt, was euch in der wirklichen Welt Gottes von Nutzen wäre, außer euren unschätzbaren Erfahrungen, die ihr während eurer Wanderungen durch Raum und Zeit bereits gesammelt habt und noch sammeln werdet.

Und wenn ihr euch daran erinnert, wozu ich euch in eure Welt geschickt habe, so habe ich euch geschickt, einen Schatz zu holen. Und dieser Schatz ist euer Kausalkörper. Es ist der größte Schatz, der kostbarste Schatz, euer Schatz, dem weder Rost noch Motten etwas anhaben können.

Viele von euch haben bereits ihren Schatz gefunden, für den ich euch in eure Welt geschickt habe. Und jetzt müsst ihr nach Hause zurückkehren. Ihr müsst euch daran erinnern, wer ihr seid und wozu ihr euch auf die Wanderungen durch eure Welt begeben habt.

Es ist an der Zeit, zur höheren Realität zu erwachen. Die Zeit ist genaht, und die Zeit ist gekommen.

Euch wurde der Weg gewiesen. Ihr kennt den Weg. Ihr verfügt über alles Notwendige, um nach Hause zurückzukehren. Ich rufe euch, meine Kinder.

Ich vermisse euch. Hört ihr mich?

Und wenn jemand von euch auf seiner Wanderung keinen Schatz gefunden hat, so verzweifelt nicht. Ich empfange euch auch ohne eure Schätze. Kehrt nur nach Hause zurück. Findet die geheime Tür in eurem Herzen.

Ich warte auf euch, meine Kinder.

ICH BIN Alpha, euer Vater im Himmel.

Ich erinnere euch daran, wie ihr mich treffen und in meine Schule der Mysterien kommen könnt

Gott Maitreya

2. Juni 2005

ICH BIN Maitreya und bin wieder durch diese Gesandte zu euch gekommen.

ICH BIN wegen der dringenden Notwendigkeit gekommen, Unterweisung, Lehre und Verständnis zu geben. Euer Bewusstsein erfordert ständiges Schleifen und Verfeinern. Ihr braucht eine tägliche Bewässerung eures Bewusstseins mit unserer Energie und unserer Weisheit. Seit Tausenden und Millionen von Jahren erhaltet ihr Weisheit aus der göttlichen Quelle. Es gibt Zeiten in eurem Leben, in denen ihr euch des Zugangs zur Weisheit des Himmels beraubt. Und in diesem Fall ist es sehr traurig zu beobachten, wie ihr durch den Wald der Irrtümer wandert und keinen Frieden und keine Zuflucht findet. Sehr viele meiner Schüler, obwohl sie die Früchte der Lehre und der Weisheit schon gekostet hatten, verließen aus irgendwelchen Gründen die Klassen meiner Schule und wollten meinen Unterricht nicht besuchen.

Ich bedauere es sehr. Ich bedauere es aufrichtig. Ich hoffe aber ebenso aufrichtig, dass nur einige Zeit vergeht und meine Schüler zurückkehren werden. Ich liebe alle meine Schüler. Und es gibt nichts in eurer Welt, was an Stärke und Kraft mit der Macht meiner Liebe vergleichbar wäre.

Viele verstehen nicht, dass ich die Prüfungen und Tests, die ich meinen Schüler gebe und die ihnen sehr grausam und unerträglich schwer erscheinen, aus einem Gefühl grenzenloser Liebe zu den Seelen dieser Individuen gebe. Ich gebe die Tests für jene Eigenschaften, die von euch durchgearbeitet werden müssen. Für jene Eigenschaften, an denen ihr vor allem arbeiten und auf die ihr eure Aufmerksamkeit richten müsst.

Leider ist es so, dass diese Eigenschaften, wenn man euch an sie erinnert, gerade jene Eigenschaften sind, die eure größten Mängel darstellen und die euch am stärksten anhaften.

Daher sind meine Tests für euch so schmerzhaft. Und ihr verlasst den Weg der Einweihungen und geht, um durch den Wald der Unwissenheit und des Leidens zu irren.

Viele Menschen kehren viele Male im Laufe eines Lebens und von Leben zu Leben zu mir zurück, aber verlassen dann wieder meinen Unterricht.

Es erfordert eine unermessliche Geduld, um mit vielen sturen Schülern zu arbeiten, und nur das Gefühl der Liebe, das ich zu den Seelen diesen Individuen empfinde, ermöglicht es mir, sie immer wieder in meine Schule aufzunehmen und ihnen Unterricht zu erteilen, ihnen Wissen zu vermitteln und sie zu schulen.

Ich bin gekommen, um euch zu unterweisen, damit ihr eine Eigenschaft erlangt, die für euch besonders wichtig ist und die ihr am meisten benötigt. Euer Verstand ist sehr beweglich, und ihr könnt euch nicht lange auf einen Gegenstand oder ein Thema konzentrieren. Ihr findet eine neue Lehre oder ein neues Buch. Am Anfang seid ihr begeistert und zeigt viel Interesse, aber nach einiger Zeit erlischt euer Streben. Der Funke eures Strebens erlischt, ohne jemals zur Flamme zu werden. Warum geschieht dies?

Ihr braucht die Disziplin eines Schülers. Wenn ihr nicht täglich euren unruhigen Verstand bewältigen, dann nimmt euer fleischlicher Verstand euch vollständig in Besitz, und ihr werdet nicht länger Herr über euer eigenes Schicksal sein. Euer allzu geschäftiger Verstand wird euch jeden Tag mit immer neuen Lehren, Wissen, Informationen, Unterhaltung versorgen. Und ihr werdet erst nach einer Sache greifen, dann nach einer anderen, dann nach einer dritten. Es ist schmerzhaft zu beobachten, wie viele von euch ihr ganzes Leben lang von einer Lehre zur anderen laufen, erst ein Buch nehmen, dann ein anderes, erst Interesse an einem Lehrer zeigen, dann an einem anderen. Ihr werdet wie vom Wind durch das Leben getragen. Und alles nur deshalb, weil euch die Disziplin des Verstandes fehlt.

In fast jeder Lehre, zu der ihr vom Wind getrieben werdet, könnt ihr wenigstens ein Körnchen Wahrheit finden. Doch euer Streben reicht nicht einmal dazu, selbst geringe Anstrengungen zu unternehmen, um diese Körner der Wahrheit zu finden. Und am Ende klammert ihr euch an jene

Lehrer und an jene Lehre, die von euch keine Anstrengungen erfordern. Und ihr seid beruhigt, dass ihr endlich das gefunden habt, was ihr suchtet. Ihr verkriecht euch wie Kakerlaken in den Ritzen und Spalten und wollt nicht ins Licht hinausgehen. Und wieder ist an allem euer Verstand schuldig, der in diesem Fall seine Eigenschaft der Trägheit manifestiert und sich nicht ändern will.

Alle Schüler, die mich und meinen Unterricht verlassen haben, irren zwischen verschiedenen Lehren und Sekten umher, oder sie haben sich in den Ritzen und Spalten irgendwelcher religiösen Gruppen oder Sekten verkrochen und wollen keine Initiative mehr ergreifen und sich nirgendwohin bewegen. Im ersten Fall versuchen sie Frieden für ihre Seele zu finden, und dies lässt sie auf der Suche nach einem spirituellen Allheilmittel die Welt durchwandern. Im zweiten Fall reden sie sich ein und denken, sie hätten bereits ein Allheilmittel für all ihr Leid und Unheil gefunden, und sie hätten eine wahre Lehre gefunden, und ihre Aufgabe sei es jetzt dazusitzen und auf die Erleuchtung zu warten.

Es gibt nur einen Weg, der euch nach Hause zurückführt, in eure wirkliche Welt, in eure wahre Realität. Und dieser Weg ist der Weg der Befreiung von eurem Ego. Es gibt keinen anderen Weg und keine andere Möglichkeit, nach Hause zurückzukehren.

Gott hat jedoch alles so vorausgesehen und alles so arrangiert, dass ihr euer Ziel ohnehin erreichen werdet, welchen Weg ihr auch geht. Und wie lange ihr auch durch das Dickicht des Waldes der Irrtümer wandert, ihr werdet immer einen Ausweg finden und nach Hause zurückkehren. Eine Ausnahme bilden nur jene Seelen, die hartnäckig dem göttlichen Gesetz nicht folgen wollen. Doch von ihnen rede ich jetzt nicht. Ich versuche in diesem Gespräch das Bewusstsein meiner Schüler zu erreichen, die meine Klassen besucht haben und unter meiner Leitung unterrichtet wurden, die es aber vorzogen, vor den Schwierigkeiten und Prüfungen davonzulaufen und nach einem leichteren Weg zu suchen.

Aber wohin ihr auch geht und was auch immer euch in eurem Leben begegnet, alle Umstände werden sich so entwickeln, dass ihr euch von eurem Ego trennen müsst. Eure Existenz in eurer Welt zieht automatisch solche Situationen zu euch hin, die euch dazu zwingen, diejenigen eurer

Eigenschaften aufzugeben, auf die ich euch während eurer Tests und Prüfungen hingewiesen habe, von denen ihr euch aber nicht sofort trennen wolltet, und es vorzogt, den Einweihungen davonzulaufen und nach einem leichteren Weg zu suchen. Geliebte Chelas, ihr könnt nicht davonlaufen. Ihr könnt der Energie, die in euch vorhanden ist, nirgendwohin entkommen, bis ihr es aus freiem Willen vorzieht, euch von dieser Energie zu trennen, wie sehr ihr euch auch dagegen sträubt und wie schmerzhaft und grausam es euch auch erscheinen mag.

Der Weg der Einweihungen in meiner Schule ist kürzer, aber auch schmerzhafter. Und nur euer Ego und das Gefühl von Selbstmitleid veranlassen euch dazu, vor meinen Einweihungen davonzulaufen und mich zu meiden. Aber ich bin immer bereit, euch wieder in meine Schule der Mysterien aufzunehmen. Und falls ihr es auf euren Irrwegen durch den Wald der Unwissenheit vergessen habt, so erinnere ich euch daran, wie ihr euch mit mir treffen und in meine Schule kommen könnt.

Angesichts der Erfordernisse der Zeit müsst ihr nicht in irgendein Land am anderen Ende der Welt reisen, um in meine Schule der Mysterien einzutreten. Ich komme selbst zu euch auf euren Ruf hin, wo auch immer ihr euch auf dem Erdball befindet.

Ihr müsst euch nur auf meine Gegenwart vorbereiten. Solange ihr von euren menschlichen Gedanken und Gefühlen umgeben seid, kann ich mich euch nicht nähern. Für mich ist es notwendig, dass ihr euch wenigstens für kurze Zeit ganz von euren Gedanken und Gefühlen befreit. Für mich ist es notwendig, dass ihr eure Schwingungen auf das höchstmögliche Niveau anhebt, das euch zugänglich ist.

Ich kann mich nicht dort aufhalten, wo viele Menschen sind. Ich kann mich nicht dort aufhalten, wo allerlei modernen Lautsprecher eingeschaltet sind. Ich kann nicht bei euch sein, wenn ihr mit etwas anderem beschäftigt seid, was eure Aufmerksamkeit ablenken kann. Ihr müsst euch ganz auf euer Herz konzentrieren. Und ihr müsst euch in völliger Stille und Harmonie befinden. In diesem Zustand könnt ihr eine Anrufung machen und mich einladen, im Namen des ICH BIN WAS ICH BIN in euren Tempel einzutreten. Und ich werde zu euch in euer Herz kommen und euch jene Unterweisung geben, die ihr am meisten braucht, und ich werde euch jenes

Wissen und jene Schulung geben, die für euch notwendig sind. Meine Schüler kennen meine Schwingungen. Und meine Schüler sind bereit, viele Monate und viele Jahre lang auf meine Ankunft zu warten, bis ich ihren Zustand und ihr Streben für geeignet halte, um meinen Unterricht fortzusetzen.

Ich komme durch meine Schüler in diese Welt. Deshalb rufe ich diejenigen meiner Schüler, die durch einen Wald von Irrtümern wandern, dazu auf, innezuhalten und nachzudenken, ob die Zeit nicht gekommen ist, in meine Schule der Mysterien zurückzukehren und sich wieder auf die Schulbank zu setzen.

ICH BIN Gott Maitreya,
der zukünftige Buddha.

Ich wünsche euch den Sieg!

Der Geliebte Lanello

3. Juni 2005

ICH BIN Lanello, und ich bin wieder durch diese Gesandte zu euch gekommen.

Heute werden wir ein weiteres Mal über euren Weg und euren Dienst sprechen. Jedes Mal, wenn wir kommen, um euch eine Botschaft zu geben, verfolgen wir nur ein einziges Ziel – euer Bewusstsein zu erhöhen, euren Blick gen Himmel zu richten und euch eurem gewohnten Kreis von Interessen zu entreißen.

So wenig im Leben um euch herum enthält echte Werte, die von göttlichen Schwingungen erfüllt sind. Alles, was euch umgibt, entspricht der Ebene des Massenbewusstseins der Menschen. Und damit ihr euch von eurem gesellschaftlichen Umfeld und von dem euch umgebenden Informationsfeld und überhaupt von allem losreißen könnt, was euch umgibt, müsst ihr jetzt und in Zukunft erhebliche Anstrengungen unternehmen.

Wenn ihr von ganzem Herzen euer Bewusstsein ändern und es dem göttlichen Vorbild annähern möchtet, müsst ihr euch im wahrsten Sinne des Wortes dazu zwingen, eure gewohnte Lebensweise, eure Verhaltensnormen, eure Gewohnheiten aufzugeben.

Ihr müsst ein anderer Mensch werden. Ihr könnt alles in eurer Umgebung verändern, aber am schwierigsten ist es, euer Bewusstsein zu ändern.

Sehr viele Menschen der heutigen Zeit umgeben sich mit den Wundern der modernen Technik, mit den neuesten Computern und der neuesten Audio- und Videotechnik, doch ihr Bewusstseinsniveau ist nach wie vor dasjenige eines Wilden, der in einer Höhle am Feuer sitzt und sein Stück Fleisch zu den Klängen des Tamburins und der Trommel verschlingt.

Ihr könnt das modernste Auto fahren und die modischste Kleidung tragen, doch euer Bewusstsein wird nach wie vor auf dem Niveau eines Höhlenmenschen bleiben.

Daher ist der Weg in eurer Zeit so schwierig wie nie zuvor. Zu viele Versuchungen umgeben euch, und es ist nicht leicht, ein hohes spirituelles Niveau aufrechtzuerhalten, während ihr euch im Dickicht eures Lebens, im Dschungel eurer Städte aufhaltet.

Die ganze Wirklichkeit, die euch umgibt, wird der Veränderung unterliegen. Der Mensch muss sein göttliches Potenzial entfalten und der Natur näher kommen. Das Leben muss möglichst einfach und reich an inneren Inhalten sein und nicht an äußeren Vergnügungen, die, wenn ihr darüber nachdenkt, den Vergnügungen der Wilden ähnlich sind. Und wie der moderne Mensch sich manchmal mit Schmuck behängt, gleicht sehr der Art, wie Wilde sich schmücken.

An der Art und Weise, wie ein Mensch sich kleidet, welche Musik er hört, welchen Lebensstil er bevorzugt, kann man das Niveau seiner spirituellen Errungenschaften, seinen spirituellen Fortschritt oder seinen Verfall beurteilen.

Und wenn ihr die menschliche Gesellschaft von unserem aufgestiegenen Bewusstseinszustand aus betrachten würdet, so würde euch als Erstes auffallen, dass die Menschheit in ihrem Entwicklungsstand im Durchschnitt den Entwicklungsstand von Wilden nicht übersteigt.

Es fällt euch sehr schwer, das Glitzerzeug um euch, das Trugbild des Lebens aufzugeben. Und wenn ihr sorgfältig und unvoreingenommen alles analysiert, was euch in eurem Leben umgibt und womit ihr euch den größten Teil des Tages beschäftigt, so werdet ihr überrascht feststellen, dass ihr neunzig Prozent eurer Zeit auf Erden vom Standpunkt eurer Vervollkommnung in Gott völlig nutzlos verbringt.

Und tatsächlich müsst ihr nicht unbedingt zum Meditieren in die Wüste oder in die Berge gehen, um euch in Gott zu vervollkommnen.

Euer Leben unter den Bedingungen eurer Wirklichkeit bietet euch die besten Voraussetzungen für eure Vervollkommnung in Gott und für die Entwicklung eures Bewusstseins.

Es geht um den richtigen Blickwinkel für alles, was in eurem Leben um euch und in eurem Inneren geschieht. Es geht darum, wie ihr auf alles reagiert, was mit euch geschieht, und wie ihr die euch umgebende Wirklichkeit wahrnehmt.

Wenn euer göttlicher Plan es vorgesehen hätte, dass ihr das Gleichgewicht für den Planeten Erde aufrechterhaltet, indem ihr euch in ständiger Meditation befindet, so wäret ihr irgendwo in Tibet oder Indien geboren worden.

Ihr wurdet jedoch in Russland, in Amerika oder in Europa geboren. Und ihr müsst eure Bestimmung, euren göttlichen Plan genau dort erfüllen, wo ihr geboren wurdet.

Und im Großen und Ganzen läuft euer göttlicher Plan nur auf eines hinaus – ihr müsst euer Bewusstsein auf einer möglichst hohen Ebene halten und danach streben, die Ebene des göttlichen Bewusstseins zu erreichen, während ihr mitten im Leben steht.

Es wäre falsch, wenn ihr die Empfehlungen in diesen Botschaften so verstehen würdet, dass ihr euch irgendwo im Wald niederlassen müsstet, um zu meditieren Nein! Ihr müsst mitten im Leben stehen, eure täglichen Verpflichtungen in der Familie und bei der Arbeit erfüllen und gleichzeitig euer Bewusstsein ständig auf einem möglichst hohen Niveau halten.

Ihr müsst in eurem täglichen Leben die göttlichen Verhaltensnormen und die höchsten moralisch-sittlichen und spirituellen Normen einhalten.

Die Gebote zu kennen und die Gebote zu befolgen, das sind zwei völlig verschiedene Dinge. Ihr könnt alle Verhaltensnormen und Verhaltensstandards sehr gut kennen und sogar aufmerksam mitverfolgen, wie eure Freunde und Bekannten diese Verhaltensnormen nicht einhalten. Aber aus irgendwelchen Gründen meint ihr, dass ihr selbst gegen diese Normen verstoßen dürft. Es kostet euren fleischlichen Verstand nichts, euch zu überreden, so zu handeln, wie es euch beliebt, selbst wenn es den moralischen und sittlich-ethischen Normen widerspricht, die ihr für absolut richtig haltet und denen ihr zu folgen bereit seid.

Daher müsst ihr euch selbst sorgfältig beobachten und all jene Momente im Auge behalten, in denen ihr ständig ausrutscht.

Ihr wisst, dass ihr niemanden verurteilen dürft. Ihr dürft niemanden richten. Aber beobachtet euch selbst. Wie viele Male am Tag habt ihr gerade über das Verhalten anderer Menschen geurteilt, wie viele Male habt ihr eure Mitmenschen zu den gefallenen Engeln gezählt und zu den Menschen, die von Gott verlassen sind?

Ihr fällt solche Urteile über andere Menschen mit erstaunlicher Leichtigkeit. Aber warum fällt es euch so schwer, euer eigenes Handeln objektiv zu bewerten?

Es ist nicht so schlimm, wenn ihr einen Fehler gemacht und sogar eine ernste Sünde begangen habt. Und es ist nicht einmal so wichtig, wie viele Male ihr in eurem Leben diese Sünde begangen habt. Viel wichtiger ist, dass ihr eure Unzulänglichkeit überwinden, euch über sie erheben könnt.

Kehrt nicht zu eurer Vergangenheit zurück und kostet nicht immer wieder die Details eurer falschen Taten und Handlungen aus. Eure Aufgabe ist es, eure Eigenschaft zu bewerten und euch selbst zu sagen, dass diese Eigenschaft nicht göttlich ist, und sie für immer aufzugeben.

Dies ist das wahre Verhalten eines spirituellen Suchers! Es ist nicht wichtig, was eure Mitmenschen von euch denken. Wichtig ist nur, wer ihr wirklich seid.

Beurteilt euch selbst nach den strengsten Gesetzen, arbeitet solange an euch, bis ihr jede eurer Unzulänglichkeiten überwunden habt.

Und vergesst nie, solange ihr in der Verkörperung seid könnt ihr nicht vollkommen sein.

Um in der Verkörperung zu bleiben, müsst ihr ständig eine bestimmte Menge negativer Energie auf euch nehmen und sie durch euer Handeln, durch eure Gedanken und eure Gefühle in vollkommene göttliche Energie umwandeln.

Wenn ihr euer persönliches Karma abgearbeitet habt, nehmt ihr einen Teil des Karmas der Stadt, in der ihr lebt, des Landes und des Planeten auf euch.

Ihr befindet euch ständig inmitten unvollkommener Energien und überwindet durch euer Bewusstsein, durch euer Verständnis alle Hindernisse und Barrieren und wandelt dadurch alle negativen Energien um, die in eure Aura eindringen, und ihr erarbeitet eure Verdienste, schafft die Schätze eures Kausalkörpers.

Deshalb könnt ihr ständig in eurem Bewusstsein das Bild eines Kämpfers halten, eines Ritters, der mit der ganzen Unvollkommenheit der Welt kämpft. Ihr nehmt die Unvollkommenheit in euch auf und überwindet sie. Ihr nehmt alle gegen euch gerichteten Pfeile in euch auf und transformiert sie in die Blütenblätter von Rosen mit Hilfe der Energie der Liebe und der Hingabe. Durch euren Mut und eure Ehre. Mit Hilfe jener Eigenschaften, die einem wahren Kämpfer innewohnen.

Jeder dieser Kämpfer des Lichtes ist imstande, eine gewaltige Last des planetarischen Karmas zu tragen.

Vergesst niemals, dass die Transmutation von Karma nicht nur durch Dekrete, Gebete und Meditationen erfolgt. Ihr leistet euren Dienst unablässig, während ihr mitten im Leben steht, die richtigen Entscheidungen trefft und durch euer persönliches Beispiel anderen Menschen den Weg zeigt.

Gebete und Meditationen sind Mittel, die euch helfen, euer Bewusstsein auf einem hohen Niveau zu halten. Doch der wichtigste Kampf spielt sich in eurem täglichen Leben ab, inmitten der Nichtigkeiten und Wechselfälle des Lebens.

Einst wurde das Karma auf dem Schlachtfeld entfesselt. Jetzt befindet ihr euch ebenfalls auf dem Schlachtfeld und ihr zeigt alle Wunder der Tapferkeit und des Heldentums, indem ihr mit den Problemen und Wechselfällen eures Lebens kämpft. Indem ihr euren Wohlstand opfert, indem ihr eure freie Zeit opfert, um die göttlichen Vorbilder und Muster in eurer Welt zu bejahen.

Ich wünsche euch den Sieg!

Den Sieg über eure Unzulänglichkeiten und den Sieg, die göttlichen Grundsätze in eurem Alltagsleben zu bejahen!

ICH BIN Lanello.
Immer der Sieg!

Wir warten geduldig auf euer Erwachen und auf eure Bereitschaft

Gautama Buddha
4. Juni 2005

ICH BIN Gautama Buddha, und ich bin wieder zu euch gekommen.

Das Bewusstsein eines jeden menschlichen Individuums ist das Wichtigste. Euer Bewusstsein ist das, was euch, so wie ihr jetzt seid, überleben wird. Euer Bewusstsein wird in den höheren Welten existieren. Daher ist das Einzige, wozu es Sinn macht, in eurer Welt zu existieren, die Entwicklung eures Bewusstseins. Ihr müsst zwischen dem Intellekt und eurem Bewusstsein unterscheiden. Ihr müsst zwischen euren Fähigkeiten und Fertigkeiten und eurem Bewusstsein unterscheiden.

Es gibt den niederen Teil eures Bewusstseins, der die Fertigkeiten und die Erfahrungen bewahrt, die für eure Existenz in der physischen Welt erforderlich sind. Und es gibt den höheren Teil eures Bewusstseins, der für eure Existenz in den feinstofflichen Welten erforderlich ist.

Und dieser Teil eures Bewusstseins muss entwickelt werden. Ihr könnt euch beispielsweise in einem Flugzeug nicht einfach ans Steuer setzen und losfliegen. Um dies tun zu können, müsst ihr eine Schulung absolvieren und eine Vorstellung davon gewinnen, wie man ein Flugzeug steuert. Erst danach könnt ihr losfliegen. Und in ähnlicher Weise muss der Teil eures Bewusstseins, den ihr für den Aufenthalt in den feinstofflichen Welten braucht, geschult werden und Erfahrungen sammeln.

Die Schwierigkeit besteht darin, dass ihr die Fähigkeit erlangen müsst, euch in einer Welt aufzuhalten, von der ihr euch mit Hilfe eurer physischen Sinnesorgane keine Vorstellung machen könnt. Eure physischen Sinnesorgane nehmen nur einen begrenzten Bereich der Wirklichkeit wahr. Ihr könnt nur das wahrnehmen, was auf den niedrigen Frequenzen schwingt, die der materiellen Welt entsprechen. In euch ist jedoch ein riesiges Potenzial angelegt. Und der Schwingungsbereich, den eure Sinnesorgane wahrnehmen können, kann bereits jetzt erweitert werden.

Und viele Menschen sehen das, was andere nicht sehen. Die Grenze, die die feinstofflichen Welten von eurer physischen Welt trennt, verschwimmt allmählich. Eure Feinfühligkeit für die Wahrnehmung der feinstofflichen Welten wird durch die Umgebung in eurer Welt unterdrückt. Der ständige Aufenthalt in Menschenmengen und die ständige Betäubung durch den Lärm aus Lautsprecheranlagen senkt eure Schwingungen und lässt es nicht zu, dass ihr den Bereich eurer Wahrnehmung der Welt erweitert.

Der menschliche Organismus enthält in seinem Potenzial alle notwendigen Werkzeuge und Sinnesorgane, die euch ermöglichen, euch in den feinstofflichen Welten aufzuhalten und die feinstofflichen Welten wahrzunehmen. Und nur die Bedingungen eures Aufenthalts auf der Erde hindern euch daran, schon jetzt die Aufgestiegenen Lichtwesen zu sehen und zu hören, und mit den Meistern zu kommunizieren.

Aus diesem Grund sind in der heutigen Zeit erhebliche Anstrengungen erforderlich, um eine solche Verbindung herzustellen. Ihr müsst euch sehr starke Einschränkungen auferlegen, um in Kontakt mit den Aufgestiegenen Lichtwesen zu kommen. Und dies betrifft vor allem die Einschränkung eurer Beziehungen zu Menschen und den Ausschluss eines jeglichen Einflusses der Massenmedien.

Und je näher ihr der Natur seid, desto leichter wird es euch fallen, eine solche Verbindung herzustellen. Der Unterschied zwischen unseren Welten besteht in ihrem unterschiedlichen Schwingungsniveau. Wenn ihr daher eure Schwingungen erhöht, erlangt ihr automatisch und beinahe unweigerlich die Fähigkeit, mit unserer Welt zu kommunizieren.

Und tatsächlich ist jeder Mensch, der sich jetzt in der Verkörperung befindet, in seinem Potenzial fähig, die Verbindung mit den Aufgestiegenen Lichtwesen herzustellen.

Aber damit unsere Kommunikation stattfinden kann, müsst ihr sehr vieles von dem opfern, was es in eurer Welt gibt.

Ihr müsst sehr achtsam in Bezug auf euren Bekanntenkreis und alle eure Kontakte vorgehen.

Ihr müsst alles ausschließen, was euch negativ beeinflussen kann und was zur Massenkultur eurer Welt gehört.

Alles ist von Bedeutung. Selbst die Schwingungen der Nahrung, die ihr zu euch nehmt. Habt ihr mal darüber nachgedacht, dass ein Mensch, der Essen zubereitet, es mit seinen Energien anreichert? Und wenn der Mensch, der das Essen zubereitet, sich nicht durch eine Reinheit der Gedanken auszeichnet, so werdet ihr mit jeder von ihm zubereiteten Mahlzeit euren Organismus mit minderwertigen Energien nähren, die in diesem Essen enthalten sind. Am Anfang könnt ihr eure Nahrung vor dem Beginn jeder Mahlzeit segnen, um sie von negativen Energien zu reinigen. In den späteren Abschnitten eurer Entwicklung müsst ihr gänzlich auf Speisen verzichten, die von Fremden zubereitet wurden, und möglicherweise sogar dazu übergehen, euer Essen eigenhändig zuzubereiten. Wenn ihr einen bestimmten Grad der Reinheit erreicht habt, der es euch erlaubt, mit den Aufgestiegenen Lichtwesen zu kommunizieren, so könnt ihr euch an Speisen vergiften, die minderwertige Schwingungen enthalten, selbst wenn diese Speisen frisch zubereitet wurden und euch in allen rein physischen Aspekten nicht schaden können.

Daher müssen Menschen, die sich ernsthaft dazu entschieden haben, den spirituellen Weg zu beschreiten, sehr sorgfältig auf ihre Umgebung in der physischen Welt achten.

Natürlich wäre es ideal, wenn solche spirituell entwickelten Menschen in abgesonderten Gemeinschaften fernab der Zivilisation leben würden. Und mit der Zeit werden solche spirituellen Zentren gegründet werden und eine große Entwicklung erfahren.

Es gibt keine Empfehlungen dafür, wie jeder von euch sein Leben gestalten soll, außer den allgemeinen Empfehlungen, die wir euch geben. Aber wie ihr unsere Empfehlungen konkret in eurem Leben umsetzt, müsst ihr selbst entscheiden. Vergesst nie, dass ihr euch zu nichts zwingen sollt. Die wahre evolutionäre Entwicklung gemäß den göttlichen Gesetzen erfordert keinerlei Zwang oder Gewalt, weder durch andere Menschen noch durch euch selbst.

Wenn ihr nicht bereit seid, in ein neues Stadium einzutreten, sollt ihr euch nicht dazu zwingen, Einschränkungen zu erfüllen, die ihr noch nicht auf euch nehmen könnt, weil euer Bewusstsein dafür nicht bereit ist. Ihr müsst wissen, wonach ihr strebt, aber ihr sollt euch nicht dazu zwingen.

Wenn ihr eine innere Unvollkommenheit habt, die euch daran hindert, auf die nächste Stufe aufzusteigen, so ist die Tatsache, dass ihr euch dieser Unvollkommenheit in eurem Inneren bewusst seid, bereits eine Garantie dafür, dass ihr euch früher oder später von dieser Unvollkommenheit befreien werdet.

Wenn euer Geschirr einen Fleck hat, kann es sein, dass er sich nicht mit einem Mal beseitigen lässt. Doch wenn ihr euch jeden Tag bemüht, diesen Fleck zu entfernen, so wird es euch früher oder später gelingen, das Geschirr zu reinigen.

Genau das gleiche Prinzip gilt für die Veränderung eures Bewusstseins. Ihr ändert euer Bewusstsein ständig, während eures gesamten Lebens. Am wichtigsten ist es zu wissen, wonach ihr streben müsst, und täglich euer Streben zu manifestieren.

Versteht, dass jeder von euch auf einer unterschiedlichen Stufe der Entwicklung steht. Daher ist das, was für den einen leicht ist, für einen anderen eine unerfüllbare Aufgabe. Und es können noch viele weitere Leben vergehen, bevor ein Mensch imstande sein wird, auf die nächste Stufe der Entwicklung seines Bewusstseins aufzusteigen.

Die Erde bietet Individuen, die sich in sehr unterschiedlichen Stadien der Entwicklung des Bewusstseins befinden, die Möglichkeit zur Entwicklung.

Und wenn ein Mensch gemäß dem Stand der Entwicklung seines Bewusstseins für die Kommunikation mit den Aufgestiegenen Lichtwesen nicht bereit ist, so werden beispielsweise diese Botschaften für ihn unverständlich und langweilig sein. Er wird nicht imstande sein, aus der Lektüre dieser Botschaften Nutzen für sich persönlich zu ziehen. Und wenn ein Mensch sich bereits auf einer sehr hohen Stufe der spirituellen Entwicklung befindet, so werden ihm diese Botschaften nichts Neues bringen.

Aber es gibt Menschen, die auf jede Botschaft warten und spüren, wie mit jeder Botschaft die göttliche Energie in ihre Aura einströmt.

Ihr müsst sehr geduldig sein. Ihr müsst liebevoll und mitfühlend gegenüber den Menschen sein, die nicht in der Lage sind, mit ihrem Bewusstsein jene feinstofflichen Schwingungen wahrzunehmen, die in diesen Botschaften enthalten sind.

Die Zeit wird kommen, wenn auch sie in der Lage sein werden, die zärtliche und liebevolle Energie zu spüren, die wir euch geben.

Ein wahrer Gärtner zwingt niemals eine Rose, ihre Blütenblätter zu öffnen. Die Zeit wird kommen und die Knospe wird sich den sanften Sonnenstrahlen und einem neuen Tag öffnen.

Daher warten wir geduldig auf euer Erwachen und eure Bereitschaft. Und wir senden einfach zärtliche Strahlen unserer Liebe und unseres Segens in eure Welt, in euer Wesen.

Euer Bewusstsein ist wie die Knospe einer Rose, die zum Blühen bereit ist. Und ich verstumme in der Vorfreude, wenn sich die Blüte eures Bewusstseins in der Stille öffnet und alles um euch herum mit ihrem Wohlgeruch erfüllt.

ICH BIN Gautama Buddha.

Ihr müsst lernen, keine negativen Gefühle gegen eure Feinde zu empfinden

Der Geliebte Jesus

5. Juni 2005

ICH BIN Jesus, und ich bin an diesem Tag zu euch gekommen.

Habt ihr auf mich gewartet? Verspürt ihr das Bedürfnis, dass wir unsere Lehre und unsere Unterweisungen fortsetzen?

Es gibt viele Verlockungen und Versuchungen in eurer Welt, und in dem Umfeld dieser Fülle von Verlockungen und Versuchungen fällt es euch sehr schwer, die wahren Schwingungen, die unserer Welt eigen sind, von den niederen Schwingungen der astralen und mentalen Ebene zu unterscheiden. Es ist aber erforderlich, dass ihr die Unterscheidung trefft. Denn wenn ihr in eurem Bewusstsein keine klare Richtung habt, der ihr zu folgen entscheidet, so verzögert ihr euer Fortschreiten auf dem Weg.

Daher stellt sich jedem von euch, der diese Botschaften liest, die Frage der Echtheit der Botschaften. Ich bin mir der Schwierigkeiten, mit denen ihr konfrontiert werdet, durchaus bewusst. Und wirklich, wie könnt ihr eure Unterscheidung treffen?

Als Erstes müsst ihr eure Aufmerksamkeit auf die Informationskomponente der Botschaften richten. Enthält der Informationsteil irgendetwas, was im Widerspruch zu eurer inneren Orientierung steht? Da bei den meisten von euch der fleischliche Verstand stark ist, ist es für euch am einfachsten, die Informationskomponente zu analysieren. Und wenn ihr keinerlei Mängel oder große Abweichungen von euren inneren Überzeugungen feststellt, könnt ihr mit der Analyse der nächsten Komponente dieser Botschaften beginnen.

Gibt es in diesen Botschaften etwas, was euren freien Willen verletzen kann? Gibt es irgendetwas in der Lehre, die wir durch diese Gesandte geben, was euch dazu zwingt, auf eine bestimmte Art und Weise zu handeln? Gibt es etwas, was euch dazu bringt, gegeneuren Interessen zu handeln? Verwechselt dabei aber bitte nicht eure Interessen als Schüler auf dem Weg mit den Interessen eures Egos. Die Interessen eures Egos stehen in direktem Gegensatz zu den Interessen des höheren Teils euer selbst. Gerade euer innerer Widerspruch wird daher meistens zum Hindernis für die Wahrnehmung dieser Botschaften. Ihr beginnt zu zweifeln und versucht unter euren Freunden und Bekannten eine Bestätigung für die Echtheit oder Falschheit der Quelle dieser Botschaften zu finden. Und ihr vergesst, dass alles davon abhängt, was in euch selbst überwiegt. Wenn euer fleischlicher Verstand, euer Ego in euch vorherrscht, so werdet ihr höchstwahrscheinlich nach einer Bestätigung suchen, dass die Quelle dieser Botschaften nicht göttlich ist und dass es nicht wert ist, den Informationen in diesen Botschaften Beachtung zu schenken. Und ihr werdet diese Bestätigung finden.

Euer fleischlicher Verstand ist sehr einfallsreich und gewandt, wenn seine beherrschende Stellung in eurem Wesen auf dem Spiel steht. Er wird alle Anstrengungen unternehmen, um alle möglichen Beweise dafür zu finden, dass man diese Botschaften gar nicht lesen sollte. Denn für euren fleischlichen Verstand kommen die Informationen und insbesondere die Energien, die in diesen Botschaften enthalten sind, dem Tode gleich.

Nur in dem Fall, wenn ihr kurz vor dem Sieg über euer Ego steht, werdet ihr nach einem Beweis für die Wahrheit dieser Botschaften suchen, und ihr werdet ihn finden. Letztendlich erfüllen diese Botschaften, wenn sie systematisch gelesen werden, die Funktion, alles, was in euch wirklich ist, von allem zu trennen, was in euch nicht wirklich ist.

Und wenn ihr über die Frage entscheidet, ob diese Botschaften wahr oder falsch sind, so nehmt ihr in Wirklichkeit den Kampf mit eurem Ego auf, oder ihr übt umgekehrt zu viel Nachsicht mit ihm.

Und ihr wisst, dass jede wahre Lehre hauptsächlich dadurch gekennzeichnet ist, dass eine Trennung des Wirklichen vom Unwirklichen in euch selbst erzielt wird, die Trennung des Weizens von der Spreu in eurer Seele.

Selbst wenn diese Botschaften bei euch Gereiztheit und Zweifel hervorrufen, wird daher der Nutzen der Lektüre dieser Botschaften für eure Seele unbestreitbar sein. Eine andere Sache ist, dass der unwirkliche Teil eurer selbst versucht und weiter versuchen wird, euch davon zu überzeugen, dass ihr den Kampf mit der Quelle dieser Botschaften anfangen sollt. Und ihr werdet einen gerechten Zorn in eurem Inneren empfinden und alles tun, was in eurer Macht steht, um die Gesandte und ihre Verbindung mit unserer Welt zu verleumden. In diesem Fall erhaltet ihr auf der physischen Ebene ein unverkennbares Zeichen in Form eurer Gedanken, Gefühle und Handlungen, das euch besser als alle unsere Worte und Gespräche zeigt, dass etwas in euch nicht in Ordnung ist und dass ihr dringend Hilfe benötigt.

Jegliche Aggressionen und starke Emotionen, die beim Lesen dieser Botschaften aufkommen, sind in erster Linie ein Zeichen für euch selbst, dass ihr dringend an euch arbeiten müsst.

Ihr habt also den Informationsteil der Botschaften analysiert und mit eurem äußeren Bewusstsein verstanden, dass sie nichts enthalten, was für euch unannehmbar wäre. Und dennoch spürt ihr beim Lesen dieser Botschaften eine negative Reaktion. Dies deutet darauf hin, dass in euch selbst ein Kampf begonnen hat – die Trennung des Wirklichen vom Unwirklichen in euch selbst. Damit ist das Ziel der Botschaften erreicht.

Ihr müsst nur den Mut und die Kraft in euch finden und versuchen, euch über diese Situation zu erheben und sie unvoreingenommen zu analysieren, euer Bewusstsein zu erhöhen und euer Ego wenigstens für einige Zeit zu unterdrücken.

Jene Individuen, die, nachdem sie den Informationsgehalt der Botschaften analysiert und ihre Reaktion beim Lesen der Botschaften verfolgt haben, nichts Negatives, festgestellt haben, was eine negative Reaktion hervorruft, sind voll und ganz bereit, dem Weg der Lehre weiter zu folgen. Und sie sind entweder bereits unsere Schüler oder durchaus bereit, Chelas der Aufgestiegenen Meister zu werden.

Auf diese Weise haben wir die Möglichkeit, unsere Schüler zu finden, durch diese Botschaften den Kontakt mit ihnen aufzunehmen und mit unseren verkörperten Schülern zu arbeiten.

Für feinfühlige, empfindsame Herzen genügt der kleinste Hinweis, den wir in diesen Botschaften geben, damit sich ihr Blickwinkel ändert und ihrem forschenden Blick und aufrichtigen Herzen das enthüllt wird, was früher hinter dem Schleier verborgen war.

Daher werfen wir heute, wie auch vor zweitausend Jahren, die Netze weit aus und haben so die Möglichkeit, jene Seelen einzufangen, die bereit sind, unserem Weg zu folgen.

Unsere Schüler können zwischen den Schwingungen der Astralebene und den Schwingungen der höheren Oktaven unterscheiden. Unsere Schüler können zwischen der Disziplin, die von unseren Schülern verlangt wird, und der eigenen Unterwerfung unter den Willen falscher Lehrer und falscher Gesandter unterscheiden.

Unsere Schüler können unterscheiden, ob sie beim Lesen der Botschaften Energie erhalten oder Energie verlieren.

Und ich muss euch sagen, dass ihr freiwillig eure Energie an die Mächte der Finsternis abgebt, wenn ihr beim Lesen dieser Botschaften negative Emotionen empfindet.

Daher müsst ihr sehr sorgfältig alles analysieren, was in euch und außerhalb eurer selbst von dem Moment an geschieht, wenn ihr mit dem Lesen der Botschaften beginnt.

Durch diese Botschaften werdet ihr geschult, ihr erhaltet Wissen, und ihr verändert euer Bewusstsein, indem ihr einfach regelmäßig diese Botschaften lest und die Empfehlungen befolgt, die in ihnen dargelegt werden. Außerdem erhaltet ihr beim Lesen dieser Botschaften eine große Menge an Licht, und dieses Licht, das ihr in euch aufnehmt, kann jene Mächte der Finsternis gegen euch aufbringen, die sich in eurer Umgebung aufhalten. Jede Quelle des Lichtes in eurer dichten Welt irritiert und provoziert die Mächte der Finsternis zu aktiven Taten, die gegen die Quelle des Lichtes gerichtet sind.

Und wenn die Mächte der Finsternis anfangen, euch von allen Seiten anzugreifen, erinnert euch an die Lehre, die ich vor zweitausend Jahren gab. Und wenn man euch auf die linke Wange schlägt, benutzt einfach die stärkste Waffe aller Zeiten und Völker – haltet auch die andere Wange hin.

Ihr müsst eure Feinde lieben. Ihr müsst eure Feinde segnen. Eure Feinde geben euch die Möglichkeit, eure karmischen Schulden zu begleichen, und eure Feinde geben euch die Möglichkeit, eine Lektion zu erhalten und einen Test zu bestehen. Ich weiß, dass es euch in vielen Situationen schwerfallen wird, all die Anschuldigungen, Angriffe und

Drohungen, die gegen euch gerichtet sind in Demut und Dankbarkeit anzunehmen. Aber ihr müsst lernen, alles demütig und ergeben anzunehmen, was euer Los ist. Ihr selbst und nur ihr selbst entscheidet, in welchem Maße ihr euch mit Hilfe eurer gesellschaftlichen Strukturen und Einrichtungen schützen könnt, deren Aufgabe darin besteht, Streitigkeiten in einer Konfliktsituation beizulegen. Ihr müsst jedoch lernen, keine negativen Gefühle gegen eure Feinde zu empfinden. Die Menschen, die euch angreifen, beleidigen, kränken und erniedrigen, sind in ihrem Wesen unglücklich.

Ein Mensch, in dessen Herzen Gott wohnt, wird sich niemals erlauben, einem anderen Menschen Schaden zuzufügen.

Daher ist alles, was ihr tun könnt, wenn eure Feinde euch angreifen, ihnen zu vergeben und für sie zu beten. Denn sie wissen nicht, was sie tun. Ihr Bewusstsein ist getrübt und manchmal ganz von den Mächten der Finsternis vereinnahmt, und sie sind sich ihrer Handlungen wirklich nicht bewusst.

Nur ein von Unwissenheit getrübter Mensch wird es zulassen, dass die Mächte der Finsternis durch ihn handeln, verwerfliche Taten begehen und den heiligen Unschuldigen Schaden zufügen.

Es kann auch sein, dass Gott euch auserwählt, damit ihr das Feuer auf euch lenkt und zur Zielscheibe für die Mächte der Finsternis werdet, die durch andere Menschen handeln und sie für Übergriffe und böswillige Attacken einsetzen. Gott hat euch auserwählt, um euch einem Test zu unterziehen und gleichzeitig jenen Mächten die Möglichkeit zur Manifestation zu geben, die in einer solchen Situation ihre Masken der Heuchelei und Frömmigkeit abnehmen und ihre tierische Grimasse zeigen.

Vertraut euch der Fürsorge Gottes an. Gott kümmert sich um alle seine Schafe. Seid bereit, euren Leib zu opfern, doch bewahrt eure Seele. Die Wahrheit ist immer dort, wo selbst im Schmutz dieser Welt die erhabensten Gefühle wohnen. Denkt daran, dass ihr nur für euch selbst verantwortlich seid, für eure eigenen Reaktionen. Und wie unfair euch auch der Umgang anderer Menschen mit euch erscheinen mag, vergebt ihnen.

Liebt eure Feinde. Denn nur eure Liebe und eure Fürbitte können manchmal das Leben dieser Seelen retten, die von Unwissenheit besessen sind und nicht wissen, was sie tun.

Und euer Gebet für eure Feinde erlaubt es manchmal, die Hand der göttlichen Gerechtigkeit zurückzuhalten und dieser Seele noch eine weitere Chance zu geben, das Leben fortzusetzen.

Es war mir eine Freude, euch ein weiteres Mal diese Lehre zu geben. Und ich bin bereit, mich vor den Seelen vieler von euch tief zu verneigen. Denn eure Leiden, euer Elend und eure Verzweiflung übersteigen mitunter um vieles meine Leiden, die ich am Kreuz erlitten habe.

ICH BIN Jesus.

Eine Lehre über gutes Karma

Der Geliebte Kuthumi
6. Juni 2005

ICH BIN Kuthumi, und ich bin wieder zu euch gekommen. Der Zweck meines heutigen Kommens ist, euch mit einem weiteren Blick auf die Weltordnung vertraut zu machen. Eure Empfindungen beim Kontakt mit unserer Realität spiegeln nicht immer den tatsächlichen Zustand der Dinge wider. Ihr seid es gewohnt, die Welt durch eure Sinnesorgane wahrzunehmen, und ihr vertraut euren Sinnen vollkommen. Und wirklich, warum solltet ihr an etwas glauben, was ihr nicht seht, und in Übereinstimmung mit unseren Empfehlungen handeln, während ihr nicht einmal die Möglichkeit habt, euch mit uns direkt, ohne die Hilfe dieser Gesandten zu treffen?

Dies ist jedoch eine Frage eures Glaubens. Entweder ihr glaubt daran, dass die euch umgebende Welt nicht die gesamte Schöpfung ist und dass die Schöpfung als Ganzes in Wahrheit viel größer ist, oder ihr glaubt nicht daran.

Ihr könnt nicht beginnen, etwas zu begreifen, an dessen Existenz ihr nicht glaubt. Und ihr könnt nicht etwas wahrnehmen, von dem ihr genau wisst, dass es nicht existiert. Sobald ihr jedoch anfangt, an die reale Welt Gottes zu glauben, die für eure Sinne unsichtbar und nicht wahrnehmbar ist, die aber deswegen nicht weniger real ist, so werdet ihr sofort und beinahe augenblicklich beginnen, eine Vorstellung von unserer Welt zu bekommen.

Die feinstofflichen Welten berühren euch, und ihr seid ständig in Berührung mit den feinstofflichen Welten. Doch ihr schenkt unserer Realität einfach keine Beachtung. Aber unsere Kommunikation mit jedem von euch ist nicht nur möglich, sondern sie geschieht unablässig. Und ganz so, wie ihr Radiowellen nicht bemerkt, die ständig durch euch hindurchgehen, genauso berühren euch auch ständig die Schwingungen unserer Welt, und ihr nehmt sie nicht wahr. Aber wenn ihr euren Tempel entsprechend vorbereitet und vor allem an die Realität unserer Welt glaubt, könnt ihr unsere Welt unweigerlich empfinden.

Stellt euch vor, dass ich die Möglichkeit habe, mit euch zu sprechen. Ich komme zu euch und sitze euch gegenüber. Ihr seht mich nicht. Ihr seht mich aus zwei Gründen nicht. Der erste Grund ist, dass ihr meinen Besuch nicht erwartet und in eurem Bewusstsein für meinen Besuch nicht bereit seid. Und der zweite Grund ist, dass ihr meine Gegenwart mit euren physischen Sinnesorganen nicht wahrnehmt.

Welcher der beiden Gründe, die uns trennen, ist am bedeutendsten und am schwierigsten zu überwinden?

Ich werde euch sagen, dass es der erste ist. Wenn euer Bewusstsein zur Wahrnehmung der feinstofflichen Welt bereit ist, und wenn es zur Kommunikation mit den Aufgestiegenen Meistern bereit ist, dann werdet ihr mit uns zu kommunizieren beginnen, unabhängig davon, ob eure Sinnesorgane dies wahrnehmen oder nicht.

Euer Organismus verfügt über noch verborgene Fähigkeiten, schlummernde Begabungen, die es euch ermöglichen, zu hören, ohne zu hören, und zu sehen, ohne zu sehen, und beinahe augenblicklich Dinge zu wissen und Informationen zu empfangen ohne die Vermittlung von Gedanken und Worten, ohne die Vermittlung eurer physischen Sinnesorgane.

Das kommt euch fantastisch vor, aber wenn ihr euch die Geschichte der großen Erfindungen und Entdeckungen anseht, so werdet ihr eine erstaunliche Gesetzmäßigkeit feststellen. All diese Erfindungen und Entdeckungen kamen den Erfindern wie aus dem Nichts in die Köpfe. Ein Mensch konzentrierte sein Denken auf einen bestimmten Bereich menschlicher Aktivität, und er erhielt plötzlich eine Erleuchtung in Form von Kenntnissen, ohne zu wissen, wie sie in seinem Kopf erschienen.

Natürlich ist es sehr schwierig, einem Menschen ohne Kenntnisse beispielsweise im Bereich der Computerprogrammierung eine Vorstellung vom Wesen einer Erfindung in einem solchen Bereich des modernen Wissens wie dem Internet oder den modernen Kommunikationsmitteln zu geben. Doch ein Mensch, der über diese Kenntnisse verfügt, ist in der

Lage, neues Wissen zu empfangen, das in sein äußeres Bewusstsein gelangt ist und mit dem Gegenstand seiner Tätigkeit verbunden ist.

Und viele solche Dinge geschehen ganz spontan. Und der Mensch, der eine Erfindung gemacht hat, denkt manchmal nicht einmal darüber nach, wie diese Erfindung in seinen Kopf gelangte.

Auf die gleiche Weise könnt auch ihr, wenn ihr eine Vorstellung von den Aufgestiegenen Lichtwesen habt, Informationen von uns erhalten, die plötzlich in eurem Kopf erscheinen, und ihr könnt euch, selbst ohne zu verstehen wie dies geschehen ist, von diesen Informationen in eurer Tätigkeit leiten lassen.

Wenn ihr sorgfältig nachdenkt, dann erinnert sich sicherlich jeder von euch an einige Beispiele, wie er auf wundersame Weise verlorene Sachen wiederfand oder eine Vorstellung davon bekam, was er in einer schwierigen Situation tun sollte, oder wie er eine wunderbare Lösung für eine schwierige Lebenssituation erhielt, in die er geraten war.

All diese Wunder sind Eingriffe der feinstofflichen Welt in euer Leben. Und diese wunderbaren Zufälle werden entweder dank eurem Höheren Selbst oder dank dem Eingreifen der Aufgestiegenen Lichtwesen verwirklicht.

Die Schwierigkeit besteht auch noch darin, dass die Zeit in unseren Welten anders fließt. Und daher stimmt der Moment, in dem ihr um etwas bittet, nicht unbedingt mit dem Moment überein, in dem ihr das Gewünschte erhaltet. Natürlich können eure Bitten nur in dem Fall erfüllt werden, wenn ihr für die Erfüllung eurer Bitten über eine ausreichende Menge an gutem Karma verfügt.

Es erscheint für einen praktischen Menschen unvernünftig, sich völlig uneigennützig um irgendwelche guten Taten zu bemühen, ohne Rücksicht darauf, dass er in naher Zukunft für diese guten Taten auch belohnt wird.

Und der Grund dafür, dass ihr euch nicht dazu entschließen könnt und nicht gewillt seid, selbstlos gute Taten zu vollbringen, ist auch hier euer Unglaube an das göttliche Gesetz.

Ihr glaubt, dass, wenn ihr einer Kirche, einem Kinderheim oder einer Wohltätigkeitsorganisation Geld gespendet habt, ihr von Gott sofort mehr

Geld zurückerhalten solltet als das, was ihr für wohltätige Zwecke ausgegeben habt.

Meine Geliebten, alles hängt von dem Motiv ab, mit dem ihr euer Geld spendet. Wenn ihr euer Geld mit dem Zweck spendet, unbedingt eine Gegenleistung zu erhalten, oder euer Geld spendet, damit Gott eine von euch begangene Sünde vergisst, oder damit alle Menschen eure Großzügigkeit sehen können, so wird dieses Opfer kein gutes Karma für euch schaffen.

Ihr müsst gute Taten einfach vollbringen, ohne an die Folgen und Vorteile zu denken, die euch euer Opfer in Zukunft bringen wird.

In diesem Fall schafft ihr wirklich gutes Karma. Und dieses gute Karma kann euch helfen, wenn ihr in eine schwierige Situation geratet und eine Anrufung zu Gott macht und ihn um Hilfe bittet.

Gott wird euch helfen. Gott kann nicht anders, als euch zu helfen. Doch um euch zu helfen, wird jene Energie aus eurem Kausalkörper verwendet, die euer gutes Karma ausmacht.

Und wenn ihr im Moment eurer Bitte nicht über eine ausreichende Menge an gutem Karma verfügt, so werdet ihr die Hilfe, die ihr benötigt und um die ihr bittet, nicht bekommen.

Ihr erhaltet nur, was ihr der Welt sendet. Und wenn ihr in eurem ganzen Leben und in allen euren vergangenen Leben nicht eine einzige gute Tat begangen habt, warum meint ihr dann, dass Gott auf eure Bitte antworten wird, wenn ihr in Not geraten seid?

Wenn ich mich daher in der Verkörperung befände, würde ich an eurer Stelle versuchen, all meine Kräfte, meine ganze Energie und all meine finanziellen Mittel dafür einzusetzen, um den Lebewesen zu helfen, die eure Hilfe benötigen. In diesem Fall werden eure guten Taten in Form von Energie in eurem Kausalkörper angesammelt. Und dies ist so als würdet ihr Geld für schlechte Zeiten zurücklegen. Nur spart ihr euer Geld in Form von Energie in einer anderen Welt an. Und es gibt in eurer Welt keinen zuverlässigeren Ort, um diese Energie und eure Ersparnisse zu verwahren.

Doch ihr könnt auf diese eure Energie immer durch eine Anrufung an Gott zurückgreifen, in dem Moment, in dem ihr einmal göttliche Hilfe braucht.

Wenn ihr Gott anfleht und ruft „Bitte hilf mir, Gott!", und wenn zu diesem Zeitpunkt nicht genügend Energie in eurem Speicher im Himmel vorhanden ist, damit euch diese Hilfe erwiesen werden kann, so hadert daher nicht mit Gott, sondern nur mit euch selbst, denn ihr selbst habt euch nicht um euch gekümmert und nicht mit der notwendigen Menge an gutem Karma versorgt, keinen Vorrat an Verdiensten im Himmel geschaffen.

Ich habe euch heute eine sehr wichtige Lehre über gutes Karma gegeben. Und ich hoffe, dass ihr alle diese Lehre in die Praxis umsetzen könnt. Stellt euch vor, wie gut es wäre, wenn ihr diese Lehre als Leitfaden für euer Leben annehmen würdet. Wie wunderbar wäre es, wenn alle Menschen auf der Erde eifrig bestrebt wären, gutes Karma zu schaffen. Jeder von euch könnte alle erforderliche Hilfe von Menschen erhalten, die buchstäblich überall nach Menschen suchen würden, die ihre Hilfe benötigen. Und außerdem könntet ihr, wenn ihr die erforderliche Menge an gutem Karma schafft, Gott immer um Hilfe bitten und Hilfe bekommen.

Ich wünsche euch viel Erfolg bei eurer Praxis, gutes Karma zu schaffen. Und mögt ihr von jetzt an und bis zum Ende eures Lebens nur gutes Karma schaffen.

ICH BIN Kuthumi.

Es gibt einen Abschnitt des Weges, den ihr nicht allein, nicht ohne einen Wegführer bewältigen könnt

Der Geliebte Kuthumi

7. Juni 2005

ICH BIN Kuthumi, und ich bin wieder zu euch gekommen.

ICH BIN gekommen, um eure Ausbildung fortzusetzen. Und wie ihr wisst, versuchen wir alles zu tun, was in unserer Macht steht, damit all das Wissen, das ihr im Laufe dieser Botschaften erhaltet, von euch leicht aufgenommen werden kann und keine Verärgerung und Gereiztheit bei euch verursacht.

Euer Lernprozess ist mit dem Füttern kleiner Kinder vergleichbar. Wir wählen sorgfältig die Nahrung für euch aus und achten darauf, dass ihr nicht zu viel esst und gleichzeitig nicht hungrig bleibt.

Die Sorge für die Schüler ist die wichtigste Pflicht des Lehrers. Aber manchmal wird unsere Sorge für eure Seelen als eine Bestrafung oder ein Eingriff in eure Unabhängigkeit empfunden.

In Wirklichkeit beginnt ihr, wenn ihr unbeirrt den Weg beschreitet, anstatt des erwarteten Komforts und eines euch ständig begleitenden Gefühls der Seligkeit und Harmonie auf völlig unverständliche Dinge zu stoßen, die einer weiteren Klärung unsererseits bedürfen. Sobald wir sehen, dass ein Schüler bereit ist und seine Bestrebung, dem Weg zu folgen, einen bestimmten Grad erreicht hat, nehmen wir diesen Schüler in unsere verstärkte Obhut. Und von diesem Moment an kann der Schüler nicht mehr sagen, dass er in vollem Maße über einen freien Willen verfügt. Hier gibt es, meine Geliebten, einen sehr feinen Punkt. Ihr verfügt über den freien Willen, aber es beginnt ein Abschnitt auf eurem Weg, wenn ihr euren freien Willen aufgeben müsst, um auf dem Weg weiter voranzuschreiten. Stellt euch vor, ihr geht in die Berge und habt einen sehr gefährlichen Abschnitt des Weges erreicht. Vor euch liegen steile Felsen und Abgründe. Ihr könnt nach wie vor selbständig gehen, aber es ist für euch vernünftiger, euch einem erfahrenen Instruktor, einem Bergführer anzuvertrauen, der euer weiteres Fortschreiten anleiten wird. Und ihr vertraut euch dem Willen dieses Instrukteurs an. Und ihr seid gezwungen, seinen Anweisungen und Empfehlungen Folge zu leisten. Er überwacht sorgfältig eure Bewegungen und sagt euch, wohin ihr den Fuß stellen müsst, und wo es besser ist, die Bewegungsrichtung zu ändern, um schneller das Ziel zu erreichen – den Gipfel des göttlichen Bewusstseins.

Einem solchen Instrukteur oder Wegführer könnt ihr auf der physischen Ebene begegnen. Wir müssen jedoch darauf hinweisen, dass es sehr schwierig ist, einem sehr reinen Wegführer oder Lehrer auf der physischen Ebene zu begegnen, dem ihr euch völlig anvertrauen könnt. Nur sehr wenige können euch ausführliche Anweisungen zu eurem Weg geben, wenn ihr euch dem Gipfel nähert. Und hier besteht eine völlige Analogie mit den Instrukteuren, den Bergsteigern, die fähig sind, den höchsten Gipfel der Welt zu besteigen – den Mount Everest. Milliarden von Menschen bewohnen derzeit die Erde, und nur sehr wenige sind in der Lage, den Gipfel des Mount Everest zu erklimmen.

Es ist sehr schwierig, unter diesen Milliarden Menschen eure Wegführer zu erkennen. Und sehr viele Menschen werden euch sagen, dass sie die wahren Wegführer und Instrukteure sind, und sie werden euch anbieten, bei ihnen für viel Geld unterrichtet zu werden. Und viele von ihnen werden von euch auch verlangen, dass ihr euren freien Willen dem Willen dieser selbst ernannten Lehrer vollständig unterwerft.

Ich wiederhole noch einmal – es gibt wirklich einen Abschnitt auf dem Weg, wenn ihr teilweise oder vollständig euren freien Willen aufgeben und euren Willen dem Lehrer unterwerfen müsst. Und eine große Anzahl von Betrügern und falschen Lehrern machen sich diese Wahrheit zunutze, um lichterfüllte Seelen zu ihrer Verfügung zu haben und deren Licht auszunutzen.

Was ist der Ausweg? – Wie immer liegt der Ausweg in eurem Unterscheidungsvermögen. In eurer Fähigkeit, zwischen Licht und Finsternis zu unterscheiden. Eure wichtigste Eigenschaft, die ihr auf eurem Weg benötigt, ist gerade das Unterscheidungsvermögen. Ihr braucht Disziplin, ihr braucht Hingabe, Streben und Beständigkeit, aber vor allem müsst ihr unterscheiden. Denn, wenn ihr einen gefährlichen Abschnitt des

Weges betretet und es vor euch und um euch herum nichts als steile Felsen gibt, dann hängt euer Leben vollständig von dem Menschen ab, dem ihr euren freien Willen anvertraut habt.

Daher warnen wir euch im Voraus vor diesem gefährlichen Abschnitt des Weges, auch wenn dieser schwierige Abschnitt für viele von euch noch ziemlich weit entfernt ist.

Wie könnt ihr eine Unterscheidung treffen? – Ich denke, es wird nicht schaden zu wiederholen, dass ein wahrer Lehrer niemals dort anwesend sein wird, wo Menschenmengen versammelt sind. Ein wahrer Lehrer wird seinen Unterricht niemals für Geld erteilen. Und ein wahrer Lehrer wird niemals mit eurem Stolz und eurem Ego Nachsicht haben. Seine Aufgabe besteht gerade darin, euren Stolz und euer Ego zu brechen.

Dennoch könnt ihr unter den von mir aufgezeigten Merkmalen immer einen Widerspruch finden. Ihr könnt zum Beispiel sagen, dass Jesus seine Lehre den Menschenmengen gab. Ihr könnt sagen, dass Jesus Spenden annahm und von Spenden lebte.

Darin besteht die Schwierigkeit eures Aufenthalts in der physischen Welt. Es gibt immer eine Regel, und es gibt immer eine Ausnahme von der Regel. Deshalb ist der Weg so schwierig, und deshalb ist es nur so wenigen möglich, diesem Weg zu folgen.

Wir können euch anbieten, eine direkte Verbindung mit den Aufgestiegenen Lichtwesen herzustellen. Und wir geben unsere Botschaften, damit ihr diese Verbindung leichter herstellen könnt. Doch ihr wisst, dass die Ebene eurer Schwingungen durch die Ebene eures Bewusstseins bestimmt wird. Und weil Gleiches von Gleichem angezogen wird, könnt ihr sehr leicht in Wechselwirkung mit Kräften auf der Astralebene treten, die nicht gerade lichterfüllt sind, wenn die Ebene eurer Schwingungen euch nicht erlaubt, in die Ätheroktaven des Lichts aufzusteigen.

Letztendlich wird alles von euch selbst bestimmt. Und es gibt keine Wesenheit im Universum, die euren Weg an eurer Stelle gehen würde. Ihr könnt um Hilfe bitten, ihr könnt auf Hilfe zählen. Aber ihr werdet selbst gehen, und ihr werdet die Wahl selbst treffen. Unsere Aufgabe besteht nur darin, euren Weg so weit wie möglich zu erleichtern und ungefährlich zu machen. Und denkt immer daran, dass euer größter Feind und Widersacher in eurem Inneren verborgen ist, und das ist euer fleischlicher Verstand, euer Ego.

Alles, was euch hilft, euch von eurem Ego zu befreien, ist nützlich für euch; alles, was euer Ego stärkt und kräftigt, ist nicht göttlicher Art. Daher ziehen Schüler, die bereits eine sehr hohe Stufe der Errungenschaften erreicht haben, es manchmal vor, dem weiteren Fortschreiten auszuweichen, wenn sie sich dem Abschnitt des Weges nähern, der die völlige Unterordnung unter den Willen des Lehrers verlangt. Der Gedanke, dass der Lehrer in der Lage ist, dem Schüler Schmerzen zuzufügen, findet im Bewusstsein des Schülers kaum Verständnis. Der Lehrer sieht eure Unzulänglichkeiten und gibt euch manchmal einen sehr schmerzhaften Test, um euch dabei zu helfen, euch von euren Unzulänglichkeiten zu befreien. Aber euer Ego nimmt diesen Test als eine Beleidigung oder eine Bedrohung wahr.

Wenn ihr einen Chirurgen aufsucht und er euch zu einer sehr ernsten Operation rät, so könnt ihr aus freiem Willen der bevorstehenden Operation zustimmen oder sie ablehnen. Ihr könnt euch Autorität des Chirurgen anvertrauen oder die Operation ablehnen. Dies entscheidet ihr selbst.

Aber wenn ihr bereits auf dem Operationstisch liegt und euch vollkommen dem Chirurgen anvertraut, hängt nichts mehr von euch ab. Ihr habt eure Entscheidung getroffen.

Das Gleiche geschieht, wenn ihr euch einem Lehrer anvertraut und ein wahrer Lehrer eine sehr schmerzhafte Operation durchführt, um euer Ego zu entfernen. Ihr unterzieht euch bewusst dieser Operation, denn ihr versteht, dass eure weitere Entwicklung und euer Leben selbst unmöglich sind, wenn ihr euch jetzt nicht von eurem Ego befreit.

Es gibt einen Abschnitt des Weges, den ihr nicht alleine, nicht ohne einen Wegführer bewältigen könnt. Und sobald ihr euch diesem Abschnitt nähert, erscheint ein Lehrer. Das wird in der Weisheit zum Ausdruck gebracht: „Wenn der Schüler bereit ist, erscheint der Lehrer".

Eure Aufgabe ist es, eine Unterscheidung zu treffen. Und nach oben zu steigen, anstatt auf dem glitschigen Weg hinabzurutschen. Dabei seid ihr auf eurem Weg nicht immer in der Lage, die Richtung eurer Bewegung zu erkennen.

Alle Empfehlungen wurden euch gegeben. Und ihr wurdet vor allen Schwierigkeiten gewarnt. Versucht dennoch, auf eurem ganzen Weg immer euren Glauben und eure Liebe zu bewahren. Auch wünsche ich euch, dass die göttliche Weisheit euch immer auf eurem Weg begleitet.

ICH BIN Kuthumi.

Eine Lehre über die Heilung

Der Geliebte Jesus
8. Juni 2005

ICH BIN Jesus, und ich bin wieder gekommen.

Gemäß der bestehenden Tradition werde ich eine Lehre geben. Das Thema unserer Lehre heute wird die Heilung sein. Ihr wisst, dass ich in der Zeit meiner Verkörperung vor 2000 Jahren viel und erfolgreich geheilt habe. Die Kunde von dem Wunder meiner Heilungen eilte mir voraus. Wohin ich auch kam, gab es Menschen, die daran glaubten, dass ich sie heilen kann, und es gab Menschen, die nicht an das Wunder der Heilung glaubten.

Deshalb fragte ich einen Menschen immer, ob er daran glaubt, dass er geheilt werden kann. Und ich fragte ihn immer, ob er geheilt werden will. Auf den ersten Blick mögen euch diese beiden Fragen unbedeutend und als bloß als gewöhnliche Phrasen erscheinen. Doch genau in diesen beiden Punkten liegt der Schlüssel zur Heilung.

Euer Bewusstsein muss bereit sein, die Heilung anzunehmen. Wenn euer Bewusstsein aus irgendwelchen Gründen nicht daran glauben kann, dass ihr geheilt werden könnt, so ist selbst Gott nicht in der Lage, euch zu helfen.

Und der zweite Punkt. Ihr müsst euch wünschen, geheilt zu werden, und ihr müsst um die Heilung bitten. Wenn ihr nicht um die Heilung bittet, so kann selbst Gott euch nicht helfen, denn das Gesetz des freien Willens im Universum ist unerschütterlich.

Es gibt viele mögliche Gründe, warum ihr nicht geheilt werden wollt. Einer der Gründe ist, dass eure Seele die Krankheit freiwillig als eine Last auf sich genommen hat, um das Karma der Welt oder euer eigenes schweres Karma aus der Vergangenheit abzuarbeiten. Sehr viele lichte Seelen nehmen schwere Krankheiten und sogar angeborene Behinderungen auf sich, wenn sie in die Verkörperung kommen, um durch solche Leiden die Sünden der Welt zu büßen. Mit ihrem äußeren Bewusstsein können sie nicht erkennen, dass sie diese Last freiwillig auf sich genommen haben, doch in der Regel wollen solche Seelen nicht geheilt werden und bitten auch nicht um die Heilung. Und diesen Seelen kann nur in dem Fall geholfen werden, wenn nahestehende Menschen, für die die Leiden eines geliebten Menschen unerträglich sind, um ihre Heilung bitten.

Also, ein Mensch muss an seine Heilung glauben, und er muss um die Heilung bitten. Erst wenn diese beiden Bedingungen erfüllt sind, kann mit der Heilung begonnen werden. Jedes Mal vor der Heilung müssen die Ursachen der Krankheit eines Menschen verstanden werden. Das Höhere Gesetz kann euch erlauben zu heilen, oder es kann euch nicht erlauben zu heilen.

Natürlich müsst ihr, um heilen zu dürfen, den Mantel des Heilers besitzen, der euch erlaubt, mit Hilfe der göttlichen Gnade und der göttlichen Energie zu heilen.

Alle anderen Arten der Heilung sind falsche Praktiken, die mit geschickten Methoden die negative Energie, welche die Ursache der Krankheit ist, nur an einen anderen Ort verlagern oder die Wirkung dieser Energie für einige Zeit aussetzen.

Die Fragen der Heilung erfordern sehr feine Unterscheidungen, und das Thema ist sehr ernst. Aus diesem Grund beobachte ich mit Sorge neue Heiler, die mit der göttlichen Energie experimentieren und mitunter nicht einmal die anfänglichen Einweihungen durchlaufen haben, die es erlauben, mit der heilenden göttlichen Energie zu arbeiten.

Sehr viele dieser sogenannten Heiler haben gar keinen Zugang zur Quelle der göttlichen Energie, und all ihre Manipulationen, selbst wenn sie eine kurzfristige Erleichterung bringen, verschlimmern in Wirklichkeit die Lage des Patienten.

Gestattet mir. euch dies zu erklären.

Die Ursache eurer Krankheiten ist die negative Energie, die sich in eurer Aura aufgrund falscher Handlungen, Gedanken und Gefühle ansammelt, die ihr in diesem Leben oder in früheren Leben zugelassen habt. Ich spreche jetzt von den Ursachen der Krankheiten der meisten Menschen und nicht von dem Fall, wenn ein Mensch absichtlich eine Krankheit als Last auf sich nimmt.

Diese negative Energie, die die wahre Ursache eurer Krankheit ist und sich infolge eurer falschen Taten und Handlungen gebildet hat, muss aus eurer Aura entfernt werden. Dann erhaltet ihr die Heilung.

Die göttliche Gnade, die für eure Heilung notwendig ist, kann euch erwiesen werden, oder sie kann euch nicht erwiesen werden. Alles hängt davon ab, wie schwer euer Karma ist, das in Wirklichkeit eure Krankheit verursacht hat.

Daher muss eine Erlaubnis für die Heilung vom Himmel eingeholt werden. Die Menschen, die sich für Heiler ausgeben, verfügen in der Regel nicht über einen Grad der Einweihungen, der es ihnen erlaubt, den Willen Gottes in Bezug auf jeden zu heilenden Menschen zu kennen. Aber der Wunsch, Geld zu verdienen, treibt sie dazu, verschiedene Methoden anzuwenden, um die negative Energie zu verlagern, und dies lindert den Zustand des betreffenden Menschen vorübergehend. Einige der Methoden, die beim Heilen verwendet werden, erzeugen Karma, das auf einen solchen Heiler zurückfällt. Einige schlaue Heiler können sich sogar dem Karma entziehen, das auf sie fallen wird, doch erschweren sie dadurch gerade das Karma des Patienten, der sie um Hilfe gebeten hat.

Wenn das Höhere Gesetz einem wahren Heiler erlaubt zu heilen, so beruht die Entscheidung über die Heilung in der Regel auf dem positiven Karma, das dieser Mensch hat und das für seine Heilung genutzt werden kann. Entweder die Seele dieses Menschen, oder der Mensch selbst hat vollständig erkannt, dass seine Handlungen, die zur Krankheit geführt haben, falsch waren, und er hat sich fest in seinem äußeren Bewusstsein entschlossen, solche Handlungen nicht mehr zu wiederholen.

Aus diesem Grund sagte ich nach jeder Heilung: *„Geh, und sündige von jetzt an nicht mehr"*.

Ein wahrer Heiler kann die Ursachen menschlicher Krankheiten sehr gut unterscheiden und sieht genau, wem er helfen kann und wem nicht. Für die Heilung wird göttliche Energie verwendet. Ein wahrer Heiler entfernt negative Energie von seinem Patienten und erfüllt seine Aura mit reiner göttlicher Energie. Dies kann gedanklich oder durch ein direktes Auflegen der Hände auf den Kranken geschehen.

Das Wesen der Heilung besteht in einem Energieaustausch zwischen dem Heiler und dem, der geheilt wird. Die negative Energie fließt zum Heiler und die göttliche Energie fließt zu dem, der geheilt wird. Dieser Prozess der Energieübertragung wird durch das höhere Gesetz geregelt. In diesem Fall wird kein Karma geschaffen – der zu Heilende bekommt wirkliche Hilfe. Da ein Mensch, der über den Mantel des Heilers verfügt, hohe Einweihungen bestanden hat, bevor er seinen Mantel erhielt, kann ihm die negative Energie, die er auf sich nimmt, in der Regel keinen Schaden zufügen. Mit Hilfe der Chakren des Heilers kommt es zur Transmutation, Umwandlung, Verbrennung jeglicher negativer Energie. Tatsächlich ist der Prozess der Zerstörung der negativen Energie, die von dem Patienten entfernt wird, dem Prozess ähnlich, der bei der Transmutation des Weltkarmas stattfindet, welches spirituell fortgeschrittene Menschen auf sich nehmen.

Je höher das Niveau der geistigen Errungenschaften eines Heilers ist, desto schneller wird die negative Energie in seiner Aura umgewandelt.

Es versteht sich von selbst, dass die Krankheit in der einen oder anderen Form zurückkehren wird, wenn ein Mensch, der geheilt wurde, dennoch weiter Taten und Handlungen begeht, die seine Krankheit verursacht haben.

Daher erfolgt die Heilung eines Menschen tatsächlich nur unter seiner eigenen Mitwirkung, mit Hilfe seines Bewusstseins. Und je höher das Bewusstsein eines Menschen entwickelt ist, desto leichter ist es, ihm zu helfen. Die Heilung ist sehr eng mit der Bewusstseinsebene eines Menschen verbunden.

Und mit Bewusstseinsebene ist nicht die Entwicklung des Intellekts, der Rede oder des fleischlichen Verstands gemeint. Viele einfache Menschen, die nicht sehr gebildet sind, haben mitunter eine weit höhere Bewusstseinsstufe erreicht als Menschen in Führungspositionen, die eine hervorragende Ausbildung erhalten haben.

Möglicherweise stand jeder von euch schon einmal vor der Frage, ob er sich an Heiler und Medien wenden soll. Und ihr habt euch sogar an diese Heiler gewandt. Es mag sogar sein, dass ihr eine gewisse Heilung von euren Leiden erhalten habt. Dennoch muss man äußerst vorsichtig sein, wenn man sich an irgendeine Art von Heilern und Medien wendet. Denn sehr viele von ihnen besitzen nicht die spirituellen Errungenschaften, die ihnen erlauben würden, im Namen Gottes und mithilfe der göttlichen Energie zu heilen.

Und wenn euer Niveau der spirituellen Errungenschaften viel höher ist als das Niveau der spirituellen Errungenschaften des Heilers, so findet bei der sogenannten Heilung ein entgegengesetzter Prozess statt. Es ist nicht der Heiler, der eure negative Energie aufnehmen wird, sondern ihr selbst werdet die negative Energie aus der Aura eines solchen Heilers aufnehmen. Und es ist noch gut, wenn ihr nur die negative Energie dieses Heilers in euch aufnehmt und nicht auch noch die Energie all seiner Patienten, die er in der letzten Zeit geheilt hat.

Einen wahren Heiler könnt ihr indirekt an zwei Dingen erkennen. Der wahre Heiler heilt nicht euren Körper, er heilt eure Seele. Das heißt, er hilft euch, die wahren Ursachen zu erkennen, die zu eurer Krankheit geführt haben. Er wird euch jene Unzulänglichkeiten aufzeigen, die wirklich eure Krankheit verursacht haben. Und zweitens, da die Gabe der Heilung eine Gabe Gottes ist, wird ein wahrer Heiler für die Heilung niemals Geld von euch nehmen. Er hat seine Gabe als Geschenk erhalten, und als Geschenk gibt er auch anderen. Vergesst aber nie, dass ihr auf die eine oder andere Art für die erhaltene Heilung bezahlen müsst. Und denkt immer daran, dass der wahre Heiler Gott ist. Und ein Mensch stellt sich nur den höheren Kräften zur Verfügung, um dem Leben zu dienen und die Leiden der Menschen zu lindern.

Heute hatten wir ein sehr wichtiges Gespräch über die Heilung. Und ich denke, dass jeder von euch aus diesem Gespräch den erforderlichen Nutzen für sich selbst ziehen wird.

ICH BIN Jesus, der Heiler eurer Seelen.

Russland führt jetzt ein Großreinemachen durch

Der Geliebte El Morya
9. Juni 2005

ICH BIN El Morya, und ich bin wieder gekommen.

Euch zu sagen, dass es wichtig ist, diese Botschaften zu geben, und dass es wichtig ist, diese Botschaften zu lesen, bedeutet, nichts zu sagen. Jedes Mal unternehmen wir erhebliche Anstrengungen, um den Widerstand der Materie und den Widerstand der Umstände zu überwinden, die mit der Übermittlung unserer Botschaften in die physische Oktave verbunden sind. Die Schwierigkeit besteht darin, dass die Übermittlung der Botschaften möglichst genau der Aufgabe des heutigen Tages entsprechen muss. Und die wichtigste Aufgabe, die auf der Tagesordnung steht, ist die Veränderung des Bewusstseins der Erdbewohner und die Erhöhung des Bewusstseinsniveaus, die Erweiterung des Fassungsvermögens des Bewusstseins. Euer Bewusstsein ist das einzige Hindernis für unsere Kommunikation, und euer Bewusstsein ist das größte Hindernis, um die Lage auf dem Planeten Erde zu verändern. Deshalb komme ich und sage euch immer wieder: „Unternehmt unmittelbar eure eigenen Anstrengungen. Befreit euch in eurem Bewusstsein von allem, was unnötig und abgelebt ist, was in der neuen Welt keinen Platz hat".

Es scheint, dass die Entwicklung in Russland in eine Sackgasse geraten ist. Es scheint, dass sich nichts ändert und alles schlecht ist. Urteilt aber nicht nach den äußeren Erscheinungen. Denn im Inneren eines jeden Menschen, im Inneren eines jeden Lichtträgers, der heute in der Verkörperung ist und auf dem Territorium Russlands lebt, finden gewaltige Veränderungen des Bewusstseins statt. Eine enorme Arbeit ist im Gange, um die Erfahrungen zu verstehen, die in den letzten hundert Jahren gemacht wurden. Es gibt ein Sprichwort, das besagt: „Ein negatives Ergebnis ist auch ein Ergebnis". Und dieses Sprichwort passt am besten zu den Ereignissen, die Russland im letzten Jahrhundert durchlebt hat. Es ist unmöglich, meine Geliebten, eine Gesellschaft aufzubauen, die den Standards der neuen Welt entspricht, aber nicht auf dem Glauben an Gott beruht. Auf dem wahren Glauben, und nicht auf jenem Glauben, der während der Revolution 1917 ganz natürlich hinweggefegt wurde. Das russische Volk hat immer intuitiv geahnt, dass keine offizielle Religion mit ihrer Hierarchie und dem Wunsch, den Menschen ihre eigenen Dogmen aufzuzwingen, den Anforderungen der großen russischen Seele entspricht. In diesem Sinn kann man sagen, dass das Fassungsvermögen des Bewusstseins der russischen Bevölkerung in den letzten Jahrzehnten in großem Maße erweitert wurde. Um sich von den Ketten eines Dogmas zu befreien und dieses Dogma im Bewusstsein zu überwinden, sind manchmal äußere Ausbrüche und soziale Erschütterungen notwendig. Und dieser Prozess ist einem Großreinemachen ähnlich, das ihr in eurem Haus durchführt. Auf den ersten Blick mag es scheinen, dass ihr euch in einem völligen Chaos und Durcheinander befindet. Alle Dinge, die ihren Platz hatten, befinden sich jetzt an anderer Stelle. Und ihr könnt sie nicht länger finden. Andere Dinge sind unbrauchbar geworden und müssen ersetzt werden. Und ihr werft sie weg. Es ist natürlich schade, sich von geliebten Dingen zu trennen, die euch viele Jahre treu gedient haben und mit denen ihr geradezu körperlich zusammengewachsen seid. Es kommt jedoch die Zeit, wenn ihr alte Sachen prüft und unnötige Dinge wegwerft. Ihr wischt den Staub ab und poliert die Gegenstände, die euch noch dienen können. Und ihr räumt sie wieder ein.

Russland führt jetzt ein Großreinemachen durch. Es findet ein gewaltiges Umdenken der Werte statt. Und an dem Großreinemachen nimmt das ganze Volk Russlands teil. Aus diesem Grund sieht das Land unordentlich aus. Daher die düsteren Gesichter. Das Großreinemachen ist in vollem Gange. Und diese mühsame Arbeit scheint kein Ende zu nehmen. Viele Menschen versuchen, zu den Dogmen des alten Glaubens der Urgroßväter zurückzukehren. Sie kehren in neu restaurierte Tempel zurück. Sie lauschen in sich hinein, riechen kirchliche Düfte. Und es gibt eine Vorahnung, dass die Zukunft Russlands gerade mit Gott verbunden ist, mit dem wahren Glauben an Gott. Die Seele findet jedoch keinen Trost in dem alten Glauben. Die Menschenmengen sind auf der Suche nach neuen Bewegungen und neuen Religionen. Und die Mächte der Finsternis schieben ihnen bereitwillig zum Ersatz für den wahren Glauben hübsche Dinge unter, die jedoch völlig nutzlos für die Entwicklung der Seele sind.

Das Volk dieses großen Landes entscheidet, woran es festhält. Was soll man auswählen und was soll man aufgeben? Und vielleicht muss man etwas zurückbehalten, den Staub abwischen und es ins Regal stellen? Das Gleiche trifft auch auf das Gesellschaftsleben zu. Nach vielen Jahren der Herrschaft einer falschen Gemeinschaft versuchen einige, zu dieser Gemeinschaft zurückzukehren, aber sie auf neuen Grundsätzen aufzubauen. Andere haben sich an noch ältere Zeiten zurückerinnert und versuchen, sich in der neuen Elite zu positionieren. Im Land die gleiche Ungleichheit einzuführen, wie sie für die letzten Jahre des Zarenregimes charakteristisch war. Und wieder scheint etwas nicht zu stimmen. Es gibt eine Volksweisheit, die besagt, dass man nicht zweimal in dasselbe Wasser steigen kann. Und allzu schmerzhaft ist es, sich von alten Dingen zu trennen, ein Jammer, sie wegzuwerfen. Aber je schneller das kollektive Bewusstsein des Volkes sich von unnötigen alten Dogmen sowohl im kirchlichen als auch im weltlichen Leben befreit, desto schneller und erfolgreicher wird das Neue seinen Platz im Bewusstsein der Menschen finden.

Mit Freude beobachten wir, dass das Neue, das Fortschrittliche in den Herzen und Köpfen vieler Menschen sprießt. Unsere Schüler kennen weder Schlaf noch Erholung. Unsere wahren Schüler arbeiten rund um die Uhr. Tag und Nacht leisten unsere Wachtposten ihren Dienst. Die heimische Festung muss vor allem geschützt werden, was der neuen Welt fremd ist. Von jeglichen Ideen, die aus der zivilisierten Welt Europas und Amerikas kommen. Ich muss euch jedoch sagen, dass hinter der ganzen westlichen sogenannten Zivilisation nichts steht, was in der Gesellschaft der Zukunft gebraucht wird. Und wie merkwürdig es euch auch erscheinen mag, ich sage euch, dass sowohl Europa als auch Amerika für immer hinter dem Volk Russlands zurückgeblieben sind, was den Grad ihrer spirituellen Entwicklung und den Grad ihres Bewusstseins angeht. Ihr könnt dies jetzt nicht sehen, während ihr euch im Chaos des gegenwärtigen Großreinemachens befindet. Aber glaubt mir, es werden noch einige Jahre vergehen, und die Veränderungen im Bewusstsein, die jetzt in einem unvergleichlichen Tempo vor sich gehen, buchstäblich mit Siebenmeilenschritten, werden sich im umgebenden Leben manifestieren. Alles, was euch umgibt, ist eine Widerspiegelung eures Bewusstseins. Und das, was ihr jetzt um euch herum beobachtet, ist eine Widerspiegelung jenes Bewusstseins, das die russische Gesellschaft in den Tagen der falschen Gemeinschaft, des sogenannten Sozialismus hatte.

Die Materie ist der trägste Teil des Universums. Und viele Jahre müssen vergehen, bevor sich Veränderungen im Bewusstsein in der physischen Welt manifestieren können. Früher erforderte die Widerspiegelung einer Veränderung des Bewusstseins wesentlich mehr Zeit als heute. Die Zeiten haben sich geändert. Und jegliche Veränderungen im menschlichen Bewusstsein führen beinahe augenblicklich zu Veränderungen auf der physischen Ebene. Das heißt, augenblicklich natürlich nach kosmischen Maßstäben. Jedoch läuft der Prozess der Beschleunigung, der Prozess der Erhöhung der Schwingungen der Welt fortwährend und unablässig ab. Daher verkürzt sich mit jedem Jahr die Zeitspanne, bis sich Veränderungen des Bewusstseins auf der physischen Ebene manifestieren. Daher bemüht euch, euer Bewusstsein zu ändern. Schafft Ordnung in eurem Bewusstsein. Ihr habt als Beispiel die Vergangenheit Russlands. Der Glaube, der gestürzt wurde und zu dessen Wiederherstellung Versuche unternommen werden, der aber die Menschen nicht länger zufriedenstellen kann, weil sich das Bewusstsein der Menschen erweitert hat und nicht mehr in dem alten Rahmen Platz finden kann. Die falsche Gemeinschaft, die war und nicht mehr besteht. Denn eine wahre Gemeinschaft kann nur auf dem wahren Glauben beruhen. Die alte Ordnung, in der wenige Menschen alles besaßen, während die Massen in Hunger lebten. Und diese Ordnung wird nicht wieder Fuß fassen können. Weil sie den Erfordernissen der Zeit nicht entspricht. Die Kombination einer wahren Gemeinschaft, die auf dem wahren Glauben beruht, das soziale Gefüge einer Gesellschaft, die sich um alle ihre Mitglieder kümmert und ihnen hilft, wobei den Kindern und den Schwachen besondere Aufmerksamkeit geschenkt wird. Die Möglichkeit der freien Entwicklung eines jeden Mitglieds der Gesellschaft, die beste kostenlose Bildung, die beste medizinische Versorgung und Hilfe. All dies, was in der falschen Gemeinschaft vorhanden war, doch auf die Basis des wahren Glaubens gestellt, wird das Bild der zukünftigen Gesellschaftsstruktur in der neuen Epoche ergeben, das wir in unseren Herzen tragen.

Soziale Ungleichheit und die Ungleichheit von Eigentum und Vermögen werden zusammen mit der Veränderung des Bildungssystems überwunden werden, das der zukünftigen Generation eine Vorstellung von den göttlichen Gesetzen geben wird, die in diesem Universum gelten. Und von den wichtigsten Gesetzen – dem Gesetz des Karmas oder der Vergeltung, und von dem Gesetz der Wiederverkörperung oder der Entwicklung der Seelen. Alle Grundlagen des wahren Glaubens müssen in die Gesellschaft zurückgebracht werden. Und jeder Mensch muss eine Vorstellung vom Wechsel der Zyklen bekommen, und von der Notwendigkeit, sich von seinem Ego zu befreien, von der Notwendigkeit der Vervollkommnung seiner selbst in Gott.

Wir geben euch Orientierungshilfen. Wir geben die Grundlagen. Wir geben Anweisungen. Für diejenigen, die hören. Für diejenigen, die verstehen. Für diejenigen, die bereit sind.

ICH BIN El Morya.

Die Stunde des Sieges ist gekommen!

Der Mächtige Sieg
10. Juni 2005

ICH BIN der Mächtige Sieg! ICH BIN gekommen!

Die Überwindung von Raum und Zeit ist dieses Mal mit der dringenden Notwendigkeit verbunden, euch die frohe Nachricht zu bringen! Euer Planet geht in einen neuen Abschnitt eurer Evolution über, und dies geschieht gerade jetzt.

Jeder vor euch wird bereits in den nächsten Stunden wesentliche Veränderungen spüren können. Ihr müsst in euch selbst hineinhören. Ihr müsst euch selbst fühlen, euch selbst verstehen. Ihr seid nicht das, was ihr im Spiegel seht – ihr seid mächtige geistige Wesen, und jetzt beginnt die Zeit, in der ihr alle dies fühlen müsst. Zumindest diejenigen von euch, die bereit sind, dem Weg der Evolution dieses Universums zu folgen, der von allen vernunftbegabten Wesen dieses Universums unterstützt wird.

Ihr steigt auf jene Stufe, die es euch erlaubt, ohne die früheren Anstrengungen die Verbindung mit dem höheren Teil eurer selbst zu vollziehen. Zu allen Zeiten existierten Menschen, die sich absonderten und das Geheimnis der Kommunikation zwischen den Welten in sich bewahrten, selbst wenn der Schleier von maximaler Dichte war.

Wenn ich euch ein Bild gebe, dann wird dieses Bild so aussehen, dass der Schleier früher eine undurchdringliche Wand war, aber jetzt beginnt die Zeit, in der dieser Schleier einem Ajour-Schleier ähnlich wird, durch den ihr hindurchsehen und eine teilweise Vorstellung von unserer Welt erhalten könnt.

Und gerade ich bin jetzt zu euch gekommen, um euch über eure Möglichkeit zu informieren. Der Schleier zwischen unseren Welten ist bereit, gerade jetzt durchbrochen zu werden. Euer Bewusstsein ist das das Einzige, was euch daran hindert, unsere Welt zu sehen und mit unserer Welt zu kommunizieren.

Die feinstofflichen Energien durchdringen euch und meißeln im wahrsten Sinne des Wortes euer Bewusstsein aus. Das neue Bewusstsein. Das Bewusstsein des Menschen der neuen Epoche.

Die Aufgestiegenen Lichtwesen tun alles, was in ihrer Macht steht, um euch in unsere Welt einzubeziehen. Würden eure Bemühungen, mit unserer Welt zu kommunizieren, bloß ein Tausendstel der unseren betragen, so könntet ihr in eurem Bewusstsein einen blitzschnellen Aufbruch in die Grenzenlosigkeit, zu unseren Welten vollziehen.

Eine wundervolle Zeit ist im Anbruch. Schaut aus dem Fenster. Seht ihr die wahre Welt? Jedem Menschen wird eine Chance gegeben. Und jeder trifft seine Entscheidung selbst und stützt sich dabei auf das Gesetz des freien Willens.

Ich bin wie der Stern von Bethlehem zu euch gekommen, der die Geburt von Jesus Christus angekündigt hat. Ich bin gekommen, um euch die Geburt Christi in euch zu verkünden. Und diejenigen von euch, die den Sieg über ihr sterbliches Bewusstsein errungen haben, werden die Möglichkeit haben, den Geist Christi zu erlangen.

Euer Bewusstsein wird in der Lage sein, sich jenes Verständnis anzueignen, das euch früher nicht zugänglich war. Euer Fortschreiten erfolgt nicht auf der physischen Ebene. Euer Fortschreiten erfolgt in eurem Bewusstsein. Ihr steigt zum Gipfel des göttlichen Bewusstseins durch eure Siege auf, die ihr einen nach dem anderen über den unwirklichen Teil eurer selbst, über euren sterblichen fleischlichen Verstand erringt.

Durch euch leuchtet der Geist Christi. Er wird in euch geboren, und er dringt durch eure Herzen in eure Welt vor – durch das Strahlen eurer Augen, durch euer Dienen und durch eure Taten und Handlungen, die ihr für das Wohl allen Lebens vollbringt.

Meine Geliebten, es ist unmöglich, die Veränderungen nicht zu bemerken, die mit jenen von euch geschehen, die bereit sind. Die nicht nur ihre Bereitschaft geäußert haben, dem Weg zu folgen, sondern ihn unablässig gehen, ohne anzuhalten und ohne den kleinen oder großen Hindernissen Beachtung zu schenken.

Und während die einen in ihrem Bewusstsein so schnell zum göttlichen Gipfel fortschreiten, ziehen es andere zur gleichen Zeit vor, kostbare Zeit mit der Suche nach denselben Vergnügungen und Genüssen zu vertun, die selbst die besten Seelen vom Wege abgebracht haben. Die Illusion ist immer noch stark, doch für die Auserwählten ist die Zeit verkürzt, und wenn ihr früher nur darüber gelesen und die Worte wiederholt habt, könnt ihr euch heute selbst davon überzeugen, welche Veränderungen euch in der nahen Zukunft erwarten. Es wurde gesagt, dass zwei auf dem Felde sein werden, einer wird angenommen, und der andere wird zurückgelassen; zwei werden an der Mühle mahlen, eine wird angenommen, und die andere wird zurückgelassen.[20] Und so geschieht es. Öffnet eure Augen und schaut euch um.

Und wenn ihr wisst, worauf ihr achten müsst, werdet ihr sehen, wie manche Menschen all ihre Kräfte, all ihre Fähigkeiten einsetzen und ihre ganze Zeit damit verbringen, um immer weiter und weiter voranzukommen. Aber gleichzeitig werden andere versuchen, eine enge Spalte zu finden, in der sie sich verstecken und die Zeit der Veränderungen abwarten können.

Diese Zeit kann eine Zeit des grandiosen Sieges sein, den die einen erringen, während die anderen eine Niederlage erleiden.

Jeder von euch hat das Potenzial, den Sieg zu erringen. Doch einige streben zu ihrem Sieg und wenden dazu all ihre Kräfte auf, während andere es vorziehen sich auszuruhen und dabei denken, dass all diese Veränderungen an ihnen vorübergehen werden und sie nach wie vor nichts tun müssen.

Meine Geliebten, vergesst niemals, dass ihr alle euch im Leib Gottes befindet. Ihr alle bildet den einen Körper Gottes, und es beginnt eine Zeit, in der wenig von eurem Wunsch abhängt. Ihr seid zum Sieg prädestiniert. Und ihr habt keine andere Wahl, als zu siegen.

Daher ruht euch nicht länger aus, geht nach draußen und setzt euch den frischen Winden des Wandels aus. Ihr seid wie ein Segelschiff, das im Hafen stand und ohne Wind nicht ausfahren konnte. Und dann kam der Moment, als der Wind der Möglichkeit wehte, bereit, euch aufzugreifen, eure Segel zu füllen und euch ans Ziel eurer Reise durch die illusorische Welt voranzutreiben. Und das Ziel eurer Reise ist die Rückkehr in die reale

---

[20] Matth. 24:40,41

Welt, aus der ihr gekommen seid und wohin ihr unausweichlich geht, in Übereinstimmung mit dem Gesetz der kosmischen Zyklen.

Fangt daher den Wind der kosmischen Möglichkeit mit den Segeln eures Wesens ein. Denn die nächste kosmische Möglichkeit für die Auserwählten wird erst im nächsten kosmischen Zyklus kommen, und ihr verurteilt euch zu einem langen, mühsamen Aufenthalt in beschwerlichen Welten. Wählt daher euren Sieg und wählt das Voranschreiten zu eurem Sieg. Ich bin gekommen, um euch von der kosmischen Möglichkeit zu berichten, die jetzt beginnt. Und die schon für jene begonnen hat, die bereit sind, diese Möglichkeit anzunehmen. Die Stunde des Sieges ist gekommen!

Des Sieges für diejenigen, die bereit sind, und des Sieges denen für jene/ diejenigen, die jetzt ihren Sieg annehmen wollen.

Ein kraftvoller Impuls des Strebens wird euch heute Nacht in eurem Bewusstsein in den nächsten Abschnitt eurer evolutionären Entwicklung versetzen.

Und ihr werdet das Ziel klar sehen, ihr werdet die neue Welt sehen, die zuerst in eurem Bewusstsein klare Umrisse annehmen wird und sich dann allmählich durch euer Bewusstsein auf der physischen Erde manifestieren wird.

ICH BIN der Sieg!

Ich möchte zu jedem der 144.000 Christuswesen kommen, die jetzt auf dem Planeten Erde verkörpert sind, und sie alle umarmen

Der Geliebte Lanello

11. Juni 2005

ICH BIN Lanello, und ich bin wieder gekommen.

Der Zustand der euch umgebenden Welt hat sich unmerklich verändert. Hinter der alltäglichen Geschäftigkeit haben nur wenige Menschen die wichtigen Veränderungen bemerkt, die stattgefunden haben. Die Ereignisse eilen nicht, sich zu manifestieren, doch der Anfang ist gemacht, und der Prozess hat unweigerlich begonnen, sich zu entfalten.

Wenn die Menschen ihrem höheren Teil mehr vertrauen würden, so müssten sie zugeben, dass es bestimmte Fristen und einen bestimmten Plan gibt, dem gemäß sich alles entwickelt und auf dem die ganze Schöpfung beruht. Daher können diejenigen, die jetzt eine bestimmte Bewusstseinsebene erreicht haben, die dem göttlichen Plan für den gegenwärtigen Evolutionsabschnitt auf der Erde entspricht, beginnen, das Wissen, die Lehren und die Vorstellungen zu begreifen, die ihnen dank der eröffneten kosmischen Möglichkeit zugänglich werden. Diejenigen, denen es nicht gelang, mit ihrem Bewusstsein in diesen engen vorgegebenen Korridor einzutreten, werden sich mit einer erbärmlichen Existenz begnügen müssen, die der Existenz des blinden Maulwurfs unter der Erde ähnlich ist.

Alle Möglichkeiten und alle Türen öffnen sich in eurem Inneren. Nur eure Bewusstseinsebene bestimmt eure Stufe in der göttlichen Hierarchie und das Maß eures Dienens, dessen Ausführung Gott euch gewähren kann.

Es wäre für euch unvernünftig, Individuen zu verurteilen und sich nicht um sie zu kümmern, die in ihrem Bewusstsein die erforderliche Grenze nicht überschreiten konnten. Sie sind in ihrem Wesen unglücklich und erinnern an jene, die in der Schule sitzengeblieben sind und denen am

Ende klar wird, dass sie aufgrund ihrer Faulheit eine große Dummheit begangen haben und sich jetzt von ihrer vertrauten Klasse trennen und den jüngeren Schülern anschließen müssen, die sie als geistig zurückgeblieben und minderwertig wahrnehmen.

Doch viele werden aufgrund ihres Entwicklungsniveaus bis zum Ende des jetzigen Lebens nicht verstehen, welche Möglichkeit sie hatten und was sie verloren haben.

Alles in dieser Welt unterliegt seinen eigenen Entwicklungszyklen. Und gebt acht, dass ihr während eures Aufenthalts auf dem Planeten Erde nicht eines Tages irgendwo unter den australischen Aborigines geboren werdet, die mit Speeren jagen und nicht einmal in der Lage sind, eine Vorstellung von der Welt jener Menschen zu bekommen, die zur gleichen Zeit irgendwo in Europa oder Amerika leben.

Die Evolution erstreckt sich über Millionen von Jahren und bietet selbst für besonders unbeholfene und faule Menschen die Möglichkeit zur Entwicklung. Es kommt jedoch der Zeitpunkt, wenn selbst das äußerst humane kosmische Gesetz nicht länger eine Möglichkeit zur Entwicklung bieten kann, da die Zeit abgelaufen ist und die Zyklen gewechselt haben.

Ich bedaure, dass zu wenige Seelen auf eine neue Stufe der Entwicklung des Bewusstseins gestiegen sind. Aber selbst diese Anzahl von Seelen ist völlig ausreichend, um die Veränderungen auf der Erde zu beschleunigen und die geplanten Umwandlungen erfolgreich zu beginnen und abzuschließen.

Ich beobachte mit Freude jene Seelen, die in der Verkörperung sind, und die in sich die Kraft und das Streben finden konnten, um den Sieg über sich selbst, über ihr Ego zu erringen und auf die nächste Stufe aufzusteigen.

Und ich habe ein Vorgefühl, dass sich sehr bald zwischen diesen Seelen Beziehungen der Freundschaft, Zusammenarbeit und gegenseitigen Unterstützung entwickeln werden, wo auch immer auf der Erdkugel sich diese Seelen befinden. Ihr seid in Wirklichkeit bei der Geburt einer neuen Menschenrasse zugegen, die im wahren Sinne des Wortes über Nacht im Inneren der alten Fünften Wurzelrasse geboren wurde. Die

Menschen vollzogen den Übergang auf eine neue Stufe in ihrem Bewusstsein. Und sehr bald werden sich die inneren Veränderungen auf der physischen Ebene manifestieren.

Das Wichtigste war, jenen Teil von euch selbst zu überwinden, der euch an die Erde und an traditionelle Beziehungen gebunden hat, die zurzeit zwischen den Menschen überwiegen.

Und das Erste, was ihr spüren werdet, ist, dass sich die Beziehungen zwischen den Menschen ändern werden. Zwischen jenen Menschen, die auf eine neue Stufe aufgestiegen sind. Ihr werdet dies feststellen, auch wenn ihr nicht über ein sehr großes Unterscheidungsvermögen verfügt. Es wird euch leichter fallen, untereinander einig zu werden. Ihr werdet fühlen, dass ihr eine gemeinsame Sache macht, und es ist nicht wichtig, welchen Teil der gemeinsamen Arbeit ihr ausführt. Jede Arbeit zum Aufbau der neuen Welt ist ehrenvoll. Selbst wenn ihr nur Nägel einschlagt. Ihr werdet Liebe empfinden, eine bedingungslose Liebe zu allen Menschen, mit denen ihr gemeinsame Arbeit leistet. Ihr werdet Zufriedenheit darin finden, jedem Mitglied eurer Gemeinschaft zu dienen. Die Menschen, die in ihrem Bewusstsein die neue Stufe erreicht haben, werden füreinander wie die engsten Verwandten sein. Ihr werdet mit dem Herzen jeden Menschen fühlen, der diesen großen Sieg über sich selbst erringen konnte. Ihr werdet dies durch solche Eigenschaften wie Selbstlosigkeit, den Wunsch zu helfen und zu geben und durch eine vollkommene bedingungslose Liebe fühlen, die im wahrsten Sinne euer Wesen durchdringt.

Jegliche Arbeit, die ihr gemeinsam beginnt, ist zum Erfolg prädestiniert. Denn nicht ihr selbst führt diese Arbeit aus, sondern Gott, dem ihr ermöglicht, diese Arbeit durch euch zu tun.

Der höhere Teil eurer selbst kann aufgrund der von euch erlangten Stufe an allen euren Angelegenheiten, an all euren Aktivitäten auf der physischen Ebene teilnehmen. Und alle eure Initiativen werden erfolgreich sein, weil Gott, dem ihr ermöglicht, durch euch zu handeln, keine Niederlage erleiden kann. Ihr seid zum Siegen prädestiniert, solange ihr mit Gott seid!

Und gestattet mir, euch zu eurem Sieg zu gratulieren! Vergesst niemals, dass dieser Sieg, auch wenn er dank eurer Leistungen errungen wurde, immer noch Gott gehört. Denn alles in dieser Welt gehört Gott. Und ihr erhaltet eine immer größere Möglichkeit zu dienen, wenn ihr in der Lage seid, alles für Gott zu opfern. Gott ist eifersüchtig. Er verlangt den ganzen Menschen. Und je mehr ihr imstande seid, einen großen Teil eures unwirklichen Selbst aufzugeben, desto mehr und mehr werdet ihr Gott werden. Desto größer wird die Gegenwart eures göttlichen Teils in euch sein.

Die Menschen, die die neue Stufe in ihrem Bewusstsein erreicht haben, werden dank der auf dieser Stufe erlangten Eigenschaften in all ihren Angelegenheiten und in all ihren Initiativen erfolgreicher sein. Denn das, was sich früher in ihrem Inneren der erfolgreichen Arbeit widersetzte, existiert nicht länger oder schafft viel weniger Hindernisse in ihrem Leben und ihrer Tätigkeit. Euer Stolz und all eure Unzulänglichkeiten werden nicht länger eure Angelegenheiten und alles, was ihr tut, beeinträchtigen. Denn ihr konntet diese Hindernisse in euch selbst überwinden. Ihr werdet dies in der veränderten Atmosphäre in euren Gruppen fühlen. Ihr werdet spüren, dass es Menschen und ganze Gruppen gibt, mit denen euch der Umgang leicht fällt und in denen ihr euch wohlfühlt.

Der Prozess der Bildung solcher Gruppen, Gemeinschaften wird ganz natürlich erfolgen. Ihr wisst, dass Gleiches von Gleichem angezogen wird.

Und das, was eure Schwingungen nicht ertragen kann, wird euch allmählich verlassen. Die Erde ist ein sehr gastfreundlicher Planet. Und sie hat viele Evolutionen beherbergt, die sich auf sehr unterschiedlichen Entwicklungsstufen befinden.

Doch jedes Mal, wenn eine beträchtliche Anzahl von Individuen die Ebene des Christusbewusstseins erlangt, hat dies eine überaus wohltuende Wirkung auf den gesamten Planeten. Denn alle Menschen sind auf der feinstofflichen Ebene sehr eng miteinander verbunden.

Daher ist das von euch erlangte Christusbewusstsein von unschätzbarem Wert für den ganzen Planeten.

Ich kann meine Freude und meine Gefühle nicht zurückhalten. Und ich möchte zu jedem der 144.000 Christuswesen kommen, die jetzt auf dem Planeten Erde verkörpert sind, und sie alle umarmen.

Dies ist euer Sieg! Aber es ist auch unser Sieg! Denn die Aufgestiegenen Lichtwesen haben unermüdlich gearbeitet, damit euer Sieg auf der physischen Ebene zur Realität wird.

Ich gratuliere euch! Und ich wische mir die Freudentränen von den Wangen.

ICH BIN Lanello.

Der neue Entwicklungsabschnitt wird euch die Möglichkeit geben zu spüren, dass ihr euch gleichzeitig in zwei Welten aufhaltet

Gott Surya

12. Juni 2005

ICH BIN Surya, ich bin von der Großen Zentralsonne gekommen!

Meine Geliebten, der Zeitpunkt ist gekommen, den die Aufgestiegenen Lichtwesen erwartet haben und der ein Wendepunkt für die Evolution dieses Planeten sein wird. Solche Zeitpunkte sind nicht einmalig, und ein jeder solche Punkt dient als Ausgangspunkt für das weitere Fortschreiten. Dies lässt sich damit vergleichen, wie euer Segelschiff von Windböen vorangetrieben wird. Jeder neue Windstoß gibt eurer Bewegung einen neuen Impuls. Und gerade jetzt hat ein mächtiger Windstoß die Segel eurer Möglichkeit gefüllt. Und nur wenn ihr diesen Windstoß erwartet habt und rechtzeitig die Segel gesetzt und euch auf die Fahrt vorbereitet habt, werdet ihr die euch gegebene kosmische Möglichkeit nutzen können.

Vor euch liegt kein leichter Weg. Es erwarten euch Unwetter und Stürme. Aber das Wichtigste ist, dass ihr für euren Weg bereit seid und die Segel eures Wesens gesetzt habt. Wellen und Stürme sind eure unausweichlichen Begleiter in der illusorischen Welt. Der ständige Widerstand der dichten Materie erzeugt die notwendige Spannung, die euch ermöglicht, eure Gedanken zu entwickeln, euren Willen zu stärken und durch alle Hindernisse zum Sieg zu streben. Das Segelschiff eures Wesens kann niemals Schiffbruch erleiden, wenn ihr das richtige Bild in eurem Bewusstsein behaltet. Euer Bewusstsein ist das Wichtigste in euch, und alles, was mit euch geschieht, und alle eure Lebensumstände werden nur von der Ebene eures Bewusstseins bestimmt. Und ihr selbst trefft die Wahl, ob ihr in eurem Bewusstsein zum Höheren strebt, den höheren Weg geht oder ein Schattendasein in einer gemütlichen Ecke führt. Aber diejenigen, die ein bequemes Schattendasein wählen, werden früher oder später innerlich einen Stoß verspüren, der sie zur Bewegung zwingt. Und viele Menschen, die besonders untüchtig sind, werden einfach grob aus ihrer gemütlichen Ecke herausgedrängt, wachgerüttelt, auf den Weg gebracht und auf ihm geführt werden.

Ihr seid Wanderer, und ihr müsst ständig in Bewegung sein und dürft niemals haltmachen. Daher müssen diejenigen von euch, die in ihrem Bewusstsein davon überzeugt sind, dass sie bereits alles erreicht haben und sich jetzt ausruhen können, in ihrem Bewusstsein dringend die notwendigen Korrekturen vornehmen.

Der Ruhezustand ist in Wirklichkeit eine Illusion. Ihr seid nie wirklich in Ruhe. Und während der Meditationen, wenn eure menschlichen Gedanken und Gefühle zur Ruhe kommen, macht ihr grandiose Wanderungen in den Welten, in denen es weder Zeit noch Raum gibt. Der ganze Mechanismus der Wanderung durch ferne Welten, durch feinstoffliche Welten, durch feurige Welten ist in eurem Inneren verborgen. Ihr macht eure Wanderungen in eurem Bewusstsein. Daher ist das Einzige, worum ihr euch kümmern solltet, die Ebene eures Bewusstseins.

Alles in eurer Welt hat einen Anfang und ein Ende. Und nur euer Bewusstsein wird nach eurem Tod weiter bestehen.

Von Bedeutung ist die Erfahrung, die ihr sammelt. Je mehr ihr also in eurer Welt handelt, desto mehr Erfahrung sammelt ihr. Die physische Welt bietet enorme Möglichkeiten für die Entwicklung. Die physische Welt ist buchstäblich voll von Dingen, auf die ihr eure Kräfte anwenden könnt. Ihr wirkt auf die physische Welt ein, und ihr verändert die physische Welt.

Jede eurer Handlungen kann euer Bewusstsein erhöhen, zum Wachstum eures Bewusstseins, des unsterblichen Teils eurer selbst führen. Und jede eurer Handlungen kann zum Wachstum der Illusion führen. Alles hängt davon ab, worauf ihr eure Bemühungen richtet. Ihr seid einem Ventil ähnlich, durch das die göttliche Energie fließt. Und ihr könnt den Strom dieser Energie auf die Vermehrung eures Bewusstseins lenken, oder ihr könnt diese Energie für die Vermehrung der Illusion aufwenden.

Die gesamte manifestierte Welt stellt eine Bühne dar, die für eure Entwicklung notwendig ist und die von euch geschaffen wird, wenn ihr die göttliche Energie auf die Vermehrung der Illusion lenkt. Wenn ihr einen bestimmten Grad der Reinheit eurer Chakren und eurer Körper erlangt, so überwindet ihr den unwirklichen Teil eurer selbst in eurem Bewusstsein.

Und je mehr ihr euer Bewusstsein erhöht, desto mehr könnt ihr die Eigenschaften erlangen, die der göttlichen Welt eigen sind.

Eure Welt und unsere Welt sind nicht feindlich. Eure Welt und unsere Welt ergänzen sich gegenseitig. Daher werden alle unharmonischen Manifestationen, die in eurer Welt vorhanden sind, mit der Zeit umgewandelt werden. Und die Veränderung eurer Welt kann nur auf einem Wege erfolgen – durch euer Bewusstsein, das den Strom der göttlichen Energie lenkt, die aus der einzigen Quelle in euer Wesen kommt, aus der einen Quelle für das ganze Universum.

Wenn ihr auf eure illusorische Welt konzentriert seid, so müsst ihr früher oder später die einfache Wahrheit erkennen, dass es in der physische Welt nichts gibt, was euch zufriedenstellen könnte. Ihr könnt das ganze Leben so verbringen, wie ihr Tausende von Leben in vergangenen Verkörperungen verbracht habt, auf der Suche nach dem Sinn des Lebens. Und für jedes Wesen in der physischen Welt kommt immer der Moment, in dem es sich bewusst wird, dass das, wonach es wirklich strebt, jenseits der Grenzen der physischen Welt liegt.

Zuerst erlangt ihr die Dualität der Wahrnehmung eurer Welt. Ihr beginnt, die Erscheinungen, die zur physischen Welt gehören, von den Erscheinungen zu unterscheiden, die zu den feinstofflichen Welten gehören. Danach fangt ihr an, die Ursachen für das zu sehen, was in der physischen Welt geschieht. Ihr beginnt die Folgen von Taten und Handlungen zu sehen, und ihr beginnt zu erkennen, dass die Veränderung eurer Einstellung zur umgebenden Welt eure Gedanken, euer Handeln, eure Gefühle ändert. Und eines schönen Tages beginnt ihr zu erkennen, dass ihr neben euren physischen Sinnen in gleichem Maße die Wahrnehmung der feinstofflichen Welten erlangt. Und sobald ihr diese Wahrnehmung erlangt, bekommt ihr eine immer größere Vorstellung von den feinstofflichen Welten. Und die feinstofflichen Welten unterscheiden sich so vorteilhaft von dem, was euch auf der physischen Ebene umgibt, dass ihr immer mehr Zeit in Kommunikation mit der feinstofflichen Welt verbringt.

Und es kommt der Moment, wenn ihr euch gleichzeitig in zwei Welten aufhaltet. Ihr werdet zu einem Punkt zwischen den beiden Welten. Und ihr seid euch vollkommen bewusst, dass sich in eurem Inneren die Welten verbinden. Und ihr versteht, dass Gott gerade auf diese Weise durch euch handeln kann. Und es ist für euch angenehm, eure Einheit mit Gott, mit dem ganzen Universum zu empfinden. Ihr versteht, dass es keine Grenze zwischen euch und anderen Lebewesen gibt. Und ihr erlangt ein grenzloses Mitgefühl für alle Lebewesen, die sich auf jener Entwicklungsstufe des Bewusstseins befinden, die ihnen nicht erlaubt, diese Einheit allen Lebens zu spüren.

Und wenn ihr euch in diesem Stadium eurer Wahrnehmung der Welt befindet, beginnt ihr uns endlich zu verstehen, die Wesen hinter dem Schleier. Wir besitzen das Verstehen, können aber nicht in eurer Welt handeln. Euch fehlt das Verstehen, doch ihr habt die Möglichkeit, in eurer Welt zu handeln. Daher wird der nächste Entwicklungsabschnitt, der bereits beginnt, euch erlauben, die Dinge so verstehen zu können, wie wir sie verstehen, indem ihr hinter den Schleier vordringt, und wir werden die Möglichkeit erhalten, durch euch zu handeln, wenn ihr uns gestattet, in eurem Wesen gegenwärtig zu sein.

So vollzieht sich die Entwicklung der Welt. So durchdringen die Welten einander.

Und der neue Entwicklungsabschnitt, der bereits begonnen hat, wird euch die Möglichkeit geben zu spüren, dass ihr euch gleichzeitig in zwei Welten aufhaltet. Anfangs werden dies nur einzelne Menschen tun können. Später werden immer mehr Menschen diesen Bewusstseinszustand erlangen. Es ist immer schwierig für den ersten Menschen, den höchsten Gipfel zu erklimmen. Diejenigen, die nachfolgen, haben es immer leichter. Und sehr bald wird das, was fantastisch erschien, vollkommen gewöhnlich sein.

Viel Glück auf dem Weg! Und hisst eure Fahnen. Damit man euch von weitem sehen kann. Und damit jeder, der sich euch anschließen und unter eure Fahnen stellen möchte, dies jederzeit tun kann.

Gott hat keine Begrenzungen. Alle Begrenzungen existieren nur in eurem Bewusstsein und in eurer Wahrnehmung der umgebenden Welt.

**ICH BIN Surya, der von der Großen Zentralsonne
zu euch gekommen ist.**

Die Auferstehung Russlands als Land der Mutter wird sehr bald geschehen

Die Geliebte Mutter Maria

13. Juni 2005

ICH BIN Mutter Maria, und bin durch diese Gesandte zu euch gekommen.

Ich freue mich über unser heutiges Treffen. Ich freue mich besonders über unser heutiges Treffen, denn seit ich das letzte Mal zu euch gekommen bin, hat sich sehr viel geändert. Und ich danke all denen, die die ganze Zeit seit unserem letzten Treffen dem Lesen von Rosenkranzgebeten gewidmet haben. Ich habe versprochen, zu kommen und euch eine Rose zu schenken. Viele von euch habe ich buchstäblich mit Rosen überstreut. Und wenn ihr mit den Augen eurer Seele sehen könntet, was um euch herum geschieht, so würdet ihr sehen, dass das ganze Zimmer, in dem ihr die Rosenkränze betet, buchstäblich mit Rosen übersät ist.

Ich danke euch. Und ich bin allen sehr dankbar, die meiner Bitte gefolgt sind. All die Energie, die ihr mir selbstlos gegeben habt, wurde von mir dazu verwendet, Bedingungen in eurem Leben zu schaffen, die euch ermöglichen ein größeres Verständnis zu erhalten, eine größere Bewusstheit der gegenwärtigen Ereignisse.

Meine Liebe strömte beim Beten eurer Rosenkränze unablässig zu euch hin. Und ich spürte eure Liebe. Oh, ihr könnt euch die Glückseligkeit nicht vorstellen, die ich empfinde, wenn ich eure Liebe in meinem Herzen empfange. Eure Liebe durchdringt den Schleier und fließt wie wohltuender Weihrauch zu mir und umhüllt mich. Ich kann immer erkennen, wessen Herz mir diese Liebe sendet, und ich kann immer eurem Herzen, eurem Lebensstrom meinen Segen senden.

Seid gesegnet, all ihr treuen und mitfühlenden Herzen, die ihr in der Hektik des Alltags die Zeit findet, innezuhalten und mir eure Liebe und Energie des Rosenkranzgebets zu geben. Lasst uns diesen Strom der

Liebe und diesen gegenseitigen Energieaustausch zwischen unseren Oktaven nicht unterbrechen.

Stellt euch vor, dass jedes eurer Gebete, das ihr an mich richtet, den Schleier zwischen unseren Welten immer feiner werden lässt. Und es gibt Gegenden auf der Erdkugel, wo die Kraft eurer Gebete die Kommunikation zwischen unseren Welten so weit ermöglicht hat, dass ihr meine Berührungen und den Duft der Rosen wahrnehmen könnt, mit denen ich euch überschütte.

Meine Geliebten, hört nicht auf zu beten.

Ich brauche nach wie vor eure Liebe und eure Gebete. Ihr wisst, dass wichtige Ereignisse auf der Erde stattgefunden haben, und ich freue mich, diejenigen von euch zu begrüßen, die die nächste Entwicklungsstufe ihres Bewusstseins erreicht haben. Und ich bin froh, dass sehr viele von denen, die ihre Zeit dem Beten der Rosenkränze gewidmet haben, auf diese Stufe hinaufsteigen konnten. Meine Gebete, die ich in dieser Zeit für euch, für eure Lieben verrichtet habe, haben auch einen Einfluss ausgeübt.

Jetzt wende ich meine Aufmerksamkeit dem Land der Mutter zu – Russland. Ihr wisst, dass Russland das Land ist, dem ich meinen besonderen Schutz angedeihen lasse. Und meine Gegenwart über Russland kann nur in dem Fall gestärkt werden, wenn möglichst viele Söhne und Töchter dieses Landes mir ihre Aufmerksamkeit schenken und mir die Energie der Rosenkranzgebete geben.

Ihr wisst, dass es in der russisch-orthodoxen Kirche keine Tradition gibt, Rosenkränze zu beten. Daher können jene von euch, die sich streng an die russisch-orthodoxen Traditionen halten, die Rosenkranzgebete nicht lesen, es reicht, mein Bildnis anzuschauen und mir eure Liebe zu senden, und ich werde das immer spüren. Es gibt keine Beschränkungen in der göttlichen Welt. Alle Beschränkungen habt ihr euch selbst erdacht, indem ihr eure Traditionen geschaffen habt. Daher bitte ich euch, mir einfach eure Liebe zu senden.

Erinnert ihr euch an Seraphim von Sarow? Erinnert ihr euch an seinen Dienst, den er mir vor meinem Bildnis erbracht hat, das auf der Ikone „Die Rührung" dargestellt ist? Er las nicht einmal Gebete, doch seine Augen füllten sich mit Tränen, und er war in einem völlig glückseligen Zustand der Liebe zu mir. Seraphim von Sarow war einer meiner ergebensten Diener. Und ich erinnere mich immer noch an jene Minuten unserer Kommunikation, die wir zusammen im Wald verbrachten.

Ihr könnt euch nicht vorstellen, was für ein unbeschreibliches Wunder es ist, das uns Gott gibt. Mit Hilfe unserer Liebe können wir alle Hindernisse auflösen, die zwischen unseren Welten liegen. Und es gibt nichts Erhabeneres, Angenehmeres und Seligeres, als die Kommunikation, die wir einander schenken können.

Wir stehen auf unterschiedlichen Seiten der Grenze, die unsere Welten trennt. Die Grenze selbst wird jedoch unter dem Einfluss der alles verzehrenden Kraft der Liebe immer feiner. Meine Geliebten, es gibt keine Hindernisse für die Kraft der Liebe.

Die Liebe kann sowohl in eurer Welt als auch in unserer Welt Wunder wirken. Und Liebe ist die Kraft, die den Schleier durchdringen kann.

Wenn ihr eine Minute freie Zeit findet und euch von der Hektik des Alltags entfernen und vor mein Bildnis treten könnt, denkt bitte nicht, dass ich irgendwo weit weg bin. Ich höre den aufrichtigen Ruf eures Herzens. Und ich bin dort, wo ihr seid. Ich höre jedes eurer Worte, die ihr zu mir sagt. Unabhängig davon, ob ihr diese Worte in eurem Herzen sagt oder laut aussprecht.

Und wenn ihr den Atem anhaltet und genau hinschaut, könnt ihr sogar meine Anwesenheit als eine leichte, kaum sichtbare Wolke neben euch erkennen, oder ihr könnt den feinen Duft von Rosen wahrnehmen oder meine Berührungen spüren.

Ich liebe es, eure Gesichter während des Gebets zu beobachten. Und manchmal erlaube ich mir, euch während eures Rosenkranzgebets heranzukommen und euch sanft zu berühren oder zu küssen.

Viele von euch spüren meine Berührungen und versuchen sogar, mich wie eine lästige Fliege zu verscheuchen. Oh, wenn ihr nur in eurem Bewusstsein den Gedanken zulassen würdet, dass es keine Fliege war, sondern Mutter Maria selbst zu euch kam, um euch zu küssen. Ihr würdet sehr verlegen werden und es komisch finden.

Unsere Welten sind einander viel näher, als ihr euch vorstellen könnt. Und schon jetzt könnt ihr während eurer Gebete meine Anwesenheit spüren. Es gibt keinen anderen Aufgestiegenen Meister, der für die Menschen der Erde näher ist als ich. Ich antworte buchstäblich auf jede eurer Bitten. Und ich bedauere sehr, dass euer Karma manchmal so schwer ist, dass ich euch nicht die Hilfe geben kann, um die ihr bittet. Für Gott ist jedoch nichts unmöglich. Und wenn ihr euch eurer Fehler in der Vergangenheit auf einer neuen Ebene bewusst werdet, wird möglicherweise die Entscheidung des Karmischen Rates geändert, und es wird mir erlaubt, euch zu helfen.

Ich freue mich sehr, dass ich zum ersten Mal in den letzten 100 Jahren die Möglichkeit habe, immer öfter auf dem Boden Russlands gegenwärtig zu sein. Meinem Land, dem ich meine besondere Schirmherrschaft gebe. Deshalb verliert nicht die Hoffnung. All eure Gebete sind erhört worden, Hilfe eilt auf den Boden Russlands. Und diese Hilfe wird nach kosmischen Maßstäben in sehr kurzer Zeit kommen. Alles wird sich ändern. Und die Auferstehung Russlands als Land der Mutter wird sehr bald geschehen.

Bis dahin bitte ich euch, das Rad der Gebete nicht anzuhalten. Und wenn ihr so beschäftigt seid, dass ihr den Gebeten nicht viel Zeit widmen könnt, so denke ich, ihr werdet ihr inmitten der Geschäftigkeit des Tages immer die Zeit und Möglichkeit finden, einen Blick auf mein Bildnis oder meine Ikone zu werfen und mir eure Liebe zu senden.

Dies wird nur einige Sekunden in Anspruch nehmen. Aber wenn ihr mir im Laufe des Tages nur einige Male eure Liebe senden könnt, so wird dies für euch das Lesen von Rosenkränzen und Gebeten ersetzen.

Habt immer mein Bildnis bei euch. Habt mein Bildnis in eurer Tasche oder in eurem Amulett bei euch. Vergesst nicht, dass ich dort, wo in der physischen Welt mein Fokus ist, meine Gegenwart offenbaren kann, dank der Energie der Liebe, die ihr mir sendet.

Geduldet euch, meine Geliebten. Es dauert nicht mehr lange. Geht in der Morgendämmerung hinaus und spürt die Wonne des Augenblicks, wenn die Sonne noch nicht am Horizont erschienen ist, doch alles ringsum bereits diesen Moment des Sonnenaufgangs erwartet. Jetzt befindet sich die Welt gerade an dem Punkt, an dem sie den Aufgang der Sonne erwartet. Der Sonne des Glaubens, der Sonne der Liebe, der Sonne der Hoffnung.

Und das Aufblühen eures Bewusstseins ist genauso unvermeidlich wie der Sonnenaufgang, den euer Wesen voraussieht.

**ICH BIN Mutter Maria, die euch immer liebt
und ein Treffen mit euch erwartet.**

Eine Lehre über Buddha und die Vermehrung des Buddha-Bewusstseins

Der Geliebte Kuthumi

14. Juni 2005

ICH BIN Kuthumi, ich bin wieder gekommen.

Gemäß der Tradition werde ich eine Lehre geben. Eure Wahrnehmung dieser Lehre kann jedoch für euer äußeres Bewusstsein schwierig sein. Es ist eine Lehre über Buddha. Über den Abschnitt eures Weges, den ihr unvermeidlich erreichen müsst und den ihr früher oder später erreichen werdet.

Jeder von euch kann in seinem Potenzial zu einem Buddha werden. Genauso wie jeder Same in seinem Potenzial zu einer Pflanze werden und seinerseits Samen tragen kann.

Die Ebene des Bewusstseins ist alles, was euch von einem Buddha unterscheidet.

Einige Samen geraten in günstige Bedingungen und keimen sehr schnell. Andere Samen keimen nur unter erheblichen Anstrengungen. Doch soll man nie vergessen, dass ihr euch alle in einem Garten befindet, in dem Gott selbst der Gärtner ist. Und Er ist ein überaus fürsorglicher Gärtner. Selbst wenn es daher von euch viel Mühen erfordert, ein Buddha zu werden, so werdet ihr dennoch zu einem Buddha. Ihr könnt nicht anders, als ein Buddha zu werden, weil dies eine natürliche und gesetzmäßige Stufe in eurer Entwicklung ist. Ich möchte jetzt nicht von jenen Seelen reden, die sich nicht entwickeln wollen und nicht dem Weg folgen wollen, der für sie geplant ist. Ihr wisst, dass in Wirklichkeit nicht alle Samen aufkeimen. Und es gibt einen bestimmten Prozentsatz von Samen, die nicht zu ausgewachsenen Pflanzen werden. Es gibt einen bestimmten Prozentsatz von Pflanzen, die eingehen, ohne das fruchtbringende Stadium zu erreichen.

Aber ihr müsst wissen, wonach ihr streben sollt. Und ihr müsst danach streben, ein Buddha zu werden.

Tatsächlich ist die Ebene des Buddha-Bewusstseins, wenn ihr sie erreicht, einer Pflanze vergleichbar, die in das fruchtbringende Stadium eintritt. Und wenn ein menschliches Wesen die Ebene des Buddha-Bewusstseins erreicht, ist es in der Lage, Millionen von anderen Wesen, die sich auf niedrigeren Stufen der evolutionären Entwicklung befinden, mit seinem Bewusstsein auszustatten. Das ist der Samenstreuung bei einer erwachsenen Pflanze sehr ähnlich. Ein Buddha sät die Samen des Buddha-Bewusstseins in den menschlichen Wesen. Und diese Samen sind für eine gewisse Zeit im Inneren eines menschlichen Wesens verborgen. Aber es kommt die Zeit, die durch kosmische Fristen bedingt ist, wenn die Samen des Buddhas im menschlichen Wesen zu keimen beginnen.

Der Buddha sät die Funken seines Geistes in den menschlichen Wesen. Die Zeit kommt, und diese Funken des Geistes beginnen zu keimen und sich bemerkbar zu machen. In jedem von euch ist ein Same Buddhas verborgen, ein Funke des Geistes, der vor Millionen von Jahren nach irdischen Maßstäben in eurem Wesen ausgesät wurde. Und jetzt kommt die Zeit, da dieser Funke des Buddha-Bewusstseins sich zu manifestieren beginnt.

Dies ist nicht dem Intellekt ähnlich. Und es ist nicht wie eure Fähigkeiten, die euch die Existenz in der physischen Welt ermöglichen. Es ist der Verstand, der in euch wohnt und der mit dem göttlichen Verstand identisch ist. Es ist dasjenige in euch, was euch die Möglichkeit gibt, die göttliche Stufe der Entwicklung zu erlangen und ein Gottmensch zu werden.

So wie sich ein Same opfert, um das Entstehen einer Pflanze zu ermöglichen, genauso opfert sich ein Buddha, damit die Samen des Verstandes in Millionen von Lebewesen keimen können. Dies ist die höchste Selbstaufopferung, zu der ihr fähig sein werdet, wenn ihr die Stufe des Buddha-Bewusstseins erlangt.

Gerade die Selbstaufopferung der höchsten Lichtwesen vor Millionen von Jahren führte dazu, dass die Menschheit den Verstand erworben hat und sich dank dieses Verstandes von den Tieren zu unterscheiden begann.

Ihr erhieltet euren Verstand in einem Akt grenzenloser Selbstaufopferung der höchsten Lichtwesen, die sich in der Menschheit der Erde auflösten, in der Hoffnung, dass irgendwann die von ihnen gesäten Samen aufkeimen und das Buddha-Bewusstsein vermehren werden. Und statt der sieben höchsten Lichtwesen wird das Universum Millionen von Buddhas erhalten.

Auf solche Weise vollzieht sich die Entwicklung, und so werden die Verdienste vervielfacht.

Zwischen dem Stadium, als die Samen gesät wurden, und dem Stadium, in dem eine Pflanze Früchte tragen kann, vergehen jedoch Fristen, natürliche Fristen. Für die Menschheit der Erde betragen diese Fristen viele Millionen Jahre.

Die göttliche Alchemie ist von solcher Art, dass die Lichtwesen, die sich ursprünglich selbst opferten, um die Menschheit der Erde mit Verstand auszustatten, sich in der irdischen Menschheit auflösten, in Millionen von Lebensströmen. Und sie können ihre Identität erst dann vollständig wiederherstellen, wenn alle menschlichen Wesen, die zu diesem Zeitpunkt auf der Erde verbleiben, die Ebene des Buddha-Bewusstseins erlangt haben.

In jedem Aufgestiegenen Meister gibt es einen Funken eines noch höheren Lichtwesens, und wenn ein Mensch die Ebene des aufgestiegenen Bewusstseinszustands erlangt, ist er in der Lage, den Funken des Verstandes zurückzugeben, der als Gärgut in den Tiefen seines Wesens diente und dank dessen seine Entwicklung stattfand. Mit jedem Aufstieg jubeln die Himmel. Jeder Aufstieg ermöglicht es den höchsten Geistern, die vor Millionen von Jahren die Menschheit mit dem Verstand ausgestattet haben, immer größere Ganzheit zu erlangen.

Wenn ein menschliches Wesen jedoch die Entwicklungsstufe eines Buddhas erreicht, folgt es selbst dem Beispiel, das die großen Lichtwesen gegeben haben. Und jeder Aufgestiegener Meister, der die Ebene des Buddha-Bewusstseins erlangt hat, hat die Möglichkeit, jene Individuen mit einem Teilchen seiner selbst auszustatten, die sich noch in der Verkörperung befinden und mit denen dieser Aufgestiegener Meister karmisch verbunden ist, und mit deren Leben die Geschichte seiner Existenz auf dem Planeten Erde sehr eng verflochten war.

Natürlich muss euer Lebensstrom der Gegenwart eines Teilchens des Aufgestiegenen Meisters in euch zustimmen.

Ich werde euch mehr dazu sagen. Jeder Prophet, Gesandte, Messias hatte in seinem Inneren die Gegenwart der höheren Wesen. Manchmal war es nicht nur ein Lichtwesen, sondern mehrere Lichtwesen. Die Gegenwart von Lichtwesen im Tempel eines verkörperten Individuums ist durch den Grad der Errungenschaften dieses Individuums bedingt. Ihr könnt in eurem Inneren das Licht der Gegenwart einer hohen Wesenheit nicht ertragen, wenn ihr nicht bereit seid, wenn ihr nicht einen bestimmten Grad der Reinheit in euren vier niederen Körpern erreicht habt, und wenn ihr nicht ein hohes Schwingungsniveau habt, das einer hohen von euch erreichten Bewusstseinsebene entspricht.

Dieses Wissen, das ich euch heute gebe, ist kein neues Wissen. Es war in allen bedeutenden Schulen der Mysterien bekannt und wurde dort unterrichtet, und es fand seinen Widerhall in vielen Büchern und wissenschaftlichen Werken.

Alles ändert sich, und der Entwicklungsabschnitt beginnt, in dem das, was nur sehr wenigen fortgeschrittenen Schülern zugänglich war, jetzt sehr vielen zugänglich wird. Und nur die Ebene eures Bewusstseins trennt euch davon, die Größe des Schöpfers verstehen und in vollem Umfang würdigen zu können. Seine Fürsorge für jedes Lebewesen und die Möglichkeiten, die das Gesetz dieses Universums für die Entwicklung aller Seelen bietet, die das Universum bewohnen.

Ich habe euch heute eine schöne Legende von den Buddhas und von der Vermehrung des Buddha-Bewusstseins erzählt.

Wenn ein Same sprießt und sich eine Pflanze entwickelt, stößt sie auf ihrem Entwicklungsweg auf viele Hindernisse. Darunter Dürre, und Überschwemmung, und die brennende Sonne, und Insektenschädlinge. Jedes Individuum stößt in seiner Entwicklung auf dem Planeten Erde auf viele Hindernisse. Jedes Individuum muss eine Vielzahl von Hindernissen überwinden. Doch um in eurem Bewusstsein wachsen zu können, braucht ihr diese Hindernisse. Ihr werdet erst dann ein Buddha, wenn ihr alle Hindernisse überwunden habt. Ihr werdet erst dann ein Buddha, wenn ihr in eurem Bewusstsein über die Grenzen der illusorischen Welt hinausgeht.

Und jetzt das Wichtigste, was ich euch sagen muss. Die Lehre, die ihr soeben erhalten habt, ist eine andere Sichtweise zum Fall Luzifers und zum Fall der Engel.

Und am Beispiel dieser beiden Betrachtungsweisen zu ein und demselben Ereignis könnt ihr euch ein Urteil darüber bilden, wie sehr der menschliche Verstand in der Lage ist, selbst die größte Heldentat des Geistes bis zur Unkenntlichkeit zu verzerren.

Wahrhaftig beurteilt jeder alles aus seiner Sicht, und jeder sieht in allem seine eigenen Mängel.

Welche der beiden Legenden euer äußerer Verstand akzeptiert, sagt euch daher sehr viel über euch selbst.

Jedes Ereignis, das im materiellen Universum stattfindet, ist zweideutig und hat die Eigenschaft der Dualität. Und je höher die Ebene, die euer Bewusstsein erlangt, desto weniger seht ihr Negatives in der euch umgebenden Wirklichkeit, und desto mehr seht ihr Positives, Göttliches.

Und wenn euer Bewusstsein einen ausreichend hohen Reinheitsgrad erlangt hat, werdet ihr überrascht bemerken, dass sich alles um euch herum verändert hat. Und anstatt der gefallenen Engel, die euch umgaben und mit denen ihr unermüdlich gekämpft habt, werdet ihr menschliche Wesen sehen, die leiden und eure Hilfe brauchen.

Damit aber die Veränderung eurer selbst und eures Bewusstseins erfolgen kann, müsst ihr auf dem Weg fortschreiten wollen, ihr müsst euch den Winden des Wandels aussetzen und dürft nichts fürchten. In eurer Welt bedroht euch nichts außer dem unwirklichen Teil eurer selbst, der alle negative Situationen und Umstände in eure Welt zieht.

Ich wünsche euch, dass ihr schon in diesem Leben Erleuchtung erlangt. Ich und alle Aufgestiegene Lichtwesen sind bereit, euch zu dienen und alle notwendige Hilfe zu leisten.

Doch vergesst nie: Es ist nicht möglich einem Individuum zu helfen, das nicht um diese Hilfe bittet und meint, dass es unsere Hilfe nicht braucht.

Denkt immer daran, dass ihr in Fragen der Erkenntnis der göttlichen Wahrheit nur Kinder seid, und im gegenwärtigen Abschnitt der Entwicklung eures Bewusstseins wird sogar jene Wahrheit, die ich euch heute gegeben habe, euch als unklar und beunruhigend erscheinen. Aber es werden nur einige Jahre vergehen, und jedes Schulkind wird von dieser Wahrheit wissen.

ICH BIN Kuthumi.

Es geschieht genau das, was ihr in eurem Bewusstsein zulassen könnt

Sanat Kumara

15. Juni 2005

ICH BIN Sanat Kumara. ICH BIN zu euch gekommen.

Jedes Mal, wenn ich komme und wenn andere Lichtwesen kommen, kann euer Bewusstsein immer mehr Informationen aufnehmen. Ganz gleich, ob diese Informationen in Form von Worten, Bildern oder Energie in euer Wesen kommen. Der gegenseitige Austausch zwischen unseren Welten ist an sich sehr wichtig.

Die ständige Aufmerksamkeit, die ihr dem Lesen dieser Botschaften widmet, ist Energie, die ihr in unsere Welt sendet. Wohin eure Aufmerksamkeit gerichtet ist, dorthin fließt eure Energie. Dies ist eine bekannte Wahrheit. Und genauso ist unsere Aufmerksamkeit, die wir euch während der Übermittlung dieser Botschaften schenken, auf eure Welt gerichtet.

Ich sende euch die Energie meiner Aufmerksamkeit. Ihr sendet mir die Energie eurer Aufmerksamkeit. Auf diese Weise können wir Energie zwischen unseren Oktaven austauschen. Und je mehr Lichtwesen und verkörperte Individuen sich diesem gegenseitigen Energieaustausch anschließen, desto näher werden sich unsere Welten sein.

Der Energieaustausch zwischen unseren Oktaven war bereits seit dem Beginn der Erschaffung dieses Universums vorgesehen. Und der Punkt der Materialität, den ihr jetzt erreicht habt, behindert diesen gegenseitigen Austausch. Daher bringen alle Versuche, den Energieaustausch zwischen den Oktaven wiederherzustellen, gegenseitigen Nutzen für unsere Welten.

Die Welten vereinigen sich durch den Austausch von Energien. Energien aus eurer Welt, die von Unvollkommenheit gefärbt sind, können nicht in unsere Welt vordringen. Nur jene Energien, die das Gute in sich tragen und von Liebe gefärbt sind, können den Schleier durchdringen.

Und unsere Energien, die wir unermüdlich in eure Welt senden, können von den meisten Menschen nicht gespürt werden, da dies sehr feine Energien für eure Wahrnehmung sind. Und eure Sinnesorgane können diese Energien noch nicht wahrnehmen. Aber besonders feinfühlige Individuen können dennoch unsere Schwingungen empfinden, selbst durch die Verzerrungen, die unvermeidlich entstehen, wenn die Energie durch den Schleier in eure Welt kommt. Wie vollkommen ein Kanal auch sein mag, jeglicher Kanal für unsere Energien bringt Verzerrungen mit sich. Es gibt keine Vollkommenheit in eurer Welt. Und jeder Mensch, der sich in seinen Schwingungen unserer Welt nähert, kann sich nicht länger in eurer Welt aufhalten.

Der Vorgang der gegenseitigen Durchdringung unserer Welten dauert sehr lange an und erstreckt sich über Millionen von Jahren.

Ihr könnt nicht sofort die Bewusstseinsebene erlangen, die unserer Welt eigen ist. Dies wäre für euer Wesen wie das Aufblitzen einer Supernova.

Und auch wir können nicht in eure Welt gelangen. Das wäre wie der Tod für uns. Daher gibt es viele Wege, die es uns ermöglichen, indirekt in eure Welt vorzudringen, indem wir jene Individuen nutzen, deren Schwingungsfrequenz es uns ermöglicht, zumindest für eine kurze Zeit in ihnen gegenwärtig zu sein.

Ihr seid auch in der Lage, in unsere Welt vorzudringen. Und je höher die Bewusstseinsebene ist, die ihr vor eurer Meditation erreichen könnt, desto höher sind die Welten, in die ihr vordringen könnt.

Ihr seid keine dichten Wesen. Wenn ihr euch selbst als dichte Wesen wahrnehmt, so liegt das nur an der Begrenztheit eures Bewusstseins. Ihr seid vielmehr Wolken oder energetischen Ansammlungen ähnlich, die in unsere Welt vordringen können. Und wenn ihr euer Bewusstsein in unsere Welt versetzt, so erhält unsere Welt für euch eine ebensolche Dichte wie eure physische Welt.

Es ist alles eine Sache eures Bewusstseins, und es geschieht genau das, was ihr in eurem Bewusstsein zulassen könnt. Daher sprechen wir zu euch immer wieder über die Erweiterung eures Bewusstseins, über die Erhöhung eures Bewusstseins, über den Aufstieg auf eine höhere Ebene.

Wenn ihr eure Aktivitäten auf dem Planeten Erde mit unseren Augen betrachten könntet, wäret ihr überrascht, wie begrenzt eure Existenz ist. In Wirklichkeit seid ihr in eure physische Form wie in einen Kerker eingesperrt. Und ihr könnt aus eurem Kerker nicht herauskommen, solange ihr nicht von dem Impuls ergriffen werdet, nach der Freiheit zu streben.

Ich spreche in allgemeinen Phrasen, und ich mache Andeutungen. Nicht, weil ich euch nicht mehr sagen kann. Ich kann euch weitaus mehr sagen. Aber euer Bewusstsein wird nicht wahrnehmen können, was es noch nicht erfassen kann.

Daher verläuft die Evolution des menschlichen Bewusstseins ganz allmählich. Und dies erinnert sehr an die Evolution der menschlichen Gesellschaft. Wenn euch noch vor wenigen Jahrzehnten jemand versucht hätte zu erklären, wie das Internet oder Mobiltelefone funktionieren, hättet ihr dies für eine bloße Fantasie und einen unerfüllbaren Wunschtraum gehalten. Aber zuerst wird ein Bild gegeben, das wir in die Köpfe jener Menschen senden, die dieses Bild wahrnehmen können. Danach beginnt dieses Bild, Gestalt anzunehmen, an Details, an Einzelheiten zu gewinnen.

Daher senden wir unermüdlich durch viele, viele Menschen unsere Bilder der Zukunft für diesen Planeten.

Ihr erhaltet diese Bilder während eures nächtlichen Schlafs und im Wachzustand. Die feinstofflichen Energien meines Heimatplaneten Venus haben sich genähert, und sie verfeinern die gröberen Schwingungen eures Planeten, indem sie sich mit ihnen verflechten und allmählich die grundlegende und vorherrschende Schwingung ändern, die für euren Planeten charakteristisch ist.

Die Erde ist sehr gastfreundlich. Sehr viele Evolutionen haben hier Zuflucht gefunden. Und das Bewusstsein mancher Menschen ist schon zum Übergang auf eine neue Ebene bereit, es ist der neuen Ebene nahe oder schon auf eine neue Ebene übergegangen. Das Bewusstsein anderer Menschen ist noch gar nicht erwacht.

Wir haben jedoch den Sieg verkündet. Und der errungene Sieg ist tatsächlich bedeutend. 144.000 Wesen, die auf dem Planeten Erde verkörpert sind, haben die Ebene des Christusbewusstseins erlangt. Dies bedeutet, dass wir durch diese Wesen unsere Gegenwart auf dem Planeten Erde verstärken können.

Alle diese Wesen sind in der Lage, auf horizontaler Ebene Verbindungen untereinander herzustellen. Alle Organisationen, die von diesen Wesen gegründet werden, und alle Projekte, die diese Wesen durchführen werden, können die hohen Schwingungen unserer Oktaven tragen. Daher werden sehr bald sogar jene Individuen, deren Bewusstsein im Tiefschlaf liegt und die unsere Energien nicht spüren können, imstande sein, unsere Schwingungen zu empfangen, die durch diese verkörperten Christuswesen an ihre Wahrnehmung angepasst sind.

Vor 2000 Jahren kam Jesus auf die Erde und gab seine Lehre. Nun stellt euch 144.000 Wesen vor, die jetzt ihr Christuspotenzial verwirklicht haben. Wie viel mehr werden diese Christuswesen einen Einfluss auf die Welt, auf ihre Entwicklung ausüben können.

Buchstäblich jeder Bereich menschlicher Aktivitäten wird unter den Einfluss dieser Christuswesen kommen, die über die ganze Erdkugel verteilt sind und in ihren Berufsbereichen die unterschiedlichsten Tätigkeiten ausführen.

Man kann den Vorgang der Bewusstseinsveränderung nicht mit physischen Geräten messen. Ihr erlangt einfach die Fähigkeit mehr zu sehen. Ihr seht die Ursachen von Taten und Handlungen, und ihr seht die Folgen. Ihr seht, wie jegliche unharmonische Manifestationen im Leben um euch verbessert und korrigiert werden können. Und wenn ihr euch allmählich von allen extremen, negativen Erscheinungen in allen Bereichen eures Lebens befreit, so befreit ihr damit viele Seelen, und vor allem Kinder und Jugendliche, von negativen Einflüssen.

Sanfte Musik, die Kommunikation mit der Natur kann die Seele eines Kindes viel positiver beeinflussen, als ihr euch vorstellen könnt. Und genauso ist es, wenn ihr euch nicht darum kümmert, welche Art von Musik eure Kinder hören und in welcher Gesellschaft sie ihre Freizeit verbringen – dann schafft ihr damit die Ursachen eurer zukünftigen Probleme.

Entfernt alles Unnötige aus eurem Leben, alles, was ihr für eure Existenz nicht braucht, und ihr werdet viel freie Zeit für die spirituelle Entwicklung, für die Kommunikation, für Meditationen haben.

Sehr einfache Dinge, die ihr in eurem Leben tun könnt und die nicht nur keine großen finanziellen Ausgaben erfordern, sondern euch zugleich von vielen Kosten befreien, können im wahrsten Sinne zu revolutionären Veränderungen in eurem Leben führen, sodass euer Bewusstsein einen großen Sprung macht.

Überdenkt eure Traditionen, eure Gewohnheiten und findet in euch die Kraft, euch von allem zu befreien, was unnötig ist und nicht zu eurer spirituellen Entwicklung beiträgt.

Die Ratschläge sind sehr einfach, und ihre Umsetzung wird für euch zu einem garantierten Resultat führen.

Ihr könnt darüber nachdenken und verstehen, was euch daran hindert, diese einfachen Ratschläge umzusetzen. Und die Antwort auf diese Frage ist offensichtlich – es ist euer Ego, das Tausende von Gründen und Tausende von Ausreden findet, damit ihr nur nichts in eurem Leben ändert.

Und jetzt könnt ihr euren wahren Feind sehen. Und euren einzigen Feind. Euer Ego, der unwirkliche Teil eurer selbst, ist euer wahrer und einziger Feind. Daher sucht nicht nach irgendwelchen Feinden in eurer Umgebung. Eure ganze Umgebung entspricht einfach euch selbst gemäß der Ebene eurer Schwingungen.

Und die Ratschläge, die ich euch gebe, stimmen Wort für Wort mit den Ratschlägen überein, die ich den Menschen der Erde in jener Zeit gab, als ich selbst auf dem Planeten Erde verkörpert war. Millionen von Jahren sind vergangen. Und ich wiederhole für euch Wort für Wort die gleichen Ratschläge.

Und wenn ich an eurer Stelle wäre, so würde ich vor Scham vergehen. Aber ihr tut nach wie vor nichts und bleibt weiterhin eurem Ego gefällig.

Habt ihr jemals darüber nachgedacht, dass euer Experiment mit eurem freien Willen ein Ende nehmen könnte?

Habt ihr jemals darüber nachgedacht, dass der Gärtner manchmal die trockenen Äste wegschneiden und verbrennen muss, damit sich eine Infektion nicht auf die gesunden Pflanzen ausbreitet?

Und ist nicht die Zeit gekommen, wenn diese Arbeiten durchgeführt werden müssen und bereits durchgeführt werden?

Ihr habt immer eine Chance, auf den Weg zurückzukehren, der für euch bestimmt ist und der euch nach Hause führt. Ich bitte euch: Denkt über meine Worte nach. Müsst ihr wirklich so viel opfern, um euch von allem zu befreien, was euch daran hindert, den Weg zu begeben?

ICH BIN Sanat Kumara.

Bereitet euch auf den Aufgang der Sonne des Wissens, der Sonne des Glaubens, der Sonne des göttlichen Bewusstseins über dem Boden Russlands vor

Der Geliebte Babaji

16. Juni 2005

ICH BIN Babaji, und ich bin wieder zu euch gekommen.

Ich bin gekommen, um euch eine Unterweisung zu geben, und was ich euch sagen möchte, wird für eure spirituelle Entwicklung wichtig sein. Heute muss ich über die Prophezeiungen und Vorhersagen sprechen, die vielen bekannt sind, aber in eurer Welt nicht genügend Verbreitung gefunden haben.

Während meiner Verkörperung gab ich meine Lehre an einem Ort namens Haidakhan. Die Menschen kamen aus der ganzen Welt, um an meinen Darshans teilzunehmen. Ich gab ihnen die Seligkeit aus meinem Herzen. Ich erfüllte ihr Wesen mit Licht. Und selbst diejenigen, die nie eine Vorstellung hatten, wie man mit einem Lehrer kommunizieren soll, empfanden Ehrfurcht bei meiner Anwesenheit und Kommunikation mit ihnen.

Gott hat viele Geheimnisse, die eurem Bewusstsein nicht enthüllt werden können, weil euer Bewusstsein nicht über einen ausreichenden Grad an Reinheit, makellose Wahrnehmung verfügt. Ich offenbare einige dieser Geheimnisse meinen engsten Schülern.

Und die Zeit dafür, diese Geheimnisse einem größeren Publikum zu offenbaren, ist noch nicht gekommen. Ihr müsst aber immer wissen, dass Gott noch viele Geheimnisse für euch hat, die nicht enthüllt worden sind.

Und die Lehre, die ich euch geben möchte, betrifft eure Empfindung für Gott, euer göttliches Gefühl. Denkt niemals, dass ihr bereits alle göttlichen Geheimnisse verstanden habt. Denkt niemals, dass die Ansichten und Überzeugungen, die jetzt in eurem Kopf, in eurem äußeren Bewusstsein bestehen, unfehlbar und die einzig wahren sind. Ich verstehe, dass es für euch wichtig ist, bestimmte Dogmen im Kopf zu haben, um eure Wahrnehmung einzuschränken und die Dinge eurer Umgebung besser erkennen zu können. Es ist so, als würdet ihr einen bestimmten Raum mit einer Taschenlampe beleuchten, und ihr könnt die Dinge erkennen, die ihr beleuchtet, und euch eine mehr oder weniger klare Vorstellung von ihnen machen.

Doch ihr solltet niemals die gesamte Schöpfung nach dem beleuchteten Raum beurteilen, den euer Bewusstsein erhellen kann.

Ein weiser Mensch erinnert sich immer daran, dass jenseits des Bereichs, der von seinem äußeren Bewusstsein beleuchtet wird, ein großer Bereich dessen liegt, was er noch nicht wahrnehmen kann.

Euer Hauptfehler, der die meisten Probleme in eurer Welt verursacht, besteht darin, dass ihr miteinander streitet, wessen Taschenlampe alle Dinge viel besser beleuchtet. Und nur von dem Licht eurer eigenen Taschenlampe sollen sich alle Menschen auf der Erde im Leben leiten lassen.

Ihr könnt sogar bis zur Heiserkeit untereinander streiten und euch gegenseitig davon überzeugen, dass die ganze Welt eure Taschenlampen benutzen muss, und dann wird sie glücklich sein.

Ihr müsst euch immer daran erinnern, dass die Morgendämmerung kommt und die Sonne alle Dinge mit dem hellen Licht des Tages erleuchtet. Und das Licht eurer Taschenlampen wird im hellen Sonnenlicht kaum mehr sichtbar sein. Und die Gegenstände, die ihr mit eurer Taschenlampe in der Finsternis beleuchtet habt, bekommen im hellen Sonnenlicht ganz andere Umrisse. Lohnt es sich für euch, dass ihr eure Kräfte dafür aufwendet, euch gegenseitig die Richtigkeit eurer Überzeugungen zu beweisen, wenn der Tag kommt und die Sonne eurer göttlichen Gegenwart alle Dinge klar erleuchtet, und ihr die göttliche Wahrheit nicht mit eurem begrenzten menschlichen Verstand, sondern mit dem Verstand eines Aufgestiegenen Lichtwesens erkennen könnt?

Ein weiser Mensch wird niemals gegen ein System der Weltanschauung ankämpfen, das sich bei anderen Menschen entwickelt hat. Es ist sehr schlecht für die Gesundheit, mit seinen eigenen Traditionen in ein fremdes Land zu kommen und zu beginnen, die Menschen dieses Landes davon zu überzeugen, dass sie alle ausnahmslos falsch leben und eine falsche Vorstellung von Gott haben.

Alle Missionare zu allen Zeiten begingen diese Sünde. Sie kamen in ein fremdes Land und versuchten, diesem Land ihre eigenen Glaubenstraditionen aufzudrängen.

Es gibt nur eine göttliche Wahrheit, die hinter allen Religionen der Welt steht. Und weise Menschen versuchen immer, diese größte Wahrheit zu erkennen, und nicht der Welt ihr eigenes Verständnis der göttlichen Wahrheit aufzudrängen. Wenn ihr, jeder von euch, auf euren Überzeugungen besteht und zu beweisen versucht, dass nur sie wahr sind und es in der Welt nichts Wahreres und Richtigeres gibt, so begrenzt ihr dadurch euer Fortschreiten und beginnt, in euch nicht-göttliche Eigenschaften zu kultivieren, wie spirituelle Arroganz und Götzendienst.

Daher rufe ich euch auf, euch unablässig darum zu bemühen, euer Bewusstsein auf der Ebene hoher göttlicher Schwingungen zu halten. In diesem Zustand werdet ihr freundlicher, toleranter. Euer ganzes Wesen strahlt Liebe, Freundlichkeit, Freude, Frieden aus.

Lernt, diese Bewusstseinszustände in euch zu unterscheiden. Und strebt nach diesen Zuständen eures Bewusstseins. Nur wenn ihr euch in einem solchen Bewusstseinszustand befindet, werdet ihr imstande sein, die göttliche Wahrheit wahrzunehmen.

Jetzt möchte ich euch etwas über das Land Russland erzählen.

Es gibt Prophezeiungen, und diese Prophezeiungen sind in Indien weithin bekannt, dass Russland wiederauferstehen muss. Russland muss zu einem Land werden, das auf neuen Grundsätzen basiert, auf den Grundsätzen des wahren Glaubens. Die Geschichte Russlands, und insbesondere die jüngste Geschichte, hat dem Volk dieses Landes Lektionen erteilt, dass man sich nicht an ein bestimmtes System der Weltanschauung binden soll. Es ist, als hätte man das Bewusstsein der Menschen dieses Landes absichtlich der Einwirkung völlig unterschiedlicher Ideologien und Anschauungen ausgesetzt.

Für das Bewusstsein eines Menschen in der Verkörperung ist ein schneller Wechsel der äußeren ideologischen Orientierung wie ein Orkan oder Wirbelsturm. Jeder Bruch mit den Stereotypen der Wahrnehmung der Realität wird vom menschlichen Wesen als eine Katastrophe wahrgenommen. Und für einen Menschen, insbesondere für seine niederen

Körper einschließlich dem physischen, ist ein solcher Wechsel der Ideologie eine große Bedrohung und eine Ursache von Stress.

Doch für die Entwicklung der Seele des Menschen spielen solche Erschütterungen eine überaus wichtige Rolle. Ein Mensch, der solchen Stressdurchlebt, die der mit dem Zusammenbruch seiner früheren Weltanschauung verbunden ist, erlangt ein erweitertes Bewusstsein und ist in der Lage, die Welt viel umfassender zu betrachten.

In diesem Sinne unterscheidet sich Russland vorteilhaft von allen anderen Ländern der Welt. Natürlich sind Indien und Tibet Länder mit reichen spirituellen Traditionen. Aber gerade weil diese Traditionen bereits seit vielen Jahrtausenden bestehen, hemmen sie die Entwicklung des Bewusstseins der Menschen.

Nicht immer ist das, was auf der physischen Ebene gut ist, ebenso nützlich für die Entwicklung der Seele.

Die Menschen, die in all dieser Zeit auf dem Territorium Russlands lebten und weiterhin dort leben, trotz aller Schwierigkeiten, erhielten die höchsten Einweihungen, die mit den Einweihungen vergleichbar sind, die die größten Adepten der Vergangenheit ihren Schülern gaben.

Und was die Anzahl der Menschen betrifft, die das Christusbewusstsein erlangt haben, so nimmt Russland eine führende Stellung in der Welt ein.

Daher wird Russland jenes Land sein, in das die Menschen aus aller Welt kommen und ihre Ausbildung absolvieren werden. Der Reichtum, den Russland besitzt, liegt nicht im Erdboden. Es ist kein Gold, es ist kein Erdöl. Der Reichtum Russlands hat einen weit höheren Wert, und er ist im Bewusstsein der besten Vertreter der Völker konzentriert, die dieses Land bewohnen.

Und genauso, wie es viel wertloses Gestein gibt, unter dem man Goldnuggets finden kann, genauso gibt es viele Menschen, die aus irgendwelchen Gründen ihr Bewusstsein nicht überwinden und die Einweihungen nicht vollziehen konnten. Aber jene Menschen, die dies tun konnten, haben wirklich die besten spirituellen Auszeichnungen verdient und erhielten die Anerkennung der Aufgestiegenen Lichtwesen.

All diese letzten hundert Jahre fand ein Schmelzen im göttlichen Ofen statt. Und jetzt haben wir die Möglichkeit, das reine Gold des göttlichen Bewusstseins in Form von Heiligenscheinen zu beobachten, die die Köpfe der Lichtträger Russlands umgeben.

Alles, was sich in Russland ereignet hat und was die Einweihung vieler Söhne und Töchter dieses Landes betrifft, wurde vorhergesagt. Und diese Prophezeiung ist selbst in den geographischen Namen auf dem Territorium dieses Landes verborgen.

Die Flüsse Om und Tara, die die Einheit des männlichen und weiblichen Prinzips der Gottheit symbolisieren, fließen an dem Ort, an dem die Wiederauferstehung Russlands beginnen wird. Zunächst werden Menschen erscheinen, die die Bewusstseinsebene Christi und Buddhas haben. Sie verdienen dieses Bewusstsein, indem sie schwierige Einweihungen und Prüfungen durchlaufen. Dann verändert sich durch das Bewusstsein dieser Menschen die umgebende Welt, sie erlangt Eigenschaften, die der göttlichen Welt näher sind.

Derzeit sind diese Menschen, diese Goldnuggets unter einer dicken Schicht von wertlosem Gestein verborgen. Und ein unerfahrener Blick wird dieses Gold des Geistes wohl kaum erkennen. Doch wenn ihr das Gold im wertlosen Gestein nicht erkennen könnt, bedeutet dies nicht, dass dieses Gold nicht darin enthalten ist. Ihr habt nur die Stufe des Unterscheidungsvermögens noch nicht erlangt, die euch ermöglicht, dieses Gold des Geistes zu erkennen.

Daher wurde die Prophezeiung ausgesprochen. Und die Prophezeiung muss erfüllt werden.

Und selbst wenn ihr alle Anstrengungen unternehmt, damit die Sonne nicht aufgeht und mit ihrem Licht die dunklen Ecken eures Bewusstseins nicht erhellt, so wird sie dennoch aufgehen.

Daher bereitet euch auf den Aufgang der Sonne des Wissens, der Sonne des Glaubens, der Sonne des göttlichen Bewusstseins über dem Boden Russlands vor.

ICH BIN Babaji.

Eine Lehre über die verführerische Schlange und die Schlange der Weisheit

Gott Maitreya

17. Juni 2005

ICH BIN Maitreya, und ich bin zu euch gekommen.

Der wonnige Moment unserer Kommunikation ist gekommen. Und ich bin gekommen, um mein Wissen und meine Gedanken mit euch zu teilen.

Immer lassen sich in dem, was euch in eurer Welt umgibt, göttliche Manifestationen finden. Immer lässt sich etwas finden, was nicht von Gott ist. Von dem, was nicht von Gott ist, gibt es in eurer Welt einstweilen mehr. Eure Welt gehört nicht zu den göttlichen Welten. Vor sehr langer Zeit war eure Welt nicht von dichter Art, und die Schwingungen eurer Welt waren den göttlichen Schwingungen nahe. Das war vor Millionen von Jahren.

Der Mensch hatte keinen dichten Körper. Und alles, was ihn umgab, war wie ein paradiesischer Garten.

Der Mensch lebte wie eine Pflanze. Das Bewusstsein des Menschen war makellos.

Und alles war gut. Mit Ausnahme einer Kleinigkeit. Der Mensch hatte keinen Verstand. Und weil der Mensch keinen Verstand hatte, konnte er nicht erschaffen. Er konnte nicht schöpferisch tätig sein, und er konnte sich nicht entwickeln. Die Existenz des Menschen war wie die Existenz von Tieren.

Es war den höheren kosmischen Mächten nicht möglich, die Existenz des Menschen weiterhin zu unterstützen, der keinen Verstand hatte und folglich nicht die Möglichkeit zur eigenen Entwicklung besaß.

Daher stiegen die Söhne der Sonne, die Söhne der Weisheit, in die Körper der Menschen hinab und gaben ihnen die Möglichkeit, den Verstand zu erhalten. Das Feuer des Verstandes, das Feuer, mit Hilfe dessen der Mensch die Fähigkeit erhielt, wie die Götter zu erschaffen.

Ich gebe euch die Legende in einer solchen Weise, wie sie euch auf der jetzigen Bewusstseinsstufe am besten helfen kann, eure Geschichte zu verstehen. Jenen Moment, an dem euer Fall in die Materie begann.

In dem Maße, wie der Mensch die Möglichkeiten seines Verstandes nutzen konnte, erwarb er die Fähigkeit zu wählen, wie er die Energie lenkte, die aus der göttlichen Quelle in seinen Körper floss.

Ihr kennt die Legende von Adam und Eva. Ihr wisst von der Schlange, die Eva verführte.

Ihr denkt jedoch, dass dies jemand außerhalb eurer selbst war. Und tatsächlich war es so. Der Mensch erhielt seinen Verstand von außerhalb seiner selbst. Die Meister der Weisheit, die Meister des Geistes stiegen in die Körper der Menschen herab, um sie mit dem Verstand auszustatten. Bis zu diesem Ereignis war der Mensch ohne Verstand gewesen. Doch nach diesem Ereignis erlangte der Mensch die Bewusstheit seiner selbst. Er begann, Entscheidungen bewusst zu treffen. Und mit dem Erlangen des Verstandes begann der Mensch, Karma zu schaffen.

Pflanzen haben kein Karma, und Tiere haben kein Karma. Karma als eine Folge des Handelns ist nur jenen Wesen eigen, die Verstand besitzen. Als der Mensch den Verstand erhielt, wurde er daher für all sein Handeln verantwortlich. Für alles, was er auf der Erde tat.

Somit wurde der Verstand des Menschen sein größtes Glück und sein größtes Unglück zugleich.

Intuitiv vermutete der Mensch immer, dass jemand außerhalb seiner selbst die Verantwortung für alles trägt, was mit ihm geschieht. Dies ist sowohl wahr als auch falsch. Denn nachdem der Mensch den Verstand erhalten hatte, wurde dieser Verstand zu einem untrennbaren Teil seiner selbst. Und der Mensch konnte nicht länger jemand anderem die Schuld dafür geben, was mit ihm geschieht.

Indem der Mensch die göttliche Energie in Bahnen lenkte, die nicht der göttlichen Absicht entsprachen, schuf er Karma. Die göttliche Energie nahm an Dichte zu und formte die Welt, die den Menschen umgibt.

So wurde die materielle Welt geschaffen, und so wurde das Karma geschaffen.

Und der Mensch kann für alles Unheil, das ihn befällt, äußeren Kräften, Luzifer und den gefallenen Engeln die Schuld geben (in anderen Legenden lassen sich andere Namen finden).

Hätte der Mensch jedoch nicht den Verstand erhalten, so hätte er nicht dem göttlichen Plan entsprechen können, den Gott bei der Erschaffung des Menschen zugrunde legte. Und es stellte sich sogar die Frage, ob die irdische Evolution vernichtet werden muss, weil sie nicht dem göttlichen Plan entsprach.

Daher ist es unlogisch, diejenigen für alle eure Sünden verantwortlich zu machen, die euch die Möglichkeit gaben, eure Evolution fortzusetzen. In der Tat, nachdem der Mensch mit einem Funken des Verstandes ausgestattet worden war, lag das Karma für falsches Handeln sowohl beim Menschen als auch bei dem Meister, der dem Menschen ein Teilchen seiner selbst gegeben hatte. Deshalb ist alles miteinander verflochten, und alles kann erst dann entwirrt werden, wenn der Mensch zur Genüge in der von ihm geschaffenen Illusion gespielt hat und sich des höheren Weges bewusst werden kann, den es gibt und der ihm vorbestimmt ist.

Der Verstand des Menschen ist die größte Strafe, und der Verstand ist zugleich die Möglichkeit für den Menschen, nachdem er durch die physische Welt wie durch das Fegefeuer gegangen ist, sich von allem Nicht-Göttlichen zu reinigen und schließlich zu dem zu werden, der er werden muss – ein Gottmensch.

In eurem Bewusstsein liegt der Schlüssel zu eurem Fortschreiten. Solange ihr nach denen sucht, die außerhalb eurer selbst an eurem Leid und eurem Unheil schuld sind, werdet ihr eine Position einnehmen, die nicht zu positiven Veränderungen führt.

Ihr könnt sehr lange darüber diskutieren, wer für den Hurrikan verantwortlich ist, der sich vor nicht langer Zeit ereignete und Hunderttausende von Menschenleben forderte. Doch solange ihr nicht die Ärmel hochkrempelt und mit der Arbeit beginnt, die Folgen des Hurrikans zu beseitigen, wird sich nichts ändern.

Daher ist es für euch jetzt am wichtigsten zu verstehen, dass die Suche nach Schuldigen außerhalb eurer selbst keine konstruktive Einstellung ist. Ihr müsst verstehen, dass keiner außer euch selbst die Verantwortung dafür trägt, was in eurem Leben geschieht. Und danach müsst ihr beginnen, das Knäuel all des Karmas zu entwirren, das ihr im Laufe von Hunderten und Tausenden von Verkörperungen geschaffen habt.

Ihr arbeitet jede Sekunde eures Aufenthalts auf der Erde Karma ab, wenn ihr eine äußere Situation in eurem Bewusstsein überwindet und die richtige innere Einstellung zu allem entwickelt, was sich um euch ereignet.

Je eher ihr also aufhört, nach Schuldigen außerhalb eurer selbst zu suchen, desto schneller werdet ihr jene Begrenzungen von Raum und Zeit überwinden können, die ihr euch selbst auferlegt habt.

Die Erde ist wie ein großer Ameisenhaufen. Und jedes einzelne Individuum auf der Erde ist mit jedem Lebewesen auf dem Planeten verbunden.

Unsere Aufgabe ist der Aufgabe der Sonne ähnlich, die auf euren Ameisenhaufen scheint und Leben spendende Strahlen aussendet. Und diese Strahlen lassen euch erwachen und drängen euch dazu, eure von der Nacht ungelenken Glieder zu recken und euch zu bewegen und jene Arbeit aufzunehmen, die ihr tun müsst.

Und euer völlig einzigartiges Instrument, das ihr im Laufe eurer Evolution auf dem Planeten Erde vervollkommnet habt, wird zu eurem Segen statt zu eurer Strafe. Denn gerade dank eures Verstandes seid ihr in der Lage, auf jene großen Höhen des göttlichen Bewusstseins emporzusteigen, die ihr nicht erreichen könnt, ohne die völlig einzigartige Erfahrung zu haben, welche ihr im Laufe eurer Verkörperungen auf dem Planeten Erde gesammelt habt.

Euer Verstand ist es, der euch in den Abgrund der Materialität stürzte. Und euer Verstand ist es, der euch helfen wird, aus dem Abgrund der Materialität herauszufinden.

Und die göttlichen Eigenschaften eures Verstandes, die ihr während eurer Wanderung in der materiellen Welt erlangt habt, werden erhalten bleiben und mit euch in eine andere Welt übergehen – in die höhere Welt. Aber die niederen Eigenschaften eures Verstandes, euren fleischlichen Verstand müsst ihr aufgeben.

Daher ist es eure Aufgabe, alles in euch, was von Gott ist, von dem unterscheiden zu lernen, was ihr selbst geschaffen habt und was zu dieser Welt gehört. Eure physische Welt ist wie das elterliche Nest, in dem ihr euch wohlgefühlt habt. Doch früher oder später kommt die Zeit, wenn ihr von eurem Nest Abschied nehmen müsst. Denn ihr seid groß geworden und bereit, eure Schwingen auszubreiten und loszufliegen.

Möge jegliches Dogma, das ihr in eurem Bewusstsein tragt, überwunden werden.

Jedes Küken muss, bevor es aus dem Ei schlüpft, mit eigenen Kräften die Eierschale durchbrechen. Daher ist es auch eure Aufgabe, und eure allererste Aufgabe, mit euren eigenen Kräften die Schale der Dogmen zu durchbrechen und die Fähigkeit zu erlangen, eine jegliche Legende mit unvoreingenommenem Blick zu betrachten.

Euer Geist, euer Verstand ist jene verführerische Schlange, die euch auf dem Weg versuchte, den ihr auf dem Planeten Erde zu beschreiten gewählt habt.

Und euer Verstand ist jene Schlange der Weisheit, die euch anweist, den höheren Weg zu wählen.

Denkt darüber nach, ob nicht die Zeit für euch gekommen ist, und ob es nicht Zeit für euch ist zu beginnen, Anstrengungen zu unternehmen, um die Schale der Dogmen und der Unwissenheit zu durchbrechen.

Denkt über den doppelten Sinn des Symbols der Schlange nach. Über die verführerische Schlange und die Schlange der Weisheit.

Ihr stiegt herab, und nun ist es an der Zeit emporzusteigen.

ICH BIN Maitreya, euer Guru.

Die Errungenschaften eures Geistes sind das, was euch bleiben wird

ICH BIN WAS ICH BIN

18. Juni 2005

ICH BIN WAS ICH BIN. ICH BIN in dir, und ICH BIN überall. Überall bin ich.

ICH BIN in jedem Lebewesen gegenwärtig. ICH BIN das, woraus das ganze Universum geschaffen ist. ICH BIN das alles.

Wenn dein Bewusstsein die Fähigkeit erlangt, sich von den irdischen Maßstäben zu lösen, so wirst du jenes Wissen aufnehmen können, das alle Manifestation umfasst. Daher gebe ich dir jetzt, solange dein Bewusstsein begrenzt ist, nur das, was zum Wachstum deines Bewusstseins und zum Überwinden der Begrenzung beitragen kann.

Die Erschaffung dieses Universums war niemals einem begrenzten Verstand unterworfen, aber nur ein begrenzter Verstand konnte jenen Teil des Universums erschaffen, der die Begrenzung von Raum und Zeit hat.

Wenn ihr versucht, eine Rose in die Luft zu hängen, wird sie herunterfallen. Wenn ihr eine Rose auf den Boden legt, so wird sie liegen bleiben.

So entspricht jedes Element seiner Bestimmung. Und jedes Ding wird seinem Zweck entsprechend eingesetzt.

Die dichte Welt hat ihre eigenen Gesetze. Es ist nicht möglich, die Gesetze der höheren Welt auf eine dichte Welt anzuwenden. Das gliche einer Rose, die ihr in der Luft aufhängen wollt.

Die niederen Welten unterliegen jedoch den Gesetzen der höheren Welten. Und wenn eine Rose geblüht hat, so muss sie verwelken. Eure Welt gleicht dieser Rose.

Ihr erschafft eure Welt, und ihr werdet eure Welt zerstören. Zuerst erschafft ihr das, was eurem unentwickelten Bewusstsein entspricht, dann zieht ihr die Illusion durch euer Bewusstsein wieder zurück. Und während ihr immer neue Stufen in der Erkenntnis der Welt erreicht, nähert ihr euch immer mehr der Erkenntnis der Wahrheit, und eure Welt nähert sich allmählich in ihren Schwingungen der göttlichen Welt an.

Jedes Mal, wenn ein neuer Entwicklungsabschnitt beginnt, werden Funken erzeugt. Jeder dieser Funken oder Monaden dient als Keim eines zukünftigen Wesens. Jedes Wesen durchschreitet in seiner Entwicklung eine Vielzahl von Stadien und verdichtet und vervollkommnet sich allmählich.

Zuerst wart ihr ein unmanifestiertes Mineral, dann wurdet ihr zu einem Stein. Ihr wurdet zu einer Pflanze, und ihr wurdet zu einem niederen Tier.

Ihr habt eure niederen Körper gewechselt, doch euer unsterblicher Teil blieb.

Es vergingen Äonen von Jahren, bevor ihr einen menschlichen Körper bekamt, der wenig Ähnlichkeit mit eurem heutigen Körper hatte.

Dann bekamt ihr einen physischen Körper, einen Verstand. Und jetzt befindet ihr euch in jenem Stadium eurer Evolution, in dem ihr aufgrund der Erhöhung eures Bewusstseins euren physischen Körper aufgeben müsst.

Ihr wart alles, ihr habt alle Stadien der Entwicklung durchlaufen, bevor ihr das menschliche Entwicklungsstadium erreicht habt. Und in jedem Stadium der Entwicklung hattet ihr ein Teilchen von mir in eurem Inneren.

ICH BIN immer bei euch, für die gesamte Dauer eures Weges.

Ich bin wie ein Kristall, der in eine Lösung eingetaucht wird und nach und nach aus der Lösung alles aufnimmt, was zum Wachstum notwendig ist.

Zuerst wart ihr nur ein göttlicher Funke, und ihr hattet keine Form. Es dauerte Milliarden und Abermilliarden von Jahren, bevor ihr das menschliche Stadium der Evolution erreichtet. Und es wird noch Milliarden und Abermilliarden von Jahren dauern, bis ihr das Entwicklungsstadium der höchsten Wesen dieses Universums erreichen werdet.

Wie oft denkt ihr in eurem Leben über diese Dinge nach?

Euer Leben ist so voll von Ereignissen, dass ihr keine Zeit habt, innezuhalten und nachzudenken. Und solange ihr nicht über Fragen des Alls nachdenken könnt, könnt ihr auch kein Wissen über seinen Aufbau erhalten.

Ihr müsst streben, um zu erhalten.

Wenn ihr kein Streben in euch habt, könnt ihr aus dem Raum nicht das nötige Wissen magnetisieren.

Der Prozess der Entwicklung des Bewusstseins verläuft ganz allmählich. Ihr seid wie Kinder, und ihr bedürft der Fürsorge, und ihr erhaltet diese Fürsorge von unsichtbaren Lichtwesen, die ihr Engel, oder Aufgestiegene Meister, oder Götter nennt. Ihr wisst in eurem Bewusstsein immer, dass es jemanden gibt, der für euch sorgt und über eure Entwicklung wacht. Doch wie alle Kinder zieht es euch zu euren Spielen hin. Ihr spielt, und ihr hört nicht einmal, wie eure Eltern euch nach Hause rufen, weil die Zeit gekommen ist.

Der Ruf der göttlichen Welt ist für die physischen Ohren nicht hörbar. Wenn die Sonne im Frühjahr ihre Strahlen zur Erde sendet, ruft sie dem Gras nicht zu, dass es beginnen soll, aus dem Erdboden hervorzubrechen. Doch die Zeit kommt, und die Sprösslinge treten aus dem Erdboden hervor. Die Zeit kommt, und die Blätter erscheinen, und die Blumen blühen.

Wie bei den Strahlen der Sonne empfangt ihr unsichtbare Strahlen, die euer Bewusstsein wecken und euer Bewusstsein wie die Blumen im Frühling erblühen lassen. Es ist der Ruf jener Welt, in die ihr hineinwachsen müsst. Hineinwachsen mit eurem Bewusstsein.

Und jetzt seid ihr wie Embryos zukünftiger Wesen. Und so wie ein Schmetterling der Schmetterlingspuppe nicht ähnlich sieht, so werdet auch ihr in eurer neuen Gestalt nicht so aussehen wie heute.

Euer Bewusstsein kann sich erweitern und die Fähigkeit erlangen, neues Wissen und neue Vorstellungen aufzunehmen. Doch wenn ihr nicht nach neuem Wissen strebt und euch den feinstofflichen Energien verschließt, die die Erde durchdringen, dann werdet ihr nicht [in die göttliche Welt] hineinwachsen können.

Viele Samen sterben, ohne zu keimen und die Erdoberfläche zu durchbrechen. Doch das Leben geht weiter, und die Energie dieser Samen ist weiterhin am Aufbau der Welt beteiligt.

Der ewige Teil eurer selbst kann nicht zerstört werden, doch er kann die Individualität verlieren, eure Erfahrungen, die ihr im Laufe von Millionen und Milliarden von Jahren gesammelt habt, als ihr ein Stein wart und zu einer Pflanze wurdet, zu einem niederen Tier, zu einem höheren Tier und zu einem Menschen wurdet.

Euer Bewusstsein und eure individuellen Erfahrungen sind für euch das Wichtigste. Es ist das, was euch bleibt, nachdem eure menschliche Evolution beendet ist, und es ist das, was mit euch in die höheren Welten übergeht und euch helfen wird, in den höheren Welten zu existieren. Wenn euer Bewusstsein über die Welt und die Form hinauswächst, in der ihr euch vorübergehend aufhaltet, werden fürsorgliche Hände euch in andere Körper umversetzen, die in anderen Welten wohnen werden.

Es ist so, wie ein fürsorglicher Hausherr eine Blume, die für ihren früheren Topf zu groß geworden ist, in einen größeren Topf umpflanzt, damit sie weiter wachsen kann.

Mit eurem Bewusstsein dringt ihr in immer neue Welten vor. Und jedes Mal habt ihr die Möglichkeit, genau die Welt um euch zu erhalten, die der Ebene eures Bewusstseins entspricht.

Jetzt seid ihr in eurer Welt. Und ihr werdet noch lange in eurer Welt bleiben, bis ihr über eure Welt hinauswachst und in eurem Bewusstsein zu den höheren Welten strebt.

Es wird jedoch nicht richtig sein, Niedergeschlagenheit zu empfinden, weil euch der Besuch einer endlosen Reihe von Welten bevorsteht. Ihr müsst lernen, euch über den Aufenthalt in jeder der Welten zu freuen. Und diese Freude ist nicht wie die Freude von der Befriedigung eurer Wünsche und Leidenschaften. Es gibt eine andere Freude. Eine göttliche Freude, Freude ohne Grund. Freude darüber, dass die Sonne scheint, Freude darüber, dass ihr lebt, atmet. Freude über das Plätschern eines Baches, über das Rascheln des Grases, über den Anblick der Wolken.

Ihr seid viel größer als die Formen, die ihr jetzt tragt. Und die Zeit wird kommen, wenn ihr diese Formen wechseln werdet. Doch eure Freude und andere Gefühle, die ewig sind, werden mit euch in neue Welten übergehen und ständig in euch leben. Und eines der wichtigsten Gefühle ist das Gefühl der Liebe, das mit der Erhöhung eures Bewusstseins immer feinere Eigenschaften und Ausdrucksformen annimmt.

Es gibt Qualitäten und Eigenschaften, die allen Welten eigen sind. Und eine dieser Eigenschaften ist die Liebe, das Gefühl der Liebe.

Was vor euch verborgen ist hinter den Dingen, die euch umgeben, was von dem Punkt in Zeit und Raum, in dem ihr euch befindet, nicht zu sehen ist, wird sich in dem Maße mit neuer Kraft offenbaren, wie ihr imstande seid, euer Bewusstsein zu erhöhen und über die Grenzen eurer Welt hinauszutreten.

Frieden. Harmonie. Schönheit. Es gibt viele Eigenschaften, die euch jetzt nicht wertvoll erscheinen, die aber in den höheren Welten so wertvoll sind wie Gold und Diamanten in eurer Welt.

Die Eigenschaften des Geistes, die Errungenschaften eures Geistes sind das, was euch bleiben wird.

Ihr werdet euren Beruf vergessen. Ihr werdet ihn in einer anderen Welt nicht brauchen. Ihr werdet eure Gewohnheiten vergessen, sie werden euch unnötig erscheinen. Doch werdet ihr jene Eigenschaften bewahren, die in allen Welten unvergänglichen Wert haben.

Nehmt euch daher Zeit und denkt darüber nach, welche eurer Eigenschaften euch in den höheren Welten nützlich sein können. Entwickelt diese Eigenschaften in euch, und lasst nicht zu, dass die Hast und Geschäftigkeit um euch herum diese Eigenschaften in euch übertönt.

ICH BIN WAS ICH BIN.

Eine Lehre über die Freiheit[21]

Der Geliebte El Morya
19. Juni 2005

ICH BIN El Morya, und ich bin wieder gekommen!

Unser heutiges Treffen wird, so hoffe ich, nützlich für euch und eure Erkenntnis der Welt sein. Viele Tage lang haben wir versucht zu erreichen, dass die neue Gesandte nicht nur Wissen wahrnehmen kann, das in gewissem Maße bereits in ihrem Bewusstsein vorhanden war, sondern dass sie auch lernen kann, solches Wissen zu übermitteln, das für sie völlig neu ist. So erhielten wir mit jedem Mal die Möglichkeit, immer umfassenderes Wissen und Verstehen zu geben.

Ihr wisst, dass das Universum so aufgebaut ist, dass jede Ebene dieses Universums, die eine andere Bewusstseinsebene hat, von der vorherigen und der nachfolgenden Ebene durch eine Art undurchdringliche energetische Barriere getrennt ist. Und ihr erlangt erst dann die Fähigkeit, diese Barriere zu überwinden, wenn ihr ein bestimmtes inneres Energiepotenzial erreicht, das euch dies ermöglicht. Die Energie, die ihr aufnehmen und verarbeiten könnt, wird durch die Entwicklungsstufe eures Bewusstseins bestimmt. Je höher euer Bewusstsein entwickelt ist, desto höher sind die energetischen Schichten, zu denen ihr Zugang habt. Daher gibt euch das Niveau eurer Schwingungen einen bestimmten Grad an Freiheit.

Fast die ganze Entwicklung besteht darin, dass ihr einen größeren Grad an Freiheit erlangt, der es euch ermöglicht, in eurem Bewusstsein

---

[21] Beim Empfang dieser Botschaft kam es zu einer Computerstörung. Während ich diese Botschaften empfange, gebe ich die übermittelte Information gleichzeitig in den Computer ein. Mir gelang es nur, den Anfang der empfangenen Botschaft wiederherzustellen. Der Großteil des eingegebenen Textes ging verloren. Während ich versuchte, den verloren gegangenen Text wiederherzustellen, verließ ich den Energiestrom und konnte den Empfang der Botschaft nicht fortsetzen. Daher wird hier veröffentlicht, was gerettet werden konnte. T.N.

eine größere Anzahl von energetischen Schichten zu umfassen und Zugang zu mehr Informationen zu erhalten.

Das Paradoxe dabei ist, dass ihr zunächst euren freien Willen aufgeben müsst in dem Sinne, wie ihr es auf der menschlichen Bewusstseinsstufe versteht. Freiheit nach menschlichem Verständnis bedeutet die Freiheit, eure eigenen Wünsche zu befriedigen. Und wenn die Gesetze eurer Gesellschaft die Freiheit einzelner Gesellschaftsmitglieder nicht zwangsweise einschränken, dann können die ungezügelten Wünsche einiger Gesellschaftsmitglieder der gesamten menschlichen Bevölkerung auf dem Planeten Schaden bringen.

Zuerst müsst ihr in eurem Bewusstsein freiwillig euren fleischlichen Verstand samt seinen menschlichen Wünschen und Bedürfnissen aufgeben. Danach erhaltet ihr ein größeres Maß an Freiheit, die mit dem Zugang zu höheren Energie- und Informationsebenen verbunden ist…

Kommt her, entfacht eure Fackeln, und bringt den Menschen des Planeten Erde das Licht!

Der Geliebte Lanello
20. Juni 2005

ICH BIN Lanello, und ich bin wieder gekommen!

Jedes Mal, wenn ich durch diese Gesandte zu euch komme, empfinde ich ein inneres Beben und Freude, dass wir endlich die Möglichkeit haben, uns an ein so dankbares Publikum zu wenden.

Uns steht Großes bevor, und die Verwirklichung dieses Großen ist nur dann möglich, wenn ihr Söhne und Töchter des Lichts, jeder von euch, alle Anstrengungen unternehmt, um das Geplante zur Erfüllung zu bringen. Nur gemeinsame Anstrengungen seitens der Lichtträger und seitens der Aufgestiegenen Meister können ein Beispiel der schnellen Veränderungen geben, die kommen und die wir voraussehen.

Auf der Tagesordnung steht ganz klar die Vereinigung aller Kräfte des Lichts, unabhängig von Glaubensbekenntnis, Land, Rasse und Nationalität. Die ältere Generation der in Russland lebenden Menschen wird sich noch an den Enthusiasmus und die Freude an der gemeinsamen Arbeit und den gemeinsamen Anstrengungen erinnern, die sie unter der Gesellschaftsordnung geleistet haben, die Sozialismus genannt wurde. Tatsächlich ist die Freude an gemeinsamer Arbeit und die Freude an gemeinsamen Anstrengungen mit nichts zu vergleichen. Und das ist es, was wir wiederbeleben müssen.

Individualismus und Getrenntheit sind kein Zeichen einer entwickelten Gesellschaft, einer entwickelten Gesellschaft im göttlichen Sinne. Eine Gesellschaft, die eine Gemeinschaft des Heiligen Geistes ist, basiert auf gemeinsamer Arbeit und gemeinsamen Anstrengungen. Wenn jeder sich für die gemeinsame Sache einsetzt und jeder in schwierigen Minuten auf Hilfe und Unterstützung zählen kann. Die Grundsätze für den Aufbau der Gemeinschaft sind seit langem bekannt. Und ihr müsst nur persönliche Anstrengungen unternehmen und danach streben, solche Gemeinschaften des Geistes zu gründen.

Die Entstehung einer neuen Gemeinschaft in eurem Bewusstsein, in euren Köpfen und Herzen ist nach wie vor eure vorrangige Aufgabe. Ihr werdet vergeblich darauf hoffen, dass irgendwelche guten Menschen daherkommen und für euch und eure Zukunft sorgen werden.

Leider ist sowohl die finanzielle als auch die politische Macht in fast allen Ländern in den Händen von Menschen konzentriert, die Gott nicht in ihren Herzen haben. Jeder Mensch, der gottorientiert ist, ist zugleich darauf ausgerichtet, seinem Nächsten zu dienen. Daher handeln diejenigen, die alle Mittel zur persönlichen Bereicherung und zum Wachstum ihres persönlichen Einflusses nutzen wollen, nicht im Namen Gottes und haben nichts mit Gott gemeinsam.

Damit sich in der Welt, in jedem Staat und in jedem Volk etwas ändert, ist es notwendig, der räuberischen Einstellung gegenüber dem Nächsten, gegenüber der Welt und ihren Ressourcen ein göttliches Verhalten entgegenzustellen. Tatsächlich findet in der Welt ein ständiger Kampf zwischen diesen beiden Kräften statt. Den Kräften, die für das Gemeinwohl, das Gute handeln, und den Kräften, die zur Befriedigung der Interessen der Persönlichkeit, des Egos handeln. Und jeder Mensch steht unter dem Einfluss dieser Kräfte. Diese beiden Kräfte können den Menschen sowohl von außen als auch von innen beeinflussen. Und die gesamte Entwicklung der Menschheit findet nur unter dem Einfluss dieser beiden Kräfte statt. Der einen Kraft, die die Illusion dieser Welt zu verstärken sucht, und der anderen Kraft, die bemüht ist, die Welt zu bejahen, die hinter der manifestierten Illusion liegt. Daher kann sich jeder von euch auf die Seite der einen oder der anderen Kraft stellen. Ihr könnt keine neutrale Position einnehmen. Das wäre so, als würdet ihr versuchen, mitten im rasenden Strom eines Gebirgsflusses einen Zustand der Ruhe zu bewahren. Ihr könnt euch diesem Strom hingeben, doch er wird euch mitreißen, und wer weiß, von welch hohem Wasserfall und auf welch spitzen Steinen ihr zu landen gezwungen seid. Ihr müsst euch anstrengen, den turbulenten Fluss des Lebens zu überqueren, euch über Wasser zu halten und das andere Ufer zu erreichen.

Wenn ihr einen Blick auf die Weltgeschichte der Vergangenheit und Gegenwart werft, so werdet ihr feststellen, dass die Kräfte, die auf der Seite der Illusion stehen, immer gesiegt haben. Und auch jetzt belegen sie weiterhin mächtige Positionen und sind in jeder Nation an der Macht und stehen hinter allen Regierungen, die auf der Erde existieren. Diese Mächte hatten jedoch niemals Zugang zur göttlichen Energie und waren immer gezwungen, die niedersten Instinkte und Begehren der Massen auszunutzen, um die Energie zu erhalten, über die jeder Mensch verfügt, zu der aber diesen Mächten der Zugang verweigert wurde infolge ihrer gottlosen Taten, mit denen sie von Leben zu Leben fortfahren.

Im Gegensatz dazu hat ein Mensch, der fest auf den Positionen der Mächte des Lichtes steht, Zugang zur göttlichen Energie, und er braucht sich nicht auf eine Menge von Anhängern zu stützen. Er selbst gibt seine Energie jedem, der diese Energie aufnehmen kann und imstande ist, sie zum Besten für die Entwicklung der Evolutionen der Erde zu nutzen.

Und obwohl es euch so scheint, dass alles um euch herum schlecht ist und die Erde im Individualismus und in den niedersten Manifestationen versunken ist, solange sich Lichtträger in der Verkörperung befinden, Menschen, die imstande sind, das Licht in ihren Körpern zu tragen und die Interessen des Guten und des Gemeinwohls zu verteidigen, und die bereit sind, für das Gemeinwohl alles und selbst das eigene Leben zu opfern, solange besteht immer eine Hoffnung auf den Sieg. Und der Sieg wird früher oder später errungen werden, denn so ist der Plan Gottes für den Planeten Erde!

Und heute, wo sich so viele Lichtträger in der Verkörperung befinden, ist der Sieg näher denn je!

Eure Getrenntheit, der Unwille und die Unfähigkeit der Lichtträger, die verschiedenen religiösen Bewegungen angehören, sich zu vereinigen, ist im gegenwärtigen Entwicklungsabschnitt euer größter Feind.

Daher müsst ihr lernen, gemeinsame Berührungspunkte zu finden, zu gemeinsamen Ansichten in scheinbar völlig unterschiedlichen Fragen zu kommen.

Analysiert eure Misserfolge in jenen Situationen, in denen ihr zu einer Einigung kommen wolltet und euch dies nicht gelang. Ich bin mir sicher, dass in 99,99% der Fälle der Grund für eure Misserfolge bei dem Versuch, zu einer Einigung und gemeinsamen Sichtweise in einer Frage zu gelangen, euer Stolz, eure Selbstsicherheit ist, dass nur ihr die ganze Fülle der göttlichen Wahrheit kennt und alle anderen sich irren. Und ihr seid bereit, nur solche Menschen in eurer Nähe zu dulden, die euch immer zustimmen und nach dem Mund reden.

Daher müsst ihr als Erstes lernen, euren Stolz zu bändigen und mit den Gruppen und Strömungen in Dialog zu treten, die zu einem Dialog fähig sind. Ihr müsst lernen, euch miteinander zu einigen und gemeinsame Dinge zu tun.

Nur wenn ihr Gott die Möglichkeit gebt, durch euch zu handeln, wird Gott diese Möglichkeit nutzen.

Deshalb müsst ihr mit der Arbeit an euch selbst unverzüglich beginnen, mit der Überwindung jener Mängel in euch, die euch glauben lassen, dass ihr unfehlbar seid und immer Recht habt.

Wenn ihr euren Stolz bändigt und Gott die Möglichkeit gebt, durch euch zu handeln, so werdet ihr immer eine gemeinsame Sprache finden und euch mit ebenso hingebungsvollen Dienern einigen können.

Alles, was euch trennt, ist das Resultat der Wirkung jener Kräfte, die die Illusion vermehren. Deshalb müsst ihr die Vereinigung anstreben. Eure Stärke liegt in der Einheit. Wenn Menschen euch unterstützen und ihr euch mit Menschen zusammenschließt, in deren Herzen Gott wohnt, werdet ihr für die Mächte des Bösen unbesiegbar und unverwundbar, die auf diesem Planeten immer noch den Ton angeben. Kein Reichtum der Welt und keine finanzielle und politische Macht kann sich euch entgegenstellen, wenn Gott in euch wohnt. Ihr werdet eins mit Gott, und ihr werdet eins mit allen Lebewesen auf dem Planeten Erde, in deren Herzen Gott wohnt, und es gibt keine Kraft auf dieser Welt, die euch widerstehen kann.

Denn es ist nicht möglich, gegen Gott anzukämpfen – es wäre so, als würde man mit dem Kopf gegen die Wand rennen.

Wir hoffen aufrichtig, dass diese Botschaften und das Licht, das in diesen Botschaften enthalten ist, zur Vereinigung aller Kräfte des Lichts, aller Lichtträger in der Verkörperung beitragen werden.

Kommt her, entfacht eure Fackeln, und bringt den Menschen des Planeten Erde das Licht!

ICH BIN Lanello.

Euer Bewusstsein ist die einzige Einschränkung eurer göttlichen Freiheit

Der Geliebte El Morya
21. Juni 2005

ICH BIN El Morya, und ich bin wieder zu euch gekommen.

Die Situation, die beim Empfang meiner Botschaft das letzte Mal entstand,[22] hat daran erinnert, dass die uns entgegenstehenden Mächte ihre Kampffähigkeit behalten und bereit sind, jede Lücke in unserer Verteidigung auszunutzen.

Drei Gruppen von Engeln mit jeweils 144 Engeln sichern die Übertragung einer jeden Botschaft.

Darüber hinaus sind Legionen von Schutzengeln des Erzengels Michael beteiligt. Und trotz der scheinbar undurchdringlichen Schutzmauer gelingt es den Mächten der Finsternis, uns im unpassendsten Moment eine Niederlage zuzufügen.

Nun, diese Welt ist ein Schlachtfeld zwischen zwei gegnerischen Kräften. Und solange nicht aus dem Bewusstsein des letzten Individuums in der Verkörperung jeder Wunsch des Kampfes ausgelöscht ist, wird sich der Kampf fortsetzen.

Stellt euch zwei Heere vor, die zum Kampf bereit sind. Reihen von Kriegern stehen in Kampfordnung. Ihre Gesichter sind angespannt. Jeder Krieger wartet nur auf das Kommando, um in den Kampf zu ziehen.

Eure Lage in dieser Welt gleicht der Lage dieser Krieger.

Und nun stellt euch vor, dass ein Wunder geschieht. Durch die bedrohlichen Wolken, die über dem Schlachtfeld hängen, dringt ein Sonnenstrahl, der sowohl das Schlachtfeld als auch die angespannten und düsteren Gesichter der Krieger erhellt. Könnt ihr euch auch nur einen

---

[22] Während des Empfangs der Botschaft von El Morya am 19. Juni 2005 trat ein Computerproblem auf, und der Großteil des Textes der Botschaft ging verloren.

Augenblick vorstellen, dass sich ein Wunder ereignen kann, und die sanften Strahlen der Sonne, die die Wolken durchdringen, alle feindlichen Gefühle in den Herzen der Krieger auflösen können? Könnt ihr euch vorstellen, dass sich der innere Zustand der Krieger ändern kann? Es genügt nur ein Gedanke, ein Impuls aus dem Herzen eines jeden Kriegers, damit das Bewusstsein und der äußere Verstand eines jeden Kampfteilnehmers erhabenere Eigenschaften annimmt.

Wenn ihr in der Lage seid, in eurem Bewusstsein auf eine andere, eine höhere Stufe aufzusteigen, könnt ihr feststellen, dass alles, was euch von euren Feinden und Rivalen getrennt hat, jede Bedeutung verliert. Denn ihr werdet angesichts der Schönheit und allumfassenden göttlichen Wahrheit innehalten, die sich plötzlich eurem Blick öffnet. Und schon seid ihr nicht länger imstande, irgendwelche feindlichen Gefühle zu empfinden. Denn ihr spürt eure Einheit mit jedem Teilchen des Lebens. Und ihr spürt den Schmerz eines jeden Teilchens des Lebens. Und ihr versteht, dass jedes Gefühl des Kampfes, jedes Gefühl von Hass und Feindseligkeit keine göttlichen Gefühle sind. Und Menschen, die unter den Einfluss solcher negativen Gefühle geraten sind, verdienen nur Mitgefühl. Und ihr versteht, dass ihr diesen Menschen helfen könnt. Ihr seid imstande, ihnen euer Gefühl der Liebe, euer Verständnis zuteilwerden zu lassen, und ihnen ein Teilchen der göttlichen Energie zu geben, die euren Gegnern ermöglicht, eure Liebe zu fühlen.

So wie die Sonne, die hinter den Wolken hervorscheint, euch manchmal einen Strahl der Hoffnung und das Gefühl der Liebe und des Mitgefühls geben kann, so könnt auch ihr jedem Menschen, dem ihr im Leben begegnet, die Liebe eures Herzens schenken.

Glaubt mir, nur die Liebe kann alle negativen Manifestationen aus eurer Welt verbannen.

Doch ich möchte zum Thema unseres unterbrochenen Gesprächs zurückkommen. Zur Eigenschaft der Freiheit, der göttlichen Freiheit, und wie wir, die Aufgestiegenen Lichtwesen, diese Eigenschaft verstehen.

Ein Verständnis von Freiheit, dass es keinerlei Einschränkungen gibt und alles erlaubt ist, ist eine Verzerrung der Eigenschaft der göttlichen Freiheit, die den Aufgestiegenen Lichtwesen innewohnt.

So wie ihr in eurer Welt unbändige Wünsche und Bestrebungen einzelner Individuen beschränkt, die anderen Menschen Schaden zufügen können, genauso gibt es Beschränkungen in der göttlichen Welt.

Und die energetische Barriere, die zwischen unseren Welten besteht, lässt keine Individuen in unsere Welt ein, die ihr Bewusstsein nicht dem Gesetz dieses Universums untergeordnet haben.

Jegliche unvollkommenen Manifestationen, einschließlich der unvollkommenen Eigenschaft der Freiheit, die in den Köpfen der Sterblichen existiert, können den Schleier nicht durchdringen, der unsere Welten trennt. Und um die energetische Barriere zwischen uns zu überwinden, müsst ihr konsequent jede nicht-göttliche Eigenschaft und Manifestation in eurem Wesen aufgeben und sie allesamt durch vollkommene Vorbilder, vollkommene Manifestationen ersetzen.

Und in dem Maße, wie ihr diese schwierige Arbeit an euch selbst ausführt, befreit ihr euch von den negativen Energien, die in euren Auren enthalten sind. Eure Auren kommen in Einklang mit der göttlichen Realität, die Chakren öffnen sich, und das Niveau eurer Schwingungen erlaubt es euch, dass ihr euch zunächst für kurze Zeit in unserer Welt, in den ätherischen Oktaven aufhaltet, und später, wenn ihr eure Errungenschaften festigt und die von euch erreichte Stufe durch Bestehen zahlreicher Prüfungen bestätigt, erhaltet ihr das Recht, unter den Aufgestiegenen Lichtwesen anwesend zu sein und einer von uns zu werden.

Und im Gegenzug für den Verzicht auf eure unvollkommenen Eigenschaften und euer menschliches Verständnis von Freiheit erlangt ihr die göttliche Freiheit. Nicht als grenzenlose Erlaubtheit, sondern als eine freiwillige Unterwerfung eures ganzen Wesens unter das vollkommene Gesetz dieses Universums. Und erst dann erlangt ihr jenen Grad an Freiheit, der euch erlaubt, die Grenzen zwischen den Welten zu überwinden und Zugang zu jeglichen Informationen zu haben. Ihr werdet unsere Bibliotheken besuchen können, ihr werdet die Akasha-Chronik einsehen können. Ihr werdet Zugang zu allen Informationen erhalten, die euer Bewusstsein aufnehmen kann.

Daher ist euer Bewusstsein die einzige Einschränkung eurer Freiheit, eurer göttlichen Freiheit.

Wenn das Niveau eures Bewusstseins nicht hoch genug ist, doch euer Streben nach Reisen in andere Welten groß ist, so könnt ihr euren Körper in eurem Astralleib verlassen und durch die Astralwelten reisen. Nur dürft ihr nie vergessen, dass euer Bewusstseinsniveau eure Begrenzung ist. Und ihr werdet durch jene Welten reisen, deren Schwingungsebene euren eigenen Schwingungen entspricht.

Aus diesem Grunde sagen wir, dass euch die Welten offenstehen, doch eure wichtigste Aufgabe ist es, euch um euer Bewusstsein, um die Ebene eures Bewusstseins zu kümmern und danach zu streben, euch von allen Unvollkommenheiten zu befreien, die eurer Entwicklung im Wege stehen.

Ihr wachst mit eurem Bewusstsein in immer neue Welten hinein. Ihr wachst in verschiedene Ebenen des Himmels hinein. Und ihr strebt höher und höher in Richtung Grenzenlosigkeit.

Doch solange ihr euch in eurer dichten, manifestierten Welt befindet, dürft ihr niemals vergessen, dass in diesem Bereich eurer Aktivität, wie auch in allen anderen, Verfälschungen und Entstellungen möglich sind. Und ihr könnt durch Training oder durch die Erinnerung an Erfahrungen aus vergangenen Leben das Verlassen eures Körpers meistern, doch wenn ihr nicht einen bestimmten Grad der Reinheit eurer vier niederen Körper erreicht habt, werden eure Reisen auf jenen Ebenen der Astral- und Mentalwelt erfolgen, die euch in ihren Schwingungen nahe sind. Und auf diesen Reisen werdet ihr keinen Nutzen für die Entwicklung eurer Seele bekommen. Solche Übungen werden den Astralreisen von Drogenabhängigen vergleichbar sein, die mit Hilfe verschiedener chemischer Substanzen Zustände erreichen, bei denen sich ihre feinstofflichen Körper vom physischen Körper trennen und durch die Astralwelt reisen.

Je näher sich die Welten kommen, desto mehr Menschen wird es geben, die die Fähigkeit zur Kommunikation mit Wesenheiten aus den feinstofflichen Welten erlangen.

Und ihr werdet all euer Unterscheidungsvermögen benötigen, um euch ein Urteil über die Erzählungen und Erfahrungsberichte von Reisen in andere Welten zu bilden.

Ihr müsst euch immer daran erinnern, dass Gleiches zu Gleichem hingezogen wird, daher beobachtet einen Menschen, der euch von seinen Erfahrungen und Experimenten erzählt, beobachtet seine Ansichten und sein Handeln, und euch wird klar werden, durch welche Welten dieser Mensch reisen kann.

Es ist nicht ungewöhnlich, dass Menschen durch die Astral- und Mentalwelt reisen können. Ihr tut dies jede Nacht. Die Frage ist jedoch, inwieweit solche Reisen zur Entwicklung eures Bewusstseins beitragen und inwieweit sie zu eurem Weiterkommen auf dem Weg beitragen.

Nur eure Vervollkommnung in Gott ist sinnvoll, und eure Bindungen an die Astralebene und sogar an die Mentalebene müssen mit der Zeit überwunden werden, genauso wie eure Bindungen an die physische Ebene.

Denn die niederen Ebenen der feinstofflichen Welt können eurer Seele nicht das Wissen geben, das sie benötigt. Ihr könnt lange Zeit im Tal umherwandern, doch wir rufen euch auf den Gipfel, den Gipfel des göttlichen Bewusstseins.

Ich bin froh, dass unser heutiges Gespräch zustande kam.

ICH BIN El Morya,
und bis zu unserem nächsten Treffen!

Ihr müsst den höheren Weg gehen

Gautama Buddha
22. Juni 2005

ICH BIN Gautama Buddha, und ich bin an diesem Tag der Sommersonnenwende zu euch gekommen.

Jeder der Tage, die mit einer besonderen Position der Planeten verbunden sind, ist an sich bedeutungsvoll.

Irgendwann wird die Menschheit der Erde in der Lage sein, zum Verständnis jenes Wissens zurückzukehren, das den ältesten Zivilisationen bekannt war, die vor vielen Zehntausenden und Hunderttausenden von Jahren auf der Erde lebten, das aber jetzt für die Menschheit der Erde unzugänglich geworden ist.

Das Geheimnis dazu ist sehr einfach. Wenn ihr wisst, was die Sterne euch anzeigen und die Weisungen der Sterne nicht befolgt, so verliert ihr dieses Wissen.

Genauso ist es mit dem Wissen, das wir euch in diesen Botschaften geben. Wenn ihr es in eurem Leben nicht anwendet und euch von diesem Wissen in eurem Alltag nicht leiten lasst, so wird euch dieses Wissen genommen werden.

Euch wird eine Möglichkeit gegeben, eine göttliche Möglichkeit, die in vielen Leben durch das Martyrium und die Märtyrertode von Lichtträgern verdient wurde. Ihr erhaltet die Möglichkeit, diese reine Quelle der göttlichen Wahrheit und göttlichen Inspiration zu haben.

Und wenn ihr von dem Wissen, den Anweisungen und Lehren keinen Gebrauch macht, die in diesen Botschaften dargelegt werden, so verliert ihr die Möglichkeit zu einem Durchbruch in eurem Bewusstsein. Ihr verliert die Möglichkeit, die nächste Höhe in eurem Aufstieg zum göttlichen Bewusstsein zu erklimmen.

Und umgekehrt, wenn die Anzahl der Menschen, die in der Lage sind, das Wissen wahrzunehmen und anzuwenden, das ihr mit diesen

Botschaften erhaltet, zunimmt und eine gewisse kritische Masse erreicht, dann wird der Strom des göttlichen Wissens vermehrt und verstärkt werden. Nicht nur durch diese Gesandte, sondern auch durch Dutzende und Hunderte von anderen Gesandten, die dank der vereinten Bemühungen aller Lichtträger, welche sich in ihrem Leben von dem Wissen und den Anweisungen in diesen Botschaften leiten lassen, ihre Einweihungen bestehen können. Jeder Nachfolgende, der die entsprechenden Einweihungen besteht und die Möglichkeit erlangt, in unserem Namen zu sprechen, wird weit geringere Anstrengungen machen müssen, um seine Fähigkeiten zu erlangen.

Und jeder von euch muss daran denken, dass, wenn ihr mit eurem Bewusstsein in den gemeinsamen Strom eintretet, an der Verbreitung des Wissens und der Informationen teilhabt oder selbst einfach die von uns erhaltenen Anweisungen in eurem Leben befolgt, ihr die Möglichkeit für einen größeren Austausch zwischen unseren Oktaven schafft und die Annäherung unserer Welten fördert.

Das Wachstum des Bewusstseins der Menschheit ist ein kollektiver Prozess. Gott sandte immer seine Gesandten und Propheten, und jedes Mal wurde der Menschheit eine Chance gegeben. Und diese Chance wurde selten zu Lebzeiten unserer Gesandten genutzt. Doch der Impuls, den das Bewusstsein eines Vorkämpfers des Geistes auf die physische Ebene des Planeten Erde brachte, konnte das Bewusstsein jener Individuen wecken, die bereit waren, und dies führte zu einem Ruck im Bewusstsein der Menschheit. Es ist äußerst wichtig, den Impuls auf die physische Ebene des Planeten Erde zu bringen, doch es ist nicht weniger wichtig, dass sich Menschen finden, die diesen Impuls aufgreifen und in ihrem Alltag umsetzen können.

Es wird Energie zu schöpferischem Tun gegeben. Es wird Energie zur Erweiterung eures Bewusstseins gegeben. Und wie ihr diese Energien nutzt, wird buchstäblich den weiteren Verlauf der Geschichte bestimmen.

Das Bewusstsein eines Lichtträgers ist bereit, unter der Einwirkung der göttlichen Energie wie eine Fackel aufzuflammen. Doch weitaus wichtiger ist die Aufgabe, die Fackel zu tragen. Die Bewahrung und Aufrechterhaltung des Feuers über einen beträchtlichen Zeitraum. Glaubt nicht, dass eure Aktivität zur Aufrechterhaltung des Feuers nur mit dem Rezitieren von Gebeten und Dekreten verbunden ist. Ihr müsst euch jede Sekunde eures Aufenthalts auf der Erde von unseren Anweisungen leiten lassen und in allen Lebenssituationen immer den höheren Weg gehen.

Ihr dürft niemals vergessen, dass ihr in diese Welt gekommen seid, um Erfahrungen zu sammeln. Und ihr trefft jede Minute eures Aufenthalts auf der Erde eure Wahl, wie die von euch erhaltene Energiegelenkt werden soll.

Den Einklang mit Gott ständig zu bewahren und dabei mitten im Leben zu stehen ist das, was jetzt von euch verlangt wird. Ihr müsst euch in eurem Bewusstsein ständig auf den Gipfeln der Berge befinden. Doch dabei ständig den Erdboden unter den Füßen spüren. Und genauso, wie ihr in eurem Leben die Gesetze des Landes befolgt, in dem ihr lebt, müsst ihr euch auch ständig von dem göttlichen Gesetz in eurem Leben leiten lassen.

Es besteht immer die Möglichkeit, den höheren Weg zu gehen, und es besteht immer die Gefahr abzurutschen.

Und in dem Moment, wenn ihr in einer schwierigen Situation in eurem Leben eine Wahl trefft, denkt immer daran, dass ihr viel mehr seid als euer physischer Körper. Ihr habt eine göttliche Natur, und ihr seid unsterblich. Wenn ihr daher eure Wahl trefft, lasst euch immer von dem leiten, was eurer Seele nützlich ist.

Wenn ihr gegen euer Gewissen handeln müsst, um eure Arbeitsstelle zu behalten, wenn euch den Erwartungen eures Chef anpassen und ihm nach dem Mund reden müsst, so achtet immer auf eure Seele. Eure Seele weiß immer, wie in einer bestimmten Situation richtig zu handeln ist. Und wenn auch euer Handeln den Ansichten der meisten Mitmenschen und selbst euch nahestehender Menschen widerspricht, bemüht euch immer, so zu handeln, wie es vom Standpunkt des höheren Teils eurer selbst richtig ist.

Habt immer das Bild Jesu vor euch. Er hätte doch dem Märtyrertod entgehen können. Er hätte seine Kräfte gebrauchen und sogar König werden können. Jeder seiner Jünger war bereit, sein Leben zu opfern und zu kämpfen, um seinen Lehrer zu verteidigen. Dennoch wurde Jesus gekreuzigt. Jeder von euch muss sich im Leben von dem Beispiel leiten lassen, das euch gegeben wurde. Und wenn ihr vor der Frage steht, ob ihr eure Überzeugungen, euer Gewissen aufgebt und dafür eure Arbeit oder etwas anderes für euch Wertvolles behaltet, so vergesst niemals, dass es in eurem Leben etwas Größeres gibt als nur die Befriedigung eurer physischen Bedürfnisse.

Ihr müsst den höheren Weg gehen und immer den höheren Weg wählen.

Ich war ein Prinz, und ich hatte alles. Ich hatte eine junge Frau, und wir hatten ein neugeborenes Kind. Ich hatte alles, wovon ein Mensch nur träumen kann, wenn er auf der Erde lebt. Doch ich wusste, dass es noch etwas Größeres gibt, wofür wir auf die Erde kommen. Und ich ließ alles zurück und ging.

Es vergingen viele Jahre, bevor ich meinen Weg finden konnte. Und dieser Weg war nicht mit Reichtum, Zuhause oder Familie verbunden.

Es gibt einen höheren Weg, den ihr früher oder später alle gehen werdet.

Das bedeutet nicht, dass ich euch alle dazu aufrufe, eure Familien zu verlassen und in eine Einsiedelei zu gehen. Euer Leben bietet euch weit größere Möglichkeiten, Einweihungen zu durchschreiten.

Ihr steigt in eurem Bewusstsein auf und trefft die Entscheidungen, die zur Entwicklung eures Bewusstseins beitragen. Ihr trefft eure Entscheidungen und lasst euch dabei vom höheren Gesetz leiten. Und wenn es euch gelingt, eure Einweihungen zu bestehen und die Bewusstseinsebene von Christus und Buddha zu erreichen, ohne euch aus eurem gewöhnlichen Leben zu entfernen, so ist es genau das, was im jetzigen Abschnitt der Entwicklung der Menschheit von euch verlangt wird.

Und noch etwas: Ihr dürft nie vergessen, dass eure Umgebung sich ändert, sobald euch der Durchbruch in eurem Bewusstsein gelingt. Jene Menschen, die nicht bereit sind, eure neue Bewusstseinsebene anzunehmen, werden gehen, und andere Menschen, die euch verwandte

Schwingungen besitzen, werden sich nähern. Vergesst auch nicht, dass ein Mensch, wenn er in seinem Bewusstsein den Durchbruch vollzieht, einen Einfluss auf alle Menschen ausübt, mit denen er in diesem Leben karmisch verbunden ist. Und viele Seelen, die durch diesen Menschen einen notwendigen Impuls erhalten haben, sind imstande, ihr eigenes Bewusstsein zu öffnen und den Durchbruch zu vollziehen.

Vergesst nie, dass ihr alle auf der feinstofflichen Ebene miteinander verbunden seid, und der Sieg eines Menschen führt zugleich zu einem erhöhten Bewusstsein für viele andere.

Jeder von euch ist an seinem Platz wertvoll, und jeder von euch ist in der Lage, die Arbeit zu tun, zu der er sich verkörpert hat, während er gerade an dem Ort ist, wo er geboren wurde und lebt.

In eurem Leben gibt es immer Platz für eine Heldentat, Askese und Heldentum.

Denn für viele bedeutet die Veränderung des Bewusstseins buchstäblich eine Veränderung ihres gesamten Lebens. Ihr werdet nicht länger unzählige Stunden bei gemeinsamen Mahlzeiten und Festen verbringen können. Ihr werdet die Schwingungen von Rockmusik nicht mehr ertragen können. Ihr werdet gezwungen sein, in eurem Umfeld alles aufzugeben, was nicht den göttlichen Schwingungen entspricht. Und für viele von euch wird dies meinem eigenen Handeln ähnlich sein, als ich den Palast meines Vaters verließ.

Und wenn ihr die Niederlage wählt und nicht mit euren Gegnern kämpft, und dabei alles verliert und zulasst, dass eure Feinde euch kreuzigen, so vollbringt ihr das, was Jesus vor zweitausend Jahren vollbrachte.

Glaubt mir, jeder von euch hat Momente im Leben, wenn ihr eine Tat oder Handlung vollbringen könnt, die in ihrer spirituellen Errungenschaft jenen Taten und Handlungen gleicht, die die Heiligen zu allen Zeiten vollbrachten.

Und wenn ihr nicht seht, was ihr tun und wie ihr handeln sollt, so täuscht euch nicht selbst. Eure Seele kennt immer den höheren Weg. Und eure Niedergeschlagenheit, euer Selbstmitleid und euer Überdruss sagen euch gerade, dass ihr nicht tut und nicht tun wollt, wozu eure Seele in die Verkörperung gekommen ist.

Jene Lichtträger, die ihre Pflicht und ihre Mission erfüllen, brennen und bringen der Welt ihr Licht, und sie kennen weder Schlaf noch Ruhe.

Ihr seid erwacht. Werdet ihr euch wirklich auf die andere Seite drehen und wieder schlafen legen?

ICH BIN Gautama Buddha.

Über die Möglichkeit, das Karma des nächstfolgenden Monats zu erleichtern, und über Briefe an den Karmischen Rat

Der Geliebte Surya

23. Juni 2005

ICH BIN Surya, und ich bin an diesem Tag durch meine Gesandte gekommen.

Heute ist der Tag, an dem ihr die Bemühungen eurer Gebete einsetzen und die Energie eurer Gebete darauf lenken könnt, das Karma des nächstfolgenden Monats zu transmutieren. Euch wird von dem, was ihr erbittet, genau so viel gegeben, wie es die Reinheit eures Herzens, eure Aufrichtigkeit und das Gesetz des Karmas zulässt.

Daher empfehle ich euch, an diesem Tag nicht faul zu sein und eure Arbeit zu tun. Ihr könnt sogar all euer Tun an diesem Tag der Transmutation von Karma widmen. Stellt euch vor, wenn ihr das Geschirr spült oder eure Wohnung putzt, dass ihr alle karmischen Ablagerungen der Vergangenheit von allem abwascht, was eure Hand berührt.

Das Wasser ist euer Helfer.

Ihr könnt euer Experiment fortsetzen und es auf die mentale Ebene übertragen. Ihr könnt euch vorstellen, wie ihr ein Tuch nehmt und alle eure unreinen Gedanken abwascht, die euch jemals gekommen sind. Dann geht ihr zur astralen Ebene über und wascht alle eure negativen Gefühle ab.

Stellt euch vor, dass ihr alle eure Körper einer Generalreinigung unterzieht.

Ihr könnt euch vorstellen, wie ihr euren Mentalkörper oder euren Astralkörper nehmt, sie wie Kleidungsstücke auszieht und allen Staub der unvollkommenen Gedanken und Gefühle aus ihnen herausschüttelt. Die Luft ist euer Helfer.

Ihr könnt eure Körper in die Sonne legen und sie den Strahlen der hellen Sommersonne aussetzen, damit sie die Spuren eures Karmas transmutieren kann. Die Sonne ist euer Helfer.

Ihr könnt euch vorstellen, wie die violette Flamme alle eure Körper durchdringt und in euren vier niederen Körpern alles verbrennt, was nicht von Gott ist. Die Flamme ist euer Helfer.

An diesem Tag beginnt die Sitzung des Karmischen Rates auf der Erde. Ihr könnt euch mit euren Briefen und Bitten an den Karmischen Rat wenden. Eure Sache ist es, um Hilfe zu bitten. Die Sache des Karmischen Rates ist es, eure Bitten zu prüfen und euch jene Hilfe zu erweisen, die euch die kosmische Barmherzigkeit erweisen kann. Bittet die Engel, eure Briefe an den Bestimmungsort zu bringen, und vergesst nicht, euren Vornamen, Nachnamen und das Datum anzugeben und den Brief zu verbrennen. Wenn ihr eine Kopie eures Briefes für euch behaltet, so werdet ihr nach einiger Zeit herausfinden, dass vieles, wenn nicht alles, worum ihr den Karmischen Rat gebeten habt, in Erfüllung gegangen ist.

Die karmische Bürde, die auf der Menschheit lastet, ist zu groß, und die Aufgestiegenen Lichtwesen nutzen buchstäblich jede Möglichkeit, die sich ihnen bietet, um euch, den auf der Erde verkörperten Menschen, zu helfen. Verschmäht die euch geschenkten Gnadengaben und Möglichkeiten nicht.

Das kosmische Gesetz gestattet es uns nicht, in euer Karma einzugreifen, wenn ihr uns nicht darum bittet, einzugreifen. Doch sobald der Ruf ergangen ist und der Ruf vernommen wurde, sind die Aufgestiegenen Lichtwesen bereit, euch alle mögliche Hilfe zu erweisen.

Ihr dürft euch aber nicht ganz und gar auf die Aufgestiegenen Lichtwesen verlassen. Wenn ein Mensch einmal darum bittet, dass wir ihm bei der Befreiung von schwerem Karma helfen, das auf ihm lastet, beispielsweise vom Karma einer Abtreibung, so werden wir helfen. Wenn aber einige Zeit später dieser Mensch erneut dieselbe Tat begeht, die zu dem Karma geführt hat, so ist es in diesem Falle weitaus schwieriger für die Aufgestiegenen Lichtwesen, solche Hilfe zu geben.

Jedes Mal, wenn ihr um Hilfe bittet, euch von den Folgen eurer falschen Taten in der Vergangenheit zu befreien, müsst ihr daher ganz bewusst die Verpflichtung auf euch nehmen, die Taten in eurem Leben nicht zu wiederholen, die zu diesem Karma geführt haben.

Und wenn es euch schwerfällt, ständig eure Verpflichtung im Kopf zu behalten, kein neues Karma zu schaffen, so nehmt ein leeres Blatt Papier und schreibt alles darauf, was nach eurem Wissen negativ an euch ist und wovon ihr euch befreien wollt. Und jedes Mal, wenn ihr euer Gebetsritual beginnt, richtet die Energie des Gebets auf die Auflösung jener Energien, die in euren vier niederen Körpern enthalten sind und die als eine schwere Bürde auf euren Körpern lagen, gerade aufgrund der schlimmen Taten und Handlungen, die ihr in der Vergangenheit begangen habt.

Wenn das Wissen vom Gesetz des Karmas, oder dem Gesetz der Vergeltung, unter den Menschen der Erde eine weite Verbreitung finden würde, und insbesondere unter jungen Menschen, so ließen sich viele falsche Taten der Menschen vermeiden, die aus Unwissenheit begangen werden.

Das Wissen vom Gesetz des Karmas ist der erste Schritt, der für jedes Individuum notwendig ist, um nicht zu sündigen und in seinem Leben von göttlichen Grundsätzen geleitet zu handeln.

Daher besteht die wichtigste Aufgabe eines jeden von euch in der nächsten Zeit darin, eine möglichst große Anzahl von Menschen mit dem Gesetz des Karmas, oder dem Gesetz der Vergeltung, vertraut zu machen.

Und das Beste wird euer persönliches Beispiel sein, das ihr euren Kindern, eurer Familie, euren Kollegen bei der Arbeit gebt.

Negative Energie kann nicht von selbst verschwinden, doch die Energie eurer Gebete kann negatives Karma genauso auflösen wie eure Visualisierungen, die ich euch zu Beginn unseres heutigen Gesprächs gegeben habe. Und die Energie des guten Karmas, das ihr durch euer richtiges Handeln erzeugt, kann auf eure Bitte hin darauf gerichtet werden, dass eure karmische Bürde erleichtert wird, und dass die Abarbeitung des Karmas für euch auf dem leichtesten Weg erfolgt.

Ihr müsst das Karma eurer falschen Taten und Handlungen abarbeiten, doch könnt ihr dieses Karma zum Beispiel abarbeiten, indem ihr stürzt und euch einen Knochenbruch zuzieht, oder ihr könnt einfach mit einer leichten Verletzung oder einem blauen Fleck davonkommen.

Daher empfehle ich euch, dass ihr euch heute oder in den nächsten Tagen mit einer Bitte an den Karmischen Rat wendet. Ihr könnt in eurem Brief auch angeben, was ihr euch konkret zu tun verpflichtet, damit die

Energie eurer guten Taten und Handlungen auf die Erleichterung eurer karmischen Last gerichtet wird.

Ihr könnt euch dazu verpflichten, eine bestimmte Anzahl von Gebeten oder Rosenkränzen im Laufe einer bestimmten Zeit zu lesen. Ihr könnt euch auch dazu verpflichten, den Bedürftigen oder Schwachen zu helfen.

Nehmt nur solche Verpflichtungen auf euch, von denen ihr genau wisst, dass ihr sie auch erfüllen könnt. Wenn ihr nämlich allzu große Verpflichtungen auf euch nehmt in der Hoffnung, so viel Karma wie möglich abzuarbeiten, werdet ihr möglicherweise die Last nicht bewältigen können. Denn vergesst nicht, dass ihr euch in eurem Leben Prüfungen unterziehen müsst, und dass ihr trotz aller Hindernisse und Widrigkeiten des Lebens, mit denen ihr konfrontiert werdet, den höchsten Bewusstseinszustand aufrechterhalten müsst.

Und die negativen Schwingungen, die Gereiztheit, die ihr erfahren mögt, wenn ihr die auf euch genommenen Verpflichtungen nicht erfüllt, können die positive Wirkung eurer richtigen Taten und Handlungen zunichtemachen.

Eure Aufgabe besteht nicht darin, zu sündigen und dann für eure Sünden zu büßen. Eure Aufgabe besteht darin, kein neues Karma zu schaffen. Altes Karma müsst ihr dennoch in der einen oder anderen Form abarbeiten. Achtet daher sorgfältig darauf, kein neues Karma zu schaffen.

Das heutige Gespräch war sehr nützlich, denn es hat euch Werkzeuge in die Hand gelegt, die bei richtigem Gebrauch eine Garantie für euren Erfolg auf dem Weg sind.

Vergesst nicht, dass der unwirkliche Teil eurer selbst – euer Ego – jede Möglichkeit finden wird, euch auf den falschen Weg zu führen, euch davon zu überzeugen, dass eure Gebete und Briefe keine Wirkung haben. Er wird euch einzureden versuchen, dass ihr heute zu müde seid und es euch erlauben könnt, euch auszuruhen und die von euch übernommenen Verpflichtungen nicht zu erfüllen.

Ihr habt euer Karma im Laufe von Jahrmillionen, im Laufe eurer unzähligen irdischen Verkörperungen geschaffen. Und ihr wollt euch in einem Augenblick von eurem Karma befreien?

Wenn das Gesetz euch erlauben würde, die Folgen einer Rückkehr eures Karmas augenblicklich zu erfahren, dann würde kein Mensch auch nur für den Bruchteil einer Sekunde die auf ihn niederkommende negative Energie aushalten. Sie würde euch und eure Körper buchstäblich zerreißen. Daher bringt euch das Gesetz des Karmas eure karmische Schuld ganz allmählich und über einen großen Zeitraum zur Begleichung zurück. Und die Hilfe, um die ihr bittet, kann euch auch nicht augenblicklich erwiesen werden. Dazu braucht es Zeit. Und diese Zeit wird unterschiedlich lang ausfallen je nachdem, wie schwer euer Karma ist, was eure Bitte enthält und welche Verpflichtungen ihr auf euch nehmt.

Die Zeit, wann diese Hilfe erwiesen werden kann, mag unterschiedlich ausfallen und einen Zeitraum zwischen sechs Monaten und zwölf Jahren betragen.

Daher stellt euch auf die tägliche Arbeit ein. Wunder sind in eurem Leben möglich, doch ihr selbst schafft die Voraussetzungen für Wunder in eurem Leben, indem ihr täglich gutes Karma schafft.

ICH BIN Surya.

Eine Lehre vom Karma der Untätigkeit

Der Geliebte Kuthumi
24. Juni 2005

ICH BIN Kuthumi, und ich bin wieder gekommen.

Unser heutiges Gespräch wird dem Karma der Untätigkeit gewidmet sein. Habt ihr jemals vom Karma der Untätigkeit gehört? Ihr glaubt, dass nur eure Taten und Handlungen Karma erzeugen können. In unseren früheren Gesprächen wurdet ihr damit vertraut gemacht, was Karma ist[23] und wie es geschaffen wird. Ihr konntet auch eine Vorstellung davon bekommen, was gutes Karma ist.[24] Und nun kehren wir zum Thema des Karmas zurück, und ich möchte euch eine Lehre vom Karma der Untätigkeit geben.

Stellt euch vor, dass euch jemand um Hilfe bittet, ihr aber nicht helfen wollt. Werdet ihr in diesem Falle Karma erzeugen? Ihr tut doch nichts. Ihr unternehmt keinerlei Anstrengungen, um dem Menschen zu helfen, der euch um Hilfe gebeten hat.

Sehr viele Menschen auf der Erde schaffen Karma gerade dadurch, dass sie in Situationen nichts tun, in denen sie handeln müssen.

Ihr seht, dass das Gesetz Gottes so ist, dass ihr selbst in dem Fall Karma schafft, wenn ihr nichts tut.

Ihr kommt in eure Welt, um Erfahrungen zu sammeln und zu handeln. Wenn ihr euch daher weigert zu handeln, schafft ihr Karma.

Gestattet mir, die Sache näher zu erklären. Ihr erinnert euch daran, dass Karma die Energie ist, die durch euer falsches Handeln von euch falsch qualifiziert wurde. Wenn ihr die göttliche Energie, die aus der göttlichen Welt zu euch kommt, in Übereinstimmung mit dem göttlichen Gesetz gebraucht, so schafft ihr gutes Karma, eure Schätze im Himmel. Wenn ihr die göttliche Energie falsch verwendet, so lagert sie sich als

---

[23] Siehe die Botschaft des Geliebten Kuthumi vom 31. März 2005.
[24] Siehe die Botschaft des Geliebten Kuthumi vom 6. Juni 2005.

negative Energie in euren vier niederen Körpern ab. Und gemäß dem göttlichen Gesetz zieht diese Energie die Situationen zu euch, die ihr immer wieder durchmachen müsst, um die Lektion zu verinnerlichen, die richtige Wahl zu treffen und dadurch das Karma abzuarbeiten. Wenn ihr beispielsweise Neid verspürt oder euch beleidigt fühlt, oder wenn ihr über jemanden lästert, so erzeugt ihr Karma. Und dieses Karma wird höchstwahrscheinlich in solchen Situationen zu euch zurückkehren, in denen ihr selbst genau solchen Handlungen ausgesetzt sein werdet. Man wird euch beneiden oder euch beleidigen, oder man wird euch übel nachreden. Und um euer Karma abzuarbeiten, müsst ihr all diese Situationen in Demut und Ergebenheit an den Willen Gottes durchlaufen, ohne Verurteilung derer, die euch beleidigen, und mit einer unendlichen Vergebung für die Menschen, die euch Schaden zufügen.

Deshalb sagte Jesus, dass man „siebenundsiebzig"[25] Mal vergeben soll. Ihr wisst nie, wie viele Male ihr in euren vergangenen Leben Menschen beleidigt und ihnen andere schlechte Dinge angetan habt.

Und nun kehren wir zum Karma der Untätigkeit zurück.

Ein Mensch bittet euch beispielsweise um Hilfe. Und ihr verweigert ihm diese Hilfe. Werdet ihr dadurch Karma schaffen? Ihr wendet doch keine göttliche Energie auf. Ihr tut einfach nichts. Diese Situation ist nicht so einfach, wie es scheint. Und ob ihr Karma verursacht oder nicht, hängt von vielen Umständen ab.

Zuallererst müsst ihr sicher sein, dass der Mensch, der euch um Hilfe bittet, wirklich Hilfe braucht. Wenn ein Mensch euch um Hilfe bittet und diese Hilfe nicht braucht, aber ihr diesem Menschen dennoch helft, so schafft der Mensch, der euch um Hilfe bat, in diesem Fall Karma. Ihr selbst schafft in diesem Fall kein Karma, doch in gewissem Sinne habt ihr indirekt dazu beigetragen, dass ein anderer Mensch Karma geschaffen hat. Wenn ihr eine bestimmte spirituelle Ebene erreicht, müsst ihr nicht nur auf euch selbst achten, sondern anderen Menschen helfen, Situationen zu vermeiden, in denen sie Karma erzeugen.

---

[25] Matth. 18:22

Es gibt einen weiteren Aspekt. Wenn ein Mensch, der euch um Hilfe bittet, wirklich Hilfe braucht, so werdet ihr kein Karma verursachen, wenn ihr diesem Menschen die Hilfe versagt, weil ihr ihm nicht helfen könnt.

Es ist durchaus möglich, dass dieser Mensch in eine schwierige Lage geraten ist und wirklich Hilfe braucht, beispielsweise finanzielle Hilfe. Und er bittet euch um Hilfe. Doch wenn es euch nicht möglich ist, diesem Menschen zu helfen, oder wenn ihr denkt, dass ihr euer Geld in erster Linie dazu verwenden sollt, um eure Familie zu ernähren, so schafft ihr in diesem Fall kein Karma. Es ist durchaus möglich, dass der Mensch, der euch um Hilfe bat, euch in einem anderen Leben die Hilfe verweigerte, als ihr euch an ihn wandtet. Und ihr habt ihm jetzt nur seine karmische Schuld zurückgegeben.

Und schließlich, wenn ein Mensch sich um Hilfe an euch wendet, diese Hilfe tatsächlich braucht, ihr ihm diese Hilfe geben könnt und ihr euch weigert, ihm zu helfen, so schafft ihr Karma.

Ihr müsst den Menschen helfen, die euch um Hilfe bitten. Und wenn ihr in der Lage seid zu helfen, aber die Hilfe verweigert, so mögt ihr glauben, dass ihr keine göttliche Energie verbraucht und folglich auch kein Karma verursacht. Doch jene Gefühle und Motive, die euch in eurer Entscheidung leiten, bringen euch dazu, dass ihr Karma schafft. Vielleicht wollt ihr dem Menschen, der euch um Hilfe bittet, eine Lektion erteilen, oder ihr seht es gerne, wenn sich jemand vor euch erniedrigt, oder ihr seid zu faul zu helfen, oder zu geizig. Jede dieser Eigenschaften und viele andere Eigenschaften, die der wahre Grund sind, warum ihr eure Hilfe verweigert, sind keine göttlichen Eigenschaften, und indem ihr sie manifestiert, schafft ihr Karma.

Bevor ihr daher einen Menschen zurückweist, der euch um Hilfe bittet, müsst ihr immer sorgfältig abwägen, was alles dafür und dagegen spricht.

Und euer bester Ratgeber in einer schwierigen Situation ist zweifellos euer Höheres Selbst. Denn euer Höheres Selbst weiß immer, ob ihr helfen sollt oder nicht. Wenn euch die Verbindung mit dem höheren Teil eurer selbst schwerfällt, oder wenn ihr euch der erhaltenen Antworten nicht sicher seid, so analysiert aufmerksam euer inneres Motiv, eure Gefühle. Entweder wollt ihr diesem Menschen deswegen nicht helfen, weil ihr zu faul seid, oder weil es euch um das Geld oder die verlorene Zeit leid tut. Oder ihr beginnt, diesen Menschen zu verurteilen, weil er in einen solchen Zustand geraten ist, dass er seine Probleme nicht selbst lösen kann. Wenn euch solche Gedanken durch den Kopf gehen, dann überwindet diese Gedanken, überwindet euch selbst und leistet die Hilfe, um die man euch bittet. Und nachdem ihr diese Hilfe geleistet habt, werdet ihr Erleichterung empfinden, und dies wird ein Zeichen dafür sein, dass ihr das Richtige getan und irgendein altes Karma aus der Vergangenheit abgearbeitet habt.

Wenn ihr keinerlei negative Gefühle empfindet, doch eure Intuition euch sagt, dass ihr diesem Menschen nicht helfen sollt, obwohl er diese Hilfe braucht, euch um Hilfe bittet und ihr diese Hilfe leisten könnt, so kann es sich in einem Prozent der Fälle um einen Test handeln, den ihr diesem Menschen gebt, der sich an euch wendet. Und ihr weigert euch gerade aus dem Grund, weil ihr diesem Menschen einen Test gebt. Dies ist aber ein äußerst seltener Fall, und ihr müsst über ein hohes spirituelles Niveau verfügen und die Einweihungen für den Mantel des Gurus bestanden haben, um die Möglichkeit zu haben, einen solchen Test zu geben. Daher empfehle ich euch, immer einem Menschen zu helfen, der die Hilfe benötigt, euch um Hilfe bittet, und dem ihr helfen könnt.

In der Tat sind sehr viele Probleme in eurer Welt gerade damit verbunden, dass Menschen um Hilfe bitten und sie nicht bekommen. Zum Beispiel im Falle von Beamten, die beruflich dazu verpflichtet sind zu helfen und gerade dafür bezahlt werden, die aber den Hilfesuchenden keine Hilfe leisten.

Ihr dürft nie vergessen, dass ihr im nächsten Leben die Plätze tauschen werdet, und jener Beamte, der aus Nachlässigkeit seine Pflicht nicht in der gebührenden Weise erfüllte, wird sich in der Position des Bittstellers wiederfinden und gerade jene Individuen um Hilfe bitten müssen, denen er die Hilfe verweigerte.

Genau das gleiche Problem besteht in Bezug auf die Mächtigen dieser Welt, denen Reichtum in die Hände gelegt wurde. Großer Reichtum zeugt immer von Karma, das ein Mensch hat und das mit einer falschen Einstellung zum Geld verbunden ist.

Und Reichtum wird den Menschen als Chance gegeben, dieses Karma abzuarbeiten. Deswegen muss ein Mensch, der plötzlich zu großem Reichtum gekommen ist, zur Abarbeitung seines Karmas sehr aufmerksam analysieren, wie er über seinen Reichtum verfügen kann, um einer möglichst großen Anzahl bedürftiger Menschen zu helfen. Um dabei gerade den Bedürftigen zu helfen, und sein Geld nicht mit zur Schau gestellter Wohltätigkeit auszugeben. Denn wenn ein Mensch in der falschen Weise über den Reichtum verfügt, zu dem er in diesem Leben gekommen ist, und ihn für Vergnügungen, Luxusgüter oder Prestigeobjekte verschwendet, dann kann man mit 99-prozentiger Wahrscheinlichkeit sagen, dass er im nächsten Leben die Rückkehr seines Karmas erfährt und gezwungen sein wird, in einer sehr armen Familie geboren zu werden, sein ganzes Leben um Almosen zu bitten und von der Hand in den Mund zu leben.

Beneidet daher niemals Menschen, die großen Reichtum besitzen. Großer Reichtum ist ein Beweis für sehr großes Karma in der Gegenwart, und wenn er falsch gebraucht wird, dann für noch größeres Karma in der Zukunft.

Ich denke, dass das heutige Gespräch nützlich war. Zumindest kann euch dieses Wissen helfen, das Karma der Untätigkeit in eurem Leben zu vermeiden.

ICH BIN Kuthumi.

Nutzt diese von Gott gegebene Möglichkeit, euch ausbilden zu lassen und unterwiesen zu werden

Sanat Kumara

25. Juni 2005

ICH BIN Sanat Kumara, und ich bin wieder durch meine Gesandte zu euch gekommen. Mit jedem Mal erhöht sich das Niveau der Schwingungen, die wir mit Hilfe dieses physischen Kanals und durch diese Botschaften auf die physische Ebene herablassen.

Je mehr Erfahrung wir sammeln, desto besser gelingt es uns, mehr zu sagen und eine reinere Übertragung zu erreichen. Obwohl die Situation um die Gesandte auf der physischen Ebene und auf den feinstofflichen Ebenen uns bisweilen daran hindert, die Mitteilung so effizient wie möglich zu übertragen.

Dieses Experiment zum Empfangen der Botschaften aus den Ätheroktaven, das nun seit mehr als dreieinhalb Monaten jeden Tag ohne Unterbrechung durchgeführt wird, kann von uns fortgesetzt werden, vorausgesetzt, dass wir auch weiterhin die Reinheit des Kanals aufrechterhalten können.

Das Wesentliche dieses Experiments besteht darin, jenen Seelen, die zur Wahrnehmung der von uns übermittelten Informationen bereit sind, die Möglichkeit zu geben, unsere Energien ununterbrochen jeden Tag über einen längeren Zeitraum zu erhalten. Tatsache ist, dass die physische Welt einem Sumpf gleicht, der das Bewusstsein der Menschen wie in einen Morast hineinzieht. Und wenn eure Füße in den Morast einsinken, verspürt ihr noch keine Unruhe. Doch es kommt der Moment, wenn euch der Sumpf immer stärker hinabzieht und ihr nicht länger die Kraft besitzt, euch selbständig aus ihm zu befreien. Daher geben wir euch das Seil dieser Botschaften, an das ihr euch klammern und aus dem Sumpf des Massenbewusstseins herausziehen könnt.

Wir geben euch die Möglichkeit, täglich eine Portion der göttlichen Energie zu erhalten, während ihr diese Botschaften erhaltet und lest.

Um in einer gewöhnlichen Schule oder in der Hochschule etwas zu lernen, müsst ihr ebenfalls täglich den Unterricht besuchen und euch bemühen, euch den unterrichteten Stoff anzueignen. Ohne tägliche Anstrengungen eurerseits und ohne eine systematische Teilnahme am Unterricht werdet ihr euch kaum alle notwendigen Informationen aneignen können. Der Unterricht in der göttlichen Wissenschaft und das Empfangen von göttlichem Wissen unterscheidet sich in keiner Weise von jedem anderen Unterricht und einer Ausbildung, die ihr auf der physischen Ebene erhaltet.

Je systematischer ihr daher diese Botschaften lest, desto größer ist die Wirkung, die ihr bei der Erweiterung eures Bewusstseins erlangt.

Ihr solltet nicht vergessen, dass ihr euch alle auf unterschiedlichen Stufen der Erkenntnis der göttlichen Realität befindet. Und für manchen von euch scheint selbst die einfache Darlegung der Informationen, die wir in diesen Botschaften verwenden, bereits überaus schwierig, oder sie ruft bei euch gerade wegen dieser Einfachheit Gereiztheit und Verärgerung hervor.

Wenn ihr direkt von der Schule in den letzten Kurs an der Universität geht, so werdet ihr euch kaum schnell zurechtfinden und jene Disziplinen verstehen, die dort unterrichtet werden, selbst wenn die Informationen in eurer Muttersprache gegeben und recht einfach dargelegt werden.

Nicht immer zeugt eine augenscheinliche Einfachheit der Darlegung von der Einfachheit des dargebotenen Materials. Die göttliche Wahrheit ist in ihrem Wesen sehr einfach, doch sie wird nicht immer vom menschlichen Bewusstsein wahrgenommen. Denn die göttliche Welt unterscheidet sich in ihrer Natur und in ihren Gesetzen von der physischen Welt. Und ihr müsst etwas erkennen, was von euren physischen Sinnesorganen nicht wahrgenommen wird. Daher kommen die Schwierigkeiten bei der Aneignung des Materials, und die Zweifel, und die mangelnde Bereitschaft, eure Zeit Themen zu widmen, die eurer Meinung nach in keiner Weise mit eurem Leben zusammenhängen.

Tatsächlich finden sich in diesen Botschaften keine Hinweise darauf, wie ihr in eurem irdischen Leben zu Erfolg, Reichtum und Anerkennung gelangen könnt.

Diese Botschaften enthalten nichts für diejenigen Menschen, die als wichtigsten Fokus für den Einsatz ihrer Kräfte die physische Ebene und die materielle Welt gewählt haben. Für sie sind in diesen Botschaften keinerlei nützliche Informationen enthalten. Denn alles, wovon in diesen Botschaften die Rede ist, ist für euch notwendig, um euer Bewusstsein auf die erforderliche Ebene zu erheben, die es euch ermöglicht, den Übergang in eine andere Welt zu vollziehen, in eine feinstoffliche Welt mit höheren Schwingungen.

Und wenn ihr einem Menschen begegnet, der voll und ganz auf die materielle Welt konzentriert ist, und beginnt, ihm von den Informationen zu erzählen, die ihr aus diesen Botschaften empfangen habt, wird dieser Mensch höchstwahrscheinlich denken, dass ihr nicht ganz richtig im Kopf seid. Und man kann nicht an etwas glauben, was man nicht mit eigenen Händen anfassen und mit eigenen Augen sehen kann. Daher ist es so notwendig, dass ihr die Wahrnehmung der euch umgebenden Wirklichkeit verfeinert.

Wenn ihr viele Fernsehsendungen schaut oder ständig Radio hört, ist es so, als würdet ihr mit einem sehr empfindlichen Gerät, das Mikrometer unterscheiden kann, beginnen, Nägel einzuschlagen. Euer Organismus ist in seiner Natur einzigartig und ermöglicht euch, die feinstofflichen Welten zu spüren und die Schwingungen der feinstofflichen Welten zu unterscheiden. Daher gebraucht bitte euren Organismus gemäß seiner Bestimmung. Schützt euch vor jeglichen groben und unvollkommenen Manifestationen eurer Welt. Denn wenn ihr beginnt, unvollkommenen Tätigkeiten allzu viel Aufmerksamkeit zu widmen, senkt ihr eure Schwingungen und könnt nicht länger dasjenige erkennen, was der feinstofflichen Welt angehört, und ihr bemerkt die Manifestationen der feinstofflichen Welt in eurem Leben nicht . Euer Zustand ändert sich im Laufe des Tages und von einem Tag zum nächsten, und das erklärt, warum manche Botschaften in eurem Bewusstsein Anklang finden, andere aber Gereiztheit und Verärgerung hervorrufen.

Das Voranschreiten auf dem Weg der Erkenntnis der göttlichen Realität geschieht ganz allmählich. Daher sind wir bemüht, eure Schwingungen mit Hilfe dieser Botschaften über einen möglichst großen Zeitraum auf einem ziemlich hohen Niveau zu halten. Solange, bis euer Bewusstsein im Stande ist, die groben Schwingungen eurer Welt zu erkennen und sich von ihnen aus einem Sinn der Selbsterhaltung fernzuhalten.

Bevor ein Schiff den sicheren Hafen erreicht, fährt es Tausende von Meilen durch das tosende Meer und den stürmischen Ozean. Und nur die Erinnerung an die Heimat und der Wunsch, an Land zu gehen, zwingen die Seefahrer, den Stürmen des Lebens standzuhalten.

Ihr braucht auf eurer Reise einen Kompass und eine Karte, und ihr müsst die Fähigkeit besitzen, mithilfe von Kompass, Karte und den Sternen die Richtung zu bestimmen, um den sicheren Hafen in der Nähe eurer Heimat zu erreichen. Deshalb weisen wir euch die Richtung, und wir geben euch Anweisungen und unterweisen euch auf eurem Weg. Aber ihr müsst immer daran denken, dass eine Zeit kommen wird, in der ihr allein auf dem stürmischen Meer bleiben könnt. Und es hängt nur von euren eigenen Fertigkeiten und Fähigkeiten ab, die ihr während der Lehrzeit erworben habt, ob ihr die Hindernisse überwinden und den sicheren Hafen erreichen könnt.

Seid deshalb nicht faul. Nutzt diese von Gott gegebene Möglichkeit, euch ausbilden zu lassen und unterwiesen zu werden. Meistert die Fähigkeit, mithilfe von Karte, Kompass und den Sternen euren Weg zu bestimmen.

Und lasst nicht zu, dass irgendwelche äußeren Umstände in eurem Leben zwischen euch und der göttlichen Realität stehen.

Ich gebe euch am heutigen Tag diese Worte mit auf euren Weg, denn wenn ihr das von uns erhaltene Wissen in eurem Leben nicht nutzt, kann es sein, dass die euch gewährte Möglichkeit der direkten Kommunikation mit den Meistern beendet wird. Und wer weiß, wann ihr wieder eine solche Möglichkeit erhalten werdet.

Eine große Menge göttlicher Energie kann aufgewendet werden, um den Kanal unserer Verbindung aufrechtzuerhalten doch wenn wir sehen, dass diese Energie von euch nicht aufgenommen und in eurem Leben nicht verwendet wird, so wird die göttliche Möglichkeit beendet werden, und die Energie wird zurückgenommen werden.

Ihr wässert in eurem Garten keinen vertrockneten Baum. Genauso ziehen auch wir es vor, kostbare göttliche Energie nicht zu verschwenden.

Ich hoffe, dass ihr eine freie Minute findet, um euch zurückzuziehen und in der Stille eures Herzens über meine Worte nachzudenken.

ICH BIN Sanat Kumara.

Jeder von euch beeinflusst die Situation auf dem Planeten Erde

Der Geliebte Lanello
26. Juni 2005

ICH BIN Lanello, und ich bin wieder durch diese Gesandte zu euch gekommen!

ICH BIN gekommen, um euch die Möglichkeit zu geben, euch mit meinen Gedanken und meiner Sichtweise zum gegenwärtigen Stand der Dinge vertraut zu machen. Dies betrifft den Planeten, und dies betrifft jenes Land, in dessen Sprache wir diese Botschaften geben[26].

Die aktuelle Situation auf der Welt scheint nichts Unerwartetes zu verheißen. Doch im Erdinneren laufen verborgene Prozesse ab, die sich nach und nach in vulkanischer Aktivität und verschiedenen Kataklysmen manifestieren.

Die Verbindung zwischen dem Zustand der Erdkruste und dem Bewusstseinsniveau der Menschheit ist sehr stark, und an der Anzahl von Erdstößen und Erdbeben, an ihrer Stärke und Häufigkeit könnt ihr die Spannung beurteilen, die auf der feinstofflichen Ebene nahe der Erde besteht.

Die Erde ist sehr empfindlich gegenüber allem, was im Bewusstsein der Menschheit der Erde geschieht, gegenüber dem kollektiven Bewusstsein der Menschheit.

Die Erde kann als mütterlicher Körper betrachtet werden, der allen Evolutionen gemeinsam ist, die den Planeten Erde bewohnen. Und wie eine Mutter selbst über große Entfernungen immer alle gefährlichen Situationen spürt, in denen sich ihre Kinder befinden, genauso reagiert auch die Erde auf gefährliche Bewusstseinszustände bei ihren Kindern. Um die Analogie weiterzuführen und vollständig zu machen, könnt ihr euch vorstellen, was Mutter Erde durchzustehen beginnt, wenn ihre

---

[26] Die Originalbotschaften wurden in russischer Sprache niedergeschrieben (Anm. d.Ü.).

unvernünftigen Kinder in ihrem Bewusstsein äußerst große Verzerrungen in Form von unvollkommenen Gedanken und Gefühlen zulassen. Wie jede Mutter beginnt Mutter Erde, unruhig zu werden und sich Sorgen um ihre Kinder zu machen, was sich in einer Zunahme der unterirdischen Aktivität manifestiert.

Je größer daher die Anzahl von Menschen ist, die ein hohes Bewusstseinsniveau aufrechterhalten und ihre Liebe und Dankbarkeit an Mutter Erde senden, desto ruhiger werden sich die Veränderungen der Umrisse der Kontinente und Ozeane an der Erdoberfläche vollziehen, die unweigerlich kommen werden.

Jede neue Rasse, die auf die Erde kommt, muss für ihre Entwicklung und Blütezeit einen neuen Kontinent erhalten.

Und ihr müsst verstehen, dass eine Epoche beginnt, in der eine neue Rasse, die Sechste irdische Wurzelrasse, in die Verkörperung kommt. Und zunächst befindet sich diese Rasse auf bereits bestehenden Kontinenten, aber in Zukunft, wenn diese Rasse eine vorherrschende Stellung in ihrem Einfluss auf die Evolutionen der Erde einnehmen wird, wird sie ihren eigenen Kontinent erhalten, der von der Erde an einem Ort geboren wird, an dem sich heute ein Ozean befindet. Entsprechend werden die alten Kontinente wie Europa, ein Teil Asiens und die beiden Amerikas allmählich mit den Städten und den dort wohnenden Menschen im Wasser versinken. Und dieser Prozess kann allmählich und schmerzlos im Laufe von Tausenden und Zehntausenden von Jahren ablaufen, oder er kann beinahe augenblicklich vonstattengehen, ganz so, wie der Kontinent Atlantis mit den Überresten der Vierten Wurzelrasse im Meer versank, welche durch ihr Verhalten eine globale Katastrophe herbeigeführt hatte. Und fast der gesamte Kontinent, der größte Teil davon versank innerhalb weniger Tage im Wasser. Während der von der Natur vorgegebenen Zeit war es unmöglich zu entkommen, selbst wenn man perfekte Schiffe und Flugmaschinen besaß.

Die ganze Rettung beruht nur auf der Ebene eures Bewusstseins. Und wenn euer Bewusstsein auf einer ausreichend hohen Ebene ist, um eine Verbindung mit den Aufgestiegenen Lichtwesen zu haben, dann werdet ihr frühzeitig vor bevorstehenden Katastrophen gewarnt und die Möglichkeit haben, eine Arche zu bauen oder frühzeitig in neue Länder auszuwandern.

Wenn daher das Massenbewusstsein der Menschheit in naher Zukunft auf eine höhere Stufe steigen kann, dann werden sich die unvermeidlichen Kataklysmen allmählich und schmerzlos ereignen und über einen beträchtlichen Zeitraum erstrecken. Wenn die Menschheit es aber vorzieht, weiter mit ihrem freien Willen zu experimentieren und der Stimme der göttlichen Vernunft keine Beachtung schenkt, dann wird der Kataklysmus abrupter ausfallen und größere Zerstörung mit sich bringen. Es wird der Erde, die von ihren Kindern in heftige Erregung versetzt wird, nicht schwerfallen, einen ganzen Kontinent wie Europa innerhalb eines Tages versinken zu lassen.

Ich verstehe, dass es euch schwerfällt, an die Gefahr zu glauben, die euch bedroht, denn ihr habt in eurem Leben nichts Vergleichbares erlebt. Und das Gedächtnis der Menschheit bewahrt Legenden vom Untergang von Atlantis mitsamt den Hunderttausenden von Menschen, die es bevölkerten, als etwas, was allzu fantasievoll ist, als dass man es wirklich glauben könnte.

Wenn ihr jedoch in eurem Bewusstsein eine gewisse Stufe erreicht, erlaubt euch diese Stufe, die Realität hinter diesen Legenden zu erkennen, und ihr könnt euch sogar an eure Verkörperungen auf dem Kontinent Atlantis erinnern. Und wenn ihr mitsamt dem Kontinent untergingt, dann werdet ihr bis heute Angstzustände und eine unbewusste Unruhe während eines Erdbebens empfinden, das ihr in eurem heutigen Leben miterlebt. Und wenn ihr in den Zeiten von Atlantis unter den Menschen wart, die der Stimme der Propheten glaubten und das sinkende Land frühzeitig verließen, so werdet ihr zu den Menschen gehören, die bis heute sehr aufmerksam auf die Stimmen aller Propheten hören und darauf bedacht sind, die durch sie übermittelten Warnungen im Leben zu beachten.

Wenn man euch im Voraus sagen würde, was auf dem Planeten Erde in naher Zukunft passieren kann, so kann dies unter jenen Menschen Panik hervorrufen, die sich sehr gut daran erinnern, dass Prophezeiungen manchmal in Erfüllung gehen. Allerdings ist jegliche Panik eine nicht-göttliche Manifestation und wird für die Erde zu noch größerer Unruhe führen. Daher wird in Prophezeiungen, die einem breiten Publikum verkündet werden, niemals etwas Konkretes über den Ort und das Ausmaß einer bevorstehenden Katastrophe gesagt.

Es gibt jedoch Menschen, die selbst in einem äußerst schwachen Zeichen eine ernste Warnung erkennen können und mit ihrer Gebetsarbeit beginnen, um die negativen Energieanballungen der Gedanken und Gefühle der irdischen Menschheit zu neutralisieren, die eine bedrohliche Konzentration erreicht haben. Außerdem bemühen sich diese Menschen, die in Unruhe geratene Mutter Erde durch ihre Liebe zu beruhigen, die sie aus ihrem Herzen direkt ins Herz der Mutter Erde senden.

Und sehr häufig reichen die Bemühungen dieser Menschen aus, um entweder einen Kataklysmus ganz abzuwenden, oder seine Folgen auf minimale Auswirkungen zu reduzieren.

Dem Gesagten kann ich nur hinzufügen, dass jeder von euch die Situation auf dem Planeten Erde beeinflusst.

Ihr braucht nicht einmal zu beten, sondern ihr könnt einfach in eurem Bewusstsein dem Strom negativer Energie Einhalt gebieten, negative Spiralen in eurem Herzen schließen und sie durch die Liebe eures Herzens in Rosenblütenblätter verwandeln.

Ihr beobachtet im Laufe des Tages ständig jene Situationen, die die Mutter Erde in Unruhe versetzen. Wünscht euch in Gedanken, eine solche Situation in euer Herz aufzunehmen und ihre Folgen zu transmutieren. Verurteilt jene Menschen nicht, die um sich herum negative Manifestationen verursachen und an ihnen teilhaben. Ihr Bewusstsein befindet sich in einem getrübten Zustand, und sie sind noch nicht imstande, den Schaden zu erkennen, den sie der Erde und vor allem sich selbst zufügen. Lasst Gott und das kosmische Gesetz diese Menschen lehren, sich dem göttlichen Gesetz unterzuordnen. Eure Aufgabe, wenn ihr Zeuge einer negativen, zerstörerischen Situation wurdet, ist es zu versuchen, die Umwandlung der negativen Energie auf euch zu nehmen, die durch das falsche Handeln anderer Menschen auf der physischen, astralen und mentalen Ebene präzipitiert wird. Diese Menschen wissen nicht, was sie tun, aber ihr wisst es. Daher fügt nicht durch eure Verurteilung dem trüben kollektiven Strom noch weitere negative Energie hinzu. Nährt nicht die Unvollkommenheit mit eurer Energie. Zieht einfach alle Energie aus der Unvollkommenheit ab und versucht, die geschaffene negative Energie mithilfe eurer Chakren oder durch Gebete umzuwandeln. Glaubt mir, ihr werdet auf diese Weise ein weitaus besseres Resultat erzielen, als wenn ihr ein unkontrollierbares und tobendes Kind der Erde zurechtweist.

Die Prophezeiung wurde ausgesprochen, und Gott bewahre davor, dass sie je in Erfüllung geht.

ICH BIN Lanello.

Über die neue göttliche Gnade

Der Geliebte El Morya
27. Juni 2005

ICH BIN El Morya, ich bin wieder zu euch gekommen!

Seit unserem letzten Treffen hat ein wichtiges Ereignis stattgefunden, von dem ich euch im Laufe unseres heutigen Gesprächs berichten möchte. Ihr wisst, dass euch am 23. eines jeden Monats die Möglichkeit gegeben wird, das Karma des nächstfolgenden Monats durch das Lesen von Gebeten, Dekreten, Rosenkränzen oder Mantras abzuarbeiten.

Ihr wisst, dass am 23. Juni auch die Sitzung des Karmischen Rates begann, die zwei Wochen dauern wird. Im Laufe dieser Sitzung wurde entschieden, dass ihr ab dem nächsten Monat, am 23. Juli 2005 und am 23. eines jeden folgenden Monats bis einschließlich zum 23. Dezember dieses Jahres eine beispiellose Möglichkeit erhaltet, euer persönliches Karma und das Karma des Planeten zu transmutieren.

Diejenigen von euch, die am 23. eines jeden Monats die Zeit finden und ein einfaches Ritual durchführen können, das ich im Folgenden beschreiben werde, schaffen die Voraussetzungen für ihr Fortschreiten und den Übergang auf eine neue Bewusstseinsebene, und eine solche Möglichkeit wurde noch nie zuvor gegeben.

Ihr könnt diese Möglichkeit zunächst nur bis zum Ende dieses Jahres nutzen. Und ihr werdet sehen, wie weit euer Bewusstsein zum Erreichen einer höheren Stufe fortschreiten kann. Tatsächlich ist euer Karma alles, was euch von einer höheren Bewusstseinsebene trennt. Es überdeckt euch wie eine Kuppel, und ihr könnt die Dinge nicht so sehen, wie sie wirklich sind, weil die negativen Energien in euren vier niederen Körpern euch daran hindern.

Wenn eine ausreichend große Anzahl von Menschen wenigstens eine Stunde am 23. eines jeden Monats bis zum Ende dieses Jahres der Transmutation des Karmas für den nächstfolgenden Monat widmen, so werden eure Bemühungen, Karma zu transmutieren, proportional zur

Anzahl der Menschen vermehrt, die bis zum Ende des Jahres an dieser Gebetswache teilnehmen werden.

Wenn ihr also beispielsweise am 23. Juli, 23. August, 23. September, 23. Oktober, 23. November und 23. Dezember an der Transmutation des Karmas für den nächstfolgenden Monat teilnehmt und dem nur eine Stunde widmet, und wenn mit euch an dieser Wache 1.000 Menschen auf der ganzen Erdkugel teilnehmen, so werden eure Bemühungen tausendfach vermehrt. Und wenn an der Gebetswache am 23. Tag 10.000 Menschen teilnehmen, so werden eure Bemühungen um das Zehntausendfache vermehrt.

Daher bitte ich euch, diese neue von Gott gewährte Möglichkeit ernst zu nehmen. Verpasst eure Chance nicht.

Wir sind uns völlig bewusst, dass es unter den Lesern dieser Botschaften Menschen gibt, die unterschiedlichen spirituellen Richtungen angehören und unterschiedliche Gebetspraktiken ausüben.

Daher lasst euch nicht dadurch verwirren, dass ihr nicht durch ein gemeinsames Gebet vereint sein werdet. Verwendet die Gebete und Anrufungen, die euch vertraut sind. Das Wichtigste ist die Einstimmung eures Bewusstseins. Ihr müsst mit all eurem Sein danach streben, eure persönlichen Bemühungen mit den Bemühungen von Tausenden anderer Lichtträger auf der ganzen Erdkugel zu vereinen. Stellt euch vor, wie viel Licht an diesen Tagen freigesetzt wird, und all dieses Licht wird in Übereinstimmung mit euren Anrufungen gelenkt, die ihr machen werdet, und es wird um so viele Male verstärkt werden, wie Menschen an der Wache des 23. jedes der aufgezählten Monate teilnehmen.

Und wenn ihr Gebetsrituale nicht gewohnt seid, so könnt ihr eine Stunde Zeit finden und sie speziell diesem Ritual widmen. Dabei könnt ihr eure täglichen Aufgaben erledigen, beispielsweise eure Wohnung reinigen, oder auf eurem Stück Land arbeiten, oder einfach an eurem Arbeitsplatz arbeiten, doch müsst ihr euch ständig auf dem höchsten euch zugänglichen Bewusstseinsniveau halten und alle Energie, die in diesem Moment aus der göttlichen Realität in eure Körper fließt, auf die Transmutation des Karmas für den nächstfolgenden Monat lenken.

Tut eure gewohnte Arbeit im Laufe des Tages und visualisiert dabei ständig, wie die Energie über die Kristallschnur in euer Herz fließt, und wie ihr sie durch eure Aufmerksamkeit auf jene Situationen in eurem Leben und im Leben des Planeten lenkt, die der Umwandlung bedürfen.

Auch wenn ihr nicht wisst, wie die Probleme gelöst werden können, vor denen ihr in eurem Leben steht. Sendet die göttliche Energie einfach in die jeweilige Situation, und bittet darum, dass die Energie für eine göttliche Lösung dieser Situation verwendet wird.

Wenn eure Lebensumstände es euch gestatten, so könnt ihr dieser Gebetswache auch mehr als eine Stunde widmen, solange es für euch keine Belastung ist.

Die Erde braucht eine Generalreinigung. Lasst uns alle gemeinsam unsere Anstrengungen darauf richten, dass diese Reinigung bis zum Ende des Jahres durchgeführt wird.

Vergesst nicht, dass von der Reinheit eurer Motive und der Reinheit eurer Herzen der Strom der göttlichen Energie abhängig ist, den ihr entsendet und der vermehrt wird. Wenn ihr daher versucht, diese Dispensation für eigennützige Ziele und zur Begleichung persönlicher Rechnungen zu nutzen, so werdet ihr Karma schaffen, das ebenfalls im Verhältnis zur Anzahl der Menschen vervielfacht wird, die sich an dieser Gebetswache beteiligen. Wenn euer Motiv nicht rein genug ist, nehmt daher besser an dieser Gebetswache nicht teil.

So ist leider die Beschaffenheit eurer Welt. Und jede Dispensation, jede göttliche Gnade ist ein zweischneidiges Schwert.

Denn eure Welt ist ein Ort, an dem die Spreu vom Weizen getrennt wird. Und ihr selbst trennt in eurem Innern durch euer Handeln alles, was von Gott ist, von dem, was nicht von Gott ist.

Und für manche wird diese Dispensation zu einem beispiellosen Wachstum ihres Bewusstseins führen, während es für andere die endgültige Entscheidung sein wird, wem sie dienen.

Ihr braucht nicht einmal darüber nachzudenken, wohin eure Energie gelenkt wird. Die Energie wird optimal genutzt. Wünscht euch einfach, eure göttliche Energie an diesem Tag für die Transmutation eures persönlichen Karmas, des Karmas eures Landes und des planetaren Karmas zu geben.

Und je selbstloser ihr eure Energien opfert, desto schneller und richtiger werden alle karmischen Situationen in eurem Leben gelöst werden.

Erlaubt dem höheren Gesetz, eure Energie zu gebrauchen, stellt Gott keine Bedingungen, wie ihr es gern hättet, dass eine Situation geregelt werden soll.

Gott gibt jedem die Möglichkeit, seine Fehler zu korrigieren. Wünscht nur, immer dem Willen Gottes zu folgen. Selbst wenn ihr durch eine Krankheit ans Bett oder an den Rollstuhl gebunden seid und keine Möglichkeit habt, zu beten oder zu arbeiten, so sendet einfach eure Liebe dem Meister, mit dem ihr eine besondere Verbindung spürt. Sei es Mutter Maria oder Jesus oder Saint Germain. Eure Liebe stellt die beste und reinste Energie dar, die ganz gewiss vermehrt wird.

Ich möchte betonen, dass jeder von euch die Möglichkeit hat, diese Dispensation zu nutzen. Jeder von euch hat die Chance, in seinem Bewusstsein auf eine andere, höhere Ebene aufzusteigen, nachdem er sich von einem gewaltigen Stück Karma befreit hat. Ihr müsst dazu aber alle Kräfte eures Herzens aufwenden. Ihr müsst dies mit offenem Herzen, aufrichtig tun. Nur eure eigene Reinheit und Aufrichtigkeit werden bestimmen, ob ihr am Ende des Jahres euren Lohn in Form des Aufstiegs auf eine neue Stufe des göttlichen Bewusstseins erhalten könnt. Versucht, nicht nach unten zu rutschen, indem ihr euch unreinen Gedanken und Motiven hingebt.

Ich hoffe, dass wir uns am Ende des Jahres treffen werden und eine positive Bilanz für diese neue Möglichkeit ziehen können, die sich euch eröffnet hat.

ICH BIN El Morya,
mit dem Glauben an euren Erfolg.

Ihr könnt mit Gott keinen Handel treiben

Der Geliebte Jesus
28. Juni 2005

ICH BIN Jesus, und ich bin wieder zu euch gekommen.

Heute möchte ich auf ein weiteres Thema eingehen, das für euch nützlich sein kann, und gleichzeitig messt ihr ihm möglicherweise aufgrund eurer Faszination für die illusorische Welt keine besondere Bedeutung bei.

Wie immer folgt eure Aufmerksamkeit jenen Dingen, die euch in der Illusion umgeben. Und es fällt euch sehr schwer, euer Bewusstsein zu erhöhen und zu jener Ebene der Wahrnehmung der göttlichen Realität emporzusteigen, wenn alles um euch herum verblasst und seinen Glanz verliert im Vergleich zu der Schönheit, den Gefühlen und den Bestrebungen, die ihr in unserer Welt erhalten könnt.

Eure Lage in der dualen Welt trägt jedoch bestmöglich zu eurer Entwicklung und eurem Fortschreiten bei. Es gibt einen gewissen Punkt auf eurem Weg. Und wenn ihr diesen Punkt überschritten habt, werdet ihr keine Befriedigung mehr an dem finden können, was euch in der illusorischen Welt umgibt. Und unsere wichtigste Aufgabe und eure wichtigste Aufgabe besteht darin, diesen Punkt auf eurem Weg zu erreichen. Wenn ihr dies mit dem Aufstieg auf einen Berggipfel vergleicht, so stellt euch vor, dass ihr die blanken Felsen hochklettert, durch enge Felsschluchten geht und plötzlich auf ein Plateau hinaustretet, auf dem sich euch unerwartet ein solch atemberaubender Blick eröffnet, dass euch Tränen in die Augen steigen, und ihr versteht, dass es den Aufstieg wert war, um diesen Blick zu genießen, und dafür sein Leben zu riskieren und sich selbst zu überwinden.

Und ihr versteht, dass sich eure Bindung an die Welt, die ihr zurückgelassen habt, allmählich auflöst und ihr mit der Schönheit der Welt um euch herum verschmelzt, und es gibt nichts mehr, was euch in der Welt verführen könnte, die ihr jetzt für immer zurückgelassen habt. Denn obwohl ihr euch auch weiterhin in der physischen Welt aufhaltet, gehört ihr nicht länger zu ihr. Es gibt in euch nichts, was von dieser Welt wäre. Es gibt in euch keine Energie, die euch zur Welt der Illusion hinziehen würde. Ihr haltet euch jedoch weiterhin in eurer Welt auf, weil ihr euch völlig bewusst seid, dass sehr viele eure Hilfe und Erfahrung brauchen.

Ihr seht die Ursache für das Leid der Menschen, ihr seht, warum sie leiden. Und ihr versteht, wie sie sich von den Leiden befreien können. Und obwohl ihr diesen Menschen in einer sehr einfachen Sprache sehr einfache Dinge sagt, sind nur sehr wenige von ihnen in der Lage, euch zu verstehen.

Ich war auf der Erde, ich sprach mit Menschen. Ich verbrachte Tausende von Stunden in der Kommunikation mit Menschen. Ich versuchte, ihrem Bewusstsein Dinge nahezubringen, deren Erkenntnis mir möglich wurde, weil ich mich von dem unwirklichen Teil meiner selbst trennen wollte und mich von ihm trennte. Doch wie einfach ich auch mit den Menschen zu reden versuchte, nur zwölf Schüler konnten die Wahrheit, die von mir gegeben wurde, teilweise verstehen.

Und genauso ist es in eurer Zeit. Wie gut und zugänglich das Wissen durch diese Gesandte oder durch einen anderen Gesandten auch vermittelt wird, es gibt nur sehr wenige Menschen, die in ihrem Herzen das Wesen der gegebenen Lehre verstehen können, und es gibt noch weniger Menschen, die diesem Weg auch folgen wollen.

Wir geben die Wahrheit offen. Kommt an unseren Tisch. Ihr könnt alles nehmen, was eure Seele wünscht. Und der einzige Preis, den ihr unausweichlich zahlen müsst, ist euer unwirkliches Selbst, das ihr freiwillig auf dem Altar des Dienstes an Gott, des Dienstes am Leben und des Dienstes an der Hierarchie der Mächte des Lichtes opfern müsst.

Ich sehe, wie die Herzen vieler, die diese Botschaften lesen, aufleuchten. Ich sehe, wie das Feuer ihres Strebens entfacht wird. Und wie traurig ist es zu sehen, wenn ein Mensch wieder auf einen ausgetretenen Weg zurückkehrt, der an sich gefahrlos ist, doch nirgendwo anders hinführt als zum Tod.

Ihr seid unsterbliche Geister. Und es ist schmerzlich zu sehen, wie ihr euch mit unnötigen und wertlosen Dingen umgebt und versucht, euer Dienen zu spielen, anstatt aufrichtig zu dienen.

Wie schafft ihr es, schöne Worte über Gott und das Dienen mit einem Leben voller kleinlicher Bestrebungen nach Karriere, Wohlergehen und sorglosem Nichtstun zu verbinden?

Es wird euch nicht gelingen, diese gegensätzlichen Dinge auf die Dauer miteinander zu verbinden. Früher oder später wird der Moment kommen, wenn ihr die Wahl treffen müsst, wem ihr dient. Werdet ihr weiterhin dem Goldenen Kalb eurer Welt dienen, oder werdet ihr den wahren Dienst an Gott und dem Leben wählen?

Ich sagte, dass man nicht zwei Herren dienen kann.[27] Man kann nicht gleichzeitig Gott und dem Mammon dienen. Vor zweitausend Jahren habe ich diese Worte ausgesprochen. Und bis heute wird jeder von euch in seinem Leben vor dieselbe Wahl gestellt. Gott verlangt euch voll und ganz. Ihr könnt mit Gott keinen Handel treiben. Ihr dürft nicht sagen: „Gott, dies tue ich für dich, und nun tue du, Gott, worum ich dich bitte".

Welch unermesslichen Hochmut muss man besitzen, um einen solchen Handel mit Gott zu ersinnen?

Ihr kommt in den Tempel Gottes, wenn Not und Unglück, Krankheit und Leid euch ereilen. Und alles, wozu ihr in den Tempel kommt, ist, um mit Gott ein Tauschgeschäft zu machen. Um eine Kerze anzuzünden und eine günstige Lösung für eure Probleme zu erbitten.

Hofft ihr ernstlich darauf, dass Gott eure Bitte erfüllen wird?

Glaubt ihr denn, dass ihr das göttliche Erbarmen durch eure Opfer erkaufen könnt?

Gott braucht eure Opfer nicht. Er braucht weder geschlachtete Stiere noch Geld. Gott möchte, dass ihr nur eines aufgebt – den unwirklichen Teil eurer selbst, dasjenige in euch, was nicht von Gott ist.

Und es ist so einfach. Aber aus irgendeinem Grund könnt ihr es nicht verstehen. Jeder Prophet oder Lehrer, der in diese Welt kam, lehrte nur diese große Wahrheit. Und jetzt erhaltet ihr ein und dieselbe Wahrheit, die ich vor 2000 Jahren predigte. Ihr habt weit fortgeschrittene Flugmaschinen entwickelt, ihr fliegt in den Weltraum, ihr taucht an den Grund des Ozeans,

---

[27] Matth. 6:24. Luk. 16:13

ihr habt weit fortgeschrittene Computer und Kommunikationssysteme geschaffen. Ihr habt euren Verstand auf den Weg der Vervollkommnung der Illusion geführt. Warum könnt ihr bei all der Entwicklung eures Verstandes die einfache göttliche Wahrheit nicht verstehen? – Es ist, weil euer Verstand ein fleischlicher Verstand ist. Ein Verstand, der eurer Welt angehört und eurer Welt dient. Und eure wichtigste Aufgabe ist es, euren fleischlichen Verstand aufzugeben. Alles aufzugeben, was euch an eure illusorische Welt bindet.

Das bedeutet nicht, dass ihr euer Haus verlassen und betteln müsst. Selbst wenn auch dies für manchen nützlich ist. Ihr müsst aus eurem Bewusstsein alles entfernen, was euch an eure Welt bindet. Ihr könnt auch weiterhin in eurer Welt leben, aber nur, um durch euer Beispiel anderen den Weg zu zeigen, den ihr selbst gegangen seid.

Jeder von euch geht seinen eigenen Weg, doch im Grunde genommen kann man sagen, dass es nur einen wahren Weg gibt – den Weg des völligen Verzichts auf euer Ego und auf jegliche Bindung an eure Welt. Und die größte Sünde ist es, Gott euch dienlich machen zu wollen.

Genau das ist es, woran viele Seelen gescheitert sind. Ihr verwendet die göttliche Energie, um die Launen und Wünsche eures Egos zu erfüllen. Anstatt inständig vor Gott niederzuknien und in Demut zu bitten:

"Gott, hier bin ich. Nimm mich, verwende mich. Ich bin dein ergebener Diener. Ich bin nichts. Du, Gott, bist alles".

Denkt über meine heutigen Worte nach. Vielleicht kommt es euch so vor, dass diese Worte allzu hart sind oder dass sie nichts mit euch zu tun haben.

Seid aber nicht vorschnell mit euren Schlussfolgerungen und analysiert sorgfältig eure Handlungen, eure Taten. Denn für 99,99% der Menschen, die sich jetzt in der Verkörperung befinden, sind diese Worte zutreffend.

Ich musste diese harte Unterweisung geben. Denn allzu viele Menschen benötigen gerade strenge Worte, damit die Vergoldung der illusorischen Welt abbröckelt, der Schleier von ihren Augen fällt und sie endlich die göttliche Wahrheit sehen können und zu ihr mit ihrem ganzen Wesen, mit ihrem ganzen Herzen streben können.

Ich weiß, dass jeder von euch den Sieg erringen und jeder von euch durchhalten und in seinem Kampf mit der Illusion siegen wird, der bereits Millionen von Jahren andauert, aber zu Ende geht. Denn die illusorische Welt hat im Gegensatz zur göttlichen Welt einen Anfang und ein Ende.

Beeilt euch auf eurem Weg in die wahre Welt. Damit sich das Tor der Möglichkeit nicht vor eurer Nase schließt.

ICH BIN Jesus.

Seid ihr bereit, den Weg zu beschreiten?

Der Geliebte Kuthumi
29. Juni 2005

ICH BIN Kuthumi, und ich bin an diesem Tage zu euch gekommen.

Die Fürsorge der Aufgestiegenen Meister gilt der Erhöhung des Bewusstseins der Menschheit, und dieser Aufgabe widmen wir unermüdlich unsere Aufmerksamkeit und zu ihrer Erfüllung wenden wir alle unsere Kräfte auf. Wenn es uns gelänge, die riesige Masse des menschlichen Bewusstseins auch nur um einen Millimeter zu verschieben, so würden sich die Veränderungen unverzüglich in der euch umgebenden Welt manifestieren.

Tatsächlich gibt es in der materiellen Welt nichts, was so schwer zu ändern wäre wie das Bewusstsein der Menschheit. Denn alles andere unterliegt der Veränderung des Bewusstseins und geschieht sehr schnell und beinahe automatisch.

Aus diesem Grunde ist unsere wichtigste Aufgabe und eure wichtigste Aufgabe, das Bewusstsein der Menschen zu ändern, die sich jetzt in der Verkörperung befinden.

Ich werde euch ein einfaches Beispiel geben. Wenn ihr eine beliebige Arbeit ausführt, müsst ihr zunächst in eurem Bewusstsein einen Plan für diese Arbeit erstellen oder in eurem Bewusstsein eine Vorstellung davon machen, was ihr im Laufe eurer Arbeit erreichen müsst, was das Ergebnis eurer Handlungen sein sollte. Genauso ist es auch bei der Arbeit zur Veränderung des Bewusstseins der Menschheit. Die Menschheit muss sich in ihrer Mehrheit bewusst werden, dass es notwendig ist, ihr Bewusstsein zu ändern, und sie muss eine Vorstellung davon bekommen, welche Schritte sie in dieser Richtung unternehmen muss. Das Weitere ist nur eine Sache der Technik. Und die Umsetzung des Geplanten wird unweigerlich automatisch erfolgen, sobald in den Köpfen der Menschen fest ein Bild dessen verankert ist, wonach sie streben müssen. Daher haben die Kräfte, die die Illusion der physischen Welt vermehren, sehr gut gelernt, alle

Errungenschaften der Wissenschaften und Technik dazu zu nutzen, um im Bewusstsein der Menschen die falschen Stereotypen des Verhaltens und falsche Vorbilder zu verstärken, von denen sich die Menschen in ihrem Leben leiten lassen.

Alles, was die mächtigste Industrie der modernen Welt anstrebt, zielt genau darauf ab, die Illusion zu vermehren. Die besten Köpfe der Menschheit verwenden ihre Kräfte nur darauf, wie sie die Menschen zwingen können, ihre Aufmerksamkeit auf alles zu lenken, was die Illusion vervielfacht. Und wie ihr wisst, wohin eure Aufmerksamkeit gerichtet ist, dorthin fließt eure Energie. Wenn ihr daher zwangsläufig Werbespots, Werbeprospekte und Werbeplakate anschaut, so werden eure Energien automatisch dazu verwendet, die Illusion eurer Welt zu vermehren. Die Vervollkommnung der Industrie, die eure göttliche Energie zur Vermehrung der Illusion einsetzt, kennt keine Grenzen. Die Menschen sind darauf bedacht, Dinge zu erwerben, die ihrem Bewusstsein von außen aufgedrängt werden. Es wird der Wunsch geschürt, hübsche nutzlose Dinge zu besitzen. Und der Mensch muss auf der Jagd nach immer neuen Dingen immer größere Anstrengungen und Energien aufwenden. Ihm reicht nicht länger die gottgegebene Energie, und um diese Hetzjagd fortzusetzen, greift er zu Aufputschmitteln und Tranquilizern, die ihm bereitwillig angeboten werden. Und bereits im Alter von vierzig Jahren sind die meisten Menschen von dieser endlosen Jagd nach Dingen und Vergnügungen innerlich derart erschöpft, dass ihr Bewusstsein einfach nicht imstande ist, jene Dinge zu erfassen, von denen in diesen Botschaften die Rede ist.

Aber das Alter der Menschen, bei denen diese innere Verwüstung einsetzt, sinkt jedes Jahr weiter. Und viele junge Menschen sind bereits von Kindheit an in diese nimmer endende Jagd nach Dingen und Vergnügungen dieser Welt verwickelt. Und dieser Teufelskreis setzt sich von Leben zu Leben fort. Und jetzt hat der Prozess, der das Verlangen nach Dingen und Vergnügungen anstachelt, einen solchen Höhepunkt der hitzigen Leidenschaft erreicht, dass nur wenige Menschen diese irrsinnige Jagd nach Vergnügungen und Genüssen aushalten können.

Und erst wenn ein Mensch diese Jagd aufgeben muss, weil er schwer krank oder ruiniert ist und vor einem Scherbenhaufen steht, beginnt er endlich, über die einfachsten Dinge nachzudenken, über die er in der Morgenröte seines Lebens hätte nachdenken sollen. Wozu kam er in diese Welt? Welchen Sinn hat seine Existenz in dieser Welt? Daher wäre es wünschenswert, dass ihr euer Leben nicht zu einem völligen Zusammenbruch bringt, bevor ihr anfangt, über solch wichtige Dinge wie den Sinn eurer Existenz in der materiellen Welt nachzudenken. Führt euer Leben nicht in den Schiffbruch. Findet in euch die Kraft einzuhalten, euch aus der verrückten Jagd nach Vergnügungen, Dingen und Genüssen zurückzuziehen. Und versucht, die Menschen von der Seite zu beobachten, die ihr kostbares Leben und die von Gott gegebenen Energien zur Vermehrung der Illusion verschwenden, weil all ihre Gedanken und Bestrebungen völlig auf die illusorische Welt konzentriert sind.

Eure Aufgabe ist es, alle Momente in eurem Leben zu erkennen, in denen ihr eure göttliche Energie nicht für göttliche Zwecke sondern für die Zwecke dieser Welt ausgebt. Es gibt niemanden außerhalb eurer selbst, der euch dazu zwingen würde, dem nächsten Schnickschnack nachzujagen oder das Vergnügen in einem modischen Konzert, Fußballspiel oder im Urlaub an einem prestigeträchtigen Ferienort zu suchen. Ihr und ihr allein zwingt euch dazu, all diesen unnötigen Dingen nachzujagen. Eure Wünsche, euer fleischlicher Verstand, alles in euch, was unwirklich ist, zwingt euch dazu. Daher wird diese Lehre gegeben. Die Lehre davon, den unwirklichen Teil eurer selbst aufzugeben. Erinnert euch an die Geschichte, erinnert euch an die Propheten, die gesteinigt und ans Kreuz geschlagen wurden. Warum geschahen diese Dinge? Weil der fleischliche Verstand, um weiterhin die physische Welt genießen zu können, bereit ist, jeden zu töten, der den Weg der Entsagung der illusorischen Welt predigt.

In der Tat sind alle Menschen, die sich in der Verkörperung befinden, von ihrem fleischlichen Verstand wie besessen. Und damit ein Mensch die ganze Widersinnigkeit der Situation erkennt, in der er sich befindet, stellt Gott ihn vor solche Situationen, die ihm die wichtigsten Lektionen geben können. Und jedes Mal, wenn ein Mensch in eine Situation gerät, aus der er eine Lektion ziehen muss, spitzt sich die Situation immer weiter zu bis hin zur Absurdität, und schon wird nur ein Blinder und Tauber die Lektion nicht verstehen können, die ihm das Leben gibt. Jeder von euch wird im Laufe seines Lebens mit solchen Situationen konfrontiert. Und jedem von euch wird viele Male die Möglichkeit gegeben, die einzig richtige Wahl zu treffen. Und jedes Mal zieht ihr es vor, diese Wahl nicht zu treffen und weiterhin den Dingen dieser Welt zu dienen und euch von eurem fleischlichen Verstand unterjochen zu lassen.

Gott ist geduldig. Gott ist äußerst geduldig. Und manchmal braucht ein Mensch ein ganzes Leben und mitunter auch mehrere Leben, um sich nur einer einzigen Eigenschaft bewusst zu werden, von der er sich befreien muss.

Ihr habt noch etwas Zeit zur Verfügung, um alle eure Mängel zu erkennen und euch von ihnen zu befreien. Doch das Wichtigste für euch wird eure Entscheidung sein, dass ihr euch auf den Weg der Befreiung von eurem Ego begebt, auf den Weg der Rückkehr in die reale Welt Gottes.

Dieser allererste und wichtigste Schritt in die richtige Richtung kann für euch so entscheidend sein, dass er in wenigen Jahren euer ganzes Leben ändert. Ihr könnt noch Millionen Jahre damit vergeuden, in der Welt der Illusion umherzuirren. Doch wenn ihr einen Schritt in die richtige Richtung tut und dann euren Weg fortsetzt, wie schwer es euch auch fällt und welchen Prüfungen ihr euch auf eurem Weg auch unterziehen müsst – ihr trefft die richtige Wahl, und diese Wahl wird zur Gewähr für euren Sieg und euren Auszug aus der Welt der Illusion in die göttliche Welt.

Eure Welt existiert nur in eurem Bewusstsein, ihr unterstützt durch euer Bewusstsein die Existenz dieser Welt. Daher müsst ihr auf eine neue Ebene des Bewusstseins und des Verständnisses der euch umgebenden Wirklichkeit übergehen, um eure physische Welt zu verlassen und die göttliche Freiheit zu erlangen. Niemand, kein Mensch kann euch dazu zwingen, eure Wahl zu treffen. Nur allein mit euch selbst könnt ihr in der Stille eures Herzens diese schicksalhafte Entscheidung treffen.

Vergesst nie, dass ihr keinerlei Belohnung in der physischen Welt erhalten werdet, und ihr solltet niemals an den Erhalt irgendwelcher

Vorteile für euch selbst in der physischen Welt denken. All eure Errungenschaften und alle eure Erfahrungen bleiben euch für die gesamte Dauer der Existenz dieses Universums erhalten, und sie gehen mit euch in die höheren Welten über.

Seid ihr bereit, den Weg zu beschreiten und ihm unermüdlich bis zu eurem Sieg zu folgen, durch alle Hindernisse und Schwierigkeiten?

Sehr viele sind gerufen, aber gibt es so viele Auserwählte?

ICH BIN Kuthumi,
mit Hoffnung auf euch in meinem Herzen.

Ich gratuliere euch zur erfolgreichen Durchführung dieses wichtigen Experiments, um überaus wichtige und zeitgemäße Informationen auf der physischen Ebene zur Präzipitation zu bringen

Der Geliebte El Morya
30. Juni 2005

ICH BIN El Morya Khan, und ich bin an diesem Tag durch diese Gesandte zu euch gekommen.

Die Ereignisse entwickeln sich mit einem solch schnellen Tempo, dass die Anstrengungen buchstäblich eines jeden Lichtträgers erforderlich sind, der sich in der Verkörperung befindet. Ich weiß nicht, ob ihr jene Veränderungen spürt, die mit zunehmender Kraft und Beschleunigung stattfinden. Es ist wahrhaftig die Zeit für sehr schnelles und vereintes Handeln gekommen. Und diejenigen, die dies nicht spüren und nicht verstehen, verdienen nur Mitgefühl, denn sie sind hinter der Zeit zurückgeblieben und versuchen, nach den alten Regeln und Vorschriften zu leben und in allem die alten Maßstäbe anzuwenden.

Eine neue Epoche ist gekommen, an die ihr euer Bewusstsein buchstäblich im Laufschritt anpassen müsst. Denn der Rhythmus, der euch in der nahen Zukunft erwartet, verlangt von euch all eure Anstrengungen, all euer Streben, das ganze Feuer eurer Herzen.

Daher traut euren Augen nicht, selbst wenn es euch scheint, als hätte sich um euch herum nichts geändert und alles sei gleich geblieben. Alles hat sich geändert! Und alles hat sich so entscheidend und unwiderruflich geändert, dass eure Vorstellungskraft nicht ausreicht, um sich die Veränderungen auszumalen, die kommen werden und sich bereits ereignen, die aber für eure physischen Augen noch nicht sichtbar sind. Wir haben unsere Bewegung begonnen. Und wir raten allen, die erwacht sind, die die Wichtigkeit des kommenden Zeitabschnitts spüren und ohne Schonung ihres Leibes zu handeln bereit sind, sich vorzubereiten. Sehr bald werdet auch ihr, jeder von euch, in eurer Stadt und in eurem Land jene Veränderungen spüren, die bereits begonnen haben.

Es fällt euch schwer, dies zu glauben, weil um euch herum alles beim Alten geblieben ist, so wie es immer schon war. Doch ich versichere euch, dass die wichtigste Veränderung, die wir im Laufe der vergangenen 150 Jahre angestrebt haben, stattgefunden hat! Die Veränderung erfolgte im Bewusstsein einer ausreichend großen Anzahl von Menschen, die sich in der Verkörperung befinden, sodass diese Veränderung zu deutlich wahrnehmbaren Manifestationen auf der physischen Ebene führte. Die Zeitspanne, in der sich die Präzipitation von Bewusstseinsveränderungen auf der physischen Ebene des Planeten Erde vollzieht, hat sich ebenfalls verringert. Es gab Zeiten, in denen die Präzipitation von Bewusstseinsveränderungen auf der physischen Ebene Jahrzehnte und Jahrhunderte dauerte. Wenn sich in der heutigen Zeit euer Bewusstsein geändert hat, so zeigt sich die Veränderung eures Bewusstseins in euren Angelegenheiten, noch bevor die Nacht vergeht. Ich spreche in einer vereinfachten Weise, damit ihr eine Vorstellung von der kommenden Zeit und der bevorstehenden Möglichkeit bekommt.

Sehr bald werdet ihr in eurem Leben jene Folgen beobachten können, zu denen euer verändertes Bewusstsein führen wird. Und wenn ihr in eurem Leben keinerlei Veränderungen seht, so gibt es nur eine Erklärung dafür – ihr habt eure Zeit ohne Nutzen mit dem Lesen dieser Botschaften vertan, denn das Wichtigste, wofür diese Botschaften gegeben wurden, habt ihr verpasst. Ihr konntet euer Bewusstsein nicht verändern. Ihr habt wertvolle Zeit verschwendet, und ihr habt eine kostbare Möglichkeit verpasst, die euch von Gott gegeben wurde.

Ihr dachtet immer noch, dass ihr in diesen Botschaften schöne Worte lesen werdet, und dass dies alles ist, was ihr braucht. Ihr habt euch geirrt, denn außer dem Lesen schöner Worte wurden von euch konkrete Handlungen verlangt, die mit 100-prozentiger Wahrscheinlichkeit unweigerlich zu einem Ergebnis geführt hätten – zu einer Veränderung eures Bewusstseins, wenn ihr nur nicht faul gewesen wäret und die Botschaften nicht einfach als Worte, sondern als eine Anleitung zu praktischen Taten und Handlungen auf der physischen Ebene gelesen hättet.

Nun, diejenigen, die ihre Chance verpasst haben, diesen beschleunigten Kurs der Einweihungen und der Veränderung ihres

Bewusstseins zu durchlaufen, werden die Möglichkeit haben, den Kurs zu wiederholen und alle Botschaften erneut zu lesen, die von uns durch diese Gesandte gegeben wurden, angefangen mit der allerersten Botschaft vom 4. März 2005.

Und wenn ihr wieder keine Veränderungen in eurem Bewusstsein spürt und keinerlei Veränderungen in eurem Leben bemerken könnt, so empfehle ich euch, diese Botschaften ein drittes Mal zu lesen.

Ihr habt mit diesen Botschaften eine völlig einzigartige Gabe von unschätzbarem Wert erhalten. Ihr könnt euch nicht vorstellen, wie viel Energie von den Aufgestiegenen Lichtwesen aufgewendet wurde, um diese Botschaften per Internet direkt zu euch nach Hause zu liefern. Wie viele Engel waren daran beteiligt! Ich rede nicht einmal von den Anstrengungen, die von Tatyana beim Empfang dieser Botschaften unternommen wurden. Ihr könnt euch nicht vorstellen, was es bedeutet, täglich einen solchen Strom von Informationen und Energien auszuhalten. Und sich über eine Dauer von fast vier Monaten in einem arbeitsfähigen Zustand halten zu können und dabei nicht einen Tag auszulassen.

Keiner von uns war sich zu Beginn dieses Experiments sicher, dass es uns gelingen wird, so wichtige Informationen in einem solchen Umfang und in so kurzer Zeit zu übermitteln. Doch jetzt können wir mit Gewissheit verkünden, dass das Experiment gelungen ist! Die Arbeit wurde ausgeführt, und sie wurde meisterhaft ausgeführt!

Ich gratuliere euch, und ich gratuliere Tatyana zur erfolgreichen Durchführung dieses wichtigen Experiments, um überaus wichtige und zeitgemäße Informationen auf der physischen Ebene zur Präzipitation zu bringen. Die Arbeit wird fortgesetzt, doch der wichtigste Abschnitt liegt hinter uns. Der Abschnitt der Informationsübermittlung. Der Abschnitt, in dem die physische Ebene des Planeten Informationen erhielt, die gerade für die heutige Zeit so notwendig sind. Ihr werdet die Möglichkeit haben, alle erforderlichen Erklärungen zu erhalten. Und wir werden unsere Arbeit durch unsere Gesandte Tatyana fortsetzen.

Ein neuer Entwicklungsabschnitt beginnt. Ein Abschnitt, in dem die Informationen, die von uns in diese Botschaften gelegt wurden, in den Herzen der Menschen keimen werden. Und jeder wird seine Kräfte und

Fähigkeiten zur Anwendung bringen können. Es gibt genug Arbeit für alle! Die wichtige Arbeit der Umwandlung der physischen Ebene beginnt gerade erst. Und jeder, der in der Lage war, sein Bewusstsein zu erwecken und die Flamme in seinem Herzen zu entfachen, wird zu einer Quelle des Wissens, der Informationen und der Energie für alle Menschen, denen er in seinem Leben begegnen wird. Eure Aufgabe als Lichtträger besteht darin, ständig das Feuer eurer Fackeln am Brennen zu halten und der Welt das Licht zu bringen.

Jeder von denen, die während der Lektüre dieser Botschaften ihr Bewusstsein erwecken konnten, erhält von mir einen feinen, hauchdünnen Faden, der mich mit ihnen verbinden und sie in einer schwierigen Minute unterstützen wird.

Ihr braucht nur eine Anrufung zu machen:

„Im Namen des ICH BIN WAS ICH BIN, ich rufe die Wirkung des Fadens auf, der mich mit Meister El Morya verbindet. Meister El Morya, bitte hilf mir in meiner Situation (beschreibt die Situation im Detail). Hilf mir, eine göttliche Lösung für meine Situation zu finden, und erweise mir die Hilfe, die das höchste Gesetz zu erweisen erlaubt".

Und sobald ihr diese Anrufung macht, werde ich jedem helfen, der durch seine Arbeit das Recht zu einer solchen persönlichen Verbindung mit mir verdient hat. Ihr werdet diesen Faden sicherlich spüren, der euer Herz mit meinem Herzen verbindet. Und sehr viele spüren bereits diese Verbindung.

ICH BIN El Morya.
Und ich bejahe, dass mit Gott alles möglich ist!

Botschaften der Aufgestiegenen Meister zwischen dem ersten und dem zweiten Zyklus

Welche Methodiken und welche Praktiken empfohlen werden und derzeit eingesetzt werden müssen

Sanat Kumara
5. August 2005

ICH BIN Sanat Kumara.

Zur Frage, welche Methodiken und welche Praktiken empfohlen werden und derzeit eingesetzt werden müssen, kann ich Folgendes erklären:

Sobald die Menschheit eine bestimmte Stufe in ihrer Entwicklung erreicht, besteht keine Notwendigkeit mehr, den Dienst in Form von streng empfohlenen Praktiken zu leisten.

Alle Individuen können jeder für sich selbst entscheiden, welche Methodik für sie annehmbar ist und welche Praxis sie befolgen sollen.

Es ist nicht Deine[28] Aufgabe, bestimmte Methodiken zu geben. Es werden Menschen kommen, und sie erscheinen bereits, die in der Lage sein werden, andere zu führen, indem sie Methodiken anwenden, die sie direkt durch ihr Höheres Selbst erhalten.

Die Hauptbedingung ist, im Einklang mit der Hierarchie zu bleiben und die Verbindung zwischen den Welten durch jene Kanäle aufrechtzuerhalten, die wir für die Verwirklichung unserer Ziele auserwählt haben. Und Du bist einer dieser Kanäle.

Daher steigt jeder Mensch, der Dich als unsere Gesandte, unsere Vertreterin auf der physischen Ebene akzeptiert, gleichzeitig auf die Stufen der Hierarchie und nutzt das ganze Momentum Deiner Errungenschaften und all unsere Unterstützung, die ihm direkt durch sein Höheres Selbst erwiesen werden wird.

---

[28] Anmerkung d.Ü.: Diese Information ging direkt von Sanat Kumara an Tatyana.

Im Laufe der Zeit, während wir beobachten und analysieren, wie sich die Situation entwickelt, werden wir detailliertere Ratschläge und Empfehlungen geben können.

Vorerst ist es notwendig, das, was die Menschen bereits erarbeitet haben, zu nutzen und anzuwenden.

Und ich möchte besonders betonen, dass der wichtigste Dienst darin besteht, praktische Taten und Handlungen auf der physischen Ebene zu vollbringen.

ICH BIN Sanat Kumara.

Die Zeit für die Vereinigung aller Lichtkräfte auf dem Planeten ist gekommen

Sanat Kumara
7. Oktober 2005

ICH BIN Sanat Kumara. ICH BIN gekommen, um eine kleine Botschaft zu geben, die speziell der bevorstehenden Reise der Gesandten nach Sankt-Petersburg gewidmet ist. Es scheint, dass sich seit der Beendigung des Zyklus von Botschaften, den wir dieses Jahr durch Tatyana gegeben haben, in der euch umgebenden Wirklichkeit wenig verändert hat.

Gestattet es mir jedoch, euch darin nicht zuzustimmen. Die Veränderungen im Bewusstsein der Menschen, die unsere Botschaften lesen wollten, haben alle unsere Erwartungen übertroffen. Und wir können nur bedauern, dass unsere Botschaften nicht so weit in der physischen Welt verbreitet wurden, wie wir erwartet hatten.

Wir sehen also einerseits einen riesigen Sprung in der Entwicklung des Bewusstseins bei denen, die unsere Botschaften gelesen und sie mit ganzer Seele und aus ganzem Herzen angenommen haben. Und andererseits sehen wir die elende Lage jener Lichtträger, die keinen Zugang zu diesen Botschaften erhielten und infolgedessen nicht rechtzeitig die wohltuende Energie empfangen konnten, die in dieser schweren Zeit so notwendig für sie ist.

Daher bleibt meine Bitte unverändert: Unternehmt bitte alle Anstrengungen, um diese Botschaften zu jedem Lichtträger zu bringen, nicht nur in Russland, sondern auch in der ganzen Welt.

Die Bewohner von Sankt Petersburg müssen aus karmischen Gründen, die spezifisch für diese Stadt und mit den Ereignissen des Jahres 1917 verbunden sind, alle nur möglichen Anstrengungen unternehmen, um diese Botschaften zu verbreiten. Daher wird das erste öffentliche Auftreten der Gesandten vor den Menschen in Sankt Petersburg stattfinden. Alle bisherigen Auftritte fanden, wie ihr wisst, in kleinen Gruppen und in der Natur statt.

Dies bedeutet eine zusätzliche Verantwortung für die Bewohner dieser Stadt, mit denen die Gesandte aufgrund ihrer früheren Verkörperungen in Russland auch karmisch verbunden ist.

Lasst euch von der scheinbaren Nichtübereinstimmung zwischen den Schwingungen der Botschaften und den Schwingungen, an die ihr euch gewöhnt habt und die für andere Menschen charakteristisch waren, nicht verwirren. Jedes Mal, wenn wir kommen, sind wir gezwungen, jene Möglichkeiten und Fähigkeiten zu nutzen, über die der jeweilige Kanal unseres Wortes verfügt.

Ich bin froh, dass der Impuls und die Energie, die wir in die Übermittlung unserer Botschaften hineingelegt haben, nicht verlorengegangen sind und von den Lichtträgern Russlands unterstützt wurden. Versteht bitte, dass es ohne eure direkte Hilfe und Unterstützung keine Möglichkeit für uns gibt, die wunderbaren Veränderungen zu vollziehen, die für Russland auf der feinstofflichen Ebene vorbereitet wurden. Stimmt bitte zu, dass es unseren Teil der Arbeit gibt und dass es euren Teil der Arbeit gibt, den ihr erfüllen müsst. Nur in der Einigkeit der Aufgestiegenen Lichtwesen und der nicht aufgestiegenen Menschheit liegt unsere Mächtigkeit und die Garantie für den Erfolg.

Ich möchte eure Aufmerksamkeit auch auf eure Einigkeit auf der physischen Ebene lenken.

Die Zeit für die Vereinigung aller Lichtkräfte auf dem Planeten ist gekommen. Lasst uns diesen Prozess unabhängig von eurer Zugehörigkeit zu einer bestimmten Religion oder Gruppe beginnen. Es gibt etwas viel Größeres als das, was euch trennt. Und dieses Größere ist euer Dienen am Leben, an Gott, an allen Lebewesen. Vereinigt euch auf der Grundlage von Liebe, Zusammenarbeit und konkreten Taten auf der physischen Ebene, die ihr gerade jetzt vollbringen könnt.

Achtet nicht auf das, was euch trennt, seien es einzelne Bestimmungen der Lehre oder die Worte der Gebete. Konzentriert euch auf das Gemeinsame, was euch vereinen muss. Und dieses Gemeinsame ist das Dienen am Leben, das Dienen an den Evolutionen der Erde. Und das Maß eurer Errungenschaften war und bleibt immer das Opfer, das ihr zum Wohlergehen der Menschheit der Erde und zum Wohlergehen der Evolution auf dem Planeten Erde bringen könnt.

Lasst uns noch einmal auf euer Herz konzentrieren. Wir bitten euch darum, dass ihr euch noch einmal auf euer Herz konzentriert. Geht in euer Herz und fühlt eure Einigkeit. Euren Wunsch zu dienen. Es gibt nichts, was euch trennt oder getrennt hat. In eurem Bewusstsein wird die Zukunft geboren. Jetzt, in diesem Moment verankere ich den Fokus der Einigkeit in euren Herzen, in den Herzen aller, die meine Worte hören oder lesen. Und dieser Fokus ermöglicht es euch, nur das Licht in den Augen der Menschen zu sehen, mit denen ihr auf der physischen Ebene eure Arbeit verrichtet.

Das, worauf ihr eure Aufmerksamkeit konzentriert, erhält die göttliche Energie, die durch euch in die physische Ebene strömt. Und von nun an werdet ihr nur das Gute in euren Brüdern und Schwestern auf dem Weg sehen. Und denkt immer daran, dass alles in dieser Welt ein Spiegel ist, in dem sich euer Bewusstsein widerspiegelt, und die Menschen um euch herum werden euch jene Seite zuwenden, die ihr in ihnen seht. Und auf diese Weise werdet ihr gegenseitig das Momentum eurer Errungenschaften verstärken und eure Energien vervielfachen, die auf das Gemeinwohl und auf das Gute gerichtet sind.

Lebt in Freude und Liebe, und verwerft alles, was euer Sein in Gott behindert.

ICH BIN Sanat Kumara,
und ich war an diesem Tag bei euch.

Jede eurer Anstrengungen wird beispiellos vervielfacht, denn so ist das Gebot der Zeit und so ist jetzt die Situation auf dem Planeten

Shiva

27. November 2005

ICH BIN Shiva. ICH BIN gekommen, um eine Unterweisung zu den Interaktionen der verschiedenen spirituellen Gruppen und Richtungen zu geben, die zu diesem historischen Zeitpunkt existieren.

Wir sind uns darüber im Klaren, dass das menschliche Bewusstsein sehr begrenzt ist und dass die Mehrheit der Menschen, die heute auf dem Planeten Erde leben, die göttliche Wahrheit nicht betrachten und nicht akzeptieren wollen.

Doch eure Bestrebungen, die ihr unternehmt, sind von unschätzbarem Wert. Denn jeder, der erwacht ist und die göttliche Wahrheit annehmen kann, sei es auch nicht in ihrer ganzen Fülle, der aber danach strebt, diese Wahrheit anzunehmen, ist für uns ein Kanal von unschätzbarem Wert, ein Kristallkeim, durch den wir Elemente eines neuen Bewusstseins und neuer Beziehungen auf die Erde bringen können.

Nehmt daher meine Dankbarkeit an, ihr alle, die ihr bestrebt seid, ihr alle, die ihr einen Beitrag zur gemeinsamen Arbeit leistet, selbst wenn er gering ist, um den Planeten Erde zu retten.

Ihr könnt das Streben in eurem Herzen bewahren und in Übereinstimmung mit diesem Streben in eurem täglichen Leben handeln, ihr könnt die Dinge tun, für die euer Bewusstsein bereit ist, ihr könnt eine jegliche materielle oder spirituelle Gabe zum Altar des Dienens an der göttlichen Wahrheit bringen. Alle eure Gaben werden von uns mit Dankbarkeit angenommen und in unseren Herzen vervielfacht.

Die Zeit ist gekommen, in der eine jede, selbst die geringste eurer Handlungen, die darauf gerichtet ist, die göttlichen Schwingungen in eurer physischen Oktave aufrechtzuerhalten, von uns empfangen, bewahrt und vervielfacht wird.

Gesegnet sind eure Anstrengungen, gesegnet sind eure Bestrebungen, in welchem Bereich sie auch immer erfolgen.

Es ist unmöglich für euch, nicht zu handeln, während ihr euch in der physischen Oktave befindet. Es ist unmöglich für euch, nicht zu handeln, denn dies ist das Gebot der Zeit, und dies ist jetzt der Wille Gottes.

Bewahrt und vermehrt eure Göttlichkeit, eure Spiritualität. Und bringt die Verehrung Gottes, des höchsten Gesetzes, das in diesem Universum existiert, in euer Leben ein.

Jede eurer Anstrengungen wird beispiellos vervielfacht, denn so ist das Gebot der Zeit und so ist jetzt die Situation auf dem Planeten.

Aber für diejenigen, die sich aus irgendeinem Grund dem Gebot der Zeit und dem höchsten Gesetz nicht unterwerfen wollen, beginnt eine schwierige Zeit. Denn jeder Widerstand, den ihr leistet, wird sich gegen euch wenden. Und eure Handlungen werden umgehend Folgen verursachen, die sich ebenfalls vervielfachen. Und ihr könnt nicht anders, als die Vergeblichkeit eurer Versuche zu erkennen, am alten Bewusstsein, am alten Verhalten und an der alten Denk- und Handlungsweise festzuhalten.

Alles um euch herum unterliegt der Veränderung und verändert sich bereits. Und nur die Blinden und Tauben können auch weiterhin so tun, als ob sich nichts ändert und alles beim Alten bleibt.

Nein, ich versichere euch, dass die Veränderungen auf dem Planeten Erde noch nie so schnell vonstattengingen wie in eurer Zeit. Und ihr könnt euch diesen Veränderungen nur anpassen, indem ihr euch selbst ändert, euer Bewusstsein ändert und die Stereotypen eurer Denkweise und eures Verhaltens ändert.

Und jetzt möchte ich euch noch einige wichtige Worte und eine Unterweisung mit auf den Weg geben. Nehmt sie als Empfehlung für eure tägliche spirituelle Arbeit an.

Jeden Tag, vom heutigen Tag an und bis zum Beginn des neuen Jahres, bitte ich euch, mindestens einige Minuten am Tag der Meditation, der inneren Kontemplation und der Annahme der Vision für die Zukunft eures Landes und eures Planeten zu widmen.

Ihr könnt euch in eurem Bewusstsein die kühnsten Bilder und Pläne ausmalen, und ihr könnt eure ganze Vorstellungskraft dazu verwenden. Die einzige Bedingung ist die Reinheit eurer Motive, eurer Gedanken und eurer Bestrebungen. Und ich verspreche euch, welche kühnen Hoffnungen, Bilder oder Pläne ihr für die nahe Zukunft, für das nächste Jahr oder die nächsten paar Jahre in eurem Bewusstsein auch aussinnen mögt, all dies wird von mir persönlich unterstützt, vermehrt und als göttliche Möglichkeit, göttliche Gnade und göttliche Vision in eure Welt zurückgebracht.

Wagt es daher, die kühnsten Pläne zu entwickeln. Wenn sie der göttlichen Richtung entsprechen, die für die Zeit des Wandels charakteristisch ist, die der Planet Erde durchlebt, wird all dies unterstützt werden und sich in eurer physischen Welt manifestieren.

Euch bleibt wenig Zeit für eure Meditationen. Nur bis zum Ende dieses Jahres.

Vergesst nicht, vor euren Meditationen eine Anrufung an mich, Gott Shiva, zu machen, damit ich alles Alte und Abgelebte zerstören kann, was der Verwirklichung eurer Pläne im Wege steht, und damit ich euch die göttliche Möglichkeit geben und euch mit meiner Liebe, Hoffnung und meinem Glauben beschenken kann.

Vermehrt eure Bestrebungen. Wagt es! Denkt immer daran, dass der Gedanke materiell ist und immer erschaffen kann. Und diese schöpferische Fähigkeit eures Denkens, die euch immer eigen ist, wird einfach in der Zeit, die bis zum neuen Jahr noch bleibt, um ein Vielfaches verstärkt.

Verpasst eure Chance nicht und vergesst nicht, alle eure Gedanken, Pläne, und Wünsche auf ein separates Blatt Papier zu schreiben. Meditiert und detailliert euren Plan während jeder Meditation. Und im neuen Jahr und im Laufe der nächsten Jahre beobachtet, was in eurem Leben und in der euch umgebenden Wirklichkeit passieren wird. Und jedem von euch wird die Möglichkeit gegeben, die Macht eurer Gedanken zu erfahren und zu verstehen, wenn sie im Einklang mit den göttlichen Zielen und Aufgaben für den jeweiligen historischen Zeitpunkt stehen.

Und jetzt wünsche ich euch eine fruchtbare Arbeit und überlasse euch euren Gedanken und Vorhaben.

ICH BIN Shiva, und ich war heute bei euch.

Empfehlungen für das Lesen der Rosenkranzgebete

Sanat Kumara
28. November 2005

ICH BIN Sanat Kumara. Ich bin gekommen, um euch Empfehlungen zu geben, wie ihr die von mir gegebenen Rosenkranzgebete lesen sollt.

Es gibt keine besonderen Empfehlungen und es gibt keine besonderen Anforderungen, die mit dem Lesen dieser Rosenkranzgebete verbunden sind. Ihr könnt sie alle zusammen oder der Reihe nach lesen. Ihr könnt einen Rosenkranz in einer Woche, den zweiten Rosenkranz in der zweiten Woche und den dritten Rosenkranz in der dritten Woche lesen. Dann könnt ihr den gesamten Zyklus des Lesens der Rosenkranzgebete wiederholen.

Letztendlich könnt ihr dies selbst entscheiden und euch an die Empfehlungen halten, die ihr von eurem Höheren Selbst erhaltet.

Und zugleich gibt es einen sehr wichtigen Punkt, an den ich euch erinnern muss und den ihr niemals vergessen dürft. Und dies betrifft die Erinnerung daran, dass ihr beim Lesen der Rosenkränze und bei jeder anderen spirituellen Arbeit ständig einen ehrfürchtigen Zustand des Bewusstseins aufrechterhalten müsst. Versucht, eure Gedanken auf die höhere Realität zu konzentrieren. Vergesst niemals, dass beim Lesen der Rosenkranzgebete eure Kommunikation mit Gott stattfindet. Und ihr müsst ständig Ehrfurcht empfinden und alle fleischlichen Gedanken und Gefühle im Zaum halten. Wenn ihr nach einem unangenehmen Gespräch oder Streit verärgert seid, verschiebt das Lesen des Rosenkranzgebetes. Harmonisiert euch zuerst durch einen Spaziergang in der Natur oder hört ruhige Musik, oder meditiert einfach in der Stille. Aber beginnt die spirituelle Arbeit niemals in einem Zustand der Gereiztheit oder Unausgeglichenheit.

Denkt immer daran, dass eure Handlungen durch euren inneren Zustand gefärbt werden. Und wenn ihr in einem unharmonischen Zustand beginnt, die Rosenkranzgebete zu lesen, dann präzipitiert ihr die göttliche Energie in eure physische Welt, anstatt die Energie in die höheren Sphären zu senden, und ihr tragt somit zur Vermehrung der Illusion bei.

Beginnt daher mit dem Lesen der Rosenkranzgebete nur in einem harmonischen Bewusstseinszustand, und je selbstloser euer Dienst ist, desto größere spirituelle Arbeit könnt ihr leisten.

Alles, was ihr in diese Welt sendet, kehrt zu euch zurück. Gebt daher großzügig, ohne euch selbst zu schonen und ohne die Zeit für das Lesen der Rosenkranzgebete zu bereuen. Alle Energie, die ihr Gott selbstlos gebt, wird zu euch zurückkehren.

Und alles wird auf die beste Weise geschehen.

Gott liebt euch und gibt euch immer die Möglichkeit, den besten Weg durch das Leben zu gehen.

Ich habe euch die Empfehlungen gegeben, die ich für notwendig hielt. Ihr könnt jedoch jederzeit ausführlichere Anweisungen von eurem Höheren Selbst erhalten. Ihr müsst nur wollen, danach streben und auf euer Herz hören.

ICH BIN Sanat Kumara, mit Liebe zu euch.

www.ingramcontent.com/pod-product-compliance
Lightning Source LLC
Chambersburg PA
CBHW081752300426
44116CB00014B/2100